唐宋史料筆記叢刊

建炎以來朝野雜記

上

〔宋〕李心傳 撰
徐 規 點校

中華書局

圖書在版編目(CIP)數據

建炎以來朝野雜記/(宋)李心傳撰;徐規點校.—北京:中華書局,2000.7(2023.12 重印)
(唐宋史料筆記叢刊)
ISBN 978-7-101-01782-3

Ⅰ.建… Ⅱ.①李…②徐… Ⅲ.古代史-中國-南宋-史料 Ⅳ.K245.06

中國版本圖書館 CIP 數據核字(98)第 00205 號

責任編輯:崔文印
責任印製:陳麗娜

唐宋史料筆記叢刊
建炎以來朝野雜記
(全二册)
〔宋〕李心傳 撰
徐 規 點校
*
中華書局出版發行
(北京市豐臺區太平橋西里 38 號 100073)
http://www.zhbc.com.cn
E-mail:zhbc@zhbc.com.cn
三河市博文印刷有限公司印刷
*
850×1168 毫米 1/32 · 30⅜印張 · 4 插頁 · 539 千字
2000 年 7 月第 1 版 2023 年 12 月第 9 次印刷
印數:12601-13100 册 定價:148.00 元

ISBN 978-7-101-01782-3

點校説明

一

本書撰者李心傳（公元一一六七——一二四四年）是南宋著名史學家。宋史有傳，惜多疏誤。近人臺灣大學王德毅教授著有李秀巖先生年譜和李心傳著述考（見臺北文海出版社出版的建炎以來繫年要録卷末），上海大學來可泓教授著有李心傳事迹著作編年一書（巴蜀書社一九九〇年版），杭州大學梁太濟教授所撰兩朝綱目備要史源淺探一文（載文史第三十二輯），對李心傳其人其書皆有新的創獲，可供參考。

李心傳的主要史學著作，除本書外，尚有建炎以來繫年要録（别名高宗繫年要録，以下簡稱要録）、舊聞證誤兩書。要録二百卷，記載宋高宗一朝三十六年間史事，其書的材料來源，是以高宗朝的日曆、中興會要爲主〔注〕，並廣泛參考原始檔案資料和大量私家著述。這

〔注〕四庫全書總目提要稱「其書以國史、日歷爲主」。今考高宗、孝宗、光宗、寧宗四朝國史在理宗淳祐二年

（一二四二年）纔完成其中的帝紀，見玉海卷四六及宋史卷四〇九高斯得傳。而要録最後定稿早在寧宗嘉定元年（一二〇八年），並於嘉定三年已奏上朝廷（見梁太濟撰建炎以來繫年要録取材考稿本）。當時高宗朝國史尚未開修，心傳無從參閲，提要説法顯誤。近人亦多沿其誤。

些材料經過李心傳細心考訂，可信程度較高。

舊聞證誤是李心傳繼要録之後的作品。該書爲考訂兩宋特别是北宋史事的第一流筆記，乃有宋一代考據學的代表作，可與司馬光通鑑考異媲美。原書十五卷，今本僅有五卷。詳見拙作舊聞證誤研究一文，載宋史研究論文集一九八四年年會編刊，浙江人民出版社一九八七年出版。

建炎以來朝野雜記（以下簡稱雜記）甲、乙集共四十卷，專記宋室南渡以後高宗、孝宗、光宗、寧宗四朝的典章制度及其他有關史事。該書「雖以雜記爲名，其體例實同會要，蓋與繫年要録互相經緯者也。」（四庫全書總目提要語）宋元間人，記述南宋前期史事多取材此書。然書中記高宗朝史事，有些部分不及要録之精審。如甲集卷十九建炎三大戰條云：「曲端與婁宿戰於白原」。而要録卷三二建炎四年三月乙巳條云：「初，羅索（規按：原作婁宿，爲清人所改）既陷陝，遂與其副薩里罕（按：原作撒離喝，爲清人所改）長驅入關，宣撫處置使司都統制曲端聞敵（原作虜）至，遣吳玠及張中孚、李彥琪將所部拒之於彭原店。」注文云：「熊克小歷（原作曆，下同）作白原店，蓋因張匯（金虜）節要所書也。吳玠功績記、趙甡之（中興）遺史皆作彭原店，今從之。」可知李心傳初從熊克之說作「白原店」或「白原」，後經考核加以改正。

又如甲集卷二十虞丞相采石之勝條云：「時葛王已立於會寧（葛王以十月朔立）」。而要錄卷一九三紹興三十一年十月丁未（八日）條云：「是日，金人立其東京留守葛王褒爲皇帝，改元大定。」注文云：「熊克小歷載褒立在十月庚子朔，注云：『或言立褒在六月，今從宋翌所記金亮本末。』按苗耀神麓記，立褒在十月八日丁未，與赦書月日同，今從之。」又金史卷六世宗紀繫金世宗（即葛王）即位於正隆六年（宋紹興三十一年）十月丙午（七日），繫「大赦，改元大定」事於十月丁未。又金世宗即位的地點，乃在東京遼陽府，而非上京會寧府，見金史卷五海陵紀正隆六年十月丙午條。李心傳在寫雜記甲集時沿襲熊克之說，把金世宗即位的日子和地點都搞錯了（小曆卷四十紹興三十一年十月庚子朔條記立褒地點在會寧府），後在要錄中予以更正。

又如甲集卷二十李寶膠西之勝條記紹興三十一年辛巳十月膠西海戰中，金水軍都統制「蘇保衡自經死」。而要錄卷一九三紹興三十一年十月丙寅條云：「保衡舟未發，亟引去。」又附注：「熊克小歷云：『統軍蘇保衡未發舟，不可獲。旋聞自經死。』蓋因馮忠嘉海道記所書也。按范成大攬轡録：『蘇保衡爲水軍都統，葛王立，除右丞。』則保衡此時不死，忠嘉蓋誤。」又金史卷八九蘇保衡傳明言保衡卒於金世宗大定六年（宋孝宗乾道二年）之後。據此，則雜記甲集此處記事亦沿熊克之誤，而要録則據攬轡録記事，加以糾謬。總之，要録定稿比雜記甲集成書晚六年，故可供校正之處頗多。

然而，要録原書早已失傳，今本是清四庫全書館臣從永樂大典中輯出，並重加釐定、竄改的，故其中錯誤、不妥處亦復不少。而雜記有幾種舊鈔本（包括影宋鈔本）流傳，多有可供校正要録記事失誤之處。如甲集卷二成恭成穆慈懿恭淑四攢宮條云：「成穆已攢於臨安府南山之修吉寺。」（規按：修吉寺坐落在臨安府之南山，又見武林舊事卷五南山路條及宋史卷三七寧宗紀慶元六年八月癸卯條。）而要録卷一七三紹興二十六年六月壬申條却誤作「北山之修吉寺」。

又如甲集卷五高宗即位册文條載：「（建炎元年）五月庚寅朔，（康）王登壇告天，册文曰：『嗣天子臣某敢昭告于皇天上帝，金賊亂華，二帝北狩，……華夏罔知攸主。……』」。其中「金賊亂華」、「華夏罔知攸主」兩句，要録卷五建炎元年五月庚寅朔條作「金人内侵」、「中外罔知攸主」，疑爲清人所竄改，應以雜記所著録加以糾正。

又如甲集卷九本朝未四十拜相者條載：「范覺民（規按：宗尹字）三十一（歲）。」揮麈録前録卷二、條四一記宗尹作相的年齡同。今考范宗尹卒於紹興六年八月己亥（要録卷一○四，宋史卷二八高宗紀），終年三十七（要録及宋史本傳），故建炎四年拜相，恰爲三十一歲。而要録卷三三建炎四年五月甲辰條載：「參知政事范宗尹……爲相……時年三十三。」此處誤「年三十一」爲「年三十三」。應以雜記所述加以糾正。

又如甲集卷十五市舶司本息條載：「市舶司者，祖宗時有之未廣也。神宗時，始分閩、廣、浙三路，各置提舉官一員。……建炎初，李伯紀（綱）爲相，省其事歸轉運司。明年夏，復閩、浙二司，……（注：元年七月己亥廢，二年五月丁未復）四年春，復置廣司。」宋會要輯稿職官四四之十二記時亦同。而要録卷七建炎元年七月己亥條注文誤把復市舶司事繫於建炎三年五月。

又如乙集卷十二趙韓王（普）六世小譜條記趙普之玄孫趙瓌，字子偉，事高宗爲蘄州防禦使、知閤門事。」而要録卷一一九紹興八年五月庚戌條誤作「趙環」，因形近致誤。

總之，要録僅記高宗一朝的史事，而雜記兼及高、孝、光、寧四朝史事，並連帶追敍當代典章制度的淵源，間有評論，時間既長，範圍亦廣，乃治宋代史者必讀之書。

關於雜記的版本，在宋有成都辛氏刊本，至清乾隆年間，「惟寫本僅存」（四庫全書總目提要語),故四庫全書中的雜記,是據舊寫本抄録的(簡稱「閣本」)。函海本的内容和乙集分卷均與閣本相近,祇是甲集卷一的内容,文淵閣本四庫全書全部竄入南宋葉紹翁四朝聞見録甲集文字,而函海本無此錯謬。這一系統本子内容殘闕和文句脱誤甚多,但間有勝處。

另一系統的祖本是乾隆間武英殿聚珍版書本,也是根據另一舊寫本排印的,該本校讎較爲精審,後來諸本如清光緒二十年福建增刻本、光緒二十五年廣雅書局本、民國三年吴興張鈞衡刻的適園叢書本以及民國時商務印書館出版的叢書集成本、國學基本叢書本等,皆從此出,並以他本作校補。特别是其中的適園叢書本,經張鈞衡的校勘、輯逸,較爲完備精當,但尚有不少脱文、衍字、誤句、錯字以及顛倒混雜之處。

此外,有光緒十九年井研蕭露濃(名蕭藩)刻本,是以函海本爲底本,並用影宋鈔本和武英殿聚珍版書本加以校補,其價值僅次於適園叢書本。

二

這次點校雜記是採用適園叢書本爲底本,並參校下列各本:

〔一〕清光緒癸巳(十九年)井研蕭露濃刻本,簡稱「蕭本」。該本乙集分卷與適園叢書本、武英殿聚珍版書本稍有不同。

〔二〕清光緒甲午（二十年）福建增刻武英殿聚珍版書本，簡稱「殿本」。該本附録會稽孫星華據陸心源所藏影宋鈔本以校殿本之誤的校勘記五卷。此影宋鈔本，簡稱「影宋本」。

〔三〕清文淵閣四庫全書影印本，簡稱「閣本」。該本甲集卷一上德門全部竄入四朝聞見録甲集文字，與他本迥異。乙集分卷與適園叢書本、殿本差異很大，又脱去「丙申青羌之變」以下十一條記事。

〔四〕清乾隆間綿州李調元刻的函海本，簡稱「函海本」。該本乙集分卷與閣本同，亦脱去「丙申青羌之變」以下十一條記事。

又博取他書來校正雜記，兹列舉其書名、作者、版本等於下：

〔一〕建炎以來繫年要録　李心傳撰，中華書局一九八八年重印本，文淵閣四庫全書影印本，簡稱要録。

〔二〕道命録　李心傳編，知不足齋叢書本。

〔三〕兩朝綱目備要　（南宋）不著撰人，四庫全書珍本初集本。此書多鈔録李心傳雜記，詳見上引梁太濟所撰論文。

〔四〕皇宋中興兩朝聖政　（南宋）不著撰人，宛委别藏影宋鈔本。
〔五〕宋會要輯稿　北平圖書館一九三六年影印本，簡稱宋會要。
〔六〕玉海　（南宋）王應麟輯，清光緒九年浙江書局本。
〔七〕文獻通考　（元）馬端臨撰，中華書局一九八六年影印本，簡稱通考。
〔八〕宋史　（元）脱脱等纂修，中華書局一九七七年點校本。
〔九〕宋史全文續資治通鑑　（元）不著撰人，臺北文海出版社的宋史資料萃編本，簡稱宋史全文。
〔一〇〕東都事略　（南宋）王稱撰，掃葉山房本。
〔一一〕續資治通鑑長編　（南宋）李燾撰，浙江書局本、中華書局點校本，簡稱長編。
〔一二〕三朝北盟會編　（南宋）徐夢莘撰，清光緒間許涵度刊本。
〔一三〕中興小紀　（南宋）熊克撰，廣雅書局本。此書原名中興小曆，清人爲避乾隆皇帝弘曆諱改。
〔一四〕太宗皇帝實録（殘本）　（北宋）錢若水等纂修，四部叢刊三編本。
〔一五〕皇朝編年綱目備要　（南宋）陳均撰，日本静嘉堂影印本。
〔一六〕宋史翼　（清）陸心源輯，光緒間歸安陸氏刻本。

〔一七〕金史　（元）脱脱等纂修，中華書局一九七五年點校本。
〔一八〕大金國志校證　舊題（南宋）宇文懋昭撰，近人崔文印校證，中華書局一九八六年版，簡稱大金國志。
〔一九〕續宋編年資治通鑑　（南宋）劉時舉撰，文淵閣四庫全書影印本。
〔二〇〕續資治通鑑　（清）畢沅等編著，古籍出版社一九五七年點校本，簡稱續通鑑。
〔二一〕隋書　（唐）魏徵等纂修，中華書局一九七三年點校本。
〔二二〕舊唐書　（五代）劉昫等纂修，中華書局一九七五年點校本。
〔二三〕新唐書　（北宋）歐陽修等纂修，中華書局一九七五年點校本。
〔二四〕新五代史　歐陽修撰，中華書局一九七四年點校本。
〔二五〕宋宰輔編年録校補　（南宋）徐自明撰，近人王瑞來校補，中華書局一九八六年版，簡稱宋宰輔編年録。
〔二六〕名臣碑傳琬琰集　（南宋）杜大珪編，臺灣文海出版社的宋史資料萃編影印舊鈔本。
〔二七〕宋大詔令集　（南宋）不著撰人，中華書局一九六二年校點本。
〔二八〕宋刑統　（北宋）竇儀等撰，中華書局一九八四年點校本。
〔二九〕南宋館閣録　（南宋）陳騤撰，武林掌故叢編本。此書原名中興館閣録。

〔三〇〕南宋館閣續録 （南宋）不著撰人，武林掌故叢編本。此書原名中興館閣續録。
〔三一〕古今合璧事類備要 （南宋）謝維新編，文淵閣四庫全書影印本。
〔三二〕永樂大典 （明）解縉等編修，中華書局一九八六年影印殘本。
〔三三〕郡齋讀書附志 （南宋）趙希弁撰，四部叢刊三編本。
〔三四〕慶元黨禁 （南宋）不著撰人，知不足齋叢書本。
〔三五〕戊辰修史傳 （南宋）黄震撰，四明叢書本。
〔三六〕宋中興學士院題名 （南宋）何異撰，藕香零拾叢書本。
〔三七〕紹興十八年同年小録 （南宋）不著撰人，一九二三年徐氏刊宋元科舉三録本。
〔三八〕元豐九域志 （北宋）王存等撰，中華書局一九八四年點校本。
〔三九〕輿地紀勝 （南宋）王象之撰，文選樓影宋鈔本，清道光二十九年刊版。
〔四〇〕方輿勝覽 （南宋）祝穆撰，上海古籍出版社一九八六年影印宋本。
〔四一〕吴郡志 （南宋）范成大等纂修，江蘇古籍出版社一九八六年點校本。
〔四二〕乾道臨安志 （南宋）周淙纂修，武林掌故叢編本。
〔四三〕武林舊事 （南宋）周密輯，知不足齋叢書本。
〔四四〕嘉泰吴興志 （南宋）談鑰纂修，劉承幹嘉業堂刻本。

〔四五〕嘉定赤城志　（南宋）陳耆卿纂修，台州叢書本。

〔四六〕景定建康志　（南宋）周應合纂修，岱南閣叢書本。

〔四七〕新安文獻志　（明）程敏政纂修，文淵閣四庫全書影印本。

〔四八〕萍洲可談　（南宋）朱彧撰，上海古籍出版社一九八九年校點本。

〔四九〕春明退朝録　（北宋）宋敏求撰，中華書局一九八〇年點校本。

〔五〇〕東齋記事　（北宋）范鎮撰，中華書局一九八〇年點校本。

〔五一〕鐵圍山叢談　（南宋）蔡絛撰，中華書局一九八三年點校本。

〔五二〕邵氏聞見後録　（南宋）邵博撰，中華書局一九八三年點校本。

〔五三〕揮塵録　（南宋）王明清撰，中華書局上海編輯所一九六一年點校本。

〔五四〕能改齋漫録　（南宋）吴曾撰，上海古籍出版社一九八四年重印本。

〔五五〕燕翼詒謀録　（南宋）王栐撰，中華書局一九八一年點校本。

〔五六〕鶴林玉露　（南宋）羅大經撰，中華書局一九八三年點校本。

〔五七〕四朝聞見録　（南宋）葉紹翁撰，知不足齋叢書本。

〔五八〕癸辛雜識　（南宋）周密撰，中華書局一九八八年點校本。

〔五九〕齊東野語　周密撰，中華書局一九八三年點校本。

〔六〇〕靖康稗史箋證 （南宋）確庵、耐庵編，近人崔文印箋證，中華書局一九八八年版。
〔六一〕趙清獻公文集 （北宋）趙抃撰，明嘉靖末刻本。
〔六二〕曾鞏集 （北宋）曾鞏撰，中華書局一九八四年點校本。
〔六三〕北山小集 （南宋）程俱撰，四部叢刊續編本。
〔六四〕浮溪集 （南宋）汪藻撰，四部叢刊初編本。
〔六五〕北山文集 （南宋）鄭剛中撰，叢書集成本。
〔六六〕梅溪王先生文集 （南宋）王十朋撰，四部叢刊初編本。
〔六七〕盤洲文集 （南宋）洪适撰，四部叢刊初編本。
〔六八〕南澗甲乙稿 （南宋）韓元吉撰，武英殿聚珍版書本。
〔六九〕海陵集 （南宋）周麟之撰，文淵閣四庫全書影印本。
〔七〇〕竹洲集 （南宋）吴儆撰，四庫全書珍本四集本。
〔七一〕周益國文忠公集 （南宋）周必大撰，清道光間歐陽棨刻本。
〔七二〕文忠集 周必大撰，文淵閣四庫全書影印本。
〔七三〕誠齋集 （南宋）楊萬里撰，四部叢刊初編本。
〔七四〕朱文公文集 （南宋）朱熹撰，四部叢刊初編本。

〔七五〕止齋文集　（南宋）陳傅良撰，清光緒五年孫衣言校刻本。
〔七六〕攻媿集　（南宋）樓鑰撰，四部叢刊初編本。
〔七七〕水心文集　（南宋）葉適撰，中華書局一九六一年出版的葉適集點校本。
〔七八〕勉齋先生黄文肅公文集　（南宋）黄榦撰，北京圖書館古籍珍本叢刊影印元延祐二年重修本。
〔七九〕鶴山大全文集　（南宋）魏了翁撰，四部叢刊初編本。
〔八〇〕東都事略撰人王賞稱父子　近人陳述撰，中央研究院歷史語言研究所集刊第八本第一分，一九三九年十月出版。
〔八一〕徐夢莘考　近人陳樂素撰，求是集第一集，廣東人民出版社一九八六年版。
〔八二〕蒙古首次入豫時間考　近人蔡東洲撰，中國史研究一九九〇年第一期。
〔八三〕中國歷史地圖集第六册　近人譚其驤主編，地圖出版社一九八二年版。

三

此外，還從輿地紀勝、説郛、宋會要、兩朝綱目備要、宋史全文、永樂大典（殘本）以及孫星華校勘記中録出朝野雜記逸文二十一條，作爲附録一。又收載戊辰修史傳、南宋館閣續録以及李秀巖先生年譜中有關李心傳生平事迹資料，作爲附録二。收載郡齋讀書附志、直齋書録解題、宋史藝文志、居易録和函海本、蕭露濃刻本、福建增刻武英殿聚珍版書本、藝風堂藏書記、藏園羣書題記以及李心傳著述考中有關朝野雜記的諸家著録題跋，作爲附録三。

這次點校工作，先由來可泓同志以蕭本、殿本與底本作對校，録出其中差異處，並加初步標點。不久，來君從杭州師範學院調往上海大學任教，此項工作全歸本人擔任。我用蕭本、殿本、閣本、函海本和孫星華校勘記與底本作對校，並進行本校、他校與理校，尤以他校費時費力最多。又編成附録三卷。定稿後，交請中華書局責任編輯崔文印同志覆審出版。

這個新點校本，比之舊日各本較爲完備核實，但限於學識及客觀條件，失誤難免，敬希讀者指正！

徐　規　一九九一年春於杭州大學

補記：梁太濟建炎以來繫年要録取材考一文，已刊載於商鴻逵教授逝世十周年紀念文集，北京大學出版社一九九五年版。

建炎以來朝野雜記

四庫提要

臣等謹案：建炎以來朝野雜記四十卷，宋李心傳撰。心傳字微之，井研人，官至禮部侍郎〔一〕，事蹟具宋史儒林傳。心傳長於史學，凡朝章國典，多所諳悉。是書取南渡以後事蹟，分門編類。甲集二十卷，分上德、郊廟、典禮、制作、朝事、時事、故事、雜事、官制、取士、財賦、兵馬、邊防十三門。乙集二十卷，少郊廟一門，而末卷別出邊事，亦十三門。每門各分子目。雖以雜記爲名，其體例實同會要，蓋與建炎以來繫年要録互相經緯者也。甲集成於嘉泰二年，乙集成於嘉定九年，書前各自有序。周密齊東野語嘗論所載趙師羼犬吠，乃鄭斗所造以報撻武學生之憤〔二〕。許及之屈膝，費士寅狗竇，亦皆不得志報私讐者撰造醜詆。所謂韓侂胄僭逆之類，悉無其實云云。蓋掇拾羣言，失真者固亦不免，然於高、孝、光、寧四朝禮樂刑政之大，以及職官、科舉、兵農、食貨無不該具，首尾完贍，多有馬端臨文獻通考、章俊卿山堂考索及宋史諸志所未載，故通考稱爲南渡以來野史之最詳者。王士禎居易録亦稱其大綱細目粲然悉備，爲史家之巨擘，言宋事者當必於是有徵焉。其書在宋有成都辛氏刊本，並冠以國史本傳，暨宣取繫年要録指揮數通，今惟寫本僅存。案張端義貴耳三集序稱心傳告以朝野雜記丁、戊二集將成，則是書尚不止於甲、乙二集，而書録解題及宋史本傳均未之及，殆以晚年所輯，書雖成而未出，故世不得見歟？

校勘記

〔一〕禮部侍郎　據道命録李心傳序、黄震戊辰修史傳及宋史卷四三八李心傳傳應作「工部侍郎」。

〔二〕鄭斗　據葉紹翁四朝聞見録戊集犬吠村莊條及南宋館閣續録卷八應作「鄭斗祥」。

甲集

建炎以來朝野雜記序

心傳年十四、五時，侍先君子官行都，頗得竊窺玉牒所藏金匱石室之副〔一〕，退而過庭，則獲剽聞名卿才大夫之議論。每念渡江以來，紀載未備，使明君、良臣、名儒、猛將之行事猶鬱而未彰，至於七十年間，兵戎財賦之源流，禮樂制度之因革，有司之傳，往往失墜，甚可惜也。乃緝建炎至今朝野所聞之事，凡有涉一時之利害與諸人之得失者〔二〕，分門著録，起丁未迄壬戌，以類相從，凡六百有五事，勒爲二十卷。或謂心傳曰：「子之是書，固學者之所宜究心也，況言人之善而不及其惡，記人之功而不録其過，是書之行於世也則宜。雖然，子以論著之餘而記見聞之故，凡有所取則未及乎取者，必以爲見遺；凡有所揚則不足乎揚者，必疑其見抑。吾懼夫兩端之怨詈將不得免，子安用此以賈禍也〔三〕，可不慮哉！」心傳謝曰：「下國山野之人，上而名卿才大夫，下而巖穴幽棲之士，其未之識者衆矣。遠而朝廷四方，久而二萬七千八百四十有八旬之事，其未聞與未知者亦不少矣。事苟有所略，人苟有所遺，蓋孤陋寡聞之罪，非敢去取乎其間也。嗣有所得，屢書不一書而後已，可乎哉？」既以告人，遂筆其辭于編首。嘉泰二年冬十月晦，秀巖野人李心傳伯微甫序。

校勘記

〔一〕副　函海本作「祕」。

〔二〕有涉　函海本、藩本、殿本均作「不涉」，疑是。

〔三〕子安用此以買禍也　「此」字下，「以」字上，原有「其」字，據函海本、藩本删。

建炎以來朝野雜記甲集目録

卷一

上德后妃王主宗室附

卷二

郊廟宮省祠觀陵寢附

卷三

典禮

卷四

制作

卷五

朝事一 建炎至淳熙

卷 六

朝事二 紹熙至嘉泰

卷 七

時事

卷八

雜事

卷九

故事

卷十

官制一 中朝官

卷十一

官制二外路官

卷十二

官制三 封爵官職功勳吏額

卷十三

取士選舉學校鄉飲酒

卷十四

卷十五

財賦二常平義倉泛料市舶糧草料

卷十六

財賦三田幣

卷十七

財賦四歲用倉庫户口

卷十八

兵馬戎器舟車

卷十九

邊防一丁未至戊午

卷二十

邊防二己未至乙酉

建炎以來朝野雜記甲集卷一

上德 后妃 王 主 宗室附

1 高宗誕聖

高宗受命中興全功至德聖神武文昭仁憲孝皇帝〔一〕，諱構，字德基，徽宗第九子，母曰韋太后。大觀元年五月二十夜，生於宮中。以其日爲天申節。八月，封蜀國公。二年正月，進廣平郡王。宣和三年十二月，封康王。靖康元年十一月，被旨使河北金人軍前議和。閏月，至相州，除河北兵馬大元帥。二年五月朔，即皇帝位於南京，改元建炎。十月，幸揚州。三年二月，渡江幸杭州。四月，進幸江寧。閏八月〔二〕，復幸臨安。十二月，自明州幸海。四年正月，幸溫州。四月，進幸越州。紹興二年正月，又幸臨安。四年十月，又進幸平江。五年二月，還臨安。六年九月，又幸平江。七年三月〔三〕，進幸建康。八年二月〔四〕，復還臨安。在位三十六年，建炎四，紹興三十二。遜位二十五年。淳熙十四年十月八日，崩於德壽宮，壽八十一。十五年三月〔五〕，權殯永思陵。初年二十一，遜位五十六。

2 孝宗誕聖

孝宗紹統同道冠德昭功哲文神武明聖成孝皇帝，諱昚，字元永，高宗第二子。建炎元年十月二十二日，生於嘉興府。以其日爲會慶節。初名伯琮，紹興二年五月，鞠於宮中。三年二月，除和州防禦使〔六〕，賜名瑗。五年五月〔七〕，封建國公。十二年正月，進封普安郡王〔八〕。三十年二月，立爲皇子，封建王，更名瑋。四月，賜字元瓌。三十一年十二月，扈從幸建康。三十二年二月，還臨安。五月，立爲皇太子，更今諱。六月十一日，受内禪，即皇帝位。在位二十七年，隆興二，乾道九，淳熙十六。遜位五年。紹熙五年六月九日，崩於重華宮，壽六十八，權殯永阜陵。初年三十六，遜位六十三。

3 光宗誕聖

光宗憲仁聖哲慈孝皇帝，諱惇，孝宗第三子，母曰郭皇后。紹興十七年九月四日，生於藩邸。以其日爲重明節。二十年二月，授右監門衛率府副率。三十年五月，轉榮州刺史。三十二年九月，封恭王。乾道七年二月，立爲皇太子。四月，領臨安尹。九年四月，解尹事。淳熙十四年十一月，參決機務。十五年正月，赴議事堂與宰執議事。又詔：「每遇朝殿，令侍立。」十六年二月二日，受内禪，即皇帝位。在位五年，紹熙。遜位六年。慶元六年八月八日，崩於壽康宮，壽五十四。其年十二月，權殯永崇陵。初年四十三，遜位四十八。

4 寧宗誕聖

寧宗皇帝名擴，光宗第二子，母曰李皇后。乾道四年十月二十日，生於恭王府。以其日爲瑞慶節。五年十一月，除右千牛衛大將軍。淳熙五年十月，封英國公。十二年三月，進平陽郡王。十六年三月，封嘉王。紹熙五年七月五日，奉太皇太后聖旨，就重華宮即皇帝位。初年二十七。

5 壽康宮進香

上始受禪，趙子直議以祕書省爲泰安宮，已而不果，乃以慈懿皇后外第爲之。會光宗不欲遷，因以舊福寧殿爲壽康宮，而更建福寧殿。上之在重華執喪也，五日一朝於壽康。時光宗聖體未平，猶不得見。慶元四年八月丙戌詔：「恭聞上皇聖躬悉已清復，將率羣臣詣宮上壽。」既而不克行。五年八月丙戌，以重明節前十日，上初詣壽康宮進香，詔書降諸道流罪以下囚，釋杖以下。京官大父母、父母年八十，選人、小使臣大父母、父母年九十，庶人百歲，並與官封。致仕官員郎年八十，賜服三品；餘官七十，服緋、緑及十年，並改賜。民有大父母、父母年九十以上，免身丁錢。諸道贓賞錢，悉蠲之。加賜行在諸軍，如雪寒錢例。宰輔皆進官一等。特進、右丞相、祁國公京鏜爲少保，封鄭國公。少傅、保寧軍節度使、萬壽觀使韓侂冑爲少師，封平原郡王。太皇太后弟、保順軍節度使、提舉祐神觀謝淵爲太尉。太上皇后姪、昭信軍承宣使、知閤門事李孝友，保信軍承宣使、知閤門事李孝純，並除節度使。入内内侍省押班甘昺以兩宫宣力，備竭忠勤，特遷二官。其餘次第行賞。

6 孝宗諸孫

孝宗皇帝五孫：莊文太子下曰豫國公挻；魏惠憲王下曰左千牛衛大將軍攄，次吴興郡王抦；光宗皇帝下曰保寧節度使挻，次寧宗。挻、攄、挺皆蚤卒。寧宗四子，其長者，紹熙四年春生於嘉邸，時光宗已屬疾，而子亦早夭，故不及名。既受禪，恭淑皇后生兖沖惠王埈、邠沖温王坦〔九〕，楊貴妃生郢沖英王增〔一〇〕，皆不育。吴興一子曰楚州團練使垓，生三歲而夭，慶元五年四月，追賜名、贈官云。

7 慶元育宗子

上既失兖王，戊午歲，用高宗故事，取燕王宫希字行之子與愿，鞠之宫中。已而連失邠、郢二王，庚申冬，遂以爲觀察使，賜名曮云。

8 高宗恭儉

高宗在維揚時，每退朝，即御殿旁一小閤，垂簾獨坐，前設一素木桌子，上置筆硯，蓋閲四方章奏於此閤内，惟二小璫侍側。凡巨璫若内夫人奏事，上悉出閤外視之。御膳惟麪、飯、煎肉、炊餅而已。鎮江守錢伯言嘗獻宣和所留器用，其間有螺鈿椅桌。上惡其靡，亟命於通衢毁之。上晚年，大劉妃有寵，恃恩驕侈，盛夏以水晶飾足踏。上偶見之，即命取其一以爲御枕。妃惶懼，撤去。自是六宫無復踰制者矣。

9 高宗聖學

紹興末，上嘗作損齋，屏去玩好，置經史古書其中，以爲燕坐之所。上早年謂輔臣曰：「朕居宫中，自有日課，早閲章疏，午後讀春秋、史記，夜讀尚書，率以二鼓罷。尤好左氏春秋，每二十四日而讀一過。」胡康侯進春秋解，上置之坐側，甚愛重之。又悉書六經，刻石寘首善閣下。及作損齋，上亦老矣，因自爲之記，刻石以賜近臣焉。

10 孝宗聖孝 二事

辛巳歲，上視師建康，建王實從，每早晚二頓，必具上起居食飲狀，及羣臣進對、中外關奏之事，以達中宮。逮還都，隆慈出示，其書盈篋，上見之大喜。

孝宗天資純孝，初受禪〔二〕，高宗駕之德壽宮，上步出祥曦殿門，掖輦以行，及宮門乃止。翊日，過宮，屬天新雨，泥淖被路，上皇命邀乘輿至殿門，上亟駐輦門外，趨立庭下。上皇嘉歎久之，曰：「每見吾兒，則喜不自勝。」隆興初，上以兵連不解，未克盡兩宮之奉。乾道元年二月朔，始從兩宮謁四聖觀。上親扶上皇上馬，都人驩呼，以爲所未嘗見，此可謂以天下養矣。

11 孝宗恭儉

淳熙中，上作翠寒堂於禁中，以日本國松木爲之，不施丹雘，其白如象齒。嘗召趙丞相雄、王樞使淮奏事堂下，古松數十，清風徐來。上曰：「松聲甚清，遠勝絲竹，子瞻以風月爲無盡藏，信哉！」上雅敬蘇文忠，居常止稱子瞻，或稱東坡。上又指殿東橋曰：「此去禁園無數十步〔一二〕，朕遇花時亦未常往，間遣人折數枝來觀爾。苑中臺殿皆太上時所爲，朕居常以竹沓覆設，太上來則撤之。」太上至宮，徘徊周覽，每興依然之歎，頗訝其不雅飾也。上恭儉勤政蓋如此。

12 昭慈聖獻孟皇后

昭慈聖獻孟皇后，其先洺州人，眉州防禦使元之孫也。哲宗在位，宣仁聖烈皇后以六禮聘之。宣仁崩，后廢。哲宗崩，欽聖憲肅皇后共政，復爲元祐皇后，還居禁中。欽聖崩，又廢。靖康元年冬〔一三〕，欽宗議尊爲元祐皇太后，時城已破，命未及宣。張邦昌僭立，册爲宋太后，自外第入居西宮。邦昌將還政，先復后爲元祐皇后，垂簾聽政。高宗即位，加號隆祐太后，先往杭州。建炎三年，苗傅、劉正彦肆逆，后垂簾聽政。賊平，始正尊號曰皇太后。上事太后如事母，居同宮。其秋，上將東巡，命執政滕康權同知三省樞密院事〔一四〕，奉后往洪州，太廟神主、天章閣神御偕行，非軍旅、錢穀、除拜，皆於簾前關決。舟過落星寺，六宮及後軍舟飄覆者十數〔一五〕，惟太后舟無虞。其冬，虜犯洪州，后幸虔州避寇，衛兵皆潰，虜追不及而還。四年，上駐蹕會稽，遣資政殿學士盧益奉后還。明年四月，崩於行宮之西殿，年五十九。初謚昭慈獻烈，已而改今謚云。后兄子忠厚，字仁仲，靖康初，以承議郎知海州。建炎初，遷顯謨閣直學士。明受撤簾，除鎮潼軍節度使〔一六〕。后大祥，拜使相，封信安郡王。累官少師，判紹興、平江、建康府。紹興十二年爲樞密使〔一七〕，二十七年提舉祕書省，薨。

13 顯仁韋皇后

顯仁韋皇后，開封人，高宗母也。初入宮，爲御侍。崇寧末，封平昌郡君。大觀初，進婕妤。宣和末，累遷婉容。上出使，進封龍德宮賢妃。建炎元年，遥尊爲宣和皇后。顯肅崩問至，上尊號曰皇太后。紹興九年，后有歸耗，上命有司豫作慈寧殿於禁中，遥上寶册。十二年七月，后自東平登舟，九月，上逆於臨平，普安郡王從。上見后悲泣。后聰明有遠慮，每謂上：「給使者不必分，宜通用之，蓋分則自爲彼我，其間佞人希旨，必肆間言，自古兩宮失懽，未有不繇此者。」后季弟淵，性暴横，不循法度，高宗以其不可近民，恐居官有過，難以行法，終不予官，積十有餘年，聞后將入境，乃封平樂郡王，令逆於境上。其後，后朝景靈宮，淵見后，出言詆毁，坐削官，安置袁州，已而追還之。十九年，后年七十〔一八〕，正月朔，上即宮中行慶壽之禮，親屬皆遷官。二十九年，上復行慶壽禮於慈寧殿，詔庶人年九十、宗子女若貢士以上父母年八十者，悉官封之。宰相沈該率百僚詣文德殿稱賀，國朝慶典自此始。九月，后崩，年八十〔一九〕，權殯永佑陵，神主祔太廟。韋氏至節度使者凡三人〔二〇〕。后姪孫璞妹爲魏惠憲王夫人，紹熙初，璞以司農卿除煥章閣待制，論者以爲不然，遂換明州觀察使。

14 仁懷朱皇后

仁懷朱皇后，開封人，武泰軍節度使伯材女〔二一〕，欽宗元妃也。政和末，徽宗臨軒備禮，冊爲皇太子妃。宣和七年十二月，立爲皇后，追封伯材恩平郡王。后既北遷，遂不知崩問。慶元三年，憲聖慈烈皇后崩，朝論以后於憲聖妯娌也，明年乃遥上尊謚曰仁懷，以九月二十五日爲大忌。五年十二月，遂奉安仁懷、憲聖二后神御於景靈宮焉〔二二〕。其族人今猶存。

15 憲節邢皇后

憲節邢皇后，祥符人，世右職，后嘉恭簡公煥女也。高宗在康邸，宣和四年四月納之，封嘉國夫人。靖康中，高宗使斡离不雅布於河上〔二三〕，后留居蕃衍宅。逮虜退〔二四〕，后從兩宮北遷。建炎初，遥冊爲皇后，擢煥徽猷閣待制。右諫議大夫衛膚敏、殿中侍御史張浚言：「祖宗之法，后族戚里，不得任文資，恐撓法而干政。」上納其言，改煥光州觀察使，著爲令。紹興二年冬，煥病篤，上念之，始拜慶遠軍節度使，俄卒於臨安。上將臨其喪，而近臣有言乃止。久之，追封安王。十二年夏，北境報后從顯仁來歸，將壓境而以訃聞。喪歸，陪葬永佑陵。淳熙末，謚憲節。

16 憲聖慈烈吴皇后

憲聖慈烈吴皇后，京師人也。父近，以后貴，卒官武翼郎，後追封吴王。高宗在維揚，后年十四入宫，少長封新興郡夫人。上自海道還，進才人，又進婉儀。時邢皇后在朔庭，後宫惟后與張婉儀爲上列，而后讀書萬卷，翰墨尤絶人，繇是寵遇日至。紹興十二年春，張氏卒。夏，拜后爲貴妃。秋，顯仁皇后來歸。明年，遂正位宫壼。先是，太后數以爲言。秦檜曰：「太后有定命，陛下奉行可也。」即率羣臣上表，於是降制。孝宗時，累加號曰壽聖齊明廣慈備德太上皇后。光宗即位，后當爲太皇太后，以壽皇故，迺更號曰壽聖皇太后。紹熙四年，加號隆慈備福。五年，后年八十，上行慶壽之禮。其秋，孝宗崩，始正尊號云。慶元元年，加崇曰壽聖隆慈備福光祐太皇太后〔三五〕。三年冬十月，后屬疾，丙申，赦天下。十一月庚子，后崩於慈福宫，年八十三。後四日，郊禋禮成，宣遺誥：「皇帝服齊衰五月。」上特出手詔，服喪期年。后母儀四世，吴氏王者二人，節度使七人。從子琚，字子居，有吏才，嘗爲尚書郎部使者，既秉旄，猶爲藩帥，他外戚皆莫及云。

17 成穆郭皇后

成穆郭皇后，孝宗正配也。曾祖若節，西京左藏庫副使；祖直卿，奉直大夫；父瑊，以父任積官右朝散郎，充祕閣修撰。上即位，拜鄂州觀察使、提舉萬壽觀。明年，遷昭慶軍承宣使。卒，追封榮王。后母淑國夫人，宗室女也。上爲普安郡王時聘之，封咸寧郡夫人，薨。紹興三十二年六月〔二六〕，追立爲皇太子妃，八月追册爲皇后，以左僕射陳康伯爲禮儀使。初謚恭懷，孝宗嫌之，改安穆。及營阜陵，更今謚。后生四子一女，子莊文太子愭，魏惠憲王愷，光宗皇帝，邵悼肅王恪。恪與嘉國公主俱蚤薨。孝宗既受禪，待郭氏恩禮甚隆，然后弟師禹、師元，淳熙中，官不過承宣使，上不私戚里蓋如此。師元不及建節而卒。上將內禪，師禹始除節度使。慶元中，封廣陵郡王。后薨，年三十一，權殯於南山之修吉寺〔二七〕。

18 成恭夏皇后太皇謝太后

成恭夏皇后，太皇謝太后，皆孝宗繼配也。上在藩邸，福國郭夫人已薨，吴太后以夏、翟二美人賜上，實后閤侍御也。時恩平亦選賜兩人，而普安恭儉好書，不邇聲色，高宗賢之，繇是定爲嗣。普安既爲皇子，明年二月癸亥，詔封夏氏爲齊安郡夫人，翟氏爲咸安郡夫人〔二八〕。上即位，以夏氏爲賢妃，翟氏爲婉容。踰年，上皇手詔册妃爲皇后，而拜婉容爲貴妃。乾道三年六月，后崩，年三十一，謚安恭。后既崩，中宮虚位將十歲。淳熙三年秋，貴妃因侍上過宫，上皇語上曰：「大哥且與了却此段〔二九〕。」上承命而退。八月庚辰，上皇遣大璫張去爲至都堂傳旨，立翟貴妃爲皇后。明日午後，執政奏事，皇后歸姓謝氏。後五日，召詞臣周必大對選德殿，退而草制，其詞有曰：「早從藩邸之游，蓋禀庭闈之命。」又曰：「因乳保而依方進，雖嘗從舊譜於汝南。推源流而系謝安〔三〇〕，盍遂復華宗於江左〔三一〕。」后性恭儉，既受册，内膳日進一羊，力丐免。及初供膳，不敢先嘗，復以進御。故事，當得兵船，亦固辭。服澣濯之衣，有數年不易者。上嘗以諭輔臣，且曰：「本朝后妃，却是多賢，朕之修身齊家，誠若無媿，所少者功業未成耳！」十六年，上禪位，上尊號曰壽成。孝宗崩，稱皇太后。慶元初，加號惠慈。六年秋，稱太皇太后。夏執中者，安恭后弟也。曾祖令吉爲吉水簿，因家江西。其父協客于袁之某寺，生一子一女。女少聰慧，大閹張去爲所因納之宫中〔三二〕。其後將正宫闈，始命袁州訪夏翁所在，而翁亡矣。有旨：即瘞所爲園寺，且訪其弟執中以聞。

19 慈懿李皇后

慈懿李皇后，安陽人。父道爲湖北帥，有相師皇甫坦者至其第。道命諸女拜之，其中女慈懿后也，皇甫見之，驚曰：「此天下人母，我奈何受其拜邪？」人皆以爲狂，道心獨喜。孝宗聞坦語，即爲恭王聘之。時莊文太子妃妹錢氏同選入宮，中外皆心擬錢氏，而后定選。隆興二年四月，封榮國夫人，郊禮成，進封定國。乾道七年三月，降制立爲皇太子妃。淳熙十六年二月，立爲皇后。紹熙五年七月，稱太上皇后。明年九月，加號壽仁。慶元六年六月，崩於壽康宮，年五十六。

20 恭淑韓皇后

恭淑韓皇后，其先相州人，司徒兼侍中魏忠獻王琦六世孫也。右諫議大夫國華生忠獻，忠獻生尚書左僕射魏文定公忠彥，忠彥生司農少卿治，治生資政殿學士、簽書樞密院事吴元穆王肖胄，肖胄生益王協，協生太尉、寧遠軍節度使同卿，同卿生后，實第二女也。淳熙十二年，孝宗爲平陽郡王擇婦，后與其姊偕選入宮，而后當兩宮意，八月，歸於邸第，封新安郡夫人。十六年三月，封崇國夫人。上受禪，立爲皇后。慶元二年十月，行册禮。六年十一月崩，年三十六。明年，葬於慈懿皇后殯宫之東廣教寺。先一年，同卿已卒，擢其子竢爲承宣使，謚同卿曰恭靖云。后曾季祖佺胄，官至太傅，封平原郡王，最貴顯。

21 中興奉親之禮

昭慈聖獻皇后之在建康也，有司月奉千緡而止，后生辰，别奉緡錢萬。時朝廷用度不給，故其禮不及承平時。其後，顯仁后自北來歸，歲奉錢二十萬緡，月奉萬緡，冬、年、寒食、生辰倍之。帛二萬餘匹，生辰絹萬匹，春、冬、端午各三千匹，綾羅一千匹。冬緜五千兩，酒日一斗，羊三牽。高宗在德壽宫，孝宗命有司月供十萬緡。高宗以養兵多費，詔減其六萬。及孝宗在重華，命月進三萬緡而已。上受禪，詔太皇太后月奉緡錢二萬，皇太后萬五千，上皇、太后五萬，而重華宫别給二萬焉。

22 本朝母后宫名

本朝母后宫名：萬安明德李后。保慶章惠楊后。慶壽慈聖光獻曹后。崇慶宣仁聖烈高后。慈德欽聖憲肅向后。聖瑞欽成朱后。隆祐昭慈聖獻孟后。崇恩昭懷劉后。寧德顯肅鄭后。慈寧顯仁韋后。慈福憲聖慈烈吴后。壽慈壽成惠慈謝后。

23 英宗妃嬪

張修容，英宗後宮也，蓋溫成皇后從妹。父堯佐，宣徽南院使、淮康軍節度使。修容名位本微，哲宗即位，自平昌郡君進封才人。徽宗立，又進婕妤。至大觀初，以八寶恩，始進今秩。建炎四年，從衛隆祐皇太后，卒於虔州，年七十八。

24 哲宗妃嬪

慕容貴妃、魏修容，哲宗後宮也。初並爲御侍，崇寧元年春，慕容氏始封才人，魏氏封昌平郡君。大觀元年夏，魏氏亦封才人。二年春，並進封美人。靖康之難，六宮皆北去，惟先朝嬪御得免，乃建承慶院以處之。紹興三年夏，以昭慈聖獻皇后大祥推恩，並進婕妤，祿賜如式。久之，慕容氏進婉儀，魏氏進修容。十三年冬，修容卒。婉儀少在宮中，與顯仁皇太后相厚，及太后歸就慈寧之養，十四年冬，上諭執政，特拜婉儀爲賢妃〔三〕。制曰：「藻鑒精明，獨前知於聖母；蘭心芳潔，今娱侍於東朝。」二十二年薨，年八十，贈貴妃。

25 德壽妃嬪

潘賢妃、張賢妃、劉貴妃、張貴妃，高宗後宮也。潘氏家東都，上在康邸納之，生元懿太子。及即位，將册爲后，呂好問右丞諫以爲不可，乃以爲賢妃。擢其叔父永思爲帶御器械。太子薨，妃侍隆祐后居江西。紹興十八年薨。張氏亦家東都，建炎中，爲才人。紹興十年，累遷婉儀。十二年卒，贈賢妃。劉氏，臨安人，父懋，以恩至昭慶軍節度使。妃紹興十年入宮，爲紅霞帔。十六年，封才人，轉婕妤、婉容。二十四年春，拜貴妃。時有小劉氏者，以紹興十七年入宮，封宜春郡夫人。二十三年，封才人。二十八年冬，進婕妤。妃與婕妤皆有寵，宮中號妃爲大劉娘子，婕妤爲小劉娘子。三十一年秋，婕妤坐事，放歸其家自便，官告令有司毁抹。淳熙十四年秋，妃薨。張氏，其先祥符人，與宗室忠州防禦使伯驌有連，初封永嘉郡夫人。乾道六年，封婉容。淳熙七年，進封太上皇帝淑妃。十六年，進貴妃。紹熙元年薨。紹興中，又有馮美人，韓、吴二才人，皆寵幸，後皆廢。吴氏，名玉奴，中宮近屬也，三十二年夏，復故封。淳熙末，又有李、王二才人，俱明豔，高宗愛之。及上賓，憲聖每見之，常感愴。孝宗聞，特許自便，蓋非常制云。德壽宮又有信安趙夫人，咸寧藺夫人，平樂王夫人，咸寧郭夫人，新興陳夫人，富平孫夫人，縉雲蔡夫人，南平張夫人，齊安張夫人，安定李夫人，此十餘人並無品秩。

26 重華妃嬪

蔡貴妃、李賢妃、張貴妃、陳淑妃，孝宗後宮也。蔡氏初入宮，爲紅霞帔。乾道二年，封和義郡夫人。淳熙三年，進婉容。父霧，歷帶御器械、幹辦皇城司。十年秋，以篤老拜宜州觀察使。冬，拜婉容爲貴妃。十二年秋，薨。李氏初入宮，爲典字。淳熙三年冬，轉通義郡夫人。七年冬，爲婕妤。九年春，生女不育。明年秋，卒，贈賢妃。時李燾在經筵〔三四〕，因夜直，嘗諫上以後宮寵幸多，宮中妄費。上曰：「朕老矣，安得此聲？近惟葬李妃用三萬緡，它無費也。」張氏初爲紅霞帔，封同安郡夫人，進婕妤、婉容。十四年春，拜爲妃。陳氏初封新平郡夫人。淳熙十二年冬，進美人。十四年冬，又進婉容。紹熙元年春，拜爲妃。上在位雖久，後宮無寵幸著聞者。乾道中，又有宜春韓夫人，信安陳夫人。淳熙中，有永寧劉夫人，新平黃夫人，南平關夫人，永陽王夫人，平原黃夫人。紹熙中，有新安梁夫人，高平宋夫人，信安傅夫人，新安吳夫人，齊安韓夫人，咸寧吳夫人〔三五〕，縉雲朱夫人。此十四人，無品秩。

27 壽康妃嬪

黃貴妃、張貴妃、武才人，光宗後宮也。淳熙末，上在東宮，旁無姬侍，高宗以和義郡夫人黃氏賜之。黃氏，淳熙六年十月二十四日封郡夫人。及即位，拜爲妃。紹熙二年冬，薨。上在齋宮聞之，始得疑疾。自後宗戚、大臣以薨卒聞者，多不信矣。張氏，東宮舊人也，初爲紅霞帔。上受禪，進婉儀。慶元三年秋，拜貴妃。武氏初封同安郡夫人。紹熙五年春，進封。又有潘夫人、符夫人、二張夫人，並止郡封，無品秩。凡宮中之制，郡夫人已上始稱房院。

28 元懿太子

元懿太子名旉，高宗後宮潘賢妃子也。建炎元年六月，生於南都。九月，拜集慶軍節度使，封魏國公。三年春，苗傅、劉正彥爲逆，以旉爲皇帝，改元明受。上復辟，立爲皇太子，其年秋，薨於建康。初，太子得疾未瘳，有金香鼎置於地，宮人誤觸之，仆地有聲，太子應時驚搐不止，上命斬宮人於廡下。少頃，太子薨，年三歲。

29 秀安僖王 崇憲靖王

秀安僖王，高宗兄行也。王名子偁，太祖少子秦康惠王五世孫。康惠王生英國公惟憲，惟憲生新興侯從郁，從郁生華陰侯世將，世將生東頭供奉官令譮，令譮生王，第進士，爲嘉興丞。孝宗實王第二子，紹興二年五月，既被選，召王赴都堂審察，改左宣教郎，通判湖州，俄除直祕閣，賜五品服。建國公就傅，遷左朝奉郎，充祕閣修撰，知處州。既對，請奉祠，詔給禄如郡守。累官左朝奉大夫。十三年秋告老，遂歿於秀州。有司疑普安所服，十四年正月，詔侍從、臺諫議之。議者謂解官如宗室南班故事。上曰：「始議養宗室子，今子偁死，若不使之持服，則非本朝典故。」乃贈王太子少師。普安爲皇太子，内出詔書，加贈王太師、中書令，追封秀王，謚安僖。妻宜人張氏，封王夫人。孝宗既受禪，不敢顧私親。逮光宗繼統，而高廟几筵猶未除，故緩其事。紹熙元年夏〔三六〕，始詔即園立廟如濮王，仍班諱。王長子伯圭，字禹錫。初，以門蔭補官。紹興末，以右宣義郎通判明州。上受禪數月，上皇有詔除集英殿修撰，知台州。稍遷待制、直學士，歷知明州，積官朝奉大夫、端明殿學士。淳熙初，始行慶壽禮，推恩中外，上皇令换節鉞，遂拜安德軍節度使。數月，加開府儀同三司。九年秋，遷少保，封滎陽郡王。永思權攢，爲總護使。十五年秋〔三七〕，遷少傅。十六年夏〔三八〕，遷少師，始稱皇伯。紹熙元年五月〔三九〕，遷太保，封嗣秀王。二年夏，判大宗正事。三年夏，遷太師。永阜陵成，除中書令，辭不拜。詔有司别議優崇之禮，乃除兩鎮節度使。嘉泰中薨〔四〇〕，追封崇王，謚憲靖。張夫人，孝宗母也，五世祖耆，仁宗朝樞密使兼侍中。孝宗即位，上皇有旨，夫人給内中請給。乾道三年三月，薨於吴興。訃聞，輟視朝五日，上素衣成服於苑中，稱皇伯母。議者謂高宗褒崇之禮，壽皇謙抑之義，前後兩盡，可爲萬世法矣。伯圭諸子，初皆補京秩，歷牧伯部使者。紹熙後，並換南班。長師夔，今爲使相。

30 莊文太子

莊文太子，初名愉，紹興十六年，用祖宗緦麻親例，補右内率府副率。二十一年，更名愭。二十八年，除右監門衛大將軍、榮州刺史。三十年，孝宗爲皇子，四月，徵拜蘄州防禦使。三十二年九月，拜少保、永興軍節度使，封鄧王。乾道元年八月，立爲皇太子。初太子在藩邸，喜作詩，及升儲，而諸王宫教授黄石適面對，論東宫不宜以詩文爲學。上大喜，除校書郎，仍不試。石字圮老，永嘉人，元年九月入館，十一月遷小著，自此擢用。三年秋，太子得傷暑病，醫誤進藥，疾遂劇，乃急召醫師王繼先於福州。高宗、壽聖皆親至東宫視疾。上憂懼，爲之赦天下。後三日，太子薨，年二十四。禮部、太常寺言：「故事，無皇太子薨禮。齊武帝文惠太子薨，有司奏御服期，朝臣齊衰三日，六宫不從服。唐憲宗惠昭太子薨，輟朝十三日。今倣古制，皇帝爲太子服期，以日易月，十三日而除。六宫並不從服。文武百官服齊衰，一日而除。皇太子宫僚服齊衰三月，臨七日而除。自舉哀至成服日，皇帝不視事。」比葬，上凡再至東宫，命宰臣奉謚册，小、大祥皆以執政官行禮焉。子挻、擕。

31魏惠憲王(四一)

魏惠憲王愷，以紹興十六年補右内率府副率。三十年，轉右監門衛大將軍。四月，除貴州團練使。三十二年九月，拜雄武軍節度使、開府儀同三司，封慶王。乾道七年二月，拜雄武、保寧軍節度使，判寧國府，進封魏王。淳熙初來朝，徙判明州，易鎮永興、成德。七年二月，薨於明州，年三十五。訃聞，上泫然曰：「朕向來越次建儲者，正爲此子福氣差薄耳，然亦不料其如此之夭也。」詔刑部尚書謝廓然致弔，兩浙轉運副使韓彦質致其柩，禮部侍郎齊慶胄護葬。上服白羅袍、素紗，折上巾，發哀於别殿。王性寬慈，高宗尤所鍾愛。上雖以宗社大計出王於外，然心獨念之，賚賜不絶焉(四二)。子抦。

32邵悼肅王

邵悼肅王恪，早薨。乾道二年九月追賜名，贈淮康軍節度使、開府儀同三司。

33兖沖惠王

兖沖惠王埈，上第二子也，慶元二年六月生。太皇太后詔禮部、太常寺、國史院討論典禮。七月丙戌，德音降天下死罪囚，釋流以下，蠲臨安民元年畸零之税，民有曾大父母者免丁役錢一年。戊子，流人吕祖儉、徐誼等皆量移内郡。戊戌，皇后曾季祖侂胄除使相，奉祠；父同卿寧遠軍節度使，母安國夫人莊氏封兩國夫人，兄𫉬除直祕閣。后閤官吏皆進秩二等，隨龍人一等，礙止法者特遷之。未幾，皇子得驚風病，八月，薨。其生才四十七日，追賜名，贈太師、尚書令，葬北山寶林寺。

34 郊沖温王

郊沖温王坦，慶元六年正月生。二月，德音降雜犯死罪以下囚，釋徒以下，諸道贓賞錢悉蠲之，加賜三衙、沿江諸軍如雪寒錢例。八月，薨，追賜名、贈官。九月，葬彌陁興福院。

35 郢沖英王〔四三〕

郢沖英王增，慶元六年十一月生，未幾薨。

36 豫國公挻

豫國公挻，以乾道元年六月生，甫周晬，除福州觀察使，封榮國公。祖宗以來，累朝不見孫。欽宗在東宮得子，蔡京奏除節度使，封崇國公。王黼得政，以此事傾京，言其以東宮比人主。徽宗入其言，降高州防禦使。孝宗爲皇子，莊文自遥刺除兵防，實用此例。至是，上受禪未久，遂得嫡長孫。高宗聞之，諭輔臣率百官稱賀。既建儲，遂封公爵。明年，太子薨，其母弟慶王、恭王皆奉朝請，上遲回者數歲，既而以恭王英武類己，遂立之。時虞雍公允文爲相也。初，莊文既除服，挺與其母錢妃出居外第，九年春薨，贈武當軍節度使，追封豫國公。紹熙初〔四四〕，上念莊文無主祭者，乃以宗子希璂爲之子〔四五〕，賜名搢，命爲右千牛衛大將軍。搢，太祖九世孫也，曾祖、祖、父皆不仕。祖宗時，昭成太子、陳王、蔡王有子皆夭，詔以近屬爲之孫，今立子，蓋特命也。

37 吳興郡王抦

吳興郡王抦，淳熙四年生於明州，始除右千牛衛大將軍。魏王愷，還居行在。孝宗將禪位，拜耀州觀察使，封嘉國公。故事，親王之子，初除小將軍，七遷爲節度使。宣仁垂簾，吳、益王諸子例拜大將軍、遥郡刺史。紹聖後不然。孝宗在御，諸王子初授亦大將軍，而抦再遷封國公，用優禮也。光宗即位，進永興軍承宣使，封許國公。久之，又進封吳興郡王，命未出而止。紹熙五年七月〔四六〕，封徐國公。慶元元年三月復封王〔四七〕，領昭慶軍節度使。

憲聖慈烈皇后復土，遷開府儀同三司。抦早慧，孝宗愛之。淳熙十二年始就傅，以館職黄唐、倪思爲學官。慶元初，制曰：「孝皇憐早慧以鍾愛，太上念特立以垂慈。」故見貴寵云。抦蓋信安郡夫人卜氏所生，慶元初，特加國號。

38 信王璩

信王璩，字潤夫，太祖七世孫也。父子彦。王初名伯玖，紹興四年夏，鞠於禁中，憲聖慈烈皇后以爲己子。六年正月，賜名，除和州防禦使。九年三月，拜保大軍節度使，封崇國公，聽讀資善堂，以朝臣爲贊讀。十五年二月，進封恩平郡王，與普安繼就外第，號東、西府，以館職二員通兼兩王府教授。自宗藩並建，道路切切，頗有異言。三十年三月，拜王開府儀同三司、判大宗正事，出居紹興府，人情始定。上命葺茶鹽司爲府第，俸賜悉以上供經總錢、湖田米給之。孝宗受禪，王入朝，加拜少保，徙節静江。乾道七年，省紹興府宗正司，改王醴泉觀使。淳熙六年，遷少傅。十四年冬，高宗升遐，王入朝奔喪，因得疾。明年秋薨，年五十九，追封信王。子師淳、師灝、師淪、師潞。師淳才五歲，初命爲武翼大夫、榮州刺史。乾道九年，從王入侍祠，遷忠州團練使，進永州防禦使。淳熙七年冬，詔以師淳年及二十，特進一階，除在外宫觀，給真俸。師灝初命亦如之。師淪、師潞初命皆武翼大夫，稍遷遥刺。師灝早卒。紹熙初，詔師淳换南班，師淪真除刺史，師潞命以通州團練使奉祠。

39 秦魯國賢穆明懿大長公主

秦、魯國賢穆明懿大長公主，仁宗第十女也。母曰周貴妃。嘉祐中，封永壽公主。英宗即位，進榮國長公主。神宗朝，進韓國大長公主。哲宗朝，改周國。徽宗朝，進韓、魏兩國。政和三年閏四月，更封賢德懿行大長帝姬。高宗建炎初，復爲公主，改秦、魯國。降德陽郡王錢景臻。曾祖曰吴越忠懿王，祖曰樞密使英文僖公惟演，父曰寶文閣直學士暄〔四八〕。二帝北狩，主留居京師。建炎二年冬，朝揚州，時兵革未寧，主與其家之閩中避狄〔四九〕。紹興四年夏請朝，詔居紹興府，移台州。七年冬入見〔五〇〕，上禮之甚厚，見必先揖。十二年，再朝慈寧宫，其冬薨於行在，年八十六〔五一〕。上臨奠。故事，當舉哀成服，時以具慶之朝，故不行〔五二〕，但輟五日朝。子忱，紹興末，終少師、瀘川軍節度使、榮國公。庶子愐，德慶軍節度使、開府儀同三司、提舉皇城司，先忱卒。忱子端禮，字處和，乾道初，參知政事，終觀文殿學士，謚忠肅。端禮孫象祖〔五三〕，字同叔〔五四〕，慶元末爲兵部尚書，出知建康府，今以徽猷閣學士奉祠。

40 秦國康懿大長公主

秦國康懿大長公主，哲宗第三女也，降少保、昭化軍節度使、和國公潘正夫，封韓國公主。政和中，改淑愼帝姬。建炎初，復爲吳國長公主。紹興中，避亂抵婺州。八年夏入朝，上日具衣冠對之飲食。十二年，顯仁后來歸，主迎見於道。十九年，再朝行在，遂居之。三十二年，孝宗受禪，進封秦國大長公主。隆興二年秋，薨。主諸子皆爲承宣使。國朝故事，公主子始命爲武翼郎，遷遥刺。孫宣義郎，曾孫承奉郎，四世孫承務郎。女封郡主，孫女封恭人云。

41 和國長公主

和國長公主，徽宗第二十女也，母曰懿肅王貴妃。政和三年夏，封柔福公主，尋改帝姬。靖康二年春，從駕北狩。紹興十二年，太母歸自北方，言帝姬以去年夏死於五國城，年二十九，以其骨歸。十三年追封。

42 隋國公主

隋國公主，徽宗第三十四女也。靖康初，封恭福帝姬。建炎三年薨，追封。

43 嘉國公主 光宗三公主

嘉國公主，孝宗長女也。孝宗二女，次生五月而夭，不及封。嘉國，紹興二十年四月，用宗室緦麻親任節度使女例，封碩人。三十年，封永嘉郡主。又明年，卒〔五五〕。乾道二年，追封。光宗三女：長齊安郡主，次文安，次和政〔五六〕，皆早亡。紹熙元年冬〔五七〕，追封爲公主。

44 郡縣主

自渡江以來，未有王姬下嫁者。僞福國長公主之適高世榮也，奩具凡二十萬緡，視承平時已殺。高宗無女，孝宗二女，光宗三女，俱早薨。紹興十六年，和王女樂平縣主當出適，時庶事草創，乃命大宗正司主婚。淳熙十三年，魏惠憲王女安康郡主適羅氏，上命主執婦道如家人之禮，賜甲第居之。又詔南庫給金五百兩、銀三千兩爲奩具。羅小校子名良臣以恩轉秉義郎，除閤門祗候。後十餘年，卒於浙西總管。

45 僞親王公主

靖康末，天屬既已北去，獨信王榛至河北逃歸，馬擴等奉王屯趙州五馬山寨。上聞，以王爲河外兵馬都元帥。建炎二年秋，山寨爲虜所破，王不知存亡。建炎四年，上在會稽，有自虜中逃歸，稱柔福帝姬者。帝姬，道君女，莘王植同産也。詔宣政使馮益、内人吴心兒驗視，遂取入宫，封福國長公主，下降永州防禦使高世榮。又明年，有自稱徐王棣者〔五八〕，知夔州仁壽韓迪聞於朝。上遣國子監丞李愿逆之。既至，審驗，則云富順男子李勃也〔五九〕，遂坐誅。時又有婦人自稱榮德帝姬，姬在東都，嘗適曹晟。荆南鎮撫使解濳以聞，按驗，則婦人易氏也，亦杖死。於是大理評事山陰石邦彦引唐代宗之言告。上曰：「吾寧受百欺，冀得一真。」三年春，乃詔皇族有脱虜來歸者〔六〇〕，令州縣驗實以聞，許推賞。顯仁后來歸之歲，有入内醫官徐中立者，言柔福北遷，適其子還而死。詔福國長公主顯屬詐冒，下大理雜治。大理言：「稱公主者，乃東都乾明寺尼李静善也。法寺當詐假官，流二千里；冒諸倖賜計錢四十七萬九千餘緡，爲詐欺官私以取財物〔六一〕，準盜論，罪止流三千里；節次入内起居，爲闌入至御在所者，斬。以上並該赦外，馮益被旨識認之時，静善與益對坐，謂上爲兄，係對捍制使而無人臣之禮，大不恭，十惡，罪至死，不赦。」詔決重杖處死。益至獄不承，訊問乃伏。法寺言：「益赦後，制勘虛妄，當罰金，情重，奏裁。」詔除名，昭州編管。未行，復釋之。世榮積官常德軍承宣使，奉祠。至是，改正追奪。後以父任，復爲班行。乾道中，特除閤門祇候、江南兵馬都監云。

46 本朝宗室侍從

本朝宗室侍從，自宣和至嘉泰凡十九人。太祖下：令鑠寶文閣待制。令詪户部侍郎。子崧端明殿學士。子晝〔六二〕子湞〔六三〕、子櫟並寶文閣直學士。子潚、子厚户、吏部侍郎。伯圭端明殿學士。師訓工部侍郎。師夔敷文閣待制。師羿〔六四〕户部侍郎〔六五〕。太宗下：不棄、不流、善堅並工部侍郎。不迹華文閣待制。魏王下：彦中中書舍人。彦操焕章閣待制。彦逾工部尚書。

47 宗室狀元宏詞童子舉

宗室爲狀元者，乾道初，汝愚。中詞科者，淳熙初，彦中。中童子舉者，慶元中，崇襚。三年六月己卯，崇襚以能誦六經免文解云。

48 三祖下宗室數

宗正寺仙源類譜，太祖下：德字行四人，惟字行八人，從字、守字行二十四人，世字行一百二十九人，令字行五百六十四人，子字行一千二百五十一人，伯字行一千六百四十五人，孝宗同此行。師字行一千四百九十人，希字行一千一百四十人，與字行一百十人，凡六千三百六十五人。孟字行、由字行未見數。太宗下：元字行九人，允字行十九人，宗字行七十五人，英宗同此行。仲字行三百八十八人，士字行一千四百九十九人，不字行二千一百三十人，善字行二千四百三十一人，汝字行一千二十二人，崇字行四百一十三人，必字行一十九人，凡八千有五人。良字行、友字行未見數。魏悼王下：德字行十人，承字行三十二人，克字行一百二十七人，叔字行五百六十一人，之字行一千四百二十五人，公字行一千七百七十四人，彥字行一千八百二十四人，夫字行一千六百六十六人，時字行二百五十三人，若字行二十四人，嗣字行未見數，其見數者，凡七千二百九十六人。以淳熙八年計之，三祖下合二萬一千六百六十有六人。英宗子吳王、益王下，孝字行十三人，安字、居字、多字行皆爲南班官，未見數。淳熙初，詔「多」字行之子連「自」字。紹熙初，詔「自」字行之子連「甫」字。徽宗子棣華宅諸王下連「卿」字，「卿」字下連「茂」字，「茂」字下連「中」字，「中」字下連

「孫」字。然棣華子孫自靖康以來，皆隔異域〔六六〕，但遥爲排連而已。

49 保州宗室

保州宗室者，翼祖皇帝後也。建炎初隔絶，紹興元年渡江者數十人，有官者四人而已。上念之，詔注官如兩京例。今廣字、繼字、夫字行者是也。

50 宗女奩具

故事，宗女適人，皆內侍與有司主之。熙寧後，以昭穆益疏，乃給奩具。祖宗元孫女五百千，五世三百五十千，六世三百千，七世二百五十千，八世百五十千。紹興七年冬〔六七〕，詔元孫減五之一，六世、八世減三之一，五世、七世減七之二。已適而再行者，各減半。然有司不時給，宗女貧不能行，多自稱不願出適者。三十二年，惠靖襄王子子游知南外宗正事，請於朝，下泉州以經總制司錢支給云。

51 宗室賜予

建炎末，上以天屬避地者少，詔南班宗婦無子孫食禄者，廩給有差。凡祖宗緦麻親，歲給錢九十六千，米三十六斛，帛二十八匹。袒免親，錢米減三之一，緦帛並減半。四年六月己卯。故事，宗室、近臣吉凶皆有賜予。紹興初，以軍興財匱，罷之。六年正月己巳。十一年秋，皇叔祖、右監門衛大將軍仲岳卒於臨安，至無以斂，判大宗正事、齊安郡王士㒟言於朝，詔緦麻親任環列以上亡者，賜錢三百千，袒免減三之一。九月甲辰。今以爲例焉。

52大宗正司兩外宗廢置

本朝宗室皆聚於京師，熙、豐間，始許居於外。蔡京爲政，因即河南、應天置西、南二敦宗院，設宗官主之。靖康之禍，在京宗室無得免者，而睢、雒二都得全。建炎初，上將南幸，先徙諸宗室於江、淮。於是大宗正司移江寧，南外移鎮江，西外移揚州。元年八月戊午。明年春，又移西外於泰州及高郵軍。正月甲午。三年冬，又移於福州，而南外移泉州，以避狄。十二月甲午。紹興元年秋，嗣濮王仲湜請合西、南外宗正爲一司，以省財用。有司以泉州乏財，不許。九月壬子。是時，兩外宗子女婦合五百餘人，歲費緡錢九萬。南外三百四十九人，歲費錢六萬緡。西外一百七十六人，歲費錢約三萬緡。紹興府宗正司者，紹興三年，以行在未有居第，權分宗子居之。三十年春，恩平郡王出居會稽，遂以爲判大宗正事。三月丙午〔六八〕。乾道七年，虞丞相秉政，言蜀中闕大宗正司，上欲移紹興府宗正司於成都。五月戊寅。既而不行，但省會稽一司而已。今蜀中宗子甚衆，既無親賢領之，但每州以行尊者一員檢察錢米請受，由是往往蹈於非彝而不可訓焉。

校勘記

〔一〕武文　原誤倒爲「文武」，據蕭本、殿本、函海本及宋史卷二四高宗紀乙正。

〔二〕閏八月　原脱「閏」字，據要録卷二七及宋史卷二五高宗紀補。

〔三〕三月　原作「四月」，據要録卷一〇九及宋史卷二八高宗紀改。

〔四〕二月　原作「三月」，據要録卷一一八及宋史卷二九高宗紀改。

〔五〕三月　原作「二月」，據宋史卷三五孝宗紀及畢沅續通鑑卷一五一淳熙十五年三月丙寅條改。

〔六〕和州　原作「貴州」，據要録卷六三及宋史卷三三孝宗紀改。按：孝宗除和州防禦使，賜名瑗在紹興三年二月庚子。後二日(壬寅)方改貴州。此處原誤兩事爲一。

〔七〕五月　原作「六月」，據本書乙集卷一壬午内禪志條、要録卷八九及宋史卷三三孝宗紀改。

〔八〕(紹興)十二年正月進封普安郡王　按：要録卷一四四及續通鑑卷一二五均繫此事於紹興十二年二月丁丑，又熊克中興小紀卷三〇繫於是年二月辛未，宋史卷三三孝宗紀繫於是年正月丁酉。當以要録爲是。

〔九〕坦　原作「垣」，據蕭本、函海本及本書甲集本卷郊沖温王條、宋史卷三七寧宗紀慶元六年八月壬寅條改。

〔一〇〕鄆沖英王增　「沖英」原作「沖美」，據宋會要禮五八之七九及宋史卷三七寧宗紀、卷二二三宗室世系表寧宗九子條改。按：沖美乃寧宗第九子邳王坻之謚，見上引宋會要及宋史宗室世系表。

〔一一〕初受禪　「受」原作「授」，據蕭本、函海本改。

〔一二〕數十步　原作「十數步」，據蕭本、函海本乙正。

〔一三〕靖康元年冬　「元」原作「二」，據要録卷一建炎元年二月戊子條附注改。

〔一四〕命執政滕康權同知三省樞密院事　原脱「同」字，據要録卷二五建炎三年七月壬寅條補。

〔一五〕十數　原作「數十」，據要録卷二七建炎三年閏八月乙未條及宋史卷二四三哲宗昭慈聖獻孟皇后傳乙正。

〔一六〕鎮潼軍　「潼」原作「漢」，據要録卷四五及汪藻浮溪集卷一一孟忠厚特授起復制改。

〔一七〕紹興十二年　「二」原作「一」，據要録卷一四六及宋史卷三〇高宗紀改。

〔一八〕（紹興）十九年后年七十　據靖康稗史之三開封府狀載：靖康二年（公元一一二七年），「韋賢妃（高宗生母）三十八歲」，則紹興十九年（公元一一四九年），韋后僅六十歲，而非七十歲。疑宋高宗爲掩蓋韋后在金國再嫁之事實，故增添其年歲云。杭州大學何忠禮副教授撰有環繞宋高宗生母韋氏年齡的若干問題一文，將在文史三十九輯上刊布。

〔一九〕（紹興二十九年）九月后崩年八十　據上引書應作「后崩年七十」。

〔二〇〕三人　原作「三十人」，據蕭本、殿本、函海本删。按：宋史卷二四三韋賢妃傳載：「親屬進秩者十四人，授官者三人。」當以三人爲是。

〔二一〕武泰軍　宋會要禮五八之九一及王稱東都事略卷一四欽宗皇后朱氏世家同，而宋史卷二四三欽宗朱皇后傳作「武康軍」。

〔二二〕奉安仁懷憲聖二后神御於景靈宮　原作「奉仁懷憲聖二后神御奉安於景靈宮」，據宋史卷三七寧宗紀及卷二四三欽宗朱皇后傳改。

〔二三〕斡离不雅布　按：蕭本、函海本及要録卷一、宋史卷二四高宗紀、金史卷七四宗望傳均作「斡离不」或「斡離不」。

〔二四〕虜退　「虜」原作「敵」，據蕭本、殿本、函海本改。

〔二五〕光祐　原作「光裕」，據蕭本、殿本、函海本及宋史卷二四三憲聖慈烈吴皇后傳改。

〔二六〕六月　原作「五月」，據要録卷二〇〇及宋會要后妃一之七改。

〔二七〕南山　原作「北山」，據本書甲集卷二成恭成穆慈懿恭淑四殯宫條及周密武林舊事卷五、宋史卷三七寧宗紀慶元六年八月癸卯條改。

〔二八〕咸安郡夫人　「安」原作「平」，據殿本及要録卷一八八、宋史卷二四三成肅謝皇后傳改。

〔二九〕此段　蕭本、函海本作「此一段」。

〔三〇〕推源流而系謝安　「流」原作「派」，「系」原作「記」，據周必大周益國文忠公集玉堂類稿卷二立皇后謝氏制改。

〔三一〕江左　原作「江右」，據蕭本、函海本及上條引書改。

〔三二〕張去爲所因納之宮中　此句疑有脱誤。

〔三三〕婉儀　原作「婉容」，據上文及蕭本、殿本、函海本與宋會要后妃三之二〇改。

〔三四〕李𡔛　原作「李壽」，據蕭本及宋史卷二四三李賢妃傳改。

〔三五〕咸寧　蕭本、殿本作「咸安」。

〔三六〕紹熙元年夏　宋史卷三六光宗紀作「紹熙元年三月丁卯」。

〔三七〕（淳熙）十五年秋　宋史卷三五孝宗紀作「淳熙十五年六月己巳」，樓鑰攻媿集卷八六皇伯祖崇憲靖王行狀同。疑「秋」字爲「夏」之誤。

〔三八〕（淳熙）十六年夏　宋史卷三六光宗紀作「淳熙十六年三月甲寅」，上引行狀同。疑「夏」字爲「春」之誤。

〔三九〕紹熙元年五月　宋史卷三六光宗紀作「紹熙元年四月己丑」。

〔四〇〕嘉泰中薨　原作「慶元中薨」，據上引行狀及宋史卷三八寧宗紀嘉泰二年九月條改。

〔四一〕魏惠憲王　「憲」原作「獻」，據本卷孝宗諸孫、顯仁韋皇后、成穆郭皇后、郡縣主四條，殿本、函海本及宋史卷二四六魏王愷傳、卷二二三宗室世系表孝宗四子條改。下同。

〔四二〕賚賜　原作「齎賜」，據殿本、函海本及上引宋史魏王愷傳改。

〔四三〕沖英　原作「沖美」，據本卷校勘記〔一〇〕條改。下同。

〔四四〕紹熙初　宋史卷三八寧宗紀作「嘉泰三年九月」，卷二四六莊文太子愭傳作「寧宗時」。此處記年疑誤。

〔四五〕希瑾爲之子　原脱「之」字，據影宋本、蕭本、函海本補。

〔四六〕紹熙五年七月　「七月」，宋史卷三七寧宗紀、續通鑑卷一五三均作「八月」。

〔四七〕慶元元年　「元年」，上引書均作「二年」。

〔四八〕寶文閣直學士　攻媿集卷九二觀文殿學士錢公（端禮）行狀、東都事略卷二四、宋史卷三一七錢惟演附子暄傳均作「寶文閣待制」。此處當誤。

〔四九〕避狄　因清人避諱改爲「避敵」，據蕭本、函海本改回。

〔五〇〕（紹興）七年冬　「冬」原作「秋」，據要録卷一一五紹興七年十月壬子（二十三日）條及宋會要帝系八之二二改。

〔五一〕年八十六　「六」原作「三」，據要録卷一四七紹興十二年十一月壬寅條及宋史卷二四八秦魯國大長公主傳改。

〔五二〕故不行　原作「故不言」，據蕭本、函海本改。

〔五三〕端禮孫象祖　「孫」原作「子」，據上引攻媿集行狀、嘉定赤城志卷三三賜出身條及宋史卷三八五錢端禮傳改。

〔五四〕字同叔　按：嘉定赤城志卷三三，象祖字伯同。又本書乙集卷一三非科目而侍講讀者或濫吹條亦作「伯同」。疑此處有誤。

〔五五〕（紹興）三十年封永嘉郡主又明年卒　原脱「又」字，據要録卷一九九紹興三十二年四月庚午條及宋史卷二四八孝宗二女傳補。

〔五六〕光宗三女長齊安郡主次文安次和政　宋史卷二四八光宗三女傳作「文安郡主，光宗長女也；次女封和政郡主；季女封齊安郡主。」與此處所記長幼次序不同。

〔五七〕紹熙　原作「紹興」，據殿本及上引宋史改。

〔五八〕建炎四年……又明年有自稱徐王棣者　原脱「又」字，據要録卷五三紹興二年四月庚辰條、卷五八紹興二年九月甲子條、卷五九紹興二年十月庚寅條及宋史卷二七高宗紀紹興二年四月戊寅條、卷二四六徐王棣傳補。

〔五九〕李勃　原作「李悖」，據上引各書改。

〔六〇〕脱虜來歸　「虜」原作「兵」，據蕭本、函海本改。

〔六一〕以取財物　原脱「財」字，據影宋本、蕭本、函海本補。參看宋刑統卷二五詐欺官私取財條。

〔六二〕子晝　各本及要録卷一四五均作「子晝」，據程俱北山小集卷三三趙公墓誌銘、范成大吴郡志卷一一題名及宋史卷二四七子晝傳、卷二二一宗室世系表，通考卷二五九帝系考改。

〔六三〕子湞　原作「子直」，據要録卷一二八紹興九年五月丁亥條及宋史卷二四七子湞傳、卷二一七宗室世系表改。蓋子湞兄弟取名均有水旁，此處當爲誤奪。

〔六四〕師羿　原作「師睪」，據葉適水心文集卷二四兵部尚書趙公墓誌銘及宋史卷二四七師羿傳改。

〔六五〕户部侍郎　師羿在嘉泰初之官職，據上引兩書似應作「工部侍郎」。參見兩朝綱目備要卷五慶元四年正月丙辰條及葉紹翁四朝聞見録戊集西湖放生池記。

〔六六〕皆隔異域　原作「皆處隔域」，據影宋本、蕭本、函海本及通考卷二五九帝系考改。

〔六七〕紹興七年　原作「紹熙七年」，按：紹熙無七年，據蕭本、函海本及上引通考改。

〔六八〕三月丙午　「丙午」原作「丙子」，按：紹興三十年三月庚辰朔，無「丙子」日，據要録卷一八四紹興三十年三月丙午條記事改。

建炎以來朝野雜記甲集卷二

郊廟 宫省 祠觀 陵寢附

53 南北郊明堂

自元豐分南北郊，至政和乃克行之。建炎二年，上祀圜丘，獨祭上帝而配以太祖，用元豐禮也。紹興十三年郊祀，始設大神、大示，及太祖、太宗配位，自天地至從祀諸神，凡七百七十有一，蓋元祐禮云。明堂者，仁宗皇祐中始行之，其禮合祭天地，並配祖宗，又設從祀諸神，如郊丘之數。政和七年，既建明堂於大内，自是歲以九月行之，然獨祀上帝而配以神宗，惟五帝從祀。紹興元年，上在會稽，將行明堂禮，命近臣議之〔一〕。王剛中居正爲禮部郎官，首建合祭之議，宰相范覺民主之，乃以常御殿爲明堂，但設天、地、祖、宗四位而已。四年，始設從祀諸神。七年，復祀明堂，而徽宗崩問已至，中書舍人傅崧卿請增設道君太上皇帝配位於太宗之次。禮部侍郎陳公輔言：「道君方在几筵，未可配帝。」乃不行。三十一年，始宗祀徽宗於明堂，以配上帝，而祀五天帝、五人帝於堂上，五官神於東廂〔二〕，罷從祀諸神位，用熙寧禮也。乾道以後，説者以德壽宮爲嫌，止行郊禮。淳熙六年，用李仁父、周子充議，復行明堂之祭，遂合祭並侑焉。逮十四年高宗崩，明年季秋乃用嚴父之典。今郊禮從紹興，明堂從皇祐，惟歲時常祀，則以太祖配冬至圜丘，太宗配祈穀、大雩，高宗配明堂宗祀，蓋尤延之爲禮官時所請云。

54 郊丘明堂之費

隆興二年，孝宗初行大禮，時湯慶公思退爲左相，上問郊與明堂之費如何？户部尚書韓仲通曰：「郊之費倍於明堂。」侍郎錢端禮言：「不過增二十萬。若從祖宗故事，一切從儉，自宜大有減省。」上以爲然。乃詔：除事神、賞軍外，並從省約。會其秋金虜入寇，遂用明年正月辛亥朔旦行之。上自宮徂郊，乘玉輅，用鹵簿之半，禮畢，乘平輦而歸。乾道三年再郊，始復備五輅，歸用大安輦焉。

55 當喪罷祭廟

自咸平以來，人主有三年之喪，則罷廟祭。熙寧元年郊祀，英宗喪未除，然前二日猶朝獻景靈宫，前一日朝饗太廟。元祐元年，宗祀亦如之。紹興七年，上祀明堂於建康，時徽宗未祔廟。太常少卿吴表臣奏行其禮，翰林學士朱震以爲不然。監察御史趙涣言：「升祔以後，宗廟常祭皆不當廢，而當喪享廟亦有顯據。左氏傳曰：烝嘗禘於廟。曾子問曰：已葬而祭。此不當廢也。詩頌：成王即位，諸侯助祭。春秋：文公四年十一月，成風薨〔三〕，六年十月猶朝於廟。此顯據也。」疏奏，詔侍從、臺諫議。議者吏部尚書孫近等十五人，言：「按唐故事，以皇帝將行郊禮，奉告太廟、太清宫，蓋告也，非祭也。」上從之。三十一年，當宗祀，其夏已聞欽宗之喪，禮部侍郎金安節言：「宫廟皆當以大臣攝事。」亦不從。紹熙五年，明堂，孝宗未卒哭，時趙汝愚朝獻景靈宫，嗣秀王伯圭朝饗太廟，而上獨祀明堂。慶元六年，上執光宗之喪甫踰月，而當行大禮，乃命右丞相謝深甫款天興之祠，嗣濮王不嬖攝宗廟之祭〔四〕，蓋用紹熙禮云。

56 太祖正東嚮之位

國朝自太祖追王四親以來，每遇禘祫，祖宗以昭穆相對，而虚東嚮之位。王介甫用事，以爲僖祖以上，世次不可知，則僖祖之有廟，與后稷宜無以異〔五〕。當時諸儒韓持國輩辯之，不從。熙寧八年夏，禘於太廟，以尊僖祖，自是無敢復議者。紹興五年八月，董舍人弅爲吏部員外郎，始請正太祖東嚮之位。上命防秋後議之。明年春，王侍郎普爲太常丞，復以爲請。趙元鎮爲相，白行之。下侍從、臺諫、禮官集議。上謂元鎮曰：「太祖開基創業，始受天命，祫享居東嚮之位，合於禮經，必無異議。」而諫官趙霈者，乃謂上皇在遠，宗廟之事，未容輕議。事遂止。淳熙末，尤延之尚書爲江西提刑，復建此議。紹熙初，入爲宗伯，遂申言之。詔侍從、臺諫、兩省與禮官同議。其後亦不行。時丘宗卿侍郎在奉常，亦以爲言，而議終格。逮趙子直得政，遂決行之。朱元晦侍講獨言〔六〕：僖祖，皇家始祖，不當一旦并行祧毀。不從。故昌陵祔廟，踰二百年而後正太祖之位。蓋自紹熙五年冬始而別建一殿，以奉祧主於大殿之西，今謂四祖殿者是也。

57 九廟七廟之制

太廟自仁宗以來，皆祀七世。崇寧初，蔡京秉政，始取王肅説，謂二祧在七世之外，乃建九廟，奉翼祖、宣祖咸歸本室焉。然王莽已營九廟，唐明皇又用之，非始於蔡京也。紹興中，徽宗祔廟，以與哲宗同爲一世，故無所祧，及升祔欽宗，始祧翼祖。高宗與欽宗同爲一世，亦不祧。由是淳熙末，太廟祀九世十二室〔七〕。及阜陵復土，趙子直爲政，遂祧僖、宣二祖，而祔孝宗。時朱元晦在經筵，獨以九廟爲非，子直不從，元晦議遂格。及光宗祔廟，復不祧，今又祀九世矣。

58 太廟景靈宮天章閣欽先殿諸陵上宮祀式

國朝宗廟之制，太廟以奉神主，一歲五享，朔祭而月薦新。五享以宗室諸王，朔祭以太常卿行事。景靈宮以奉塑像〔八〕，歲四孟饗，上親行之。帝后大忌，則宰相率百官行香，僧、道士作法事，而后妃六宮皆亦繼往。天章閣以奉畫像，時節、朔望、帝后生辰日，皆徧薦之，內臣行事。欽先孝思殿亦奉神御，上日焚香。而諸陵之上宮亦有御容，時節酌獻如天章閣。每歲寒食及十月朔，宗室、內人各往朝拜。春秋二仲，太常行園陵。季秋，監察御史檢視。太廟之祭以俎豆，景靈宮用牙盤，而天章閣等以常饌，用家人之禮云。迄今不改。光堯之崩，詔侍從官議廟號，洪景盧內翰請稱「世祖」，從官多同之。禮官顏師魯、尤袤、鄭僑疏奏曰：「臣等竊惟宗廟之制，祖有功而宗有德。創業垂統，功莫大焉。繼體守文，德莫茂焉。藝祖皇帝規創大業，爲宋太祖，太宗皇帝混一區夏，爲宋太宗，自真宗至於欽宗，聖聖相傳，廟制一定，萬世莫易。仰惟大行太上皇帝，宏濟多難，紹開中興，功德兼隆，上比太祖。陛下孝思罔極，求所以盡尊親之意，稱祖立廟，有何不可。然在禮，子爲父屈，示有尊也。子雖齊聖，不先父食。大行太上皇帝親爲徽宗之子，子爲祖而父爲宗，則難以正尊卑昭穆之序。今議者不過引光武爲比，太上皇帝中興大業，雖與光武同。然漢自高祖至於平帝，國統中絕。光武以長沙王之後，起於布衣之中，不與哀、平相爲繼承，其稱祖無嫌，一也。漢制：每帝即位，輒立一廟，不列昭穆，故明帝更爲光武立廟，號爲世祖廟，蓋不與高祖爲一，其稱祖無嫌，二也。大行太上皇帝功德盛大，禮當尊崇，然實繼徽宗之正統，以子繼父，非若光武比也。本朝參稽三代之制，列昭穆於太廟，非若漢世可更爲廟也。仰惟大行太上皇帝，孝悌之至，冠於百王，將來祔廟，若在父廟之下而稱祖，竊恐在天之靈有所不安。若更爲廟如東漢，則於國朝之制，豈容違戾。質之典禮則不合，驗之人情則不順。夫昭穆尊卑之序，所以關綱常、繫事體者甚大，豈易輕變。乞以臣等此章付集議所，參稽禮經，博采衆論施行。」從之。遂定爲高宗矣。

59 光堯廟號議

初，光堯廟號未定，殿中侍御史冷世光、監察御史吳博古、黄謙共議，謂宜稱「聖宗」。權兵部侍郎林栗又議，宜存尊號中十六字，而益以「聖神光孝」四字，廟號「堯宗」。詔侍從、臺諫、兩省、禮官同議。時栗奏：又謂唐高宗有孽后，國祚幾危，非所宜比。皇太后聞其說，必欲易之。於是從官宇文价、洪邁、韓彦質、葉翥、劉國瑞、王信、李巘、吴琚、章森，諫官謝諤，禮官顔師魯、黄黼〔九〕、倪思、張體仁、沈鑑等同奏：「聖字乃契丹隆緒廟號，恐難用。又謚法雖有堯字，乃後人采取傅會之説，而北虜亦有名宗堯者，斷不可用。惟高字或光字爲宜。」栗又固争，以堯字爲可用。太常少卿尤袤奏曰：「昔曹操、朱温皆號太祖，本朝太祖用之不嫌者，名實所在，自有定論也。堯乃古帝名，不可單用爲號。烈字則劉聰、楊渥僭僞之主皆常用之〔一〇〕，光字雖若可用，然字體太輕，士庶名字多或用之。」於是有請稱「藝宗」者，以爲種藝之藝，建立天地，開植宗社，滋養萬物，傳之無窮，皆藝也。大臣主之，復下侍從、臺諫、兩省、禮官議。議者皆謂孔安國注舜典云：「藝者文也」，書之取義，止於如此。又經典中有才藝、技藝與藝成而下之文，可以爲重，可以爲輕，況施之於祖猶有可據，施之於宗則失之牽合。臣等謂極天下之美而前世未用者，莫如「大」之一字。易曰：「大哉乾元。」論語曰：「大哉堯之爲君。」大之爲義，其廣如此，請號曰「大宗」。於是内出詔曰：「堯字載於謚法，唐高祖亦謚神堯，用爲廟號，似亦無嫌，可令議定奏聞。」禮部、太常寺奏：「堯、舜乃二帝之名，唐高祖謚神堯，太上皇帝尊號『光堯』，猶曰比德於堯，而又過之爾，乃今獨取『堯』之一字以爲廟號，有所未安。本朝開基中興，皆在商丘，國號大宋，則今擬廟號獨取乎商之高宗，實爲有證。」詔從初議，遂定爲高宗。方羣臣之集議也，又有欲稱「成宗」者。袤曰：「此吴越錢元瓘僞號也。」議者乃止。其後壽康升祔，遂號爲光宗云。

60 高宗孝宗配饗功臣

祖宗故事，大臣配饗，皆祔廟後議之。若趙韓王、曹秦王之配饗太祖〔一〕，蓋在真宗咸平時。而韓魏王、曾魯公之配饗英宗，皆其身薨日降制，亦在祔廟十數年後。永思陵復土，翰林學士洪邁言：「聖神武文憲孝皇帝祔廟有期，所有配食臣寮，先期議定，臣兩蒙宣諭，欲用文武臣各兩人。文臣：故宰相、贈太師、秦國公、謚忠穆呂頤浩，特進、觀文殿大學士、謚忠簡趙鼎。武臣：太師、蘄王、謚忠武韓世忠，太師、魯王、謚忠烈張俊。此四人皆一時名將相，合於天下公論，望付侍臣詳議以聞。」議者皆以爲宜，遂從之。祕書少監楊萬里獨謂張丞相浚不與配食爲非宜，爭之不能，因補外去國焉。孝宗既祔廟，詔以故相陳康伯侑食。寶文閣待制吳摠上疏，請以其父璘配饗廟廷，不報。

61 中興祀典〔二〕

中興祀典，冬至圜丘，夏至皇地祇，太祖配。孟春祈穀，孟夏雩祀，神州地祇，並太宗配。季秋明堂，淳熙十六年閏五月，改高宗配。感生帝，僖祖配。已上宰執充獻官。高禖，青帝，配以伏羲、高辛氏。朝日，大明。夕月，夜明。九宮貴神，太一，攝提，權主，招搖，天符，青龍，咸池，太陰，天一。熒惑，商丘宣明王配。太社太稷〔一三〕，土王，后稷。出火納火祀大辰，商丘宣明王配。蜡祭，東蜡大明，配以神農、后稷。西蜡夜明，配以神農。南蜡神農，無配。北蜡神農，配以后稷。五方嶽鎮，無配。四海、四瀆，無配。風雨雷師，無配。先農。神農，后稷。先蠶，至聖文宣王，兖國公，鄒國公。昭烈武成王，留侯。祚德廟。强濟公，英略公，啓佑公。

62 渡江後郊廟宮省

紹興四年，高宗在平江，將還臨安，始命有司建太廟。十二年，和議成，乃作太社太稷〔一四〕、皇后廟、都亭驛、太學。十三年，築圜丘、景靈宮、高禖壇、祕書省。十五年，作內中神御殿。十六年，廣太廟，建武學。十七年，作玉津園、太一宮、萬壽觀。十八年，築九宮貴神壇。十九年，建太廟齋殿。二十年，作玉牒所。二十二年，作左藏庫南省倉。二十五年，建執政府。二十六年，築兩相第、太醫局。二十七年，建尚書六部、大閱所。凡定都二十年，而郊廟宮省始備焉。

63 今圜丘 青城齋宮

今圜丘，在龍華寺之西，壇四成，上成縱橫七丈，下成二十二丈，分十三陛，陛七十二級，壇及內壝凡九十步，中壝、外壝共二十五步。紹興十三年，楊存中領殿前司所築也。東都舊有青城齋宮，渡江後，以幕屋絞縛爲之，每郊費緡錢十餘萬。淳熙末，張端明杓爲京尹〔一五〕，始議築齋宮，可一勞而永逸。上從之。宇文寶學价時爲兵部尚書，因宿直奏曰：「陛下方經略河南，今築青城，是無中原意也。」上以爲然，亟命罷役。

64 京太廟

京太廟，舊十六楹，其十四楹爲七室，東西二楹爲夾室。康定元年冬，直祕閣趙希言：「請倣古制，每主爲一廟一寢，或未能然，則更立祧廟。」事下禮官。宋子京等言：「晉、宋以來，多同殿異室，祖宗至今行之已久。」遂不從。及哲宗祔廟，七室已滿，僖祖、太祖至神宗。李邦直議：父子曰世，兄弟曰及。乃祔哲宗主於東夾室焉。室既隘，神帳、祭器至不能容，乃皆裁削其制。論者非之，逮崇寧始改。

65 今太廟

今太廟，紹興四年創。始高宗在揚州，寓祖宗神主於壽寧寺。己酉南渡，太常少卿季陵遺親事官負神主以行，虜人逐之〔一六〕，遂失太祖神主。後朝廷以重賞求之。上自海道還，神主留温州。久之，江端友爲禮官，請建太廟正殿七楹，分爲十三室。祖宗十一室，二夾室。七年夏，更築太廟於建康，以臨安太廟爲聖祖殿。十二月，復奉神主還臨安。十六年，新祭器將成，而太廟室隘，至不能陳列。巫端明伋請增建太廟〔一七〕。從之。於是從西增六楹，通舊十三楹，每楹爲一室，東西二楹爲夾室。又作西神門、册寶殿、祭器庫。

66 景靈東西宫

祖宗以來，帝后神御皆寓道、釋之館。神宗元豐中，始倣漢原廟之制，即景靈宫之東西爲六殿，每殿皆有館御，前殿以奉宣祖以下御容，而後殿以奉母后，各揭以美名。徽宗崇寧初，以景靈無隙地，乃於馳道之西立西宫，以神宗爲館御首，哲宗次之，號舊宫爲景靈東宫。建炎改元之二日，即命有司建景靈宫於江寧，帝后異殿，然不克成。渡江後，自聖祖已下神御皆寓温州天慶宫，以祠部郎官兼知州，若官使相則兼景靈宫使，典奉神御。趙忠簡爲相，議築宫臨安，以奉祖宗神御，而留聖祖於東嘉。後不果。紹興十三年二月，始遷於臨安，然但通爲三殿，以奉聖容，無復東都之制矣。或者謂忠簡之議，乃王沂公藏天書之意。

67 今景靈宮

今景靈宮在新莊橋之西，本劉光世賜第也。初築三殿，聖祖居前，宣祖至徽宗居中，元天大聖后與祖宗諸后居後。掌宮内侍七人，道士十人，吏卒二百七十六人。上元結鐙樓，寒食設鞦韆，七夕設摩睺羅。簾幕歲一易，歲用酌獻二百四十羊。凡帝、后忌辰，通用僧、道士四七人作法事。十八年，增建道院。二十一年，韓世忠卒，九月又以其賜第增築之。天興殿五楹，中殿七楹，後殿十有七楹，齋殿、進食殿皆備焉。期年而畢。

68 今大内　壽慈宮　太學　三省　臨安府

今大内，舊杭州州治也。紹興初，高宗自越復還臨安，命有司裁爲行宮，百楹而已。時内侍楊公弼董其事，欲增爲三百楹，上不可而止。蓋上日所御殿，茅屋才三楹。九年，秦丞相用事，始作慈寧宮。十二年，和議成，因作崇政殿、垂拱殿。十八年，乃名皇城南門曰麗正，北門曰和寧。二十四年，建天章等六閣。二十八年，增築皇城東南之外城〔一八〕。於是時禁中已復營祥曦、福寧等殿，苑中有澄碧、觀堂、淩虛閣等，而上又自作復古殿、損齋，實所常御也。孝宗乾道初，作選德殿。淳熙中，作翠寒堂。今壽慈宮，舊秦檜宅也，故爲德壽宮。今太學，舊岳飛宅。今三省、樞密院，舊顯寧寺。今臨安府，舊祥符寺。

69 祕書省

祕書省，在天井巷之東。紹興十三年創，以殿前司寨爲之，中有殿曰右文。淳熙中，陳叔進樞密爲祕書少監，始葺廣之，後園頗華麗。紹熙末〔一九〕，趙子直欲以爲泰安宮，會上皇不欲遷〔二〇〕，乃止。

70 玉津園

玉津園，紹興十七年建。明年，虜使蕭秉溫來賀天申節，始燕射於是園。乾道、淳熙間，初復燕射，飲餞親王，皆以爲講禮之所。後又有德壽宮東園，集芳園，太上皇后下天竺御園。

71 睦親宅　莊文　惠憲府　嘉王府

東都故事，宗室子皆築大室聚居之。太祖、太宗九王後曰睦親，秦王後曰廣親，英宗二王曰親賢，神宗五王曰棣華，徽宗諸王曰蕃衍。渡江後，宗子始散居邵邑，惟親賢子孫爲近屬，則聚居之。孝宗子四人，邵悼肅王無後，莊文太子、魏惠憲王早薨。莊文之妃，惠憲之夫人，皆別居賜第。初莊文既大祥，議者欲皇孫出居於外，或以爲不可。又踰年，竟以知樞密院府爲外第焉。紹熙初，今上封嘉王，將以所籍富民裴氏之居爲府第，而議者以爲非宜，乃改築。蓋自紹興以來，天屬鮮少，故不復賜宅名云。

72 內中神御殿

內中神御殿，東都舊有之，號欽先孝思殿。紹興十五年秋始創，在崇政殿之東。凡朔望、節序、生辰，上皆親酌獻行香，蓋用家人禮也。

73 萬壽觀

萬壽觀，以奉皇帝本命星官，大殿曰純福，掌觀內侍二人，道士十一人，吏卒一百五十五人。道士歲費縣官錢七百九十二千，米百有二十斛。紹興十七年建。

74 太一宮

太一宮，以紹興十七年建，明年宮成，凡一百七十楹，分六殿，大殿曰靈休，奉十神太一塑像。夾殿曰瓊章寶室，藏殿。別殿四，曰介福、上本命殿。金闕寥陽、三清。明離、火德真君。齋明。齋殿。兩廡繪三皇五帝至里域星官，凡一百九十五。每歲四立日，以籩豆祀之，用素饌。火禁，依皇城法。士民許即道院設道場，品官聽升殿。宮成，以秦太師爲奉安太一使。翌日，上親詣，職事官寺監簿〔三〕、在京釐務官通直郎已上，皆立班。道士宮給糧，歲爲五百斛。其後，又詔市嘉興田三十頃，以爲道糧。宮後小坡上，有亭曰武林，竹柏周遭，頗清絕。孝宗受禪，增建本命殿曰崇禧。光宗受禪，遷介福像於夾屋，而名新殿爲崇福。

75 佑聖觀

佑聖觀，孝宗舊邸也。壁間有上少年時所題，云：「富貴必從勤苦得，男兒須讀五車書。」至今以碧紗籠寶藏之。淳熙三年初建〔三〕，以奉佑聖真武靈應真君，十二月落成。或曰真武像，蓋肖上御容也。

76 寧壽觀

寧壽觀，在七寶山之上，舊名三茅堂，有徽宗御書茅真君像。紹興二十年，賜額。觀後林內，下瞰大內之宮中樓殿，皆髣髴可見，今爲禁地。

77 延祥觀

延祥觀，紹興十四年建，以奉四聖真君。初，靖康末，上自康邸北使，將就馬，小婢招兒見四金甲神，各執弓劍以衛上，指示衆人〔三〕，皆云不見。顯仁后聞之曰：「我事四聖，香火甚謹，必其陰助。」及陷虜中，每夕夜深，必四十拜。及曹勛南歸，后令奏上，宜加崇奉，以答景貺云。觀今在西湖上，極壯麗，其像以沈香斲之，修繕之費皆出慈寧宫，有司不與。

78 顯應觀

顯應觀，紹興十七年建，以奉磁州崔府君，在西湖之東岸。昔高宗靖康北使，至磁州而還。建炎初，秀王夫人夢神人自稱崔府君，擁一羊謂之曰：「以此爲識。」已而有娠，遂產孝宗，亦異矣。崔府君，東漢崔瑗也，封嘉應侯。

79 祚德廟

祚德廟，始熙寧閒，神宗未有聖嗣，故吳居厚請爲之。紹興十六年四月，立於臨安。六月，詔誠信侯程嬰增忠節，忠智侯公孫杵臼增通勇，義成侯韓厥增忠定。時國嗣未建，故祠之，且升爲中祀，後又封爲公。是歲，監察御史石棣、王鎡因請行親祠高禖之禮。八月，改築高禖壇於圜丘之東，高咫而廣五倍。十七年二月，以秦丞相爲親祠使。丁未，上親祠青帝於壇，以伏羲、高辛配，又祠簡狄、姜嫄於壇下。牲用太牢，玉用青幣，倣其玉之色，樂舞如圜丘之制。

80 郡國祖宗神御

郡國廟，國朝惟祖宗所嘗幸則有之。建炎初，虜圍西京急，留守孫昭遠遣其將王仔，奉啓運宮神御，間道走揚州，後遷於福州。而永安軍會聖宮、揚州章武殿之御容，則遷於溫州天慶觀。紹興十三年，復奉溫州神御還臨安，奉安於萬壽觀之後殿。惟啟運留福州，以守臣提舉。成都府新繁縣御容殿者，始在崇光寺藥師院〔一四〕。雍熙間，僧道輝畫太祖皇帝御容於佛屋之後壁。熙寧六年，趙清獻爲成都守，請建殿奉安，神宗不許，但令設枝屋、欄楯以扃護之。元豐七年，走馬承受趙還者，更具奏，得旨修建殿宇，創置門鑰，官設監守，朝謁以時。紹興元年，終南山上清太平宮道士訾全真等，復持太宗、真宗御容，自岐下抵宣撫使張忠獻，忠獻即遣使奉安於太祖之側。四年，宣撫副使吳武安玠更自武興送仁宗、英宗、神宗御容至殿奉安。二十七年，楊文安椿爲兵部侍郎，言於朝。有旨別加營繕，始更爲殿門外向，二十九年乃成。時王時亨知府事，請賜宮額及殿名，不報。淳熙中，胡長文入蜀，始議即府之聖壽寺創殿以奉御容，殿宇甚華，供奉之物亦寖備，乃復乞宮額於朝。先是，長文創雄邊軍數千人，列營府治之側。又言石室學宮聚川、陝之士，而每遇科舉，皆得試其鄉，乞爲之別立解額。事未行，議者因謂今蜀已有太學及殿前司，獨欠景靈宮爾。繇是格不下。今春秋以府通判朝謁，用素饌，道士讀祝文，猶如終南山之禮云。

81 昭慈永佑攢宮議

國朝自宣祖葬河南之永安，其後六聖皆祔。紹興元年，昭慈聖獻皇后崩於越州，遺誥權宜擇地攢殯〔二五〕，候軍事寧息，歸葬園陵，梓宮取周於身，以爲他日遷奉之便。於是權殯於會稽縣之上皇村。十二年，徽宗梓宮將還，宰相秦檜白令侍從、臺諫、禮官赴尚書省集議。靈駕既還，當崇奉陵寢，或稱攢宮。禮部員外郎眉山程敦厚希檜意，獨上奏，言：「仍攢宮之舊稱，則莫能示通和之大信，而用因山之正典，則若忘存本之後圖。臣以爲宜勿徇虛名，而當示大信。」於是議者工部尚書莫將等乃言：「太史稱歲中不利大葬，請用明德皇后故事權攢。」許之。議狀遠引明德而近舍昭慈，似有所避也。其後高宗遺誥〔二六〕亦稱攢宮，訖今遂循故事。

82 攢宮五使

昭慈之喪，以同知樞密院事李回爲總護使，刑部尚書胡直孺爲橋道頓遞使，神武左軍都統制韓世忠爲總管，内侍楊公弼爲都監，調三衙神武輜重越州卒千三百人穿復土，不置五使。永佑、顯仁亦如之。高宗山陵始備五使，如典禮。

83 昭慈永佑顯仁永思永阜永崇六攢宮

昭慈攢宮方百步，下宮深一丈五尺，明器止用鉛錫，置都監、巡檢各一員，衛卒百人，生日、忌辰、旦望、節序排辦如天章閣之儀，以香火院爲泰寧寺。永佑陵在昭慈攢宮西北五十步，用地二百二十畝。兩攢宮歲用祠祭錢八千四百餘緡，修繕錢五千緡。顯仁皇后攢宮在顯肅宮之西十九步。二攢宮舊未有禁地，顯仁既葬，始立四隅，以二十里爲禁域，凡民居、丘墓皆遷之。永思陵亦在會稽。紹熙末〔二七〕，將營永阜陵，趙子直以思陵之旁，土薄水淺，議卜於臨安之中軍寨。朱晦翁亦乞於近畿改卜。衆議不同，復祔於會稽之域。其後遂續建永崇陵焉。

84 山陵非宰相護送

永佑之權殯也，宰相秦會之不欲行，乃命信安孟王忠厚以樞密使爲之。及營思陵，備置五使，遂命右相周益公掩殯宮，從所請也。時左相王季海以母老惡凶事，故不欲行。然陵成而王卒罷。永阜之役，既命左相留仲至，未葬而仲至遂罷。右相趙子直亦不欲行，乃命少傅、保寧軍節度使郭師禹爲總護使〔二八〕，而命參知政事余處恭持節導梓宮。既葬，師禹封永寧郡王，子直遂得罪。慶元末，永崇陵將復土，右相謝子肅亦不行，乃命平原王韓侂胄焉。山陵非宰相護送，遂爲故事。

85 成恭成穆慈懿恭淑四殯宮

初營佑陵，顯肅皇后同穴，後以顯仁祔之，憲節皇后陪葬於佑陵，故永思獨以憲聖祔。孝宗在藩邸〔二九〕，成穆已殯於臨安府南山之修吉寺。乾道初，成恭殁，因葬其東。慈懿皇后殯宮又在成穆之東，神穴深九尺，紅圍裏方，二十有五步〔三〇〕，用成恭例也。恭淑皇后殯宮，在慈懿之東廣教寺。

故也。

86 元懿太子殯所

元懿太子殯所，在建康府城中鐵塔寺法堂西偏之小室，無守者，蓋時方巡幸，庶事草創故也。

87 莊文太子園

莊文太子園，在臨安府寶林院法堂内。初議以南山净慈寺爲之，王日曬時爲給事中，言其高明顯敞，與安穆、安恭事體爲不相稱，遂改用寶林焉。

88 秀安僖王園　濮王　秀王祠堂

秀安僖王園，在湖州府城外菁山。紹熙元年八月，詔營廟於園之正北，三間二厦，神門、欞星門各一座，神廚齋館，隨地之宜。又作祠堂於臨安、欞星門一座，朝門、祠堂、後堂各三間，枝屋兩間，歇泊位庫屋、巡防從人屋等，又共爲七十三間。廟以藏神主，祠堂以藏神貌，用濮園故事也。濮王祠堂并神主，今寓紹興之報恩寺。

89 永佑永獻喪制

徽宗初葬五國城，後七年，虜人乃以梓宮還行在。梓宮將至，上服黄袍乘輦，詣臨平奉迎，登舟易緦服，百官皆如之。既至行在，寓於龍德別宮，以故待漏院爲之，在行宮南門外之東，帝、后異殿。先是，選人楊煒獻書於執政李光，以梓宮雖還，真僞未辨。左宣義郎王之道亦貽書諫官曾統，乞奏命大臣取神櫬之最下者，斲而視之，然後奉安。既而禮官請用安陵故事，梓宮入境，即承之以槨，有司預製衮冕翬衣以往，至則納槨中，不改斂。欽宗之喪，舉哀於天章閣南，以學士院爲几筵殿，遥上陵名曰永獻〔三〕。暨乾道中，朝廷遣使求陵寢地，虜人許以遷奉，且并歸靖康梓宮。朝廷難之，虜人乃以禮陪葬於鞏縣云。

校勘記

〔一〕近臣　原作「邇臣」，據蕭本、函海本改。

〔二〕五官神　「官」原作「宮」，據殿本、閣本及要録卷一九二紹興三十一年九月辛未條、宋史卷一〇一禮志改。

〔三〕春秋文公四年十一月成風薨　「十一月」原作「十二月」，據春秋文公四年冬十有一月壬寅條記事改。

〔四〕不璺　原作「不儔」，據宋會要帝系二之三五及宋史卷三七寧宗紀改。按：不儔襲封嗣濮王在開禧三年七月，見上引宋會要及宋史卷三八寧宗紀。

〔五〕宜無以異　「宜」原作「疑」，據本書乙集卷四紹興至慶元臣僚論太祖東嚮之位條改。

〔六〕侍講　原作「侍郎」，據蕭本、殿本、閣本、函海本及宋史卷三七寧宗紀、卷一〇七禮志、卷四二九朱熹傳改。

〔七〕十二室　原作「十一室」，據殿本、閣本及通考卷九四宗廟考引録本書本條記事改。

〔八〕以奉　原作「奉以」，據蕭本、閣本及通考卷九四宗廟考引録本書本條記事乙正。

〔九〕黃黼　原作「黃黻」，據蕭本、殿本、閣本、函海本及宋史卷三九三黃黼傳改。

〔一〇〕烈字　「字」原作「宗」，據蕭本、函海本及本條上下文記事改。

〔一一〕太祖　原作「太廟」，據蕭本、殿本、閣本、函海本及通考卷一〇三宗廟考引録本書本條記事改。

〔一二〕中興祀典　原作「中興典祀」，據卷首目録及玉海卷一〇一紹興圜丘條乙正。下同。

〔一三〕太社太稷　「太」原均作「大」，據殿本及要録卷一四八紹興十三年三月乙巳條改。參見乾道臨安志卷一郊社、通考卷八二郊社考及宋史卷一〇二禮志。

〔一四〕太社太稷　「太」原均作「大」，據上條校勘記引書改。又要録卷一四八及宋史卷三〇高宗紀均繫詔臨安府建太社太稷之壇於紹興十三年三月乙巳日，在詔建景靈宮（二月乙酉）之後。

〔一五〕張杓　原作「張杓」，據宋史卷三六一張浚附子杓傳、卷九九禮志及攻媿集卷四〇徽猷閣學士知襄陽府張杓制、陳傅良止齋文集卷一八除知襄陽府張杓知建康府制、朱熹朱文公文集卷七八袁州州學三先生祠堂記、卷九五下張公(浚)行狀改。

〔一六〕虜人　原作「北人」，據蕭本、函海本改。

〔一七〕巫端明伋　要録卷一五五紹興十六年三月乙未條及宋會要禮一五之一九均作「給事中段拂」，當是。

〔一八〕增築　原作「建築」，據蕭本、殿本、函海本改。參見要録卷一八〇紹興二十八年七月己未條。

〔一九〕紹熙　原作「紹興」，據上下文記年、記事改。按：趙子直(名汝愚)爲宰執，乃在紹熙末、慶元初。見宋史卷三九二趙汝愚傳。

〔二〇〕遷　原作「還」，據蕭本、殿本、閣本、函海本改。

〔二一〕職事官　「官」原作「宮」，據閣本、函海本改。

〔二二〕淳熙三年初建　原脱「初」字，據影宋本、蕭本、閣本補。

〔二三〕指示衆人　原脱「人」字，據閣本補。

〔二四〕崇光寺　蕭本、函海本及通考卷九四宗廟考引録本書本條作「重光寺」。

〔二五〕遺誥　「誥」原作「詔」，據殿本、閣本改。

〔二六〕高宗遺誥　「誥」原作「詔」，據通考卷一二六王禮考引録本書本條改。

〔二七〕紹熙末　原作「紹興末」，據下文記事改。

〔二八〕保寧軍節度使郭師禹　「保寧軍」，通考卷一二六王禮考引録本書本條同。而宋史卷三七寧宗紀紹熙元年七月丁卯條及宋會要儀制五之三四均作「保大軍」，疑以後者爲是。

〔二九〕藩邸　原作「潘邸」，據蕭本、殿本、閣本、函海本改。

〔三〇〕二十有五步　蕭本、函海本作「三十有五步」。

〔三一〕遥上陵名曰永獻　原作「遥上陵曰永獻陵」，據蕭本、閣本、函海本及通考卷一二六王禮考引本書本條改。

建炎以來朝野雜記甲集卷三

典禮

90 尊號

人主尊號，自漢哀帝用方士之説始有之。本朝沿唐故事，每遇大禮，羣臣必奉册寶，加上尊號。神宗皇帝聖學高遠，以謂虚名無益，遂罷之。紹興十八年，士民曹溥等千餘人，請上尊號。高宗不許。及遜位，孝宗始奉册加號曰光堯壽聖。乾道六年，上皇將加號，時周益公在翰苑，請用唐故事，皇帝率百官詣德壽宮再表以請。太上乃下詔許之〔一〕。禮文燦然，近古所未有。其後，每因慶典加之，至淳熙末年，累加光堯壽聖憲天體道性仁誠德經武緯文紹業興統明謨盛烈〔二〕，凡二十四字。孝宗既内禪，乃上尊號曰至尊壽皇聖帝。自後不復加。光宗在壽康宫，亦加聖安壽仁四字〔三〕，遂爲奉親之典焉。

91 年號

高宗初即位，改元建炎，以火德中微故也。苗、劉之亂，以爲炎字乃兩火，故多盜。明年還自海上，改五年爲紹興。久之，既與虜議和，遂不復改。三十二年，孝宗即位，踰年改隆興，其說以爲務隆紹興之政，及學士草制〔四〕，則合建隆、紹興之義，非初意矣。二年，王瞻叔爲參知政事，言趙諗謀逆，嘗欲以隆興紀元，令太常丞曾逮檢事實以進，上愕然。明年正月，郊，改元乾道，乾道盡九年〔五〕。時以爲乾元用九之數已極，乃改爲純熙。尋又易純爲淳，言欲致淳化、雍熙之美也。十六年，光宗即位，將紹淳熙之政，遂以紹熙紀元，猶隆興意爾。而學士草制，則又合紹興、淳熙爲義，亦非初意也。五年，上繼統，趙子直爲相，鋭意慶曆、元祐故事，乃改慶元。慶元盡六年，而上皇及太后繼崩，中宫去世，二皇子不育，朝廷嫌之，因改明年爲嘉泰云。

92 總論南巡後禮樂

自南巡後，庶事草創，上祀天維揚，始命即京師取祭器、法服、鹵簿之屬。己酉南渡，悉爲金人所焚。紹興元年，始作蒼璧、黄琮。十年，明堂始備大樂，飲福用金爵。十二年，將逆太母於臨平，始製常行儀衛。十三年，始復朔日視朝之禮，又行孟饗，備五輅，及建金雞肆赦，祠祭始用牲。十四年，復教坊，建宗學，作渾天儀。十五年，初籍千畝，及行大朝會禮，作新祭器。十六年，始備八寶，鑄景鐘，建御書院、太廟祏室，又賜講畢御筵。十七年，始命太常行園陵，御史監視，及賜新進士聞喜宴。十八年，始繪配饗功臣像於景靈宮庭之兩壁。十九年，始復蜡祭，及諸陵薦新。二十七年，始復太廟功臣七祭，及諸大祀。蓋自息兵後，將二十年，而禮樂始備焉。

93 恭謝

恭謝，自真宗以來，每大禮畢行之。建炎初不講。紹興元年，明堂畢，命同知樞密院事富季申恭謝越州天慶觀，溫州守臣恭謝景靈宮。十三年，郊禮畢，上詣景靈宮恭謝，時宮落成故也。舊太一宮亦恭謝，十八年宮成，復舉行之，自是遂爲故事。

94 大朝會

大朝會者，紹興十二年十月，詔來歲舉行之。王望之爲禮部侍郎，言排辦不及〔六〕，請俟來年冬至。既而不果。十五年正月朔旦乃克行，用黃麾仗三千三百五十八人，視東都舊儀損三之一。時無大慶殿，遂權於崇政殿行之，以殿狹，輦出房，不鳴鞭，他如故事。是日，設宫架樂，百官朝服，上壽如儀，自是一行而止。

95 親耕

親耕，紹興十五年詔舉行之。太師秦檜爲耕籍使，禮官張柄請耕籍使乘金根車先詣壇所。從之。後檜不敢乘而止。明年正月二十二日〔七〕，上服衮冕，親饗先農於東郊，牲用少牢，配以后稷。禮畢，易通天冠、絳紗袍，詣親耕位，宫架樂作，上親耕，九推乃止，遂登親耕壇，命宰執、使相、侍從、兩省、臺諫行五推、九推之禮，庶人終千畝焉。時太常丞王湛者，又請皇后就禁中親蠶。不果行。司農寺主簿宋敦樸因請令守、令以歲中春出郊勞農，至今遂爲故事。

96 視學　幸祕閣

視學，祖宗以來屢行之。紹興十三年，國學初建。明年三月〔八〕，上幸學，祗謁先聖，退御敦化堂，命禮部侍郎秦熺執經、國子司業高閌講易泰卦，遂幸養正、持志二齋，賜閌三品服，學官皆遷一官，諸生授官免解，賜帛如故事。時朝廷務講彌文，故閌以爲請。承務郎胡宏聞之，移書責閎希合，語在儒學事中。其年秋，又用祕書少監建陽游操之請，幸祕閣，召羣臣觀晋唐書畫、三代古器，賜操三品服，省官皆遷官。淳熙中，孝宗踵光堯故事視學，命禮部侍郎李燾執經、祭酒林光朝講大學，遂幸祕書省，賜省官燕，上賦七言律詩，坐者皆屬和。是爲兩朝盛典云。

97 大閱

大閱者，真廟景德初，以契丹將犯塞始行之。高宗建炎中，嘗諭吕忠穆、張忠獻二公，欲講其禮。後以避狄〔九〕，不果行。隆興二年五月，孝宗將閱武於近郊，既涓日矣，會雨作而止。乾道二年十一月，始幸白石教場。上登臺，親御甲冑，指授方略，命殿前、馬、步三司合教爲三陣。戈甲耀日，旌旗蔽野，師衆歡呼，坐作擊刺無不中節。上大悦。四年十月，又大閱於茅灘。時冬日可愛，士民觀者如堵。權主管殿前司公事王逵因奉觴稱壽，上嘉獎之。加賜諸軍中金四十鎰，錢十餘萬緡。淳熙四年十二月，又大閱於茅灘。十年十一月，又大閱於龍山。皆用此例。

98 燕射

燕射，祖宗承平時數行之，渡江後不講。乾道末，孝宗嘗諭輔臣留意習射。淳熙元年九月，遂幸玉津園講燕射之禮，賜皇太子、宰執、使相、侍從、正任御宴，酒三行，樂作，上臨軒，有司進弓矢，上射中，太子進酒，率羣臣再拜稱賀。次太子及環衛官蕭奪里嬾射中。上再射復中的。保信軍節度使開府儀同三司鄭藻、起居舍人王卿月亦射中。賜太子及藻、奪里嬾、卿月襲衣金帶。上賦七言詩，丞相曾欽道以下屬和。上還宮。是日陰雨，道無纖埃，都人聳觀，驩動林野。禮甫畢，雨始作。

99 北戎禮物〔一〇〕

自和戎後，虜人正旦餽上金酒器六事，法碗一，盞四，盤一。色綾羅紗穀三百段，馬六匹。生辰，珠一袋，金帶一條，衣七對，箱一，各色綾羅五百段，馬十匹。而戎主生辰、正旦，朝廷皆遺金茶器千兩，銀酒器萬兩，錦綺千匹云。

100 北使禮節

北使至闕，先遣伴使賜御筵於班荆館，在赤岸，去府五十里。酒七行。翌日登舟，至北郭稅亭，茶酒畢，上馬入餘杭門，至都亭驛分位，上賜被褥、紗羅等。明日，臨安府書送酒食，閤門官入位，設朝見儀，投朝見牓子。又明日，入見。伴使至南宫門外下馬，北使至閤門內。上御紫宸殿，六參官起居，北使見畢，退赴客省茶酒，遂燕垂拱殿，酒五行〔二〕，惟從官以上預坐。是日，賜茶器、名果。又明日，賜生餼。見之二日，與伴使偕往天竺寺燒香，上賜沈香、乳糖、齋筵、酒果。次至冷泉亭、呼猿洞而歸。翌日，賜內中酒果、風藥、花餳，赴守歲夜筵，酒五行，用傀儡。正月朔旦，朝賀禮畢，上遣大臣就驛賜御筵，中使傳旨宣勸，酒九行。三日，客省簽賜酒食，內中賜酒果，遂赴浙江亭觀潮，酒七行。四日，赴玉津園燕射，朝廷命諸校善射者假管軍觀察使伴之，上賜弓矢，酒行樂作，伴射官與大使並射弓，館伴副使與國信副使並射弩，酒九行，退。五日，大燕集英殿，尚書郎、監察御史已上皆與，學士撰致語。六日，朝辭退，賜襲衣、金帶、大銀器。臨安府書送贐儀。上復遣執政官就驛賜燕。晚赴解換夜筵，伴使與北使皆親勸酬，且以衣物爲侑。次日，上賜龍鳳茶、鍍金合。乘馬出北關門登舟，宿赤岸。又次日，上遣近臣押賜御筵。大凡到闕、朝見、燕射、朝辭、密賜，大使共得中金千四百兩，副使八百八十兩，衣各三襲，金帶各三條〔三〕；都管上節皆銀四十兩，中、下節皆三十兩，衣一襲，塗金帶副之。迄今並循此例。

101 奉使出疆賞賚

自紹興以來，朝廷每遣使往北境賀生辰、正旦，使、副及三節人從往還皆遷一官資。上、中節各十人，下節三十人，並不許白身。使賜裝錢千緡，副賜八百緡，銀帛各二百兩匹。上節銀帛共三十，中節二十五，下節一十五。三節人俸外，日給五百錢，探請俸二月。十八年，詔錢賞各減半。若非泛遣使，則如舊。

102 崇義公

崇義公，周後也。仁宗嘉祐中，擇使臣柴詠者封之。詠於世宗爲從孫，熙寧中，司馬公爲西京留臺，請廢詠而立郭氏後。王介甫爲上言：「豈可使世宗以得天下之故，易其姓。」乃不行。詠傳至曾孫恪，爲虜所殺。紹興五年，以恪從弟承節郎叔夏爲右承奉郎，襲封崇義公，奉周後。二十六年，叔夏老，乃以其子國器嗣封。今居衢州。每朝有大禮，則入侍祠如故事。

103 衍聖公

衍聖公，孔子後也。歷代皆有封。元祐中，加賜田百頃。紹興中，衍聖公孔玠避難渡江，上以林、廟隔絕，八年夏，以衢州田五頃賜之。二十四年，玠卒，復以其子搢爲右承務郎，襲爵奉祠事。淳熙中，入侍祠，擢建昌守。久之，坐妄用庫金貶秩，遂不復用焉。紹熙初，搢累遷至朝散大夫，未幾卒。四年秋，詔以子文遠爲承務郎，封衍聖公。今其族人間有登進士第者。

104 羣臣家廟 神版 祭器

羣臣家廟，自慶曆中宋莒公請爲之，後詔執政官許祀四世〔一三〕。然當時大臣獨文潞公嘗建於河南私第，它未見也。大觀四年，詔公輔大臣祀五世，且以祭器賜之。紹興十六年，上命有司爲秦益公立家廟。太常請建於私第中門之左，一堂五室，五世祖居中，東二昭，西二穆。堂飾以黝堊。神版長一尺，博四寸五分，厚五寸八分，大書某官、某夫人之神座，貯以帛囊，藏以漆函，用神幄。歲四饗，用孟月柔日行之，具三獻。有司言，時饗用常器、常饌。上倣政和故事，特命制祭器賜之。其後，外戚韋、吳等諸家及將相虞雍公、楊和王、吳信王皆賜祭器，蓋自秦益公始。

105 列郡拜朔表

州郡拜朔表〔一四〕，故事，惟西、南、北三京有之。建炎二年，寇察院防撫諭江、淮〔一五〕，時四方多故，防始請令列郡月朔拜表如三京，以示尊君親上之意。從之。自是遂爲永制。

106 籠門賜雨具

舊羣臣朝殿遇雨，開隔門起居，紹興中申行之。又詔從駕遇雨，賜雨具。景靈宮遇雨，或地濕，分東、西廂立班，皆特恩也。

107 百官肩輿蓋

故事，百官出入皆乘馬。建炎初，上以維揚磚滑，謂大臣曰：「君臣一體，朕不忍使羣臣奔走危地，可特許乘轎。」蓋東都舊制，惟婦人得乘車，其它耆德大臣或宗室近屬行尊者，特旨許乘肩輿，已爲異禮。靖康末，高宗奉使至磁，磁守宗汝霖以所乘轎進，黑漆紫褥而已。上猶却之。蓋在京百官不用肩輿，所以避至尊也。今行在百官，非入朝無乘馬者。舊在京，非宰輔、使相、親王無得張蓋。紹興後，北使至則用之，伴使因亦然〔一六〕，至今以爲例。

108 教坊

教坊，今樂也。建炎初省，紹興十四年復置。凡樂工四百有六十人，以内侍充鈐轄。紹興末，復省。隆興二年天申節，將用樂上壽。上謂宰相湯慶公等曰：「一歲之間，止兩宮誕日外，餘無所用，不知作何名色？」大臣皆言：「臨時點集，不必置教坊。」上曰：「善。」乾道後，北使每歲兩至，亦用樂，但呼市人使之。孝宗天資恭儉每如此。凡入殿無貴賤皆拜，惟樂工獨聲喏，蓋伶優與軍民之禮不同。

校勘記

〔一〕下誥 原作「下詔」，據殿本、閣本改。

〔二〕經武緯文 原作「緯武經文」，據殿本、閣本及宋史卷三二高宗紀乙正。

〔三〕聖安壽仁 原作「壽安聖仁」，據殿本、閣本、函海本及宋會要禮三〇之五四，四九之七〇；宋史卷三六光宗紀乙正。

〔四〕及學士草制　原作「及李學士草制」，據蕭本、殿本、閣本、函海本及本條下文删去「李」字。

〔五〕改元乾道乾道盡九年　原脱「乾道」二字，據蕭本、閣本、函海本及本條下文補。

〔六〕言排辦不及　原脱「辦」字，據閣本及通考卷一〇八王禮考引録本書本條補。

〔七〕明年正月二十二日　原脱「明年」二字，據函海本及要録卷一五五、宋史卷三〇高宗紀紹興十六年正月壬辰（二十二日）條補。又高宗親饗先農於東郊乃紹興十六年正月二十二日事，此處誤作「五日」，故改。

〔八〕明年三月　原作「明年二月」，據蕭本、閣本、函海本及要録卷一五一紹興十四年三月己巳條改。

〔九〕避狄　「狄」原作「兵」，據蕭本、函海本改。

〔一〇〕北戎　原作「北人」，據蕭本、殿本、函海本及本條記事改。

〔一一〕酒五行　原脱「酒」字，據殿本及本條下文與宋史卷一一九禮志補。

〔一二〕金帶各三條　「三」原作「一」，據蕭本、殿本、閣本及宋史卷一一九禮志改。

〔一三〕許祀四世　「世」原作「室」，據蕭本及本條下文記事改。

〔一四〕拜朔表　「朔」原作「月」，據閣本及本條標題改。

〔一五〕寇察院防　「察」原作「密」，按：要録卷八建炎元年八月乙酉條書寇防之官職爲監察御史，宋會要職官四二之六九，儀制七之五亦同，監察御史隸察院，不隸樞密院，故改。

〔一六〕伴使因亦然　閣本無「因」字。

建炎以來朝野雜記甲集卷四

制作

109 八寶

御寶備於政和，自太祖開基，始有「大宋受命之寶」。後諸聖嗣服，皆自爲一寶，以「皇帝恭膺天命之寶」爲文。元符間，既得漢傳國璽，因以爲「受命寶」。受命于天，既壽永昌。大觀初，又得良工，倣古作天子、皇帝六璽。已而，徽宗又作「鎮國璽」，承天福，延萬億，永無極。〔二〕通號八寶焉。久之作「定命寶」，其文有「範圍天地，幽贊神明，保合太和，萬壽無疆」，凡十六字，實蔡京所賦。號九寶。京城破，自「定命寶」外，悉爲虜所得。而「大宋受命之寶」，邵澤民侍郎給以隨葬，乃得全。張邦昌將復辟，遣謝任伯參政奉寶歸於高宗。建炎二年秋，始鑄三御寶，一曰「皇帝欽崇國祀之寶」，印香合詞表。二曰「天下合同之寶」，印中書、門下省文字。三曰「書詔之寶」，印詔書。皆以金爲之。逮紹興十六年郊〔二〕，始備八寶。八寶者，入內內侍省掌之。紹熙末〔三〕，上即位於重華宮，時寶藏於大内，太皇太后旨取之。今八寶未知何人所書，其文如政和之制。

110 三省樞密院印

三省樞密院印，建炎三年秋鑄，以銀爲之。時上命滕子濟權知三省樞密院，扈從隆祐皇太后往豫章，故鑄此印。

111 虎符 缺

112 入宮殿諸門號

入宮殿等諸門號，皇城司掌之。紹興二年正月，更定其制。敕入禁衛號，黄綾八角；三千道。入殿門，黄絹以方；一千道。入宮門，黄絹以圓；八千道。入皇城門，黄絹以長。三千道。三年十一月，更宮門號，以緋紅絹方；皇城門，以緋紅絹圓。自後不易其制。

113禮神十二玉

禮神十二玉：昊天上帝以蒼璧〔四〕，皇地祇以黃琮，感生帝以四圭有邸，神州地祇、社稷以兩圭有邸，日、月以圭璧，五帝以青圭、赤璋、白琥、元璜、黃琮。紹興初，以闕祭玉，但命隨方色奠幣焉。是年，當大禮，禮官請以木爲璧，繪天地之色。上難之，因命訪美玉以爲蒼璧、黃琮。時明堂不祠五帝等諸神，故它玉未及也。四年，明堂，始制五帝、日月等玉。初以未得美璞，將用天聖故事，以珉爲之。既而得真玉數十斤，遂命改制。其中赤璋最粹美，它玉多不及禮經尺寸云。

114景鐘

景鐘，紹興十六年秋七月鑄，鐘高九尺，天子親祠上帝則用之，以皇祐黍尺爲準。於是上命太師秦檜銘之曰：「德純懿兮舜、文繼，躋壽域兮孰內外？薦上帝兮偉茲器，聲氣應兮同久視〔五〕，貽子孫兮彌萬世。」鐘成，冬十月，上御射殿觀之。時以雅樂多闕，命給事中段拂等補造。是日，撞景鐘，奏新樂，正刺史以上皆與觀焉。

115 飲福金爵

飲福金爵，紹興十年明堂始用之。政和大禮，舊用萬壽玉尊，時無玉尊，故以金爵代之也。先是大禮，自天地至從祀諸神七百七十一位，當用籩豆、簠簋、尊罍、彝鼎之屬九千二百五。太廟用五百九十六，舊用銅玉者，權以陶木代之。王伯照普爲國子博士，嘗言：「今祭器皆倣聶崇義三禮圖，非是。請改作。」時多事，未克行。十八年，始命段樞密拂等改作焉〔六〕。由是禮器煥然，復如東都承平之故矣。

116 五輅

五輅，靖康中以遺狄。紹興十二年始爲玉輅，九月輅成，上御射殿觀之。明年春，遂作金、象、革、木四輅及大安輦。舊鹵簿悉用文繡，中興皆以纈。

117 七寶輦

七寶輦，上皇所御也。隆興二年始爲之。有司言：「東都舊制，輦飾以玉，裙網用七寶，而滴子用真珠。」及進呈，上曰：「太上皇帝之意不欲如此，止欲節省，兼物料未易辦。」

湯慶公等因請下禮官看詳。禮官奏以塗金易玉飾，梅紅絲結裙網，而象牙代真珠。上曰：「網以七寶爲之，零碎者亦可辨。」既而，上皇不肯造，每至大内多乘馬，而間至湖上則用肩輿，蓋不欲煩臣民云。

118 渾天儀

渾天儀，古器也。舊京凡四座，每座約用銅二萬斤。至道儀在測驗渾儀所，皇祐儀在翰林天文局，熙寧儀在太史局天文院，元祐儀在合臺。紹興三年，工部員外郎晉陵袁正功獻渾儀木様，命有司製之，太史局請折半製造，計用銅八千四百餘斤。詔工部侍郎提舉，後以巡幸不克成。時資州龍水縣士人張大檝以木爲蓋天，言可備軍幕中候驗。七年夏，席大光爲制置大使，獻諸朝。其後，上在宮中自作渾儀，然制差小。十四年四月，遂命有司製之，内侍邵諤領其事，久之乃成。三十二年，以授太史局焉。

119 紀元統元會元曆

宣、靖間，用紀元曆，兵興後失之，司天無所攷，繇是曆差一日。紹興二年夏，上命訪得舊曆，以授史官。五年正月朔，日有食之，史官所定不驗。時常州布衣陳得一爲侍御史沙縣張致遠言：「史官立朔有訛，定臘失序。」致遠言於朝，遂命得一造新曆，朱子發以祕書少監監視〔七〕，即祕書省置局。八月曆成，名統元。賜得一號通微處士，官一子焉。乾道、淳熙稍復更定，皆判太史局劉孝榮所作也。紹熙初，有武臣趙渙者，言其差，故命孝榮更造會元曆。

120 統天曆

統天曆，慶元五年，京文忠鏜為丞相時所上也。初，會元曆既成，而布衣王孝禮言：「孝榮未嘗以銅表、圭面測影，故冬至後天一辰〔八〕。」朝廷然之，未暇改作。至慶元四年九月望，太史言月食於晝，而草澤言食在夜〔九〕。詔楊子美祕監驗視，如草澤言，乃改造曆，以祕書省正字馮履為參定官。履字叔常，臨邛人，嘗從故直徽猷閣張行成為數學，故以命焉。曆未成。明年正月癸卯，監察御史張巖言：「履唱為詖辭，搖撼國是。」遂罷去。三月庚戌，乃詔諸道有通曉天文、曆算者，所在具名來上。五月，曆成，曆經凡三卷〔一〇〕，沿曆它書十七種，凡二十九卷。又上臨安進士侯望重校萬年曆十七卷，綱目二卷。嘉泰二年，日食五月朔，太史以為午正，而草澤趙大猷言午初三刻半，日食三分。詔著作佐郎張嗣古監視渾儀，祕書丞朱欽則、著作郎王容測驗，起居舍人俞徵覆驗，卒如大猷所言，史官乃抵罪焉。蓋自渡江後，言曆差者多矣。

121 神宗哲宗新實録

神宗、哲宗新實録，趙元鎮爲相時所修也。神録有攷異，哲録有辨誣，皆出范元長侍讀一手。與修者任世初〔一〕、張子韶〔二〕、尹彦明、高抑崇、胡德輝〔三〕、范伯達、朱喬年、王信伯、李似之等〔四〕，俱一時名人。始高宗在南都〔五〕，以二録成於京、卞之手，事多矯誣，嘗下詔更修而未果。己酉南渡，國史散佚，靡有孑遺。其後數下詔訪求之。紹興元年，才得布衣何克忠所藏太祖實録四册而已。上以書籍殘缺之際，特命以官。已而戚里張憖家獻太祖至神宗六朝實録、會要、史志等書。小校唐開亦獻王珪所編五朝會要。最後，五年三月〔六〕，始從故相趙挺之家，得蔡京所修哲宗實録，皆下之史官。六年正月，新神録成。八年九月，哲録成。時范元長已去官，而尹彦明以祕書少監典其事。元長所修神録，舊文以墨書，删去者以黄書，新修者以朱書，世號朱墨史。

122 徽宗欽宗高宗孝宗光宗實録

徽宗實録，紹興未嘗成書。始建炎兵火後，史院片紙不存。汪彦章内翰守湖，以湖州獨不被兵，當時所頒賞功罰罪等事咸在，乃因以爲張本。又訪諸士大夫間，編集元符庚辰以來詔旨至宣和乙巳，上之，其書凡六百六十五卷〔一七〕。其後修徽録，史官皆仰之，然猶多脱略。淳熙中，李文簡仁父在史院，奉詔增修之。欽宗實録，洪景盧因龔實之所補日曆而修之，文直而事核。高宗實録，慶元、嘉泰間，京冀公仲遠、謝魯公子肅爲丞相時所上。時史館無專官，未知果誰筆也。孝宗、光宗實録，嘉泰二年，詔寶文閣學士傅伯壽、直華文閣陸游同修，蓋專以委之。先是，和州布衣龔敦頤者，元祐黨人原之曾孫也，嘗著符祐本末、黨籍列傳等書數百卷。淳熙末，洪景盧領史院奏官之，後避光宗名，改頤正。朝廷以其有史學，嘉泰七年七月，賜出身，除實録院檢討官，蓋付以史事。未幾，而頤正卒，乃外召傅、陸還朝。孝録比它書尤疏駁。

123 四朝正史

四朝正史，始於李仁父，而終於洪景盧。乾道中，仁父初入史院，上四朝帝紀。再還朝，乃修諸志，未及進書，而仁父去國。時史館多以爲侍從兼職，往往不能淹貫，則私假朝士之有文學者代爲之。今四朝藝文志一書，實先君子筆也。淳熙中，趙衛公温叔爲相，史志告成。仁父時守遂寧〔一八〕，大臣言仁父之力爲多，特進秩一等。久之，列傳猶未就緒，上遂召仁父，卒成之。書垂成而仁父卒。乃自婺州召景盧入領內祠，專典史事，又踰歲而始成書焉。凡列傳八百七十，總一百三十五卷。

124 紹興乾道淳熙慶元敕令格式

國朝法令，大抵從寬。政和後，始有御筆特斷刑名，是蓋多出於三尺之外矣。靖康元年九月，議者請參用嘉祐、元豐舊法，以竢新書之成。奏可。尋詔：律令依嘉祐，斷刑依元豐。明年四月，復詔：政和海行法非御筆修立者，許引用。建炎三年復辟赦，舉行仁宗法度，即嘉祐、元豐法有不同者，賞格聽從重，條約聽從輕。時呂元直、張德遠始爲政也。明年六月，范覺民相，乃奏命有司以嘉祐、政和敕對修成書。紹興元年八月，上之。其後，乾道、淳熙、慶元之際，率十餘歲一修，然大槩以紹興重修敕令格式爲準。

125 淳熙事類

淳熙事類，孝宗時所修也。國初，但有刑統，謂之律。後有敕、令、格、式，與律並行。若不同，則從敕、令、格、式。然士大夫罕通法律，而數書散漫，故吏得以舞文。上患之。淳熙中，始命敕局官取敕、令、格、式及申明五書，分門來上。七年四月乃成，爲總門三十三，別門四百二十，詔頒行之，賜名淳熙事類。

126 紹興淳熙慶元寬卹詔令

寬卹詔令者，始紹興二十二年八月，王瞻叔知荆門軍代還入見，請命有司編集中興以來寬卹詔令，而知惠州鄭康佐者亦言：「守令奉行詔書不虔，請編類成書以賜。」從之。二十五年九月乃成，凡二百卷，號紹興寬卹詔令。其後，淳熙、慶元皆有之。淳熙書成於十二年夏〔一九〕，慶元書編於五年冬〔二〇〕。

127 兩朝聖政録

光堯聖政録者，隆興、乾道間所修也。紹興三十二年九月，以敕令所爲編類聖政所，命輔臣領之。乾道二年冬，蔣子禮爲參知政事，上其書，凡三十卷。上自爲之序。大凡分門立論視寶訓而加詳焉。紹熙中，又爲壽皇聖政録，上之，其書亦三十卷。御製序文，實祕書少監陳傅良視草。

128 中興禮書

中興禮書者，淳熙中所上也。紹興間，太常少卿趙子晝采渡江以來所行〔三一〕，爲續因革禮三十卷〔三二〕。其後禮官踵爲之，然未上也。淳熙十二年春，史彌大方叔權禮部侍郎，乃言：「此書一朝大典，如内禪、慶壽等禮，皆歷代所未嘗行，乞下禮官宣取以進，仍不必推恩。」上許之。其書凡八百餘卷。方叔，文惠王長子也，後終敷文閣待制。

129 續資治通鑑長編　九朝通略　東都事略

續資治通鑑長編者，李文簡燾所修也。其書倣司馬氏通鑑踵爲之，然文簡謙不敢名續通鑑，故但謂之續長編。乾道初，上召文簡爲史官，命有司給筆札。四年四月，以五朝事上之。孝宗謂輔臣曰：「自建隆至治平百餘歲事迹備於此矣。」淳熙十年，文簡爲遂寧守，始上其全書。自建隆至靖康凡九百八十卷，舉要六十八卷。上甚重之，以其書付祕書省。十二年二月〔三三〕，又有知台州熊克上所著九朝通略。詔遷一官。克字子復，建寧人，嘗爲起居郎、直學士院。其書視長編才十一，頗訛舛。十三年八月，又有知龍州王稱亦獻東都事略百三十卷於朝〔三四〕。洪内翰主之。明年春，除直祕閣。然其書特掇取五朝史傳及四朝實録附傳，而微以野史附益之，尤疏駮。稱，眉山人，故禮部侍郎賞之子，慶元中，終吏部郎中。

130 中興館閣書目

中興館閣書目者，孝宗淳熙中所修也。高宗始渡江，書籍散佚。紹興初，有言賀方回子孫鬻其故書於道者，上命有司悉市之。時洪玉父爲少蓬，建言蕪湖縣僧有蔡京所寄書籍，因取之以實三館。劉季高爲宰相掾，又請以重賞訪求之。五年九月，大理評事諸葛行仁獻書萬卷於朝。詔官一子。十三年，初建祕閣，又命即紹興府借故直祕閣陸寘家書繕藏之。寘，農師子也。十五年，遂以秦伯陽提舉祕書省，掌求遺書、圖畫及先賢墨迹。時朝廷既右文，四方多來獻者。至是數十年，祕府所藏益充牣，乃命館職爲書目，其綱例皆倣崇文總目焉。書目凡七十卷。祕書監陳騤領其事，五年六月上之。

131 監本書籍

監本書籍者，紹興末年所刊也。國家艱難以來，固未暇及。九年九月，張彥實待制爲尚書郎，始請下諸道州學，取舊監本書籍，鏤板頒行。從之。然所取諸書多殘缺，故冑監刊六經無禮記，正史無漢、唐〔三五〕。二十一年五月，輔臣復以爲言，上謂秦益公曰：「監中其它闕書，亦令次第鏤板，雖重有所費，蓋不惜也。」繇是經籍復全。先是，王瞻叔爲學官，嘗請摹印諸經義疏及經典釋文，許郡縣以贍學或係省錢各市一本〔二六〕，置之於學。上許之。今士大夫仕於朝者，率費紙墨錢千餘緡，而得書於監云。

校勘記

〔一〕永無極　原脱「永」字，據蕭本、殿本、函海本及蔡絛鐵圍山叢談卷一、宋史卷一五四輿服志補。

〔二〕紹興十六年郊　原脱「紹興」二字，據要録卷一五五紹興十六年十一月丙子條補。

〔三〕紹熙末　「熙」原作「興」，據宋史卷三七寧宗紀及本條下文記事改。

〔四〕昊天上帝以蒼璧　「蒼璧」下原有「黄琮」二字，據蕭本、殿本、閣本、函海本及宋會要禮二六之一删。

〔五〕同久視　「同」原作「用」，據閣本及要録卷一五五紹興十六年五月丙戌條、宋史卷一三〇樂志改。

〔六〕（紹興）十八年始命段樞密拂等改作　按：紹興十七年三月己卯，以翰林學士段拂爲參知政事。次年二月乙未，參知政事段拂罷爲資政殿學士、提舉江州太平興國宫。三月，落職，興國軍居住。見要録卷一五六至一五七，徐自明撰、王瑞來校補宋宰輔編年録卷一六。此處作「（紹興）十八年始命段樞密拂等改作」，疑有失誤。

〔七〕朱子發　「子」原作「之」，據蕭本、閣本、函海本及宋史卷八一律曆志、卷四三五朱震傳改。

〔八〕後天一辰　原脱「一辰」二字，據兩朝綱目備要卷五補。

〔九〕慶元四年九月望太史言月食於晝而草澤言食在夜　「望」原作「朔」，據本書乙集卷五總論應天至統天十四曆條改。又「太史言月食於晝而草澤言食在夜」原作「太史言月食於夜而草澤言食在晝」，據上引乙集卷五及兩朝綱目備要卷五、宋史全文卷二九寧宗慶元四年九月條乙正。又宋史卷五二天文志作「慶元四年七月庚戌（十六日），月食。」通考卷二八五象緯考、金史卷二〇天文志均同。此處「九月」疑爲「七月」之誤。

〔一〇〕曆經　原無「曆」字，據影宋本、蕭本、函海本補。

〔一一〕任世初　原作「任德初」，據王明清揮麈餘話卷一任世初上書乞取燕雲條及陳騤南宋館閣録卷七祕書少監條改。又要録卷九三紹興五年九月乙酉條作「任申先」，按申先字世初。

〔一二〕張子韶　原作「張子詔」，據蕭本、殿本、閣本、函海本改。又上引要録作「張九成」，按九成字子韶。

〔一三〕胡德輝　原作「胡德耀」，據楊萬里誠齋集卷七九胡德輝蒼梧集序、南宋館閣録卷七著作郎條改。又要録卷一二〇紹興八年六月癸亥條作「胡珵」，按胡珵字德輝。

〔一四〕李似之　應是「李似表」（名彌正）之誤，見要録卷一一二紹興七年七月戊寅條、卷一一五紹興七年十月壬寅條、卷一二〇紹興八年六月癸亥條及玉海卷四八紹興重修哲宗實録條。

〔一五〕南都　原作「江都」，據蕭本、函海本及要録卷五、邵博邵氏聞見後録卷二建炎元年五月二日手詔條改。

〔一六〕（紹興）五年三月　宋會要崇儒四之二四作「紹興五年五月三日」。

〔一七〕六百六十五卷　原作「八百六十五卷」，據要録卷一二三紹興八年十一月丁未條及宋史卷四四五汪藻傳改。

〔一八〕遂寧　原作「建寧」，據閣本、本書本卷續資治通鑑長編條及周益國文忠公集平園續稿卷二六李文簡公神道碑改。

〔一九〕淳熙十二年夏　原作「淳熙十一年夏」，據蕭本及宋史卷三五孝宗紀改。

〔二〇〕慶元五年冬　按：慶元寬卹詔令上於慶元六年五月，見宋史卷三七寧宗紀。

〔二一〕趙子晝　「子晝」原作「子直」，據要録卷四九載：「紹興元年十一月辛丑，太常少卿趙子晝請續編紹興太常因革禮。明年乃成，凡八十六篇，爲二十七卷（原注：淳熙十二年三月庚子，又進中興禮書）。」參見北山小集卷三三趙公（子晝）墓誌銘及宋史卷二四七子晝傳，可知此處「子直」乃「子晝」之誤刊。

〔二二〕續因革禮三十卷　上引要録及宋史本傳均作「二十七卷」。

〔二三〕（淳熙）十二年二月　按：宋會要崇儒五之四〇、皇宋中興兩朝聖政卷六一、玉海卷四七均繫熊克上九朝通略於「淳熙十一年十二月」。

〔二四〕王稱　原作「王偁」，據閣本、函海本改。下同。參見玉海卷四六淳熙東都事略條及近人陳述東都事略撰人王賞稱父子一文，載歷史語言研究所集刊第八本第一分，一九三九年十月。

〔二五〕正史　原作「三史」，據蕭本、函海本改。

〔二六〕係省錢　原作「省係錢」，據殿本、閣本乙正。

建炎以來朝野雜記甲集卷五

朝事一 建炎至淳熙

132 高宗即位册文

淵聖北狩，康王在山東，羣寮請奉大統，上謙讓未受。時趙伯山延康守淮寧，與諸鎮爭爲盟主。而宗室在京西，或招羣賊，僭置乘輿服御，上優容之。一日，羣寮議纂服之禮，宗室承宣使仲綜等曰：「今二帝蒙塵，王不當即位，宜著淡黃衣，稱制，不改元，下書誥四方稱大元帥〔一〕。」副元帥汪廷俊等以唐肅宗故事折之。參議官耿伯順語仲綜曰：「公是宗室，豈不避嫌。」仲綜語塞，乃定即位於南都焉。五月庚寅朔，王登壇告天，册文曰：「嗣天子臣某，敢昭告於昊天上帝〔二〕。金賊亂華，二帝北狩。天支戚屬，混於穹居。宗社罔所依憑，華夏罔知攸主〔三〕。臣某以道君皇帝之子，奉宸旨以總六師，握大元帥之權，倡義旅以先諸將，冀清京邑，復兩宮，而百辟卿士，萬邦黎獻，謂人思宋德，天眷趙宗，宜以神器屬於臣某。

辭之再四，懼不克負荷，貽羞於來世。九州四海，萬口一辭，咸曰不可稽皇天之寶命，慄慄震惕，敢不欽承？尚祈陰相以中興於宋祚。」册文，記室滕子濟所撰也。禮畢，上流涕，即位於府治之正衙。壇在府治中門之東，實耿伯順建議所築，後名其壇曰「受命中興之壇」。

133 中興定都本末

靖康末，高宗初建元帥府於河北，後聞京城破，汪廷俊等遂奉王如山東。久之，聞張邦昌僭立，廷俊等欲奉王走宿州，謀渡江左，先鋒至山口鎮，三軍籍籍，乃罷行。五月，王即位於南都。六月，李伯紀入相，將奉鑾輿狩襄、鄧。八月，伯紀去位。十月，上遂幸維揚。時黄懋和、汪廷俊爲政也。三年二月，粘罕遣五千騎犯揚州〔四〕，上幸杭州駐蹕。三月，苗傅、劉正彦謀逆，以上爲睿聖仁孝皇帝，居别宫。四月，傅等敗，上進幸江寧。冬，兀朮入寇〔五〕，上用吕元直議，自明州幸海。四年春，始還越州，時范覺民爲相也。覺民罷。紹興二年正月，以漕運不繼，復移臨安。冬，兀朮入寇〔六〕。趙元鎮、張德遠共事，上幸平江。時朱藏一首建避狄之議〔七〕，元鎮闢之，朱由此罷相。明年虜退〔八〕，上復還臨安。六年秋，劉豫入寇，上進幸平江。七年春，元鎮罷，德遠獨相，乃有建康之幸。秋，酈瓊叛，德遠罷，元鎮復相。八年二月，復奉上還臨安。其冬，元鎮罷，秦會之獨相，自此不復遷都矣。

134 褒録元祐黨籍

紹興初，朝廷褒録元祐黨人，且擢用其子弟。六年正月，樞密院檢詳文字范直方言：「自蔡京用事，凡妬賢嫉能，助成黨論之人，偶乖迎合，遂致睚眦。京、卞欲終廢之，故借黨以報怨。如李清臣首唱異議，邢恕誣證太母，楊畏反覆變詐，皆隸名石刻之人。今又推恩子孫，傷教敗俗，莫此爲甚，請命近臣審訂而甄別之〔九〕。」上納其言，遂命給、舍甄別元祐黨籍。它日，上謂趙忠簡曰：「一時甚有濫居黨人之數者，范沖、任申先皆能辨之。」先是，渡江以來，黨碑無復存者，凡自陳者，悉以胥吏私傳之本爲據。紹興四年，陳去非在吏部以爲言，始加搜訪。後二年，乃命甄別焉。時朱子發爲給事中，董令升、任世初爲中書舍人，元鎮以爲賢，故付以此事，然亦不克竟也。直方蓋忠宣公孫云。

135 籍記崇觀姦邪

建炎初，議者請以崇寧以來無狀之人爲一籍。詔諫官、御史具名以聞。臺、省各録副本，不許堂除及任守令。事已行，俄命執政參酌，非罪惡深重之人，皆許自新，量才擢用。時宰相黄懋和、汪廷俊也。四年，范覺民相，户部侍郎季陵上疏請收用近年廢黜之人〔一〇〕，且詔臺諫勿復論列，敕榜朝堂。臺諫沈與求等以爲言，陵遂坐黜。紹興五年，趙忠簡相，會鄧洵仁右丞卒，詔贈官、推恩如故事。劉立道爲中書舍人，封還詞頭，言：「今日之事，洵仁父子實有力焉，得死牖下，已爲失刑，乃敢援例求恩，不知上皇今在何地？請自今崇寧以來，侍從以上如洵仁等輩，一切更不推恩。」自靖康初追録元祐諸臣，然議論不一，是非淆混。忠簡夙有此志，以身任之，因繳洵仁詞頭〔二〕，遂歷言熙、豐、紹聖、崇、觀政事人才善惡利害本末甚備。上嘉納，命榜之朝堂焉。

136 臨軒疏決

自真宗以來，率以盛暑臨軒慮囚。建炎初廢。二年六月，始詔疏決行在揚州繫囚雜犯，死罪已下減一等，杖以下釋之。其後，越州、建康，皆同此制。紹興二年六月，上在臨安，甲申，始臨軒疏決御史臺、大理寺、臨安府、三衙諸軍繫囚。自是遂爲故事，然諸道未及也。五年，趙元鎮爲相，復舉故事，命諸路提刑以盛暑行之〔三〕，迄今不改。然憲臣多不能偏所部，則以諸州通判代行。久之，通判亦不能行，第傳檄往來，徒爲文具而已。朝廷屢戒飭之，終不能革。

137 參政分治省事

元豐官制，尚書左、右丞分治六曹，後以爲皆執政官，乃令通治省事。紹興四年，張魏公再入宥府〔一三〕，上諭魏公曰：「朕於三、四大臣，皆當分委，張浚可專治軍旅，胡松年可專治戰艦，如財用亦須委一大臣。」後魏公相，不果行。七年，魏公獨相。三月，詔尚書省常程事，權令參知政事分治。於是張全真治吏、禮、兵房，陳去非治户、刑、工房。九月，魏公免，復詔三省事令參知政事權輪日當筆，更不分治常程事。竢除相如故〔一四〕。自是參知政事復通治省事矣。

138 修政局

自王荆公秉政，始創制置三司條例司，以行新法。其後蔡儋州當國，踵其故置講議司〔一五〕。儋州罷，張文忠代之，乃置政典局，不隸三省。靖康初，徐擇之、吴元中共政，又置詳議司，俄以人言罷。紹興二年，吕元直、秦會之同相，元直督軍於外，會之欲奪其柄，乃置修政局自領之。詔職事官及守令以上，言省費、裕國、强兵、息民之策。以户部侍郎黄叔敖爲參詳官，置局如講議司故事。曾諫議統時爲尚書郎，謂會之曰：「宰相事無不統，何以局爲?」會之不聽。數月,會之罷。是日,彗星出,議者以爲修政局所講多刻薄之事,失人心,致天變。後五日,遂罷修政局焉。

139 經界法

經界法,李椿年仲永所建也。紹興十二年,仲永爲兩浙轉運副使(一六),上疏言:「經界不正十害:一、侵耕失税;二、推割不行;三、衙前及坊場户虚供抵當(一七);四、鄉司走弄税名;五、詭名寄産;六、兵火後,税籍不信,争訟日起(一八);七、倚閣不實;八、州縣隱賦多,公私俱困;九、豪猾户自陳税籍不實;十、逃田税偏重(一九),故税不行。」十一月癸巳,疏奏。上納其言。仲永又言:「平江歲入,昔七十萬斛有奇,今實入才二十萬耳。詢之土人,其餘皆欺隱也。請攷按覈實,自平江始,然後推之天下。」因上經界畫一。其法,令民以所有田各置坫基簿,圖田之形狀,及其畝目四至,土地所宜,永爲照應。即田不入簿者,雖有契據可執,並拘入官。諸縣各爲坫基簿三:一留縣,一送漕,一送州。凡漕臣若守、令交承,悉以相付。詔專委仲永措置,遂置局於平江。周敦義時守平江,見仲永言:「當均税,不當增税。」仲永不從。敦義遂坐事免。十三年六月,詔頒其法於天下,仲永亦遷户部侍郎。十五年,仲永以憂去,命王承可以户部侍郎代之。承可請員外郎開封李朝正同措置,又請令民十家爲甲自陳，不復圖畫、打量，即有隱田，以給告者。正月辛未。承可罷，朝正權户部侍郎。十六年二月丙寅。十七年春，仲永免喪，復故官，專一措置經界。正月丁卯。仲永復以結甲自陳爲不便，請令州縣造圖，而遣官覈實，先成有賞，慢令有罰。十九年冬，經界畢，民多詣臺、省訴其不均。曹庭堅筠時爲臺官，因奏仲永私結將帥，曲庇家鄉，請罷之，更選官覈實。十一月辛丑。初，朝廷既頒其法於諸道，其後有司畫圖供帳，分立土色，均認苗稅，民始病其煩。仲永既遣官屬分往諸路，又遣覆視之，議者不以爲便。明年二月壬子，户部請委漕臣限一季結絕，悉罷先所遣官。三月戊戌，遂下詔曰：「昨李椿年乞行經界，初欲去民十害，遂從其請。今聞寖失本意，可令監司將乖繆害民者，日下改正。」時敕令所删定官開封鄭克經界川、陜四路〔三〇〕，頗峻責州縣，故蜀中增稅亦多。又官田號「省莊」者，所租有米、穀、粟、麥、麻、豆、芋、栗、桑、枲、鴨卵之屬，凡十八種，皆令輸以錢，故民至今尤以爲患。時馮濟川檝爲瀘南安撫使，論於朝，於是瀘、叙、長寧獨免經界。仲永、蓋饒州浮梁人云。然諸路田稅，由此始均。今州縣坫基簿半不存，黠吏豪民又有走移之患矣。

140 籍記監司郡守

紹興初，樓仲輝資政爲左史〔三一〕，請命從官舉可爲監司者，令中書籍記姓名，遇闕除授。

上從之。已而，謂輔臣曰：「朕亦當書之屏風，以時揭貼，其不任職而無他過者，以自陳宫觀，與之。」乾道初，孝宗新創選德殿，於御座後作金漆大屏，分畫諸道，各列監司、郡守爲兩行，以黄簽標識居官者職位、姓名。其背爲華夷圖云。

141 隆興臺諫

隆興初，湯慶公復除右僕射，王諫議大寶上章論列。不從。奉祠去。自是臺、諫多引退者。張忠簡闡時爲工部尚書，因奏事，面請增臺、諫員。上曰：「士大夫多賣直，故難其選。」忠簡曰：「直言，士之所尚，陛下開納則有益於國家。」胡忠簡銓時爲左史〔三〕，因造朝，以張公之語質之。上曰：「此語非也。朕以張闡所言，謂臺、諫論事當辨曲直，非謂賣直也。」明日，張公請對，又論臺、諫一空。上曰：「卿與胡銓，昨日議論一同，得非傅會？朕止欲辨所論曲直〔三〕，非惡直也。」忠簡曰：「陛下當受垢納汙，若校曲直是非，便是拒諫。」上改容納之。隆興主聖臣直，蓋如此。

142 隆興和戰

孝宗初受禪，起張魏公爲江、淮宣撫使，上委以經略北事。魏公欲命李顯忠、邵宏淵引兵進取，而史魯公以宮寮位執政，謂强弱不敵，未可進也，數從中止之。魏公及陳魯公皆主招納東北人，史公尤以爲不可。因城瓜洲，白遣太府寺丞史正志志道合兩淮帥臣、監司集議〔二四〕，俾諭以廟堂指意。志道有口辯，既見魏公，論説云云。魏公之意不回。而史公亦數因書爲言兵少而不精，二將未可恃。魏公不聽也。時上意鄉魏公，故史公拜右僕射，而魏公亦拜樞密使，都督江、淮軍馬。會顯忠、宏淵進師取宿州，命從中出，三省、樞密院不預知，史公遂丐免。不數日，符離師潰，上意亦寖疑。湯丞相進之還朝，復主和議，由是魏公遂絀，而海、泗、唐、鄧、商、秦棄矣〔二五〕。論者惜之。

143 孝宗革冗官

孝宗初受禪，以官冗恩濫，議革之。欲定制百官已任子者，遇郊恩，權免奏薦。開賢良科，令中外普薦，而權罷特奏名。隆興二年秋，詔右諫議大夫王之望、右正言尹穡、殿中侍御史晁公武參酌來上。之望言：「陛下即位未久，恩澤未徧，此二事關於士大夫者甚衆，願少寬之。不已，則宜立奏薦限員，踰數者許回授。罷門客、親戚漕司之試，止移鄰州。如是則省額可減百十人，此救弊之策也。」疏奏，亦不果行。至淳熙中，始定奏薦員限云。

144 上書補官

乾道初，陳正獻公參知政事，時有衢州進士毛日新者，以上書補文學。陳公同葉相子昂覆奏其事，且曰：「陛下識其人否？」上曰：「朕不識之，但見累上書。」陳公曰：「士人上書，果有益國家，如賈誼之治安策，魏元忠邊防利害，雖朝奏暮召可也。今觀其書，無甚可行之事。此例一開，恐舉人舍本業而事上書，紛然何以應之，又安知非假手以欺朝廷也。」上乃止。

145 乾道郊賜

國朝故事，郊祀大禮，宰臣、樞密使賜銀帛四千匹兩，執政官三千，三司使千，資政殿學士五百，密直已上四百，雜學士、省副三百，中丞、給諫、舍人、待制各一百。慶曆二年，減宂費，於是執政以上各減一千，三司使減三百，餘減二百，中丞以下減三十，遂爲定制焉。渡江以來，宰臣郊賚匹兩不過千。乾道六年，虞忠肅爲大禮使，率同列懇辭。上不許。忠肅曰：「舊來銀一兩爲錢四百，絹一匹爲錢七、八百，故千匹兩，其直不過千餘緡，今則七、八千緡矣。或者但言祖宗時錫予甚厚，今多從裁減，不知所賜之直已過祖宗時數倍也。」參知政事梁文靖公奏曰：「今祕閣中有太祖御札，禁軍券錢至親筆裁減一、二百者。」上曰：「雖一麻鞋之微亦經區處，祖宗愛惜用度如此。」於是，上遂許羣公之辭。自是進書加恩，悉多辭賜矣。

146 孝宗總核名實

孝宗總核名實，於官職未嘗妄授。劉忠肅爲建康留守，終更當再任。上知其政績，特除觀文殿學士以旌之。執政擬除目云：「劉珙居守建康，已及二年，可除觀文殿學士再任。」上曰：「已及二年而除職，非用人之體。」乃改云：「居守建康，績效顯著。」

147 淳熙慶壽禮

淳熙中，再行慶壽禮。時舊相史文惠以太保、保寧軍節度使、魏國公致仕，居明州。陳正獻以少傅、觀文殿大學士、福國公致仕，居興化軍。十二年十一月丁未，詔二公赴闕立班，令明州、興化軍以禮津遣。上又賜手札，令勿固辭，用副延佇。陳公以道遠不能至。十二月，史公至江皋，上遣使賜銀合茶藥，又詔都門外賜御筵。及見畢對，御賜燕，皆固辭。甲戌，入見内殿，上爲之曲宴。且還，賜第居之。十三年春正月庚辰朔旦，上率百官簪花，用樂上壽於康壽殿廷。是日，自人主至羣臣、禁衞吏卒，往還皆簪花。癸未，百官拜表稱賀於文德殿，又移班稍東，箋賀中宮。史公丐以戊子朝辭，上不可，賜手筆留之。推恩拜史公太傅，陳公少師。二月壬子，賜史公玉帶、金魚。庚子，史公入辭，且請歸賜第。詔修內司交割。又命三省、樞密院官燕餞，恩數悉視文潞公。禮遇之優，自中興以來所未有。

148 大理獄非得旨不許送理官宅

自神宗置大理寺獄，著令專一承受內降朝旨、重密公事，及推究內外諸司庫務侵盜官物。餘民事，送開封府。乾道三年二月癸酉，詔事涉情理巨蠹及經州縣推勘番異者，方許取旨送寺。七年四月辛亥，又詔諸處合送寺公事，並取朝旨。時曾欽道爲户部尚書，不以爲便。是歲五月，詣都堂白云：「六曹所行，最計利害，若俟取朝旨，恐事致彰露，犯人東西請先次送寺，仍申朝廷照會。」虞丞相出劄子許之。自是六曹、寺監，事無巨細，率皆送寺矣。淳熙十四年，王順伯少卿爲大理寺丞，轉對，言非所以重大獄〔二六〕，請復舊典。十月丁卯，許之。先是，大理寺官散居僦舍，論者以爲非宜。淳熙中，乃創大第聚居之，如臺諫宅之比。

149 福建經界

自紹興經界後，久之，諸道經界圖籍多散佚，吏緣爲姦。淳熙八年閏三月癸巳，新知江陰軍王師古言於朝。詔漕臣督州縣補葺。八月戊辰，諫官葛楚輔言其擾民，乃止。初，紹興之經界也，漳、泉、汀三郡，以何白旂作過之後，朝廷恐其重擾，止不行。然漳、泉富饒，未見其病。惟汀在深山窮谷中，兵火之餘，舊籍無存者，豪民漏税，常賦十失五、六，郡邑無以支吾，因有計口科鹽之事。一斤之鹽，至出數斤之直〔二七〕，論者患之。淳熙十四年四月，福建轉運判官王回代還入見，爲上言其病不專在鹽，請先行經界。上是其言。丙申，以回爲户部右曹郎官，往汀州措置。未至官，有武臣提刑言其不便，遂止之。其後朱文公守漳州，亦以爲可行，而迄不聽也。

150 軍中承代敦減

渡江以來，江上及關外諸軍使臣死亡，率以它人承代，朝廷患之。乾道二年正月，建康都統劉源繳納事故人付身二萬有奇。樞密都承旨龍大淵言於朝，詔進源官二等。然統帥多庇其部曲，罕能行。朝廷乃許之自陳敦減補正。淳熙七年三月丁丑，權吏部侍郎閻蒼舒才元言：「今報到內外承代官數二萬三千五百餘人，請置籍取會銷落〔二八〕。」從之。自後冒官率皆補正矣。六部舊無圖籍，八年七月，才元始取索侍右簿書，凡七百八十册，請下本部收管，并令它部倣此，以扼吏姦。從之。

151 淳熙臧否郡守

孝宗留意治民，紹興三十二年十一月丙申，首詔諸路帥臣、監司，每日悉具部內知州治行臧否，連銜聞奏。後以多事不克行。淳熙八年閏三月辛巳，復命監司、帥臣，歲以所屬郡守臧否來上，皆著事實，即考察不公者，御史劾之。十年四月丙申，詔新知歸州湯鶚罷所除官〔二九〕。己酉，以知普州范仲圭爲利州路轉運判官〔三〇〕，知瓊州韓璧提舉廣東常平茶鹽公事，知復州、閤門祗候王去惡爲右領軍衛中郎將，皆用監司奏臧否也。十二年六月丁丑，浙東安撫使鄭丙、提舉常平等事句昌泰，皆坐奏臧否稽緩降官。趙衛公時判江陵，奏言當舉劾而不必臧否之。不從。趙公因具文以報，事乃已。七月乙巳，詔漳、汀州見任守臣，令監、帥司精加臧否來上，已除者，竢闕到，令都堂審察。既而，漳守黃啟首以臧聞，遂除直祕閣，再任。十三年除。未幾，又遷廣東轉運判官。九月乙巳，侍御史陳賈奏言：「諸路臧否既上，而黜陟未行，請令諸州見任守臣，係監司所否之人，許令自陳，並與宮觀，違者御史糾之，使臧者益勸，否者知勉。」又言：「諸路臧否，外間多不聞知，請劄下給舍、臺諫，其不公不實者，許繳駁論奏。」從之。十月癸亥，又詔今後諸路守臣臧否限次年三月終，川、廣五月終聞奏。時青神蒲杲知忠州，爲監司所否。杲代還入見，上問之，杲曰：「臣得罪於監司，不得罪於百姓。」翌日，上諭輔臣曰：「蒲杲誠直可取。」十三年，潼川路漕臣岳霖奏知瀘州眉山史皋爲否。皋，帥臣也。五月壬辰，詔罷皋。時趙昌裔者守全州，帥臣林栗，監司宋若水、張柳、管鑑，連年以爲否。六月癸丑，詔昌裔奉祠。右諫議大夫陳賈言非所以示懲。七月己丑，遂寢其命。十四年六月癸未，江西提刑馬大同坐臧否稽緩降秩。時夔州路安撫楊輔所奏亦久不至，己丑，詔詰之，尋貶秩。上既留意黜陟之政，由是諸道皆奉承之。然行之十餘年，或不免有徇私之弊。上亦疑其不可盡信，嘗以諭輔臣，要在精擇部使者，而以臺諫考察之，庶乎可也。上語在十五年七月丙午，事具宣諭聖語。

152 經筵轉官裁省

故事，經筵講讀一書畢，自儒臣修注下至中人吏士，皆遷一官，雖篙工厮卒，無不霑被。淳熙十三年冬，陳大諫賈因史院進書，言酬賞泛濫。上納其說。於是吏輩易轉官爲磨勘者，無慮三數百人，議者猶以爲濫。十四年春，陳又言：「比經筵及東宮讀陸贄奏議皆終篇，經筵轉官者三十二人，東宮講堂轉官循資者二百九十一人。平陽郡王府授論語徹章〔三〕，轉官者二十二人。至有點授論語末篇才一日，而與轉官者，宂濫極矣。請自今並行裁抑。官吏實與者，量予推恩。其餘竄名，一切省汰，或量予犒設。」上從之。時人皆以爲當。

153 役法總要

自高宗紹興中，始修常平、免役之令。其後歲月寖久，論建滋益多，視舊法或牴牾，吏緣爲姦。淳熙末，中書舍人莆田陳居仁詳定所司敕令，因請下敕令所取祖宗免役舊法，又於户部括取紹興十七年以後續降指揮，精加參考。其有與舊法牴牾者，悉行删去，萃爲一書，名曰役法撮要。書成，鏤板布之天下。從之。十四年三月辛酉。

校勘記

〔一〕稱大元帥　上四字原脱，據蕭本、殿本補。參見要録卷五建炎元年五月庚寅朔條。

〔二〕昊天上帝　「昊」原作「皇」，據蕭本、閣本、函海本及上引要録改。

〔三〕華夏　蕭本、殿本、函海本均作「夷夏」，而上引要録作「華夷」。

〔四〕粘罕　原作「粘罕滿」，據蕭本、函海本及金史卷七四宗翰傳删去「滿」字。

〔五〕兀朮入寇　原作「兀朮兵入寇」，據上引本子删去「兵」字。

〔六〕兀朮入寇　原作「兀朮兵入」，據上引本子改。

〔七〕避狄　原作「避兵」，據上引本子改。

〔八〕虜退　原作「兵退」，據上引本子及殿本改。

〔九〕審訂　原作「審定」，據蕭本、殿本、閣本、函海本及要録卷九七改。

〔一〇〕户部侍郎季陵　原作「吏部侍郎李陵」，據要録卷三六及宋史卷二六高宗紀、卷三七七季陵傳改。閣本亦作「季陵」。

〔一一〕因繳洵仁詞頭　要録卷九〇紹興五年六月丙寅條作「因〔劉〕大中繳洵仁詞頭」。按：劉大中，字立道。見宋史翼卷八。疑此處應作「因立道繳洵仁詞頭」。

〔一二〕諸路提刑　「路」原作「道」，據蕭本、殿本、閣本、函海本改。

〔一三〕有府　原作「省府」，據蕭本、函海本及宋史卷二一三宰輔表改。

〔一四〕竢　原作「竣」，據閣本及要録卷一一四紹興七年九月壬申條改。

〔一五〕踵其故　「故」原作「後」，據蕭本、殿本、閣本、函海本改。

〔一六〕兩浙轉運副使　據要録卷一四七紹興十二年十一月癸巳及甲午條記事，李椿年上此疏時之官職應爲「尚書左司員外郎」。通考卷五田賦考及宋史卷一七三食貨志同要録。

〔一七〕虚供抵當　「供」原作「换」，據殿本、閣本及上引要録卷一四七和卷一六一紹興二十年二月壬子條改。宋會要食貨六之三六、通考卷五同要録。

〔一八〕日起　原作「不息」，據蕭本、殿本、函海本及要録卷一四七改。

〔一九〕田税　原作「田賦」，據蕭本、殿本、閣本、函海本及上引要録改。

〔二〇〕川陝　「陝」原作「峽」，據蕭本、閣本、函海本改。

〔二一〕樓仲輝　「樓」原作「婁」，據蕭本、殿本、函海本及宋史卷三八〇樓炤傳改。按：炤，字仲暉。暉與輝通。

〔二二〕左史　原作「左司」，據蕭本、殿本、閣本、函海本及宋史卷三七四胡銓傳改。

〔二三〕朕止欲辨所論曲直　「止」原作「正」，據蕭本、殿本、函海本改。

〔二四〕史正志　原作「史正忠」，據影宋本、殿本、閣本及宋史卷三九六史浩傳記事改。

〔二五〕海　原作「淮」，據閣本、函海本及宋史卷三三孝宗紀隆興二年七月乙巳條記事改。

〔二六〕大獄　「大」原作「天」，據古今合璧事類備要外集卷二〇置大理獄條引録改。

〔二七〕至出數斤之直　原無「至」字，據蕭本、函海本補。

〔二八〕銷落　原作「銷鎔」，據殿本、閣本、函海本改。參續通鑑卷一四六淳熙五年二月己巳條記事。

〔二九〕湯鷟　原作「湯鸞」，據蕭本、函海本及宋史全文卷二七、續通鑑卷一四八改。

〔三〇〕普州　原作「常州」，據皇宋中興兩朝聖政卷六〇及宋史全文卷二七改。又函海本李調元校亦作「普州」。

〔三一〕徹章　原作「撤章」，據蕭本、閣本、函海本改。

建炎以來朝野雜記甲集卷六

朝事二 紹熙至嘉泰

154 道學興廢

自熙寧、元豐間，河南二程先生始以道學爲天下倡。二先生少學於汝南周茂叔，其後學者翕然宗之。二先生死，其高弟門人，前有河南朱公掞、劉質夫、李端伯，京兆吕與叔、蘇季明，上蔡謝顯道，延平楊中立，建安游定夫，河東侯師聖。伊川門人，後有河南尹彦明、張思叔，東平馬時中，福清王信伯，涪陵譙天授。中立、彦明遭遇靖康，建炎、紹興之間，致位通顯。天授入朝於靖康而不合，紹興中，再召不起，後隱青神山中。建安胡康侯學春秋於伊川而不及見，以楊、謝爲師友。紹興初，秦會之爲亞相，引康侯侍經席。一時善類，多聚於朝，俄爲吕元直、朱藏一所逐。朱、吕罷，趙元鎮相，彦明以布衣入侍講，經生、學士多召用焉。元鎮罷，張德遠獨相，陳司諫公輔首上章力排程氏之學，以爲狂言怪語，淫説鄙論，鏤榜下郡國切禁之。康侯疏言:「今使學者師孔、孟而禁不得從頤,是入室而閉其户也。」其後,會之再得政,復尚金陵,而洛學廢矣。中立傳郡人羅仲素,仲素傳郡人李愿中,愿中傳新安朱元晦。康侯傳其子仁仲,仁仲傳廣漢張敬夫。乾道、淳熙間,二人相往來,復以道學爲己任,學者號曰晦庵先生、南軒先生。東萊吕伯恭,其同志也。南軒侍經筵不久而去,晦庵屢召不起,上賢之。久之,王丞相淮當國,不喜晦翁,鄭尚書丙始創爲「道學」之目。王丞相又擢太府陳寺丞賈爲監察御史,俾上疏言:「近日搢紳有所謂『道學』者,大率假其名以濟其僞,望明詔中外,痛革此習。每於除授聽納之際,考察其人,擯斥勿用。」晦翁遂得祠。又數年,周洪道爲集賢相,四方學者稍立於朝。會晦翁除郎,以疾未拜,而林侍郎栗劾其欺慢,且詆道學之士,乃亂臣之首,宜加禁絶。林雖罷去,而士大夫譏貶道學之説,迄不可解,甚至以朋黨詆之,而邪正幾莫能辨。至紹熙末,趙子直當國,遂起晦翁侍經筵,而其學者益進矣。晦翁侍經筵,數十日而去位。子直貶永州。何參政澹爲中執法,復上擊道學之章,劉樞密德秀在諫列,又申言之,於是始有僞學之禁矣。先是,光宗登極,劉德秀爲殿中侍御史,上疏極言兩議交攻之禍。詔下其章。後五年,僞學乃禁。

155 學黨五十九人姓名

自禁僞學之後，劉侍郎珏以故御史免喪入見，上言前日之僞黨，今日又變而爲逆黨，且獻策以消之。於是自慶元至今，以僞學、逆黨得罪者，凡五十有九人。宰執四人：趙汝愚，右丞相；留正，少保、觀文殿大學士；王藺，觀文殿學士、知潭州；周必大，少傅、觀文殿大學士。待制以上十三人：朱熹，焕章閣待制兼侍講；徐誼，權工部侍郎、知臨安府；彭龜年，吏部侍郎；陳傅良，中書舍人兼侍講，兼直學士院；薛叔似，權户部侍郎兼樞密都承旨〔一〕，提舉太史局；章穎，權兵部侍郎兼侍講；鄭湜，權刑部侍郎；樓鑰，權吏部尚書；林大中，吏部侍郎；黄由，權禮部尚書；黄黼，權兵部侍郎；何異，權禮部侍郎；孫逢吉，權吏部侍郎。餘官三十一人：劉光祖，起居郎兼侍讀；吕祖儉，太府寺丞〔二〕；葉適，太府卿、總領淮東財賦；楊方〔三〕，祕書郎；項安世，祕書省校書郎；沈有開，起居郎；曾三聘，知郢州；游仲鴻，軍器監主簿；吴獵，監察御史；李祥，國子祭酒；楊簡，國子博士；趙汝讜，添差監左藏西庫；趙汝談，前淮西安撫司幹官；陳峴，祕書省校書郎；范仲黼，著作郎兼權禮部郎官；汪逵，國子司業；孫元卿，國子博士；袁燮，太學博士；陳武，國子正；田澹，宗正寺丞兼權工部郎官〔四〕；黄度，右正言；詹體仁〔五〕，太府卿；蔡幼學，福建提舉常平茶事；黄灝，浙西提舉常平茶鹽公事；周南，池州州學教授〔六〕；吴柔勝，新嘉興府府學教授〔七〕；李垕，校書郎；王厚之，直顯謨閣、江東提點刑獄；孟浩，知湖州；趙鞏，祕閣修撰、知揚州；白炎震，新通判成都府。武臣三人：皇甫斌，池州都統制；范仲壬，知金州；張致遠，江西兵馬鈐轄。已上並見於臺諫章疏中。士人八人：楊宏中，周端朝，張衜，林仲麟，蔣傳〔八〕，徐範，並太學生。蔡元定，呂祖泰。慶元三年十二月丁酉，知綿州王沇朝辭入見〔九〕，請自今曾係僞學舉薦、升改及舉刑法廉吏自代之人，並令省部籍記姓名，與閑慢差遣。事既行〔一〇〕，黄子由爲吏部侍郎，建言：「人主不當待天下以黨與，不必置籍以示不廣。」沇，故資政殿大學士韶曾孫也。五年六月己丑，擢沇利路轉運判官。時子由權禮部尚書，未幾出帥蜀。張參政巖爲殿中侍御史，奏子由阿附權臣，植立黨與，遂降子由雜學士奉祠焉。

156 御筆禁言舊事

黨禍既作，隆慈與上欲消之。御筆：「今後給舍、臺諫論奏，不必更及舊事，務在平正，以副朕救偏建中之意。」時劉德秀爲諫長，與察官張德秀等上疏言：「繼自今舊姦宿惡，或滋長不悛，臣等不言，則誤陛下之進用；言之，則礙今日之御札。若俟其敗壞國事復如前日，而後進言，則徒有噬臍之悔。三者皆無一而可。望下此章，播告中外，令舊姦知朝廷紀綱尚在，不致放肆。」從之。尋詔改「不必更及舊事」爲「不必專及舊事。」黄元章爲殿中侍御史，獨上言：「治道在黜其首惡而任其賢，使才者不失其職而不才者無所憾。故仁宗嘗曰：『朕不欲留人過失於心中。』此皇極之道也。至於前事有合論列，事體明證有關國家利害者，臣不敢不以正對。」疏奏，元章竟徙它官。

157 慶元罷臧否

孝宗淳熙中，始嚴監司臧否郡守之令，既申牧伯、部使者數人稽緩之罰。時趙温叔守荆，林黄中守潭，爲上所禮，特下詔趣之。然行之十餘年，其後士大夫往往以人情之厚薄爲臧否，論者頗患其不公。慶元四年十一月庚申，新知漢陽軍蔣用之朝辭，上疏稍論其僞〔二〕。朝廷是之。明年三月甲午，右正言陳自强復以爲言，於是臧否遂罷。

158 慶元臧否縣令

慶元中，張君量帥廣西，請令監司、帥守，各於歲終，以所部縣令分臧、否，上中下三等，合平而爲七〔三〕，次春上奏，頒之考功。如臧甲於一路者，取旨升擢；而否之最者，亦加黜責。其它次第斟酌施行，以爲懲勸。從之。時二年六月乙丑也。然自後未有舉行者。明年，君量入爲臺諫，以至樞庭，卒不能自行其説云〔一三〕。

159 紹熙許薦士嘉泰罷泛舉

國朝薦舉之目，自京、職官至令、録，其來遠矣。元祐初，司馬公始奏設文、武十科以舉士。後又有舉將帥、廉吏、所知，合舊升陟、自代等科，凡十有一。紹熙元年冬，又詔監司、帥守，滿秩造朝陛對之際，許薦所部人才一、二人；如無，聽闕。文武高下，皆無所拘。其後三年間，在外被薦者八、九百人，朝廷不能盡用，但令中書省籍記姓名而已。四年冬，言者謂：「今被薦者猥衆，朝廷疑其私而不信，病其衆而難從。其間縱有賢才，不免與僥倖者併棄，請約之。」乃詔帥守、監司，自今毋得獨員薦士。慶元元年十一月，又詔諸司薦舉，連銜以聞。明年，章德茂帥興元，薦知利州閬中蒲叔獻等三人政績，有旨與監司及升擢差遣。胡紘爲御史，上言：「叔獻等不聞有過人之才，而猥以人情之厚薄，獨銜舉薦。」詔勿行。嘉泰二年三月，右正言施康年又言：「近日士大夫有持廉吏及科目薦章十餘至廟堂而得學官，又有挾三、四薦而得院轄者，執政至無以却之。請除升改、自代十科外，悉行罷去。如朝廷間有特旨，令内外舉薦者，並具實迹以聞。」從之。自此舉薦冒濫少革矣。元年七月，察官鄧友龍請覺察所薦非其人者。從之。

160 執政子孫任祠官

祖宗時，執政子弟皆得任內外清望官，但不爲臺諫、兩省耳。自蔡京父子共政，秦熺繼之，由是典制大壞，孝宗惡焉。淳熙八年八月，始詔見任宰執、臺諫子孫，並與宮觀、嶽廟，理爲資考。慶元六年閏二月，詔許用前宰執舉狀爲職司云。

161 姚次韓論奏讞

紹興初，陳去非在黄門，始申嚴奏讞不當之令。其後寖寬。慶元中，東南有因詈人至毆死者，而行凶之人作何問？奏裁。姚次韓愈爲御史，上言：「如此，是詈人之罪，重於殺人。」三年三月壬寅，詔自今有司奏讞死罪不當者，論如律。

162 便民五事

自紹興初，令諸道守臣到官半年，陳便民五事。既又命給舍看詳，其可行者以聞。二十六年九月壬子。其後寖廢。淳熙末，復申行之。九年十二月戊午。慶元時，劉仲洪爲諫長，復請專付檢正都司考覈，取其近情合理者以聞。二年七月戊子。三年四月丙辰，復令給舍看詳以白執政，而檢正左右司檢詳擬行之。然今諸路守臣所上言，俱無甚可行，特姑存政事而已。紹興三年二月甲寅，詔守臣到任半年，具便民或邊防五事以聞。著爲令。

163 慶元緊要政目五十事

慶元五年十月，右諫議大夫陳自强勉之上緊要政事條目三十門，人才、財用、軍旅、風俗、諫諍、蓄積、法禁、薦舉、學校、爵禄、教化、科舉、命令、賞罰、獄訟、税賦、農田、邊備、禮制、祭祀、銓選、任官、監司、守令、奉天、奉祖宗、任相、馭夷狄、荒政、馬政。〔一四〕。請令侍從、兩省、講讀官進故事日，於前項政事條目内選擇一事爲題，先敘前代帝王施行得失，而證以祖宗故事，然後論今日事體所宜，斷以己意。俟其進入，編爲一書。如一旬而講一事，則一歲之間便有三、四十事，不過二年，朝廷之大政講究畢矣。疏奏，從之。已而，學士高文虎炳如又以二十事上之。如前請。稽古、勤政、威斷、恤刑、惠民、久任、文章、考課、選吏、救弊、宗廟、奉親、宗室、兵制、曆法、錢幣、漕運、茶鹽、常平、義倉。

164 何自然論薦舉

趙子直秉政，引用所知，多自外徑除館學者。何自然爲中執法，以其廢壞壽皇成法，嘗上疏言之。慶元元年六月己卯〔一五〕。已而有旨，除甲科及經擢用人外，須歷知縣有政績，諸司薦舉，乃得除職事官，用矯其弊。命下，自然復言：「若此用人，必有二弊：一則其人政事雖無可述，而有勢力可宛轉，移書徧屬，剡薦鼎來。二則諸司之中，苟有强有力者爲之主張，則它司莫敢違拒，寒畯之士無繇可進。請詔諸司取實有政績者，連銜以聞，仍關御史臺照會，若有不公，許本臺覺察〔一六〕。」從之。元年十一月庚戌。自然雖有是言，然終不能革。嘉泰初，鄧友龍察院復奏：「自慶元三年至六年，在外被薦者無慮千餘人，其間或乏廉聲而舉充廉吏，或素昧平生而舉充所知，或不能文而舉可備著述。至於廟堂亦無以處之。願詔中外臣寮，自今有人則薦，無人則闕，儻所薦非人，當擇其尤者，〔一七〕，覺察以聞。」疏奏，從之。元年七月丙戌〔一八〕。然亦未嘗有覺察者。

165 監司郡守至官交割庫金

孝宗淳熙中，有詔：守臣任滿，以見管錢物交後政或次官收訖，申户部置籍，代者限一月核寔以聞。著爲令。九年正月乙亥。時蜀人有爲總計及典方面者〔一九〕，坐過例饋送各數萬緡，皆停官。九年正月戊子，三月乙未。

166 郡守銓量

故事，諸道守臣皆臨遣。淳熙末，上以嶺南、蜀道遥遠，始詔川、廣知州軍見居川、廣，合闕到半年前，奏事人及係見闕去處，並令詣本路轉運司稟事。仰漕臣精加銓量，人才委堪任使，非昏繆老病之人，結狀保明，申尚書省。十年十月庚子。然諸道罕嘗舉行。紹熙末，言者論漕司之權比制司爲輕，而責亦不若制司之重，權輕則不敢多有所廢黜，責輕則不暇詳於顧計。州縣不治，職此之由，請一付之制司。權重則雖廢黜之多而有所不憚，責重則顧計利害之深而不敢苟且，如此則昏老疾病之人不得冒居，而州縣無不治矣。趙子直始爲政，遂白行之。五年十月辛卯。其後行之數年，議者不以爲當。嘉泰元年五月，復有旨並赴闕朝辭〔二〇〕。會知合州郭公燮等數人〔二一〕，代者皆過滿。帥臣劉仲洪因請於朝，仍復令制司銓量，免奏事焉。大抵川、陜道遠，守臣奏事者多以爲勞，若帥臣公心一意而無請託喜怒予奪之私，則銓量爲得。

167 嘉泰減奏薦

嘉泰初，言者以官冗恩濫，請凡娶宗女授官者仍舊法，終身止任一子。乾道二年六月集議，止任一子。九年，改不作非泛。兩府、使相不得以郊恩奏門客、文學，歸正官不許添差極邊，初官不許求郡，大臣丁憂解官遇覃恩不得遷秩。著爲令。從之。元年八月己卯。

168 建炎至嘉泰申嚴贓吏之禁

自祖宗開基，首嚴贓吏之禁，重者輒棄市。真宗以後，稍從寬貸，然亦終身不用。建炎二年春，高宗復詔贓罪明白者，不許堂除及親民差遣，犯枉法、自盜，罪至死者，籍其貲。二月辛未。四年秋，詔自今犯贓免死者，杖脊流配。八月戊子。是冬，湖口令孫咸坐贓黥隸連州。上謂輔臣曰：「祖宗時，贓吏有杖於朝堂者〔三二〕，黥面特配〔三三〕，尚爲寬典。十一月壬子。紹興四年，秀州黃大本遂決刺焉。然高宗性仁厚，但行之數人而止。七年秋，永嘉令李處廉貸死，籍其貲，自是爲例。九月丙戌。二十六年秋，處守鄒栩犯贓當死〔三四〕。栩，鄒忠公志完子也。上見其獄，蹙額久之，曰：「既贓罪，不可貸。」乃編置吉州。九月癸丑。隆興二年秋，統制官魏尚者，盜用所部軍食，爲錢三千緡。獄具，孝宗諭湯丞相曰：「故事，當真決〔三五〕。」湯丞相曰：「尚，武人，不足深責。願陛下三令五申。」上勉從之，九月己丑。遂降詔禁止。十月乙丑。其後廣西提刑石亨義抵罪〔三六〕，始刺配焉。淳熙五年，上既申保任京官連坐之罰。十年夏，又詔自今自盜、枉法、贓罪至死者，籍其貲，仍決配，不以秩位之高下，形勢之輕重，朕將一概施行。六月戊戌。遂命監司、帥臣，歲舉部內廉吏一、二人，具實跡來上，令中書籍記，無則闕之。六月己未。然亦未嘗有決刺者。慶元元年，倪正父爲吏部侍郎，建言：「今之達官貴人，贓以萬計，監司、臺諫按發，不過放罷。前之行遣，既不究實，後之辨雪，遂得有辭。請自今以貪墨聞者，雖未欲送獄根勘，亦合差官究實懲治，庶幾大贓治而小贓懲。」八月己丑。其後亦不克舉行。嘉泰二年冬，言者又論臣僚贓累鉅萬，具載章疏，投閒數月，便得祠禄，請自今皆須二年。十一月庚午。雖有是言，然臺諫所論，或得於風聞，朝廷察其誣，未嘗不拔拭也。若究實懲治，則贓者不得倖免，而枉者可以復直矣。舊以絹計贓者，千三百爲一匹，後增至二千。紹興三年，高宗以絹直高，特下詔增一千。九月辛未。乾道六年，復詔權以四千爲一匹。三月甲戌〔二七〕。迄今遂爲定制。

169 近歲堂部用闕

渡江以來，員多闕少，中外久患之。紹興末，寺監丞簿、學官、大理司直、樞密院編修官，始皆有待次者。乾道五年秋，孝宗遂命皆與添差一次，自今須見闕乃得除。然近歲東南郡守率有待闕至五、六年，蜀中亦三、四年，由是朝士罕肯乞外，而勢要之人多攙闕者。淳熙十三年，詔自今存留州郡十五闕，止差一政，令中書籍記以待職事官外補。慶元元年，又增爲三十闕，非職事官補外，毋得陳乞。然廟堂牽於丐請，率多借用。嘉泰二年夏，言者請以嘉興府、處、台、衢、嚴、信、池、袁、撫、江、潮、漳、泰、温、徽等州十五闕，令中書再行注籍，專待職事官請外補用。如有經營留闕之人，令給舍繳駁，臺諫論奏。從之。四月辛卯。今監司、帥臣亦有待闕者，今年辛焕柄知夔州〔二八〕，待除何侍郎異闕。而侍左選人用六年闕，侍右小使臣用五年半闕云。小使臣初用五年一月□□〔二九〕，吏部請用季闕，慶元六年閏六月半闕。許之。

170 嘉泰禁私史

頃秦丞相既主和議，始有私史之禁，時李莊簡光嘗以此重得罪〔三〇〕。秦相死，遂弛語言律。近歲私史益多，郡國皆鋟本，人競傳之。嘉泰二年春，言者因奏禁私史，且請取李文簡續通鑑長編、王季平東都事略、熊子復九朝通略、李丙丁未録及諸家傳等書〔三一〕，下史官考訂，或有裨於公議，乞即存留，不許刊行，其餘悉皆禁絶，違者坐之。二月甲午。文簡所著長編，凡九百餘卷，孝宗甚重之。季平、子復皆嘗上其書，除職遷官，仍付史館。丙以父任，監行在都鹽倉，乾道八年夏，上其所編丁未録二百卷，自治平四年至靖康元年，詔特改京官，六月戊戌。付國史院。然紀載無法，學者弗稱焉。其秋，商人載十六車私書，持子復中興小曆及通略等書欲渡淮〔三二〕，盱眙軍以聞，遂命諸道帥、憲司察郡邑書坊所鬻書，凡事干國體者，悉令毀棄。七月戊申。中興小曆者，自建炎初元至紹興之季年，雖已成書，未嘗進御，然其書多避就，未爲精博，非長編之比也。

校勘記

〔一〕薛叔似權户部侍郎兼樞密都承旨　「都」原作「院」，據蕭本、函海本及慶元黨禁、兩朝綱目備要卷五、宋史卷三九七薛叔似傳改。

〔二〕呂祖儉太府寺丞　「太府寺」原作「大理寺」，據殿本、閣本及李心傳道命録卷七下僞學逆黨籍、慶元黨禁、兩朝綱目備要卷五、宋史卷三七寧宗紀、卷四五五呂祖儉傳改。

〔三〕楊方　字子直，蕭本及上引道命録、慶元黨禁作「楊芳」。

〔四〕田澹宗正寺丞　原無「寺」字，據影宋本補。

〔五〕詹體仁　原作「張體仁」，據蕭本及上引道命録、慶元黨禁、宋史卷三九三詹體仁傳改。

〔六〕周南池州州學教授　「州學」原作「府學」，據蕭本、函海本及上引道命録、慶元黨禁、備要改。

〔七〕吴柔勝新嘉興府府學教授　原脱一「府」字，據上引備要補。

〔八〕蔣傳　原作「蔣伸」，據蕭本及上引道命録、慶元黨禁和齊東野語卷二〇慶元開慶六士條改。而上引備要、宋史卷四五五楊宏中傳、卷三九二趙汝愚傳、卷四七四韓侂胄傳作「蔣傳」。

〔九〕知綿州　「綿」原作「温」，據閣本及上引備要、宋史全文卷二九慶元三年十二月丁酉條、宋史卷三七寧宗紀改。

〔一〇〕事既行　「既」原作「即」，據上引備要改。

〔一一〕稍論其僞　「其僞」原作「真僞」，據蕭本、殿本、閣本、函海本及兩朝綱目備要卷五慶元五年三月甲午條改。

〔一二〕合平而爲七　「七」原作「士」，據蕭本、閣本及兩朝綱目備要卷四慶元二年六月乙丑條改。

〔一三〕卒不能自行其説　「卒」原作「率」，據蕭本、函海本及上引備要改。

〔一四〕馬政　「馬政」下原有「等三十門」四字，與上文重複，據蕭本、閣本、函海本删。

〔一五〕慶元元年六月己卯　「元年」之上，原脱「慶元」年號，據兩朝綱目備要卷四慶元元年十一月庚戌條記事補。

〔一六〕本臺　「臺」原作「堂」，據蕭本、殿本、閣本、函海本改。

〔一七〕當擇其尤者　原無「者」字，據蕭本、殿本及上引備要補。

〔一八〕（嘉泰）元年七月丙戌　按：是年七月己酉朔，無「丙戌」日，疑此處記時有誤。

〔一九〕有爲總計　「有」原作「自」，據蕭本、殿本、函海本改。

〔二〇〕有旨　「旨」原作「一日」，據兩朝綱目備要卷三紹熙五年十月辛卯條記事改。

〔二一〕會知合州　「會」原作「之」，據蕭本、閣本及上引備要改。

〔二二〕有杖於朝堂者　「有」字下原衍「例」字，據蕭本、函海本及要録卷三九建炎四年十一月壬子條删。

〔二三〕黥面　原作「黥而」，據上引要録改。
〔二四〕鄒栩犯贓當死　「當死」，要録卷一七四紹興二十六年九月癸丑條作「當流三千里」。
〔二五〕真決　原作「直決」，據上引要録改。
〔二六〕石亨義　蕭本、殿本作「石享義」。
〔二七〕（乾道六年）三月甲戌　「三月」原作「二月」，據蕭本、閣本改。按：是年二月壬午朔，無「甲戌」日。
〔二八〕辛焕柄　「柄」，蕭本、閣本作「炳」。
〔二九〕□□　閣本、函海本作「戊申」。
〔三〇〕李莊簡光　原作「李忠簡光」，據本書乙集序及要録卷一六一紹興二十年正月丙午條、宋史卷三六三李光傳改。
〔三一〕李丙　原作「李柄」，據函海本及兩朝綱目備要卷七嘉泰二年二月癸巳禁行私史條、宋會要崇儒五之三八、郡齋讀書志卷五上附志編年類、玉海卷四七改。下同。
〔三二〕持（熊）子復中興小曆及通略等書　「通略」下原有「事」字，據蕭本、函海本删。而上引備要作「通略、事略等書」，亦可採用。

建炎以來朝野雜記甲集卷七

時事

171 張魏公誅范瓊

范瓊者，山東人。靖康初，斡离不入寇，瓊以萬人勤王，拜京城都巡檢使。二帝北狩，張邦昌僭立，瓊實與其謀，以此遷龍、神衛四廂都指揮使。高宗即位，釋其罪，以爲御營平寇前將軍。明年冬，俾將兵北伐，瓊至東平，虜方盛，遂自淮西間道移江東，日以聲色自奉，又轉而之江西。苗、劉既誅，吕安老爲諫官，首奏其罪，且有取瓊之策。時陳待制戩爲監察御史，奉詔召瓊入朝。瓊陳兵以待，剩人以懼之，陳不爲動，徐謂瓊曰：「將軍不見苗、劉之事乎？願熟計之。」瓊乃引兵趨行在〔一〕。既至，未肯釋兵，因奏乞貸管軍左言等朋附苗、劉之罪，又言招盜賊十九萬人，皆願聽臣節制。上駭而怒。於時吕忠穆爲相，張忠獻在樞密。忠獻奏：「瓊大逆不道，罪惡貫盈，今釋不誅，他日必有王敦、蘇峻之患。」上許之。吕公奏曰：「臣與瓊舊有嫌，不敢獨任其事，願付張浚、劉彦沖。」彦沖時權樞密院檢校文字。忠獻退，召彦沖謀之。夜，鎖吏於府中，使爲榜劄敕書皆備。明日朝退，乃僞遣神武右軍都統制張俊以千人渡江〔二〕，若捕他盜者，使其衷甲以來〔三〕。因召御營副使劉光世及瓊赴都堂計事，瓊從兵溢塗巷，意氣自如。食已，忠獻等相顧未發，彦沖坐廡下，恐事覺，遽取寫敕黄紙詣前揖瓊下，謂曰：「有敕，將軍可詣大理置對。」張公數瓊諸罪，瓊眙愕，彦沖已揭榜疏其罪狀於省門。忠獻使光世出撫其衆曰：「所誅者止瓊耳，若等固天子自將之兵也。」衆投刃曰：「諾。」即分其兵隸神武五軍，械瓊送棘寺。後五日，有詔賜死，中外快之。先是，國威不立，諸大將多偃蹇不恭，及瓊就誅，始知有國法矣。

172 處州義役 德興義役

乾道中，范文穆成大知處州，言：「松陽縣民輸金買田，以助役户，爲田三千三百畝有奇，排比役次，以名聞官，不煩差科，可至一、二十年者，請命諸縣通行之。」事下户部看詳。蓋江、浙民久病差役催科，往往破家竭産，用是良民憚役，争訟囂然，故文穆以爲言，然事未下也。及文穆爲中書舍人，復言：「處州六邑義役已成，可以風示四方，美俗興化，請命守臣胡沂以其規約來上。」從之。乾道七年正月。淳熙初，知州事陳孺還朝，乃言：「民間貧富不均，今止據舊規差役，爭訟不已，請依舊法，以物力資次差募。」事下常平司。三年二月。已而，用言者請，命郡太守務在必行，有能率先，量與推賞。六年正月。言者又請有罰以禁其沮敗。許之。六年二月。於是知常州李結請捐官田予民，以充義役，自兩浙始。先以本州未佃官田二十餘萬畝〔四〕，均給義役。事下版曹、給舍議，遂命結措置以聞。六年正月〔五〕。而卒不能行。久之，處之布衣上書申言義役事甚詳。八年十二月。詔知州事李翔修義役事。翔因請民田百畝，毋問其官民並僧道，皆出田二畝，以助保正，長官爲置坫基簿，子孫毋得覬覦。此法一成，可爲數百年之利。上許焉。然官民僧道既出丁役錢，又取其田以助役，是再役也。議者謂官吏科需，法所當禁，奈何立法以助殺人陪備之資〔六〕。由是處州舉人經御史臺訴其擾。十年六月。翔不以爲然，執政王魯公等皆是翔。時蔣尚書繼周爲右正言，因力論其擾民，請罷翔議。令兩浙見行助役去處，聽民從便，官司不得預。或有爭訟，令郡縣如著令行，十五年冬十月也。先是，我先君子爲饒州德興宰，奉詔舉行義役事，乃令民以田之多寡爲役之久近。如多者役二年，少者不過役三月。又自三等以上，各户賦輸皆與之期，不以委之保正。至，則隨手給鈔，即齎民一錢，用是税節賦時，以後爲恥，而保正之趨役亦爭先而不辭也。邑人繪先君之像祠焉，太府寺丞浮梁程宏圖爲之記。今二十年矣，其義役規約故在，當有能舉行之者云。

校勘記

〔一〕瓊乃引兵趨行在　原無「瓊」字，據蕭本、函海本補。

〔二〕乃僞遣　原無「僞」字，據蕭本、函海本及要録卷二五建炎三年七月丙戌條補。

〔三〕衷甲　原作「衆甲」，據蕭本改。

〔四〕未佃　原作「未經佃户」，據蕭本、函海本删。

〔五〕（淳熙）六年正月　此處所記年月，與上文記時（六年二月）有矛盾，疑有誤。

〔六〕奈何立法以助殺人陪備之資　原脱「奈」字，「陪」作「倍」，據蕭本補正。

建炎以來朝野雜記甲集卷八

雜事

173 宇文肅愍死事

建炎初，宇文樞密虚中應詔使北，虜人留之〔一〕，後以爲樞密使。紹興中，虚中陰結中原忠義，欲族虜酋郊天日舉事，而使朝廷應之。先以蠟書來上，秦會之用事，遽繳其書遺虜人，高宗不之知也。會虚中事亦自泄，虜族其家〔二〕，株連死者甚廣。淳熙中，孝宗念其忠死，始贈開府儀同三司，謚肅愍，且爲置後。其孫紹節，今爲右司郎中。繳還蠟書，謚議云爾，而或謂未必然，蓋自露耳。

174 何文縝建元帥議

靖康中，何文縝初相，虜再犯京師，康王在河北，文縝請以帛書拜王爲大元帥，淵聖可之。文縝既北去，御筆藏於其家。紹興中，文縝之弟棨持詣秦丞相，乞進於朝。秦方主和，惡聞其事，抑不奏。秦死，棨知萬州，乃申建康，乞會申王府御筆所在，秦氏取而還之。淳熙十二年，洪端明領史院，請下隆州索其書，編於中興日曆。棨子通判邛州事令修以聞，詔付史館，遷令修一秩，知邛州云。

175 朝士投匭免知在

故事，臣民投匭上書者，皆從檢院押出召保，乃許自便。紹興三年秋，地震，求直言。太常少卿唐恕應詔上封事，檢院官以故例待之。辛閣學炳時爲臺端，言有虧禮意，請行在職事釐務官上封事者，並實封牒送檢鼓院投進，不在召保知在逐便之限〔三〕。從之。

176 大臣奪情服縿

故事，大臣奪情者服造光幘、縿紫袍、皂角帶，道君惡之。政和末，始議以入公門不應變服〔四〕，遂以吉服朝，然居家猶喪服也。紹興初，朱藏一起復右僕射，請所服，太常遂援政和近事爲請，而居第則縿服去佩焉。議者不以爲是。

177 趙元鎮用伊川門人

趙元鎮初相，喜用程伊川門下士，當時輕薄者遂有伊川三魂之目：謂元鎮爲尊魂；王侍郎居正爲强魂，以其多忿也；謂楊龜山爲還魂，以其身死而道猶行也。時龜山初亡，朱內翰震言於朝，恩數甚厚，故有還魂之目焉。

178 鄭亨仲欲併掌利權

建炎中，張魏公爲宣撫處置使，節制川、陝、京、湖十三路，便宜黜陟。魏公既罷，其後去便宜，猶於兵民財無所不總，故其權常重。若財賦，舊以都轉運使領之，然大抵皆隸宣撫司。紹興中，秦會之既與鄭亨仲有間，十五年十一月，始命趙侍郎不弃以太府少卿爲四川宣撫司總領官，蓋陰奪其柄，亨仲不悟也。趙入疆，移文宣撫司，用平牒。亨仲見之，愕而怒。久之，始悟其不隸己也。十八年，宣撫司罷，又改爲總領四川財賦錢糧，蓋自爲一司，迄今不改。然自辛巳用兵後，凡文臣執政官爲宣撫使，則總領官用申狀，受約束；武臣爲宣撫使，則抗禮平牒焉。

179 節度使以軍禮見宣撫

紹興中，鄭亨仲爲川、陝宣撫副使，大會諸將於閬州〔五〕。時吴武順璘、楊襄毅政、郭恭毅浩皆以節度使來會。亨仲坐堂上，吏贊客，亨仲遽興，日高猶不出。既而，政先執梃謁，亨仲乃受之。尋與璘、浩循階以客禮見。蓋璘時以右護軍都統制駐武興，浩以樞密院都統制駐漢陰，而政在漢中，實宣撫司都統制故也。十八年，始有旨並稱某州駐劄御前諸軍都統制，然詣宣威府悉趨庭焉。論者以鄭爲得體。

180 虞并甫長者

虞并甫丞相仕未達，嘗調官臨安，携所注新唐書以干秦丞相。書未上，會其同舟者竊得本以獻秦，并甫知之，乃更以它書爲贄。已而竊書者先去，疑并甫必怨己，遇士大夫輒詆之。并甫還知渠州，過夔，沈守約丞相爲帥，問并甫以同舟之爲人。并甫稱其美。守約屢詰之〔六〕，并甫不變。守約曰：「是人毁君不容口，君毋爲過情。」并甫曰：「渠所長甚多，但差好駡耳！」守約太息，稱其長者。未幾，守約入參大政，白召并甫爲祕書丞，以至大用云。

181 陳魯公鎮物

紹興末，金海陵煬王臨江，中外㥘懼，朝士多遣家爲避狄計〔七〕。時陳魯公爲左相，獨鎮之以静，人心少安。一日，邊郡羽書來，上趣召輔臣，公獨後至。中使屢趣之，陳行愈益緩。上嘗夜出手札，欲散百官，浮海避虜。公對中使取御札焚之。當是時，都人將遁去，賴陳不爲摇，都人乃止。北虜退〔八〕，獨公與黄通老家屬在城中。

182 張魏公薦士

隆興初，張忠獻公再入爲右相，上注意甚厚，使公條奏人才可用者。公奏虞雍公允文、陳魏公俊卿、汪端明應辰、王詹事十朋、張尚書闡，可備執政；劉觀文珙、王閣學大寶、杜殿院起莘〔九〕，宜即召還；胡資政銓，可備風憲；張舍人孝祥，可付事任；馮提刑時行、馮少卿方，可備近臣。朝士中，林侍郎栗、王侍郎秬、莫少卿沖，可任臺諫。皆一時選也。時劉、王、杜三人，皆以論事去國，故公請召之，其後悉爲名臣。終孝宗朝，不顯用者數人而已。

183 趙温叔使北

趙温叔爲舍人，使北還，入見。上問：「朕何如葛王？」温叔奏曰：「臣觀葛王，望之不似人君，規模氣象不及陛下萬一，中原不日可復也。臣敢再拜賀。」上大悦。

184 韓子師折虜使

淳熙中，虜人有舉進士第一者，記其姓名不審。奉使來賀正旦，自負其辯，頗淩慢王人。時以韓子師彦古館伴，一日，虜使自誦其廷試賦「雲屯一百萬騎，日射三十六熊」之句〔一〇〕，以爲警策。子師遽曰：「一百萬騎僅能得三十六熊，何其尠也。」虜使憫然。熊，射侯也。韓不學，妄以爲熊羆之熊，故虜使猝無以應〔一一〕，然自是辭色頗恭，時人亦多韓之敏捷。

185 蘇文忠贈官

乾道末，蘇文忠特贈太師，世或不知其所以。蓋仁宗時，蘇儀甫嘗爲翰林學士，元祐中，以其子子容貴，贈太師。始儀甫嘗游金山，題詩曰：「僧依玉鑑光中住，人在金鼇背上行。」至是，蜀僧寶印在金山，摘其詩，名軒爲「玉鑑」，又屬張安國大書而刻之。張跋云：

「此詩翰林學士贈太師蘇公所賦也。」碑成，僧摹以遺大璫甘昪〔一二〕。一日，上過其直廬外望見，索觀之，意以爲文忠也。時文忠曾孫季真爲給事中，它日，上更書文忠詩以賜，又識其末曰：「故贈太師蘇軾詩。」季真拜賜，疑之。前白曰：「先臣紹興初，嘗贈資政殿學士，未嘗贈太師，今蒙聖恩，乞自朝廷行下。」上愕曰：「朕記贈太師久矣。」季真不敢白，間爲執政言之。執政因奏以爲言，上始喻金山寺詩乃蘇紳也。因即曰：「如軾名德昭著，亦當贈太師。」於是降旨施行。然上實雅敬文忠〔一三〕，居常但稱子瞻，或稱東坡。舍人草制有曰：「人傳元祐之學，家有眉山之書。」蓋詞頭無所憑，故但爲好語耳。

186 保任京官連坐

保任京官犯贓連坐，舊制也，然近歲未有舉行者。淳熙初，錢師魏參知政事〔一四〕，會其所舉者以賄敗，上疏自劾，詔特鐫三官。吏部因以他舉官名聞，皆坐降秩。紹熙初，趙溫叔所舉以贓抵罪，用故事當削三秩，而溫叔時爲使相，若降三秩，則應落衮鉞爲銀青光禄大夫，朝廷難之，於是自衛國公降封益川郡公〔一五〕，削其食户二千而已。其後，周洪道連坐，亦自益國公降封滎陽郡公，蓋用溫叔例。益大國，視郡公爲三資，衛國故并削封户〔一六〕。

187張敬夫遺表

張敬夫帥荆州，庚子春疾甚，數丐免，不許。將死，自作遺表來上。邸吏以庶寮不得上遺表，却之。上迄不見也。其表曰：「再世蒙恩，一心報國。大命至此，厥路無由。猶有微誠，不能自已。伏望陛下親君子，遠小人，信任絶一己之偏，好惡公天下之見。永清四海，克鞏丕圖。臣死之日，猶生之年。」敬夫了然不亂如此，所謂古之遺忠矣。敬夫卒之四日，上聞知其疾病，乃拜右文殿修撰奉祠。敬夫始以父任爲右承務郎，平生未嘗乞磨勘。上知之。其在廣西，特進二秩爲承事郎，故職雖高，終不得任子云。

188王瞻叔與王時亨爭禮

自席大光後，成都守臣率兼四川大帥，惟本路監司以無轄之故，得就廳事所下馬。它路則不然。爲守者率侍從近臣，故監司見者必止喝〔一七〕，更乘小輿自側門入。紹興末，王時亨爲守，王瞻叔爲轉運副使，將穿戟，吏以故事白止之，瞻叔不平。它日，檄府以某日按視金穀簿書〔一八〕，遂傳呼入戟，據廳設坐，而謂典謁吏曰：「今日轉運副使來點檢成都府公事，非見制置使也。」時亨不能語。

189郡守越境省親

故事，守臣無得越境者。王正仲守揚，其親居潤，揚、潤才隔一水，正仲因乞告省親。許之。乾道中，史丞相守紹興，援例省其母於四明。四明，越屬郡也。淳熙末，耿直之侍郎爲四明守，其父年九十矣，直之以親病乞祠，未聽。直之用故事謁告歸江陰省親。上特許之。時有爲湖、廣總領者，以母老，請用季春至湖州迎侍。上亦許焉。孝宗錫類之施，每如此。

190奉祀汾陰寶

淳熙十四年春，有士人聶士愿者，獲一古印，以「皇帝鴐奉祀汾陰之寶」九字爲文，重十三兩。士愿以爲真宗西祀所作。時吴少保琚爲淮東總領，以五百千償士愿，取其寶獻於朝。詔藏天章閣。士愿以其寶生金所鑄，償價未足，詣御史府訴之。蔣世修繼周爲中執法，請命有司覆實，且言：「祖宗遺寶，復歸中禁，縱使是銅，亦當溥賞〔一九〕，務重大體，豈校細微。」事下工部、將作監覆實，驗之果銅也。乃詔士愿免罪。三月己未。按汾陰記：「封金匱用受命寶，封石匱用天下同文寶。」此寶不見於記載，故朝論疑之，卒不加賞云。

191 陳子長築紹熙堰

兩淮土沃而多曠，土人且耕且種，不待耘耔而其收十倍。浙民每於秋熟，以小舟載其家之淮上，爲淮民穫，田主僅收十五，它皆爲浙人得之，以舟載所得而歸。有張拐腿者，淮東土豪也，其家歲收穀七十萬斛。金亮入寇〔二〇〕，執得之，問以江南虚實，張不肯言，遂臠其兩股無餘，終不以告，乃舍之。後既退師，張亦不死。淮民因謂之拐腿云。紹熙末，陳子長損之提舉淮東常平，以淮田多沮洳，因築隄數百里捍之，得良田數百萬頃〔二一〕。事聞，錫名紹熙堰。子長除直祕閣、淮東轉運判官。朝廷念淮民，至於捐其税。

校勘記

〔一〕虜人　原作「北人」，據蕭本、殿本、函海本改。下同。

〔二〕虜族其家　「虜」原作「致」，據上引本子改。

〔三〕逐便　原作「送便」，據蕭本、殿本、閣本及要録卷六八紹興三年九月丁巳條改。

〔四〕公門　原作「公官」，據要録卷六七紹興三年八月癸巳條及宋史卷一二五禮志喪服雜議條改。

〔五〕大會諸將於閬州　原無「於」字，據影宋本、蕭本、閣本、函海本補。

〔六〕詰之　原作「語之」，據蕭本、函海本改。

〔七〕避狄　原作「避兵」，據蕭本、函海本改。

〔八〕北虜　原作「北兵」，據蕭本、殿本、函海本改。

〔九〕杜殿院起莘　「起莘」原作「起華」，據宋史卷三八七杜莘老傳改。按：本傳載：莘老，字起莘，「都人稱骨鯁敢言者必曰杜殿院云。」

〔一〇〕自誦　原作「自謂」，據蕭本、函海本改。

〔一一〕虜使　原作「北使」，據上引本子改。

〔一二〕甘昪　原作「甘昇」，據宋史卷四六九宦者甘昪傳改。

〔一三〕實雅敬　原作「雅實敬」，據蕭本、函海本乙正。

〔一四〕參知政事　原無「知」字，據閣本補。

〔一五〕益川郡公　原作「益州郡公」，據閣本及兩朝綱目備要卷一紹熙元年冬嚴贓吏連坐法條改。參閱宋史卷八九地理志利州條及卷三九六趙雄傳。

〔一六〕本條注文疑有脱誤。

〔一七〕止喝　原作「上喝」，據閣本改。

〔一八〕某日　原作「某人」，據蕭本、函海本改。

〔一九〕溥賞　原作「薄賞」，據蕭本、函海本改。

〔二〇〕金亮入寇　原作「金人兵入」，據蕭本、閣本、函海本補正。

〔二一〕數百萬頃　兩朝綱目備要卷三紹熙五年末條同，而蕭本、函海本作「數萬頃」，劉時舉續宋編年資治通鑑卷一一紹熙五年末條作「數百頃」。又通考卷四田賦考引畢仲衍中書備對，元豐年間，全國墾田數共四百六十餘萬頃。此處「百」字當爲衍文。

建炎以來朝野雜記甲集卷九

故事

192 潛藩州建軍府名

舊制，天子即位，嘗所領州鎮，自防禦州而下皆升軍名；若節鎮州則建爲府。如英宗自齊州防禦使登極，升齊州爲興德軍；神宗自忠武軍節度使建儲，升許州爲潁昌府之類；孝宗受禪，以始封洪、鼎、宣、建州舊有軍額，則建爲隆興、常德、寧國、建寧府，而劍州止升爲普安軍。紹熙中〔一〕，始再升爲隆慶府。蓋用此制。光宗自榮州刺史進封恭王，今上自英國公出就傅後，封嘉王。四州皆爲支郡，然三州躐升爲重慶、英德、嘉定府，而榮州至今不錫軍名，蓋中書之誤。

193 百官轉對

故事，百官五日一轉對。紹興六年十一月，詔百官應轉對而疾病者，許封進文字，更不引對。其後秦相當國久，惡聞人言，於是百官當對者多託疾不上。十七年八月，詔自今當對而在告者，竢疾瘉日上殿，命吏部約束之。然所對者不過大理寺官十餘人，姑應故事而已。自孝宗臨政，垂意人才，乾道、淳熙間，朝士抱才氣者，皆以得見上爲喜，而碌碌者頗以轉對爲憂。然士大夫不爲大臣所喜者，往往竢其對班將至，預徙它官，至有立朝踰年而不得見上者，蓋輪其官而不輪其人，此立法之弊。

194 大臣賜書閣名

宣、政間，大臣賜書閣，多得御筆閣名。若蔡京曰「君臣慶會」，王黼曰「得賢治定」是也。紹興初，高宗以平江朱勔南園賜韓忠武，題其賜書閣曰「懋功」。後秦申王閣曰「一德格天」，楊和王閣曰「風雲慶會」，史會稽王閣曰「明良慶會」云。皇甫坦賜書閣，名「紹興焕文」。

195辛臣生拜太師

國朝自建隆至紹、淳，宰臣生拜太師者五人爾。趙韓王普，文潞公彥博，蔡魯公京，秦申王檜，史會稽王浩。惟蔡、秦二人以相臣特拜，其它皆還政加恩云。

196親王生拜太師

本朝親王生拜太師者五人。真宗朝楚王元佐，仁宗朝燕王元儼，哲宗朝吳王顥，欽宗朝燕王俁、越王偲，皆以父兄行乃得之。紹熙中，嗣秀王伯圭以宗室特拜太師，蓋王於光宗爲親伯父，用優禮也。

197建隆至嘉泰宰相數

國朝宰相，自建隆至嘉泰，凡一百有二人。前輩既自建隆元年至元祐五年，一百三十年，凡五十人。自元祐五年至紹興六年，四十六年〔三〕，凡二十八人，以爲兩倍於前矣。自紹興七年至今嘉泰二年，六十六年，其間宰相或席不暇煖，而才二十有四人，蓋秦會之獨相十八年故也。

198 中興宰相久任者

中興宰相二十九人，自秦申王外，在位踰三年者八人而已。王魯公淳熙八年相，十五年罷，凡七年。留衛公淳熙十六年相〔三〕，紹熙五年罷。京魏公慶元二年相，六年薨，皆五年。陳魯公紹興二十九年相，隆興元年罷，凡四年。虞雍公乾道五年相，八年罷。趙衛公淳熙五年相，八年罷。周益公淳熙十四年相，紹熙元年罷，皆三年。謝魯公慶元六年相，至今亦近三年。

199 宰相位公孤封國

高宗宰相十五人，惟秦會之爲太師，呂元直爲少保〔四〕，其它未有至公相者，而封國亦止二人。秦益公檜，張和公浚〔五〕。孝宗宰相十五人，生至公、少者五人而已。史文惠太傅，張忠獻、陳正獻皆少師，陳文恭、虞忠肅皆少保，然封國者已十人。陳文恭〔六〕、王文定皆封魯，史文惠、張忠獻、陳正獻皆封魏，湯特進封慶，虞忠肅封雍，梁文靖封鄭，趙開府封衛，周少傅封許。紹熙後，宰相凡七人，京仲遠以少傅封冀國公，周洪道、留仲至、謝子肅以少保封益、衛、魯三國公，葛楚輔、余處恭官皆至特進。宰相官爵之穹，未有如近歲者也。

200 中興宰相封國數

中興宰相封國者：呂忠穆，成；秦申王，莘、衛、慶、冀、魏、益；張忠獻，和、魏；湯特進，榮、慶；陳文恭，信、福、魯；史郡王，永、衛、魯、魏；陳正獻，申、福、魏；虞忠肅，濟、成、華、雍；梁文靖儀、鄭；趙開府，沂、衛；王特進，信、福、冀、韓、魯；周少傅濟、許、益；留少保，申、衛、魯；京文忠，沂、鄭、冀、魏；謝少保，申、岐、魯。

201 一國封兩公

故事，一國未有封兩公者。宣和末，鄭達明封燕國公，及薨，蔡攸乃封燕國。淳熙中，史太保封魏，陳少傅封福。及慶典，陳少傅進封魏國公〔七〕，時史公尚亡恙也。近歲趙沂公既封衛，後數歲留申公以左揆復封衛國公。一國二公，蓋失於討論爾。

202 宰相追封王爵

中興宰相，追封王爵者二人。秦申王以久任，史會稽王以舊恩，皆異數也。

203 中興諸將封王數

中興諸將生享王封者四人：張忠烈俊，韓忠武世忠，楊武恭存中，吴武順璘。追封真王者五人：張忠烈，循、魯；楊武恭，和；吴武順，信；韓忠武，蘄；吴武安，涪。追封郡王者一人，劉武僖光世，安城郡王。

204 中興外戚封王數

中興外戚封王者，自信安孟王忠厚始。其後，平樂韋王淵、大寧吴王益、新興吴王蓋、永寧郭王師禹，皆以元舅之貴乃得之。慶元中，韓太傅侂胄以中宫從曾祖封平原郡王，蓋殊命也。

205 高宗朝參政最多

太祖乾德二年，始置參知政事，自是凡十三年，止四人而已。仁宗在位四十二年，參知政事凡三十七人。徽宗在位二十六年，凡三十四人。高宗在位三十六年，凡四十八人。孝宗在位二十八年，凡三十四人。以累朝較之，高宗朝除人最多，蓋秦丞相專權，不欲其久在位故耳。

206小兩制除執政

故事，小兩制未有除執政者。乾道二年，蔣子禮始自中書舍人除簽書樞密院事。

207中興左揆數

中興左相十六人，高宗朝七，孝宗朝六，光宗及慶元、嘉泰三。外此若范覺民、洪景伯、蔣子禮、葉夢錫、趙温叔，皆獨相而止居右。朱藏一、張德遠、史直翁、梁叔子，皆再入而亦止爲右揆焉。

208本朝宰執父在恩數

本朝執政父在者，若王文康溥、章雷州惇、張文孝觀、吳正肅育〔八〕、安觀文燾、何開府㮚，朝廷皆因其入踐二府，而峻加恩命，然但除四品寄禄官致仕爾。徽宗用李太宰邦彥秉政，眷遇甚渥，其父浦始特除右文殿修撰，遷寶文閣待制，奉朝請，及死，又贈雜學士，謚宣簡云。浦，懷州人，以鍛銀爲生，其除拜皆非故事，然當時無正之者。政和初，林彥正攄自翰院擢爲執政，其父邵以寶文閣待制遷直學士，蓋異數也〔九〕。近歲程參政松爲諫長，其父九萬以子在臺省日久，自直敷文閣除祕閣修撰。嘉泰中，以程入兩地，再除華文閣待制，提舉醴泉觀，奉朝請，視政和恩數爲優云。

209 國朝父子祖孫兄弟宰執數

國朝父子宰相二家：呂許公，申公；韓魏公，儀公。祖孫宰相一家，曾魯公，欽道。兄弟宰相一家，韓康公，莊敏。父子執政十三家：曹武惠，子武穆；韓忠憲，子獻肅，持國，莊敏；石元懿，子文定；陳晉公，子恭公；王仲明，子忠簡；王惠獻，子安簡；呂文靖，子惠穆，正獻；范文正，子忠宣，恭獻；曾宣靖，子令綽；蔡新州，子彥清；蔡儋州，子居安；秦申王，子伯陽；王敏節，子能甫。祖孫執政八家：張師黯，孫簡翼；王文獻，孫康靖；梁莊肅，孫才甫；富文忠，孫季申；張章簡，孫元量；張榮僖，曾孫忠文；錢文僖，元孫處和；蔣穎叔，曾孫子禮。兄弟執政十二家〔一〇〕：呂鎮南，弟正惠；陳文忠，弟文惠；任康懿，弟安惠；吴正肅，弟正憲〔一一〕；呂惠穆，弟正獻〔一二〕；韓獻肅，弟持國，莊敏；王文公，弟和甫；蔡儋州，弟元度；鄧子能，弟文簡；洪文惠，弟文安；宇文仲理，弟肅敏。叔姪執政四家：胡文恭，從子修簡；林文節，從子彥振；史簽樞，從子文惠；章文獻，從孫質夫，子厚。三世宰相一家，呂文穆，從子文靖，從孫正獻。三世執政二家：韓魏公，子儀公，曾孫似夫；曾魯公，子令綽，孫欽道。四世執政一家，呂許公，從父文穆，子惠穆、正獻，曾孫舜徒。

210 渡江後父子兄弟建節數 三世 四世 五世建節

渡江後，父子建節十三家〔一三〕：劉光世，子景慶；錢忱，父景臻；邢煥，子孝揚〔一四〕；韋淵，子謙；吳玠，子拱；吳璘，子挺；郭浩，孫杲〔一五〕；楊存中，子倓；劉錡，父仲武；吳益，子琚，璹〔一六〕；吳蓋，子瓌；吳挺，子曦。兄弟建節七家：吳玠，璘；錢忱，愐；韋謙，讜；吳益，蓋；吳挺，拱；吳琚，瓌〔一七〕，璹；李孝友，孝純。三世節度使一家，吳璘，子挺，孫曦。四世節度使二家：錢忱，高祖俶，曾祖惟演，父景臻；鄭藻，大父紳，父成之，從子興裔。五世節度使一家，韓侂胄曾祖忠獻，從子邈，從孫同卿，從曾孫竢。

211 本朝未三十知制誥未四十拜相者

本朝未三十知制誥者：蘇太簡〔一八〕二十六，吳元中二十七，晏元獻、宋宣獻、王懿恪、張安國皆二十八，王文正、夏文莊皆三十。未四十執政：寇萊公三十，張魏公三十三，晏元獻三十五，蘇太簡、錢宣靖、韓魏公皆三十六，趙韓王、王沂公皆三十九，富韓公四十。未四十拜相者：范覺民三十一，吳元中、何文縝皆三十八，張魏公三十九〔一九〕。

212 中興學士秉政者

中興學士，自建炎丁未至嘉泰壬戌，凡七十人。承旨、直院、權直並係。大拜者十一人：朱忠靖勝非，沈特進該，湯慶公思退，虞雍公允文，史魏公浩，洪文惠适，蔣觀文芾，梁鄭公克家，周益公必大，王魯公淮，葛開府邲。執政者又二十九人，可謂盛矣。

213 渡江後學士再入三入者

渡江後學士三入者二人：胡端明交修，王端明曮。再入者十六人〔二〇〕：張文靖守，綦寶學崈禮，沈忠敏與求〔二一〕，陳資政與義，孫資政近，劉閣學才邵，李侍郎椿年，洪文安遵，錢給事周材，洪文敏邁，劉忠肅珙，鄭資政聞，周益公必大，王魯公淮，倪侍郎思。

214 國朝學士久任再入三入者 二事

學士久次者：晁文元迥十六年〔二二〕；王文恭珪十三年；王文忠堯臣十二年；宋文安白，章文憲得象，趙清獻抃〔二三〕，楊內翰偉皆十一年；陶尚書穀，丁文簡度皆十年；扈尚書蒙，蘇參政易簡，賈參政黃中，李昌武宗諤，孫文懿抃，胡文恭宿，皆九年；徐常侍鉉，楊文公億，皆八年；

歐陽常侍迥，宋宣獻綬，歐陽公修，皆七年；梁給事周翰，李相州維，晏元獻殊，馮章靖元〔二四〕，皆六年。熙寧後，學士率一、二年即遷，久次者三、四年而已。高宗朝湯慶公，孝宗朝周益公，始皆六年。

學士再入、三入者：宋文安兩入凡二十年，李相州、孫文懿皆十二年，楊文公、范仲文皆九年，曾宣靖、馮文簡皆七年，葉道卿、張文定皆六年，宋景文、楊宣懿皆三入而止五年。渡江後，周益公再入凡九年，胡端明二入跨六年，久次者止此二公而已。

215 父子兄弟入院數

錢文僖公記父子入院一家：李文正〔二五〕，昌武。兄弟入院三家：二竇：可象，望之；二李：文靖，相州；二錢：希白，師聖。以爲極盛矣。其後，父子入院者又四家：錢希白，子飛；梁仲素，莊肅；蘇儀甫，子容；洪忠宣，景伯，景嚴，景盧。兄弟入院者又九家：二陳：文惠，康肅；二宋：元憲，景文；二吳：正肅，正憲；二韓：康公，持國；二蘇：文忠，文定；二曾：文肅，文昭；二蔡：元長，元度；二宇文：仲理，仲通；三洪：文惠，文安，景盧。然洪氏父子兄弟入翰苑者四人，古今所未有也。

216 西閣久次

祖宗時，西閣久次者：王晉公再入凡十六年，朱公巽十二年，盧崖州十一年，扈日用、李孟雍皆十年，張尚賢、石文定皆九年，錢文僖、宋宣獻、李儀父皆八年，李相州、王沂公、劉子儀、張文孝皆七年，盛文肅、錢希白、丁文簡、晁文莊皆六年。

217 非進士除內外制臺諫經筵史館事始

國朝非進士出身除學士，自林彥振始。韓持國已省試合格，但避嫌不赴廷試。除舍人自顏夷仲始。除講官自吴傳正始。除諫官自徐師川始。除臺官自曾統始。除史官自邵博始。任申先已先賜出身，除修注後，乃入史院。

218 中興講讀官節料

中興講讀官三大節料：大觀文，錢百五十千，酒十瓶。大資政以上，錢百千，酒十瓶。從官，錢五十千，酒六瓶。餘官，錢三十千，酒三瓶。紹興十五年冬所著令也。

219 制科宰執數

國朝制策登科四十人，至宰相者一人而已，富文忠弼。執政者九人：夏文莊竦，吴正肅育，張文定方平，田宣簡況，吴文肅奎，邵安簡亢，蘇文定轍，李黄門清臣，范榮公百禄。

220 詞科宰執數

自紹聖乙亥至紹熙癸丑，以宏詞中選者凡七十二人。其後至宰執者十一人：孫忠定傅〔二六〕，滕樞密康，盧左丞益，張文靖守，范參政同，秦忠獻檜，周樞密麟之，洪文惠适，洪文安遵，湯慶公思退，周益公必大。入翰苑者二十一人〔二七〕：吴龍學幵，盧左丞益，孫尚書覿，張文靖守，滕樞密康，胡尚書交修，范參政同，劉侍郎才邵，王端明曮，湯丞相思退，周樞密麟之，洪丞相适，洪樞密遵，洪内翰邁，莫直院濟，周丞相必大，趙舍人彦中〔二八〕，李尚書巘，陳侍郎峴，陳内翰宗召。

221 狀元大拜數

建隆以來，狀元已没者六十九人，而大拜者七人而已。吕文穆蒙正、王文正曾、李文定迪、宋元憲庠、何開府㮚、梁文靖克家、趙銀青汝愚是也。執政凡十一人，楊樞密礪、王景莊嗣宗、蘇參政易簡、陳文忠堯叟、張文孝觀、蔡文忠齊、王文忠堯臣、馮文簡京、許黃門將、陳樞密誠之、鄭樞密僑是也。節度使二人，陳康肅堯咨、王懿恪拱辰是也。

222 父子祖孫兄弟狀元父子兄弟賢良

國朝父子狀元三家：張去華，子師德；安德裕，子守亮；梁顥，子固。祖孫狀元一家，沈遘，孫晦。兄弟狀元二家：二陳：文忠，康肅；二孫：漢公，鄰幾。父子賢良一家，錢希白，子明逸、彥遠。兄弟賢良二家：二錢：子高，子飛；二蘇：文忠，文定。

223 狀元舉制科

唐貞元中，魏宏簡以狀元舉賢良，自是無繼之者。至國朝而狀元舉制策者復二人，孫舍人僅〔三九〕、孫學士暨。二公，咸平初，連榜冠多士；咸平四年，同以賢良方正登科，近古所未有也。

224 狀元年三十以下數

狀元年三十以下者，王宣徽拱辰、汪端明應辰年十八，沈內翰遘年二十，莫內翰儔二十二，梁内翰顥、張舍人孝祥、王尚書佐皆二十三，楊樞密礪、蘇參政易簡、木尚書待問皆二十四，王丞相曾、王參政堯臣、張監丞唐卿、賈内翰黯、彭尚書汝礪、衛舍人涇皆二十五，何僕射㮚、趙丞相汝愚皆二十七，蔡樞密齊、宋丞相庠、馮樞使京、楊監丞寘、姚祕書穎、王叔興昂皆二十九，陳樞相堯叟、張參政觀、詹舍人騤、許僉判奕皆年三十。

225 狀元十年執政五年持橐人數

狀元及第不出十年而執政者，吕許公蒙正丁丑榜，癸未年參知政事，凡七年。董資政德元戊辰榜〔三〇〕，乙亥年參知政事〔三一〕，凡八年。梁鄭公克家庚辰榜，己丑年簽書樞密院事，凡十年。狀元及第不出五年爲侍從者，余給事㮚自及第至給事中〔三二〕，凡二年。蘇參政易簡、霍侍郎端友自及第至知制誥，凡四年。陳英公堯咨自及第至知制誥，凡五年。此外，吕許公、何文縝自登第至大拜，十二年。梁鄭公自登第至大拜，十三年。而王文正、馮文簡、趙莊叔自登第至知制誥，亦止六年。趙温叔自登第至爲中書舍人，亦止八年。

226 狀元三年執政者二年持橐者

秦伯陽，紹興十二年以右通直郎登第，一年而爲禮部侍郎，三年而知樞密院事。其子塤，紹興二十四年登第，明年爲禮部侍郎，古今所未有也。

227狀元特任子

仁宗時，狀元孫暨、楊寘死於京官〔三三〕，皆得官一子。紹興元年六月，利州通判何洙言其兄渙死於承事郎、太學博士，請予一子官。許之。其後，黄司業定終於承議郎、直顯謨閣〔三四〕，淳熙中。余校書復終於奉議郎，慶元中。皆特官其子一人，用此故事。

228近臣舉御史

祖宗故事，御史有闕，例命兩制、學士、舍人爲兩制。給舍、中丞、知雜，侍御史知雜事。同舉一、二人。自官制行，朝廷直除而已。淳熙初，孝宗始復故事，命近官參舉，然從官皆畏避，鮮敢以聞，故此制又廢。至紹熙末，纔一舉行耳。

229南班宗室及堂後官臺參事始

中興後，南班宗室赴臺參自士移等始，紹興四年二月朔。堂後官赴臺參自魏彦弼等始，紹興三年九月丙子。皆本臺請也。

230 舍人引嫌不草制

紹興初，王剛中居正獨員爲中書舍人，時適當三制：一、其弟居修改京官；二、甥壻劉立道除起居舍人；三、本身磨勘。剛中引嫌自言，乃命左司郎官周綱權舍人，命詞行下。其後，李舍人誼兼直學士院，屬李丞相伯紀辭免潭帥。有詔不允。而李嘗劾伯紀，伯紀免章略曰：「當時言路，公肆詆誣。」李亦以爲言，乃命劉舍人一止草制焉。都司行制詞，閣下草批答，二事皆東都所未有也。先是，胡尚書交修直學士院，其妹丞公請祠，不許。胡當爲答詔，引嫌於朝，乃命胡明仲舍人爲之，遂爲故事。

231 舍人草内制

近歲翰苑止雙員，淳熙五年，學士周洪道爲御試詳定官，直院范致能除參知政事，本院闕官，得旨：遇有撰述文字，依例權送中書舍人。十四年，學士洪景盧知貢舉，直院李巘之出使，主待制詔孔目官李植請於朝，遂用五年例云。

232
檢正讀録黄

紹興二年十二月，韓世忠賞功文字，給事中賈安宅除工部侍郎〔三五〕，門下後省闕官，乃詔檢正李與權書讀，此事亦前所未有。

233
密白

舊制，樞密院事並過門下省。乾道元年十二月癸卯〔三六〕，言者請自今樞密院已被旨文書，並關中書、門下，依三省式畫黄、書讀，以示欽重出命之意。從之。然密院機速事，則不由中書，直關門下省，謂之「密白」。慶元三年，樞密院以密白遷補潛邸醫官二人，給事中許深父以非舊典争之，遂寢其命。

234
給舍不許列銜奏事

自元豐分三省，中書舍人於制敕有誤，許其論奏，而給事中乃所以駁正中書違失。紹興以來，間有駁正，或給事中、中書舍人列銜同奏。乾道五年二月辛亥，中書舍人汪養源言：「神宗官制，以中書爲出令之地，而門下審駁覆正，然後付之尚書。三省皆置官屬，以便相彌縫、可否，分守甚嚴，無礙侵越。今給舍列銜同奏，則是中書、門下混而爲一，非神宗所以明職分、防闕失之意。」上以爲然，詔復從舊例。

235 禮官學士爭詔紙

乾道中，李仁父爲禮部郎中〔二七〕，洪景盧直學士院。時占城入貢，詔學士院答敕，景盧引故事，乞用金花白藤紙寫詔。而仁父上言當從紹興近例，用白藤紙作敕書。景盧以爲侵官，論奏其事。上曰：「禮官議禮，豈可謂之侵官。近例可憑，止從紹興可也。」景盧深不懌。其後仁父修四朝列傳，垂就而卒。上命景盧續成之。景盧筆削舊史，乃無完篇，蓋素不相樂也。於是上促進書甚急，而新書未畢。王稱季平以東都事略來獻〔二八〕，遂取用焉。或者但見新書疏略舛誤甚多，而不知倉卒之間不暇考擇也。書成進御。景盧援季平於朝，得直祕閣云。

236 官告式

自建炎後，侍從及宗室南班官遷除，始給告。大卿監、防禦使以下，止用黄敕。其後以絹代綾羅，纈羅代錦。監察御史已上用錦。紹興四年，始命職事官監司已上並給告。十四年，始用錦。其後，又詔内命婦及外命婦郡夫人已上，乃得用綢袋及銷金，其餘則否。淳熙十三年，李叔永昌圖爲工部侍郎，用郊恩贈其父用賓少師，私命文思院工閻諒以銷金綾紙爲告，陳子榮侍御劾於朝，坐落職奉祠。

237 前從官許服紅帶

故事，從官不帶待制已上職名而罷者，止服黑帶佩魚。淳熙中，王仲行自吏部尚書除端明殿學士、知紹興府，未行，以言章奪職。仲行朝辭上殿，服金帶垂魚而入，閤門吏止之。仲行即解所佩魚，閤門猶以爲不可，乃從小吏假黑帶以見，仲行殊不平。十年十月，始有旨：權侍郎以上罷任不帶職，許服紅鞓排方黑犀帶，仍佩魚。自是遂爲定制。

238 紫衫

自軍興，士大夫始衣紫窄衫，上下如一。紹興九年八月甲子，詔公卿、長吏毋得以戎服臨民，復用冠帶。然迄不行。秦會之死，魏道弼秉政，復舉行之。論者以爲擾，士人貧者尤患苦之。未幾，道弼爲臺諫所攻，遂罷。攻章中數事，此其一也。於是紫衫既廢，士大夫皆服涼衫。乾道中，李獻之爲學士，爲上言：「會聚之際，顏色可憎。今陛下上奉兩宮，宜復紫衫爲便。」上從之。蓋自渡江以來，人情日趨簡便，不可復故矣。

239 國卹服凉衫紫衫

孝宗之喪，趙子直當國，始令羣臣服白凉衫、皂帶以治事，逮終喪乃止，論者以爲是。及光宗之喪，禮部侍郎陳宗召復請百官以日易月，禫除畢，服紫衫、皂帶以治事。從之。

240 渡江後賜墓碑額

渡江後，大臣未有賜墓碑額者。紹興初，上始書韓文定神道曰「世濟盛德之碑」。其後得此賜者亦不多。秦丞相父清德啟慶，秦丞相決策元功精忠全德，陳文恭精忠顯德，楊和王安民定功佐運興德，劉忠顯旌忠褒節，吴信王安民保蜀定功同德，韓蘄王中興佐命定國元勳，史太師純誠厚德元老，周益公忠文耆德。

241 大臣謚之極美者

大臣謚之極美者有二：本勳勞，則忠獻爲大〔三九〕；論德業，則文正爲美〔四〇〕。有國二百年，謚忠獻者才三人，趙韓王、韓魏王、張魏公是也。謚文正者亦才三人〔四一〕，王沂公、范汝南公、司馬温公是也，其品可知矣。李司空、王太尉皆謚文貞耳。宣、政間，蔡卞、鄭居中亦謚文正，終不足録。渡江後，秦檜謚忠獻，實博士曹冠爲之。

242 定謚不許更易

慶元末，京丞相薨，賜謚「文穆」，既而其子沆請避家諱，改「文忠」。於是言者以爲：「楊億巨儒，既謚曰『文』，議者欲加一忠字，竟不之與。夫欲加一字，猶且不可，況謚以二字，又欲極美乎？望敕所司，自今議謚，務當其實。其或不然，當準古法，以選舉不實論。若定謚已下，其子孫請再更易者，以違制論。」從之。

243 渡江後改謚

渡江後，公卿謚號，王仲言揮麈録有之，但殊脱略，今不能盡記。記其更易者，韓師朴丞相初請謚，王剛中爲博士，謚曰「文禮」，謚法奉議順則曰禮。取其爲禮官時，不主王荆公坐講之議也。而韓氏子謂自來未有以禮爲謚者，以白時相范覺民，覺民語剛中，剛中不爲改。於是用吏部覆議，改爲「文定」。左選侍郎李長民。京東帥曾孝序之死難也，博士錢葉謚曰「剛愍」，執政嫌之，乃改曰「威」。韓都尉嘉彦之請謚也，博士華權定爲「夷節」，而方庭實在考功，以「端節」易之。司馬侍郎朴之賜謚也，博士詹林宗定以「忠肅」，而張敬夫在吏部，以「忠潔」易之。此四者，皆於謚未定之前更易者也。代州王忠植之死事也〔四二〕，太常謚爲「義節」，而秦丞相以無「忠」字疑之〔四三〕，令別議。太常謂若以忠爲謚，則子孫誦之，非易名之義也，遂已。孝宗初立，命有司爲岳飛作謚，太常議：危身奉上曰「忠」，使民悲傷曰「愍」。孝宗以爲用愍字，則於上皇爲失政，却之，乃改爲「武穆」。此二者皆於謚已定未下之前，有所退却者也。劉莘老丞相初謚「正肅」〔四四〕，當矣，而正字犯丞相父名，乃改爲「忠肅」。趙崇公叔寓初謚「敦簡」，美矣，而敦字與光宗御名同音，其曾孫德光請於朝，改謚「清簡」。此二者皆出於謚號已下之後，然迫於名諱，不容不避者也。蓋自紹興至淳熙六十餘年之間，改謚纔六、七，皆有所爲，非京丞相之比矣。張參政綱初謚「文定」，汪聖錫爲吏部尚書，駁之，乃改「章簡」。後其孫貴，竟復謚「文定」焉。

校勘記

〔一〕紹熙　原作「紹興」，據宋史卷八九地理志隆慶府條改。

〔二〕四十六年　原作「四十四年」，據殿本、閣本改。

〔三〕留衛公淳熙十六年相　「十六年」原作「十五年」，據兩朝綱目備要卷一，宋史卷三五孝宗紀、卷二一三宰輔表改。

〔四〕呂元直　原作「呂元真」，據宋史卷二一三宰輔表紹興元年欄及卷三六二呂頤浩傳改。

〔五〕張和公浚　「浚」原作「俊」，據宋史卷三六一張浚傳改。

〔六〕陳文恭　原作「陳文公」，據蕭本及本條上文與下條改。

〔七〕陳少傅　原無「少」字，據蕭本、閣本、函海本補。

〔八〕吴正肅育　「育」原作「奎」。按：吴奎，謚文肅，見本書本卷制科宰執條及宋敏求春明退朝録卷上、宋史卷三一六吴奎傳。今據上引書及宋史卷二九一吴育傳改。

〔九〕異數　「數」原作「之」，據蕭本、函海本改。

〔一〇〕十二家　各本均同，然所載僅十一家姓名，疑「二」字爲「一」之誤。

〔一一〕吴正肅弟正憲　「憲」原作「獻」，據函海本及宋史卷三一一吴充傳、王明清揮麈後録卷五改。

〔一二〕呂惠穆弟正獻　「呂」原作「吴」，「獻」原作「憲」，據本條上文「呂文靖」、下文「呂許公」等兩處記載改。參見上引揮麈後録及春明退朝録卷上。

〔一三〕十三家　各本均同，然所載僅十二家姓名，疑「三」字爲「二」之誤。

〔一四〕孝揚　原作「孝陽」，據蕭本、閣本、函海本及本書甲集卷一二外戚節度使條改。

〔一五〕郭浩孫杲　「杲」原作「果」，據本書甲集卷一〇環衛官條及止齋文集卷一三郭杲除宜州觀察使制、攻媿集卷四五郭杲加食邑實封制改。

〔一六〕璹　原作「珽」，據本書甲集卷一二外戚節度使條及宋史卷四六五外戚吳益傳改。下同。

〔一七〕瓌　原作「懷」，據上引宋史吳益傳及止齋文集卷四五吳瓌加食邑實封制改。下同。

〔一八〕蘇太簡　原作「蘇文簡」，據宋史卷二六六蘇易簡傳及東都事略卷三五蘇易簡傳改。下同。

〔一九〕三十九　原作「三十三」，據蕭本、閣本、函海本及朱文公文集卷九五張公行狀、宋史卷二一三宰輔表紹興五年欄改。

〔二〇〕十六人　下文僅列「十五人」姓名，疑「六」爲「五」之誤。

〔二一〕沈忠敏與求　「敏」原作「憲」，據要録卷一一一紹興七年六月乙巳條及宋史卷三七二沈與求傳、揮麈後録卷五執政謚條改。

〔二二〕晁文元迥　「元」原作「淵」，據李燾續資治通鑑長編卷一一五景祐元年九月辛丑條及春明退朝録卷上、宋史卷三〇五晁迥傳改。

〔二三〕趙清獻抃　「抃」下原衍「槩」字，據殿本、閣本、函海本及揮麈後録卷五、宋史卷三一六趙抃傳、卷三一八趙槩傳删。

〔二四〕馮章靖元　「章」原作「宣」，據長編卷一二〇景祐四年五月壬寅朔條及春明退朝録卷上、宋史卷二九四馮元傳改。

〔二五〕李文正　「正」原作「政」，據春明退朝録卷上及宋史卷二六五李昉傳改。按：李昉，原謚文貞，宋人因避仁宗嫌名改爲文正。

〔二六〕孫忠定傅　「傅」原作「傳」，據蕭本、閣本及宋史卷三五三孫傅傳改。

〔二七〕二十一人　下文僅列二十人姓名，疑衍「一」字。

〔二八〕趙舍人彦中　「中」原作「沖」，據蕭本、殿本、閣本、函海本改。

〔二九〕孫舍人僅　「僅」原作「何」，據長編卷四九咸平四年八月己酉條、宋會要選舉一〇之八及宋史卷三〇六孫僅傳改。

〔三〇〕董資政德元戊辰榜　「戊辰榜」原作「丁卯榜」，據要録卷一五七及紹興十八年同年小録改。又丁卯（紹興十七年）未行貢舉。

〔三一〕乙亥年參知政事　「乙亥」原作「甲戌」，據要録卷一六九及宋史卷三一高宗紀紹興二十五年（乙亥）八月丙戌條改。

〔三二〕余給事㮚自及第至給事中凡二年　按：宋代狀元無余㮚其人。閣本作「何㮚」，然宋史卷三五三何㮚傳無及第不出二年爲給事中之記載。此處記事疑有失誤。

〔三三〕京官　原脱「官」字，據閣本補。

〔三四〕黄司業定　原脱「定」字，據閣本補。

〔三五〕工部侍郎　原脱「工」字，據要録卷六一紹興二年十二月辛丑條補。

〔三六〕癸卯　原作「癸丑」，據蕭本、閣本、函海本及宋史卷三三孝宗紀改。

〔三七〕禮部郎中　據周益國文忠公集平園續稿卷二六李文簡公神道碑及陳騤南宋館閣録卷八、皇宋中興兩朝聖政卷四七應是「禮部員外郎」之誤。

〔三八〕王稱　「稱」原作「偁」，據閣本、函海本改。參見本書甲集卷四校勘記〔二四〕。

〔三九〕忠獻爲大　「大」原作「美」，據殿本、閣本改。

〔四〇〕文正爲美　「美」原作「大」，據影宋本、蕭本、殿本、閣本改。

〔四一〕亦才三人　原作「才亦三人」，據蕭本、閣本、函海本乙正。

〔四二〕王忠植之死事　原無「事」字，據蕭本、閣本、函海本補。

〔四三〕以無忠字疑之　原作「以忠字無之爲疑」，據蕭本、閣本、函海本改。

〔四四〕劉莘老　原作「劉萃老」，據蕭本、殿本、函海本及宋史卷三四〇劉摯傳改。

建炎以來朝野雜記甲集卷十

官制一 中朝官

244 丞相 總論建隆至乾道相名更易

丞相，秦官也，自漢末改爲大司徒，歷代不能正。國初循唐制，以三公至列曹侍郎、同平章事爲宰相。首相帶昭文館大學士，亞相帶監修國史，末相帶集賢殿大學士。神宗新官制，於三省置侍中、中書尚書二令〔一〕，虚而不除，以尚書左、右僕射兼門下、中書侍郎爲兩相，然中書揆而議之，門下審而覆之，尚書承而行之，則是首相不復與朝廷議論矣。元祐初，司馬公相，乃請令三省合班奏事，分省治事。自紹聖以後皆因之。時議者謂，門下相凡事既同進呈，則不應自駮已行之命，是省審之職可廢也。政和中，蔡京以太師總領三省，號公相，乃廢尚書令，改侍中、中書令爲左輔、右弼，亦虚而不除。改左、右僕射爲太宰、少宰，仍兼兩省侍郎。靖康中，何文縝將拜相，夜夢人持弓矢射中其僕，乃先乞復太、少宰爲僕射。吳正仲當制，請更爲丞相。不從。建炎三年，呂元直初相，議者請併三省爲一，於是元直解中書侍郎，改同中書門下平章事。乾道八年，孝宗稽古，改左、右僕射爲左、右丞相，去侍中、兩令之名，遂爲定制。

245 御營使 御營宿衛使

御營使者，建炎元年六月，始命宰相李伯紀爲之，本以行幸總齊軍中之政，其後遂專兵柄，樞密院幾無所預。呂元直在位，專恣尤甚。臺官趙元鎮等以爲言，元直遂免。時議者以爲「宰相之職，無所不統。本朝沿五代之制，政事分爲兩府，兵權付於樞密，比年又置御營使，是政出於三也。請罷御營使，以兵權付之密院，而以宰相兼知，庶幾可以收兵柄，一賞罰，節財用。」四年六月甲戌，遂以宰相范覺民兼知樞密院事，罷御營使及官屬，以其事歸密院爲機速房。御營使一員或二人，以宰相兼；副使一員，以執政官兼，參贊軍事以從官兼，提舉一行事務以大將兼。其將佐有都統制一員，及五軍統制已下官。紹興三十一年，金海陵入寇〔二〕，上將臨江視師。其冬，以和義郡王楊存中爲御營宿衛使。虜平〔三〕，復免。明年，孝宗即位，又以御營使命之〔四〕，然但自名一司，掌殿前忠勇等軍，非復建炎之比矣。

246 都督軍馬 同都督

都督，古官也，晉、宋間有之，自唐以來不置。紹興初，呂元直復相，謀進取，秦會之亦欲奪其權，乃共議令元直以左僕射都督江、淮、荆、浙諸軍事，置司鎮江。元直覺之，遽歸，而命孟富文以參知政事權同都督，已而落「權」字。四年，趙元鎮自知樞密院事爲川陝宣撫處置使，元鎮以與吴玠共事爲嫌，乃改都督川陝、荆襄諸軍事。五年春，元鎮與張德遠並相，遂帶兼都督諸路軍馬入銜。七年秋，德遠將罷，先廢都督府。隆興初，德遠再入，乃命以樞密使都督江、淮軍馬焉。二年，德遠去位，都督府復廢。其秋，紇石烈志寧入寇，詔湯進之以左僕射爲之。進之逗遛不行，乃命王瞻叔以參知政事爲同都督，瞻叔亦丐免，於是遂命和義王楊存中代爲都督〔五〕。非宰相而爲都督，自存中始。

247 都督行府

張魏公之爲都督也，以行府爲名，凡事干朝廷，則關會三省、樞密院。孟富文時在政府，大不平，曰：「三省、密院，乃奉行行府文書邪？」因稱疾求去。隆興初，魏公再爲都督，時宰相陳魯公、湯慶公皆主和議，故朝廷所行多與都督府異。魏公乃言：「臣節制江、淮軍馬〔六〕，其進退調發當從督府取旨施行。近日主兵官及帥守、監司，輒以軍期事務，徑申朝廷，乞劄下依本府指揮，仍取當行人責軍令狀外，謹具奏知。」上曰：「豈有不申朝廷之理。」十月辛巳，乃詔：「江、淮軍馬調發應援，從督府取旨施行。其餘事務，並令申奏如舊。」

248 督視軍馬

督視軍馬者，紹興三十一年冬十一月，葉審言始以知樞密院事爲之。朝議以審言非相臣，故其名下都督一等，蓋不考趙豐公故事失之也。隆興初，張魏公既爲江、淮都督，乃命汪明遠澈以參知政事督視湖北、京西軍馬焉。方城失守，汪責台州，遂并令魏公督之。

249 制國用使 同知國用事

制國用使，舊未有。隆興初，言者請法有唐之制，命宰相兼領三司使職事，財穀出納之大綱，宰相領之於上，而户部治其詳。上是之，命祕書省討論來上〔七〕。乾道二年冬，遂命宰相兼制國用使，參知政事同知國用事。五年二月戊申，罷國用司。八年，正丞相官名，夏四月，詔：「丞相事無不統，所有兼制國用事，與參政更不入銜云。」

250 參知政事

參知政事，自太祖朝始置。元豐官制，改爲門下、中書侍郎，尚書左、右丞。建炎三年，合三省之政，於是李漢老自尚書右丞改除參知政事，復舊制也。故事，丞相謁告，則參預政事之臣，例不得進擬差除；惟丞相薨、罷，上未得人，則參知政事行相事，多不踰年，少者才旬月。獨淳熙初，葉夢錫罷相，龔實之行丞相事近三年〔八〕。言者以爲懷私擅政，遂有英州之禍焉。

251 樞密使

樞密使，自唐以來率二員，周末魏仁浦、吳延祚並爲之〔九〕。國初仁浦拜集賢相，自是止除一使。至太平興國初，曹武惠彬、楚景襄昭輔始復並除，後未有繼之者。及真宗中年，以王文穆、陳文忠並爲樞密使，由是遂爲故事，迄仁宗不改。英宗治平四年，文忠烈、呂惠穆，神宗熙寧五年，文忠烈、陳秀公並使樞密，用此故事。高宗紹興十一年〔一〇〕，張循王俊、韓蘄王世忠既罷兵，乃並除樞密使。十二年，張循王猶在位，時以孟信安王忠厚爲山陵使，乃亦暫拜樞密使焉。渡江後，元樞並除，蓋有所爲也。

252 知樞密院事

知樞密院事，太宗淳化二年始置，以張遜爲之，然使與知院未嘗並除〔二〕。熙寧元年，文潞公、吕宣徽爲使，陳秀公自會稽召爲知院，非故事也。元豐官制行，廢樞密使，故政和末，鄧莘公官至少保，猶止爲知院焉。其後，鄭居中、蔡攸、童貫之徒，既位三公，乃更領樞密院事。紹興七年，秦申王爲使，沈忠敏自同知遷知院事，蓋張魏公既薦秦相，未欲其與己並，又以故相不可除他官，乃先白高宗降旨，以本兵之地事權宜重，依祖宗故事置樞密使，而知院、同知院亦皆仍舊。由是並除，自後則否。

253 樞密副使

祖宗故事，樞府置使則除副使，置知院則除同知院。淳化二年，太宗既以張遜知密院，於是寇忠愍、温恭肅皆自副使改同知院事。康定元年，仁宗用晏元獻公爲樞密使，於是王鄧公、杜正獻、鄭天休皆自同知改除副使，自後皆然。元豐末，廢副使。渡江後，秦申王首復除樞密使，王敏節副之。既而張、韓二大將並除樞密使，岳武穆副之，合故典矣。近歲張魏公、汪明遠、虞并父、王公明、王季海、周洪道、王謙仲、趙子直繼除樞密使，而其副止稱同知，蓋相承之誤。

254 簽書樞密院事

簽書樞密院事，太平興國四年置。是時石元懿公以兵部員外郎充樞密直學士，止用本官職簽書。自是初除皆帶密直，及罷政乃拜端明殿學士焉。太宗至真宗朝，文臣簽樞才五人，其四人遷樞副，張文定以本官罷。至神宗時，曾公綽以憂去，免喪乃除端明。元祐後，王彥霖、劉仲馮皆以端明罷，遂爲故事。元豐官制，廢簽書。其後，童貫以使相爲之。上以貫官至三司，乃更爲領院事。靖康初，李參政回首拜延康殿學士、簽書。延康今爲端明[一三]。自是遂爲故事。

255 同簽書樞密院事

同簽書樞密院事，自郭宣徽後不置。明受末，李漢老、鄭致剛嘗並拜，未及謝而上反正，李遷左丞，鄭落「同」字。紹興七年，王倫交割地界，亦命帶焉。其後不復置。隆興末，虞雍公一爲之。

256 升朝官除簽樞

簽書樞密，故事，有以員外郎爲之，而無三丞以下爲之者。元祐初，王彦霖以承議郎、龍圖閣待制除授，乃特遷朝奉郎。建炎後，張全真、富季申皆自奉議郎、御史中丞除簽樞，亦用此制。靖康二年曹忠達輔，紹興十四年李資政文會，皆以升朝官爲之。曹，承議郎；李，奉議郎。蓋中書失之，而舍人無正之者。

257 樞密參用文武 張説本末

自建炎以來，樞密使、副參用文武。仁宗親政以後，但除夏守斌、王貽永、王德用、狄青數人。英宗朝，郭逵一人而已。元豐改官制，武臣不爲二府。政和末，始命童貫簽書河西、北面兩房事，後遂領院事焉。靖康用兵，乃除种忠憲師道。建炎中，復除王襄愍淵。時苗傅等不平，遂有明受之變。自是武臣不復典樞密矣。紹興十一年〔一三〕，秦丞相將罷三大將兵柄，乃以樞密使、副授之〔一四〕。蓋自童貫後，皆因事用人，非常典也。乾道七年，張説爲明州觀察使、樞密都承旨。説娶壽聖皇后女弟，上厚眷之。時爲政乃除説簽書樞密院事。制下，朝論鬨然。説辭，不果拜，遂以安慶軍節度使還第焉。踰年，復以是命之，説亦不辭。又踰年，遂進知樞密院事。淳熙元年秋，罷爲太尉，尋降觀察使，居撫州。三年冬，許自便。七年秋，卒。上念之，詔復承宣使。陳給事峴封還録黄，乃止。説子薦，文州刺史，説敗，亦貶郴州。薿，明州觀察使。

258 外戚典樞密

祖宗盛時，率用外戚典兵馬，而無使樞密者，惟慶曆中王鄧公貽永以主壻爲之，然議者不以爲忝。元祐中，韓文定在樞密，其弟端節既選尚，爲臺諫所攻，旋亦罷去。紹興初，樞密都承旨闕，執政請以保静軍承宣使邢焕爲之。焕，懿節后父也。上曰：「朕不欲戚里任朝廷官。」乃不許。上受禪，韓平原侂胄自知閤門事除都承旨，亦固辭，因自請奉祠云。紹興中，孟仁仲使樞密，蓋以典山陵，故事已即罷之。

259 樞密院屬官

樞密院屬官，舊有都、副承旨〔一五〕，以武臣爲之；編修官二員，以文臣爲之。熙寧中，始以文臣爲都承旨。元祐後，又詔恩數如權侍郎。紹聖初，廢。高宗在會稽，武臣辛道宗爲都承旨，頗用事。紹興初，道宗既免，乃詔用兩制爲之。元年十二月丙寅。然但間除一、二人而已。淳熙中，王抃用事久，孝宗惡焉，遂復用士人。今上初立，薛象先以户部侍郎兼都承旨，何自然以爲非祖宗成憲，斥去之。建炎中，又用元豐故事，置檢詳一員，禄賜與都司外郎等。三年六月庚午。時御營司既廢，密院置幹辦官四員，既而以其名不雅馴，改爲計議官，在編修官之上。建炎四年十一月乙卯(一六)。紹興十一年，始省。四月庚寅。

260 三省樞密院賞功司

建炎初，李伯紀爲政，始於三省、樞密院置賞功司。吕元直初相，遂省之。及范覺民以宰相兼樞密，乃於密院置機速房。紹興二十九年，又罷。辛巳用兵，復置。逮乾道八年，始罷。凡錢糧事歸三省，邊防兵政歸密院焉。

261 拾遺補闕

遺、補，唐官也。太宗以正言、司諫易之。淳熙十五年正月，兵部侍郎林栗言：「國家累年以來，宰執百僚，職無虚位，御史三院，亦不乏人，獨諫諍之官，尚有闕員，居其位者，往往分行御史之職，至於箴規闕失，寂無聞焉。願依唐制，置拾遺、補闕，左右各一員，皆三年爲任，仍面加訓諭，官以遺、補爲名，不任糾彈之職。」孝宗從之，以許深夫、薛象先充其職，班著在監察御史之上，請給人從，依監察御史例。光宗立，復省。

262 直學士院　權直學士院　行宫直院　學士院權直　翰林權直

直學士院，自開寶二年盧丞相多遜始。權直學士院，自開寶六年張舍人澹始。翰林權直，自乾道九年崔舍人敦詩始。學士院權直，自淳熙五年崔舍人敦詩始。國朝故事，率以從官兼直院，若左右史、少卿監之類，則止稱權直院焉。近歲崔大雅以樞密院編修官，趙大本以校書郎，陳内翰宗召以著作佐郎兼直，蓋特命也。紹興末，高宗視師建康，時何内翰溥屬疾不能從，而直院虞并父使兩淮，乃命唐立夫以起居郎兼行宫直院，車駕還，復省。

263 庶官兼侍講

故事，經筵官，自兩省、臺端以上並兼侍講，若大卿監以下則止兼崇政殿説書。元祐中，司馬公休以著作佐郎兼侍講。時朝議以文正公之賢，故特有此命。乾道末，張敬夫以吏部員外郎入侍經幄，用公休故事，亦兼侍講焉。自改官制後，庶官非二史而兼侍講者才數人，范純甫、司馬公休、張敬夫是也。國朝經筵非進士出身者三人，吴傳正、吕原明、張敬夫。

264 翰林講讀學士

翰林講讀學士，真宗朝始置〔一七〕。元豐官制，去翰林字及學士名。元祐中復之，以命蘇子瞻、趙元考而已。渡江後，獨范元長嘗一爲之。

265 史館專官 陸務觀本末

自真廟以來，史館無專官。神宗嘗欲付曾子固以五朝史事，乃命爲史館修撰，使專典領。其後子固所草具不當神宗意，書不克成。孝宗時，修四朝史〔一八〕，列傳久而未畢，遂召李仁父、洪景盧踵爲之，皆奉京祠，不兼它職者數年，而史始畢。蓋自開院至成書，凡二十有八年，秉筆者百有餘人。時景盧請修九朝正史，上許之。景盧復言：「制作之事，已經先正名臣之手，是非褒貶，皆有据依，乞命後來史官無或輒將成書擅行删改。」然書未就，而景盧去國。淳熙末，修高宗實録，但以它官兼之。至紹熙末年，而功未及半。陳君舉直學士院，建請以右文殿、祕閣二修撰，并舊史館校勘三等爲史官，自校勘供職，稍遷祕閣修撰，又遷右文殿修撰。在院三、五年，如有勞績，就遷次對，庶幾有專官之效，無冷局之嫌，然亦不克行。明年，但增檢討官三員，限一年畢。其後又七年，而高録始成。時當修高宗正史，孝宗、光宗實録，朝論覺無專官，始外召傅景仁、陸務觀爲在京宮觀，免奉朝請，令修史。於是務觀還政久矣，乃落致仕，以爲同修國史兼實録院同修撰焉。務觀，山陰人，時年七十有八。

266 提舉祕書省

提舉祕書省者，官制以來無之。政和中初置，以命蔡攸。其後秦伯陽繼居是任。紹興末，高宗召信安孟王忠厚爲醴泉觀使，乃命提舉祕書省以寵之，月過局，如宰執例。孟王薨，亦省。

267 提舉太史局

提舉太史局者，舊例以近臣兼之。熙、豐間，司馬公、王和甫繼居是任，後不復置。紹熙五年十月復置，以命薛象先。明年，何自然以非舊典爲言，遂罷去。蓋務反趙子直之政，而不詳考也。太史局日官，舊止於五官正，孝宗時始增春夏秋冬中五官大夫。

268 六院官

六院官，檢、鼓、糧料、審計、官告、進奏也〔一九〕，例以京官知縣有政績者爲之，亦有自郡守除者，則繼即除郎，如鹿伯可是也，故恩數略視職事官，而不入雜壓。紹興十一年，胡汝明以料院除監察御史，遂遷副端。乾道後，相繼入臺者有宋敦書、蕭之敏、陳升卿、傅淇等數人，而六院彌重，號爲察官之儲矣。淳熙初，龔實之秉政，其内弟林宓幹辦審計司，遇郊恩而林尚京秩，乃白上以六院官班寺監丞之上，林用是得封贈父母。龔後爲謝廓然所論南竄，此其一事也。紹熙二年夏，六院官始復入雜壓〔二〇〕，在九寺簿之下焉。五月庚戌降旨。

269 環衛官

環衛官者，唐有之，領宿衛兵，若今之三衙。祖宗時，其官不廢，然無職事，但以處藩帥代還及宗室除拜而已。元豐改官制〔二一〕，外臣皆不除，惟宗室則如故。隆興中，孝宗始命學士洪景伯等討論故事〔二二〕，因復置，以授武臣。其法：正任除上將軍，承宣使至刺史爲正任。遥郡除大將軍，以階官領刺史至承宣使爲遥郡。正使除將軍，武翼大夫已上。副使除中郎將，武翼郎已上。使臣以下左右郎將，訓武郎已下。皆有添給及從人，而無職事。若除管軍則解，或領閤門、皇城司之類，則仍帶焉。惟戚里子弟不除。是時，李太尉顯忠首除左金吾衛上將軍，上諭湯慶公曰：「此正如文臣館閣耳，平時在環衛中，庶見得人才。」近歲郭太尉杲自右驍衛郎將受知孝宗，以本官□□□□職事，不二、三年，遂至邊帥矣。迄今環衛官，皆爲戎帥之儲云。

270 内侍兩省

内侍省、入内内侍省，皆宦官職也，舊號前、後省。紹興三十年九月，以前省無職事，遂廢之。今入内内侍省，舊後省也。吏額三十五人，分五房，所掌内殿引對羣臣、發金字號〔三三〕、收接邊奏、賜臣寮到闕茶藥、新除執政官、御史中丞支賜、宗室節度使已上生日、宰臣已下夏臘藥、春幡勝新火、喜雪御筵、每月奉香表往攢宮、忌辰酌獻看經、設獄、太廟薦新、并奏告差宮闈令大禮執事、并奏主進衮冕、祈禱降御封香、車駕行幸、差官應奉人使在道及到闕燕賜、宣召學士及試官御試一應事務、聖節賜宰臣以下齋筵、皇太子乳香、執政官酒果、辨驗迎奉到御容、賜蕃夷宴、大朝會差應奉等官，皆其職也。其官有都知、副都知、押班等名色。渡江後，又掌藏金國誓書八寶。内東門司，内侍省屬也，掌機密門户〔三四〕。合同憑由司，掌御前及宮禁取索金帛。御藥院，掌應奉禮儀、衣服、湯藥。舊制，内侍遇誕節許進子，年十二試以墨義，即中程者，候三年引見供職。紹興三十二年冬，張真甫爲殿中侍御史，以宦者員衆，爲上言之。孝宗曰：「朕有此意久矣，祖宗時止許人進一子，朕意欲依祖宗法。」眞甫奏事畢，上曰：「此曹人多則黨盛，今人數已不少，若平時無事猶可，設使當母后少主之時，豈不能爲禍，漢、唐之事是也〔二五〕。」遂命內侍省開具見在人數奏聞。元年會慶節，權免進子，於是定以二百人爲額焉。

271 閤門

閤門，右列清選也〔二六〕。舊有知閤門事、同知閤門事，多以外戚、勳貴爲之。其下有閤門宣贊舍人，掌唱贊書命。閤門祗候，掌侍衞班列。乾道間，孝宗始倣儒臣館閣之制，增置閤門舍人，以待武舉之入官者，先召試而後命。又許轉對如職事官，供職滿二年與邊郡〔二七〕，遂爲戎帥、部刺史之選云。近歲熊提刑飛、譙知閤熙載、姜節使特立之進，皆自此階，故武臣以舍人爲清要。紹熙初〔二八〕，蔣介有召試之命。葛楚輔丞相言：「介武舉第一人，乞免試。」上從之。二月九日丁卯降旨。

校勘記

〔一〕中書尚書二令　原脱「尚書」二字，據函海本及通考卷四九職官考、宋史卷一六一職官志宰相之職條補。

〔二〕入寇　原作「入境」，據蕭本、殿本、函海本改。

〔三〕廣平　原作「事平」，據上引各本改。

〔四〕紹興三十一年……明年孝宗即位，又以御營使命之　據宋史卷三三孝宗紀隆興元年六月壬申條，應作「隆興元年，孝宗又以御營使命之。」此處繫之紹興三十二年（孝宗即位之年），誤。

〔五〕都督　原作「都督府」，據古今合璧事類備要後集卷六五督府歷代沿革條引録及本書本條記事删去「府」字。

〔六〕江淮軍馬　原作「江淮馬軍」，據蕭本、閣本、函海本及本條下文乙正。

〔七〕祕書省　原無「書」字，據蕭本、函海本補。

〔八〕龔實之行丞相事近三年　據宋宰輔編年録校補卷一八及宋史卷二一三宰輔表淳熙二年九月至四年六月記事，葉衡（夢錫）於淳熙二年九月罷相，由參知政事龔茂良（實之）行丞相事，至四年六月罷，僅有一年十個月，首尾三個年頭。

〔九〕吴延祚　應作「吴廷祚」，見東都事略卷二五及宋史卷二五七吴廷祚傳。中華書局點校本長編卷一校勘記〔十七〕曾有考訂。

〔一〇〕紹興十一年　原脱「一」字，據要録卷一四〇及宋史卷二九高宗紀、卷二一三宰輔表補。

〔一一〕未嘗　原作「未常」，據蕭本、閣本、函海本改。

〔一二〕今爲端明　「今」原作「令」，據蕭本、閣本、函海本及要録卷一一三建炎二年二月丁卯條改。

〔一三〕紹興十一年　「十一年」原作「九年」，據要録卷一四〇紹興十一年四月辛卯條改。參見宋史卷四七三秦檜傳。

〔一四〕樞密使副　原誤倒爲「樞密副使」，據蕭本、殿本、閣本、函海本及本條上文乙正。

〔一五〕都副承旨　據宋史卷一六二職官志，應作「都承旨、副都承旨」。

〔一六〕建炎四年十一月乙卯　「乙卯」原作「己卯」，據閣本改。按：是年十一月庚子朔，無「己卯」日。

〔一七〕始置　「置」原作「制」，據蕭本、閣本、函海本改。

〔一八〕四朝史　原作「五朝史」，據本書甲集卷四四朝正史條、卷九禮官學士争詔紙條及周益國文忠公集奏議卷八，皇宋中興兩朝聖政卷五八、卷六三，宋史卷二〇三藝文志改。

〔一九〕進奏　原作「奏進」，據通考卷六〇職官考左藏庫條引録本書本條、兩朝綱目備要卷二紹熙二年夏六院官復入雜壓條及宋史卷一六一職官志門下省條乙正。

〔二〇〕紹熙二年夏六院官始復入雜壓　原作「紹熙二年夏六月院官始復入雜壓」，據上引三書及宋史卷三六光宗紀改。

〔二一〕元豐改官制　原倒爲「元豐官制改」，今乙正。參本書甲集卷一二親王贈官例條。

〔二二〕洪景伯　原作「洪景嚴」，據洪适盤洲文集卷四三討論環衛官劄子及宋會要職官三三之一、宋史卷三七三洪适傳改。按：洪适字景伯。

〔二三〕金字號　殿本、閣本作「金字遞」。

〔二四〕機密　各本均同，然通考卷五七職官考及宋史卷一六六職官志均作「譏察」，疑是。

〔二五〕漢唐之事是也　「也」原作「已」，據蕭本、函海本改。

〔二六〕右列　「右」原作「左」，據輿地紀勝卷一兩浙西路行在所閤門條引録本書本條及通考卷五八職官考、宋史卷一六六職官志改。

〔二七〕滿二年　「二」原作「三」，據函海本及古今合璧事類備要後集卷五五引録本書本條和上引輿地紀勝、通考、宋史改。

〔二八〕紹熙　原作「紹興」，據閣本、函海本及本條上下文記事和宋史卷三八五葛邲傳改。按：葛邲字楚輔。

建炎以來朝野雜記甲集卷十一

官制二 外路官

272 宣撫使

宣撫使，祖宗時不常置，有軍旅大事則命執政大臣爲之。累朝但除向文簡、范文正、富文忠、文忠烈、韓獻肅五人。仁宗征儂智高，以狄青爲宣撫使，武臣爲宣撫自此始。熙寧末，神宗命郭逵討交趾，逵前執政，然但以招討使爲名，惜之也。建炎三年，張魏公以知樞密院事爲宣撫處置使。其後杜丞相、周仲弼、孟富文、趙元鎮、虞并甫、王公明、鄭仲一、沈德之輩，皆自二府出爲之。虞公始以元樞除資政殿大學士矣。上恐未足爲重，後二日，乃復帶知樞密院事焉。若前宰相爲宣撫者，則自渡江以後，亦止除李伯紀、吕元直、朱藏一三人。紹興元年，劉光世以使相宣撫淮南，武臣非執政而爲宣撫使自此始〔一〕。二年，李泰發以端明殿學士爲壽春等州宣撫使，文臣非執政而爲宣撫使自此始。然自紹興至嘉泰，武臣止劉光世、韓世忠、張俊、吴玠、岳飛、吴璘六人，從官止李泰發、王伯召二人，蓋重之也。紹興末，詔以楊存中爲江、淮宣撫使，劉恭父不書録黄，遂寢其命。時又詔虞并甫以兵部尚書爲湖北、京西宣撫副使，會存中命格，於是復改川、陜宣諭使，而存中措置兩淮焉。

273 宣撫處置使

宣撫處置使，舊無有，張魏公始爲之，其行移於六曹、寺監、帥司，皆用劄子，而六曹於宣司用申狀。紹興四年，趙忠簡使川、陜；六年，韓忠武使京東、淮東，皆帶處置字入銜。然忠簡後不行，而韓在山陽特隆其名而已，非魏公處置之比也。故事，大臣爲宣撫使者，於三省、樞密院皆用申狀，若建都督府，則止用關而已。隆興初，魏公以少傅爲江、淮宣撫使，頃之，拜樞密使，都督江、淮軍馬。及符離師潰，内外紛然，公上表待罪。上曰：「罷樞密使。」辛相陳魯公曰：「如此則是罷政。」乃降特進，復爲宣撫使。陳正獻公時參贊軍事，言於孝宗曰：「降官示罰，自古所有，今雖張浚自請，然人情觀望，徒使號令不行，請復正其名。」上不從。周元持時爲侍御史〔二〕，亦言：「官爵者，人臣一己之私，其人有罪，隨即貶降可也。若都督之名，則國家用人之權柄，豈得亦行遞減。」上納其言，遂復督府之名矣。凡前兩府及從官爲宣撫使，於六部用申狀，總領所用公牒，監、帥司及所部郡縣得用劄子云。

魏公爲江、淮宣撫使，申明行移，除三省、樞密院外，並用劄子，蓋以少傅劄六部也。

274 宣撫副使

宣撫副使，舊無有。建炎三年，周仲弼宣撫兩浙，以郭太尉仲荀副之，武臣爲宣副自此始。其後，福建韓世忠、川、陝吴玠皆有此授。紹興二年，張忠獻既被讒，將召歸，先爲置副，命王伯召、盧立之爲之，文臣爲宣副自此始。其後，邵澤民踵爲之，然但帶「權」字。紹興中，胡承公、鄭亨仲在川、陝，岳鵬舉在荆、襄，楊存中在淮北，皆不置宣撫使，而數人者第以副使爲名，蓋靳之也。久之，鵬舉落「副」字，其餘則否。

275 宣撫判官

宣撫判官者，熙寧初，韓康公使陝，李邦直以知制誥爲判官，實上幕也。紹興中，劉彦沖嘗受張魏公便宜之命爲宣判。其後，張宗元、吕祉亦爲之。十年，楊和王以太尉爲淮北宣撫副使，劉信叔以節度使爲判官，二帥禮抗權均，猶轉運副使、判官之比，非復熙寧之制矣。

276 宣撫使官屬

宣撫使官屬者，張魏公出使，張通夫深以端明殿學士，程純老唐以寶文閣學士，王子尚庶以龍圖閣待制，並爲謀議官；劉彥沖子羽以徽猷閣待制爲參贊軍事，趙應祥開以祕閣修撰爲隨軍轉運使，傅彥濟雱、馮元通康國以尚書郎幹辦公事，皆非常制也。紹興四年，始著令：參謀視提點刑獄，參議視轉運判官，機幹在諸州通判之上。至今不改。

277 招討使

招討使，古官也。熙寧間，始命郭宣徽一人〔三〕。建炎四年，李成圍江州，詔以張循王爲江南招討使〔四〕，位宣撫使下，制置使之上。著爲令。紹興五年，以岳鵬舉爲湖北、襄陽招討使，鵬舉請州縣官不法害民者，許移、罷。從之。十年，兀朮掠三京，以韓、張、岳三帥兼河南、北招討使。三十一年，海陵南牧，以吳璘、劉錡、成閔、吳拱、李顯忠兼陝西、河東北、京東西招討使，蓋遥領其地，非張、岳之比也。隆興元年，以顯忠爲淮南、京畿、京東、河北招討使，邵宏淵副之，未領職即罷。

278 招撫使 招撫處置使

招撫使，古無有。淳化末，李順據成都，趙景肅昌言以參知政事爲川、陝招撫使，後不復置。建炎初，李伯紀奏以張龍圖所爲河北招撫使。所，益都人，嘗爲監察御史，喜言兵，汪廷俊等惡之，未及出師，而所廢。紹興十年，虜復取河南地〔五〕，制以劉雍公光世爲三京招撫處置使，以援劉錡。會兀朮已敗，乃駐軍太平州，踰年復罷。三十二年〔六〕，孝宗即位，以成閔、張子蓋、李顯忠三大將爲湖北、京西、淮東西招撫使。子蓋死，劉寶代之。逮和議成，乃罷。

279 制置大使

制置大使，古無有。紹興三年，趙忠簡始爲江西制置大使。其後，席大光帥潭、益，李伯紀帥江西，吕元直帥湖南〔七〕，皆領之。大光在成都，得旨位宣撫副使上，凡監司不法，許舉案。八年，李泰發爲江西帥，以前執政亦帶安撫制置大使。是歲，大光以憂去，胡承公自給事中代之〔八〕，始去大字，至今不改。

280 制置使

制置使，自熙、豐後多以武臣爲之。建炎元年，郭太尉仲荀制置東南盜賊，請監、帥司並聽節制。許之。其後，王襄愍淵、劉武僖光世、韓忠武世忠、張忠烈俊、岳武穆飛、吴武安玠、關毅勇師古、劉忠武錡皆爲制置使，掌兵事。建炎末，議者令帥臣悉帶制置使，張達明爲江州帥，以便宜竭取屬郡之財。上聞之，詔除用兵聽依便宜，餘悉禁止，其它刑獄、財賦事，則歸之監司焉。三年又八月己亥，十一月辛亥詔旨。四年，遂罷制置使之名，惟統兵官如故。自休兵後，獨成都守臣帶四川安撫制置使〔九〕，掌節制御前軍馬、官員升改、放散、類省試舉人、銓量郡守、舉辟邊州守貳，其權略視宣撫司，惟財計、茶馬不與。又有沿海制置使，以明州守臣領之，然其職止肅清海道，節制水軍，非四川之比也。

281 宣諭制置使

宣諭制置使，舊無有。紹興元年，上以江、湖寇盜多，貢賦不繼，乃命孟富文以户部尚書充江東西、湖東宣諭制置使〔一〇〕，理財治盜。富文未行而秉政，遂以爲福建宣撫使焉。

282 宣諭使

宣諭使，舊有之，以宣諭德意爲職而已，不與軍事。渡江後，所遣尤數。紹興二年冬，分遣御史五人宣諭東南諸路，觀風問俗，平反獄訟，宣布德意，踰年乃還。六年，又遣范右司直方宣諭川、陝。九年，又遣方察院庭實宣諭三京，皆使者職也。時李察院寀被旨宣諭江西，乃專督捕盜，遂罷爲廣西提刑。是年，新復陝西，詔樓仲輝以簽書樞密院事往永興宣諭，鄭亨仲以祕書少監爲參謀，予衛卒千人，因制置移屯等事，宣諭之權自此重矣。十一年，鄭亨仲宣諭川、陝，始建使名，得與邊事。三十一年，汪中丞澈宣諭京西、湖北〔一一〕，得旨撫勞將士、體訪事宜。三十二年，虞雍公宣諭川、陝，乃專招軍買馬。其年，王瞻叔代之，亦參軍政。蓋自鄭亨仲後，其權任在宣撫之亞焉。

283 撫諭使

撫諭使，建炎元年以路公弼、耿伯順爲京城撫諭使、副，始建使名。四年，以中書舍人李正民爲江、浙、湖南撫諭使〔一二〕，且令按察官吏能否，伸理民間屈抑。紹興元年，以吏部侍郎傅崧卿爲淮東撫諭使〔一三〕，采訪民間利病及措置營田等事，後不復置。建炎初，又命御史馬仲等八人撫諭東南、兩河、川、陝。三年，命吏部郎中方聞撫諭淮東〔一四〕。紹興二年，命吏部郎中周隨亨、駕部員外郎李愿二人撫諭川、陝，皆不帶使字。其餘如建炎末，周文若太博使勞李成〔一五〕，賜以器幣。紹興初，胡承公察院督捕閩盜，亦皆以撫諭使爲名云。

284 鎮撫使

鎮撫使，舊無有。建炎四年，上自海道還會稽，時江、湖、荆、浙皆爲金人所蹂，而羣盜連衡以據州郡〔一六〕，大者至十餘萬，朝廷不能制。范覺民爲參知政事，謂此皆烏合之衆，急之則併死以拒官軍，莫若析地以處之，盜有所歸，則可以漸制。乃言於上，請稍復藩鎮之制，少與之地，而專付以權，擇人久任，以屏王室。羣臣多以爲不可。覺民曰：「今諸郡爲盜據者已十數，曷若朝廷爲之，使恩有所歸。」上亦決意行之。其五月，覺民爲右僕射。是月甲子，覺民請以京畿〔一七〕、淮南、京東西、湖北諸路〔一八〕，並分爲鎮，除茶、鹽之利仍歸朝廷置官提舉外，它監司並罷。上供財賦權免三年，餘聽帥臣移用，更不從朝廷應付。遇軍興，聽從便宜，仍許世襲。上曰：「便令世襲恐太重，當俟其別立大功，然後許之。」時劇盜李成在舒、蘄，桑仲在襄、鄧，郭仲威在維揚，薛慶在高郵，皆即以爲鎮撫使。其後河南翟興、山陽趙立、歷陽劉莅、東海李彥先與薛慶皆戰死，而淮寧馮長寧以地降劉豫。紹興初，諸鎮或亡或死，遂不復除。久之，但餘荆南解潛而已。五年，趙元鎮相，召潛主管馬軍，遂罷鎮撫使。蓋鎮撫使之有聲者，文臣惟陳規，武臣惟岳飛、王彦、解潛、李横耳。

285 發運使

發運使，祖宗盛時有之，置司真州，歲漕江、湖粟六百萬斛，以贍中都。渡江後，江、湖寇盜多，發運司第糴買而已。紹興二年三月〔一九〕，遂罷發運司，以其錢帛赴行在。八年，起居舍人句龍如淵建言：「户部非生財之地，請置諸路水陸度支、轉運等使，置司蘇、杭。」户部侍郎李彌遜因請復置發運司，别給糴本錢數百萬緡，廣行儲積，分毫不得取供近用，以待恢復之須。徽猷閣待制程邁爲江、淮、荆、浙、閩、廣經制發運使，專掌糴事。邁入辭，上疏言：「唐劉晏爲九使，財賦悉歸於一。國朝始分爲二，而三司使居中，發運使居外，相爲表裏。今租庸分於轉運司，常平分於提舉司，鹽鐵分於茶鹽司，以至鼓鑄則有阬冶司，平準則有市易司，總之以户部，而發運使徒有其名。」固辭不行，上不許。已而，右諫議大夫李誼請令檢察營田、市易等事，俾總六路而制其盈虚，亦不行，第令和糴而已。其冬，李泰發秉政，以爲虚縻廩禄，請罷發運而復常平。九年正月，遂廢發運使，以户部侍郎梁汝嘉爲經制使。乾道六年，虞丞相當國，三月，奏復發運司，以户部侍郎史正志爲江、浙、京、湖、淮、廣、福建等路都大發運使。朝論不以爲宜，汪聖錫、黃通老二尚書言之尤力，執政皆不之聽。然正志實無能爲，但峻督諸司、州郡多取羡財而已。其年十二月，正志以奏課誕謾貶，乃復廢發運使焉。

286 經制使

經制使者，宣和間，陳亨伯資政始以大漕兼之。亨伯創比較酒務及以公家出納錢糧取其贏[二〇]，以佐用度。其後，翁端朝中丞繼爲之。紹興初，與發運俱罷。九年正月，復置，以户部侍郎梁汝嘉爲使，司農少卿霍蠡爲判官，以檢察内外失陷錢物、舉催未到綱運、措置糴買、總領常平爲職。未幾，曾諫議統言其無益而多費，遂省之。十三年八月，上諭大臣曰：「今漕司各掌一路，有無不能相通，可倣發運，置都轉運使一員，通掌諸路糴糶，選從官中曉財穀者爲之。」上雖有是言，然亦不克久也。紹興中，又有總制司，以執政官領其事。先是，經制司既廢，諸路貢賦或不時至，五年閏二月，孟富文以參知政事提領措置財用。富文請以總制司爲名。許之。其職略視經制司。七月，富文罷，詔沈忠敏與求權領。六年二月[二一]，忠敏罷政，詔總制司官候除執政日取旨，既而不除。後二年，乃復置經制發運使。凡二司金穀本末，語在財賦事中。建炎初，又以馬忠爲河北經制使，王瓊、傅亮爲河東經制使、副〔三〕，名雖同，然實掌兵事云。

287 都轉運使

都轉運使，渡江後惟四川有之。明受元年三月，始以黄右司槩爲四川水陸制置發運使，置司遂寧府，未行而反正，遂除兵部侍郎。明年，張魏公出使川、陝，遂以趙應祥爲隨軍轉運使〔三〕，專一總領財賦。應祥言：「總領財賦，於四路漕計或不相關，當正其名，使知有所統屬。」張公是之。紹興六年冬，遂除應祥都轉運使，後又置副使或判官。十五年，省都轉運使，以其事歸宣撫司，用鄭亨仲請也。其年十月，汪侍御渤言：「制軍給食，通而爲一，雖密院、户部不得而專。」於是復置總領矣。紹興二年十月，嘗置江、湖等九路都轉運使，置司湖州。未幾，即廢之。

288 總領諸路財賦

總領財賦，古無其名。靖康末，高宗以大元帥駐軍濟州，命隨軍轉運使梁揚祖總領措置財用，然未以名官也。建炎末，張魏公用趙應祥總領四川財賦，始置所繫銜，總領之官自此始。其後大軍在江上，間遣版曹或太府、司農卿、少，調其錢糧，皆暫以總領爲名，而四川改置都轉運司，故總領又廢。紹興十一年，諸將既罷兵，乃置三總領，以朝臣爲之，皆帶專一報發御前軍馬文字，蓋又使之與聞軍政，不獨職饋餉而已。凡鎮江諸軍錢糧，隸淮東總領，治鎮江。建康、池州諸軍錢糧，隸淮西總領，治建康。鄂州、荆南、江州諸軍錢糧，隸湖廣總領，治鄂州。其序位在轉運副使之上〔二四〕。十五年，復置四川總領，治利州，天下凡四總領矣。乾道七年，併淮東總領所入淮西〔二五〕，以有發運使故也。未幾復舊。然東南三總領皆仰朝廷科撥，獨四川總領專制利源，即有軍興，朝廷亦不問，故趙應祥榷鹽酒，而王瞻叔括白契，以佐軍需云。

289 館職爲總領

諸路總領，故事皆帶在内金穀官，若太府，司農卿、少、丞，户部列曹郎中、員外郎之類。淳熙中，趙温叔用宇文郎中子震爲淮東總領，時宇文尚爲館職，以未歷郡不可除郎，乃命以著作郎兼權金部郎官爲之。以館職領錢糧，非舊典也，當時皆不以爲是。

290 提點鑄錢

提點阬冶鑄錢公事，自咸平初有之。渡江後，屢罷屢復，語在財賦事中。乾道六年，併其事於發運司;發運司罷,遂復之。淳熙五年,又加「都大」二字於「提點」之上,以倣川、秦茶馬。後又置提點江、淮鐵冶鑄錢公事,以淮西漕臣兼之。

291 武臣提刑

武臣提刑,祖宗以來有之,後罷去。建炎元年,以盜賊未衰,復之,然但管捉殺而已。四年,又罷之。乾道六年五月復置,諸路各一員,皆選公廉曉習法令、民事之人,如無聽闕。大臣乞依故事加「同」字。不從。於是武憲横於四方,至有六曹尚書典藩而被按者。淳熙末,上知其不便,遂不復除。今止除朝臣一員而已。

292 提舉常平茶鹽

提舉常平官,自熙寧初置,元祐、紹聖間,罷復不常。建炎元年五月,復罷。二年八月,復諸道常平官,還其糴本,自青苗錢不散外,常平、免役之政皆掌之。紹興九年〔二六〕,置經制司,改常平官爲經制某路幹辦常平等公事。未幾,經制司罷,復爲常平官。久之,復置提舉,東南以茶鹽司兼領,四川、廣西以提刑司兼領〔二七〕,仍别置官吏,及歲舉升改員。然常平錢皆取以贍軍,今特掌義倉及水利、役法、振濟等事而已,無復平糴之政矣。

293 安撫使

安撫使，舊號帥臣，祖宗時，惟陝西、河東、北三路及益、廣、桂有之。建炎初，李伯紀建言：諸道皆帶安撫使，而廣東、西仍舊制加「經略」二字。其制今存。然兵事皆屬都統，民政皆屬諸司，安撫使特虚名而已。又有管内安撫者，自軍興以來有之。蓋諸將在邊，假使名以爲重，事定亦廢。今金、均、黎、楚等數州，以極邊得存。又有廣西安撫都監，邕州守臣兼帶；瓊管安撫都監，瓊州守臣兼帶。外此則俱不帶云。

294 馬步軍都總管

馬步軍都總管，祖宗時大帥職也，舊名都部署，避英宗諱改之，三路帥臣得兼，事權甚重，以武臣爲之副。今江、浙、淮、廣、荆湖、利路帥臣皆帶都總管，但存虚名，而其副特以處貴游、外戚及離軍之人，無可釐之務，蓋以厚禄優之，非復祖宗之制矣。

295 兵馬都鈐轄

兵馬都鈐轄，祖宗時不常置。成都，大府也，帥臣第帶兵馬鈐轄，而兩武臣之爲鈐轄者與鈞禮。熙寧茂夷之變，蔡仲遠自渭入蜀，始以都鈐轄爲名。蔡下令兩鈐轄循階，神宗不樂，遂罷歸。於是馮當世以前執政來爲安撫使，而都鈐轄之名不帶矣。建炎末，宣撫司始命盧立之復帶「都」字。自後，益、瀘、夔、廣、桂五州牧皆以都鈐轄爲稱。而江西贛州以多盜，其守臣亦帶江西兵馬鈐轄。至於武臣爲路鈐者，亦無尺籍伍符，然每歲猶往諸州按閱，特存故事而已。間有得旨葺治軍器，或訓練禁軍者，則仍帶入銜云。

296 諸軍都統制

諸軍都統制，古無其官。宣和間，西南用兵，大將或三、四人，不相統一，故即其中拔一人爲都統制以總之。兵罷則如故。建炎元年五月，既置御營司，遂擢王襄愍淵爲都統制。都統制名官自此始。其後，神武五軍及川、陝宣撫司、都督府、樞密院皆有之。紹興初，諸大將官既尊，悉號宣撫使，其將佐則謂之統制官，去「都」字。十一年，三大將兵罷，乃擢其偏裨爲御前諸軍都統制，自太尉至諸司使、副皆得爲之，惟官至使相，則帶領都統制職事。十八年，川、陝三大將亦如之。今興元、江陵、建康、鎮江府，興、金、鄂、江、池州及平江許浦水軍，皆除都統制，恩數略視三衙，權任在帥臣之右焉。官卑者亦止稱副都統制。

297 副都統制

副都統制，紹興七年始置，後省。乾道三年五月，荊南都統制王宣久病，上恐其不起，且方邊報不一，乃除員琦爲副，使同管軍，欲竢宣疾愈改授〔二八〕。已而，諭輔臣曰：「朕欲今後江上諸軍各置副都統制一員，令兼領軍，儲它日統帥，亦使主將顧忌，不敢專擅妄作。」大臣皆曰「善」。上因欲令軍中自推遷。葉子昂丞相言不可。上悟曰：「極善。當自朝廷除人，不然，即似唐藩鎮。」大臣言：「副都統制禮數宜有隆殺。」且爲條約，將上。上曰：「如此，庶幾它日不致争權越禮，誤國家事。」遂行之。然興州自吴挺亡後，未嘗除人，蓋重之也。其它軍數少者，都、副統帥亦不並除云〔二九〕。

298 統制統領官

統制、統領官，三衙及御前軍將佐也。祖宗時發兵，但以路分、州都監等領之。神宗用兵，始置百三十將，是在鈐轄、路分之外矣。渡江後，大軍又有統制、同統制、副統制、統領、同統領、副統領等，其下乃有正將、副將、準備將之名，皆偏裨也。舊制，準備將而上，自主帥升差，乃先申樞密院審察。乾道七年，建康都統制王宏罷，乃升差將佐數百人。代者王友直言於朝，二月庚申，有詔訓練官、部、隊將而下，軍中一面升差，仍申朝廷照會。紹熙四年正月乙酉，詔江上諸軍升差統制至準備將者，令主帥解發三人，赴總領所選擇一名。事既行，諸將皆不以爲便。慶元三年二月戊午，詔令升差並委主帥選擇，令總領或屯軍處守臣審覈保明〔三〇〕，申密院。紹熙指揮勿行。自是主帥之權復重矣。

校勘記

〔一〕紹興元年劉光世以使相宣撫淮南武臣非執政而爲宣撫使自此始　按：要録卷二七：「建炎三年閏八月辛卯，太尉、御營副使劉光世爲江東宣撫使。」參見宋史卷二五高宗紀、卷三六九劉光世傳。此處所謂「武臣非執政而爲宣撫使自此始」繫之紹興元年，非是。

〔二〕周元持　原作「周元特」，據閣本及談鑰嘉泰吴興志卷一七改。按：周操字元持，孝宗初，任殿中侍御史。

〔三〕招討使……熙寧間始命郭宣徽一人　按：長編卷一二六：「康定元年二月壬辰，命（陝西都部署兼經略安撫等使）夏守贇兼緣邊招討使。」宋史卷一〇仁宗紀同。可知宋代置招討使不始於熙寧間。

〔四〕江南招討使　原作「江西招討使」，各本同，今據要録卷四〇建炎四年十二月乙未條、宋史卷一六七職官志招討使條及卷二六高宗紀、卷三六九張俊傳改。

〔五〕虜復取河南地　「虜復」原作「北兵」，據蕭本、函海本改。

〔六〕（紹興）三十二年　原作「三十一年」，據通考卷六二職官考及宋史卷一六七職官志招撫使條、卷三三孝宗紀、卷三六九張俊傳附從子張子蓋傳改。

〔七〕湖南　原作「河南」，據殿本、閣本及要録卷九四紹興五年十月乙卯條、宋史卷二八高宗紀、卷三六二呂頤浩傳改。

〔八〕給事中　原無「中」字，據蕭本、閣本、函海本及宋史卷三七〇胡世將傳補。

〔九〕自休兵後獨成都守臣帶四川安撫制置使　按：周應合景定建康志卷二五官守志諸司寓治及制置司兩處記載，江淮制置使，治建康，開禧三年二月置，兼知府、江東安撫使。嘉定十年正月省，紹定三年十一月復置。六年七月以後，改沿江制置使。淳祐七年六月省，九年正月復沿江制置司，云云。據此，可知自開禧三年宋、金休兵後，建康守臣尚帶江淮或沿江制置使。

〔一〇〕江東西湖東　原作「江東西河南」，據要録卷四七及宋史卷二六高宗紀紹興元年九月己未條改。又要録卷五一：「紹興二年二月己丑，復荆湖東西爲荆湖南北路。」可爲參證。

〔一一〕湖北　原作「河北」，據閣本及要録卷一九〇、宋會要職官四一之一〇、通考卷六二職官考、宋史卷三二高宗紀紹興三十一年六月己酉條改。

〔一二〕江浙　原作「浙江」，據閣本及要録卷三一建炎四年正月乙丑條、宋史卷二六高宗紀、卷一六七職官志撫諭使條改。

〔一三〕紹興元年以吏部侍郎傅崧卿爲淮東撫諭使　按：通考卷六二職官考撫諭使條及宋史卷一六七職官志撫諭使條同本書，但要録卷五〇、宋會要職官卷四一之一、四二之七一及宋史卷二六高宗紀均記傅崧卿於紹興元年十二月己巳受命爲淮東宣諭使，而非「撫諭使」。疑此處記事有誤。

〔一四〕吏部郎中方聞　按要録卷二〇建炎三年二月乙亥條作「尚書駕部員外郎方聞往淮東撫諭」。考駕部隸兵部，不隸吏部。此處記事疑有失誤。

〔一五〕太傅　原作「太傳」，據影宋本、閣本及要録卷四〇建炎四年十二月丙戌條改。

〔一六〕羣盜　原作「郡盜」，據蕭本、閣本、函海本及通考卷六二職官考改。

〔一七〕京畿　原脱，據要録卷三三建炎四年五月甲子條及宋會要職官四一之七四、宋史卷二六高宗紀、卷三六二范宗尹傳補。

〔一八〕湖北　原作「湖南北」，據同上條諸書删。

〔一九〕紹興二年三月　「三月」原作「正月」，據要録卷五二及宋史卷二七高宗紀改。

〔二〇〕出納錢糧　「糧」原作「量」，據蕭本、閣本、函海本改。

〔二一〕（紹興）六年二月　「二月」原作「三月」，據要録卷九八紹興六年二月癸亥條及宋史卷二八高宗紀、卷二一三宰輔表改。

〔二二〕經制使副　「使副」原作「副使」，據要録卷七建炎元年七月己丑朔條及三朝北盟會編卷一〇九、玉海卷一三二紹興經制使條乙正。

〔二三〕明受元年……明年張魏公出使川陝遂以趙應祥爲隨軍轉運使　按：張浚（魏公）出使川、陝，乃建炎三年（即明受元年）夏秋間事，任命趙開（應祥）爲隨軍轉運使在當年十月。見要録卷二八、杜大珪名臣碑傳琬琰集中集卷三二李燾趙開墓誌銘、宋史卷二五高宗紀。此處「明年」二字疑爲衍文，或是「其年」之誤。

〔二四〕序位　原脱「序」字，據影宋本、蕭本、閣本、函海本及宋史卷一六七職官志總領條補。

〔二五〕乾道七年併淮東總領所入淮西　按：宋史卷三四高宗紀乾道六年四月辛巳朔條及玉海卷一三二四總領條記事，「七年」似爲「六年」之誤。

〔二六〕紹興九年　原脱「紹興」二字，據本書本卷經制使條補。

〔二七〕四川廣西　原脱「廣西」二字，據要録卷一五四紹興十五年八月己亥條及宋會要職官四三之二九補。

〔二八〕疾愈　原作「瘉」，據函海本改。

〔二九〕都副統帥　原作「副都統帥」，據蕭本、殿本、閣本、函海本及宋史卷一六七職官志諸軍都統制條乙正。

〔三〇〕審覈　原作「審覆」，據蕭本、閣本、函海本及宋史卷一六七職官志諸軍都統制條改。

建炎以來朝野雜記甲集卷十二

官制三　封爵官職功勳吏額

299皇子除官例

祖宗故事，皇子初除防禦使。太祖第二子及英宗初爲皇子，並除防禦使。太宗以後，或封王，或封國公。漢恭憲王初封衛王，鎮恭懿王初封徐國公之類。其間亦有封郡王、郡公者。昭成太子初封廣平郡王，吴榮王初封安樂郡公之類〔一〕。神宗諸子，初除皆節度使，封國公，稍遷郡王，加平章事，今開府儀同三司。至出閤封王，則始兼兩鎮，加司空，後皆因之。司空，今之少保。紹興末，莊文太子自蘄州防禦使躐拜少保，封鄧王。淳熙末，今上自安豐軍節度使，亦拜少保，封嘉王，蓋重長嫡也。視祖宗時，恩數爲優云。

300 親王贈官例

舊制，皇子皆贈三師、二令。元豐改官制，以侍中、中書、尚書令爲三省長官，不爲贈典。乾道中，正丞相官名，削侍中、兩令之位，故魏惠憲王雖孝宗愛子，生止爲使相，薨止贈兩州牧，蓋上意以子弟居師傅官不順，而三省長官已廢，故但以州牧優之。慶元中，嗣秀王以山陵總護之勞當遷，而官已至太師，乃拜兼中書令，王辭不拜。已而，上有殤子亦贈太師、中書令，追封兗王。不知今官制已無二令之名，此有司失詳考也。

301 宗室兩鎮節度使

故事，同姓秉旄者，非親弟、愛子無得兼兩鎮。熙寧初，惟相孝定王允弼、定榮易王允良以屬近行尊，乃得之。慶元初，嗣秀王伯圭既辭中書令，詔有司別議優崇之禮，始命兼兩鎮焉。國朝二百五十年，宗室秉雙旄者，僅三人爾。

302 知大宗正事

知大宗正事，仁宗始置，用太祖、太宗之後屬近行尊者各一人，於是首命濮安懿王爲之。自是率以近屬官至王、相者領焉。渡江後，頗用南班，往往多不得人，無以表率，更事刻削，宗室皆患之。淳熙初，宗正官闕，趙温叔言崇宣簡公不息之賢，自江西轉運判官召爲右監門衛大將軍、忠州防禦使、知大宗正事。非常制也。不息，字仁仲，曾祖懷榮穆王宗暉，蓋濮王第六子。祖仲損沂王，父士圃，以南班扈駕北遷，乾道中，遥拜集慶軍節度使。仁仲中進士第，所至有聲，積官昭慶軍承宣使。在宗司數言天下事，上甚重之。其諸孫多進士高第者。

303 宗室奉使

自熙、豐以來，宗室雖爲外官，未嘗有出使者。乾道七年春，趙温叔爲賀金國生辰使，孝宗特命武翼郎、兩浙西路兵馬鈐轄伯驌副之。時方議受書禮，故特選之爲介也。近歲善義、不艱皆以尚書郎使北，蓋用伯驌例云。淳熙十一年，親賢宅多才爲正旦副使，南班近屬出疆者，止此一人耳。

304 宗室知舉及任學官

紹興末，孝宗有詔宗室不許注學官。七月丁未。乾道中，師烜者，廷試中甲科，自言於上，於是許注甲科。八年五月乙亥。淳熙中，既詔宗室省試十人取一，吏部尚書周洪道乃請許充學官及考試。從之。六年十一月壬午。紹熙中，遂命趙子直知貢舉，而外郡至今不差試官，蓋有司循習之過也。

305 三公備官

三公自祖宗以來罕嘗備官，獨宣和末，三公至十八人，三少不論也。太師三人，蔡京、童貫、鄭紳；太傅四人，王黼、燕王俣、越王偲、鄆王楷；太保十一人，蔡攸、肅王樞，至沂王㰘。渡江後，以用兵故，紹興十二年，秦申王爲太師，張循王、韓蘄王爲太傅，劉安城王爲太保。其後，乾道初，楊和王、吴信王並爲太傅。紹熙初〔二〕，史會稽王爲太師，嗣秀王爲太保。蓋自紹興後，三公未嘗備官焉。

306 太師並除

故事，太師未嘗並除。紹聖初，始有文潞公彥博、吴榮王顥。宣和中，蔡魯公京、童貫、鄭樂平王紳〔三〕。靖康初，燕王俣、越王偲。紹興中，秦申王檜、張循王俊。紹熙中〔四〕，史會稽王浩、嗣秀王伯圭。

307 文臣節度使

節度使，祖宗時非近屬及有大功者不除。宣和末，節度使至六十人，議者以爲濫。親王、皇子二十六人，宗室十一人，前宰執二人，大將四人，外戚十人，宦者恩澤七人。靖康初，因中丞陳賓王言，九人换授，梁師成、朱勔、梁方平以罪死，而宗室以覃恩建節者十有四人，將帥特拜者二人，凡六十有二人。以月奉及歲賜計之，是一年費緡錢七十萬也。渡江後，節度使率不過十許人，自建炎至嘉泰，宰相特拜者六人，吕忠穆、張忠獻、虞忠肅皆以勳，史會稽王以舊，趙衛公、葛文定以恩。執政一人，葉右丞夢得。從官二人而已。張端明澄〔五〕，楊敷學倓。

308 外戚節度使

國初外戚罕有建節者〔六〕，太祖時，杜審進以元舅之尊，窮老才得節度使。仁宗用張堯佐，一時名臣力争之。其後，除拜浸多。中興後，外戚節度使二十有二人，孟后姪忠厚，鄭后姪孫藻，韋后弟淵、姪謙、讜，邢后父焕、弟孝揚，吴后弟益、蓋，姪琚、瓌〔七〕、璹，郭后弟師禹，夏后弟執中，謝后弟淵，李后姪孝友、孝純，韓后曾季祖侂胄、父同卿、從祖邈，徽宗王貴妃父舜民，高宗劉貴妃父懋。

309 恩舊節度使

哲廟以前，節度使未有以恩澤除者，若王顥、張晃輩，雖以舊恩貴，然皆以嘗任宥府乃得之〔八〕。崇寧後，始除郭天信、朱勔二人；紹興中，曹勛、韓公裔；乾道中，曾覿；嘉泰中，姜特立、譙令雍：皆以攀附恩，累官節度使。

310 宦官節度使

真廟以來，宦者官雖尊，止於遥郡承宣使而已。宣、政間〔九〕，始除童貫、楊戩、梁師成、譚稹、李彀、梁方平等十許人。靖康初政，皆貶奪之。渡江以來，間有爲正任承宣使者。慶元中，王德謙已除節度使，大臣交奏，乃不行，德謙亦坐斥。語在時事中〔一〇〕。

311 兩鎮三鎮節度使

國朝元臣拜兩鎮節度使者，才三人：熙寧初，韓魏公；元豐中，文潞公；紹興中，呂誠公是也。然三公卒辭之。渡江以來，諸大將若韓、張、吴、岳、楊、劉之流，卒至兩鎮節度使。其後，加至三鎮者三人：韓蘄王，鎮南、武安、寧國；張循王，静江〔一一〕、寧武、静海；劉安城王，護國〔一二〕、鎮安〔一三〕、保静。政和中，蔡京以明堂成，封陳魯國公，辭不拜。其後，童貫遂封徐豫國公。紹興中，秦檜以進書恩，亦封秦魏國公。大臣兼封，止此三人而已。時京、檜卒辭，於是三代及小君皆加兩國之贈。

312 兩國公主 兩國夫人

故事，郡主未有兼封者。崇寧中，上謁濮安懿王祠，時王女惟曹氏婦安康郡主在，乃特封安定、普寧郡主，賜甲第居之。其後未有此比。舊制，惟婦人封得兼兩國，若大長公主及上乳母、皇太后姊妹、皇后母之類是也。乾道中，上既立太子，欲加恩魏邸，始封韋夫人爲韓、魏國夫人。親王夫人兼封，亦前此所未有。自後恩平王夫人、吴興王夫人及國母卜夫人並用此例〔一四〕。

313 郡公不著開國字

國朝封爵之制，階至奉直大夫、職至權侍郎已上，遇郊封縣開國男。若從官，經恩則累加至某郡開國公。若將相，虚邑實封通滿萬户，則封國公，而無封郡公者，惟宗室追封則有之。凡宗室贈節度使，則追封國公；贈承宣使，則追封郡公；贈觀察、防禦使，則追封侯。近歲費戒父以避祖名，始詔繫銜權不著「開國」字〔一五〕，亦前此所未有。

314 執政爲閣學士

故事，曾任宰相不爲資政殿學士，蓋降職至大資政止。曾任執政不爲閣學士。蓋降職至端明止。淳熙中，魏丞相杞初以端明殿學士起廢，而林樞密安宅亦以龍圖閣學士奉祠。前是，舊相未有爲端明。若閣學士，以前執政爲之，則自張天覺、路公弼後，惟秦會之餘黨李文會、巫伋等八、九人，其執政僅三月餘，故用此例。

315 庶官除次對

庶官補外，未嘗有除次對者。紹興初，太常少卿蘇遲、密院檢詳歐陽懋請外，時方録用黨人子弟，大臣以蘇文定公之子，而歐陽文忠公之孫也，皆特除待制與郡。論者以爲言，乃改集英殿修撰焉。其後，少常久次者，始除直龍圖閣。檢詳以下，罕有得職名者云。

316 外官除次對

祖宗時，自三司使、御史中丞、翰林學士、知制誥之外，未有侍從職事官，故邊帥積勞者，率以直龍圖閣除天章閣待制。元豐官制後，惟實歷權侍郎以上，乃得之。淳熙中，吴茶馬揔、程舍人叔達皆自外除待制，蓋殊命也。趙子直當國，言者以爲「今賢士大夫往往不樂爲外官，蓋外權太輕，雖欲有所施設而不得騁故也。今日之勢，莫若稍重外。重外之術，必使帥、漕、總領，可以馴致於從官而後可久任，可久任而後可以責事功。」詔可。紹熙五年十一月戊申。未幾，子直去位，亦不克行。慶元初，楊廷秀始自外祠躐除華文閣待制〔一六〕。

317 寄禄官分左右

寄禄官分左、右字，元祐政也。紹興初，復舉行之。淳熙初，宗室善俊者建言，以爲本范純仁偏見。孝宗納其説，又去焉。今任子、雜流，惟紐轉通直郎、奉直、中散大夫如故〔一七〕，若帶貼職，則超資焉。故小京官鎖廳登第者，號爲平遷，兩任徑轉三官，蓋有出身人不爲監當故也。

318 中散大夫七樣錦

中散大夫，舊謂之十樣錦，今不然矣。舊奏子職官，今初品官耳。初奏通仕郎，出官與將仕郎同，但以拜命日，理服緋年月。舊身後許上遺表推一子恩，今減一年磨勘耳。奏薦雖不隔郊，然滿四名有止法，其實與正郎無異。它所存但虛文，謂之七樣錦可也。

319 減年對實歷磨勘

舊制，以恩例減磨勘年者，率以四年爲一官，故有初改官入部數綱，而徑轉朝奉郎者，朝廷患之。隆興二年春，始著對使實歷之令。及乾道三年郊祀，左選奏補三百人，右選千七百餘人。六年郊祀，左選奏補二百餘人，而右選如故，蓋以文臣對使實歷故也。淳熙中，議者請祠官無實歷者，雖遷至員外郎以上〔一八〕，毋得任子。事下祕書省國史院。時鄭少嘉尚書修國史，建請京朝官以上須實歷一任者，乃許任子孫。八年正月辛未。從之。

320 選人改官額

選人改官，舊無定數。紹興後，多不過九十人，少或至五十人，紹興二十年八十八人，二十五年六十八人，三十年七十四人，三十一年五十人。捕盜及職事官皆不在數。三十二年遂至一百十三人，孝宗患之。隆興元年四月，詔以百員爲額。乾道三年七月，又通四川爲百二十員。七年十月，有司請不限員。奏可。時虞丞相當國也。淳熙初，上以官宂稍嚴升改之令，於是六年引見，改官不及七十員，而捕盜在焉。周洪道爲吏部尚書，七年二月，因請以七十員爲額。是年四月，又增八十員。職事官並引見，改官六十五人，四川换給一十五人，特旨改官不與。十三年三月，又詔職事官改官在八十員歲額之外。自是，歲改京官者僅百員，迄今遂爲永制。

321 奏舉京官

奏舉京官，祖宗時無定數，有其人則舉之。太平興國後，諸州通判亦得舉京官。熙寧中，取以爲提舉常平官員數。元祐中，嘗暫復之，至紹聖又罷。淳熙六年九月，上以歲舉京官數濫，命給舍、臺諫議之。王仲行希呂時兼給事中，乃請六曹、寺、監戶部右曹郎官同（一九）。歲減舉員三之一，諸路監司減四之一，禮部、國子監長貳減三之二，前執政歲減二員。諸州無縣者歲止一員，歲終不除運副，而判官補發者不理爲職司。奏可。慶元元年十一月，復詔判官補發副使狀，理爲職司。又詔職司狀不得用二紙，用姚察院愈奏也。在京選人，舊無外路監司薦舉，渡江後，詔以六部長貳作職司。乾道七年九月，罷之。惟館學官通理四考，不用舉主改官，蓋累聖優賢之意。

322

減舉吏員 館學改官例

近制，選人實歷十二考者，減舉主一員。先是，紹興二十九年七月，敕令所删定官嘉興聞人滋，請歲於改官員中差減員數，以待實歷十考舉主不及格之人，庶抑貪冒而養廉潔。上命給、舍議之。洪景嚴、張安國言：「此法一開，則選人不出十餘年，坐至京秩」。乃止。隆興初，始舉行之。舊舉主須員足乃以其牘上，若舉主物故或罷免〔二〇〕，則不計，故有得薦牘十餘而不克磨勘者。淳熙中，始有逐旋放散之令，人皆便之。隆興元年三月己酉，詔選人十二考，無贓私罪者，減舉主。

323

改官須入

初改官人必作令，謂之「須入」。紹興中，數申嚴之，後亦或廢。孝宗在位，持之甚嚴。慶元初，復詔除殿試上三名、南省元外，並作邑。五年四月，又用程察院松言，詔大理評事已改官未歷縣人，並令親民一次，著爲令。舊捕盜改官人，並試邑。是月，陳正言自强請初任未終之人，先注僉判一任，方許親民。從之。自後雖宰相子、殿試甲科人，無有不宰邑者矣。

324 廣南攝官

初，祖宗朝以廣南地遠，利入不足以資正官〔二〕，故使舉人兩與薦送者，試刑法於漕司，以其合格者攝。兩路正攝凡五十人〔三〕，月俸人十千，米二斛，滿二年則錫以真命。後又增五十人，號曰「待次」。崇、觀後，又增五十人，號曰「額外」。其注擬皆自漕司。建炎初，敕歸吏部，踰年無願就者，吏部請復歸漕司。從之。

325 宮觀使 祠官供給

近制，前宰相、見任使相領京祠者，並爲宮觀使。若在外，則少保已上始得使名，使相已下提舉宮觀而已。淳熙初，史會稽王以崇信軍節度使、開府儀同三司，提舉洞霄宮，蓋用此制。紹熙初〔三〕，趙衛公以衮鉞充醴泉觀使家居，非舊典也。近歲葛文定以覃恩除使相，亦止提舉洞霄宮。舊祠官無供給，政和中，蔡京著令：庶官降本資序一等，侍從以上不降。趙忠簡爲相，始除之。

326 功號

功號始唐德宗，國朝因之，至元豐乃罷。中興後，加賜者三人而已，韓蘄王世忠揚武翊運功臣，張循王俊安民靖難功臣〔二四〕，劉安城王光世和衆輔國功臣。此外，惟安南國王初除及經恩，亦加功號。

327 檢校官

檢校官者，自唐以來有之。凡内職崇班、今修武郎。武臣副率以上，初除及遇恩皆帶。若文臣則樞密、宣徽、節度使始帶焉。自三公、謂太尉、司徒、司空。三師、僕射、尚書、常侍至賓客、祭酒，凡十餘等。元豐改官制，武臣承宣使已下皆罷，惟存檢校三公、三師，以待節度使之久次者。政和後，改三公爲三少，若武臣累加至檢校少師，則拜太尉。文臣累加至檢校少師，則拜開府儀同三司。安南國王初襲封，加檢校太尉，經恩遷檢校太師，外蕃刺史州則檢校太子賓客，此外皆不帶云。

328 勳官

勳官者，自戰國以來有之，至唐始以爲虛名。國朝循唐制，文臣朝官、武臣崇班已上，遇恩輒加之。由武騎尉至上柱國，凡十二轉。政和中罷。淳熙末，朝議欲復之，以旌有功，如貼職之比，後亦不果行。今惟安南、闍婆、占城三國王始封，加上柱國，南丹州刺史加武騎尉焉。

329 天聖至嘉泰四選人數

祖宗時，內外文武官通一萬三千餘員。天聖中，兩制、兩省不及三十員，京朝官不及二千員，三班使臣不及四千員。慶曆中，兩制、兩省至五十員，京朝官二千七百餘員，流內銓選人僅萬計。乾道中，京朝官已三、四千員，選人亦七、八千員。紹熙二年，京朝官四千一百五十九員，合四選凡三萬三千一十六員。慶元二年，京朝官如紹熙之數，選人增至一萬三千六百八十員，大使臣六千五百二十五員，小使臣一萬八千七十員，通四選凡四萬二千有奇。蓋五年之間，所增至九千餘員，可謂官冗矣。嘉泰元年春，左選京官以上三千一百三十三員，選人萬五千二百四員，大使臣以上六千八百五十四員，校尉以上萬二千六百十六員，通四選共三萬七千八百餘員。是五年間，所損僅四千餘員，未知何故？

330 堂後官

堂後官，謂三省諸房都、録事也，補職及一年改宣教郎，滿五年願出職者與通判，十年以上與郡。建炎初，李伯紀爲相，建請堂吏出職止通判。從之。迄今不改。

331 省部樞密院吏額〔二五〕

尚書省吏額二百四人。正額：都事、主事、令史、書令史、守當官，共七十四人。守闕一百三十人。分房十有四。中書、門下省吏額二百三十八人。正額：録事已下八十八人。守闕一百五十人，中書六分，門下省四分。分房十有三。樞密院吏額三百二十七人。副承旨、主事、令史、書令史，共一百二十七人，守闕、貼房二百人。尚書六曹吏額九百二十人。主事、令史、書令史、守當官四等，共四百九十五人。正貼司〔二六〕、私名、楷書、法司四等，共四百二十五人。吏部七司三百五十九人，户部五司二百八十八人，禮部四司五十六人，兵部四司一百三十五人，刑部四司六十三人，工部四司一十九人。建炎初，上幸淮甸，三省吏至揚州者二百五十八人而已，詔皆遷一官。其後滋益多，三年，乃命有司立額。

332 州縣吏額

紹興末，州縣吏額猥多。二十六年八月，湯中丞鵬舉請省之，以寬民力。事下諸路常平司，時浙東七州吏額四千人，提舉官趙公稱首奏損其半，它路率倣此。然今州縣吏額雖減，而私名往往十倍於正數，民甚苦之。

校勘記

〔一〕安樂郡公　宋史卷二四六吴王顥傳同，而宋會要帝系一之三六、長編卷一九八嘉祐八年四月丁亥條作「樂安郡公」。又宋史卷八六地理志河北路有棣州樂安郡。似以「樂安郡公」爲是。

〔二〕紹熙　原作「紹興」，據蕭本、閣本、函海本及本卷下條改。參見宋史卷三六光宗紀紹熙元年四月己丑條及卷三九六史浩傳。

〔三〕鄭樂平王紳　原作「鄭平樂王紳」，據周益國文忠公集平園續稿卷三〇鄭興裔神道碑及宋史卷二四三徽宗鄭皇后傳、卷四六五鄭興裔傳乙正。

〔四〕紹熙中　原作「紹熙末」，據本卷上條及卷九親王生拜太師條改。又宋史卷三九六史浩傳載：「光宗御極，進太師。紹熙五年薨。」卷三六光宗紀載：「紹熙三年六月戊午，以伯圭爲太師。」可爲參證。

〔五〕張澄　原作「張登」，據要録卷一五五紹興十六年正月戊戌條及乾道臨安志卷三牧守條、宋史卷一六六職官志節度使條改。

〔六〕國初　原作「國朝」，據蕭本、閣本、函海本改。

〔七〕瓌　原作「環」，據宋史卷四六五外戚吴益傳及止齋文集卷四五吴瓌加食邑實封制改。

〔八〕宥府　原作「密府」，據影宋本改。宥府，樞密院别稱。

〔九〕宣政間　原作「宣和間」，據殿本、閣本、函海本改。

〔一〇〕語在時事中　按：今本甲集卷七時事門僅有張魏公誅范瓊和處州義役兩條，不載宦官王德謙坐斥事，顯有闕佚。兩朝綱目備要卷五慶元三年三月丙申，竄内侍王德謙條下，詳載此事，疑即録自原本雜記甲集卷七之文，今全文鈔入附録一拾遺中。

〔一一〕静江　原作「靖江」，據蕭本、殿本、函海本及要録卷一五六，宋史卷三〇高宗紀紹興十七年三月戊子條、卷三六九張俊傳，周密武林舊事卷九改。

〔一二〕護國　原作「寧國」，據殿本、閣本、函海本及要録卷一〇七紹興六年十二月丁巳條、宋史卷三六九劉光世傳改。

〔一三〕鎮安　原作「寧武」，據要録卷一〇七、宋史卷二八高宗紀紹興六年十二月丁巳條、卷三六九劉光世傳及宋會要職官四二之六七改。

〔一四〕舊制……親王夫人兼封亦前此所未有。自後……並用此例　按：此段正文及注文，乃由上條移入，蓋參考蕭本及考核此兩條記事内容和標題，加以改動。又「吴興王夫人」，原作「吴興俞夫人」，據殿本改。

〔一五〕繫衘權不著開國字　原作「繫權衘不著開國字」，據蕭本、殿本、閣本、函海本乙正。

〔一六〕楊廷秀　「廷」原作「庭」，據蕭本、閣本、函海本及宋史卷四三三楊萬里傳改。

〔一七〕紐轉　原作「細轉」，據宋史卷一六九職官志紹興以後階官條改。

〔一八〕員外郎　原脱「外」字，據蕭本、函海本補。

〔一九〕户部　「部」原作「郎」，據蕭本、殿本、函海本及通考卷三八選舉考改。

〔二〇〕若舉主物故　原作「若將舉物故」，據本條上下文意及通考卷三八選舉考改。

〔二一〕利入　原作「例入」，據殿本及要録卷一八建炎二年十一月乙巳條、宋史卷一五九選舉志遠州銓條改。

〔二二〕兩路正攝　「正攝」，據本條記事及上引宋史選舉志似應作「攝官」。

〔二三〕紹熙　原作「紹興」，據閣本及宋史卷三九六趙雄傳改。

〔二四〕靖難　原作「静難」，據閣本及要録卷一二五紹興九年正月庚寅條、宋史卷二九高宗紀、卷三六九張俊傳改。

〔二五〕樞密院　「院」原作「使」，據本條記事改。

〔二六〕正貼司　「司」原作「同」，據蕭本、殿本、閣本及宋史卷一六三職官志吏部尚書條改。

建炎以來朝野雜記甲集卷十三

取士 選舉 學校 鄉飲酒

333 制科

制科自紹聖初廢。紹興元年春正月〔一〕，詔復賢良方正能直言極諫科。有司講求舊制，每科場年，命中丞、給舍、諫議大夫、學士、待制三人舉一人〔二〕，不拘已仕、未仕。命官仍以不曾犯贓私罪人充。先具詞業繳進，策、論共五十篇。送兩省、侍從參考，分三等，文理優長爲上，次優爲中，平常爲下。次優以上，並召赴閣試。歲九月，命兩省、學士官考試於祕閣，御史監之，試六論，每首五百字以上。於九經、十七史、七書、國語、荀、揚、管子、文中子正文内出題，差楷書祗應，四通以上爲合格，仍分五等，以試卷繳奏御前拆號，入四等以上，召赴殿試。其日，上臨軒親策，限三千字以上〔三〕。宰相撰題，差初、覆考詳定官，赴試人引見賜坐，殿廊兩廂設垂簾帷幕，青褥紫案，差楷書祗應，内侍賜茶果。對策先引出處，然後言事。第三等爲上，恩數視廷試第一人，第四等爲中，視廷試第三人，皆賜制科出身；第五等爲下，視廷試第四人，賜進士出身；不入等與簿、尉差遣。已上並謂白身者。若有官人，則進一官與升擢。舊制，六論於正文及注疏内出題，至是，有司請除疏義弗用。乾道二年夏六月，孝宗以久無應詔者，乃詔權於經史諸子正文出題。又以士人身在幽隱，無由自達，仍許監司、守臣解送。四年三月〔四〕。後數歲，乃得李仲信焉。

334 乾道制科恩數 李仲信本末

自復制科七十年，但得李仲信垕一人而已。初，紹興七年冬，吕安老舉選人胡邦衡，而汪彥章舉布衣劉汝一。邦衡遂除樞密院編修官。乾道三年，虞雍公撫蜀，首薦仲信於朝，不報。五年春，汪聖錫爲吏部尚書，復以應制詔，上其詞業，時垕父仁父爲祕書少監也。其年冬，禮部言李垕詞業乞送兩省、侍從參考訖，依紹興元年九月指揮施行。鄭仲一權侍郎。三省勘會李垕詞業已經御覽，陳應求、虞并父爲左、右相。有旨，特令來年三月依格召試。命下，左正言施德初元之方候對，因爲起居郎兼權中書舍人林景度機言故事無獨試者，當繳之。景度即奏：「制舉所以待非常之才，渡江以來，從臣亦嘗論薦其人，若劉度、祝鑑是也。然皆寢而不報，蓋事體至重，不可輕也。案胡邦衡亦以吕安老舉賢良詞業，上即日除樞密院編修官，景度蓋未知此也。今復此舉，必依祖宗典故，勿使論者可得而議其失，則國家可以示公，而垕得此名亦無忝矣。謹考舊制，具本人詞業繳進，送兩省、侍從參考，分爲三等，次優以上召赴閣試，糊名考校，無一人獨試者。今垕詞業未經參考，而又獨試一名，恐非典故。今所有録黄未敢書行。」德初亦奏：「祖宗制科之設，自有典故。今李垕詞業雖除付後省，未有許令參考繳奏指揮，遽有召試中書之命〔五〕，即是未應前後典故，兼國子監看詳明言合送兩省、侍從參考，況將來閣試六論，本朝典故亦須三、四人以上糊名考校，無一名獨試者。乞重此非常之科。且以垕詞業令有司公共參考來上，俟相繼有一、二人，然後俾之就試，庶幾有得賢之實，無倖進之譏。」詔除汪應辰、李燾有妨嫌外〔六〕，令兩省、侍從官參考聞奏。十二月丙午指揮。仁父時兼權左史。既而，上聞二人握手私語，乃大怒之。左相陳應求奏：「元祐中，有獨試故事，機爲人所使，因極論二人之姦。後二日，詔：「林機、施元之身居出納言責之地，朋比相通，可並放罷。」十二月二十九日庚戌指揮。六年夏，兩省、侍從參考到垕詞業，援證既詳，遣詞亦贍，欲爲次優。户書曾欽道爲首〔七〕。有旨，八月下旬召試。四月十二日癸巳。後十餘日，利路又繳到吴淇應賢良方正科詞業，詔參考聞奏〔八〕。二十六日丙午。又月餘，應求坐論祈請事免相，五月十九日己卯。仁父亦出漕湖北〔九〕。六月二十七日丙子。時虞并父獨相，仁父與應求素善，疑當路沮之，入辭面奏，疏言：「制舉獨試一人，雖有潁贄、林陶、李孜、高志寧、錢彦遠、吴奎、趙彥若、謝悰故事〔一〇〕，而垕涉學荒淺，恐不足當此異恩，別致人言，乞候將來更有進卷合格當召者，許令同試。」上不許。仲信乃乞隨侍。并父爲奏，有旨，別聽指揮。七年春，科詔既下，并父因進呈召試賢良當降詔。上曰：「數十年來，未有應此選者。」并父曰：「昨李垕已得旨召試，或者與其父燾不相樂，聲言欲沮之。垕以此乞隨侍。」上曰：「今可召試矣，令九月召試中書。」四月四日戊申降旨。九月戊戌，召試中書後省。前一日，命學士王日嚴考試，左史李秀叔參詳。比試仲信凡五通，六論題：一曰明主有必治之道，二曰湯法三聖，三曰人者天地之心，四曰曆律更相治，五曰三家言經得失，六曰揚雄、張衡孰優。十月乙巳進呈，上曰：「昨覽垕程文亦好，一日之間成數千言，良不易也。」并父曰：「記試題誠難，垕能記其五。」上曰：「湯法三聖，出功臣表，而垕以爲諸侯王表，却是記得全文不差。」十一月甲戌，上親策於集英殿，有司考入第四等。戊寅，上特御殿引見，賜制科出身。故事，賢良方正無唱名之例，而禮部言〔一一〕：「若倣選舉進士，皇帝御殿推恩，足彰崇儒求言之盛。」遂從之。周子充爲禮部侍郎，林謙之兼權郎官。尋授左文林郎、瀘川節度使推官〔一二〕。淳熙初，爲祕書省正字兼國史院編修官，累遷著作郎，被章去。久之，奉祀歸蜀而卒。李文簡與孫牧齋書云：「垕被旨，八月次旬召試。造物者意乃不然，公出諱以沮遏之。尋因入辭，力告上乞免，上弗許，仍宛轉託渠具奏，始有旨別聽候指揮。其閒曲折甚多，垕必具報。」而虞直閣公亮行狀乃云：「李應制科，選日命官且試矣，會有欲搖沮之者，李不復望試，從公圖之，於是虞公亟入奏，用蘇子由以病展日故事，爲更命官改日鎖院。」今以史考之，未見改日命官之事，亦不省出諱謂何，雖虞公數論林、施不當罪，復以郡處之，然卒獨試，虞公力也。

335 制科六題 淳熙再試制科本末

制科六題，舊以四通爲合格。淳熙四年，李仲信之弟季修塾復舉賢良方正，南士頗嫉之，而近習貴璫又恐制策之或攻己也，共摇沮焉。會台守趙子直舉宣教郎姜凱〔三〕，信守唐與正舉迪功郎鄭建德，吏部侍郎趙粹中舉亳州布衣馬萬頃應詔。上問輔臣：「故事，召試賢良嘗有黜落者否？」執政對曰：「昨來召試，止李垕一人，他日若試數人，須有優劣。」既而，潘察院緯又上章言：「制科論策，皆鐙窗著述之文，而策限三千字，亦豈無平日待對之語，惟六論一場，所當加意。若罷注疏命題，而復以四通爲合格，則與應進士舉一場試經義五篇者有何異。」試之日，有詔以五題通爲合格。是歲始命糊名謄録，如故事。所試六論：一曰因者君之綱，二曰易數家之傳孰優？三曰前世曆法多差，四曰十二節備如何？五曰王學本賈氏，六曰動靜繁寡如何？後二日，考試院言：「試卷内多有不知題目出處，及引用上下文不盡，止有僅及二通者。」上命賜束帛，罷之。舉者周益公輩皆放罪。或曰：「故事，六題一明一暗。」上下文有度數及事數，謂之暗題。是時，舍人錢師魏素與周、李諸人異趨，且承嬖近旨奏言：「制舉甚重，須稍難其題。」御筆因差師魏考試，故所命皆暗題云。仁父時爲禮部侍郎、同修國史，仲信爲著作郎。未幾，仲信被旨考上舍試，因策問本朝制科典故，有云：「蘇洵輩皆嘗黜落，富弼、張方平麤識題意，」亦不免錯誤。坐此爲臺官所攻，皆罷去，仲信亦竄死〔一四〕。明年秋，言者又論注疏命題，蓋以觀其博洽，謂宜復舊。又從之。十一年夏，校書郎虞商衡轉對，論制科取士，不必拘三年之制。上諭大臣曰：「賢良得人，國家盛事。」遂特以六月五日降詔，然未有應者。十二年春，李獻之以右史直禁中，面奏：「賢良之舉，肇自漢文，本求讜言，以裨闕政，未聞責以記誦之學也，使其才行學識如晁、董之倫，雖注疏未能盡記〔一五〕，於治道何損。」乃復罷注疏命題。於是陳天與守池，舉郡人莊治，丘宗卿守平江，舉郡人滕宬〔一六〕。十三年六月，召試。六論題：一曰身者治之本，二曰聖人通天地之心，三曰五星爲經緯，四曰曆律本於易，五曰六德以民爲紀，六曰岑彭、馮異之功孰大？二人皆四通。顏侍郎師魯爲考試官，言其文理平常，不應近制，遂罷之。自是制科無復得試者矣。

336 博學宏詞科 試格恩例附

博學宏詞科，紹興三年七月始置。紹聖間，既廢制科不用，乃創宏詞科。大觀中，改爲詞學兼茂。至是，用工部侍郎李擢奏，別立此科，以制、誥、詔、書、表、露布、檄、箴、銘、記、贊、頌十二件爲題〔一七〕，古今雜出六題，分三場，每場一古一今。遇科場年，應命官除歸明、流外、進納及嘗犯贓人外，許徑赴禮部自陳。先投所業三卷，朝廷降付學士院，考其能者召試。見任官經所屬投所業，應格召試〔一八〕，然後離任。禮部貢院知舉官，分三等考校，以合格真卷納中書省看詳，宰執將上〔一九〕。上等遷一官，選人改京官，無出身人賜進士及第，並免召試，除館職。中等減三年磨勘，與堂除，無出身人仍賜進士出身，並擇其尤者召試館職。下等減二年磨勘，與堂除一次，無出身人同進士出身，遇館職有闕，亦許審察召試。初，詞科惟有出身許應此科，上即位，以用武權停，比擢請復此科，而其子益能麤有文墨，於是有司看詳，兼許任子就試，亦非舊典，蓋爲益能計也。然益能卒不與選。自立科後，入中等者，惟汪叔詹、洪景嚴、湯進之三人〔二〇〕，其六十九人皆下等，蓋靳之也。舊例，每舉合格不得過五人，若人材有餘，臨時取旨。紹興後，所取未嘗過三人。淳熙八年以後，又止取一人。慶元五年，應宏詞者三十有一人，無合格者也。

337 三歲取士

三歲取士，祖宗舊制也。建炎元年，當省試，以圍城故，展用二年。紹興元年，當殿試，以行明堂禮，亦展用二年。十年，當秋試，廖中丞剛建言：「自治平以來，三歲舉士，率用大禮，科場省、殿試爲三年，故任子與登第人注闕無妨，而漕司經費亦給。自軍興再展，今秋試與大禮相妨，請展一年，以應古制。」上納其言，乃詔諸州以十一年發解，而十二年省、殿試焉。自後科場以十二年爲準。

338 四科

祖宗以來，但用詞賦取士，神宗重經術，遂廢之。元祐兼用兩科，紹聖初又廢。建炎二年，王唐公爲禮部侍郎，建言復以詞賦取士，自紹興二年，科場始復。曾侍御統請廢經義而專用詞賦，上意嚮之，吕元直不可而止。十三年，國學初建，高司業抑崇言：「士以經術爲本，請頭場試經義，次場試詩賦，末場試子史論、時務策各一首。」許之。十五年，詔經義、詩賦分爲兩科，於是學者競習詞賦，經學寖微。二十六年冬，上諭沈守約曰：「恐數年之後，經學遂廢。」明年二月，詔舉人兼習兩科。內大小經義共三道〔三〕。三十一年，言者以爲老成經術之士，强習辭章，不合聲律，請復分科取士。仍詔經義合格人有餘〔三〕，許以詩賦不足之數通取，不得過三分。自今年太學公、補試行之，迄今不改。先是，舉人既兼經義、詩賦、策、論，因號四科，然自更制以後，惟紹興十四年、二十九年兩行之而止，蓋舉人所習已分爲二，不可復合矣。

339 類省試

類省試者，始高宗在揚州，以軍興道梗，建炎元年十二月，遂命諸道提刑司選官，即漕司所在州類試，率十四人而取一人。開封以臺官監試，諸道令提刑臨時實封移牒漕司一員，不得預考校。榜既揭，遠方之士多訴其不公。紹興元年六月，始專擇諸路憲、漕或帥守中詞學之人總其事。時張魏公爲宣撫處置使，以便宜令川、陝舉人，即置司州類省試。五年，始試進士於南省，惟四川即試宣撫司，自七年後，又移制置司，迄今不改。始朝廷既命宣司類試，又詔選有出身清强見任職司一員監試，見任京朝官有出身曾任館學或有文學者充考試官。二十七年五月，言者以爲不能無弊，議罷之，悉令赴南省。事下國子監，楊文安椿時以兵部侍郎兼祭酒，言於朝曰：「蜀士多貧，而使之經三峽，冒重湖，狼狽萬里，可乎？欲去此弊，一監試得人足矣。」遂請令監司、守倅子弟賓客力可行者赴省，他不在遣中。二十九年七月，吏部侍郎周綰復請遣行在清强官充監試〔一三〕，上以道遠難遣，乃以成都漕臣王瞻叔之望充監試，嘉州守臣何希深逢原爲考試官〔一四〕，而別試所亦差官監考試。又詔監試官依監學條法，取摘試卷詳定。類省試降敕差官自此始。是日，禮部侍郎孫太沖道夫侍經筵，猶請罷類試，令徑赴禮部。上曰：「早方與執政議，今歲已無及，後舉當遣御史監之。」太沖曰：「祕語契驗，豈御史所能防。」自慶元後，監試、考試官率以南士，餘官選南士及蜀人參之，然去取之柄，專在南人，無復曩時之疑矣。

340 國子監解試　南省試　別試　殿試〔二五〕

行在國子監解試，以察官一員監試，郎中二員充考試官，職事、釐務官六員充點校試卷官。試太學生及武舉〔二六〕。而別試所以郎官一員充考試官兼監試，職事、釐務官三員充點校試卷官。試國子生及朝士同姓有服親。南省以學士或尚書一員權知貢舉，又侍從、臺諫二員權同知貢舉，卿、監、郎官八員〔二七〕、察官二員充參詳官，館學及職事、釐務官二十員充點校試卷官。兼試宏詞及宗室。別試所以卿、監一員充考試官兼監試，職事、釐務官四員充點校試卷官。附試武舉。殿試以館學、郎官四員充初覆考官〔二八〕，以餘官一員充點校試卷官，侍從二員充詳定官，兩省二員充編排官。以上並降敕押入院。

341 諸路解試

諸路解試官，故事，皆自轉運司選差，率以本州通判監試，本路見任或待闕官充考試官。乾道六年四月丙午，始命諸州試官皆隔一郡差，以絕請託之弊。時劉通靖章爲禮部侍郎，用其請也。淳熙十六年春試，王侍郎溉爲潼川漕，始令試官每員皆歷三郡合符，符合乃聽入。後又行之西川，迄今不改。慶元四年，有果州州學教授王莘者〔二九〕，考昌州春試，於尚書斷章出問。明年正月，尚書省奏罷莘。時漕臣汪德輸〔三〇〕，故相伯彥孫，太府卿召嗣子也。議者謂汪以祖任入官，故擇考官不善。張肖翁爲監察御史，因請自今漕臣不由科第進者〔三一〕，更委他監司一員選官校試，仍擇有文學士望者一人爲點校官，專掌命題去取之事，即有不稱，加以重罰。從之。蓋自嘉泰元年始。

342 四川類省試官

四川類省試官，自敕差監試、主文之外，制置司差考試官四員，以有出身知州充；點校試卷官十員，以京官、選人有士望者充。別試所則但差小試官二員而已。舊監試、主文皆差提、轉，近歲多以郡守爲之，而考試官亦差倅貳，至郡守之嘗任館學者或不差，非故典也。

343 宗室差試官

自熙、豐以來，宗室不差試官。淳熙六年十一月，周益公爲吏部尚書，始請宗室充學官及考試。八年正月，遂命趙子直爲省試別院考試官。紹熙四年，以子直知貢舉。然外郡至今未有差宗室校試者，蓋漕吏守舊法而不知新旨焉。

344 鐙挾之禁

鐙挾之禁，近歲惟國子監及南省行之，若兩浙漕司則雖禁鐙，而已弛挾書律矣。其他郡國秋試，率達旦乃罷，雖類省試亦然。紹興二十九年，王瞻叔護試，始復禁之，然習俗已久，雖令不行，今秉燭、挾書如故。

345 諸路同日解試

祖宗舊制，諸路州、軍科場，並以八月五日鎖院，惟福建去京師地遠，先期用七月。川、廣尤遠，又用六月。紹興十三年八月，詔以閩、廣去行在不遠，並令八月五日鎖院。然諸軍、州例選日引試，由是舉人多冒貫而再試於他州，或妄引親賢而再試於別路，至有一身而兩預薦送者。二十四年正月，詔太學及諸路並以中秋日引試，惟四川則悉用三月十五日焉。類省試舊以九月，二十九年，制置司言去行在地遠，恐舉人赴御試不前，請以八月鎖院。許之。迄今不改。

346 避親牒試

牒試者，舊制，以守、倅及考試官同異姓有服親、大功以上婚姻之家與守、倅門客皆引嫌〔三二〕，赴本路轉運司別試〔三三〕。若帥臣、部使者親屬、門客則赴鄰路，率七人而取一人。紹興後，牒試者猥多。至二十三年，成都一路就試者三千五百人，而發解則五百人。議者以爲濫。於是成都路以八十三人，潼川路以八十人爲定額。時眉倅李彦輔、永康倅郭印，皆坐牒試避親舉人冒濫，雖會赦猶展磨勘年及降官。坐此弊特東、西兩川，夔、利路與東南諸漕司則解不過三數人而已〔三四〕。紹熙五年夏〔三五〕，王巽澤溉自成都轉運判官召還入見，極言兩路冒親詭貫之弊，乞各存十人外，均與本路諸州。從之。仍各以二十人爲定額。丘宗卿時爲制置使，復請每路止存十二人，若就試者少，則以二十人而取一人。奏可。舊制，命官鎖廳赴漕試者，與避親舉人同試。王巽澤爲益漕，始令分場以革假手之弊。於是西蜀皆然，蓋自紹熙三年春始。

347 潛藩恩試

潛藩恩試者，蓋自未渡江前有之，然必曾試舉人兩到省以上乃得試。紹興二年，蜀州舉人以高宗登極覃恩徑赴類省試。

348 初出官人銓試 簾試解律〔三六〕

銓試者，舊有之，凡任子若同進士出身之人皆赴。建炎兵火後，權停。紹興三年始復，無出身人許習經義、詩賦、時議或刑統義、斷案。十三年九月，詔兼試二場，惟有出身人試律如故。其任子之在蜀者，舊法，令益、梓兩路漕司輪年分春、秋銓試。乾道二年，從知蜀州楊民望之請，委制置司主之。後又降敕差監試、考試官，惟蜀士同出身之在東南者，則免銓試。故事，春秋再試，十人而取七。乾道二年後，止春試，二人而取一。紹熙末，議者病其寡學，乃請三人而取一。後三年，謝用光爲吏部侍郎，上言：「今世禄之家，已留意學問，請復舊制。」詔許焉。今蜀中銓試甚寬，凡假手者率費七百緡，又勢要子孫鮮不與選。或謂宜悉赴吏部，然吏部亦不免此，要當如祖宗時先試而後命可也。舊銓試未合格者許堂除。淳熙中，孝宗始嚴其令。八年八月，趙衛公帥瀘〔三七〕，奏其子昱書寫機宜文字，既受敕矣，木蘊之待問在西掖，緣他事以未銓試爲言，遂寢其命。紹熙元年八月，計司業衡又奏：「乞中選人就吏部長貳廳前簾試，中，然後許參選。」小經義一首，或小賦，或省題詩一首。明年四月，吏部條具如所奏，内同進士出身並恩科人，更不簾試，仍下四川制置司一體施行〔三八〕。從之。黄子由時爲考功郎官，建言：「今已增試律義，自不須更簾試。」大臣進呈。光宗曰：「簾試所以革代筆之弊，正當加嚴，何可廢也。」三年八月，謝子肅侍郎又言：「銓試不中，四十以上注殘零闕人，乞令郎官就長貳廳寫律一條，俾之解釋，如或不通，未得參注。」從之。始，任子降等補文學者與恩科人皆免銓試。孝宗以爲非是，亦命試焉。惟宗室子弟銓試，則試場無雜犯者皆出官，蓋朝廷優天屬之意。廣東西漕司，舊亦有銓試，乾道八年罷之。

349 試教官

試教官者，自熙、豐間始，程伊川嘗非之，今不廢其法。凡有出身人願試者，先具所業經義三道、詩賦各三首〔三九〕，赴禮部陳乞。若文理堪試，則送試院，不限人數，取文理優長之人爲合格。初任除諸州教官，自是爲兩學之選。嘉泰元年二月，言者請四川制置司遇類省試年分，倣禮部附試學官，許有出身人具所業赴制置司陳乞，委有出身通判或教授看詳。是歲就試者四人而取二人〔四〇〕，蜀人試教官自此始。

350 試刑法

試刑法者，亦自熙、豐間始，舊附銓試院，兵火後權停。紹興三年始復，後又降敕差試官二員，專撰刑法問題，號爲假案。其合格分數，例以五十五通，作十分爲率。五分以上入第二等下，係二十七通七麤半。四分半以上入第三等上，係二十四通七麤半。四分以上入第三等中。係二十二通以上。凡試入二等者，選人改京秩。蓋趙忠簡爲相，以刑名之學其廢已久，故白上請優之，今遂爲大理評、丞之選。二十五年，四川制置司請每三年就類省試院別差刑法官二員校試。從之。

351 新科明法

新科明法者，熙寧間改舊明法科爲之，崇寧初廢，取其解省額歸禮部。建炎二年正月，大理少卿吴瓌言〔四一〕：「法官闕人，請復此科，許進士嘗得解貢人就試。」從之。紹興十一年，始就諸路秋試，每五人解一名，省試七人取一名，皆不兼經義。明年御試，詔察院分爲二等，第一等本科及第，第二等本科出身。十四年七月，言者以爲濫，請解、省試各遞增二人。解試七人取一，省試九人取一。所試斷案、刑名，麤通以十分爲率〔四二〕，斷案及五分，刑統義文理俱通者爲合格，無則闕之。自後舉者人兼經義〔四三〕。十六年二月遂罷之〔四四〕，迄今不復設矣。

352 覆試權要子弟

覆試權要子弟者，太祖之法也。紹興十二年，秦申王當國，其子熺始冠多士。二十四年，其孫塤復試南省爲第一。及廷試，有司擬塤爲榜首。上覺之，寘之第三。檜薨，淮東提舉常平朱冠卿應詔上書〔四五〕，極言其弊，於是追奪塤出身敕，而曹冠已下七人有官者並改帶「右」字，餘悉駁放。二十七年，始詔兩省、臺諫、侍從有服親省試合格者，令禮部具名以聞，命後省覆試，自是遂爲故事。

353 鎖廳人不爲狀元

鎖廳人不爲狀元，非故事也。祥符二年，梁固廷試第一。固，翰林學士灝之子，景德初已賜進士出身矣。皇祐初，沈文通以齋郎對策爲第一，宰相陳恭公疑已仕者不當爲第一人〔四六〕，乃降爲第二。其後，王昂榜本嘉王楷〔四七〕，汪洋榜本黄中〔四八〕，陳誠之榜本秦熺〔四九〕，王佐榜本董德元，梁克家榜本許克昌，蕭國梁榜本趙汝愚，鄒應龍榜本莫子純，曾一龍榜本許奕，皆用此例。

354 新進士期集

新及第進士，舊以名次高下率錢期集，貧者或稱貸於人。裕陵聞之，熙寧六年，始賜新進士錢三千緡爲期集費，自余中始也。渡江後，賜千七百緡，自是遂爲故事。舊、新進士入謝，賜謝恩銀百兩，熙寧六年亦罷之。今新進士期集所，號爲團司，置局於禮部貢院，釋褐日即赴，上三人主之，其職事有糾彈、牋表、主管題名小録、掌儀、典客、掌客、掌器〔五○〕、掌膳、掌酒果、監門等，多或至百餘人，仍具所差名姓，申禮部、御史臺照會，後旬日朝謝。又數日，拜黄甲、叙同年於禮部貢院，其儀三名設褥於堂上，東西相向，同年四十已上立於東廊，四十已下立於西廊，皆再拜。拜已，擇榜中年長者一人，狀元拜之；復擇最少者一人，拜狀元。又數日，赴國子監謁謝先聖、先師、鄒國公，用釋菜禮，三名爲三獻。榜中有士望者一人爲監禮官。已謝，賜「聞喜宴」於禮部貢院，侍從已上及館職皆與，知舉官押宴。已宴，立題名石刻，乃罷局焉。大凡團司，至狀頭授告出國門，乃罷。

355 國朝三元

孫漢公，淳化三年舉進士〔五一〕，自開封至南省、廷試皆第一，前未有也。至咸平五年，王沂公青州、南省、廷試皆第一。慶曆二年楊寘言，皇祐元年馮當世，復皆第一。宋有國二百餘年，爲三元者止此四人耳。

356 制策入三等 再舉制科

本朝制策入三等者四人，吴正肅、蘇文忠、范子功、孔經甫〔五二〕。再舉制科者一人，張文定，景祐元年茂才，五年賢良方正也。此亦前所未有。

357 新進士廷射

新進士廷射，舊未有。淳熙初，孝宗嘗諭大臣，欲令文士能射御，武臣知詩、書。二年，詹晉卿榜，上特御射殿，引晉卿以下一百三十九人按射。翌日，引第五甲及特奏名一百五十二人，皆具襴笏入殿起居，易戎服射，射訖乃退〔五三〕。正奏名中的、中帖、上垛者，推恩有差。特奏名五等人射合格者與文學。其他例賜束帛，凡用絹三千匹云。紹熙初，留丞相奏言：「射以觀德，既不合格而復賜之帛，則似無謂，此例可削去，亦省費之一端也。」上從之。

358 廷試賜燭

舊例，廷試舉人至暮者，許賜燭。然殿深易黑，日昃則殿上燭出矣。慶元五年，上初策士，江西正奏名進士黃寔、嚴州特奏名進士皇甫鑑納卷最後，廉州特奏名進士劉嘉猷賜燭至一更四點。御藥院言：「故事，賜燭，正奏名降一甲，如在五甲，降充本甲末。特奏名降一等，如在第五等，與攝助教。」詔如故事。世傳張子韶嘗叩殿陛賜燭，納卷最後。上親取其策觀之，歎其直亮，遂擢爲榜首。其實不然。

359 殿試詳定官別立等

祖宗舊制，殿試初考官既定等，乃加封印以送覆考，復定等第。而詳定所或從初考〔五四〕，或從覆考，不許別自立等。嘉祐間，王荆公爲詳定官，始乞不用初、覆考兩處等第，別自立，後遂爲例。紹興五年八月，孫叔詣爲學士，上言：「如此，則高下升黜盡出於詳定官，而初、覆考殆爲虛設，請復舊制。如初、覆考皆未當，乃許奏稟別置等第。」從之。是歲殿試兩考，立等不同，詳定所以聞。詔編排官定奪。趙公時諫議以爲非是，請用崇寧令，隔二等、累及五人，各開具合升降因依以聞。詔可。然自紹興、乾道、淳熙、紹熙之際，殿榜上三名，多人主親擢云。

360 諒闇罷殿試

自咸平以來，人主有三年之喪則罷殿試，而以省元爲榜首。真宗朝孫僅、仁宗朝宋郊、英宗朝彭汝礪、神宗朝許安世、徽宗朝李釜、高宗朝黄公度、孝宗朝木待問、今上朝莫子純、傅行簡是也。舊制止除職官，惟天聖二年宋元憲獨除京官、通判。紹興八年黄公度復補京官，自是遂爲故事。

361 四川類省試榜首恩數隆殺

四川類省試第一，恩數視殿試第三人，蓋紹興五年以軍興道梗，十一月戊子，有旨，川、陝類省試第一人賜進士及第與依行在第三人恩例，餘並同進士出身。其後何道夫耕以對蜀人才策，爲丞相所怒，乃令禮部奏云：「類試高第人多在道遷延，不肯即赴御試，望自今第一等人並賜進士出身。」奏可。十八年八月癸巳。自是無有不赴御試者。惟上不親策，則類試第一人恩數如舊，第二、第三人皆附第一甲，九名以上附第二甲云。

362 宗室鎖試遷官

宗室有官鎖試、無官應舉者，唱第日，皆遷一官，若濮王子孫則加一等。舊解省皆七人而取一，淳熙中，詔省試十人乃取一人。又有取應宗子者，榜首得同進士出身，餘補承信郎而已。宣和六年，沈元用榜，宗室始不入五等，至今以爲例焉。

363 武舉 換文

武舉者，自仁宗以來有之，諸路州軍舊無解額，但就兵部取解，率以七十人赴省試。前期，軍頭引見司於內弓箭庫試驗弓馬，於別所附試程文七書義五道、兵機策二道。上又臨軒親策，翌日閱試弓馬焉。榜首補保義郎，與巡檢差遣，並注監當。渡江後，乃試弓馬於殿前司焉。每舉登第者率二十人，淳熙後增至四十人。自淳熙三年，四川類省試始試武士，四路共解四十二人，省額凡六人。乾道六年正月，劉孺文在禮曹，嘗請復武舉、制科而不果。淳熙初，上以武舉授官與文士不類，二年三月乙巳，詔武舉第一人補秉義郎，堂除諸軍計議官，使得預軍中謀議，序位在機宜之上，他並倣進士恩數爲差，令吏部前一年刷闕，依黃甲注授。七年三月丙辰，詔武舉願從軍者，殿試第一名與御前同正將，三名以上同副將，五名以上及省試魁同準備將。舊制，監察御史以上，許保任武舉一員，後增爲二。會閤門舍人林宗臣請寬保任之法，增其人數。是月辛未，又詔通直郎，武翼大夫以上，皆得舉二人。四月己酉，詔小使臣係武舉出身者遭家艱，並解官持服，用吏部侍郎烏程芮國器燁請也。十年十月乙亥，詔邊縣注武舉出身人，凡武人射兩石弓，馬射九斗，謂之絕倫，苟絕倫，雖程文不合格，並賜第。紹興二十七年，趙應熊武藝絕倫〔五五〕，又省、殿試皆第一，即令爲閤職焉。乾道、淳熙間，太學諸生久不第者多去從武舉，已乃鎖其廳應進士第。時王卿月時敘首應二科，後官至修注。近歲江伯虎君用、陳續嗣功亦連中二科。伯虎淳熙八年武舉第一人，十一年進士第四甲，遂換承事郎，恩數與狀元等，朝廷靳之。十六年十月，因知歸州林穎秀建言，遂罷鎖廳之令。江後通判泉州而卒，陳今知永康軍。

364 童子舉　三朝推恩人數

童子舉者，自真廟以來有之〔五六〕。高宗一朝，童子求試者三十有六人，授官者五人，萬頃、彭興祖〔五七〕、張揉〔五八〕、朱虎臣、劉轂。永免文解者一人，晏章。免文解者一人，林國佐〔五九〕。賜帛罷遣者九人，紹興三年四月。兄弟童子三人。饒州江安國、定國，戴松、戴槐〔六〇〕。又張巖叟、巖卿，不知何許人。惟朱虎臣者，能排陣、步射及誦七書〔六一〕，故補承信郎。劉轂以小校子，五歲善騎射，故補校尉。虎臣，浮梁人，既召見，特又賜金帶以寵異之，此亦前所未有。孝宗一朝，童子求試者七十四人，而命官者七人。有呂嗣興者，衢州人也，四歲能讀書，切韻辨四聲，畫八卦。上召見，俾面吟詩，遂授右從政郎，賜錢三百緡，令伴皇孫榮國公誦讀，乾道八年春也。又有臨川王克勤尤爲警敏，初命右從事郎。廬陵李如圭、三山林公洽、何擢並右迪功郎。三山何致遠將仕郎，廬陵郭洵直下州文學。光宗一朝，童子求試者十七人，無補官者，惟從事郎吴綱，年九歲，能誦六經、語、孟，以壽聖親姪孫，特改承務郎，仍依初補法，壬子四月也。

365 童子賜出身 祕書省讀書

晏元獻初以童子召試，遂賜出身，令祕閣讀書，久之，即以爲正字。乾道末，上踵故事，以臨川王克勤敏叔爲祕書省讀書，制祿視正字之半。淳熙初，上幸祕閣，館職皆遷官，選人改京秩。有司言克勤於上，詔以爲文林郎。久之，臺官有言其過者，遂除初等職官，後復以鎖廳中第，爲太學博士，自後未有繼者。

366 特奏名試

特奏名者，自仁宗朝始〔六二〕，其後寖寬，凡監學生二舉皆免解。一請一免同。舉人八舉，年四十，五舉年五十以上者，皆赴殿試，取其半授官。年六十以上，試入四等者，與嶽廟。建炎二年，高宗登極，特詔入五等者，並調官，至今以爲例。故事，恩試第一人賜進士出身，除諸州教授；第二人同出身。渡江後，川、陝特奏名人就試於制置司。三十年，又降敕差監試、考試官。近歲朝廷以其冗濫，患之，乃詔三人而取一，由是恩收之員少減矣。

367 太學養士數〔六三〕

太學養士，最盛於崇、觀間。紹興中，詔以七百人爲額，上舍生三十員，內舍生百員，外舍生五百七十員。每三年科場，率四人而取一，若積行校藝而升上舍者，則不待選舉，而竟釋褐焉。時王喚知臨安府，括民間冒占白地錢，歲入三萬緡有奇〔六四〕，爲太學養士之費。十六年，詔外舍生以千人爲額，其後三舍生率八百餘人云。舊兩學覃恩無免解法，孝宗即位，始創行之。自是每有覃慶，輒復舉行，省額動增數十人，遂爲定例矣。

368 國子監試法

國子監生員，皆胄子也。舊制，行在職事官同姓緦麻親，釐務官大功親，聽補試入學。每三年科場，率三人而取一，若二補中則七人而取一焉。然太學生皆得以公、私試積校，定分數升舍，惟國子生以父兄嫌，但寄理而已。須父兄外補，乃移入太學而後得升。慶元二年三月，傅景仁在翰苑，建言：「國子生員多僞濫，請自今職事官期親、釐務官子孫，乃得試補。」從之。凡監學生皆給綾牒，若謁告在外，遇科舉則試於漕司。舊公、私試，皆學官主之。自淳熙後，公試乃鎖院，降敕差官，學官蓋不得預。

369 武學

武學，自祖宗以來，京師有之。乾道七年七月庚寅，詔武學該赴解試人，以五十人爲額，然郡國未之建也。慶元五年六月乙亥〔六五〕，言者請即諸州州學置武士齋舍，選官按其武藝，且籍在官荒田，以備餼廩。從之。然後亦不克行。

370 釋褐狀元恩例

舊制，太學上舍生積校已優，而舍試又入優等者，就化原堂釋褐，號釋褐狀元，例補承事郎、太學正、録。淳熙初，鄭鑑自明由此選，不四年而爲著作郎補郡。自明數言事，上甚喜，久而稍厭之。六年，劉純叟堯夫復以解褐除國子正。時王仲行爲兵部尚書，奏言：「今兩優釋褐，初除京秩，即授學官，視狀元、制科恩數過之，事理不當，乞先與外任。」時知滁州張商卿亦言：「今中上舍爲學官，不數年便可作監司、郡守，獄訟、財賦非所素習，莫能保其不繆，乞先注職官。」上然之。十月丙申，詔與殿試第二人恩例。

371 太學補試

太學補弟子員，故例，每三年科舉後，朝廷差官鎖院，凡四方舉人皆得就試，取合格者補入之，謂之混補。淳熙後，朝議以就試者多，欲爲之限制，乃立待補之法，諸路漕司及州軍皆以解試終場人數爲準，每百人取六人，許赴補試，率開院後十日揭榜，然遠方士人多不就試〔六〕，則爲他人取其公據代之，冒濫滋甚。慶元中，遂罷之。嘉泰二年，復行混補，就試者至三萬七千餘人，分六場，十八日引試云。

372 蜀學

郡國之學，最盛於成都，學官二人皆朝廷遴選，弟子員至四百人，他學者亦數百人，然未有校試選貢之法。淳熙中，胡長文爲蜀帥，嘗議倣太學別立解額，會有沮之者，不果行。慶元三年春，士人王正則等訴於朝，請以漕司解額移於成都府學，事下制置司，後亦寢。今蜀士之年少者，多聚成都，若精擇師儒，稍立月書、季考之令，又量取諸路漕司之餘額以予之，俾有所欣慕而成就其才〔六七〕，庶乎其有益也。

373 宗學

宗學，東都盛時有之。紹興十四年春，惠國公士㒟同知大宗正事，始請建學於臨安，學生以百員爲額〔六八〕：大學生五十人，小學生四十人，職事各五人。置諸王宮大、小學教授一員。在學者，皆南宮、北宅子孫也。若親賢宅近屬，則別置教授，以館職兼，不在宗學之列。

374 釋奠宗子侍祠

郡國釋奠先聖，宗子侍祠，舊制無之，自紹興十五年始。州縣文臣詣學謁先聖，乃許視事，舊制亦無之，自紹興十四年始。蓋諸王宮教授陳孝恭、知永州羅長源建此二議，而朝廷行之。

375 文宣王鎮圭

紹興十四年，國學初建，内出鎮圭以奉文宣王。慶元三年，上將行大禮，而内府無圭，乃下國子監借文宣王玉圭用之。

376 鄉飲酒

鄉飲酒者，紹興十三年四月，林待制保爲禮部郎中，請命太常草具其禮，下郡邑行之。又詔非嘗與鄉飲酒者，毋得應舉。其儀有肅賓、祭酒、主獻、賓酬、主人酬介、介酬衆賓、修爵、無算、沃洗、揚觶、拜送、拜既，凡十二節，又有約束。凡事，主人以守令，其酒食器用，鄉大夫、士之有力者共爲之，行之十餘年，士人不以爲便。二十六年四月，始用新通判撫州陳泳之請，雖不與鄉飲酒者，許應舉。又詔鄉飲酒聽人自爲之，公家不得預，自是不復講焉。

校勘記

〔一〕紹興元年　「元年」原作「二年」，據殿本、函海本及要録卷四一、宋史卷二六高宗紀紹興元年正月己亥朔條、宋會要選舉一一之二〇、皇宋中興兩朝聖政卷九、通考卷三三選舉考改。參見本書下條乾道制科恩數記事。

〔二〕諫議大夫　原脱「議」字，據宋會要選舉一一之二一、通考卷三三選舉考、宋史卷一五六選舉志制舉條補。

〔三〕限三千字　「限」原作「舉」，據藩本、函海本及宋會要選舉一一之二二、通考卷三三選舉考改。

〔四〕（乾道）四年三月　「三月」原作「五月」，據藩本、殿本、函海本及宋史全文卷二五、續通鑑卷一四〇改。

〔五〕中書之命　「命」原作「令」，據蕭本、殿本、閣本、函海本改。

〔六〕詔除　原倒爲「除詔」，據殿本、閣本乙正。

〔七〕户書　原作「户部」，據蕭本、殿本、閣本、函海本改。

〔八〕參考聞奏　原脱「奏」字，據影宋本、蕭本及上文文例補。

〔九〕湖北　原作「河北」，據蕭本、函海本及周益國文忠公集平園續稿卷二六李文簡公神道碑改。

〔一〇〕潁贊　「潁」原作「顔」，閣本作「穎」，今據四部叢刊本小畜集卷四五哀詩之五及宋文鑑卷一四改正。

〔一一〕禮部　「部」原作「郎」，據蕭本、殿本、閣本、函海本改。

〔一二〕瀘川　「川」原作「州」，據影宋本、閣本及宋史卷八九地理志瀘川軍節度條改。

〔一三〕姜凱　原作「吴凱」，據蕭本、函海本及宋會要選舉一一之三二至三三、通考卷三三選舉考改。

〔一四〕仲信亦遄死　「遄死」原作「罷」，文意與上句重覆，據影宋本改。

〔一五〕雖注疏未能盡記　「雖」原作「而」，據蕭本、殿本、函海本及宋會要選舉一一之三七改。

〔一六〕滕宬　「宬」原作「成」，據宋會要選舉一一之三八及水心文集卷二四滕季度墓誌銘改。按：滕宬字季度。

〔一七〕以制誥詔書表露布檄箴銘記贊頌十二件爲題　按：宋史卷一五六選舉志、通考卷三三選舉考及王應麟小學紺珠卷四博學宏辭十二體條均無「書」字，「頌」下有「序」字。參見聶崇岐宋史叢考上册宋詞科考一文。

〔一八〕召試　原作「付試」，據閣本和上下文記事以及宋會要選舉一二之一一改。

〔一九〕宰執將上　宋會要選舉一二之一一作「宰執進呈」，義較勝。

〔二〇〕汪叔詹　按：宋會要選舉一二之一二、玉海卷二〇四辭學題名及同治廣信府志卷七之一、卷九之三均作「詹叔羲」，而要録卷一二〇、皇宋中興兩朝聖政卷二三紹興八年（公元一一三八年）六月乙卯朔條作「詹叔義」，「義」當爲「羲」之誤刊。又據明代程敏政新安文獻志卷七七汪公行狀載：汪叔詹（一〇八一——一一六〇），徽宗政和六年（一一一六）求試詞科，不預選。故知此處應作「詹叔羲」。

〔二一〕內大小經義共三道　「共」原作「各」，據閣本、函海本及通考卷三二選舉考引朝野雜記改。

〔二二〕經義合格人有餘　「餘」下原衍「材」字，據影宋本、函海本及要録卷一八八紹興三十一年二月乙丑條、上引通考删。

〔二三〕清强官　原作「清望官」，據要録卷一八一紹興二十九年三月丙辰朔條改。又本書本條上文載：「詔選有出身清强見任職司一員監試」云云，與要録記載相符。

〔二四〕何希深逢原　原作「何資深逢源」，據王十朋梅溪後集卷二九何提刑（逢原）墓誌銘改。又本書乙集卷三孝宗論士大夫微有西晉風條及要録卷一八三紹興二十九年七月乙酉條均作「逢原」。按：何逢原字希深。

〔二五〕南省試別試殿試　原作「尚書省別試」，據甲集卷首目録及本條記事改。

〔二六〕武舉　原作「武學」，據蕭本、殿本、閣本、函海本改。

〔二七〕卿監郎官　「郎官」原作「郎中」，據上引本子改。

〔二八〕館學郎官　「郎官」原作「郎中」，據殿本、閣本、函海本改。

〔二九〕果州　原作「泉州」，據殿本、閣本、函海本及兩朝綱目備要卷五慶元五年正月乙卯條改。

〔三〇〕汪德輸　「輸」原作「輪」，兩朝綱目備要卷五慶元五年正月辛酉條作「輔」，今據殿本及攻媿集卷三八汪德輸知崇慶府制改。按：制文有「惟爾祖首貳元帥府，以佐中興」云云，推知汪德輸乃伯彥之孫。

〔三一〕因請　原作「因謂」，據兩朝綱目備要卷五慶元五年正月辛酉條改。

〔三二〕大功以上婚姻之家　「以上」之下原衍「並」字，據影宋本、蕭本、函海本及通考卷三二選舉考、宋史卷一五六選舉志刪。

〔三三〕轉運司　「司」原作「使」，據兩朝綱目備要卷三紹熙五年夏革兩川牒試弊條改。

〔三四〕夔利路與東南諸漕司　「與」原作「而」，據蕭本、殿本、函海本及上引兩朝綱目備要卷三改。

〔三五〕紹熙五年　「熙」原作「興」，據上引兩朝綱目備要卷三改。

〔三六〕簾試解律　上四字原闕，據卷首目録補。

〔三七〕（淳熙）八年八月趙衛公帥瀘　「趙衛公」原作「趙魏公」，據本書乙集卷三孝宗論用人擇相條、卷八晦庵先生非素隱條校勘記〔三〕改。宋史卷三五孝宗紀載：「淳熙八年八月己未，以觀文殿大學士、新除四川制置使趙雄知瀘州。」卷三六光宗紀載：「淳熙十六年閏五月壬戌，以趙雄爲寧武軍節度使，進封衛國公。」宋宰輔編年録卷一八淳熙八年八月記事同，又云：「（趙雄）始封沂，後封衛。」

〔三八〕仍下四川制置司　原脱「下」字，據兩朝綱目備要卷二紹熙二年四月初命任子簾試條及通考卷三四選舉考補。

〔三九〕詩賦各三首　「首」原作「道」，據兩朝綱目備要卷七嘉泰元年二月己亥四川初試教官條及宋史卷一五六選舉志改。

〔四〇〕取二人　「二」原作「一」，據蕭本、殿本、閣本、函海本及上引兩朝綱目備要卷七改。

〔四一〕吴瓌　「瓌」原作「環」，據要録卷一二建炎二年正月癸巳條及宋會要選舉一四之四、通考卷三二選舉考改。

〔四二〕麤通　宋史卷一五七選舉志作「全通及粗通」。

〔四三〕自後舉者人兼經義　影宋本、函海本及上引宋史選舉志作「仍自後舉兼經」。

〔四四〕（紹興）十六年二月遂罷之　熊克中興小紀卷一六、玉海卷一一六選舉熙寧新科明法條記時與本書同，而要録卷一五四繫罷新科明法於紹興十五年閏十一月己卯，並注云：「熊克小曆（即中興小紀之原名）載此事於明年二月己巳，今從日曆。」又上引宋史選舉志記時與要録同。

〔四五〕淮東　原作「淮南」，據蕭本、殿本、函海本及要録卷一七四紹興二十六年八月戊寅條改。

〔四六〕陳恭公　原倒爲「陳公恭」，據蕭本、殿本、函海本及宋史卷三八五陳執中傳乙正。

〔四七〕王昂榜本嘉王楷　據朱彧萍洲可談卷一及吴曾能改齋漫録卷一殿試有官人不爲第一條，徽宗政和八年戊戌榜，登仕郎王昂亦「以有官人爲殿魁」。

〔四八〕黄中　原作「秦熺」，據要録卷九三紹興五年九月乙亥條改。

〔四九〕秦熺　原作「黄中」，據要録卷一四五紹興十二年四月庚午條及本書上條改。

〔五〇〕掌客掌器　閣本作「掌各色器用」，以上文有「典客」，疑是。

〔五一〕淳化三年　「三」原作「二」，按淳化二年未行貢舉，據長編卷三三及宋史卷三〇六孫何傳改。按：孫何字漢公。

〔五二〕孔經甫　原作「孔常甫」，按常甫（又作常父）爲孔武仲之字。考中熙寧三年九月制科三等者乃孔文仲（字經父，又作經甫），而非其弟武仲，見宋史卷三四四孔文仲傳及長編卷二一五熙寧三年九月壬子條。

〔五三〕易戎服射射訖乃退　原僅有一「射」字，據兩朝綱目備要卷一紹熙元年五月親試舉人條補。

〔五四〕而詳定所或從初考　「而」原作「如」，據蕭本、閣本改。又原脱「考」字，據影宋本、蕭本、函海本補。

〔五五〕紹興二十七年趙應熊武藝絶倫　原作「紹興二十九年趙夢熊武藝絶倫」，據要録卷一七六紹興二十七年三月丁亥條及宋會要選舉一七之二八、宋史卷一五七選舉志改。

〔五六〕童子舉者自真廟以來有之　按：楊億於太宗雍熙元年已應童子舉，授祕書省正字，見太宗實録卷三一及長編卷二五雍熙元年十一月癸酉條。此處記事有失誤。

〔五七〕彭興祖　「祖」原作「宗」，據要録卷六四紹興三年四月壬寅條及宋會要選舉九之二六改。

〔五八〕張揉　「揉」原作「柔」，據殿本及要録卷六五紹興三年五月壬戌條、宋會要選舉九之二六、皇宋中興兩朝聖政卷一三改。

〔五九〕林國佐　原作「林佐國」，據影宋本及要録卷六六、皇宋中興兩朝聖政卷一四紹興三年六月甲申朔條乙正。

〔六〇〕戴槐　原作「戴滋」，據要録卷一五四紹興十五年十一月癸卯朔條及宋會要選舉九之二七改。

〔六一〕步射　原作「布射」，據蕭本、殿本、閣本、函海本及要録卷五二紹興二年三月癸丑條改。

〔六二〕特奏名者自仁宗朝始　據長編卷一一開寶三年三月壬寅朔至庚戌條、宋會要選舉三之三、宋史卷二太祖紀、卷一五五選舉志及王栐燕翼詒謀録卷一記載，應作「特奏名者，自太祖朝始」。

〔六三〕太學養士數　「數」原作「最盛」，據蕭本、殿本、函海本及底本目録改。

〔六四〕歲入三萬緡　「入」原作「八」，據殿本及要録卷一四九紹興十三年六月丁酉條、通考卷四二學校考改。「三」原作「十二」，據上引要録卷一四九及宋會要崇儒一之三四改。

〔六五〕慶元五年六月乙亥　兩朝綱目備要卷五及宋史卷三七寧宗紀均作「慶元五年五月壬子」。

〔六六〕多不就試　原作「多不能」，據兩朝綱目備要卷七嘉泰二年四月復太學混補試條及宋會要崇儒一之三九、通考卷四二學校考改。

〔六七〕成就其才　原無「就」字，據蕭本、函海本補。

〔六八〕學生以百員爲額　按：職事並非學生，不應作爲學生員額統計。宋會要崇儒一之八載：「紹興十四年二月二十五日，禮部言：『今欲置大、小學職事人各五人，大學生五十人，小學生四十人，通一百人爲額。』」其中「一百人」之上無「學生」二字。故此處記事有誤。

建炎以來朝野雜記甲集卷十四

財賦一 天下財賦總目折帛鹽礬茶酒

377 國初至紹熙天下歲收數

國朝混一之初，天下歲入緡錢千六百餘萬，太宗皇帝以爲極盛，兩倍唐室矣。天禧之末，所入又增至二千六百五十餘萬緡。嘉祐間，又增至三千六百八十餘萬緡。其後月增歲廣，至熙、豐間，合苗、役、易、税等錢，所入乃至六千餘萬。元祐之初，除其苛急，歲入尚四千八百餘萬。渡江之初，東南歲入不滿千萬，逮淳熙末，遂增六千五百三十餘萬焉。今東南歲入之數，獨上供錢二百萬緡，此祖宗正賦也；其六百六十餘萬緡，號經制，蓋呂元直在户部時復之；七百八十餘萬緡，號總制，蓋孟富文秉政時創之；四百餘萬緡，號月椿錢，蓋朱藏一當國時取之。自經制以下錢，皆增賦也。合茶、鹽、酒、算、阬冶、榷貨、糴本、和買之入，又四千四百九十餘萬緡，宜民力之困矣。

378 景祐慶曆紹興鹽酒稅絹數

景祐中，天下歲收商稅錢四百五十餘萬緡，酒課四百二十八萬餘緡，鹽課三百五十五萬餘緡〔一〕，和買絹二百萬匹〔二〕。慶曆中，商稅錢一千九百七十五萬餘緡，酒課一千七百一十餘萬緡，鹽課七百一十五萬餘緡，和買絹三百萬匹。紹興末，東南及四川酒課一千四百餘萬緡，鹽課二千一百餘萬緡，折帛絹三百餘萬匹。淳熙中，臨安府城内外及諸縣，一年共收稅錢一百二萬餘緡，已當景祐四分之一〔三〕。

379 兩浙歲入數

祖宗盛時，兩浙歲入錢三百三十餘萬緡，而鹽、茶、酒、稅十居其八，郡國支計皆在其間。時以爲承錢氏横斂之政，故賦入視他路已厚。淳熙末，兩浙歲輸左、内藏庫錢至千二百萬緡，浙東四百二十八萬，浙西七百五十餘萬。而茶、鹽之利隸於朝廷者不與焉。

380 東南折帛錢

東南折帛錢者，張本於建炎，而加重於紹興。祖宗時，民户夏秋輸錢米而已，未以絹折也。咸平三年，度支計殿前諸軍及府界諸色人春冬衣應用布帛數百萬，始令諸路漕司於管下出産物帛諸州軍，於夏秋税錢物力科折，輦運上京。自此始以夏秋錢米科折綿絹，而於夏科輸之。聞諸父老，川、峽四路大抵以税錢三百文科折絹料一匹，此咸平間實直也。又有所謂和買絹者，大中祥符九年，内帑災，發鏹下三司預市紬絹。是時青、齊間，絹直八百，紬六百，官給錢率增二百，民甚便之。自後稍行之四方。寶元後，西邊用兵，國用頗絀，於是改給鹽七分，錢三分。至崇寧三年改鈔法，則鹽不復支，而所謂三分本錢，州縣亦無從出矣。建炎三年，苗、劉作亂，兩浙轉運副使王琮言：「本路上供和買紬絹，每歲爲一百七十萬餘匹〔四〕，乞令民户每匹折納錢二千。」朱藏一爲相，許之。東南折帛錢蓋自此始。三月壬辰。紹興二年，秦檜爲相，吕元直督軍於外，户部請諸路上供絲帛並半折錢，如兩浙例。又許之。二年五月甲申〔五〕。是時行都月費錢百餘萬緡，財無所從出。四年，梁汝嘉在户部，乃令民輸帛，每匹納錢四千或六千。紬以十分爲率，二分折四千，八分折六千。絹以十分爲率，折納五分，其二分折四千，三分折六千。折帛錢自此愈重。十月甲午〔六〕。九年，復河南赦，遂減折帛錢匹一千。正月丙戌。其後又增之。十七年，始詔兩浙紬絹每匹減作七千，和買六千五百，緜每兩四百，江東紬絹每匹六千〔七〕，緜每兩三百。時東南諸路歲額紬三十九萬匹，浙東上供八萬，淮衣、福衣八千；浙西上供九萬二千，淮衣萬六千。江東上供九萬，淮衣、福衣三萬七千；江西上供五萬二千，淮衣、福衣一萬五千;湖北上供三百〔八〕;皆有奇。絹二百六十六萬匹〔九〕，浙東上供四十三萬六千，淮衣、福衣五萬三千，天申、大禮八千;浙西上供三十八萬一千，淮衣、福衣十三萬八千，天申、大禮八千〔一〇〕;江東上供四十萬六千，淮衣、福衣十三萬九千，天申、大禮八千;江西上供三十萬五千，淮衣、福衣六萬七千，天申、大禮八千。已上皆有奇。淮東天申、大禮四萬九百五十，淮西天申、大禮三千七百，湖南天申、大禮四百，廣東天申、大禮四千六百，廣西天申、大禮六千五百〔一一〕。綾、羅、絁三萬餘匹。浙西綾八千七百，婺州羅二萬，湖南平絁三千〔一二〕。其淮衣、福衣及天申、大禮，與綾、羅、綢〔一三〕、總五十二萬匹有奇，皆起正色。其他絹、綢二百五十六萬餘匹，約折錢一千七百餘萬緡，而緜不與焉。

381 兩川畸零絹估錢

兩川畸零絹估錢者，本三路綱也。方承平時，東、西兩川，每歲於二稅及和買畸零絹內，起正色絹三十萬匹，應副陝西、京西、河東支遣，謂之三路綱運。建炎三年，張魏公出使川、陝，改理估錢以給軍食，西川每匹至爲錢十一千，東川每匹十千。紹興二十五年，鍾世明奉詔裕民〔一四〕，每匹減一千。七月丙辰。二十七年，蕭德起爲帥，又減一千。三月甲申。其後節次減免，今猶輸七千或七千有半。紹熙末，楊侍郎輔總計，又權減一千，至今爲例。兩路見額理絹估錢二百餘萬，實理錢一百七十餘萬云。

382 四川上供絹綢綾錦綺

四川上供絹綢七萬四千匹，西路天申、大禮絹一萬三千；東路上供一萬一千，天申、大禮一萬六百；夔路上供絹二萬二千，綢三百三十，天申、大禮七千；利路天申、大禮絹八千三百。綾三萬四千餘匹，東川二萬六千三百，西川七千八百。錦綺一千八百餘匹段，成都路。皆正色也。

383 兩川激賞絹

兩川激賞絹者，建炎四年，宣撫處置使司量宜於四川民户勸諭，令其等第輸納，以助給賞，凡三十三萬餘匹，俟邊事寧息即罷，不爲永例。自後不復減。紹興十六年，鄭亨仲爲宣撫副使，始減利路絹二萬匹。十二月戊戌。二十五年，鍾郎中奉詔裕民〔一五〕，復減夔路絹九千餘匹。惟東、西二川獨存，至今遂爲常賦。舊例，皆理正色。紹熙末，楊嗣勳總計，每匹但取估錢引三千，民甚便之。慶元中，司農少卿河間權安節總計，又權減一千，今以爲例。凡兩川激賞絹額理三十萬匹〔一六〕，實理緡錢六十萬焉。

384 兩川緜估錢

兩川緜估錢者，舊例，上三等户皆理正色，而下户每兩估錢半千，所以優之也。楊嗣勳總計始令當輸正色者，每兩估錢引二分，而舊輸錢者如故，是上户反輕、下户反重矣，至今猶然。其他綢絲綾，凡舊來三路正色綱，視此而輸其直。

385 西川布估錢

西川布估錢者，始天聖中，薛田帥蜀〔一七〕，於成都府、邛、蜀、彭、漢州、永康軍産麻六郡，歲市官布，每匹給錢三百，以起上供及三路綱運。是時價值頗優，民樂與官爲市。至熙寧間，物已貴，於是每匹增價至四百，然始以等第配率。及軍興以來，遂改理估錢以贍大軍，每匹至爲錢三千。後節次減免，至慶元初，每匹猶理二千，或千七百。三年，袁起巖爲帥，與諸司議，每年減其半，制置司、成都府抱五萬緡，總領所三十萬緡，轉運司五萬緡，每年春正月，乞降度牒百五十下制司出賣，爲錢十五萬緡，所餘四千七百緡，令提刑、提舉司抱納。九月癸亥，以聞。今西川布估錢，實理緡錢六十五萬緡。

386 廣西折布錢

廣西折布錢者，舊有之。獨桂、昭二州歲産布九萬二百匹有奇，每匹折錢五百。紹興五年，張魏公爲都督，每匹增至千五百文。二十年，路彬爲廣西提刑代還〔一八〕，奏減三之一。上悦，從之。擢彬直祕閣。正月丙午。今實理緡錢九萬云。

387 總論國朝鹽筴

國朝鹽筴，舊有三路。解鹽行於關中，東北鹽行於京東、西、畿甸〔一九〕，東南鹽行於江、淮。東南鹽者，通、泰煎鹽也，舊爲江、湖六路漕計。蔡京爲政，始行鈔法，取其錢以贍中都。自是淮、浙之鹽，則官給亭户本錢，諸州置倉，許商人買鈔算請。閩、廣鹽則官般官賣，以助歲計。其後亦行鈔法，然罷復不常。舊淮鹽息錢，歲八百餘萬緡，紹興初纔三十五萬緡而已。以後朝廷益修其政，至紹興末年，東南歲産鹽二萬七千八百六十萬斤。浙西路臨安、平江、嘉興三府，凡一百十三萬七千一百四十五石六斗七升七勺，浙東路紹興、慶元府、温、台州，凡八十四萬八千二百八十三石九升二勺。淮東路通、泰、楚三州，凡二百六十八萬三千七百十一石六斗二升五合。廣東路廣、惠、南恩州，凡二十三萬一千六十石三斗四升。廣西路廉、高、欽、化、雷五州，凡二十三萬一千六百八十九石。福建路福、泉、漳三州、興化軍，凡一千六百五十六萬九千四百十五斤十三兩五錢〔二〇〕。自福建外，每五十斤爲一石，淮、浙鹽六石爲一袋，鈔錢十有八千。紹興四年正月，增三千。九月以入納遲，遂罷之。今六路二十二州，通收息錢約一千九百二十餘萬。紹熙中〔二一〕，東南産鹽，每年二萬七千三百七萬餘斤。

388 淮浙鹽

淮、浙鹽額最多者，泰州歲産鹽一百六十一萬石，嘉興八十一萬石，通州七十八萬石，慶元三十九萬石。淮、浙鹽一場十竈，每竈晝夜煎鹽六盤，一盤三百斤，遇雨則停。淳熙末，議者謂總轄、甲頭權制亭竈，兜請本錢，恣行刻剥，懼其赴愬，縱令私煎，且如一日雨，乃妄作三日申，若一季之間十日雨，則一場私煎三十六萬斤矣。而又有所謂鏤子鹽，亭户小火，一竈之下，無慮二十家，家皆有鏤，一家通夜必煎兩鏤，得鹽六十斤，十竈二百家，以一季計之〔二二〕，則鏤子鹽又百餘萬斤矣。一場之數如此，則諸路可知也。十三年九月己未，遂罷總轄，令亭户自請本錢焉。

389 廣鹽

廣鹽舊從官賣，建炎四年春，以淮鹽道不通，户部侍郎葉份乞通閩、廣鹽於諸路〔二三〕。

侍郎高衛因請即虔州榷貨務鬻廣南鹽鈔二十萬緡，以供行宫之用。許之。正月辛亥。未幾復止。是時恩州未有鹽，紹興初，以鹹土生發，始榷之。鹽田一頃二十四畝，置竈六十七，歲産鹽七十萬斤有奇。元年三月壬子〔二四〕。後收淨息錢三萬餘緡。九年，罷官賣鹽，許通商於嶺外，其錢助鄂州養兵之費。十二年冬，議者以欽州鹹土生發，歲産鹽三十餘萬斤，商人不通，請復官賣。許之。十月辛巳。已而，廣東轉運判官范正國亦言本路上供及經費皆仰於賣鹽息錢，客鈔既行，遂或闕乏，請得官賣如廣西。不許。自後廣西官賣之法，又改爲鈔法。乾道四年，罷鹽鈔，令漕司自認鈔錢，嶺南極以爲患。淳熙初，張欽夫爲帥，始與漕臣詹體仁計議，立爲定額、定直，且條上之。邕州官賣鹽每斤百錢，二人既去，漕臣趙公瀚增其六十；欽州歲賣鹽千斛，公瀚五增之。六年秋，侍御史江溥以爲言，上黜公瀚，遂詔閩、廣發賣鹽自有舊額及定直，自今毋得擅有增添。九月癸未。九年，上命奉議郎胡庭直奉使嶺南〔二五〕，詳議鹽法。庭直還，言鈔法甚便。詔罷官賣，復通商。十月己未。擢庭直太府寺丞。十二月壬寅。尋出爲提舉廣南東路常平茶鹽、同措置廣西鹽事，使行其法。明年春，降詔諭二廣官吏以更法之故。正月乙未〔二六〕。夏，又遷庭直湖廣、廣西轉運判官兼提舉鹽事，同措置廣東鹽事。四月己酉。胡本詹體仁所薦，體仁時爲吏部侍郎，即命知静江府。四月庚戌。其後，又置都提舉廣南鹽事官一員，俾掌其政。淳熙末，體仁坐改法不當抵罪，於是官般如故焉。

390 福建鹽

福建鹽，自祖宗以來，漕司官般官賣，歲産鹽一千一百萬斤，收課錢四十萬。建炎末，以淮鹽不通，榷改鈔法，未幾與廣鹽皆罷之。四年四月辛卯。第令漕司歲認鈔錢二十萬緡，運赴行在。紹興中，閩鹽既增倍，朝廷以其多羨息。十二年，又增鈔錢十萬緡。正月辛亥。時鹽司悉貯鹽於海倉，令上四州取而鬻之，以供歲用。其後吏緣爲姦，鹽惡不可售，即按籍而散，號口食鹽。下里貧民無一免者，人甚苦之。民多私鬻以給食，而官亦不問。二十六年，湯中丞鵬舉以爲言，詔提刑崇安吴逵覈實。七月甲子。逵遂約郡縣歲費除二税所入外，即分鹽綱補之，凡上四郡歲般千有六百萬斤，視舊直損其三，毋得散於民户，舊漕司所增鹽錢，提舉司吏禄錢皆損三之一。增鹽錢每斤二十八，今損其九。吏禄錢每斤一文，今損三分。又漕、帥二司毋得鬻鹽以侵州縣。上悉許之。二十七年二月庚申。由是民力稍寬，然郡邑無以供百費，且尤非漕司之便，故衆論揺之。朝廷遂徙吴守鼎州，命諸司相度更定。其冬〔三七〕，諸司請運鹽如逵數，而增其直。官肆鹽直止減一分，漕司鹽本錢每斤爲二十五錢。上命輔臣計之，會提舉常平官張汝楫奏行鈔法，陳樞密誠之言於上曰：「閩中山谿之險，細民冒法私販，禁之不可，恐不盡請鈔，則課入愈虧。」上是之，乃減鈔錢八萬〔三八〕。十一月癸亥。自此漕司及州縣稍舒，不復抑售於民矣。乾道初，陳正獻公、劉忠肅公在二府，有言福建鹽弊者，詔户部侍郎沈度、陳彌祚相度，二人請量減鈔錢之半，歲令漕司於八州增鹽錢及樁留鹽本錢内，那融十一萬緡起發。四年春，遂減鈔錢十五萬，第令漕司抱七萬緡，以充上供，於是宿弊稍去。忠肅與三公皆閩人云。四年五月壬辰〔三九〕，罷鹽鈔錢。

391 蜀鹽

蜀鹽，自祖宗以來，皆民間自煮之，歲輸課利錢銀絹總爲八十萬緡。紹興二年秋，趙應祥總計始變鹽法，盡榷之，倣蔡京東南、東北鈔鹽條約，置合同場以稽其出入，每斤納引錢二十五，土產税及增添約九錢四分，所過税錢七分，住税一錢有半，每引別輸提勘錢六十。其後，又增貼納等錢。凡四川二十州，四千九百餘井，歲產鹽約六千餘萬斤。引法初行，每百斤爲一擔，又許增十斤勿算以優之。其後遞增至四百餘萬緡，休兵後數減之，今猶存三百餘萬。始趙應祥之立榷法也，令商人入錢請引，井户但如額煮鹽，赴官輸土產税而已。然鹹脈盈縮不常，久之，井户月額不敷，則官但以虛鈔付之，而收其算，引法由是壞。井户既爲商人所要，因增其斤重以予之，每擔有增至百六十斤者。又有逃廢絶没之井，許人增其額以承認，小民利於得井，每界遞增，鹽課益多，遂不可售，而引息土產之輸無所從出，由是刎縊相尋，公私皆病。紹熙三年夏，趙子直爲吏部尚書，奏言：「趙開鹽法最爲精密，今井户多鑿私井，務以斤重多寡相高，故鹽日多，價日賤，而其法益壞，乞下總領所參照舊法施行。」從之。時楊嗣勳總計，因是遣官覈去虚額，棧閉助筒二千有奇，申嚴合同場舊法，禁斤重之踰格者，而重私販之罰，鹽直由是頓昂。嘉泰二年，陳郎中曄總計〔三〇〕，又盡除官井所增之額焉。自慶元後，州縣及井户稍舒，而民始食貴鹽矣。

392 蜀中官鹽

蜀中官鹽，有隆州之仙井，邛州之蒲江，榮州之公井，大寧、富順之井監，西和州之鹽官，長寧軍之淯井，皆大井也。若隆、榮等十七州，民間所煎則皆卓筒小井而已，其用力甚難。惟大寧之井，鹹泉出於山竇間，有如垂瀑，民間分而引之。又有彭山之瑞應井，味近硝，得隆、榮鹵餅雜煎之〔三一〕，然後成鹽。元豐、崇寧兩嘗禁止，以食者多病故也。紹興末，總領所復弛其禁，隆、簡、嘉、榮之人，病其侵射商販，因代輸課息，再行棧閉，今謂之石脚錢。然彭山之民私煎如故。仙井歲產鹽二百餘萬斤，隸轉運司。蒲江亞之，隸總領所。大寧鹽二百五十餘萬斤，歲取其四分，一百三萬七千餘斤。計直九萬餘緡，亦隸總領所。每斤舊爲三百，紹興十七年，宣司減五十。二十二年，又減二十錢。淯井鹽四十餘萬斤〔三二〕，歲取其贏五萬餘緡爲軍食之用。舊額四十九萬二百斤，取撥錢引四萬八千八百五道五百七十文，應副總所。紹興十六年，實產鹽四十一萬九千四百斤，内三萬二千六百斤犒設，七千八百斤贍學，三萬斤鍋本外，餘三十四萬八千斤，每斤二百二十二文，計七萬七千三百十九貫五百文，而本軍省計應用二萬三千八十七貫八百十二文，餘折官價錢引三萬七千六百八十二緡而已。每歲大科二萬三千餘緡，漕司抱其半，尚虧萬一千餘緡，二十二年十二月，乃悉除之。惟鹽官歲產鹽，計羨緡錢三萬，爲利州錢監鑄本云。然官鹽多惡雜不可食，往往抑售於民，州郡第利其贏，無能正之者。

393 解鹽

解池鹽，今隸虜中，置解鹽使以掌之。池周百里，開畦灌水，遇風即成，不假人力，故味厚而直廉。邊人多盜販者，往往十百爲羣，遇巡尉出邏，則蹋開生路以避之，有司亦不敢問，第遥護之出境而已。今邊上惟行鹽官鹽，其鹽，官歲課七十餘萬斤，半爲官吏柴茅之費，半鬻於西和、成、鳳州，歲得錢七萬緡爲鑄錢之本。紹興十五年始。鹽多地狹，人甚苦之。紹興二十九年秋，詔減其直之半。九月丙戌。今每斤猶爲錢二百云。

394 礬 白礬　青膽　黃礬

礬，國朝舊制，晉州礬行於河東北、京畿，淮南礬行於東南九路，今獨無爲軍崑山場爲盛，歲額白礬六十萬斤。祖額一百二十萬斤〔三三〕，紹興十四年始有此額。韶州岑水場十萬斤，信州鉛山場青膽、黃礬無定額。其法自榷貨務給引赴場，許客人算請，每百斤爲一大引，輸引錢十二千，頭子、市利、雇人、工墨錢二百七十六，又許增二十斤勿算以優之。五十斤爲中引，三十斤爲小引，引錢及加貨以是爲差。十四年，以商販利薄，減爲十千。六月戊子〔三四〕。十四年，又增一千。十一月丙寅。崑山礬則民間自煮，官置場買納，紹興初年，每斤錢十三文至二十文。十四年十一月，增爲三十文。歲收息錢四萬緡有奇。二十九年閏六月，以四萬二千五百八十五文爲額。鉛山礬則官自煎，以十分爲率，四分充工本，六分赴榷貨務焉。

395 總論東南茶法

東南茶，舊法官買官賣。天禧三年，合六榷貨務、十三山場所收茶錢十三萬緡，除買茶本錢外，止有息錢三萬緡而已。六榷貨務乃荆南府、漢陽軍、蘄州、蘄口、無爲軍、真州、海州也。天聖中，稍改其法，歲所得亦不過數十萬緡，人多盜販抵罪，上下苦之。嘉祐中，韓魏公當國，遂弛其禁，但收茶租淨利錢三十三萬八千餘緡，時以爲便。元豐復榷，輦致都下，即汴流爲水磨，官自鬻之。政和初，蔡京欲盡籠天下錢實中都，乃創引法，即汴京置都茶場，印賣茶引，許商人赴官算請，就園户市茶赴所在合同場秤發，歲收息錢至四百餘萬緡。建炎渡江，不改其法，至紹興末年，東南十路六十州二百四十二縣，歲產茶一千五百九十餘萬斤，浙東紹興、慶元府，温、台、衢、婺、處州八萬三千二十一斤三兩。浙西臨安、平江府，湖、嚴、常州共四百四十八萬四千五百斤十三兩。江東寧國府，徽、饒、池、信、太平州，南康、廣德軍共三百七十五萬九千一百二十九斤十四兩。江西隆興府，贛、吉、袁、撫、江、筠州，建昌、興國、臨江、南安軍共四百四十五萬三千一百九十七斤十四兩四錢。湖南路衡、潭、永、邵、全、郴州，桂陽、武岡軍共一百十三萬五千三百四十八斤七兩。湖北江陵、常德府，澧、辰、沅、歸、峽、鄂、岳州，荊門軍共九十萬五千七百四十一斤十四兩。福建路建寧府，福、汀、南劍州，邵武軍共九十八萬一千六百六十九斤半。淮西廬、蘄、舒州，安豐軍共一萬九千三百五十八斤十兩。廣東南雄、循州二千六百斤。廣西静江府，融、潯、賓、昭、鬱林州共八萬九千七百九十六斤六兩。以上總計茶一千五百九十一萬四千三百七十九斤十兩四錢，係紹興三十二年數。收鈔錢二百七十餘萬。淳熙初，歲收四百二十萬〔三五〕。

396 江茶

江茶在東南草茶内最爲上品，歲產一百四十六萬斤，其茶行於東南諸路，士大夫貴之。

隆興亦産茶二百二十八萬斤，臨安二百九十萬斤，嚴州二百十二萬斤，徽州二百十萬斤，寧國一百十二萬斤，潭州一百三萬斤，其他皆不登此數。自江南産茶既盛，民多盜販，數百爲羣，稍詰之則起而爲盜。淳熙二年，茶寇賴文政反於湖北，轉入湖南、江西，侵犯廣東，官軍數爲所敗。辛棄疾幼安時爲江西提刑，督諸軍討捕，命屬吏黄倬、錢之望誘致，既而殺之。江州都統制皇甫倜因招降其黨隸軍中〔三六〕。今東南茶皆自榷場轉入虜中〔三七〕，亦有私渡淮者，雖嚴爲稽禁，而終不免於透漏焉。

397 建茶

建茶歲産九十五萬斤，其爲團胯者號臘茶，久爲人所貴。舊制，歲貢片茶二十一萬六千斤。建炎二年，葉濃之亂，園丁亡散，遂罷之。紹興四年，明堂，始命市五萬斤爲大禮賞。五年，都督府請如舊額，發赴建康，召商人持往淮北。檢察福建財用章傑以片茶難市，請市末茶。許之。轉運司言其不經久，乃止。既而官給長引，許商販渡淮。十二年六月，興榷場，遂取臘茶爲榷場本〔三八〕，九月禁私販，官盡榷之。上京之餘，許通商，官收息三倍。又詔私載建茶入海者，斬。此五年正月辛未詔旨。議者因請鬻建茶於臨安，十月，移茶事司於建州，專一買發。十三年閏月，以失陷引錢，復令通商。今上供龍鳳及京鋌茶，歲額視承平纔半，蓋高宗以錫賚既少，懼傷民力，故裁損其數云。

398 蜀茶

蜀茶舊無榷禁，熙寧間始令官買官賣，置提舉司以專榷收之政。其始，歲課三十萬，李稷爲提舉，增至五十萬緡。其後，歲益多，至百萬緡。久之，不能敷其數，而蜀人以爲病。建炎初，趙應祥爲成都漕司，上言：「榷茶、買馬五害，請用嘉祐故事，盡罷榷茶，仍令漕司買馬。或未能然，亦當痛減額以蘇園户，輕立價以惠行商，如此則私販衰而盜賊息矣。」朝廷然之，擢應祥同主管川、陜茶馬。二年十一月，應祥至官，遂大更茶法，官買官賣並罷，倣蔡京都茶場法，印給茶引，使商人即園户市茶，置合同場以稽其出入，重私商之禁。其法，每斤引錢，春七十，夏五十，市利、頭子在外。所過徵一錢，住徵一錢五分，每百斤增十斤勿算。自後引息錢乃復至一百五萬緡。紹興後，提舉官又旋增引錢。至十四年，每引收十二道三百文，比應祥初立法又增一倍。於是茶司一年遂收二百萬，而買馬之數復不加多〔三九〕，故當此時，茶馬司之富，甲於天下。時以其歲賸者上供，他司不敢問也。自乾道末，青羌作亂，茶司爲之增長細馬名色等錢，歲約三十萬。淳熙六年以後，又累減園户重額錢，歲約十六萬。其四年〔四〇〕，李正之爲提舉，以茶課稽滯，爲減引息錢十六萬。至紹熙初，楊嗣勳爲使，遂定以爲例焉。紹熙元年減。今成都府、利州路二十三處茶場，歲産二千一百二萬斤，一千六百十七萬，係成都府路九州軍凡二十場。四百八十四萬，係利州路二州三場。通博馬物帛，歲收錢約二百四十九萬三千餘緡。川茶司歲收一百七十八萬有奇，秦茶司歲收十八萬有奇，川、秦兩馬司歲收諸州博馬物帛並雜貨，收錢共五十二萬有奇〔四一〕。朝廷歲撥共一百十三萬緡〔四二〕，隸總領所贍軍。宣撫司先取撥四十萬，紹興二十五年七月，裕民所又增撥七十三萬。然茶馬司率多難之。乾道以後，歲撥或止一、二十萬緡，至淳熙十一年，遂以五十萬緡爲準，蓋茶司自言歲用二百四十六萬餘緡以支，比收止有賸錢二萬餘緡故也。然川、秦八場額市馬一萬二千九百九十四匹〔四三〕，而比歲所市未嘗及焉，則其言蓋未足憑，而歲賸之緡可以坐計矣。自熙、豐以來，茶司官權出諸司之上〔四四〕。淳熙十四年，議者請令制置司檢點。奏可。後亦不果行。舊博馬皆以麤茶，乾道末，趙彥博爲提舉，始以細茶遺之。今雅州徼外夷人亦有即山種茶者，由是綱茶遂爲夷人所賤。然蜀茶之細者，其品視南方已下，惟廣漢之趙坡，合州之水南，峨眉之白芽，雅安之蒙頂，土人亦自珍之，但所産甚微，非江、建之比也。

399 夔州茶

夔路自祖宗以來不榷茶，政和中，有司請賣引，議者以民夷不便，罷之。紹興中，韓球美成同提舉茶馬，始榷忠、達州茶，即渠、合、廣安置合同場，歲收以八萬斤爲額，然商人以利薄不通，但以引錢敷民間耳。民甚苦之。二十七年冬，忠守董時敏以爲言，事下茶馬司。時許覺民侍郎爲主管官，不肯蠲，乃止。後三年，王瞻叔以漕副攝事，遂除之。先是美成在茶司，盡取園户加饒之茶爲正額，有一場而增至二十萬斤者。韓以十七年十二月領茶事，十九年五月移夔。民知輸官不補所得，於是起爲私販。二十六年六月，祕書省正字張震真甫以爲言，遂命茶司裁損，今茶場每百斤加饒率過半，若茶官稍加裁抑，則商販者遂轉而之他，宜量減引錢，而禁其搭帶，又因地之遠近不同，而稍低昂之，庶幾乎其可矣。

400 東南酒課

東南酒課之入，自祖宗時悉以留州。慶曆二年秋，祠部員外郎王琪始請增價，以其錢上京。自後提舉常平司、經制司、發運司各因事增添，然多不過每升增七八錢(四五)，少止一、二錢而止。建炎四年冬，每升始驟增錢二十四，謂之軍期錢。自是總制司、都督府又遞增之。迄紹興六年春，浙路出煮酒，每升共增一百十五錢，而官始困矣。時煮酒每升百二十錢爲率，然則祖宗時每升十五錢。其坊場課利者，自開寶九年冬，詔承買以三年爲限，仍戒當職官吏毋得信任小民，一時貪利，妄增課額。此祖宗之仁政也。大中祥符元年春，始有實封投狀給賣價高之令，而民亦困矣。熙寧以後，坊場錢又盡入常平司。紹興元年，又命概增五分輸户部。二十七年後，其敗闕者復弛之，惟長沙一城無酒禁，蓋劇盜馬友爲税酒之法，人便安之，故不復改也。舊兩浙坊場有一千二百二十四所，每歲收淨利錢八十四萬緡，至是合江、浙、荆湖人户撲買坊場才一百二十七萬緡而已，蓋敗闕者衆故也。是時行在户部贍軍，東、南、中三庫并殿司所獻酒坊七十五所，歲收息錢亦有一百三十萬緡，諸路酒課約有五百餘萬緡，蓋自軍興諸帥擅榷酤之利，朝廷所仰者茶鹽耳。紹興二十六年正月，始詔諸軍撲買場務，令常平司拘收，城郭酒店令總領所拘收。三十一年二月，楊存中罷殿巖，趙密代爲帥，又上軍中及私家所買酒坊於户部，由是縣官始得以佐經費。至乾道間，行在七酒庫日售錢萬緡，每歲收本錢一百四十萬，息錢一百六十萬，麴錢二萬，而歲額之外，羨餘獻於内帑者，又二十萬，其後加增至五十萬緡，遂爲定數云。

401 四川酒課

四川酒課，在建炎中，合官民之入，總爲緡錢百四十萬。三年十月，張魏公爲宣撫使，承制以趙應祥總領財賦。應祥言蜀民已困，惟榷酒尚有贏餘，遂大變酒法，自成都始。令罷公帑賣供給酒，即舊撲買坊場所置隔釀，設官主之。民願釀者，米一斛輸錢三千。明年，遂徧四路行其法。於是歲課遞增至六百九十餘萬緡。凡官隔槽四百所，私場店不與焉。然法之始行，聽民就務分槽醞賣，官計所入之米而收其課。行之既久，醞賣虧欠，則責入米之家認定月額，不復覈其米而第取其錢，民始以爲病。二十六年二月，知榮州安仁費廷直夫入對〔四六〕，爲上言之。上謂輔臣曰：「此張浚、趙開以軍興財匱，濟一時之急耳！今休兵既久，内外無事，自當更也。」遂命總漕司措置。時湯侍郎允恭總計言：「若改爲官監，應用米本至多，無從應副〔四七〕。」王瞻叔爲潼川漕，獨請罷三州官監，隔槽二百三十餘務許撲買，省官吏冗食以便民。明年，詔許之。其後撲買又改爲官監。今四川酒課累減之餘，猶爲緡錢四百一十餘萬。

402 夔路酒

夔路自祖宗以來亦不榷酒，趙應祥爲大漕，建炎四年始榷之。舊一路場店一百四十餘所〔四八〕，應祥增爲六百餘所，歲收錢四萬二千九百餘引〔四九〕。紹興十五年〔五〇〕，鄭亨仲爲宣撫副使，奏除之。

校勘記

〔一〕景祐中天下歲收商税錢四百五十餘萬緡酒課四百二十八萬餘緡鹽課三百五十五萬餘緡　「景祐」，據張方平樂全集卷二四論國計事及玉海卷一八五慶曆會計録應是「景德」之誤。

〔二〕和買絹二百萬匹　據上引樂全集及長編卷一六一慶曆七年十二月末條引録三司使張方平疏確爲景祐中的事。

〔三〕當景祐四分之一　據上引校勘記〔二〕，「景祐」當是「景德」之誤。

〔四〕二百七十萬餘匹　原作「二百七十餘萬匹」，據蕭本、函海本及要録卷二二建炎三年三月壬辰條乙正。

〔五〕（紹興）二年五月甲申　「二年」原作「三年」，據閣本、底本上文及要録卷五四改。

〔六〕（紹興四年）十月甲午　「十月」原作「十一月」，按紹興四年十一月丙午朔，是月無「甲午」日，據要録卷八一改。

〔七〕江東　宋史卷一七五食貨志布帛門作「江南」，是。

〔八〕上列東南諸路歲額紬細數，要録卷五四紹興二年五月甲申條載：「……湖北上供三百」之下，尚有「夔路上供三百」六字。又上引宋史載：「（紹興）二年，……時江、浙、湖北、夔路歲額紬三十九萬匹」，記事與要録同。雜記漏列夔路歲額紬數。

〔九〕絹二百六十六萬匹　上引要録及宋史均作「江南、川、廣、湖南、兩浙絹二百七十三萬匹」。雜記此處記東南諸路歲額絹總數疑有誤。

〔一〇〕浙西……天申大禮八千　「八千」，蕭本、殿本、閣本及上引要録均作「萬匹」。

〔一一〕上列歲額絹細數相加與總數不符，顯有脱漏。上引要録在「廣西天申、大禮六千五百」之下，尚有「西川天申、大禮萬三千；東川上供萬一千，天申、大禮萬六百；夔路上供二萬二千，天申、大禮七千；利路天申、大禮八千三百。四川宣撫司截三路綱，又科激賞絹三十三萬匹，皆不隸户部。」等字，可補雜記之闕。

〔一二〕綾羅絁三萬餘匹（浙西綾八千七百婺州羅二萬湖南平絁三千）　上引要録作「東川、兩浙、湖南綾羅絁七萬匹（東川綾二萬六千三百，浙西八千七百，西川七千八百，浙東四千六百，皆有奇。婺州羅二萬，湖南絁三（□）〔千〕。」上引宋史亦作「綾羅絁七萬匹」。雜記此處記載亦有脱誤。

〔一三〕綾羅綢　「綢」字據上下文記事似爲「絁」字之誤。

〔一四〕鍾世明　「明」原作「民」，據蕭本、殿本、閣本、函海本及要録卷一六九改。

〔一五〕（紹興）二十五年鍾郎中奉詔裕民　「二十五年」原作「二十七年」，據上條兩川畸零絹估錢及要録卷一六九紹興二十五年七月丙辰條改。又要録記鍾世明使蜀時官任户部員外郎，中興小紀卷三六作「户部郎官」。

〔一六〕三十萬匹　「十」原作「千」，據蕭本、殿本、函海本改。

〔一七〕西川布估錢者始天聖中薛田帥蜀云云　按：趙抃清獻集卷一乞減省益州路民間科買、范鎮東齋記事卷三及魏了翁鶴山大全文集卷三二上吳宣撫獵論布估均謂西川布估錢始自薛奎（謚簡肅），而不是其前任薛田。參看長編卷一〇六天聖六年三月辛酉條。

〔一八〕路彬　原作「駱彬」，據蕭本及要録卷一六一紹興二十年二月庚戌條、宋會要食貨九之三一改。

〔一九〕京東西　原脱「京」字，據影宋本、蕭本、函海本補。

〔二〇〕福建路……凡一千六百五十六萬九千四百十五斤　原作「福建路……凡二千六百五十九萬九千四百十五斤」，據本書本條上文所載東南六路歲産鹽總數及宋會要食貨二三之一六至一七改。

〔二一〕紹熙　原作「紹興」，據蕭本、函海本改。

〔二二〕以一季計之　原脱「一」字，據蕭本及通考卷一六征榷考引録朝野雜記補。

〔二三〕葉份　原作「葉芬」，據蕭本、殿本、函海本及要録卷三一建炎四年正月壬申條、宋會要食貨二五之三四改。

〔二四〕（紹興）元年三月　「三月」原作「二月」，據蕭本、殿本、函海本及要録卷四三紹興元年三月壬子條改。

〔二五〕胡庭直　「庭」原作「廷」，據本書乙集卷一六廣西鹽法條及攻媿集卷九九王正己墓誌、宋會要食貨二八之一二淳熙九年二月九日條、宋史卷一八三食貨志鹽下改。下同。

〔二六〕（淳熙十年）正月乙未　「乙未」原作「己未」，按是月無「己未」日，據蕭本、函海本改。

〔二七〕其冬　原作「其令」，據蕭本、殿本、函海本及要録卷一七八紹興二十七年十一月癸亥條改。

〔二八〕八萬　原作「十萬」，據蕭本、函海本及上引要録、宋會要食貨二六之三六改。

〔二九〕（乾道）四年五月壬辰　按是年五月壬戌朔，無「壬辰」日。而要録卷一七八紹興二十七年十一月癸亥條附注繫於乾道四年二月壬辰，按是年二月甲午朔，亦無「壬辰」日。是年正月甲子朔，有「壬辰」（二十九）日。疑此處「五月」或爲「正月」之誤。

〔一〇〕陳郎中曄　「曄」原作「昱」，據蕭本、閣本、函海本及底本甲集卷一六錢引兑監界條、兩朝綱目備要卷二復修蜀鹽舊法條、宋史卷一八三食貨志鹽下改。按：清人爲避康熙帝玄燁諱改。

〔一一〕雜煎之　原無「之」字，據影宋本、蕭本、函海本補。

〔一二〕淯井鹽　原無「鹽」字，據影宋本、函海本補。

〔一三〕祖額　「祖」原作「租」，乃形近而誤，據函海本及宋會要食貨三四之一改。參見底本甲集卷一五東南軍儲數條。

〔一四〕（紹興）十四年……六月戊子　「戊子」原作「戊午」，按是年六月辛巳朔，無「戊午」日，據函海本改。又下文重出「十四年」字樣，疑此處繫年亦有誤。

〔一五〕四百二十萬　原作「二百四十萬」，據影宋本、蕭本、殿本、閣本、函海本乙正。

〔一六〕隸軍中　原無「中」字，據影宋本、蕭本、函海本補。

〔一七〕虜中　原作「北界」，據蕭本、殿本、函海本改。

〔一八〕榷場本　原脱「榷」字，據影宋本、蕭本、函海本及宋史卷一八四食貨志茶下補。

〔一九〕至（紹興）十四年每引收十二道三百文比應祥初立法又增一倍於是茶司一年遂收二百萬而買馬之數復不加多　通考卷一八征榷考四川茶條繫年與本書同，而要録卷一五六紹興十七年十二月庚戌條及宋史卷一八四食貨志茶下均繫此事於紹興十七年。

〔四〇〕其四年　此句疑有脱誤。

〔四一〕五十二萬　「十」原作「千」，據蕭本、閣本、函海本改。

〔四二〕歲撥共一百十三萬緡　「共」原作「其」，據函海本改。

〔四三〕一萬　原無「一」字，據蕭本、殿本、閣本、函海本補。

〔四四〕茶司官　「司」原作「市」，據上下文記事及宋史卷一八四食貨志茶下改。

〔四五〕每升　「升」原作「斤」，據殿本、函海本及通考卷一七征榷考引録陳傅良（止齋）文、宋史卷一八五食貨志酒改。下同。

〔四六〕費廷　「廷」，蕭本、函海本及要録卷一七一紹興二十六年二月乙亥條作「庭」。

〔四七〕應副　「副」原作「付」，據蕭本、殿本、閣本、函海本改。

〔四八〕一百四十餘所　原作「一百四所」，據要録卷一五四紹興十五年七月乙巳朔條及宋會要食貨二〇之一九、通考卷一七征榷考改。

〔四九〕四萬二千九百餘引　「二千」原作「三千」，據影宋本、蕭本、殿本及上引宋會要、通考改。

〔五〇〕紹興十五年　「五」原作「六」，據上引要録、宋會要、通考及宋史卷一八五食貨志改。

建炎以來朝野雜記甲集卷十五

財賦二 常平 義倉 泛料 市舶 糧草料

403 常平苗役之制 耆户長雇錢

常平、苗、役之制，自熙寧始。建炎初，遂罷之。其二年冬，吕元直、葉少藴、張達明、孫仲益在從班，奉詔討論常平法。元直等以爲此法不宜廢，如免役、坊場亦可行，惟青苗、市易當罷。上曰：「青苗斂散，永勿施行。」遂置諸路主管官，追還糴本。紹興八年冬，李泰發參政復爲上言：「常平法本於漢耿壽昌，豈可以王安石而廢之。」九年，遂復提舉官，使掌其政。然自軍興後，常平窠名，往往撥以贍軍，無復如曩時之封樁矣。免役錢自熙寧以來，已有寬賸之數。建炎元年既增射士，六月乙亥。議者恐費不給，明年夏，乃詔官户役錢勿復減半，而民户役錢概增三分。五月庚戌。三年，復減之。七月己丑。其後，命撥已增錢赴行在。紹興五年三月癸未。紹興二十九年，又用趙直閣善養議，詔品官子孫名田減父祖之半，餘同編户差役，其詭名寄産皆併之。三月丁丑。乾道二年，李侍郎若川復請令官户全納役錢。二月辛未。上初不可，既而卒行。其年六月。耆、户長雇錢者，舊以免役錢給之，建炎四年，廣西漕司請罷户長，而用熙、豐法，每三十户逐料輪甲頭催租。八月辛卯〔一〕。紹興初，遂盡取其庸錢隸提刑司。元年五月戊午。既而言者以差甲頭不便者五，乃不復行。而耆、户長雇錢，因不復給。五年，詔其錢分季起發赴行在。正月壬戌。後遂爲總制窠名焉。

404 義倉

義倉創始於慶曆元年，其法：令民上三等，每税米二斗，輸一升，以備水旱。後亦廢。熙寧初，神宗嘗欲復之，會王介甫主青苗，因爲上言：「人有餘粟，藏之於家何害，而顧乃使之輸官，非良法也。」乃止。二年七月。熙寧末，王尚書古爲司農簿，奏復行之，仍令就縣倉輸，自是義倉入縣倉矣〔二〕。十年九月。元豐八年，又罷之。紹聖初，復立。然議者謂義倉當留諸鄉，以備水旱可也，今併入縣倉，悉爲官吏移用。後又命上三等户輸郡倉，轉充軍倉，或資他用，故凶年無以救民之死，失古人立法之意矣。紹興末，趙郡王令詪在户部，言州縣義倉多陳腐，請歲以三之一出陳易新；又請水旱傷災檢放不及七分〔三〕，即許振濟。沈守約丞相持不可，上獨許之。二十八年九月乙酉。明年，浙西提舉呂廣問言：「諸道常平、義倉，名存實無，請遣使覈實，除其虛數，禁其移用。」二十九年六月壬寅。遂命司農寺丞韓元龍往浙西覈實，得糴米錢六十餘萬緡，詔别行收糴。今成都一路義倉，歲額二萬七百斛有奇，除振給貧丐人外，所餘無幾。紹熙五年〔四〕，高平續耆爲提舉，遂刷本道義倉錢及金銀總爲七萬五千餘緡，别儲米於彭、漢、蜀三州，以備糴濟。慶元六年，宣城孟綸爲提舉，又欲取本道抵當本錢六十餘萬緡〔五〕，以市義倉米，朝廷不從。近歲制置司又有廣惠倉，乃丘宗卿所創，凡爲米三十餘萬石，制司自掌之，凶歲頗資其用。惟閩中魏元履處士、朱元晦先生，嘗置於里社，每歲以貸鄉民，至冬而取，有司不與焉。今若以義倉米置倉於鄉社，令鄉人之有行誼者掌之，則合先王之遺意矣〔六〕。

405 經制錢

經制錢者，宣和末〔七〕，陳亨伯資政所創也。時方臘初平，用度百出，徽宗命亨伯以發運兼經制使。亨伯乃創比較酒務及頭子錢。頭子錢者，唐德宗除陌錢之法也，五代、國初，亦取之以供州用，其數甚鮮。康定元年，始令具數申省，不得擅支。政和四年，又令給納係省錢物，每貫收五文。及亨伯爲經制，遂令凡公家出納，每千收二十三文，止供十三州縣及漕計支用。所謂經制錢者，其始行之東南，後又行之京東西、河北，歲入錢數百萬緡。靖康初，廢。建炎二年冬，上在維揚，四方貢賦不能如期至行在，户部尚書呂元直、翰林學士葉少蘊乃請復之。於是先取鈔旁定帖錢，命提刑司掌之，仍禁不得擅用。十月壬戌。三年冬，遂命東南八路提刑司收五色經制錢赴行在。一、權添酒錢〔八〕，二、量添賣糟錢，三、增添田宅牙税錢，四、官員等請給頭子錢〔九〕，五、樓店務添收三分房錢。十月戊戌。紹興十七年二月，又增頭子錢十三文充經制。迄今東南經制錢歲入凡六百六十餘萬緡，而四川不與焉。凡公家出納，每千經、總二制共取五十六錢〔一〇〕，視宣和時過倍。

406 總制錢

總制錢者，紹興初，孟富文參政所創也。五年春，高宗在平江，命富文提領措置財用。富文請以總制司爲名，專察内外官司隱漏遺欠。從之。閏二月己巳〔一一〕。於是首增頭子錢爲三十文。四月己未。其十五文充經制窠名，七文充總制窠名，六文提、轉兩司，二文公使支用。既又請收耆、户長雇錢〔一二〕、抵當四分息錢、轉運司移用錢、勘合朱墨錢、常平司七分錢、四月癸亥。人户合零就整二税錢、免役一分寬賸錢、官户不減半、民户增三分役錢、四月辛未。常平司五分頭子錢，八月己酉。並令諸州通判、諸路提刑催充總制。至十一年，浙東一路收總制錢一百八十九萬緡，諸路準此。乾道元年十月，又增頭子錢每貫十三文充總制。是時，户部歲入視其出，闕七百萬緡，故有增頭子錢及官户不減半役錢之令，蓋補經費也。虞幷甫當國，有趙咨者獻言：「所在吏禄皆除頭子錢，而在京百官獨否，除之，歲可得七十萬」。幷甫命都司計之，僅二十四萬緡，以其不多而止，時六年四月也。至嘉泰初，除四川外，東南諸州額理總制錢七百八十餘萬。

407 經總制錢額 廣西經總制銀

經總制錢，舊法，守、貳通掌，而隸提刑司。李朝正爲户部侍郎建言，始屬通判。一歲所入，至一千一百二十萬緡。其後，復命知、通同掌，無歲不虧，於是議者乃復請委通判。事既行，諸道因請以紹興十九年所入爲準。時汪明遠爲侍御史，上疏言：「財賦所出，當究源流。是年經界初行，民輸隱漏之税，蓋是適然，當取十年閒酌中之數爲額。」上可之。然今東南諸路經總制錢歲收千四百四十餘萬緡，又多於朝正在户部之額三百萬矣。乾道初，孝宗嘗諭洪景伯丞相曰：「祖宗時，財賦無經總制錢，朕他時用度有餘，即令民間免輸納。」然其所入浩大，迄不能免也。舊廣西經總制銀，皆隨税均取於民，民甚以爲患。紹興二十六年二月，高宗用知雷州趙伯樫言，下詔禁止云。十六年，專委通判〔一三〕，後五年，知、通同掌。

408 四川經總制錢

四川經總制錢額理五百四十餘萬緡，其一百三十一萬緡贍軍，一百三十四萬緡應副湖廣總領所，二百六十九萬緡上供，六萬餘緡諸郡支用。光宗受禪，蠲湖廣三年錢四百餘萬緡，對減鹽酒重額錢，即此錢也。然四路憲司，歲撥湖廣錢實止六十萬緡，故減放之令後三年乃下。而每歲所減，通總司抱認亦纔九十萬緡，迄今遂爲永例。

409 田契錢 王瞻叔括契本末

田契錢者，亦隸經總制司。舊民間典買田宅則輸之，爲州用。嘉祐末，始定令每千輸四十錢。五年二月。宣和經制，增爲六十，四年六月。靖康初罷，建炎三年復之。紹興總制遂增爲百錢。五年四月。後以其三十五錢爲經制窠名，三十二錢半爲總制窠名，三十二錢半爲州用。十七年四月。乾道末，曾懷在户部，又奏取州用之半入總制焉。七年七月。先已詔牙税外，每千收勘合錢十文，紹興五年三月。後又增三文，並充總制窠名。十七年四月。而牙税、勘合之外，每千又收五十六文，分隸諸司。大率民間市田百千，則輸於官者十千七百有奇，而請買契紙、賄賂胥吏之費不與。由是人多憚費，隱不告官，謂之白契。紹興三十一年，軍興，王瞻叔爲四川總領，乃括民間白契税錢以贍軍。十一月丁酉，報可。遣官置司，會三年飛申之籍〔一四〕，許人告，没三之一，以其半給告者。嫁資移囑隱其直者，視鄰田估之。雖産去券存者，皆倍收其賦。細民墓地，亦首納算錢。於是除威、茂、珍州、長寧軍及關外四州不括外，他三十三郡共得錢四百六十八萬緡，成都等二十四州未見數。明年，沈德和爲制置使，首以蜀中括契錢不便爲言，而議者亦譏其斂怨，乃下詔：「自登極赦前，有帶白契者，悉蠲之。即已輸，許對折二税。」三十二年十二月戊寅。命下，瞻叔乃疏駁白劄子於朝，且言不願輸者皆毫强與士大夫之家，請理納如故。詔：「白契在户下者，許行首納，仍依赦，免其倍輸。」隆興元年四月丁卯。時瞻叔已被章，而德和入境，遂檄郡邑〔一五〕，凡三十年以前白契在户下者，悉放免之。又截成都當輸總所折糴錢給還民户〔一六〕。沈以元年五月到官。瞻叔猶在蜀，三上疏争之，且言虞允文以買馬職事疑臣，張震付放甲户輸金甚多，故二人以此屬介，請下御史臺、大理寺鞫實。其實瞻叔以軍興用度不給，因行一切之政，故議者非之。其後所括錢，朝廷悉取他用，總司迄不能有也。今蜀中田契錢，諸縣既有定額，大抵不能敷，則以其錢均取於牙儈，人甚苦之。隆興二年十二月丙申，詔吴挺買御前馬價錢於椿管白契税錢四百餘萬貫内取撥。乾道元年五月辛亥，詔撥一百五十萬緡赴南庫〔一七〕。二年二月壬寅，又盡撥赴左藏。

410 稱提錢

稱提錢者，鄭亨仲改四川宣撫副使之歲，紹興十四年。始命益、梓、利三路茶、鹽、酒課及租佃官田應輸錢引者，每千别輸三十錢爲鑄本。於是，三路每歲共得錢四十三萬一千六百九十道二百九十一文，以其二十四萬七千緡爲鑄本。又得其贏餘十八萬緡有奇，以助軍食之用。至今不減。

411 月椿錢 版帳錢

月椿錢者，自紹興二年冬始。是時淮南宣撫使韓世忠駐軍建康，宰相吕元直、朱藏一共議，令江東漕臣月椿錢十萬緡，以酒、稅、上供、經制等錢應副。其後江、浙、湖南皆有之，雖命以上供、經制、係省、封樁等錢充其數，然所樁不能給十之一、二，故郡邑多横賦於民，如江南之科罰，湖南之麴引，在上者迄無以禁之，大爲東南之患。紹興九年〔一八〕，李泰發秉政，爲上言月樁錢害民，而江東、西尤甚，請損之。遂命諸路漕臣均定，如窠名不足，取旨，自朝廷給降，不得一毫及民。二月甲子。然卒不能大有所減。十七年，朝廷既罷兵，又命監司、郡守將寬賸錢撥充月樁，以寬民力。八月己未。其後遂減江東、西月樁錢二十二萬七千緡有奇〔一九〕。九月乙亥，減徽、信州各五萬有奇，宣州五萬，吉州六千〔二〇〕，撫州二萬五千，江州一萬，筠州、南安軍各六千〔二一〕，臨江軍四千，建昌軍二千〔二二〕，皆有奇。十八年冬，上又諭秦會之曰：「昨已減月樁錢，要當盡罷。」會之即諭版曹李仲永以經制錢贍軍〔二三〕，然月樁錢卒不能罷。乾道中，始減廣德軍月樁錢千八百緡。淳熙初，又減桂陽軍萬二千緡。光宗登極，以月樁有敷額太重去處，令臺諫、侍從，同户部長貳，詳悉措畫聞奏，當議斟酌施行，以寬民力。其年，用吏部尚書顏師魯等奏，再減江、浙諸郡月樁錢十六萬五千緡有奇。袁州減二萬五千，常州減二萬，吉州減萬七千，隆興府、饒州各減萬五千，信州減一萬，撫州減七千，贛州減六千七百五十二，江、池州、廣德、臨江、建昌軍各減六千，湖州減五千，徽州、南康軍各減四千，興國軍減三千，筠州、南安軍各減二千。今東南月樁錢，歲爲緡錢猶三百九十餘萬。又有版帳錢者，軍興後，諸邑皆有之，而浙中爲尤甚〔二四〕。紹熙元年夏，議者請令監司、州郡寬屬縣無名之取，以紓民力。時朝請郎四明劉偰守岳陽，會四縣版帳之額爲二萬一千餘緡，而無窠名者萬一千餘緡，乃與提刑丁端叔、漕判薛象先議，取凡無名者盡蠲之。舉一郡而言，則其餘可知矣。又其餘郡未減者，今猶存。

412 折估錢

折估錢者，始自紹興初張德遠爲川、陜宣撫使日，供給關外大軍之名也。蓋諸軍月支正色米之外，又有折支估錢者，故以此名之。其後衣賜犒賞、供給芻豢之屬，通以折估爲名，而其數浸廣矣。鹽折估者，取三路鹽引税錢而供此折色也。酒折估者，取四路場務、坊店酒息錢而供此折色也，故又以折估名之。大凡一歲折估之入，凡七百一十餘萬緡，其出一千二十八萬餘緡，蓋以糴本、經總諸色窠名助其費。而糴買糧絹與夫般運之費八百七十二萬餘緡不與焉。諸雜費約九十萬緡，又不與焉。大抵蜀中之折估，與江、浙之月椿，皆以贍軍得名，其事相類，但折估猶有鹽、酒爲之窠名，而月椿乃白著横科，尤爲無藝。爲今之計，要當如蜀中之法，以鹽、茶錢贍軍，則月椿斯可免矣。

413 免行錢

免行錢者，創始於元豐〔三五〕，推行於宣和，廢罷於靖康。紹興十一年，以軍事未寧，始令諸道量納。四月丙子。時川、陝四路，歲取免行錢至五十萬緡，東南又倍之。十七年，既罷兵，詔損三之一。四月丙申。十九年，王大寶尚書守連州還，言於上，但免廣中新、循等六州而已。五月丁未。二十五年，曹泳在户部，言其所取苛細，始盡罷之。五月戊申。隆興用兵後，王自外還朝，復以免行爲請。上批曰：「民不可擾，難以施行。」翌日進呈，上諭錢處和曰：「曹泳所行，惟免行一事，人至今以爲是，今日豈可不及曹泳？」乾道元年七月辛亥。遂不行。

麴引錢

麴引錢者，湖南路有之。紹興間，鄉村有吉凶聚會者，聽人户納錢買引，於鄰近酒户寄造酒麴，不得非理抑配。法非不善也，然時方用兵，而敷大軍月樁錢於諸路。湖南諸郡，兵火之餘，賦入鮮少，所樁不能供十之二。有劉獬者，知衡陽縣，始令人户請買麴引，以助月樁。自是旁郡邑皆效之。後四年，當紹興十八年，經界法行，遂以人户田畝分爲三等〔三六〕：上等輸三千，聽造酒十石；中等二千，造酒七石；下等一千，造酒三石；最下輸五百文，造二石；若二石以下，則例輸百三十錢，則隨夏、秋税送官。自田二十畝而上，無能免者。袁州，江西彫郡也，其地西北與長沙接，自初科月樁時，漕臣韓球與郡守趙士瑗不協，所科偏重，無所從出，遂亦於麴引中取之，每人户税錢一千，則科二百文，八十五陌。凡爲錢五千四百餘緡。乾道三年，王次張爲湖南漕，始請禁戢。户部莫如之何，第行下依見行條法而已。會乾道新書行，删改紹興納錢買引舊令，於是麴引錢暫罷。旋稍復行，迄不能禁也。四年，湖南提刑鄭思恭又乞將衡山等八縣隨宜裁酌〔三七〕，均於上三等户。黄仲秉爲副漕，奏言：「本路三十八縣，不皆待此而足，歲計匱乏者獨十餘縣，望朝廷稍減月樁之額，以寬此十數縣之不足，則麴引之禁，可力行於一路之間，而九州三十八縣之民，皆被惠澤矣。」淳熙元年，袁州言：「自乾道新書行，月椿始大不足。」户部勘當，欲權依紹興舊法。許之。四年，張定叟知袁州，復奏：「江西始以税額均月椿，則一路皆輕，而袁州獨重。今復麴引以補月椿，則一路皆無，而袁州獨有。既未能減月椿之重，而反增麴引之征，非所以示公於天下。」趙子直爲小漕，會本州所賣麴引之入，歲爲三萬緡，令本州與漕司各認其半，而麴引遂罷，獨湖南如故云。余嘗論今之天下，多有不可爲之縣，而未有不可爲之州。間有不可爲之州，而未有不可爲之漕。若長民使部者，人人如定叟、子直之心，則麴引之征真可免矣。

415 身丁錢

身丁錢者，東南淮、浙、湖、廣等路皆有之。自馬氏據湖南，始取永、道、郴州，桂陽軍、茶陵縣民丁錢、絹、米、麥。嘉祐四年，詔無業者與除放，有業者減半。然道州丁米每歲猶爲二千石，人甚苦之。紹興五年，守臣趙坦請以二分敷於田畝，一分敷於民丁。詔下其議。漕司言：「如此則貧民每丁當輸二斗有奇，乞盡敷於田畝。」言者以爲太重，請損其一分。詔漕司相度。四月甲辰。六年，樞密院檢詳王迪又請兩路丁錢隨田税帶納，八月己亥。不果行。十四年，知永州羅長源言於朝，遂盡放湖南諸郡丁錢。十月庚子。然上供椿數則如故。後十餘年，楊良佐邦弼爲漕，乃奏除之。江東諸郡丁口鹽錢者，李氏有國日所創也。蓋以泰州及靜海軍今通州。鹽貨，計口俵散，收錢入官。其後失淮南，而鹽不可得，既又令折緜絹輸之，民益以爲病。明道二年，范文正公爲江、淮安撫，乞會一路主户，以見在鹽價，於春時給鹽食用，隨夏税送納價錢〔二八〕。奏可。其後謂之蠶鹽者此也。兩浙身丁錢者，始未行鈔法以前，歲計丁口，官散蠶鹽，每丁給鹽一斗，輸錢百六十六文，謂之丁鹽錢。皇祐中，許民以紬絹依時直折納，謂之丁絹。自鈔法既行，鹽盡通商，而民無所給，每丁仍增錢三百六十文，謂之身丁錢。大觀中，始令三丁納絹一匹，當時絹賤，未有陪費〔二九〕。後物價益貴，乃令每丁輸絹一丈，緜一兩，皆取於五等下户，民甚病之。建炎三年，詔以一半折絹，一半納見錢。十一月丁未。於是歲爲絹有二十四萬匹，緜一百萬兩，錢二十萬緡〔三〇〕。紹興初，又用嚴守顔爲言〔三一〕，曾得解人免丁役〔三二〕。三年四月甲午。二十五年，上念浙民之困，特免丁絹錢緜一年，以内府錢帛償户部。八月己丑。乾道元年，孝宗以兩浙歲澇，又免災傷郡邑身丁錢十三萬七千緡，絹十六萬三千匹，皆有奇。二月癸卯。惟臨安以駐蹕所在，每三年輒一下詔除之，歲滿復然。至開禧元年十二月，御筆：浙路身丁錢，自今永與除免，恩施浸博矣。先是，紹興末，吕公雅廣問爲浙漕，以湖州丁絹多所隱漏，乃給甲帖付民户，俾自排丁名，得四十萬丁，每丁爲錢千四百，絹八尺有奇。三十一年四月丁未〔三三〕。明年，守臣陳之茂因請折絹，以五千爲匹，仍止歲額爲定，不以添丁而增賦。詔皆可之。五月丁巳。自是湖州以五丁科一匹矣。未幾，又增以七千爲一匹。乾道八年，余處恭爲烏程令，請於朝，乞以七丁科一匹。曾欽道秉政，奏行之，自是爲例。兩淮丁錢者，不知所從始。乾道末，詔民户一丁充民兵者，本名丁身勿輸。七年八月丙辰。二廣丁錢，亦不知其所始。廣西郡縣貧薄，凡民間父、祖年六十以上而身丁未成者，亦行科納，謂之挂丁錢。紹熙初〔三四〕，詔令本路監司約束。二年，郊赦申明。大抵丁錢多僞國所創。余嘗謂唐之庸錢，楊炎已均入二税，而後世差役復不免焉，是力役之征已取其二也〔三五〕。本朝王安石令民輸錢以免役，而紹興以後所謂耆户長、保正雇錢復不給焉，是取其三也。合丁錢而論之，力役之征蓋取其四也。設一有邊事，則免夫之令又不得免焉，是取其五也。孟子曰：「有布縷之征，有粟米之征，有力役之征，用其一，緩其二。用其二而民有殍，用其三而父子離。」今布縷之征，有折税，有和預買，川路有激賞〔三六〕，而東南有丁絹，是布縷之征三也。粟米之征，有税米，有義倉，有和糴，川路謂之勸糴。而斗面、加耗之輸不與焉，是粟米之征亦三也。通力役之征而論之，蓋用其十矣，民安得不困乎？余惡夫世之俗吏，不知財賦本末源流，顧以趣辦爲能，而撥其本也。故詳録其事，以待上問而出焉。閩、浙、湖、廣丁錢，在國初，歲爲四十五萬緡。大中祥符四年七月，嘗除之，後又復。

416 僧道士免丁錢

僧、道士免丁錢者，紹興十五年始取之。正月癸酉。自十五千至二千，凡九等，大率律院散僧丁五千，禪寺僧、宮觀道士、散衆丁二千，長老、知觀、知事、法師有紫衣、師號者，皆次第增錢，六字、四字師號者，又倍。於是歲入緡錢約五十萬，隸上供。二十四年，以紫衣、師號不售，乃詔律院有紫衣、師號者，輸錢視禪刹禪僧及宮觀道士有之者，輸丁錢千三百有奇。八月癸巳。至今以爲例。初取免丁時，立法：年六十以上及病廢殘疾者聽免。後詔七十以上，乃免之。然今浙中諸大刹、都城道觀，多用特旨免徭役科敷，而州縣反以其額敷於民間，大爲人患。

417 田四廂錢

田四廂錢者，始自紹興十三年春〔三七〕，以右護軍統制田晟所部人馬隸馬司。明年，有旨令四川歲撥總制錢一百七十三萬餘緡，綢絹四萬七千餘匹，綿五萬四千餘兩，赴鄂州，十四年二月戊戌。蓋此錢本供晟軍費故也。二十九年，軍事將興，乃以其五十萬緡還四川應副增招軍兵歲計〔三八〕。六月壬辰還二十一萬，七月庚戌又增之，益路二十萬，利、梓、夔路通減五萬。淳熙末，又以其餘緡對減四川鹽、酒重額。十六年四月己巳。語在經總制錢事中。

418 市舶司本息

市舶司者，祖宗時有之，未廣也。神宗時，始分閩、廣、浙三路，各置提舉官一員，本錢無慮千萬緡，海貨上供者山積。宣和後，悉歸應奉。建炎初，李伯紀爲相，省其事歸轉運司。明年夏，復閩、浙二司，賜度牒直三十萬緡爲博易本。元年七月己亥廢，二年五月丁未復。四年春，復置廣司。二月。紹興二年秋，廢閩司，七月甲子。尋併廣、浙，提舉官皆罷。八月。已而，閩、廣復置。六年冬，福建市舶司言：「自建炎二年至紹興四年，收息錢九十八萬緡。」詔官其綱首。十二月乙巳。十四年，命蕃商之以香藥至者，十取其四。十七年，詔於沈香、豆蔻、龍腦之屬，號細香藥者，十取其一。至紹興末，三舶司抽分及和買，歲得息錢二百萬緡〔三九〕，隸版曹。然所謂乳香者，户部常以分數下諸路鬻之。郴州〔四〇〕，當湖、湘窮處，程限頗急，宜章吏黄谷、射士李金數以此事受笞，不堪命。乾道元年春，因嘯聚峒民作亂，遂陷桂陽軍。上命劉恭甫爲帥，調鄂州兵討平之。蓋利之所在，害亦從生，此可爲理財者之戒。

419 祠部度牒

祠部度牒，自治平四年冬始鬻之。長編云：「始於熙寧元年秋，」蓋誤。熙寧之直爲百二十千，渡江後增至二百千。其後民間賤之，止直三十千而已。紹興初，李仲永初入朝見上，爲上言：「今歲鬻度牒萬，是失萬農也，積而累之，農幾盡矣，非生財之道。」上納其言。十三年，既罷兵，遂不復鬻。五月戊午。久之，復以其絶産隸郡國養士。二十一年九月丙午。時王元龜尚書爲國子司業，復請放行。上諭大臣曰：「大寶殊未曉朕意，人多以鬻度牒爲利，亦以延人主壽爲言。朕謂人主但當事合天心〔四一〕，而仁及生民，自當享國長久，如高齊、蕭梁奉佛，皆無益也。僧徒不耕而食，不蠶而衣，無父子君臣之禮，以死生禍福恐無知之民，蠹教傷民，莫此爲甚，豈宜廣也。」輔臣皆稱善。然諸路僧尼猶有二十餘萬人，道士女冠萬餘人。二十六年二月甲午〔四二〕。明年，遂詔換給不盡度牒，皆歸禮部。二十七年八月辛亥。三十一年春，朝廷聞虜亮欲敗盟〔四三〕，始放度牒，增直爲五百千。二月戊午。其後，所放滋益多。隆興初，詔減爲三百千。因出度牒二萬，鬻於江、浙、湖南、福建，計直六百萬緡，期以一季，州縣皆抑以予民，民大以爲擾。二年二月。周元持御史言於上，乃損爲二百五十千。三月癸巳。自辛巳調兵以後，九年之間，官鬻度牒至十二萬道有奇。孝宗知之，乃降詔權行住賣，時乾道五年冬矣。十二月庚寅。明年春，遂增爲四百千。六年正月甲子。淳熙初，又增五十千。四年十月戊辰（四四）。明年夏，詔四川度牒每道估川錢引八百千。五年六月丁丑。尋詔東南度牒如紹興之舊。九年五月辛未。紹熙三年（四五），中書門下言：「亡僧道度牒，申繳絶少，顯有弊倖。」乃又增其直爲八百千。閏二月甲寅。自淳熙後，四川總領所歲得度牒六百六十一道，以補還酒課蠲減之數。三年六月甲申降旨。而東南諸路委都司官給賣，歲亦不下二千三百有奇。以三十年計之，是失十萬農也。然僧、道士有金錢而度牒不可得，故蜀中度牒官直千引，而民間至千六百引云。今總所對減酒課度牒，僧徒已輸錢至嘉泰十五年。今方嘉泰二年（四六）。頃朱晦翁爲浙東提舉，遇饑歲亦請度牒於朝，以備糴濟。蓋自紹興以來，已爲緩急所仰，不可復廢矣。度牒初以黄紙，紹興五年易以絹，七年又易以綾。

420 東南軍儲數

東南軍儲，始仰給於江、湖轉漕。紹興元年，以寇盜多，貢賦不繼，始命户部降本錢下江、浙、湖南和糴米，以助軍儲。所謂本錢者，或以官告，或以度牒，或以鈔引，類多不售，而出納之際吏緣爲姦，人情大擾。五年，上在臨安，又命廣東漕臣市米至閩中，復募客舟赴行在。十一年夏，始分行在省倉爲三界，界百五十萬斛（四七）。凡民户白苗米，南倉受之，以廩宗室、百官，爲上界；次苗米，北倉受之，以給衛士及五軍，爲中界；糙米，東倉受之，以給諸軍，爲下界。六月癸酉。十八年，户部奏免和糴，而命三總領所置場糴之。上大喜。閏八月庚申。舊制，二浙、江、湖歲當發米四百六十九萬斛。二浙一百五十萬，江東九十三萬，江西一百二十六萬，湖南六十五萬，湖北三十五萬。至是所欠一百萬斛有奇。乃詔臨安、平江府及淮東、西，湖廣三計司，歲糴米百二十萬斛，浙西七十六萬斛，行在省倉：上界六萬石，中界五萬石，下界二十五萬石。三界外，臨安府行在省倉場二十萬石，平江如之。淮西十六萬五千，湖廣、淮東皆十五萬。十八年閏八月甲子。二十八年秋〔四八〕，户部遂請二浙、江、湖米權，以見發三百六十七萬斛爲準數。從之。比祖額，二浙欠三十萬，江東三十萬，江西六萬，湖南十萬，湖北二十五萬。九月壬申降旨。時二浙以三十五萬斛折錢，蓋綱米及糴場歲收四百五十二萬斛也。舊川、廣、荆湖，歲自運河漕綱至京庾，每有淺阻之患。三十年夏，議者以建康之鄧步、銀林，自江達湖，止遵陸二十里，請於其地置轉般倉。上命江東漕臣相度爲之。四月壬申。然卒不果。或謂經由湖中，恐有飄失之患，故但行運河云。

421 四川軍糧數 關上積糧數

四川軍糧，歲用一百五十六萬餘斛，其十三萬餘斛歲收，二分税子二萬九千斛，興元府、興、洋、階、成、利、鳳、西和州營田租十萬餘斛。一百三十七萬斛糴買。關内七十八萬石，關外六十萬餘石。然糧道既遠，水運頗勞。紹興五年春〔四九〕，吴涪王爲宣撫副使，命將取秦州〔五〇〕，必欲從陸運，趙應祥爲大漕，執不可，吴迄自爲之。兩川調夫運米十五萬斛至利州，率費四十餘千而致一斛。其冬，吴復欲從陸運，召諸路轉運使持户籍至軍中，邵澤民權宣撫副使，獨曰：「今春驅梁、洋遺民負糧至秦州，餓死十八九，豈可再也。且宣司已取蜀民運脚錢百五十萬，其忍復使陸運乎？」既上疏，立以便宜止之，卒行水運。自後席大光、胡承公相繼入蜀，率以水運爲可行。於是總領所委官就糴於沿流諸郡，然民間不免受弊，而糧亦不足。十八年，符行中爲總領，用其屬官李景嗣之策，景嗣字紹祖，開封人遵勗之後，貪酷吏也。終於直祕閣，知夔州。就興、利、閬州置場，聽客市賣。由是盡革前弊，米運充足，三十一年，虜帥合喜入侵〔五一〕，王瞻叔調利路夫六萬七千人，自魚關負糧至鳳州，人持七斗米。興元二萬夫，巴、蓬、利各四千夫，文、龍、成各千五百夫，階州二千夫〔五二〕。舊民夫裹糧自備，至是始給之。自魚關至鳳州百八十里，往來六日程，日給米二升。然民間一夫之費，猶數十千，又多道死者。乾道初，汪聖錫帥蜀〔五三〕，請優卹之。漕司奏：「人給三千，應用度牒八百。」上命以二千予之。二年正月甲子。乾道中，虞雍公自宣撫使還朝爲右僕射，上問西邊積糧之數，虞公奏：「臣離蜀時，近八十萬斛。」乾道五年春。當紹興初，關外四郡多不耕之田，故多徙諸軍於内郡以就糧，如守邊之兵必就食於内郡之水運。其後十四年間，耕墾徧野，粒米狼戾，有司不時措置就糴。至辛巳用兵，王之望調利路丁夫運米，一夫之費至七、八十千，民力告竭，又丁夫多死於道者。臣始至宣司，即邊地措置和糴，不惟省内郡水運，而邊頭漸有儲蓄矣。亦聞王炎委孫叔豹增糴，王公明以樞密使代爲宣撫。但近日移兵戍黑谷等處，食者既衆，或一不熟，仰食此米，必無贏餘，一日邊事起，當有辛巳調夫之患。」上曰：「然卿宜將此意諭王炎，令廣作措置。」其後至淳熙中，西邊乃有積糧一百一十餘萬斛云。在魚關、階、成、西和、鳳、洋、興、利、金州、興元府、大安軍十一處貯之。自符行中於利、閬等州置糴場，募商人載兩川米入中〔五四〕，其在閬州者泛嘉陵而上至利州，又自利州運至魚關，官不勝其費，又多亡失者。紹熙末〔五五〕，楊嗣勳總計，始用屬官井研陳厚議，廢閬州糴場，令商人徑至利州及魚關，仍優其直，公私便之。

422 行在諸軍馬草

行在諸軍馬草，每年計三百六十萬束，每束户部降本錢百文，下浙西漕司於諸州收買，其十六萬緡〔五六〕，以権貨務見錢關子；二十萬緡，以本部窠名錢科降。紹興三十一年，殿前司既獻酒坊六十五，户部因請以其淨息錢三十六萬緡專充馬草本錢，而以遞年合降本錢收糴馬料。從之。四月辛未。大抵馬草料錢約計七十餘萬。

423 **關上諸軍馬料**

關上諸軍馬料，舊於沿流諸州和糴，然實以等第分科爲率。紹熙五年〔五七〕，馮震武傳之總計，始自置場糴買，歲用大麥二十五萬一千一百四十斛。明年夏，請權免和糴馬料一年。許之。今西邊有積料十二餘萬斛〔五八〕，蓋備軍興，非歲計所常用。

424 **都下馬料** 淮浙江東沙田蘆場本末

都下馬料，舊以其數和糴於民。紹興二十七年冬，言者謂江、淮間沙田、蘆場爲人冒占〔五九〕，歲失官課至多。明年春，詔遣户部員外郎莫濛子蒙同三路漕臣按視〔六〇〕，將以其租爲馬料之費。二十八年正月癸未。時葉審言爲御史，上言：「陛下初欲免歲糴馬料，爲國便民，然三路遼遠，使者豈能盡行，必有强增其數，以希進者，於有力之家，初無加損，而害及貧民，慮致逃移，坐失税額。」因極論之。始浙漕趙清卿獻議〔六一〕，欲盡行沙田入官，隨其肥瘠高下，輕立租課，就令見佃火客耕種。如有形勢之家尚敢占吝〔六二〕，具名取旨。事既行，二十七年十二月乙未。而或不以爲便，乃令見占人且行管佃，淨認租課，故審言論之。尋詔第三等以下户，更不一例根括。二十八年二月癸丑。後數月，又詔淮東人户檢尋契要未備，可限半年。

五月庚午。俄特與放免。五月丁丑。後月餘，復命并浙西、江東官户千畝、民户二千畝以下放免，餘并依元旨增租。六月甲寅。時福建江海之濱，亦有新出沙田，户部聞之，遽下常平司出賣。而殿院任信儒以爲此皆民間自備資本興修，數年之間，償費未足，望少寬之。乃止。二十九年五月甲寅。其後，淮東、浙西、江東三路沙田、蘆場之籍，總二百八十萬畝有奇。凡爲沙田，則起催小麥、米、絲；沙地則起催豆、麥、絲、麻；蘆場則起催柴薪、見錢。民間以爲擾，訴訟不絶。方務德滋守京口，五疏論之。孝宗問大臣：「此事或以爲可取，或以爲可捐〔六三〕。」陳魯公曰：「君子小人，各從其類。小人樂於生事，不惜爲國斂怨；君子務存大體，惟恐有傷仁政。此所以不同。」上曰：「然。」乃詔沙田、蘆場指揮，更不施行。三十二年冬也。十一月庚戌得旨〔六四〕。乾道元年秋，幹辦皇城司梁俊彦復獻議〔六五〕，乞以官民請買之田立税，請佃之田立租。乃詔淮東、浙西、江東路沙田、蘆場租税令張津、楊倓同三路漕臣措置〔六六〕，而俊彦總治之。葉子昂秉政，深不以爲然，而弗能止也。俊彦等乞沙田折納米，沙地及蘆場並紐折見錢。從之。七月丙寅，置措置官田所。九月丙子，申請折納錢米。六年春，始立税租數目，自一分至三分，已業：沙田所得花利，每米一石，於十分内以一分立租。蘆場所得花利，紐錢一貫，於十分内以一分五釐立租。其租佃：沙田即立租二分，蘆場立租三分。二月己酉也。凡爲錢六十萬七千七十餘緡。詔並赴南庫送納。七月癸未。八年秋，言者以爲向來措置之初，止爲有力之家侵耕冒占，而奉行之際，乃併人户租産、己業一概打量〔六七〕，加立新租數倍，致人户有逃移者。乃詔己業蘆場、草地所納賦税，並減五釐，租佃與減一分。七月甲戌。先是，創提領官田所，至是併歸户部焉。

校勘記

〔一〕（建炎四年）八月辛卯　「辛卯」原作「辛未」，據蕭本、殿本、函海本及要録卷三六建炎四年八月辛卯條改。

〔二〕熙寧末王尚書古爲司農簿奏復行之仍令就縣倉輸自是義倉入縣倉矣　長編卷二八四熙寧十年九月癸酉條載：「詔開封府界提點先自豐稔畿縣立義倉之法。」又卷二九〇元豐元年六月丙寅條載：「知將作監主簿王古言：『去歲詔講復義倉，試於畿邑，已不擾而可行。欲乞於豐稔路委提舉司勘會省税、常平、免役等錢穀欠閣共不及三分處先推行，庶幾數年之間即見成效。』詔京東、京西、淮南、河東、陝西路依開封府界諸縣行義倉法。」卷二九五元豐元年十二月丙午條載：「詔應鄉村民願以所納義倉糧就便納縣倉者聽，從知管城縣趙燮請也。」宋會要食貨五三之二〇均同長編。按：熙寧十年九月，開封府界畿縣復行義倉與王古無關，義倉自府界推行至諸路雖出於王古建議，然已是元豐元年事，時王古任「知將作監主簿」，而非「司農簿」。「就縣倉輸」之乞請者，乃知管城縣趙燮，亦非王古。雜記此處記時記事均有失誤。

〔三〕又請水旱　「請」原作「許」，據蕭本、殿本、函海本改。

〔四〕紹熙五年　「熙」原作「興」，據殿本及底本本條上下文記年改。

〔五〕六十餘萬緡　「十」原作「千」，據殿本、閣本、函海本改。

〔六〕先王　原作「先生」，據蕭本、閣本、函海本改。

〔七〕宣和末　按：陳均皇朝編年綱目備要卷二九載：「宣和四年秋七月，初收經制錢。」宣和共有七年，故此處應作「宣和中」。參見羅大經鶴林玉露乙編卷一經總錢條。

〔八〕權添酒錢　「權」原作「榷」，據要録卷二八建炎三年十月戊戌條及宋會要食貨六四之八五改。「添」原作「茶」，據影宋本、函海本及上引要録和宋史卷一七九食貨志改。

〔九〕請給頭子錢　「給」原作「受」，據上引要録、宋史及皇宋中興兩朝聖政卷六建炎三年十月戊戌條改。

〔一〇〕共取五十六錢　原脱「取」字，據影宋本、蕭本、函海本補。

〔一一〕（紹興五年）閏二月己巳　「己巳」原作「己丑」。按：紹興五年閏二月乙巳朔，是月無「己丑」日。今據要録卷八六、皇宋中興兩朝聖政卷一七紹興五年閏二月己巳條改。

〔一二〕耆户長雇錢　「雇」原作「庸」，據蕭本、函海本及本卷常平苗役之制條和上引要録、中興聖政與水心別集卷一一經總制錢一改。

〔一三〕專委通判　「委」原作「用」，據蕭本、函海本改。

〔一四〕會三年飛申之籍　「三年」原作「三司」，據閣本、函海本及要録卷一九四紹興三十一年十一月丁酉條改。

〔一五〕郡邑　原脱「邑」字，據影宋本、蕭本、函海本補。

〔一六〕給還民户　原脱「還」字，據影宋本、蕭本、函海本補。

〔一七〕一百五十萬緡　蕭本、函海本作「二百五十萬緡」。

〔一八〕紹興九年　「九」原作「三」，據蕭本、函海本及要録卷一二六紹興九年二月甲子條改。

〔一九〕減江東西月樁錢二十二萬七千緡　「二十二萬」原作「二十七萬」，據要録卷一五六紹興十七年九月乙亥條改。參見宋會要食貨六四之八一紹興十七年九月十四日條載諸州軍所減月樁錢數。

〔二〇〕吉州六千　上四字原脱，據上引宋會要補。

〔二一〕南安軍　原作「南康」，據上引要録及宋會要改。

〔二二〕建昌軍　「昌」原作「南」，據蕭本、殿本、閣本、函海本及上引要録、宋會要改。

〔二三〕李仲永　「永」原作「求」，據蕭本、閣本、函海本改。參考各本本卷祠部度牒條。按：仲永爲李椿年之字。

〔二四〕浙中　永樂大典卷六五〇四（中華書局一九八六年精裝縮印本頁二六〇一上欄）引録本書作「湖中」，當是。

〔二五〕免役錢者創始於元豐　各本同。據長編卷二四五至二四六，免行錢創始於熙寧六年。此處「元豐」當爲「熙寧」之誤。

〔二六〕三等　據下文記事，疑爲「五等」之誤刊。

〔二七〕鄭思恭　「鄭」原作「趙」，據蕭本、閣本及韓元吉南澗甲乙稿卷二〇祕閣修撰鄭公墓誌銘改。

〔二八〕隨夏稅送納價錢　原脱「稅」字，據蕭本、殿本、閣本、函海本補。

〔二九〕陪費　原作「倍費」，據蕭本、殿本及宋會要食貨六六之五改。要録卷二九建炎三年十一月丁未條作「賠」。「陪」與「賠」通假。

〔三〇〕錢二十萬緡　各本同，而上引要録作「錢二十四萬緡」。

〔三一〕顔爲言　「爲」原誤作「之」，據殿本及要録卷六四紹興三年四月甲午條、宋會要食貨六六之一改。

〔三二〕曾得解人免丁役　「曾」原作「增」，據上引要録及宋會要食貨改。「役」原作「錢」，據殿本及上引兩書改。

〔三三〕（紹興）三十一年四月丁未　「丁未」原作「丁亥」，據閣本、函海本改。按：是月癸卯朔，無「丁亥」日。

〔三四〕紹熙　原作「紹興」，據蕭本、閣本、函海本及通考卷一一户口考引録改。

〔三五〕已取其二　「已」原作「亦」，據蕭本，閣本改。

〔三六〕有和預買川路有激賞　原作「有和預四川路有激賞」，據殿本及兩朝綱目備要卷八開禧元年十二月癸酉詔永免二浙身丁條、通考卷一一户口考引録改。

〔三七〕紹興十三年春　「十三」原作「十二」，據蕭本、閣本、函海本及要録卷一五一紹興十四年二月戊戌條改。又「春」字，要録作「秋」，待考。

〔三八〕五十萬緡　「五十」原作「十五」，據殿本及要録卷一八三紹興二十九年七月庚戌條、卷一八五紹興三十年八月甲寅條改。

〔三九〕三船司抽分及和買歲得息錢二百萬緡　「三船司」原作「兩船司」，據要録卷一八三紹興二十九年九月壬午條及宋會要職官四四之二五至二六改。

〔四〇〕郴州　原作「柳州」，據影宋本、蕭本、殿本、函海本改。

〔四一〕朕謂人主　「謂」原作「爲」，據影宋本、蕭本、函海本及要録卷一七一紹興二十六年二月甲午條改。

〔四二〕（紹興）二十六年二月甲午　「二月」原作「三月」，據上引要録改。

〔四三〕虜亮　「虜」原作「金」，據蕭本、函海本改。

〔四四〕（淳熙）四年十月戊辰　「十月」原作「七月」，據蕭本、殿本、函海本改。按：是年七月戊戌朔，是月無「戊辰」日。

〔四五〕紹熙　原作「紹興」，據蕭本、閣本、函海本改。

〔四六〕今方　原作「方今」，據蕭本、殿本、閣本、函海本乙正。

〔四七〕界百五十萬斛　「界」下原有「每」字，據蕭本、函海本及要録卷一四〇紹興十一年六月癸酉條删。

〔四八〕（紹興）二十八年秋　此處記時據中興小曆，而要録卷一八三及宋會要食貨六四之五三均作「紹興二十九年八月甲戌」。當以後者爲是。

〔四九〕紹興五年春　「五年」原作「六年」，據要録卷八〇紹興四年九月末條、卷八五紹興五年二月丁亥（十三日）條、卷九五紹興五年十一月丙戌（十七日）條及雜記本條下文記時、記事綜合考訂改正。

〔五〇〕秦州　原作「秦川」，據蕭本、殿本、閣本、函海本及要録卷九五紹興五年十一月丙戌條改。下同。

〔五一〕虜帥合喜入侵　「虜帥合喜」原作「金人」，據影宋本、蕭本、函海本改。

〔五二〕興元二萬夫巴蓬利各四千夫文龍成各千五百夫階州二千夫　按：要録卷一九二紹興三十一年九月庚寅條附注記利州路州郡夫役數爲「興元二萬夫，洋、閬州各萬夫，劍州六千夫，巴、蓬、利州各四千夫，龍、成州各千五百夫，階州二千夫。」雜記附注所列州郡夫役合計僅三萬八千五百夫，與正文所記總數「六萬七千人」相差甚遠。而要録附注所列州郡夫役合計爲六萬三千人，差數較小。似應據要録爲之補正。又要録：「龍、成州」之上，疑脱「文」字。

〔五三〕汪聖錫　「汪」原作「王」，據蕭本、殿本、函海本改。按：聖錫爲汪應辰字。

〔五四〕兩川　原作「兩州」，據蕭本、殿本、閣本、函海本改。

〔五五〕紹熙　原作「紹興」，按：楊輔（字嗣勳）任總領四川財賦乃在紹熙年間，見宋史卷三六光宗紀。

〔五六〕其十六萬緡　「其」原作「共」，據蕭本、殿本、閣本、函海本改。

〔五七〕紹熙　原作「紹興」，據蕭本、殿本、閣本、函海本改。

〔五八〕今　原作「令」，據上引本子改。

〔五九〕江淮　原作「江浙」，據要録卷一七九紹興二十八年正月癸未條、宋會要食貨六三之二〇六及宋史卷一七三食貨志改。

〔六〇〕户部員外郎莫濛子蒙　「員外郎」原作「郎中」，「莫濛子蒙」原作「莫濟子齊」，據上引要録、宋史食貨志及宋史卷三九〇莫濛傳改正。

〔六一〕趙清卿　原脱「卿」字，據蕭本、殿本、閣本、函海本及要録卷一七八紹興二十七年十二月乙未條、卷一七九紹興二十八年正月癸未條，宋史卷二四七趙子濍傳補。按：子濍字清卿。

〔六二〕占吝　原作「占吞」，據殿本及要録卷一七八紹興二十七年十二月乙未條、宋會要食貨六三之二〇五、宋史卷一七三食貨志改。

〔六三〕捐　原作「損」，據宋史全文卷二三紹興三十一年十一月庚戌條及上引宋史食貨志改。

〔六四〕（紹興三十二年）十一月庚戌　「十一月」原作「十二月」，據閣本及上引宋史全文、宋史食貨志改。按：紹興三十二年十二月癸亥朔，是年十二月無「庚戌」日。

〔六五〕幹辦　原作「斡辦」，據蕭本、殿本、閣本、函海本改。

〔六六〕詔淮東浙西江東路沙田蘆場租税令張津楊倓同三路漕臣措置　原作「詔淮東西紹頌張津楊倓同三路漕臣措置」，據宋會要食貨六三之二一二至二一四及宋史卷一七三食貨志記事，加以訂正。

〔六七〕己業　原作「口業」，據本條下文及宋會要食貨卷六三之二二〇改。

建炎以來朝野雜記甲集卷十六

財賦三 田幣

425 官田

官田，東南舊多有之，靖康中，嘗命經制司鬻蔡京、王黼田爲糴本。翁端朝中丞爲經制使，言恐生弊倖，乞租與客户，歲收課租，損其二分。從之。然諸道閒田頗多，既利厚而租輕，因有增租以攘之者，謂之剗佃〔一〕。由是詞訟繁興。紹興二十八年，知温州黄仁榮請鬻之以止訟，會何内翰溥亦請鬻官田爲常平本。許之〔二〕。其後，户部會其數，得錢五百萬緡。自是數舉行之，獨營田不廢。

426 省莊田

省莊田者，今蜀中有之，號官田，自二税外仍科租，應大小麥、豆、糙白米、穀、桑、麻、蕎、芋之類凡十有八種〔三〕，無不畢取之〔四〕，既高估其直，又每引別輸稱提錢，民甚苦之。然其實皆民間世業，每貿易，官仍收其算錢。但世相沿襲，謂之官田，不知所始也。

427 屯田

屯田者，始紹興初〔五〕，陳密直規爲德安府、復州、漢陽軍鎮撫使〔六〕，以境内多官田、荒田，乃倣古屯田之制，令射士、民兵，分地耕墾。其説以兵民不可並耕，故使各處一方。凡軍士所屯之田，皆相其險隘，立爲堡寨，寇至則保聚捍禦，無事則乘時田作。其射士皆分半以耕屯田，少增錢糧，官給牛種，收其租利，有急則罷從軍。凡民户所營之田，水田一畝賦粳米一斗，陸田賦豆、麥各五升，滿二年無欠輸，給爲永業。流民自歸者，以田還之。凡屯田事，營田司兼行之；營田事，府、縣官兼行之〔七〕；皆不更置官吏。條畫既具，乃聞於朝，詔嘉獎焉。元年十一月丁未下詔。三年，下其法於諸鎮，使行之，悉以陳規條畫爲主。其江北無牛之地，仍用古法，以二人拽一犂。凡授田，以五人爲甲，別給菜田五畝爲廬舍、稻場，初年免田租之半。兵屯以使臣主之，民屯以縣令主之，以歲課多寡爲殿最。三年二月癸巳。其後，諸鎮又廢，不果行。四年，朱子發建言：「荆、襄之間，沿漢、沔上下，膏腴之地七百餘里，土宜麻麥，古謂之粗中，請選良將領部曲鎮之，招集流亡，務農重穀，寇來則禦，寇去則耕，不過三年，兵食自足。」詔送都督府，亦未克行。是時韓蘄王在淮東屯田，上命即閩中市千牛賜之，爲屯田之用。五年閏二月壬申。五年冬，張魏公在行府，請屯田郎中樊賓往江、淮措置，遂改屯田爲營田。後以其擾民，但令諸路監司領其事。三十年，李顯忠爲池州都統制，復請令諸軍屯田。十一月丁酉。俄軍興未暇。逮虜兵退，議者建言：「宜於淮甸屯田，以修兵備。」詔兵部侍郎陳應求往淮東，工部侍郎許覺民往淮西措置。三十二年三月辛亥〔八〕。已而，上謂大臣曰：「士大夫言此者甚衆，然須先有定論〔九〕。用諸民乎？用諸軍乎？若論既定，當先爲治城壘、廬舍，使老小有所歸，蓄積有所藏，然後可爲。」陳魯公曰：「今西北歸正人願就耕者甚衆，已降牛種、本錢及治廬舍矣。」其後，應求請募民耕荒，蠲其徭役及七年租賦。上可之。五月甲辰。乾道中，有郭震者，以建康都統守廬州，始創屯田，遂除節鉞。俄又罷屯田兵，令歸正人請佃〔一〇〕，蓋得不償費也。荆襄屯田者，自紹興以後，專隸都統司，亦麤有所入。乾道二年，乃詔除朝省及總領所外，他司毋得預。三月己酉。其語互見營田事中。

428 營田

營田者，紹興元年，解潛爲荆南鎮撫使，以所管五州絶户及官田年來荒廢者甚多，乃以便宜辟直祕閣宗綱爲屯田使，召人使耕，分收子利。乃以聞。詔以綱爲鎮撫司營田官。五月辛酉。渡江後，屯、營田始此。其後荆州軍食，多仰給於營田，省縣官之半焉。其秋，遂命河南、淮南措置屯田。九月庚申。已而，河南鎮撫司營田官任直清言：「河南殘破，民歸業者尚罕，所創營田全籍軍兵，恐力微難以號令，請命鎮撫使翟興兼營田使。」十月戊寅。時諸鎮尚未就緒，獨公安縣令孫倚以營田辦集遷官〔一一〕。十一月丁未。蓋解爲帥故也。三年，韓世忠爲江東宣撫使，上命措置建康營田，世忠言：「荒田雖多，大半有主，難以如陝西例，請募民承佃，蠲三年租，田主自訟則歸之〔一二〕，滿五年不言，給佃人爲世業。」於是詔湖北、浙西、江西，皆如之〔一三〕。田租初年全蠲，次年半減。四月己丑。尋又免科配徭役〔一四〕。十月辛卯。自後營田專用諸民。五年，王觀察彥爲荆南帥，言已措置營田八百頃，自蜀中買牛賦民。詔多方措置。十一月丁酉。先是，言屯田者甚衆，而行之未見其效。六年，張魏公以都督出行邊，乃奏改江、淮屯田爲營田，凡官田若逃田並行拘籍〔一五〕，以五頃爲一莊，募民承佃。其法，五家爲一保，共佃一莊，以一人爲長，每莊官給牛五具，種子、農器副之。別給十畝爲菜田〔一六〕。又貸本錢七十千，分二年償，勿取息。命措置官樊相伯賓、王中孚弗行之〔一七〕。正月丙申〔一八〕。尋命五大將韓、劉、張、吳、岳。及江、淮、荆、襄、利路帥臣悉領營田使。時李伯紀爲江西大帥，亦言今日之事，莫利營田〔一九〕，然兵革災傷之餘，民力必不給，請命江、淮、湖北宣撫司招納京東、西、河北流移之人，貸種授田〔二〇〕，勿取其入，次年乃收三之一，又次年則半收之。

詔都督行府措置。三月。吕元直時爲湖南大帥，因請錢十萬緡興屯田。五月丁亥〔三一〕。其秋，中孚入見，上諭令竭力久任。議者恐張相還朝，欲留措置。於是遷相伯司農少卿，提領江、淮營田公事〔三二〕，置司建康府；擢中孚屯田員外郎，以爲之副。官給牛種，撫存流亡，歲中收本穀三十萬斛有奇〔三三〕。七月壬申，除二人。除客户當給六分，官收十餘萬斛〔三四〕。然議者猶以爲奉行峻速，或抑配豪户，或强科保正，田瘠難耕，多收子利，民間有鬻己牛而養官牛，耕己田以償官租者。此監中嶽廟李宋奏。中孚上疏争之，且言願假歲月，勿責近效。上許之。七年二月癸卯〔三五〕。七年夏，魏公猶在中書，亦覺其擾民，乃言自置營田司數年，已有成效，請罷司，以監司兼領。六月乙未〔三六〕。十九年夏，兩浙提領營田曹泳言：「根括得鎮江荒田二千二百餘頃，請悉以爲營田。」六月甲戌。二十三年〔三七〕，鎮江諸軍都統制劉寶請民户識認營田者，畝償開墾工本五千五百。許之。三月丁未。尋詔諸道做此，由是營田漸以還民矣。隆興二年，孝宗諭大臣以營田事，欲使歸正人耕之。湯丞相曰：「歸正人未可用，諸軍不入隊人恐可以使。」時中孚提舉四川茶馬，已受代，湯丞相因薦其才。正月庚子。上召見之，畀以營田事，後亦不克行而罷。其後，淮東、西田，卒以歸正人耕之。乾道中，亦詔蠲州縣撮收課子，八年七月。仍免其徭賦焉。

429

關外營田

關外營田者，紹興六年，吴玠爲宣撫副使兼營田使，治廢堰於梁、洋，率軍民營田凡六十莊，計田八百五十四頃。其初，因兵火後，民多失業，故募人耕之，量收租利。李子公爲大漕，奏言：「漢中之地，古稱沃野，每畝除出糧種外，止收三石爲率，約收二十五萬石，乞付本司贍軍，可省内郡水運。」朝廷難之，但賜玠詔書奬諭，時七年秋。吴玠死，胡承公、鄭亨仲代爲宣撫使。休兵後，亨仲又行之關外四州及興州、大安軍，所營田至二千六百十二頃，除糧種分給外，實入官細色十四萬一千四十九石，得旨撥十二萬石赴成都路對糴米，而金州墾田五百六十七頃，歲入萬八千六百餘石不與焉。時十五年春也。乾道再和後，强將、豪民利於承佃，故爲欠輸，得不償費。虞丞相允文代吴璘爲宣撫使，乃與利路安撫使晁侍郎公武、總領財賦查少卿籥共議，以爲軍民雜處，侵漁百端。又於數百里外差科保甲，指教耕田，間有二、三年不得替者〔一八〕。水旱則令保甲均認租數，民甚苦之。兼所收之租，不償請給之數，如興元府歲收租九千六百七十三石，而種田官兵請給乃爲一萬一千四百四十石，他皆類此。於是宣撫司始以便宜召人承佃，抽兵歸營，時四年秋也。明年春，宣撫司奏其事於朝，詔可。至淳熙初，墾田增至七千五百五十七頃，而租入止有五萬八千石有奇。

慶元後，又止爲六萬六千石，而金州田租亦止二千二百三十一石焉。六年冬，王少卿寧總計增其課，朝廷以邊民不便，罷之。語在時事中〔二九〕。

430 圩田

圩田者，江、浙、淮南有之。蓋以水高於田，故爲之圩岸。宣州化成、惠民二圩〔三〇〕，相連長八十里。蕪湖縣萬春、陶新、政和三官圩〔三一〕，共長一百四十五里。當塗縣廣濟圩長九十三里，私圩長五十里。建炎末，爲賊馬所壞〔三二〕。紹興初，命守臣葺治之。建康永豐圩有田千頃，初以賜韓忠武，後歸秦丞相，今隸行宫。淮西和州、無爲軍亦有圩田。紹興三十年，張少卿初爲漕，徙民於近江，增葺圩岸，官給牛種，始使之就耕。凡圩岸皆如長隄，植榆柳成行，望之如畫云。

431 圭田

圭田，自三代以來有之。本朝沿唐，不廢其制。咸平初，既定以官莊及遠年逃田充其數。天聖中，言者以謂多寡不均，又貪吏或多取歲租，以害細民。七年八月，詔罷天下職田，悉以其歲入租課送官，具數上三司，以所在時估定價而均給之。九年二月，復故。慶曆三年九月〔三三〕，更定守令佐職田頃畝之限〔三四〕。靖康元年五月，始借一年輸内帑。建炎初，以國用不足，遂拘天下職田隸提刑司。元年六月乙酉。李伯紀免相，復給之。明年，呂源爲發運副使，復請收圭租以贍軍〔三五〕。上不許。五月癸丑〔三六〕。紹興末，東南諸路收圭租二十三萬斛有奇，州縣有過給者，上聞之，命及格則止。二十九年十二月癸酉〔三七〕。舊制，圭租皆給正色，至是江西、湖南米斗才數十，而圭租乃令折價至三、四千，陳正獻爲殿中侍御史，爲上言之，遂命復輸本色。三十年十一月庚辰〔三八〕。隆興初，又有權借一年之令。元年六月。乾道改元，以軍事始息，又借職田米三年，用王大寶尚書請也。元年七月辛亥。八年冬，復還之。十月丙辰。時四川州縣職田，宣撫司已借十年，爲軍中減汰使臣之用。乾道四年，虞雍公申請。會其數，歲得十二萬八千八百九十九緡而已。淳熙初，亦還之。淳熙末，言者又論州縣守倅合得圭租皆折見緡，其他小官則交本色，非是。事下户部。户部奏：「在法，圭租以前後官在任月日均給，不許折錢。即人户願輸錢而旋增實直者，準律科罪。」從之。十四年三月戊辰。今蜀中圭租，皆折見錢，又多從隔郡支給，相承已久，莫知始於何年。

432 僧寺常住田

僧寺常住田者，所在多有之。紹興中，高宗嘗取其絶産隸郡國養士。久之，住鬻祠部度牒，其徒寖微。二十二年春〔三九〕，命司農寺丞鍾世明往閩中措置寺觀絶産，自租賦及常住歲用外，歲得羡錢三十四萬緡入左藏庫〔四〇〕。明年，張如瑩節使爲帥，又請於朝。十還六、七矣。今明州育王、臨安徑山等寺常住膏腴多至數萬畝，其間又有特旨免支移科配者，頗爲民間之患焉。

433 金銀阬冶

金銀阬冶，湖、廣、閩、浙皆有之。湖南〔四一〕、廣東、江東西金阬，湖南、廣東西、江東西、浙東、福建銀阬。祖宗時，除沙石中所産黄金外，歲貢額銀至一千八百六十餘萬兩。渡江後，停閉金阬一百四十二，銀阬八十四。紹興七年，詔江、浙金銀阬冶並依熙、豐法，召百姓采取，自備物料烹鍊，十分爲率，官收二分。二月戊申。然民間得不償課本，州縣多責取於民，以備上供〔四二〕。三十年，用提點官李植言，更不定額。五月丙戌。饒州舊貢黄金千兩，孝宗時，詔損三之一。今諸道上供銀兩，皆置場買發。蜀中銀每法秤一兩，用本錢六引，而行在左藏庫折銀才直三千三百云。然民間之直，又不滿三千。高宗嘗諭輔臣以非劉晏懋遷之術，欲更革之。户部以鐵錢折半爲詞而止。二十六年二月庚辰。其實吴、蜀錢幣不能相通，舍銀帛無以致遠，故莫如之何。

434 銅鐵鉛錫阬冶

銅鐵鉛錫阬冶者，閩、蜀、湖、廣、江、淮、浙路皆有之。祖宗時，天下歲産銅七百五萬斤，鐵二百十六萬斤〔四三〕，鉛三百二十一萬斤，錫七十六萬斤，皆有奇。渡江後，其數日減，至紹興末，江東西、福建、廣南〔四四〕、湖南、潼川府、利路十四州，歲産銅二十六萬三千一百六十九斤九兩。信州膽銅九萬六千五百斤，饒州膽銅二萬三千四百斤，韶州膽銅八萬八千九百斤，黄銅一萬四百斤〔四五〕，潭州膽銅三千四百斤，建寧府黄銅八千三百斤，連州黄銅二千八百斤，池州膽銅四百斤，汀州黄銅六千斤，邵武軍黄銅三百斤，潼川府黄銅六千斤，利州黄銅七千斤，興州黄銅一千六百斤，南劍州黄銅三千六百斤。江東西、廣南、湖南、福建、浙東二十州〔四六〕，産鐵八十八萬三百二斤十三兩，而蜀中所産不與焉。信州二十五萬七千斤，撫州十一萬七千斤，吉州二十九萬斤，建寧府四萬斤〔四七〕，鬱林州二萬七千五百斤，興國軍二萬四千九百斤，饒州一萬七千斤，舒州一萬七千五百斤，賓州一萬四千六百斤，江州一萬三千八百斤，潭州一萬三千斤，惠州一萬二千七百斤，韶州一萬二千斤，廣州六千九百斤，池州六千八百斤，洪州三千五百斤，辰州三千四百斤，處州一千三百斤，徽州一千二百斤，南雄州四百斤，皆有奇。江、湖、閩、廣、浙東二十州，産鉛十九萬一千二百四十九斤十三兩。信州十一萬五千斤，潯州二萬二千二百斤，南劍州九千五百斤，賓、韶州皆五千六百斤，邕、連州皆五千斤，興國軍六千斤，衡州四千一百斤，建寧府三千三百斤，峽州三千七百斤，潭州一千八百斤，舒州七百斤，處州五百斤，衢州四百斤，温州、南恩州皆二百斤，桂陽軍七十二斤，福州六十斤〔四八〕，皆有奇。湖、廣四州，産錫二萬四百五十八斤六兩〔四九〕。賀州一萬二千六百斤，桂陽軍三千八百斤，郴州二千四百斤，衡州一千五百斤，皆有奇。視祖額，鐵才及四分餘，鉛及六釐，銅及四釐，錫及三釐，皆弱。東南鐵悉輸岑水〔五〇〕、鉛山、永興、興利四場浸銅，爲泉司之用。惟川鐵以鑄錢云。舊婺州銅，融、福、峽州、南安軍鉛，贛、宜州、南安軍錫阬皆廢。膽銅者，蓋以鐵爲片，浸之膽水中，後數十日即成銅。凡銅場十四，鐵場三十八，鉛場二十四，錫場五云。

435 東南諸路鑄錢增損興廢本末

東南諸路鑄錢，國朝承南唐之舊，爲之未廣也。咸平三年，馬忠肅亮以虞部員外郎出使，始於江、池、饒、建四州，歲鑄錢百三十五萬貫，銅鉛皆有餘羨。真宗即以忠肅爲江南轉運副使兼都大提點江南、福建路鑄錢，四監凡役兵三千八百餘人。大中祥符後，銅阬多不發，逮天禧末，所鑄才一百五萬。及蔡京爲政，大觀中，歲收銅止六百六十餘萬斤。比祖額虧四十餘萬斤。內舊場四百六十餘萬斤，膽銅一百餘萬斤，石銅七十萬斤，新場三十萬斤。江、湖、閩、廣十監，每年共鑄錢二百八十九萬四百緡，計用銅一千十一萬五千斤。江州廣寧，二十四萬。池州永豐，三十四萬五千。饒州永平，四十六萬五千。建州豐國，二十四萬四百〔五一〕。以上四監，一百三十四萬緡，上供。衡州咸寧，二十萬。舒州同安，十萬。嚴州神泉，十五萬。鄂州、寶泉，十萬。韶州永通，八十三萬。梧州元豐，十八萬〔五二〕。已上六監，一百五十六萬緡，逐路支用〔五三〕。以所入約所用〔五四〕，計少銅三百三萬五千斤。自渡江後，歲鑄錢才八萬緡，近歲始倍。蓋銅鐵鉛錫之入，視舊才二十之一。舊一千三百二十萬斤，今七十餘萬斤。所鑄錢視舊亦有二十之一爾。

436 鑄錢諸監 紹興　慶元榷銅。

鑄錢諸監，自紹興初，以江、池殘破，遠涉大江，遂廢之，元年八月甲申。是歲才鑄錢八萬。明年，以范汝爲作亂，權罷建州鼓鑄一年。二年二月丙戌〔五五〕。汝爲平，復鑄錢，泉司應副銅、錫六十五萬餘斤，歲額鑄錢二十五萬，然是歲才鑄十二萬緡耳。三年，劉立道大中宣諭江南歸，奏言：「泉司官吏之費，歲爲十三萬緡，而木炭、本錢如鑄錢之數，請省其官屬。」從之。十二月癸未。是時阬冶盡廢，每鑄錢一千，率用本錢二千四百。五年，閩漕鄭士彦奏廢豐國監，而歲與泉司認發新額錢。閏二月丁巳〔五六〕。議者以爲不可。其冬，户部侍郎王俣請復鑄錢及官鬻銅器，以剔私鑄之弊。十二月辛亥。明年，遂悉斂民間銅器以鑄錢，又詔私鑄銅器者徒二年。六年五月甲午。贛、饒二監新額錢四十萬緡，提點官趙伯瑜以爲所得不償所費，遂罷鑄錢，歲額銅、炭積而不用，盡取木炭、銅鉛本錢及官吏闕額衣糧水脚之屬，湊爲年計。十三年，韓球爲使，必欲盡鑄新錢，調民興復廢阬，至於發冢墓，壞廬舍，而終無所得。又請籍阬户姓名，約定買納銅數。閏四月丁酉〔五七〕。民大以爲擾，郡邑至毁錢爲銅以應命，然所鑄亦才十萬緡。二十四年，遂罷鑄錢司而歸之諸漕。二十七年，户部侍郎林覺請出版曹錢八萬緡爲饒、贛、韶三州鑄本，歲權以十五萬緡爲額〔五八〕。七月庚午。未幾，殿中侍御史王珪復言泉司不可廢。湯致遠在樞密，以爲不然，請與三省議。沈丞相等乃奏以户部侍郎榮薿茂世領提點，許置官屬二員。八月庚申。然錢監既廢復不一，故兵匠有闕不補，視舊數十損其三，積其衣糧。號三分闕額錢〔五九〕。明年，洪景嚴爲起居舍人，爲上言銅器之害。上命出御府銅器千五百事付泉司，二十八年七月己卯〔六〇〕。遂大斂民間銅器以鑄錢，許告賞。其後，得銅二百餘萬斤。二十九年，趙郡王令詪在版曹，因請以三分闕額錢爲鑄本。二月丁亥。其秋，復置提點官。七月庚子〔六一〕。明年夏，泉司言：「歲課但可鑄十萬緡，諸道所拘銅加以鉛錫，可鑄六十萬緡，是乃暫時所拘，請權以十萬緡爲額。」工部奏爲五十萬緡，三十年五月丙戌。然亦止鑄十萬緡而止云。今泉司歲額增至十五萬緡〔六二〕，小平錢至一萬八千緡，折二錢六萬六千緡。折小平錢十三萬二千緡。歲費鑄本及起綱糜費，約用二十六萬緡，司屬之費又約二萬緡〔六三〕，東南十一路一百十八州之所供也。其名色有阬冶課利錢、率分衣糧錢〔六四〕、木炭錢、錫本錢，約二十一萬緡，比歲所收實不過十五、六萬緡耳〔六五〕。其歲羨課金一百三十八兩二錢；銀元額七分內庫，三分本司；

銅三十九萬五千八百十三斤八兩；鉛三十七萬七千九百斤；錫一萬九千八百七十五斤；鐵二百三十二萬八千斤。比歲所榷，十無二、三，皆以錢貨於阬户以取給，然亦不登。每當二錢千，重四斤五兩。銅二斤九兩半，鉛一斤十五兩半，錫二兩〔六六〕，木炭五斤，除火耗七兩外，淨錢計上件。小平錢千，重四斤十三兩。銅二斤十五兩半，鉛二斤一兩半，錫三兩，木炭八斤，除火耗七兩外，淨錢計上件。視舊制，銅少而鉛多。天禧之制〔六七〕，每千錢，用銅三斤十四兩，鉛一斤八兩，錫八兩，內建州豐國監又減鉛五兩〔六八〕，加銅亦如之。紹興之制，每小錢一千，用銅二斤半，鉛一斤五兩，炭五斤，蓋七百七十七文爲一千者也。今小平錢一千足，乃用此料，則錢愈鍥薄，宜矣。

慶元三年，乃復禁銅器，二月癸巳。民間舊有者，限兩月赴官投賣，每兩以三十錢酬之。二月庚子〔六九〕。民間多不盡輸，遂命再限兩箇月，不復酬以錢，違者許人告。六月庚申。湖州舊鬻鏡，行於天下，至是官自鑄之。二年八月甲戌，已用右曹郎官趙彦括奏，禁銷錢爲銅器，買者科違制之罪，仍以匿隱論。其爐户決配海外，永不放回，仍許告捕。因復置神泉監，以所括民間銅器鑄當三大錢，仍權隸工部。八月戊子。惟嚴錢直輸行在，而建、韶、饒、贛等州，皆自提點所泛湖，由江入漕渠，輸之京帑焉。然祖宗時，內帑雖歲收新錢一百五萬〔七〇〕，江、池、饒、建四監，熙寧中額。每年退却六十萬，三年一郊，又支一百萬赴三司，是內帑每年得一十一萬六千餘緡〔七一〕，而左藏得九十三萬三千餘緡也。今歲額止十五萬，而隸封樁者半，內藏者半，左藏咸無焉，宜版曹之日困也。

437 川陝鑄錢

川、陝舊皆行鐵錢〔七二〕。祖宗時，益、利、夔三州，皆有鐵冶，故即山鑄錢。邛州舊鑄錢十萬緡，建炎初，轉運判官靳博文以爲歲費本錢二十一萬，得不償費，乃罷之。二年六月乙卯〔七三〕。紹興十五年〔七四〕，鄭亨仲爲四川宣撫副使〔七五〕，始即利州鑄錢，歲十萬緡，以救錢引之弊，率費二千而得千錢，置官六人，兵匠五百人，歲用鹽官錢七萬緡，四路稱提錢十四萬緡爲鑄本。七月戊申〔七六〕。其後增至十五萬。二十二年〔七七〕，嘉守王知遠請復嘉、邛鑄錢監，事下計司，六月丁丑〔七八〕。於是復置監於邛州。明年，詔邛州歲鑄三萬緡，利州九萬緡，四月乙酉。共費本錢引十七萬五千緡，利州十一萬四千，邛州六萬一千。每千率費千四百緡。二十五年，又詔利州鑄大、小錢各二萬緡，凡大錢千重十二斤，小錢千重七斤有半，於是歲省鼓鑄本錢三萬。三十一年，再減利州錢爲六萬緡，大、小各半之。施州舊亦鑄錢萬緡，南平軍數千緡，紹興末，皆減。今蜀中歲鑄錢十萬七千〔七九〕。施州錢，紹興三十年，以鐵炭艱難，減爲七千；南平軍以礦苗少亦減爲千緡，並充省計〔八〇〕。

438
淮上鐵錢

淮上舊鑄銅錢，兵火後，舒州不復鑄錢，但行饒、建等錢而已。乾道初，林樞密安宅爲右諫議大夫，議以銅錢多入北境，請禁之，而即蜀中取鐵錢，行之淮上。事既行，洪景伯參政言其不可。上問之，景伯曰：「今每州不得千緡，一州以萬户計之，每家才得數百，恐民間無以貿易。且客旅無回貨，鹽場有大利害。」上以爲然〔八二〕，乃不行。元年九月丁巳。但即蜀中取十五萬緡行之廬、和二州而已。五年秋，王公明使蜀，復伸前議。六年夏，遂命司農寺丞許子中往淮西措置，即舒、蘄二州鑄夾錫鐵錢，舒州同安監歲二十五萬緡，蘄州蘄春監十五萬緡。淳熙七年春，舒守趙子蒙、蘄守施温舒，皆以鑄錢增羡遷官。正月己卯。然淮民大以爲擾。八年秋，王謙仲知舒州〔八三〕，入見，爲上言之，遂減舒州錢額十萬緡，與蘄州通爲三十萬。七月癸卯。後踰月，又詔權罷鼓鑄一年。九月丁丑。二州既復鑄錢，因命淮西漕臣兼提點江、淮、湖北鐵冶鑄錢公事，增歲額至六十萬緡，然淮錢日夥，而又著令不許過江，人甚賤之，乃復減爲四十萬。

439 東南會子 見錢關子

東南舊無會子，大觀中，蔡京當國，嘗倣川交子法爲錢引行之，然所出猥多，又官司不以出納，故旋即廢。紹興元年冬，高宗在越，張忠烈俊以神武右軍分屯婺州，朝廷以水道不通，始置見錢關子，召商人入中。其法：入見錢於婺州，執關子赴杭、越榷貨務請錢，每千搭十錢爲優潤。十月壬午〔八三〕。六年春，張忠獻爲都督，張如瑩澄主管行府財用，請依四川法，造交子，與見緡並行。先造二十萬緡，行於江、淮，既又造二十萬緡爲糴本，遂置行在交子務，二月甲辰。將悉行之東南。趙公時霈爲諫官，爲上言：「官無本錢，懼民不信，其不便者五。」胡内翰交修亦言：「姦民僞造，抵罪必多。」朝廷遂改爲關子，自十千至百千，凡五等。紹興末，頗舉行焉。當時臨安之民，復私置便錢會子，豪右主之。錢處和爲臨安守，始奪其利以歸於官。既而處和遷户部侍郎，乃於户部爲之。三十一年春，遂置行在會子務，二月丙辰。後隸都茶場，悉視川錢引法，行之東南諸路，凡上供、軍需，並同見錢，仍賜左帑錢十萬緡爲本。乾道初，户部以財匱，增印會子二百萬緡。李侍郎若川因請官兵廩給減支見錢〔八四〕，歲中可省緡錢二百四十萬。上以其動衆，難之。二年二月辛未〔八五〕。時會子初行，軍中多以爲不便，鎮江都統制郭振與總領趙公稱有隙，奏乞公稱易見緡付本軍。上以諭輔臣，洪丞相曰:「楮幣在處可行,但須得本錢稱提乃可。」遂命行之淮東。三月辛亥。然楮券所出既多,而有司出納皆用見錢,民不以爲便。陳天與良祐在諫院,爲上言之。先是,已增榷貨務入納會子二分,上諭輔臣,不可失信於民。二年二月癸卯(八六)。三年,遂出南庫錢二百萬緡,收回所增會子,而命三衙全支銀錢。時會子已造者二千八百餘萬,已用者一千五百六十餘萬,而在民間者九百八十萬緡。始議盡收之(八七),已降内藏、南庫銀各百萬兩矣。曾欽道爲户部侍郎,乞存民間見在者五百十九萬。上從之。然銀直既低,軍士患其折閲。殿帥王琪因爲執政言之。欽道復請以分數支會子。上不欲。魏丞相曰:「今會子已非前日比。」上乃許之。七月己亥。先是,諫官陳天與嘗言不可失信於民,乞復置會子務。三月癸亥(八八)。蔣參政行丞相事,力主之。其冬,復印新會子五百萬。十一月己酉(八九)。四年春,詔諸軍、諸司皆分數支會子,德壽宫依舊支見錢,禁中亦分數支會子。三月甲申。其秋,曾欽道奏僞造會子人,籍其貲充賞;再犯,依川錢引法。從之。八月癸卯。五年春,詔以一千萬緡爲一界,時欽道已遷版書,而陳季若以兵部侍郎提領,共奏:乞如川錢引例,兩界相沓行使。許之。正月辛酉。六年春,言者謂「楮幣可行於無事之時,不可行於有事之際。今銀直低平,宜廣收買,或以度牒折納,非泛交用,悉以楮幣。」乃令諸道監司別庫積銀,以備緩急。奏雖下,後不克行。二月丙戌。七年春,詔州郡上供,許用七分會子,三分見錢。正月。然有司取於民,悉以見鏹。上命約束之。六月辛酉。淳熙十三年秋，詔今後再犯僞造會子，雖印文不全成，但已經行用，論如律。九月乙巳。今江、浙會子一千，率得銅錢七百五十；湖北會子一千，率得錢五、六百。其法：自一貫、五百、三百至二百，凡四等，民甚便之。自會子創造至今四十年，遂與見緡並行，不可復廢矣。凡會子亦兩界並行，總三千六百萬。第七界又增印五百二十三萬八千八百有奇，實爲四千一百二十餘萬。

440 湖北會子

湖北會子者，隆興元年秋，總領王珏始創造〔九〇〕，謂之直便會子，凡七百萬緡。乾道元年春，楊倓帥荆南，以爲不可通行於諸路，乞令户部以五十萬緡兑换。其後遂收三百萬緡，止餘四百萬。淳熙五年冬，又令户部印給三百萬緡，而總領周嗣武言：「自來鹽商無回貨，率以會子市茶引而東。今會子通行，則茶引不售，軍食必闕。」遂寢之。十一年，始通行於京西路。紹熙初〔九一〕，梁總爲京湖總領〔九二〕，會其已出應换之數，得五百六十二萬緡，遂亦造兩界焉。每界二百七十萬緡，總爲五百四十萬。

441 兩淮會子

兩淮會子者，乾道二年夏，初令户部印給二百萬緡〔九三〕，謂之交子，不得過江。八年秋，以交子易壞，始出行在會子收兑。紹熙三年夏〔九四〕，議者以淮上鐵錢多，欲革其弊。會趙子直爲吏部尚書，與從官陳進叔、羅春伯、謝子肅等合奏，乞印造兩淮會子三百萬貫〔九五〕，付於兩路，每貫準鐵錢七百七十，淮東二分，淮西一分，依湖北例，三年一兑，更不申展。事下兩省、臺諫議，而尤延之等議以爲可，遂施行之。其會子仍分一貫、五百、二百者，凡三等，許流轉至江〔九六〕、池、太平、常州、建康、鎮江府、興國、江陰軍界内行應用，兩淮上供及户部錢物並權發見錢三年〔九七〕，令淮南漕司椿管，而沿江八州軍合發上供，一半會子，則許用交子通融，起發於江、淮東西總領所椿管焉〔九八〕。蓋自紹興辛巳二月以後至紹熙壬子八月以前〔九九〕，行在、湖北、兩淮創行交、會，總爲四千九百六十餘萬緡，已敵蜀中之數矣。

442 四川錢引

四川錢引，舊成都豪民十六户主之。天聖元年冬，始置官交子務，十一月戊午〔一〇〇〕。每四年兩界，印給一百二十五萬緡〔一〇一〕。崇、觀間，陝西用兵，增印至二千四百三十萬緡。崇寧元年增二百萬，二年又增一千一百四十三萬，四年又增五百七十萬，大觀元年，又增五百五十四萬。由是引法大壞，每兑界，以四引而易其一，蔡京患之。大觀元年夏，改交子爲錢引，四月甲子〔一〇二〕。舊交子皆毋得兑。三年秋，詔復以天聖年額爲準。七月。建炎初，靳博文爲益漕，以軍食不繼，始以便宜增印錢引六十二萬緡〔一〇三〕。二年六月。其後張忠獻、盧立之、席大光相繼爲帥，率增印矣。紹興七年夏，詔四川不得泛印錢引。五月庚寅。然邊備空虛，泛印卒如故。十年春，用樓仲輝議〔一〇四〕，詔印錢引者徒二年，不以赦免。正月戊子。未數月，以贍軍錢闕，又命印五百萬緡。三月戊子。十三年〔一〇五〕，鄭亨仲復奏增四百萬緡。三月辛卯〔一〇六〕。三十年，軍事將起，王瞻叔增印一百七十萬緡。三月。又明年〔一〇七〕，虞并甫宣諭川、陝，亦增印一百萬緡。三十二年閏二月乙未〔一〇八〕。紹熙二年以展年兑界，增還計所一百七十萬緡。慶元三年，三路旱，復減放，又增一百萬緡。今前後兩界，共盡收錢引四千九百萬緡有奇。其法：自一千至五百，凡二等，每錢引一千〔一〇九〕，民間直鐵錢七百已上，而輸官則一千二百八十云。

443 錢引兑監界

自天聖立川交子法，每再歲一易，人户輸紙墨費三十錢。紹興十一年秋，詔增爲六十四〔一一〇〕，七月壬寅。每界無慮一百七十萬緡，與更易不盡者，號水火不到錢，亦二十餘萬緡，悉令計司收之，以備邊用。然錢引屬總領〔一一〕，而鈔紙場、錢引務隸成都漕司〔一二〕，故更易不盡者，總、漕屢爭之。二十八年夏，孫太沖奏以爲稱提本錢。詔茶馬司檢察。五月癸亥。其後，卒歸計司焉。紹熙二年，上念蜀民之勞，詔權展一界乃易。慶元四年冬，丁端叔自四川茶馬代還，入見〔一三〕，言川交子二年一兑，每引納貫頭錢八十文足，民甚苦之。今計所多羨財，每界請展一年，永爲定制。章下制置司。十一月。時袁起巖爲帥，上言：「今民間每兑錢引一千〔一四〕，貼納錢引六十四文足，每界總領所收貼頭錢凡百八十萬緡，今欲展年，當求對補之策。其一，紹熙初〔一五〕，增印百七十萬緡〔一六〕，今凡八年，則兑界兩、三次間，暗增貼頭錢已三、四十萬。其一，去歲增印錢引百萬緡，異時每界增貼頭錢亦僅七萬。此二者略可相當，兼總領所每界撥還漕司工墨錢十九萬緡，今既展年，不復對撥，而又每界水火不到之緡幾十萬，皆總所得之，若展一年，所不到者又倍，凡此皆可以對補展年所虧之數。」明年春，有旨許之。三月戊申。六年冬兑界，水火不到錢才七萬五千四百四十八緡。嘉泰二年，陳日華曄總領，謝用光爲帥，請之朝，復以二年一兑。蓋軍餉所仰，不可復展矣。

444 關外銀會子

關外銀會子者，紹興七年，吳涪王爲宣撫副使，始置於河池。二月丙午。其法：一錢或半錢，凡一錢銀會子十四萬紙，四紙折錢引一貫。半錢銀會子十萬紙〔一七〕，每八紙折錢亦如之。初但行於魚關及階、成、岷、鳳、興、文六州，歲一易，其錢隸軍中，武安薨，遂屬計所。十七年七月，復造於大安軍，再歲一易。乾道四年四月，始增一錢銀三萬紙。九月，行於文州，其後稍益增，迄今每二年印給六十一萬餘紙，共折川錢引十五萬緡。

445 鐵錢會子

鐵錢會子者，興元府、金、洋州用之，創自隆興元年。其法：自三百、二百至一百，凡三等，迄今每二年印給二百四萬緡，共折川錢引四十萬緡。始是，總領趙郎中沂奏獲其年十月四日癸巳指揮〔一八〕，造六十萬緡，折錢引十萬貫，行於金州，至隆興二年六月、乾道四年正月，累增乃及此數也。

校勘記

〔一〕剗佃　原作「剗田」，據蕭本、殿本、函海本及宋史卷一七三食貨志改。

〔二〕許之　原作「從之」，據上引本子改。

〔三〕蕎芋之類凡十有八種　「類」原作「數」，據影宋本、蕭本、函海本改。「凡」字原脱，據影宋本、函海本補。

〔四〕畢取之　「畢」原作「必」，據影宋本、蕭本、閣本、函海本改。

〔五〕紹興　原作「熙興」，據蕭本、殿本、閣本、函海本改。

〔六〕德安府復州　原作「安陸」，據要録卷四九紹興元年十一月丁未條及皇宋中興兩朝聖政卷一〇、通考卷七田賦考、宋史卷一七六食貨志、卷三七七陳規傳改。

〔七〕凡屯田事營田司兼行之營田事府縣官兼行之　原作「凡營屯田事府縣官兼行之」，據上引各書及宋會要食貨六三之九一補正。

〔八〕（紹興）三十二年三月辛亥　「辛亥」原作「甲子」，據要録卷一九八及宋史卷三二高宗紀改。

〔九〕然須　原作「必須」，據蕭本、殿本、函海本及宋會要食貨六三之一二四改。

〔一〇〕請佃　原作「請田」，據蕭本、閣本、函海本改。

〔一一〕獨公安縣令孫倚以營田辦集遷官　原作「獨命公安縣令倚營田辦集選官」，據要録卷四九紹興元年十一月丁未條及宋會要食貨六三之八七補正。

〔一二〕田主自訟則歸之　此句原脱，據要録卷六四紹興三年四月己丑條補。

〔一三〕湖北浙西江西　原作「江北浙西」，據上引要録卷六四及宋會要食貨六三之九五、宋史卷一七六食貨志補正。

〔一四〕徭役　原脱「徭」字，據上引各書補。

〔一五〕行拘籍　「行」原作「無」，據要録卷九八紹興六年二月壬寅條及宋史卷一七六食貨志、宋會要食貨六三之一〇七引録朝野雜記改。

〔一六〕以五頃爲一莊募民承佃其法五家爲一保共佃一莊以一人爲長每莊官給牛五具種子農器副之别給十畝爲菜田　原作「以五頃爲二莊官給耕牛具種子農器一莊以一人爲長每莊官募民承佃其法五家爲一堡又給畝爲菜田」，此段文字錯亂較多，今據宋會要食貨六三之一〇七引録朝野雜記加以補正。並參考上引宋史食貨志、要録卷九八。

〔一七〕樊相伯賓王中孚弗　原脱「弗」字，據皇宋中興兩朝聖政卷二一紹興七年二月癸卯條補。按：中孚名弗。

〔一八〕（紹興六年）正月丙申　「丙申」原作「丙午」，按：是年正月己巳朔，無「丙午」日，今據宋會要食貨六三之一〇七引録朝野雜記改。又上引要録卷九八繫命樊賓、王弗措置江、淮營田事於紹興六年二月壬寅條。

〔一九〕營田　原作「屯田」，據要録卷九九及皇宋中興兩朝聖政卷一九紹興六年三月己巳條改。

〔二〇〕授田　原作「收田」，據宋會要食貨六三之一〇八引録朝野雜記及上引要録改。

〔二一〕（紹興六年）五月丁亥　「丁亥」原作「辛亥」，據閣本、函海本及上引宋會要引録朝野雜記改。按：是年五月戊辰朔，無「辛亥」日。

〔二二〕提領江淮營田公事　「提領」原作「提舉」，據下文記事及要録卷一〇三紹興六年七月壬申條、宋會要食貨六三之一〇五改。

〔二三〕三十萬斛　「十」原作「千」，據影宋本、蕭本、殿本、函海本及要録卷一〇九紹興七年二月癸卯條、上引宋會要食貨六三之一〇八引録朝野雜記、宋史卷一七六食貨志改。

〔二四〕十餘萬斛　原作「十萬餘斛」，據影宋本、函海本及上引要録、宋會要引録朝野雜記乙正。

〔二五〕（紹興）七年二月癸卯　「癸卯」原作「辛丑」，據上引要録及皇宋中興兩朝聖政卷二一改。

〔二六〕（紹興七年）六月乙未　「乙未」原作「乙丑」，據要録卷一一一及上引皇宋中興兩朝聖政改。

〔二七〕（紹興）二十三年　「三」原作「二」，據要録卷一六四紹興二十三年三月丁未條及宋會要食貨六三之一一八改。

〔二八〕間有　「間」原作「聞」，據影宋本、蕭本、殿本、函海本改。

〔二九〕語在時事中　按：今本甲集卷七時事門中未記此事，而乙集卷十六財賦門王德和（寧）括關外營田條記載簡略。獨兩朝綱目備要卷六慶元六年冬括關外營田租不果條詳載此事，疑即録自原本雜記甲集卷七之文，今迻鈔入附録一拾遺中。

〔三〇〕化成惠民　原作「化民惠成」，據要録卷一六五紹興二十三年十月丁丑條及宋會要食貨六一之一二〇、通考卷六田賦考圩田水利條、宋史卷一七三食貨志改。

〔三一〕政和　原作「和政」，據上引要録及宋會要食貨六一之一〇八改。

〔三二〕賊馬　原作「軍馬」，據函海本改。

〔三三〕慶曆三年九月　「三」原作「二」，據閣本、函海本改。又長編卷一四五及宋史卷一一仁宗紀繫此事於慶曆三年十一月壬辰，疑此處「九月」爲「十一月」之誤。

〔三四〕職田　原作「職官」，據上下文記事及上引長編、宋史改。

〔三五〕圭租　原作「圭田」，據底本下文記事及蕭本、殿本、函海本改。

〔三六〕（建炎二年）五月癸丑　原作「八月壬子」，按：是年八月癸丑朔，無「壬子」日，今據要録卷一五建炎二年五月癸丑條及宋史卷二五高宗紀改。

〔三七〕（紹興）二十九年十二月癸酉　「癸酉」，要録卷一八三作「壬申」。按：「壬申」之後一日爲「癸酉」。

〔三八〕三十年十一月庚辰　「庚辰」原作「庚寅」，據要録卷一八七及宋史卷三一高宗紀改。

〔三九〕（紹興）二十二年　原作「二十年」，據影宋本、蕭本、函海本及要録卷一六三紹興二十二年三月丁巳條補正。

〔四〇〕三十四萬　原作「三四十萬」，據影宋本、殿本、閣本、函海本及上引要録乙正。

〔四一〕湖南　原作「湖廣」，據殿本及宋史卷一八五食貨志阬冶改。

〔四二〕上供　原作「上用」，據影宋本、蕭本、函海本改。

〔四三〕鐵二百十六萬斤　「二」原作「一」，據要録卷一四八紹興十三年閏四月丁酉條注文及宋史卷一八五食貨志阬冶改。

〔四四〕廣南　原作「廣西」，因注文標明銅産地有韶州、連州，該二州均隸廣南東路，故改。又上引宋史亦作「廣東、廣西」。

〔四五〕黄銅一萬四百斤　原作「黄銅二百斤」，據宋會要食貨三三之一九至二〇改。

〔四六〕浙東　原脱，因注文標明鐵産地有處州，故補。又上引宋史亦有「浙東」兩字。

〔四七〕建寧府　原作「建州」，按：建州升爲建寧府，在紹興三十二年六月孝宗即位之後，因本條其他兩處注文均作「建寧府」，故改。又上引要録卷一四八記該産地均作「建州」，亦可。

〔四八〕福州六十斤　「福州」原作「韶州」，與上文重覆，今據宋會要食貨三三之二四改。又「六十」原作「六千」，據蕭本、閣本、函海本改。細數相加與總數較接近。

〔四九〕二萬四百五十八斤　原作「二萬五百四十八斤」，據蕭本、殿本、函海本及上引要録卷一四八、宋會要食貨三三之二五改。

〔五〇〕悉輸　「悉」原作「錫」，據蕭本、殿本、閣本、函海本改。

〔五一〕建州豐國二十四萬四百　「二十四萬」，宋會要食貨一一之一作「三十四萬」。與總數相核，「二十四萬四百」似應作「二十九萬」。

〔五二〕梧州元豐十八萬　「十八萬」原作「十九萬」，據上引宋會要及通考卷九錢幣考，並與本條總數相核，加以改正。

〔五三〕支用　原作「交用」，據上引宋會要、通考及宋史卷一八〇食貨志改。

〔五四〕所用　原作「所有」，據影宋本、蕭本及上引宋會要改。

〔五五〕（紹興）二年二月丙戌（二十四日）　要録卷五一繫「權罷建州鼓鑄二年」事於紹興二年二月丙寅（四日）。疑此處所記干支有誤。

〔五六〕（紹興五年）閏二月丁巳　原脱「閏」字，據要録卷八六紹興五年閏二月丁巳條補。按：紹興五年二月乙亥朔，無

「丁巳」日。

〔五七〕（紹興十三年）閏四月丁酉　「丁酉」原作「丁巳」，據要録卷一四八紹興十三年閏四月丁酉條改。按：紹興十三年閏四月戊子朔，是月終於二十九日丙辰，而「丁巳」爲五月一日之干支。

〔五八〕（紹興）二十七年……三州鑄本歲權以十五萬緡爲額　「州」原作「年」，「歲」原作「錢」，「十五」原作「五十」，據殿本及要録卷一七七紹興二十七年七月庚午條、宋史卷一八〇食貨志改。

〔五九〕三分闕額錢　「三分」原作「三八」，據影宋本、殿本及底本下文改。

〔六〇〕（紹興）二十八年七月己卯　「己卯」原作「庚辰」，據要録卷一八〇改。

〔六一〕（紹興二十九年）七月庚子　「庚子」原作「乙巳」，據要録卷一八三紹興二十九年七月庚子條改。

〔六二〕增至十五萬緡　原脱「至」字，據宋史卷一八〇食貨志補。

〔六三〕司屬之費又約二萬緡　「二」原作「一」，據蕭本、殿本、函海本及上引宋史改。

〔六四〕率分衣糧錢　「率」原作「牽」，據影宋本、蕭本改。

〔六五〕約二十一萬緡比歲所收實不過十五六萬緡耳　上一「緡」字原脱，「比歲」原作「比歲歲」，據影宋本、閣本、函海本及上引宋史補和删。

〔六六〕錫二兩　「兩」原作「斤」，據殿本及底本下文配料中錫之數量改。又上文「每當二錢千重四斤五兩」，據夾注所列配料斤兩數統計，其中，「五兩」疑爲「四兩」之誤。或夾注中所列配料兩數有誤。

〔六七〕天禧之制　「制」原作「末」，據蕭本、殿本、函海本改。

〔六八〕豐國監　「監」字原脱，據影宋本、蕭本、函海本補。

〔六九〕慶元三年乃復禁銅器二月癸巳民間舊有者限兩月赴官投賣每兩以三十錢酬之二月庚子　按：是年二月乙巳朔，無癸巳、庚子日。又宋會要刑法二之一二七至一二八繫宋廷嚴禁民間私鑄銅器、私用銅器事於慶元三年正月。按：是年正月癸巳爲十九日，庚子爲二十六日。雜記此處繫月有誤，疑以會要爲是。

〔七〇〕歲收新錢一百五萬　「新」字原脱，「萬」原作「緡」，據影宋本及兩朝綱目備要卷五慶元三年閏六月甲戌申嚴銅器之禁條、宋史卷一八〇食貨志補正。

〔七一〕一十一萬　原作「一十六萬」，據影宋本、蕭本、閣本及上引備要、宋史改。

〔七二〕鐵錢　原作「鑄錢」，據蕭本、殿本、函海本及宋史卷一八〇食貨志改。

〔七三〕（建炎）二年　原作「三年」，據要録卷一六建炎二年六月乙卯條記事改。

〔七四〕紹興十五年　「五」字原脱，據要録卷一五四紹興十五年七月戊申條及上引宋史補。

〔七五〕四川宣撫副使　原脱「副」字，據上引要録及宋史卷三七〇鄭剛中傳補。

〔七六〕七月　原作「十月」，據上引要録改。

〔七七〕（紹興）二十二年　原作「二十三年」，據函海本及要録卷一六三紹興二十二年六月丁丑條、宋史卷一八〇食貨志改。

〔七八〕（紹興二十二年）六月丁丑　「丁丑」原作「丁酉」，據上引要録改。按：是年六月甲子朔，無「丁酉」日。

〔七九〕歲鑄錢　原脱「錢」字，據影宋本、蕭本、函海本補。

〔八〇〕省計　原作「有計」，據蕭本及要録卷一六九紹興二十五年八月甲午條改。

〔八一〕上以爲然　「然」原作「是」，據影宋本、蕭本、函海本改。

〔八二〕王謙仲　原作「王謙和」，據影宋本、蕭本、閣本、函海本改。參見宋史卷三八六王藺傳。按：王藺字謙仲。

〔八三〕（紹興元年）十月壬午　「壬午」原作「壬寅」，按：是年十月甲子朔，無「壬寅」日，據殿本及要録卷四八改。

〔八四〕官兵　原作「兵官」，據影宋本、殿本及續通鑑卷一三九乾道二年二月壬辰條乙正。

〔八五〕（乾道）二年二月辛未　按：是年二月乙亥朔，無「辛未」日，而上引續通鑑繫之「壬辰」，當是。

〔八六〕（乾道）二年二月癸卯　「二月」原作「三月」，據蕭本、函海本改。按：是年三月甲辰朔，無「癸卯」日。

〔八七〕始議　原作「始命」，據蕭本、殿本、函海本改。

〔八八〕（乾道三年）三月癸亥　原作「十一月己酉」，據影宋本改。

〔八九〕（乾道三年）十一月己酉　按：是年十一月乙丑朔，無「己酉」日。又宋史卷三四孝宗紀：「乾道三年十二月乙巳，增印會子。」此處十一月疑爲十二月之誤。

〔九〇〕王珏　原作「王琪」，據影宋本及本書乙集卷一六東南收兑會子條、兩朝綱目備要卷一紹熙元年末湖北會子初行兩界條、通考卷九錢幣考湖會改。

〔九一〕紹熙初　原作「淳熙初」，據上文記年及上引備要、宋史卷一八一食貨志會子改。

〔九二〕京湖總領　「京湖」，本書甲集卷一七淮東西、湖廣總領所條及上引宋史均作「湖廣」，疑是。

〔九三〕二百萬緡　兩朝綱目備要卷二紹熙三年夏增印兩淮會子條及宋史卷一八一食貨志會子均作「三百萬緡」。

〔九四〕紹熙　原作「紹興」，據影宋本及本條上下文記事改。

〔九五〕三百萬貫　原脱「百」字，據影宋本、蕭本、閣本、函海本及上引宋史補。

〔九六〕許流轉　原脱「流」字，據影宋本、蕭本補。

〔九七〕權發見錢　「權」原作「榷」，據上引備要改。

〔九八〕江淮東西總領所　原脱「總領」二字，據影宋本、蕭本及上引備要補。

〔九九〕紹熙壬子　「熙」原作「興」，據上引備要改。按：壬子爲紹熙三年。

〔一〇〇〕（天聖元年）十一月戊午　「戊午」原作「戊子」。按：是年十一月辛卯朔，無「戊子」日，今據長編卷一〇一及宋史卷九仁宗紀改。

〔一〇一〕一百二十五萬緡　原脱「緡」字，據影宋本、蕭本及宋史卷一八一食貨志會子補。

〔一〇二〕大觀元年夏改交子爲錢引四月甲子　皇宋十朝綱要卷一七繫此事於是年五月甲午，皇朝編年綱目備要卷二七四川改行錢引條亦繫於是年五月。疑此處所記月日有誤。

〔一〇三〕六十二萬緡　「二」原作「三」，據要録卷一六及皇宋中興兩朝聖政卷三建炎二年六月乙卯條改。

〔一〇四〕樓仲輝　「樓」原作「婁」，據蕭本、殿本、閣本、函海本及要録卷一三四紹興十年正月戊子條改。又「輝」字，據宋史卷三八〇樓炤傳及鄭剛中北山文集卷一三送樓仲暉知温州序應作「暉」。
〔一〇五〕（紹興）十三年　原作「十二年」，據要録卷一四八紹興十三年三月辛卯條記事改。
〔一〇六〕三月辛卯　原脱「辛卯」，據閣本及上引要録補。
〔一〇七〕又明年　原脱「又」字，據要録卷一九七紹興三十二年二月戊戌朔條補。按：虞允文（字并甫）宣諭川陝，乃紹興三十二年二月受命。
〔一〇八〕（紹興）三十二年閏二月乙未　「閏二月乙未」原作「六月己丑」，據要録卷一九八改。
〔一〇九〕錢引　原作「引錢」，據蕭本、閣本、函海本乙正。
〔一一〇〕詔增爲六十四　原無「詔」字，據蕭本、函海本及要録卷一四一紹興十一年七月壬寅條、兩朝綱目備要卷五慶元五年三月戊申四川行對補錢引法條補。
〔一一一〕錢引　原脱「錢」字，據上引備要補。
〔一一二〕隸成都漕司　「隸」原作「立」，據蕭本、閣本、函海本改。
〔一一三〕慶元四年冬丁端叔自四川茶馬代還入見　上引備要及續通鑑卷一五五均繫丁逢（字端叔）入見在慶元四年秋七月己未，此處云「冬」，疑誤。備要注文已有駁正。
〔一一四〕今民間　「今」原作「令」，據上引備要改。

〔一二五〕紹熙　原作「紹興」，據上引備要及本條上下文記事改。

〔一二六〕增印　原作「曾印」，據蕭本及上引備要改。

〔一二七〕十萬紙　原作「一萬紙」，據要録卷一〇九紹興七年二月丙午條改。

〔一二八〕(隆興元年)十月四日癸巳指揮　「四日」原作「四月」，據蕭本、殿本、閣本、函海本改。然是年十月戊午朔，無「癸巳」日，疑爲「七月四日癸巳」之誤。又「揮」字原脱，據影宋本、蕭本補。

建炎以來朝野雜記甲集卷十七

財賦四 歲用 倉庫 户口

446 國初至紹熙中都吏禄兵廩(一)

祖宗時，中都吏禄兵廩之費，全歲不過百五十萬緡。元豐間，月支三十六萬。宣和崇侈無度，然後月支百二十萬。渡江之初，連年用兵，然猶月支不過八十萬。至淳熙末，朝廷無事，乃月支百二十萬，而非泛所支及金銀緜絹不與焉。以孝宗恭儉撙節，而支費擬於宣和，則紹興休兵以後，百司宫禁循習承平舊弊，日益月增，而未能裁削故也。

447 渡江後郊賞數

渡江後郊賞，建炎二年，用錢二十萬緡，金三百七十兩，銀十九萬兩，帛六十萬匹，絲緜八十萬兩，皆有奇。紹興元年，越州明堂内外諸軍犒賜，凡百六十萬緡。四年，建康明堂增至二百五十九萬緡，宿衛神武右軍、中軍七萬二千八百餘人〔二〕，共支二百三十一萬，每人率爲十三千有奇。劉韓、岳、王四軍十二萬一千六百餘人，共支二十八萬，每人率爲二千有奇。而方州不與。其後，日有增益。二十八年，冬祀，上自立賞格，命有司行之。是歲，錫賚金緡視前郊減半，蓋自宮禁、百官、宗戚、閹宦下至醫祝、胥皂〔三〕，人人有之，不可復廢矣。

448 三司户部沿革

國朝承五季之舊，置三司使，以掌天下利權，宰相不與。王荆公爲政，始取財利之柄歸於中書。元豐官制，户部尚書、左曹侍郎各一員，掌經賦；右曹侍郎一員，掌常平、苗、役、坊場、山澤之令。由是版曹但能經畫中都百官、諸軍廩給而止。建炎初，以軍興國用不給，始命張誠伯以同知樞密院事提領措置户部財用，黄道州潛厚以京祠副之〔四〕。其後，孟富文庾、沈忠敏與求皆以執政繼領利權，由是少給，然所取大率出於經制之外焉。自罷總制司，版曹但掌經費，歲入僅五千萬緡〔五〕，出亦稱是。一有不足，即告於朝。或遇軍興，則除禁帑應副外〔六〕，版曹但能預借民間坊場淨利四百萬緡，紹興三十一年十月癸丑〔七〕。或科賣度牒六百萬緡而已。隆興二年二月。乾道初，孝宗嘗計户部歲入之數，較之歲用，但闕三百萬緡。元年十二月丁亥。時會子初行，李侍郎若川因請增印二百萬緡。二年二月。然上半年尚闕五十萬，上命左藏南庫以銀、會中半與之。三月壬辰。自是版曹歲借南庫錢百餘萬緡，因以爲例。淳熙中，韓子師爲户書，始免例借，自後皆守其規約焉。先是，上以諸路財賦收支浩繁，令兩侍郎分路管認。乾道六年正月乙酉〔八〕。淳熙十年，王宣子爲户部尚書〔九〕，始請於次年四月，將諸道監司、守倅所起上供錢比較，以定賞罰。許之。八月甲午。其後減展磨勘年有差，由是罕有遺欠者，迄今遂爲定制。

449 左藏庫 會計録

左藏庫者，國家經賦所貯也。淳熙中，左藏庫幫過三衙、百官請給，成歲爲錢一千五百五十八萬餘緡〔一〇〕，銀二百九十三萬餘兩，金八千四百餘兩，絲緜一百十八萬餘兩，絹帛一百二十六萬餘匹，以直計之，金銀錢帛共約計三千萬餘緡，而宗廟、宫禁與非泛之費不與焉。紹熙初，鄭溥之湜以祕書郎轉對，爲上言：「今黄老之宫，衛卒動以百數，外戚家廟防護之兵多於太廟，額外將校之俸錢半於正額，外庭百執之費不足當閤門、醫職、近侍之半，請明詔大臣裁定經費，上自乘輿，下至庶府，除奉宗廟、事兩宫、給兵費之外，一切量事裁酌，罷其不急，損其太過。」趙德老爲户部侍郎，因請稽考内外財賦，置紹熙會計録，俟見大概之後，命户部宰屬同共議詳〔一一〕，而一、二大臣公心叶意爲之斟酌，以其所減捐以予民〔一二〕，遂命版書葉叔羽、中執法何自然、檢正林和叔〔一三〕、左右司沈信叔、楊濟甫與德老同爲之。二年正月辛未、丁丑，兩次降旨。未幾，自然丁内艱去官，後亦未聞有所減也。

450 左藏南庫

左藏南庫者，本御前椿管激賞庫也，孝宗即位之始年改之。先是，紹興休兵後，秦檜取户部窠名之可必者盡入此庫，户部告乏則予之。檜將死，屬之御前，由是金幣山積，士大夫至指爲瓊林、大盈之比。二十九年夏，河流淺澀，綱運不通，高宗嘗出内帑錢五百萬緡，以佐調度。五月己未。已而，謂輔臣曰：「朕息兵二十年所積，豈以自奉，蓋以備不時之須，免臨時科取重擾民爾。」及軍興，又出九百萬緡爲出師勞功之用。明年夏，詔從臣條具足食之策。三十二年四月己巳〔一四〕。黄通老爲禮部侍郎，即以建言足食之計，在於量入爲出。今天下財賦半入内帑，有司莫能計其盈虚，請用唐德宗、楊炎之策，歸之左藏。及上受禪，袁伯誠孚在諫院，復以爲言，上納之，遂改内藏激賞庫爲左藏南庫焉。七月癸丑。然南庫移用皆自朝廷，非若左帑直隸版曹爲經費也。淳熙末，始併歸户部，十年八月二十八日〔一五〕。上諭大臣曰〔一六〕：「此庫併歸版曹，朕亦省事。」既而，都省令户部管認南庫錢二百九萬餘緡。版書王宣子奏〔一七〕：「此皆奉親及内教所須，不可欠闕，計歲終應支九十五萬〔一八〕，而見在止三十五萬，其應入者又三十九萬有奇，既闕二十一萬緡，而南庫例還戶部沙田錢二十三萬緡，又在其外，合之爲欠四十四萬緡，是南庫歸版曹無益而有損也。乞就撥歸封樁庫。其朝廷年例合還戶部錢，却於封樁庫支。」不從。已而，蔣世修正言又奏：「南庫撥歸戶部，於今二年，而庫名尚存，官吏如故，乞併罷。」上曰：「若盡廢庫名，出入必殽亂，可以左藏西上庫爲名。」十二年正月三日〔一九〕。於是諸路歲發南庫窠名錢一百九十八萬餘緡〔二〇〕，改隸本庫。後又改稱封樁下庫，仍隸戶部焉。紹熙元年十月二日〔二一〕。

451 左藏封樁庫

左藏封樁庫者，孝宗所創也，其法，非奉親、非軍需不支。至淳熙末年，往往以犒軍或造軍器爲名，撥入內庫，或睿思殿，或御前庫，或修內司，有司不敢執。鄭溥之爲敕令所刪定官，因轉對，爲上力言之，時十三年矣。庫中所儲，金至八十萬兩，銀一百八十六萬餘兩，又有糴米錢、度牒錢，而下庫復儲見緡常五、六百萬。十六年夏，溥之爲祕書郎，因轉對，又爲光宗言之，疏入，命戶部稽考以聞，十六年六月。然卒不竟也。慶元後，每封樁庫取撥錢輒數十萬緡，銀亦數萬兩，黃金亦數千兩，蓋以爲奉神、事親之費云。六年六月，撥封樁庫錢一百萬緡，修奉太上皇后殯宮。七月，撥二十萬緡入內藏。八月，撥錢十五萬緡，并銀二萬兩，充秋季供奉太皇太后使用。又撥金二千五百兩，銀二萬兩，充明堂使用。又撥一百萬緡修奉太上皇帝攢宮。一季之間，所撥金銀錢計二百五十萬緡，蓋多非泛支用故爾，常年則不及此數焉。

452 內藏庫　激賞庫

內藏庫者，始因藝祖削平諸國，收其帑藏貯於講武殿廊。太宗太平興國三年，因分左藏北庫爲內藏庫，亦謂之景福內庫，然歲入不過錢百餘萬緡，銀十餘萬兩。真宗咸平中，嘗謂宰相曰：「祖宗置內藏，所貯金帛，以備軍國之用，非自奉也。」二聖削平諸國，親祀郊丘，所費不貲，皆出於是，三司所假，凡六千萬。自淳化迄景德，每歲多至三百萬，少亦不下百萬。三年不能償，即蠲除之。此庫乃爲計司備經費耳。故仁宗後，西北事起，大率多取給於內藏。神宗用王荆公計，凡摘山、煮海、坑冶、榷貨〔三二〕、户絕、沒納之財〔三三〕，此舊三司窠名，屬左藏庫。與常平、免役、坊場、河渡、禁軍闕額、地利之資，悉歸朝廷。元豐元年，更內藏庫名，凡三十二庫，每庫以詩一字目之。五年，又取苗、役羡財爲元豐庫，直隸朝廷，在內藏之外。長編載，元豐庫殿即崇政殿庫。按崇政殿庫，乃內藏庫也，本在講武殿後，講武後改爲崇政。元豐庫，在太府寺南〔三四〕。元祐初，宣仁共政，呂正愍公又建元祐庫，以備封樁，皆號朝廷庫務。徽宗崇、觀後，則大觀東西等庫、西城所，無慮皆天子私藏〔三五〕，而版曹告竭矣。高宗渡江，但有內藏及激賞二庫。秦丞相用事,每三宮生辰及春秋内教、冬至〔二六〕、寒食節,與諸局所進書,皆獻金幣,由是内帑山積。紹興末,有詔除太后生辰及内教外,餘並減半。二十九年八月丁巳。孝宗初政,又併進書禮物罷之。紹熙中,始數取封樁錢入内藏。上受禪,又取淮東總領所羨財五十萬緡入禁帑,議者嘗以爲言。激賞庫即所謂左藏南庫。

453 御前甲庫

御前甲庫者,紹興中置。凡乘輿所須圖畫什物,有司不能供者,悉於甲庫取之,故百工技藝之巧者,皆聚於其間,日費亡慮數百千。禁中既有内酒庫,而甲庫所釀尤勝,以其餘酤賣,頗侵户部課額,以此軍儲常不足。二十九年冬,張子公再爲吏部尚書,因見上,言:「王者以天下爲家,不當私置甲庫,以侵國用。」上從其請,盡罷之。人由是知甲庫之設,非上本意也。

454 三省樞密院激賞庫

三省樞密院激賞庫者,渡江後所創也。自建炎龍興〔二七〕,堂膳始減,至維揚又減,至臨安又減。紹興四年秋,趙元鎮爲川陜荆襄都督,既而不行,遂以督府金錢入三省樞密院激賞庫。十年，秦會之當國，以兀朮畔盟用兵，須犒賜之物，乃計畝率錢，徧天下五等貧民無得免者，然兵未嘗舉，而所斂錢盡歸激賞庫。其後，歲支至三十八萬緡：堂厨萬五千，東厨萬二千，玉牒所二萬四千，日曆、敕令所、國史院各二萬，尚書省犒賞萬三千，中書門下七千，密院九千，議者指爲冗費。二十九年冬，上命御史、舍人議之，朱漢章、洪景嚴奏歲減二十萬緡。十二月癸亥。詔可。孝宗受禪，復減歲用錢爲十萬緡，三十二年七月壬戌〔二八〕。迄今不改。

455 合同憑由司

合同憑由司者，宮禁所由取索也，歲取金銀錢帛，率以百萬計，版曹但照數除破耳。雖有歲終比部驅磨之令，然郎官第赴内東門司，終日巍坐，而數璫與數媪自爲會計，郎官不得預。事畢，則卷牘尾示之，俾書名而已。紹熙二年春，議者以爲濫予横賜，無以撙節，請自今内諸司所給賜、所營造、所取索，悉從有司定爲中制，惟正之供，濫恩横例皆釐正之〔二九〕。詔葉叔羽、趙德老、何自然同稽考。正月辛未。其後亦不果裁節焉。

456 修内司

修内司者，掌宮禁營繕。渡江後，浙漕及京府共爲之。紹興末，趙侍郎子瀟爲浙漕，奏免修繕，以其事歸修内司，歲輸緡錢二十萬，後減五萬緡。乾道初，有司請悉除免。上曰：「如宗廟有損動處，安得不修。」乃再減緡錢五萬。然修内司逐時於左藏庫關取錢物猶不少。今文曆赴比部驅磨者，不過釜若干具，鍪鑊若干柄而已。一錢尺帛，並不挂曆，故户部亦無得而稽考焉。

457 國用司

國用司者，孝宗始置，語在官制中，然於國用未有所制也。乾道三年春，蔣子禮初秉政，因謝新除，留身奏事，爲上言：「方今費財最甚，莫如養兵。近陳敏減汰二千人，戚方減汰四千人，大約一兵每月減二十千。汰兵固爲良策，然今之軍士，類多有官，若與之外任，既不廢券錢，又加供給，大抵離軍使臣，每員月費四十餘千。券錢三十六千，供給五千。臨安一府八十員，歲費錢二萬六千緡，以此推之，諸道可知。雖減之於内，而增之於外，未見其得。」上曰：「若是，則減汰全無益。」子禮曰：「豈惟無益而已。今減六千人，則必招填六千人，是倍費也。臣契勘在内諸軍，每月逃亡事故，常不下四百人。若權住招一年半，内外可暗省二百八十萬緡。異時財用有餘，更招少壯者練習之，不惟省費，又可精兵〔三〇〕。」上以爲然。子禮由此驟相。然識者謂此策暫行可也，若利其闕額而爲之，是又蹈宣、政之覆轍矣。是日，二月壬申。子禮奏事退，御筆：自今宮禁内人并百官〔三一〕、三司、將校、軍兵諸人，每月五日，國用房開具前月支過上五項請給數目、人數。開具進呈，自此月爲始。外路軍馬，降式下諸路總領所，逐月開具，并非泛支用之數，以聞。永爲定式云。其後廢國用房，而版曹進册如故。

458 榷貨務都茶場

榷貨務都茶場者，舊東京有之。建炎二年春，始置於揚州。正月壬辰。明年，又置於江寧。二月乙丑。紹興三年，又置於鎮江及吉州。五年冬，省吉州務，而行在務場隨移臨安，以都司提領。其始，歲收茶、鹽、香息錢六百九萬餘緡。紹興元年。六年九月，詔歲收及一千三百萬緡，許推賞，時以爲極盛矣。休兵寖久，歲課倍增。二十四年收二千六十六萬緡，三十二年收二千一百六十五萬緡，皆有奇。乾道三年三月〔三二〕，詔以二千四百萬緡爲額，建康千二百萬緡，臨安八百萬緡，鎮江四百萬緡。於是淮東總領所實在鎮江，月支榷貨錢三十萬緡爲贍軍之用〔三三〕。

淳熙中，三務場官吏互爭課賞，始禁鎮江務鈔引不得至臨安。十年夏，朱少卿佺爲淮東總領，遣屬吏劉荀訴諸朝。時黄德潤爲中執法，率臺諫上言：「鎮江務場，軍食所係，儻有不售，其害非輕。臨安務場，年額未始有虧，萬一無有羨財，不過官吏不該泛賞而已。請令提領官總三務場增虧以爲殿最，而鎮江鈔引復如著令，許至臨安。」從之。六月戊申。自是鎮江務場始給矣。

459 豐儲倉 外路積糧

豐儲倉者，紹興二十六年夏始置。先是，王公明爲司農寺丞，請令諸路以見管錢糴米赴行在。鍾侍郎世明因奏令諸路歲發常平陳米十五萬斛，赴省倉贍軍。言者以其壞常平法，奏絀之。韓尚書仲通在版曹，乃請别儲粟百萬斛於行都，以備水旱，號豐儲。四月戊戌。其後，又儲二百萬斛於鎮江及建康，然頗有借兑者。三十年夏，詔補還之。四月乙丑。今關外亦積糧一百萬斛有奇，然行在歲費糧四百五十萬斛餘，四川一百五十萬斛餘，建康、鎮江皆七十萬斛餘。今中都但積三月之糧，關外積糧亦不能支一歲。古者，三十年必有九年之蓄，自乙酉休兵至今，近四十年矣，謂宜益儲羡糧，以爲饑荒、軍旅之備，不則增糴如歲用之數，以陳易新，使常有一年之蓄，庶乎其可也。

460 淮東西湖廣總領所

淮東西、湖廣三總領所〔三四〕，自休兵後，朝廷科撥諸州縣財賦及榷貨等錢與之。淮西歲費錢七百萬緡，米七十萬石。張魏公爲都督，增神勁軍二萬，歲益費二百萬緡。湯丞相以爲言，故後亦廢。然爲總領者，但能拘收出納而已，固非能以通融取予之術行乎其間也。至乾道中，淮西歲費已增爲一千一百餘萬緡〔三五〕，而米猶如故。淮東總領所歲費爲錢七百萬緡，米七十萬石，而諸郡及鹽司所輸之緡多愆期者。每月五十八萬緡，內浙鹽司三十萬，平江、鎮江府及常州共十五萬，江西九郡共十三萬。湖廣總領所歲費爲錢九百六十餘萬緡，米九十萬石，諸路所輸率亦常負十分之三。然合三總領所支，僅當四川一年之數，蓋川中糴買歲爲八百三十餘萬緡，而三總領收正色米故也。凡三總領所，歲用户部經常錢九百萬緡，而榷貨所支不預。湖廣始發三合同關子，乾道中，以關子折閱，詔歲增撥四川錢帛爲三百萬緡補之。錢一百七十萬緡，綢絹絲緜在外。淳熙末，盡捐之，以損四川鹽酒重課，而內府償焉。朝廷既以歲額撥錢，遂爲定數。近歲軍中大請受人漸少，由是年支之外，計司稍有贏餘，有司疑朝廷惡其優，多掩蔽所餘，不盡載於成册，往往妄稱趲積，以爲己功。紹熙末，內藏庫下淮東總領所取撥羨財。明年二月，葉正則言：「此錢當存留以備緩急。請詔有司：自今除每歲收支外，並將有管實在之數開具成册，使朝廷通知有餘、不足之數，其非緣軍前事，毋得輒支移起發，欲以它用。雖有中旨，許執奏不行。竢儲積果多，朝廷經制既立，然後議窠名之重輕，考撥定之數目，寬減州縣，還以予民。」從之。惟四川總領所，自建炎以後專掌利權，不從中覆，故得以守其職業焉。

461 四川總領所 二事

四川總領所贍軍錢并金帛，以紹興休兵之初計之，一歲大約費二千六百六十五萬緡，其五百五十六萬緡酒課，今減爲四百一十餘萬。三百七十五萬緡鹽課，今減爲三百餘萬。四百餘萬緡糴本，二稅上科。一百四萬緡茶司錢，額一百四十四萬，遞年實發此數。二百三十一萬緡經總制司錢，語在經總制錢事中。九十萬緡錢引兑界貼頭錢，語在兑界事中。二十四萬緡三路稱提錢，語在其事中。十萬緡西河州鹽錢。始趙應祥之爲大漕也，紹興五年，四川收錢物總三千三百四十二萬緡，而所出多五十二萬緡。歲支三千三百九十四萬餘緡。吴武安一軍，費緡錢一千九百九十五萬。明年，收錢減二百八十萬緡，出錢增六百六十六萬緡，以宣撫司趲剩錢補其闕。一年缺九百四十六萬緡。而武安軍需增緡錢三百八十萬，凡二千三百七十五萬。應祥既積與武安不叶，遂丐免。七年，李子及代爲都轉運使。是歲本司所入，視六年增六百七萬緡，凡三千六百六十七萬。所出減二百三十一萬緡，凡三千一百二十九萬〔三六〕。以入較出，猶虧一百六十二萬緡八千〔三七〕。子及上疏言本司應副軍前正色折估米共二百六十五萬斛有奇，而宣司兵籍，以紹興六年考之，止有六萬八千餘人，決無一年用二百六十五萬斛米之理〔三八〕。每兵約費三十八斛有奇，是日食斗米也。蓋宣司兵官視軍士居十之二，官員一萬七千七百餘員，兵士五萬七百四十九人。皆繫名冗占之人，而官員請給十倍於諸兵，計司安得不困。時武安亦劾子及饋餉不繼，子及遂坐免。十二年，朝廷既罷兵，鄭亨仲爲宣撫副使，右護軍歲計猶缺錢七百七十八萬緡。明年，詔增印錢引四百萬。十六年以後，始節次寬減重賦至七百萬緡。十八年，亨仲召歸，而宣總所椿積錢至五千餘萬〔三九〕。當此之時，蜀中號爲優裕，休兵之力也。辛巳用兵，諸將增招至十萬六千人，增馬五千匹，而茶馬等司歲輸又多所負，由是總領所歲闕至六百四十萬緡。乾道四年二月丙申，有旨：四川宣撫使集四路漕臣于利州，以財賦之入，對立養兵之額。於是宣撫虞雍公澄覈兵籍，去其老弱者近萬人，諸軍開落詭籍者二千人，定立軍額爲九萬七千有奇。又頗取四漕歲賸錢以益之。至淳熙間，軍籍視武安時增三之一，歲用視武安時減三之一焉。蓋自乾道再和，軍中大請受人益少，由是計司稍有羡財，每遇減放鹽酒絹布激賞之屬，計司所抱，多至數十萬緡，少亦不下二十萬緡，實此錢也。紹熙二年至慶元三年〔四〇〕，楊少卿輔抱鹽酒錢三十萬緡，畸零絹估錢二十八萬緡。權少卿安節抱布估錢三十萬緡，激賞絹二十萬緡。止此六年間，計司已抱一百八十萬緡矣。今議者猶謂四川總領所多有餘羨，其實不然。

東南三總領所掌利權，皆有定數，然軍旅饑饉，則告乞於朝。惟四川在遠，錢幣又不通，故無事之際，計臣得以擅取予之權。而一遇軍興，朝廷亦不問。自建炎軍興，趙應祥權鹽酒之課，折絹布之估，科激賞之費，倍糴本之輸，商賈農民，征率殆盡。辛巳之役，王瞻叔無以爲計，遂大括白契以贍軍。朝廷知其擾民，而不容止也。自應祥、瞻叔爲善理財後，近歲趙德老、楊嗣勳、權少卿相繼總賦〔四二〕，皆以減放爲急，蜀人幸之。德老嘗減鹽酒、折估錢一月，凡七十萬緡。然今計司所取錢，猶有無藝者。如淳熙六年，蠲免鹽酒重課，而所減虚額錢，至今遇閏月則不減，謂之加閏，通不過二萬緡。又如諸縣并契錢，自王瞻叔以來，每捐之以助省計，而王德和悉拘入計所，通不盈十萬緡，此皆失於瑣碎者也。謂宜捐其無藝而善藏其餘，無事則以予民，有事則以給餉，庶乎其可爾。

462 諸州軍資庫

諸州軍資庫者，歲用省計也。舊制，每道有計度轉運使，歲終則會諸郡邑之出入，盈者取之，虧者補之，故郡邑無不足之患。自軍興，計司常患不給，凡郡邑皆以定額窠名予之，加賦增員，悉所不問，由是州縣始困。近歲離軍添差，大爲州郡之患。紹興十一年四月己未，初用張循王奏:「離軍將佐並與添差,州郡患無以給。」二十七年六月丙辰,兵部奏:「大郡毋過百人,次郡半之,小郡三十人爲額。」從之。而宗室、戚里、歸明、歸正,甚至於樂藝賤工、胥吏雜流,亦皆添差。慶元一郡而添差四十員,盡本府七場務所入,不足以給四員總管之俸。其間有十五年不徙任者,計其俸入,錢二十餘萬緡,米十餘萬斛。揚州,會府也,歲輸朝廷錢不滿七、八萬,而本州支費乃至百二十萬緡,民力安得不困?紹熙初,議者請裁定朝廷經費,然後使版曹盡會一歲之入,正其舊籍,削去虛額,擇諸路監司之愛民而知財計者,俾之稽考調度,蠲其煩重,以寬民力。朝廷未克行。今之爲郡者,但能撙節用度,譏察滲漏,使歲計無乏,已號過人,無復及民之政矣。

463 公使庫

公使庫者,諸道監、帥司及州、軍、邊縣與戎帥皆有之。蓋祖宗時,以前代牧伯皆斂於民,以佐厨傳,是以制公使錢以給其費,懼及民也。然正賜錢不多,而著令許收遺利,以此州郡得以自恣。若帥、憲等司,則又有撫養、備邊等庫,開抵當、賣熟藥,無所不爲,其實以助公使耳!公使苞苴,在東南而爲尤甚。揚州一郡,每歲饋遺,見於帳籍者,至十二萬緡。江、浙諸郡,每以酒遺中都官,歲五、六至,至必數千瓶〔四二〕。淳熙中,王仲行尚書爲平江守,與祠官范致能、胡長文厚，一飲之費，率至千餘緡。時蜀人有守潭者，又有以總計攝潤者，視事不半歲，過例饋送，皆至四、五萬緡，供宅酒至二百餘斛。孝宗怒而詘之，九年正月戊子，三月乙未。然其風蓋未殄也。東南帥臣、監司到署，號爲上下馬，鄰路皆有饋，計其所得，動輒萬緡。近歲蜀中亦然。其會聚之間，折俎率以三百五十千爲準，有一身而適兼數職者，則併受數人之饋，獻酬之際，一日而得二千餘緡，其無藝如此。頃歲陳給事峴爲蜀帥，馮少卿憲爲成都漕，就以所遺元物報之。陳怒，奏其容覆贓本，朝廷移之，逮陳敗，乃得直。時芮國器侍郎、趙子直丞相相繼爲江西漕，凡四方之聘幣，皆不入於家，斥其資置養濟院於南昌，以養貧者。朱少卿時敏爲潼川守，受四方之饋，每以其物報之。趙德老鎮成都，受而別儲之，臨行以散宗室之貧者。此皆廉節之可紀者也。惟總領所公使錢以料次取於大軍庫，故斂不及民。然正賜不多，而歲用率十數萬。每歲終，上其數於户部，輒以勞軍、除戎器爲名，版曹知而不詰也。所謂公使醋錢者，諸郡皆立額，白取於屬縣，縣斂於民，吏以輸之，小邑一歲亦不下千緡，人尤以爲怨，謂宜罷互送而捐遺利，使上下一體，而害不及民，則合祖宗制公使之意矣。

464 建炎紹興户口數

建炎三年，兩浙路主、客户二百一十二萬二千七十二，口二百五十六萬七千八百。每十户率爲十五口有奇。成都府路户一百十三萬一千四百八十九，口三百二十六萬九千三十六。每十户率爲三十口弱。紹興二十九年，諸路户一千一百九萬餘，口一千六百八十四萬餘。每十户率爲十六口有奇。三十年，户一千一百五十七萬餘，口一千九百二十三萬餘。每十户率爲二十一口有奇。三十一年，户一千一百三十六萬餘，口二千四百二十萬餘。每十户率爲二十一口弱。三十二年，户一千一百十三萬餘，口二千三百一十一萬餘。

465 四川元豐紹興淳熙户口數

四川六十州，一百九十九縣，元豐三年，户二百一十萬餘。紹興三十二年，户二百六十四萬餘，口七百五十一萬餘。每十户率爲三十口弱。淳熙二年，户二百五十八萬餘，口七百四十三萬餘。

466 本朝視漢唐户多丁少之弊

西漢户口至盛之時，率以十户爲四十八口有奇。東漢户口率以十户爲五十二口，可準周之下農夫。唐人户口至盛之時，率以十户爲五十八口有奇，可準周之中次。自本朝元豐至紹興户口，率以十户爲二十一口，以一家止於兩口，則無是理，蓋詭名子户漏口者衆也。然今浙中户口率以十户爲十五口有奇，蜀中户口率以十户爲三十口弱，蜀人生齒非盛於東南，意者蜀中無丁賦，故漏口少爾。昔陸宣公稱租庸調之法曰：「不校閲而衆寡可知。」是故一丁授田，决不可令輸二丁之賦，非若兩税，鄉司能開闔走弄於其間也。自井田什一之後，其惟租庸調之法乎。

校勘記

〔一〕紹熙　考本條記事内容，應作「淳熙」。

〔二〕中軍　原作「守軍」，據蕭本、閣本及要録卷八〇紹興四年九月庚申條改。

〔三〕閹宦　原作「閹官」，據蕭本、殿本、閣本、函海本改。

〔四〕黄道州　按：殿本、閣本、函海本作「黄道周」，誤。

〔五〕歲入僅五千萬緡　原脱「萬」字，據本條上下文記事，並參酌要録卷一九三紹興三十一年十月癸丑條補正。

〔六〕應副　原作「應付」，據蕭本、閣本改。

〔七〕紹興三十一年十月癸丑　「癸丑」原作「癸酉」，按：是年十月庚子朔，無「癸酉」日，今據上引要録卷一九三改。

〔八〕乾道六年正月乙酉　按：是年正月壬子朔，無「乙酉」日，記時有誤。

〔九〕王宣子　原作「王宣予」，據蕭本、殿本、閣本、函海本改。按：宣子乃王佐之字。

〔一〇〕成歲　「成」字疑衍。

〔一一〕同共議詳　「共」原作「其」，據蕭本、殿本、閣本、函海本改。

〔一二〕捐以予民　「捐」原作「損」，據兩朝綱目備要卷二紹興二年正月詔修紹熙會計録條改。

〔一三〕林和叔　原脱「叔」字，據蕭本、殿本、閣本、函海本補。

〔一四〕（紹興）三十二年四月己巳　「己巳」原作「己亥」，按：是年四月丁卯朔，無「己亥」日，今據要録卷一九九改。

〔一五〕（淳熙）十年八月　「八月」原作「六月」，據蕭本、閣本、函海本及皇宋中興兩朝聖政卷六〇、宋史卷三五孝宗紀改。

〔一六〕上諭　原作「且諭」，據蕭本、函海本改。

〔一七〕王宣子　「子」原作「予」，據蕭本、殿本、閣本、函海本改。

〔一八〕九十五萬　「九」原作「凡」，據閣本及本條上下文記事改。

〔一九〕（淳熙）十二年正月三日　皇宋中興兩朝聖政卷六二及續通鑑卷一五〇均繫蔣繼周（字世修）言事於淳熙十二年四月辛未（十八日），此處所記月日疑誤。

〔二〇〕歲發　「歲」原作「遂」，據蕭本、殿本、閣本、函海本及兩朝綱目備要卷一紹熙元年十月記事改。

〔二一〕紹熙　原作「紹興」，據本條記事及上引兩朝綱目備要改。

〔二二〕榷貨　原作「榷貸」，據蕭本、閣本、函海本改。

〔二三〕財　原作「則」，據殿本改。

〔二四〕太府寺南　「南」原作「内」，據蕭本、函海本改。

〔二五〕大觀東西等庫西城所無慮皆天子私藏　「所」字原在「無」字之下，據蕭本乙正。

〔二六〕冬至　原作「冬年」，據要録卷一八三紹興二十九年八月丁巳條改。

〔二七〕建炎龍興　「龍」原作「隆」，據閣本及通考卷二四國用考改。

〔二八〕（紹興）三十二年　原作「二十二年」，據本條記事改。

〔二九〕悉從有司定爲中制惟正之供濫恩横例皆釐正之　按：閣本作「悉從有司定爲中制，惟正供而已，其濫恩横賜皆釐正之。」似以閣本爲是。

〔三〇〕精兵　原作「兵精」，據蕭本、函海本乙正。

〔三一〕百官　原作「百宫」，據蕭本、殿本、閣本改。

〔三二〕乾道三年三月　皇宋中興兩朝聖政卷四八及續通鑑卷一四一均繫此事於乾道六年三月壬子朔，宋會要食貨五五之二八繫於六年三月二日。此處記年疑誤。

〔三三〕月支榷貨錢　原作「目指榷貨錢」，據影宋本、閣本、函海本改。

〔三四〕總領所　「所」原作「者」，據蕭本、殿本、閣本、函海本改。

〔三五〕一千一百餘萬緡　「一百」原作「二百」，據上引本子改。

〔三六〕三千一百二十九萬　蕭本、殿本、函海本均作「二千八百二十九萬」。

〔三七〕猶虧一百六十二萬緡八千　「八千」，蕭本、殿本、閣本、函海本均作「八年」，然據要録卷一一一載，李迨（字子及）上疏乃在紹興七年，而非八年。又李迨離四川都轉運使任在八年三月十八日，見要録卷一一八紹興八年二月乙亥條附注。疑此處應作「猶虧一百六十二萬八千緡。子及上疏言……」。或誤衍「八千」兩字。

〔三八〕決無一年用二百六十五萬斛米之理　原作「決無費米若干斛之理」，據要録卷一一一紹興七年五月壬午條及宋史卷三七四李迨傳改。

〔三九〕宣總所　疑爲「總領所」之誤。

〔四〇〕紹熙　原作「紹興」，據閣本改。

〔四一〕權少卿　按上段注文有「權少卿安節」，少卿爲官名，聯繫本條記事，應作「權安節」。

〔四二〕至必數千瓶　原脱「至」字，據蕭本、函海本及通考卷二四國用考引録朝野雜記補。

建炎以來朝野雜記甲集卷十八

兵馬 戎器 舟車

467 三衙廢復

國朝舊制，殿前、侍衛馬、步三衙禁旅合十餘萬人。宣和間，僅存三萬而已。京城之破，多死於狄〔一〕。建炎元年秋，騎帥郭仲荀自東京部禁旅至南京，已而還爲副留守。三年秋，仲荀以虜逼京城，糧儲告竭，遂率餘兵赴行在。其冬，上將航海避狄，而衛士張寶等不欲行，因吕元直入朝，率衆圍之，出語不遜。上怒，誅十七人於明州市，除行門外，盡廢其班。明年春，上至台州，兵衛寡弱，惟中軍統制官辛永宗有衆數千，而吕元直之親軍將姚端〔二〕衆獨盛，上皆優遇之。四月，上還會稽，乃選中軍五百人入直殿巖，悉烏合之衆。時趙元鎮初秉政，因爲上言：「祖宗於兵政最爲留意，今諸將各總重兵，不隸三衙，則兵政已壞，獨衛兵髣髴舊制，亦掃蕩不存，是因噎而廢食也。」上悟，尋復舊制。然衛兵不滿三千，識者病其單弱，數以爲言。紹興二年秋，詔三衙措置。已而，上謂輔臣曰：「一衛士所給，可贍三、四兵。朕命楊沂中治神武中軍，此皆宿衛兵也。」遂命沂中兼提舉宿衛親兵〔三〕。五年冬，廢神武中軍隸殿前司，以沂中主管殿前司公事。十二月庚子。又以都督府兵分隸三衙。是月庚戌。七年夏，復合馬司餘軍及八字軍爲六軍十二將，命劉信叔主之，四月丙申。而解承宣潛典步軍如故。自是三衙始復。

468 八字軍

八字軍者，河北士人也。建炎初，王觀察彥爲河北制置使，聚兵太行山，皆涅其面曰：「誓殺金賊，不負趙王。」故號八字軍。二年冬十月癸亥，上命御營統制范瓊往山東擊虜〔四〕，瓊請彥與俱。已而，彥以疾留真州〔五〕，瓊遂并將其兵而去。三年秋七月丁亥，瓊誅，復以其兵還彥，時彥爲御營統制也。後十三日，張忠獻以宣撫處置使發行在，上命彥將八字軍隨之。公至蜀，以彥守金州。紹興三年春，撒離喝入寇〔六〕，彥兵大敗，遂走達州。四年，移知襄陽府。六年五月己卯，召爲行營前護副軍都統制，以所部八字軍萬人赴行在。時解承宣潛典馬軍司事，與彥不叶，兩軍之士交鬬於通衢，中外洶洶。七年正月，張忠獻公獨相，乃用胡承公給事言〔七〕，兩罷之，而以劉信叔領馬軍司事，併王、解兩軍屬之。十年春二月辛亥，以信叔爲東京副留守〔八〕，將八字軍以行。其年六月，大敗兀朮於順昌〔九〕。十一年三月，復還姑孰。七月，信叔罷爲荆南帥，其衆復還臨安，今侍衛馬軍皆其子孫也。

469 御前諸軍 御營五軍五護軍

御前諸軍者，本高宗所收諸將部曲也。祖宗以來〔一〇〕，内外諸軍，惟廂、禁二色而已。禁軍皆隸三衙，而更戍於外。廂軍者所在有之，以守臣節制。若禁軍在邊上，則文臣爲經略使者統之，武臣但爲總管。熙寧間，内外禁旅合五十九萬人。神宗將有事於四夷，乃置百三十將，其法甚備。崇、觀後，朝廷取其闕額之數以上供，故闕而不補者幾半。軍興以來，所存無幾。上在元帥府，始招潰卒、羣盜以爲五軍。後又得王淵、楊惟忠等河北之兵，建炎元年五月，以爲御營五軍，然猶未大盛也。三年四月，又更置御前五軍，而劉光世所領西兵，則謂之巡衛軍，在五軍之外。四年，又改爲神武五軍〔一一〕。紹興五年十二月〔一二〕，又改爲行營四護軍，張俊稱前軍，韓世忠稱後軍，岳飛稱左軍，劉光世稱右軍，併楊沂中中軍入殿前司，而吴玠軍如故〔一三〕。七年八月，光世軍叛降僞齊，於是川、陝軍更以右護軍爲號〔一四〕。十一年四月，三宣撫司罷，乃改其部曲稱某州駐紮御前諸軍。十八年，川、陝軍亦如之。其軍皆不隸三衙，由是御前軍又在禁軍之外矣。御前軍者，雖帥臣不可得而節制，得自達於朝廷。今禁兵但供厮役，大抵如昔之廂軍，將官雖存，亦無職事，但以爲武臣差遣而已。愚謂不若併禁軍於廂籍，而改御前軍爲禁軍，所在以帥臣節制之，而都統制之官爲之副貳，庶幾兵民權出於一，而緩急可以責成，則合祖宗制兵之意矣。

470 三衙創軍本末

三衙諸軍：殿前司則本辛永宗中軍部曲，而益以它軍也；馬軍司則本王彥部曲，而益以解潛、劉錡、田晟之軍也；步軍司則本顏漸部曲，而益以它軍也。自紹興五年置七軍，規摹始定。然馬、步二司不能敵殿司之半，故楊存中權勢獨盛。乾道七年春，虞忠肅爲相，移騎軍屯於建康，以爲出師之漸，號馬軍行司，論者不以爲然，然上下重遷〔一五〕，迄不能正也。

471 紹興内外大軍數

紹興初，内外大軍凡十九萬四千餘，而川、陝不與，宿衛、神武右軍、中軍七萬二千八百，張俊將右軍〔一六〕，楊沂中中軍。江東劉光世、淮東韓世忠、湖北岳飛、湖南王𤫊四軍十二萬一千六百〔一七〕。是年冬，併神武中軍隸殿前司〔一八〕，而右軍如故。五年春，王𤫊罷，遂以其軍萬五千人隸韓世忠。七年秋，劉光世之兵降僞齊，其將王德以所部八千人歸張俊，由是三衙外，但有韓、張、岳三軍。今鎮江大軍，韓氏部曲也；建康大軍，張氏部曲也；鄂州大軍，岳氏部曲也。惟荆南、江、池皆紹興末新創。荆南則劉信叔所招效用，而頗以鄂軍益之。江、池軍則三衙之疲弱者，而江州一軍又雜以江西茶盜。近歲皇甫倜爲帥，始訓齊之，故東南惟以潤、昇、鄂三軍爲根本。

472 乾道内外大軍數

乾道三衙、江上、四川大軍新額總四十一萬八千人，殿前司七萬三千人，乾道元年七月十三日降旨。馬軍司三萬人，乾道二年正月二十六日，詔以二萬八千人爲額。六年正月十五日，李舜舉乞增二千人。從之。步軍司二萬一千人，乾道二年正月二十六日降旨。建康都統司五萬人，池州都統司一萬二千人，並乾道二年二月二日，因淮東總領楊倓申請降旨。鎮江府都統司四萬七千人，乾道二年十月十一日降旨。江州都統司一萬人，乾道四年十一月四日，苗定乞排置軍將之額。楚州武鋒軍一萬一千人，乾道九年四月十五日，因郭鈞陳乞招填降旨。平江府許浦水軍七千人，乾道七年十月十三日降旨。鄂州都統司四萬九千人，乾道二年十月九日降旨，後又增至五萬二千人。荆南都統司二萬人，乾道二年十一月四日降旨。興州都統司六萬人，興元都統司一萬七千人，金州都統司一萬一千人。並乾道三年正月二十四日降旨。其後諸軍增損不常，然大都通不減四十餘萬，合錢糧衣賜約二百緡可養一兵，是歲費錢已八千萬緡，宜民力之困矣。淳熙甲辰，周益公在樞筦，以荆、鄂二帥勢均力敵，首尾觀望，乃合爲一司，鄂爲正，荆爲副焉。

473 關外軍馬錢糧數

興州、興元府、金州三都統司兵，本曲端、吴玠、關師古之徒，關西部曲也。端死，師古繼叛，其部曲皆爲玠所有。王庶、劉子羽繼在興元招召流散，粗成軍伍。子羽罷，玠并將之。其後盧立之爲宣副，尚有兵三萬餘，立之死，亦爲玠所併，合是三者，爲兵共七萬人。玠死，胡承公命其弟璘以二萬人守興州〔一九〕，楊政以二萬人守興元，郭浩以八千人守金州，而玠之中部，選鋒二萬人分屯仙人關裏外。其後，璘又得之，故三大將之兵，惟興州偏重者，此也。自休兵後，三大將之兵就糧分屯十七郡，興、成、階、鳳、文、龍、利、閬、金、洋、緜、房、西和州、大安軍、興元、隆慶、潼川府〔二〇〕。至乾道末，有名籍者凡九萬七千三百三十八人，馬一萬三千一百四十二匹，都統制至準備將共二百八十人，歲用錢一千七十八萬七千一百二十四緡，通羅糧爲緡，凡二千三百八十五萬有奇。帛羅、絹、綾、綢、布。六十一萬八千七百七十四匹，糧一百五十八萬七千六百七十三斛八斗，料二十五萬一千一百四十斛。此淳熙中數。

474

四川廂禁民兵數　成都飛山軍　威强將兵

四川廂軍二萬九百七十二人，禁軍二萬七千九百九十二人，土兵一千八百三十六人。已上係官軍。義士二萬六百五十二人，興元府、興、洋州、大安軍〔一一〕。保勝、金。忠勝、文。忠勇軍、階、成、西和、鳳。弓箭手、西和、階。良家子，共六千三百九十九人。已上係民兵。保甲五萬五千一百七十人。關外四州。凡民兵優卹之制，義士、忠勝軍免家業錢一百五十千至二百千止。一家雙名則更免五十千。忠勇軍則階州免家業錢，馬軍二百三十千，步軍一百七十千。成州免税賦，馬軍二頃半，步軍二頃。西和、鳳州皆免租。馬軍六石九斗八升，步軍五石三斗六升。其更戍，則月給糧，人七斗有半。惟忠勇軍更戍。保勝軍亦免家業，自三千至五千止〔一二〕。弓箭手則給官田。馬軍二頃半，步軍二頃。此其大較也。大率西蜀大軍〔一三〕、廂禁軍、民兵、保甲總二十三萬三百六十四人，仰給縣官者十四萬餘人，而民兵、保甲不仰給者八萬餘人。此乾道之籍也。淳熙以後，土丁亦有仰給者，別出於後。成都禁軍，謂之飛山軍，驕懦最甚。紹興末，王時亨爲制帥，取會四川禁軍之籍二萬九千餘人，除利、夔兩路禁軍分戍沿邊城寨外〔一四〕，東西路一萬九千人，内揀到五千五百七十三人，謂之威强將兵，時吴璘兵少，遂調此四千人往仙人關捍禦，三十二年秋也。事平復罷。

475 利路義士 忠義人

利路義士者，紹興初，王敏節庶爲興元帥，以富平之役後〔二五〕，兵卒單寡，乃籍興元諸縣良家子弟，號曰義士，以縣令爲軍正，而尉副之，守臣提舉，每丁免家業三百緡〔二六〕，合梁、洋、大安三郡至萬三千餘人〔二七〕，軍勢大振。紹興二十一年，洋守宋莘者建言：「義士所免家業，皆均在不充義士之家，科役偏重。」秦檜方守和議，罷之。二十八年，大將姚仲奏復行於梁、洋、大安、巴、蓬五郡，得二萬一千餘人。三十一年，散關之戰，驅之使在官軍之前，其人勇健善戰，亦屢有功。明年，段彥攻原，姚仲攻鞏州，皆擁正軍被重甲以自衛，獨驅義士衣褚先登，爲虜人所拒〔二八〕，殲焉。僅存六千餘人。乾道元年，宣撫使吳璘以巴、蓬義士怯弱，除其籍。言者以義士勞役，明年，併梁、洋、大安三郡罷之。大將王權乞存留，不聽。三年，虞忠肅爲宣撫使，復籍三郡之丁，得二萬三千九百餘人，結成隊伍，因參酌陝西弓箭手之舊，爲義士專法一百四十二條來上。詔頒行之，其制今存。然邊民之勇悍者，或無常産，又自名爲忠義人，多以販解鹽爲生，嘯聚邊境，勢出義士之上。乾道七年夏，王能甫爲吏部侍郎，奏乞量加優卹，然後嚴行禁止。事下宣撫司，然無益也。今忠義人，關外四州爲尤盛。之奇奏以七年四月十二日丙寅下。

476 興元良家子　忠義效用　中軍敢勇

興元良家子者〔一九〕，紹興四年，吴玠爲宣撫副使時所創也。其始，招兩河、關陝流寓及陣亡兵將子弟驍勇雄健不能自存者爲之，月給比强弓手，五十人爲一隊，帥守郭浩、楊政並以備中軍使喚。休兵後，其數寖微。乾道六年，王能甫爲帥，始復招之。凡人材及五尺二寸，弓力及九斗，通百將傳、習將條、練弓馬者，迺選。有官人，省司月給米、麥各一石，帥司緡錢十五千；無官人，緡錢減三之一。依義士法，專隸安撫司，御前統兵官不得預。能甫召去，王公明以宣撫使治興元，以爲良家子舊屬帳前，抽還宣撫使。淳熙初，宣撫司廢，復歸安撫司。其籍可二百人，歲費錢二萬四千緡，米、麥四千八百石，而實無可用，但爲安撫使執牙旗從物而已。安撫司財賦迫急，乃奏與都統司中分清酒務之息以贍之，然酒息錢實備它用。又私置鹽店六所，及收諸津渡鹽税以給焉。紹熙末，楊嗣勳申嚴鹽法，奏言：「本府自有義士、廂軍，良家子無所損益，乞罷鹽店，而以良家子隸都統司。」從之。五年二月八日庚子降旨〔二〇〕。紹興末，虞并甫爲川陝宣諭使，又嘗於襄陽招來汝、蔡、唐、鄧之人，爲御前忠義效用，三十二年三月十六日壬子降旨。得二百八十餘人。吴璘爲四川宣撫使，以德順連兵，官軍寡弱，又取御筆於關外四州簽丁，不以主、客户，每三丁以上取一，五丁以上取二，並刺充御前中軍敢勇〔二二〕。三十二年十一月十三日乙巳施行〔二三〕。令下，人皆驚擾。會有詔棄德順，遂罷之。二事亦蜀中民兵，雖不成軍，姑附於此。

477 荆鄂義勇民兵 京西　湖北義勇　義士

荆、鄂義勇民兵者，紹興末所創也。虜亮寇江、淮日，詔淮、漢等郡籍民爲兵。時續修撰𩒹守荆南，乃請籍民爲義勇。其法，取於主户之雙丁，每十户爲甲，五甲爲團，甲、團皆有長，又擇邑豪爲總首，歲於農隙，教以武事，而官給其糧。至乾道間，舉七縣之籍，主、客、佃户凡四萬二千餘户，計十萬餘丁，除當差役人外，得義勇八千四百十九人。王公明爲帥，奏言：「調集團教之際，使之自備食用，必不能辦〔二四〕，乞截留本府苗米萬四千石，漕司應副錢二萬緡，仍從都統司假甲三千，弓矢旗幟，官爲造給。」從之，時四年春矣。六年春，帥臣劉共甫又條上京西、湖北兩路民兵事〔二五〕，乞爲義勇者並免科役及身丁，四等户仍免充保正長，五等户又免三分税役，每七十五人爲一隊，遇教閲日，以營、屯田之穀供其費。奏可。仍以甲萬副予之。三千副，四川宣撫司撥到。二千副，朝廷已支京西。五千副，令鄂州都統司於退下舊甲内應副〔二六〕。淳熙初，張欽夫爲帥，益修其政，義勇增多至萬五百八，分爲五軍，軍分五部。欽夫殁，教閲遂弛。後四年，趙温叔爲帥，復舉行之，又增收三千三百人，通舊爲萬三千八百餘人，時十一年冬矣〔三六〕。當觷初籍義勇時，武昌令薛季宣亦求得故陜西、河北弓箭手保甲法，五家爲保，二保爲甲，六甲爲隊，據地形利便則爲總，不限以鄉，總首領焉。諸總皆有射圃，而旗幟亦隨總而別其色，至今猶存。紹熙四年冬，王謙仲爲安撫使，奏乞本路有義勇州縣，以知州兼提舉，縣令兼軍正。從之。時鄂州七縣，主、客户六萬六千六百三十二，口三十一萬四千八百九十四，而民兵之籍總爲萬五千二百有一人，是荆、鄂二郡率四、五家有一人爲兵也。荆門軍民兵之籍，舊爲三千四百人，或號義勇，或號彊壯。乾道元年冬，守臣程遜代還，乞蠲其役使，朝廷悉令放散。及馮忠嘉爲守，會朝廷復修義勇之政，忠嘉乃因舊籍增補三百人，又籍户馬四百爲馬軍，分六隊。孝宗大喜，詔總領所歲以馬料千石給之，而擢忠嘉直祕閣，時七年春也。岳州義勇之籍四千四百九十九人，以紹興初計之，四邑保伍，凡九百三十五甲，計二萬八千五百九十三人，是亦五家出一兵也。是時湖北諸郡皆有之，而信陽軍有義勇，又有義士，惟澧州石門、慈利二邑，未嘗糾籍〔三七〕。紹興末，王正功爲守，始併籍焉。章德茂帥湖北，又乞義勇之應差保正長者，以家業錢多寡爲限，限外之數與官，編户輪流科差。從之。忠嘉，汝州人，用民兵事，遂除淮南轉運判官，專一教閱淮西保甲。觷，澤州人，子耆，慶元中爲成都府路轉運判官。季宣字士龍，温州人，父徽言，紹興初嘗爲右史，其父子皆有名當世。

478 淮南萬弩手 山水寨民兵

淮南萬弩手者，經始於紹興季年。始朝廷命籍民爲兵，淮南乃選丁壯，欲涅其面，民駭而逃。杜莘老爲殿中侍御史，爲上言：「虜未至而先驅吾民〔三八〕，非計。請令民兵止聽郡縣官節制，征役無出鄉。」從之，淮民乃定。張魏公再起，又增招之，後亦廢弛。乾道五年冬，上命措置兩淮官田，徐子寅領其事，復以神勁軍爲名。於是淮東之籍千四百，淮西之籍千六百。始議淮南即真州置寨。子寅奏：「每路可各增爲二千，但聚而養之則不便。」上問其故？子寅曰：「今人給錢米，歲用約二十五萬緡，每人日支錢三百，米三升。招集之費，又須五萬緡，激犒、謝親之費亦如之〔三九〕，異時財用不給，未免放散，則失信於民。如淮西封疆闊遠，聚而教之，民尤不以爲便。」上曰：「財非所惜，擾則勿行。」子寅因請即鄉社教閱，從之，時六年春矣。明年夏，淮西帥臣趙善俊因奏，乞復取所散神勁軍一千八百三十一人赴廬州，仍舊軍額，每八月下旬聚教，二月上旬放散。亦從之。此即魏公所招萬弩手效用，乾道元年，放令歸耕。時萬弩手之家，已有旨損三百畝税賦矣。乾道三年冬，淮西帥胡昉奏請〔四〇〕。至是，復令與民兵一體教閱焉。民兵者於山水寨保伍中取之，三丁籍一，亦名義兵，歲以農隙聚教，官給口糧。自十月教至正月終散，人日給錢百，米二升。乾道四年冬所創也。七年秋，又詔本名丁錢，皆蠲之。八年冬，論者以其擾民，止命教一月而罷。淳熙初，上又命子寅往淮東措置，子寅上其數，山水寨民兵凡二萬六千九百人，萬弩手凡一千四百四十五。明年秋，遂命淮西提舉常平茶鹽張宗元與子寅分路提督。宗元奏，每郡以土豪見任官一員統轄，月增給人三千，諸郡自十月下旬爲始，赴帥司教閲二月，淮西五郡，凡費錢十六萬緡，米三萬餘石，淮東亦倣此。惟光、黄、濠、楚、安豐、盱眙七郡〔四一〕，則但就本州教閲，其犒設錢減半焉。宗元者，安豐人，與子寅皆敢爲誕謾，時又有許子中、胡與可二人，亦以耕屯之策見用，淮人爲之語曰：「徐協恭、許子中、胡元功〔四二〕，三人鼎足説脱空。」協恭、元功，子寅、與可之字也。實録：乾道六年正月戊辰，詔徐子寅措置官田，招集人兵，委有勞效，除駕部員外郎。四月丁未，詔徐子寅差知高郵軍。五月丁巳，右朝奉、新知高郵軍徐子寅收集泰州，依舊往來措置兩淮官田。閏五月丙戌，詔徐子寅收集流移，墾田四萬五千二百餘畝，委有勞效，除直祕閣。臣寮上言：「子寅所招人兵，統齊無術，嘗駭觀聽。所奏墾田，未經覈實，望寢新命。」從之。六月庚午，司農寺丞措置淮西鑄錢許子中進對，奏條具到鼓鑄畫一。上曰：「當一從卿言。」癸酉，進呈畫一，並從之。尋又令子中兼措置興國軍。甲戌，子寅朝辭，上曰：「更且勉力。」七月辛巳，詔胡與可知和州。九月庚寅，子寅知舒州。十月戊午，子寅職事修舉，除直祕閣，在拜郊前二十日。此即三人鼎足時也。久之，上亦厭其事，自淳熙七年以後，並令在家習武事〔四三〕，間歲命守、令按閲之〔四四〕，不復聚教矣。

479 湖北土丁刀弩手

湖北土丁刀弩手者，自政和七年始募土丁爲之，授以閒田，散居邊境，教以武藝。其隸於籍者，至九千餘人。沅州四千二百八十一，辰州三千四百五，澧州一千二百九十四，靖州九百三十。靖康初，全軍調發往河東援太原，爲虜人所陷，僅存千五百人。建炎三年，亟罷之。紹興六年冬，王子尚爲帥，張直柔觷守鼎，言於朝，遂命招三千五百人爲額。沅州千五百，辰州千，靖、澧各五百。淳熙三年，楊太尉倓爲荆南帥，上因命楊修其政令。八月戊子。已而，知辰州尹機代還，請命有司括田招募，人給例物五千，春秋教閱，犒賜如禁軍例。上即擢機湖北提點刑獄，使與之同措置〔四五〕。然刀弩手舊田〔四六〕，諸郡已收爲省計，機迫使募人爲之，往往無田可給，但虛立姓名以應命。又土人多憚點集，甚患苦之。會李仁父出守武陵，力言其不便，乞度田立額，事下諸司。張欽夫爲安撫使，頗以仁父爲是。會機卒，馬大同繼之，欲換以土軍。辛幼安時新除漕副，亦乞各具所見。議不合。仁父言當用提刑司近差官點定一千三百七十六人之數，增募爲一千五百人。沅州增二十一人爲七百，辰州增二十五人爲三百五十〔四七〕，澧州增七十二人爲二百五十，靖州增六人爲二百。欽夫以爲多減恐不成行列，欲用見數，委提刑躬行檢點，俟有田没官，始令招足元額。仁父復爲言如此則提舉刀弩手司又當復置，而欲冒賞者，必至横没民田，爲害滋大，不若以見點數爲準，專委守臣磨以歲月，令招及今額。仍同欽夫連銜具奏。上從之。而仁父已爲大同所攻，奉祠歸蜀矣〔四八〕。

480 黎雅土丁 嘉定 威 茂土丁

黎、雅土丁者，集沿邊農人火甲户爲之，蓋唐雄邊子弟之遺法。舊無行陣軍伍，但以甲頭總之。祖宗以來，弛酒禁，免征役，凡優卹之者，無所不用其至。黎州自乾道七年邊釁之後，始置寨將、押隊、旗頭之類，略寓軍制，每歲農隙時，官給口食，教之武事。舊制，凡千人。淳熙三年，禄粹父直閣爲守，請倍其數，又以等級籍其少壯者，月給以錢。九年春，言者乞下黎州別立優卹土丁之目。守臣龔總始奏以五十二人爲一隊，每邊二十隊，計千四十人，三邊共三千一百二十人，置教場四十九所。是時三邊土丁之籍實爲五千一百二十六人，而東南邊防托邛部川〔四九〕一千七百八十七，西南邊防托吐蕃、青羌等族〔五〇〕一千三百九十一，正西邊防托五部落一千九百四十八〔五一〕。凡上等一千五百九十九人，歲費錢三萬八千三百七十緡有奇。每人月給三千，遇閏年，歲總四萬一千五百七十緡〔五二〕。而戍兵不與。議者謂土丁粗有軍律統紀，且熟知夷人情僞，地形險阻，其實可用爲鄉導，守邊境。言者乃乞將黎、雅二州依利路義士法措置。留丞相爲制置使，遣屬官馮傳之往二州共議，各州選二千人，上等六百爲點集之丁，月給錢三千五百；次等千四百爲居守之丁，月給錢千，兩郡歲費錢共八萬七千六百緡〔五三〕，而教閲之費不與焉。時淳熙十年〔五四〕。十二年冬〔五五〕，留公又奏乞增黎州次丁八百，雅州次丁五百。上以其費廣難之。嘉定土丁者，惟峨眉、犍爲二縣有焉。自熙、豐來，峨眉八寨之籍一千四百八十，犍爲五寨之籍二百七十，官既無以給之，而又多爲寨官所剋剥。紹興十三年，有言於都鈐轄司者，謂宜教試而優卹之。時方諱兵，迄不能用也。威、茂州亦有土丁，各州二百。威州之丁，月給米三斗，驍捷可用，夷人亦畏之。茂州之丁，半市人，無月給，半有爲夷人庸耕者。蓋二郡皆斗入夷腹中，無省地。茂州每合教，則土丁悉從夷人假衣甲器械以爲用，事已復歸，殊爲文具。

481 龍州寨子弓箭手

龍州寨子弓箭手者，熙、豐間所團結也，分戍漁溪、濁水、乾坡三寨，共一千六百十三人，蓋推排附近有物力税户爲之，每夫月給錢一千〔五六〕。三寨仍撥住十六鋪防捍，月一替。而文州亦有鄉兵、義士分守關隘，即有緩急，土豪得以拘集焉。

482 湖南鄉社

湖南鄉社者，舊有之，領於鄉之豪酋，或曰彈壓，或曰緝捕，大者所統數百家，小者三、二百，自長沙以及連、道、英、韶，而郴、桂、宜章尤盛。乾道七年春，知衡州王琰者，言湖南八郡，三丁取一，可得民兵萬五千人。帥臣沈德和不可，乃止。淳熙七年春，言者奏鄉社之擾，請盡罷之。事下安撫司。已而，帥臣辛幼安言：「鄉社皆雜處深山窮谷中，其間忠實狡詐，色色有之，但不可一切盡罷。今欲擇其首領，使大者不過五十家，小者減半，屬之巡尉，而統之縣令，所有兵器，官爲印押。」上從之。

483 廣西土丁 廣東保伍〔五七〕

廣西土丁，舊有之。熙寧立法，一年縣教，一年州教。元祐間，以其擾，罷之。紹聖末復焉〔五八〕，仍令逐縣以都管指揮，均作三番，自十一月至正月終，每月輪教一番，即有科需私役，並究違制之罪。隆興初，以高、藤、雷、容盜起，二年春，詔州縣教閱，並令暫罷兩月，以十二月作兩番分教。先是，東、西兩路，並有土、保丁，保丁則户一名，土丁則父子兄弟盡在其數，土豪號爲統率者總焉。遇有盜賊則追胥竭作，然州縣或反科役，民甚苦之。乾道二年春，殿中侍御史張之綱請一切放散，上許焉。既而，知潯州朱師孟有言。是年秋，復命邕、宜、欽州籍定土丁姓名、年甲，至五十歲即行揀汰〔五九〕，別選戶丁承替，每春秋農隙，於逐鄉各置教場，如法教習。明年秋，龔實之爲廣東提刑，奏乞令州縣團結保伍，防守鄉井。淳熙三年冬，張欽夫爲廣西帥，復請申嚴保伍之令，而信其賞罰，上皆許焉。蓋二廣封疆闊遠，姦盜孔多，非保伍土丁無能遏之於其始也。

484 夔路義軍 施　黔敢勇義士

夔路義軍者，紹興末，邊事有萌，帥守李師顏於夔州三縣保甲中選置，立七資職次，分上下軍名色團結，上軍免家業二百緡，下軍半之。始議摘諸州禁軍，晁子西時守梁山，爲言夔、萬山鄉之民，勇壯伉健過於正軍，乃捐租賦以募之，元額三千四百餘人。李既去，遂爲文具。慶元中，毋丘恪厚卿爲帥，請於朝，選其壯者以二千人爲額，人免家業二百緡〔六〇〕，本戶不敷，則許免及親戚，凡百科敷〔六一〕，盡與蠲除，仍涅其臂，以防逃匿之弊。巫山縣亦二千人，雲安五百人，皆以縣令爲軍正。獨奉節之兵，春秋同大軍合教，有弩手，有弓箭手，而鎗手居多焉。蓋夔路自恭、涪、忠、萬四州外，皆有義軍，每州或數千人。此外，又有施、黔敢勇及思、珍、遵義田、楊等族家丁〔六二〕，皆驍健可用，然但能出入上下於谿谷林薄之間耳，所恃者偏架、木弩及藥矢之類，非正兵之比。

485瀘南夷義軍 沿邊勝兵

瀘南夷義軍者，瀘、敘、長寧沿邊諸堡寨皆有之，每郡多至四、五千人。夷軍，夷族也。義兵者，邊民也。又有勝兵，其實皆土丁之類。

486福建保伍

福建保伍者，鄉村自相團結，而立豪户爲首領，所以備盜也。閩中人素勇悍，在熙寧間有鎗仗手五千餘人，建炎初嘗用之，紹興後廢。建炎元年八月，又用張誠伯言，置諸路忠義巡社，其制甚備。紹興初，言者以爲擾民，遂罷，惟福建獨存。

487殿前司左翼軍

殿前司左翼軍者，本陳敏、周虎臣家丁也。紹興十五年，薛待制弼爲閩帥，時劇賊管天下者，攻剽郡邑，薛命鈐轄李貴討之，爲管生得。薛前爲虔守，有成忠郎石城陳敏、武翼郎開封周虎臣，各有家丁數百人，皆驍捷善戰，乃奏敏爲汀、漳巡檢，虎臣本路將官，即選二人家丁千人，日給錢米，責以捕盜，謂之奇兵。於是虔、梅草寇不復入境，諸盜悉平。十八年閏八月〔六三〕，遂改奇兵爲殿前左翼軍〔六四〕，即以敏爲統制，留戍其地。後以時招填，增倍其數，今屯泉州〔六五〕。

488 殿前司摧鋒軍

殿前司摧鋒軍者，舊以廣東多盜，使統制官韓京戍梅、循以彈壓。紹興末，移其半三千人戍荆渚。隆興二年，王宣、鍾玉作亂，復命摧鋒往捕，其半今存。凡三千四百人，分屯廣東諸州縣鎮，共二十處〔六六〕。

489 湖南飛虎軍

湖南飛虎軍者，潭州土軍也。淳熙四年春，樞密院言：「江西、湖南多盜，諸郡廂、禁軍單弱，乞令兩路帥司各選配隸人置一軍，並以敢勇爲名，以一千人爲額。」其後帥臣王佐、吕企中以爲亡命之徒，恐聚集作過，遂不行。七年，辛幼安爲潭帥，始募千八百人訓練之。其冬賜名，遥隸步軍司。十一月八日降旨。十年夏，改隸御前江陵軍額，從副都統郭杲請也。五月十四日降旨。明年，趙衞公爲帥，奏乞移其軍屯江陵。周益公在樞筦，以爲小人重遷，恐生變，不可。趙公力請，迄不行。飛虎軍歲用錢七萬八千貫，糧料二萬四千石，〔六七〕並以步司闕額錢糧支用者〔六八〕。益公云：「湖南、湖北近年來多有猺人强盜，藉此軍先聲彈壓，不可移也。」〔六九〕

490 京西湖北神勁軍 淮東强勇軍

京西、湖北神勁軍，淮東强勇軍者，皆帥司兵也，數各有千人，而湖北有騎軍三百，乃淮東所無，蓋錢之望所創。

491 成都府義勇軍 雄邊軍

成都府義勇軍者，淳熙末，趙子直帥蜀時所創也。其始，黎州皆以西兵出戍，即有邊事，則調緜、梓所駐大軍討之，地遠不時至。淳熙初，范致能爲帥，言所教成都禁卒，謂之飛山軍者〔七〇〕，今已可用，乃命五百人往戍之。及胡長文爲帥，又摘西路並邊九郡禁卒千人駐於成都，以代西兵出戍，謂之雄邊軍，時五年冬也。然西州之卒，率怯懦不可用，青羌入寇，或潰或死，遂廢之。十二年春，留仲至始采衆論，募黎州土丁二百，謂之防邊義勇，月以錢七千給焉。十四年，子直又招西人五百，屯之成都，俾之更戍，亦謂之義勇，故黎人有西義勇、土義勇之名云。西人皆驍勇善鬬〔七一〕，非雄邊之比也。

492
平江許浦水軍 江陰左翼摧鋒 延祥江上水軍

平江許浦水軍者，本明州定海縣水軍也，舊隸沿海制置司，防托海道。乾道中，改隸殿前司，以三千人爲額。五年冬，又改爲御前水軍。八年春，併歸許浦鎮，置副都統制統之。淳熙四年冬，詔以七千人爲額。五年秋，又增額五百人。江陰水軍，舊自泉州調發，乾道三年，陳正獻在樞筦，以其勞費，奏留屯二千人於江陰軍(七三)，而沿海制置司又別屯千人，逮淳熙末，累增至四千人，分三將。此外，左翼軍亦有水軍三千人，摧鋒軍二千，福州延祥寨千人，而鎮江、建康府、池州、鄂州御前諸帥亦各有水軍，多者數千人，少者千餘人。其後，殿前又有澉浦水軍，而淮陰、靖安、唐灣、采石諸水軍，則皆冠以御前之號。

493
神勁神武忠勇忠銳忠武軍

神勁、神武、忠勇、忠銳、忠武軍者，孝宗時旋創之，後亦廢。始張忠獻公爲江、淮宣撫使，以爲淮、楚之人，自古可用，乘其困擾之後，當收以爲兵。乃奏置御前萬弩營，募淮南、北之民，十八已上，四十五已下，不涅臂而屯於建康。五人爲保，兩保爲甲，十甲爲隊，有功同賞，有罪同罰。擢陳敏於廢困中，以爲統制。敏感激圖報，未幾成軍，凡萬八千人。隆興初，賜名神勁，隸都督府，歲費錢二百萬緡〔七三〕。魏公罷，錢處和出使，言逃死者已七千人。湯丞相以費國用爲言，遂不復補。神武軍者，四川宣撫司所遣護衛兵也〔七四〕，隸殿前司。乾道二年秋，初立軍名。忠勇軍者，隆興中所創，下福建、江東西、浙東諸州招募，屯於行在，命李顯忠子師民等統之。靈壁之役〔七五〕，遣隸都督府。二年春，併入步軍司〔七六〕。忠鋭軍者，乾道四年所置，選諸路禁軍、土兵之少壯者，命將以冬月訓習之，上親閲試於内。事已，遣還焉〔七七〕。忠武軍者，乾道八年春所置，選兩浙諸州土兵、弓箭手爲之。其秋，又起二浙揀中廂軍，亦謂之忠勇軍，以帶御器械劉泝爲本軍統制。凡此皆不必書〔七八〕，聊備其始末。

494

赤心忠毅忠順强勇義勝軍

赤心、忠毅、忠順、强勇、義勝等軍，皆歸正人也。赤心軍者，宣和中來歸之士，以燕人王鈞甫、馬柔吉領之，二人皆文臣，後從苗、劉爲亂，誅死。忠毅軍者，紹興末，歸正人也。隆興二年夏，上詔於石頭城置柵，以處北人之降者，賜名忠毅，拜降將蕭琦爲都統制，命建康都統王彦以北軍千人予之。又名鎮江歸正人軍爲忠順，命都統劉寶以七百人予蕭鷓巴。彦言歸正人不可聚爲一所，今已散在諸軍，又北人常疑有發還之意，若聚以付琦，深爲不便。鷓巴謂寶曰：「此曹心不可保，恐緩急執我北去，我只乞馬軍千人將之。」上聞，乃命予琦南、北軍各半。王瞻叔爲宣諭使，以爲不可，卒予南軍。由是二軍徒有其名，旋亦罷去，令北人皆散隸軍中。乾道間，上嘗欲選千人赴行在，以效士爲名，置一寨以備使令，命未出而中止。强勇軍者，淮南安撫司所籍紹興末歸正人也。義勝軍者，四川宣撫司所籍歸正人，契丹、女真、漢兒也。二軍各數百，月給如效用。義勝始有五百屯洋州，紹興乙卯，金人來索，盡予之。今之義勝軍，乃辛巳以後來歸之人也。

495 諸軍效用

效用者，諸軍皆有之，不涅其面，廩賜厚於正軍。建炎間，其數猶少，紹興七、八年後，則漸衆矣。紹興末，虞并甫爲川、陝宣諭使，招效用千餘人，京西二百八十人，四川七百七十七人〔七九〕。月給錢五千，米斛有五斗，又先給例物三縑。王瞻叔代之，以爲厚薄不均，遂撥入正軍，以填闕額。隆興初，幷甫爲湖北、京西制置使，復請招效用。上以其多費，欲勿招。張魏公爲上言：「艱難之時，非優與請給，不可招募，與國初事體不同。」湯進之乃請招七分軍兵，三分效用。上從之。自是招軍皆以三七分爲準。

496 川秦買馬　歲收茶帛數

川、秦馬舊二萬匹，乾道間〔八〇〕，川、秦買馬之額，歲爲萬有一千九百有奇。川司六千，黎、敍、文、長寧、南平五州軍。秦司五千九百。宕昌寨五千一百，峰貼峽八百。益、梓、利三路漕司，歲應副博馬綢絹十萬四千匹。成都路五萬，潼川路三萬，利路二萬三千餘。成都、利州路十一州產茶二千一百二萬斤。其詳見茶事中。茶馬司所收，大較若此。其後，文州改隸秦司，而川司增珍州之額，共爲四千八百九十六，黎州三千，敍州八百，南平軍四百，長寧軍三百九十六，珍州二百五十〔八一〕。秦司六千一百二十，宕昌寨三千九百二十，文州千五百，峰貼峽寨七百。合兩司爲萬有一千十有六匹，此慶元初之額也。嘉泰末，川司五場又增爲五千一百九十六匹，秦司三場增爲七千七百九十八匹，合兩司爲萬有二千九百九十四匹。然累歲所市，多不及額焉。蓋祖宗時所市馬分而爲二，其一曰戰馬，生於西邊，强壯闊大，可備戰陣。今宕昌、峰貼峽、文州所產是也。其二曰羈縻馬，產於西南諸蠻，格尺短小，不堪行陣。今黎、敍等五州軍所產是也。羈縻馬每綱五十匹，其間良馴不過三、五匹〔八二〕，中等十許匹，餘皆下下不可服乘。守貳貪於賞格，以多爲貴，起綱遠來，或死道路，其僅至者，但有皮骨。茶馬司以其將斃者，責付諸縣鬻之，至則隨死。而計綱赴江上者，又爲押綱卒校竊其芻粟，道斃相望焉。成都府馬務，每年排發江上諸軍馬五十八綱，每綱一月券，食錢米二百貫，五十八綱計一萬一千六百貫。押馬官五十三員，每員六百貫，共計三萬一千八百貫〔八三〕。興元府馬務，每年撥發三衙馬一百十二綱，所費稱此。率未嘗如數〔八四〕，蓋茶馬司靳吝錢帛，蕃蠻馬至，多不即償故也。或謂守倅、兵官有市馬賞，茶司屬官亦有，兩都大主管官無之，故至此。舊蕃蠻中馬高下良駑各有定價，紹興中，張松爲黎倅，欲馬溢額以倖賞，高其直以市之，自是夷人得欲無厭，愈肆邀索。癸巳變故之後，邛部川蠻邀功，趙彥博始以細茶、錦與之〔八五〕，至今夷人常以馬博茶錦〔八六〕，不堪藉口。淳熙中，龔總爲黎守，又與邛部蠻設席於倅廳之副階，犒以酒食，夷人益肆，稍不如欲，則詆訶官吏，牽馬出場。宕昌馬舊止三千，淳熙中，始增其數。慶元中，金人既爲蒙國所侵，冀之北土遂失。己未歲，乃於洮州置場買馬〔八七〕，由是馬至秦司者差罕云〔八八〕。

497 廣馬

廣馬者，建炎末，廣西提舉峒丁李棫始請市戰馬赴行在。四年五月戊辰。紹興初，隸經略司。三年春，即邕州置司提舉，正月壬午。市於羅殿、自杞、大理諸蠻，未幾廢買馬司，以帥臣領其事。七年，胡待制舜陟爲帥，歲中市馬二千四百匹，詔賞之。其後馬益精，歲費黃金五鎰，中金二百五十鎰，錦四百端，綺四千匹，廉州鹽二百萬斤，而得馬千五百匹。馬必四尺二寸以上，乃市之，其直爲銀四十兩。每高一寸增銀十兩，有至六、七十兩者。土人云：「其尤駔駿者，在其出處，或博黄金二十兩，日行四百里，但官價有定數，不能致此耳！」然自杞諸蕃，本自無馬，蓋又市之南詔。南詔，今大理國也，去自杞國可二十程，而自杞至邕州横山寨二十二程，横山寨至静江府又二十餘程。羅殿國又遠於自杞十程。乾道九年冬，有大理人李觀音得等二十二人，至横山求市馬，知邕州姚恪盛陳金帛誇詡之，其人大喜，出一文書，稱利貞二年十二月，約來年以馬來，所須文選、五經、國語、三史〔八九〕、初學記及醫、釋等書，恪厚犒遣之，而不敢奏也。會宜州谿洞巡檢常恭者赴闕，持南丹州莫延葚表來〔九〇〕，乞就宜州市馬，比之横山可省二十餘程〔九一〕。産馬地至南丹十程，南丹至静江十三程。張説在樞筦，以其表聞。李壽翁時爲檢詳文字，爲説言：「邕遠宜近，人孰不知，前迂其途，豈無意乎〔九二〕？況今莫氏方横，乃欲爲之除道，而擅以互市之饒，誤矣！小吏妄作，將啓邊釁，請論如法。」説不聽，命從義郎李宗彦以提點綱馬驛程，往宜州措置。九年十二月壬戌〔九三〕。既而説罷政，密院乃奏宗彦等所言邊防不便，罷之，時淳熙元年秋也。説以八月己未罷政〔九四〕，密院以九月乙巳奏罷宜州買馬〔九五〕。帥臣范致能因劾常恭之罪，下吏削籍流竄焉。廣馬例以五十匹爲一綱，每年過三十綱許推賞。然官吏爲姦，博馬銀多雜以銅，蠻人交易，每銀一兩爲握臂釧樸以爲率。鹽百斤爲一畚，脧減至六十，所贏皆官吏共盜之。蠻覺知，不肯以良馬來，所市率多老病篤下，且不能登數。致能爲約束，令太守莅鎔釧樸，增足鹽奩。逮其去官之歲，市馬乃六十綱，前此未有也。淳熙二年。嶺南自産小駟，匹直十餘千〔九六〕，與淮南所出無異〔九七〕。大理地連西戎，故多馬，雖互市於廣南，其實猶西馬也。蓋馬喜高寒，非炎方所利。淳熙二年秋，占城國王遣瓊州守臣書〔九八〕，遣六百人，海舟三十艘，至海南買馬，上命帥臣張敬夫作書，諭以中國馬未嘗出外夷，乃去。安南亦不産馬，故以象拒戰焉。

498 淮馬

淮馬者，隆興初，張魏公爲江、淮都督，嘗即淮上市之。魏公以爲朝廷歲於川、廣市戰馬，每匹不下三、四百千，而又道遠多斃。今淮馬每匹通不滿二百千，且軍中即日可得。上從之。逮督府廢，乃止。然淮馬矮小，實不可用，其可用者，乃取之淮北耳。乾道以後，又詔於淮郡市馬，於是多有越淮盜馬來售者。右奉議郎曾昭時守濠州，至以其馬起綱赴行在，北人以爲言，淮西帥臣趙善俊奏其事，大臣欲下令還之。孝宗以爲失體，乃諭善俊執死囚罪付昭，令斬之，曰：「此盜馬者也。」於是一綱已至，御馬院命濠州以死損報，而次綱未至者，皆遣還之。昭坐追三官放罷。自是不復買淮馬云。曾昭以乾道七年三月二十四日戊戌行遣，此事嘗見親筆處分，史不能詳也。

499 三衙沿江諸軍取馬數

舊川、秦市馬赴密院，多道斃者。紹興二十四年冬，始命撥秦馬付三衙，命小校往取之。三司取馬，再歲一往返，用精甲四千四百人，州縣頗憚其費。二十七年秋，又詔川馬不赴行在，分隸江上諸軍，鎮江、建康、荆、鄂軍各七百五十，江、池軍各五百。殿前司千五百，馬、步司各千〔九九〕，而以川馬之良者二百進御。紹興十九年春所定也。

500 綱馬水陸路

凡川、秦綱馬，皆遵陸路。乾道初，吴信王璘爲宣撫使，始議以馬綱勞費，又均、房一帶，類歷峻嶺亂石之間，馬傷其蹏，道斃者多，請以舟載馬而東。元年五月丙寅。上命夔路造舟與之。張真父帥夔〔一〇〇〕，力言其不可，以爲每綱三舟，舟安馬十八匹。用梢〔一〇一〕、火一百二十人每船梢公三十四人，火手六人。自夔至歸，往返半月程，下水三日〔一〇二〕，上水十二日〔一〇三〕。雇食錢九百緡，每人日雇錢二百，食錢三百〔一〇四〕。以歲額一百三十五綱計之，度用錢十三萬一千五百緡，而起蓋馬驛及一行官兵批支草料不與焉。一州如此，其餘十州可以類推。又每郡且約造十五綱之舟，循環津載，凡爲三萬五千緡，每舟費八百緡。而一舟十五綱往返，勢必腐敗，來歲又當改作。況十郡之舟，應用水手萬二千人，每舟以千二百人，循環往來津載，方不積壓。每舟批支三日[一〇五]，計料二千八百二十石，每疋日支大麥八升。粟草四十五萬七千五百斤。每疋日支十三斤。自利至峽十一州，歲費約二百萬緡，又且出産不敷，決難樁辦。大臣進呈。九月丁卯。上曰：「第令造舟與璘，他日有損壞者，軍自修，其他皆吴璘自辨。」其事遂行。汪聖錫時在成都，亦言其不便。不聽。始議馬舟至鄂州遵陸[一〇六]。樞密汪明遠乞令諸軍以馬舟泛大江而下。上曰：「大江風濤或作，即數日不可行。自鄂州遵陸可也。」元年十一月辛酉。未幾，璘條上馬綱畫一，復以芻秣等事委茶司及沿流諸郡。明遠以爲不可，是月辛未。而又請修歸、峽棧道。宰相洪景伯曰：「歸、峽道路陿峻，人猶不可行，馬豈可行也。」乃命至荆南遵陸。十二月庚寅。於是璘已俾三衙取馬軍士貼船而東。上聞之，諭大臣曰：「如此即空舟如何得回？」遂更命璘措置。三年二月庚辰。璘奏，已出本司錢七萬五千緡付合州，造馬船二百，每隻約物料、人工、食費四百五十貫錢引。約三船可載一綱。五百料船可載二十匹，七百料船可載二十五匹。自利州至峽州計二十八日程[一〇七]，利至閬，閬至果，果至合，皆三日可到，今各計四日程。合至恭，恭至涪，涪至忠，忠至萬，萬至夔，皆一日或一日半可到，今各計兩日程。夔至歸，歸至峽，各計三日程。每五十綱，日支料二百石，通計五千六百石，已支錢一萬一千二百緡[一〇八]。果州以上，每石兩貫，合州已下，每石一貫五百，今並支兩貫。五十綱，募梢、火八百人，每綱二舟，梢、火各八人[一〇九]。益以牽馬人一千二百五十人[一一〇]，每綱二十五人。及遂州所差回船軍兵二百五十人〔一一〕。每綱五人。除軍兵外，梢、火雇錢爲二萬緡。利、閬、果、夔、萬五州梢工各二貫〔一二〕，火兒半之。合、恭、涪、忠、歸五州梢工各二貫五百文，火兒一貫五百文〔一三〕。如今所發來五十綱西馬，比陸路無死損阻滯，即川馬亦依此撥發。奏可。二月丁亥。於是大臣因爲上言，恐璘亦疑水路未盡善。上未以爲然。明年春，夔路轉運司主管文字潼川任續至行在，上言：「今造舟已畢，工役遂事，山程灘險，利害相當，在所不論。惟欲撥陸路之芻秣，以免沿流之煩費，輟四路之軍兵，以免篙梢之追擾，四路廂、禁軍數目不少，若各輟五千人於沿流十郡充水軍，其衣糧令元來處科撥。馬綱行，則迎送舟船，馬綱住，則訓練水戰，莫此爲便。」上大善之。下制置司撥廂、禁軍共三千五百人，如所請。三月甲子。時真父已去，王龜齡代之，與漕臣査元章皆力論其擾人〔一四〕，而不聽也。有知歸州周允升者，傅會璘說，言本郡舟船〔一五〕、草料皆已辦集，即擢爲夔路轉運判官。而任續者，亦除知涪州，又易恭州，使行其說。峽江湍險，軍士素不諳習，一遇灘磧，人馬覆溺，於是驅沿流之民爲之操舟，所齎衣糧皆遭劫奪，所過雞犬爲之一空。未幾，璘薨。虞并父代爲宣撫使，奏言：「水路至荆南二千餘里，一日隔風，行船不得，或至三、五日，馬失餵飼。乞自金州舟行五驛，至淨口遵陸，行至均州。」上從之。三年十月庚子。後月餘，言者又奏馬綱所至，騷擾江村，而商販米斛之舟，尤被其毒。況水路馬數，較之陸行，在亡相若，而於糴場大有妨礙。乃詔川路馬船，日下廢罷。十一月己巳。蓋自璘建請之後，利、夔兩路沿江十餘郡之被其害者三載，而後得免云。

501 廣中鹽易馬

廣馬之良者付三衙，而其它則付建康、鎮江府、池、鄂、太平州軍中，皆有常數。舊以廣西十州民運鹽至横山寨，民甚苦之。紹興十九年，〔一一六〕逮陳璹爲經略使，始以官錢募小校運送，若鹽無闕失，則使部良馬至行在以酬之，至今爲例。

502 孳生監牧

自渡江以來，無復國馬。紹興二年冬〔一一七〕，始命三省樞密院措置馬監。十月戊子〔一一八〕。後置於饒州，以守倅領之，擇官田爲牧地，復置官提舉，俄亦廢。四年，又置監於臨安之餘杭及南蕩。四月庚寅〔一一九〕。十九年夏，詔馬五百匹爲一監，牡一而牝四之。監分四群〔一二〇〕，歲產駒三分及斃二分已上，有賞罰。上嘗謂大臣曰：「議者言南地不宜牧馬，朕昨自措置養馬，今方二、三年，已得馬數百矣。」十三年五月癸亥〔一二一〕。先是川路所置馬，歲付鎮江軍中牧養。十九年春，上以未見孳生之數，遂分送江上諸軍，仍立賞罰。二月庚辰〔一二二〕。後又置監於郢、鄂之間，牝牡千餘，十有餘年，才生三十駒，而又不可用，乃已。故凡國之戰馬，悉仰川、秦、廣三邊焉。

503御前軍器所 器甲物料所書斤重價直等附

元豐官制，置軍器監，以掌戎器之政令。又有御前軍器所，其役兵有萬全軍匠三千七百人，東、西作坊工匠五千人。紹興初，役兵才千人而已。久之，增至千六百餘人。又於諸道增差二千九百餘人，人除本券外，日增給百七十錢，月斗半米。於是內庫造作累年，兵械山積，而諸軍亦各除戎器。二十六年春，詔見役工匠宜減免，江、浙、福建諸州所發物料皆蠲之。二月甲戌。有司尋奏：物料以三分爲率減一分，工匠以二千人，雜役兵以五百人爲額。舊軍器所得專達。建炎中，嘗以大閹董愨提舉，未踰年，即罷之。紹興五年春，始隸工部。三月壬午〔二三〕。後復以中人典領，其調度程品，工部、軍器監有不得預聞者。三十年秋，黄通老爲侍郎，上言非祖宗建官正名之意，請得隸屬稽考之。詔依條檢察。七月庚子。孝宗受禪之十四日，紹興三十二年六月己丑〔二四〕。有旨增置提點官一員。後五日，以內省都知李綽爲之，改稱提舉。又七日，詔御前軍器所專隸提舉，其隸工部等指揮勿行〔二五〕。張真父時爲御史，力論其不然。且言：「軍器所不治，令工部按劾措置可也；工部不職，罪之可也。今使內侍掌之，則它日吏部有銓量之弊〔二六〕，户部有財賦之弊，以至兵部軍政之弛，刑部獄訟之繁，亦將盡以中官典領之邪？」繼又論：「近日大水、飛蝗、地震，皆小人紊政之象，其不可有四。」上乃命仍隸工部。七月庚子〔一二七〕。綽怒，丐免，乃復選廷臣代之。八月庚午。今軍器所抛降諸道木羽箭，動輒數百萬枝，黃牛皮亦數十萬張，它需稱此，郡邑多以煩民。凡軍器所造甲，每副用甲葉一千八百二十五，約重五十斤，分四等，披膊葉重二錢六分，凡五百四片。甲身葉重四錢七分，三百三十二片。腿裙葉重四錢五分，六百七十九片。頭鍪葉重二錢半，三百一十片。頭鍪眉子共重二斤十二兩，皮綫結頭事件重五斤十二兩五錢一分。紹興四年正月乙丑，軍器所定直。凡軍中造提刀一，費錢三千三百；手弓一，費錢二千七百；手箭一，費錢七十四；弩箭一，費錢六十五；應鼓一，費錢六千五百；披膊一副，費錢十千四百；兜鍪一，費錢七千八百；金裝甲一副，費錢〔一二八〕三十八千二百；兵幕一座，費錢六十九千八百；朱馬甲一副，費錢四十千一百；朱馬甲當胸一副，費錢十七千三百，皆有奇。紹興三年六月丁亥，神武右軍所定直。凡弓甲物料，荊湖、福建、浙西四路諸州軍計數赴殿司及沿江諸軍製造，溫、婺等八州計數赴馬司，江、台等八州計數赴步司。惟明、信等九州弓甲，隆興、慶元府，贛、撫、袁、信州，臨江、興國、南安軍。昇、宣等七州、建康、寧國府，建昌、太平、廣德軍，筠、衢州〔一二九〕。紹興府甲，皆造成赴內軍器庫，而諸道羽箭亦皆造成。紹興二十九年夏，郡國多以乏人匠爲言，遂命計料輸之。惟荊門軍及信州造箭如故〔一三〇〕。四月己酉。木羽弩箭者不用羽，創自乾道中。又有剋敵弓，韓蘄王所創，自紹興中至今不廢。

504 四川作院

自休兵之後，有旨：成都〔一二〕、潼川、遂寧府及嘉、邛、資、渠七州作院日造甲，興元府、興、閬、成州、大安軍、仙人關六處作院日造神臂弓、甲皮氈，其器械山積，今並屬總領所，儲之有軍庫焉〔一三〕。弓弩多至數十萬〔一三〕，箭數百萬枝。

505 舟師 戰車

東南沮洳，非用武之地，故多以舟師勝。建炎四年春，陣思恭窘兀朮於太湖。紹興三十一年冬，李節使斬完顏鄭家奴於石臼島〔一四〕，虞雍公敗完顏亮於采石磯〔一五〕，皆舟師也。今沿江諸軍咸有船棹士，每按試中流，上下如飛，北人駭愕。紹興二年，有布衣王大智者，獻戰車式。上乃命其爲樞密院計議官。明年，車雖成而不可用也，遂罷之。至二十九年夏，殿前司統制官陳敏復上戰車之議。上乃謂大臣曰：「其車制雖古，然而用各有宜，況其物料最多，南方所無也。姑令三帥議之，或免武臣有一得之歎耳！」其後卒不能行。議者謂春秋時申公使吳，教之乘車，由是始大其法，故或以爲可用於今日，不知古時以兵車交戰者也。今虜人專尚鐵騎，而吾欲以戰車用之，誠未見其可也。按：靖康末，樞密院將官劉浩者，在於河北募兵，創造戰車。其法：有左右角、前後拒各式，共載卒二十五人，每車計百人。而宗汝霖戰車法，執器械者十有一人，輔車者四十有四人，每車計五十五人。李伯紀戰車法，兩竿雙輪，上設皮籬，以捍矢石，下施鐵裙，以衛人足，旁施鐵索聯絡，可爲營。四人推竿以運車，一人登車以發矢，二十人執軍器夾之兩旁，每車計用二十五人。法皆不同，但不知王大智、陳敏戰車之法〔一三六〕，又不知何如者也。開禧初，中郎將厲仲方者〔一三七〕，爲歷陽守〔一三八〕，而仲方本書生，嘗造戰車并九牛弩，未及用而罷去。周虎繼之，或謂虎用其戰車，乃敗虜於清水鎮〔一三九〕，然不知其詳何如也。

校勘記

〔一〕多死於狄　「狄」原作「敵」，據下文「上將航海避狄」句改。

〔二〕姚端　原作「姚瑞」，據蕭本、閣本、函海本及要録卷三〇、通考卷一五五兵考改。

〔三〕（紹興二年秋）遂命沂中兼提舉宿衛親兵　按楊沂中兼提舉宿衛親兵之職，始於是年三月己酉，見要録卷五二，李心傳並在上書卷五八該年九月癸亥條注文中有所考訂，謂中興小曆記此事繫時有失誤。本書此處乃沿熊克之誤。應删去「遂命沂中兼提舉宿衛親兵」十一字。

〔四〕擊虜　原作「擊敵」，據蕭本、函海本改。

〔五〕真州　原作「其州」，據蕭本及要録卷一八改。

〔六〕入寇　原作「入戰」，據蕭本、閣本、函海本改。

〔七〕胡承公　「承」原作「丞」，據蕭本及宋史卷三七〇胡世將傳改。

〔八〕（紹興）十年春二月辛亥以信叔爲東京副留守　「辛亥」原作「癸丑」，據要録卷一三四、中興聖政卷二六、宋史卷二九高宗紀改。

〔九〕兀朮　原作「金兵」，據蕭本、函海本改。

〔一〇〕祖宗以來　「來」字下原衍「者」字，據蕭本、函海本及通考卷一五四兵考引録朝野雜記删。

〔一一〕（建炎）四年又改爲神武五軍　「四年」原作「是歲」（指三年），據要録卷三四建炎四年六月戊寅條及玉海卷一三九建炎神武軍條、宋史卷二六高宗紀、卷一八七兵志改。

〔一二〕紹興五年十二月　「五年」原作「元年」，據本卷三衙廢復條及要録卷九六紹興五年十二月庚子條、皇宋中興兩朝聖政卷一八、玉海卷一三九建炎十軍條、宋史卷二八高宗紀改。

〔一三〕又改爲行營四護軍張俊稱前軍韓世忠稱後軍岳飛稱左軍劉光世稱右軍……而吴玠軍如故　按：上引要録卷九六及玉海建炎十軍條載，張俊稱中護軍，韓世忠稱前護軍，岳飛稱後護軍，劉光世稱左護軍，吴玠稱右護軍。又本書乙集卷十三十都統制條載，改神武五軍爲行營五護軍：韓世忠稱左軍，劉光世稱右軍，張俊稱中軍，王瓊稱前軍，巨師古稱後軍。與此處所載不同，似以要録、玉海所載爲是。又底本在「故」字下原衍「也」字，今據蕭本、殿本删。

〔一四〕（紹興）七年八月光世軍叛降僞齊於是川陜軍更以右護軍爲號　按：上引要録卷九六及玉海建炎十軍條繫吴玠軍（即川、陜軍）稱右護軍於紹興五年十二月庚子（二日），與此處記時不同。而本書乙集卷一三十都統制條記載與此處同。

〔一五〕然上下重遷　原脱「然」字，據蕭本、閣本、函海本補。

〔一六〕張俊　原作「張浚」，據要録卷七七紹興四年六月甲辰條、卷七八紹興四年七月庚申條改。

〔一七〕紹興初内外大軍凡十九萬四千餘而川陜不與宿衛神武右軍中軍七萬二千八百江東劉光世淮東韓世忠湖北岳飛湖南王𤫊四軍十二萬一千六百　按：要録卷八〇繫此事於紹興四年九月辛酉（十五日）。此處記年不確切。

〔一八〕是年（指紹興元年）冬併神武中軍隸殿前司　按：本卷三衙廢復條繫此事於「紹興五年冬」，又要録卷九六及玉海卷一三九紹興宿衛親兵條、宋史卷二八高宗紀亦繫此事於紹興五年十二月己亥朔。此處記年顯誤。

〔一九〕胡承公　原作「胡丞公」，據本書甲集卷一一宣撫副使條、卷一六關外營田條及宋史卷三七〇胡世將傳改。按：胡世將字承公。

〔二〇〕潼川府　原作「潼州府」，據宋史卷八九地理志潼川府條改。

〔二一〕興洋州　「興」（州名）原作「與」，據閣本及通考卷一五六兵考引録朝野雜記改。

〔二二〕自二千至五千止　原作「自千至三五千止」，據影宋本乙正。上引通考作「自五千至二千止」。

〔二三〕西蜀　原作「四蜀」，據蕭本、閣本及上引通考改。

〔二四〕城寨　原作「城塞」，據影宋本、蕭本及上引通考改。

〔二五〕富平之役後　原脱「役」字，據影宋本、蕭本、殿本補。

〔二六〕義士……每丁免家業三百緡　「三百緡」，要録卷四八紹興元年十月甲申條作「二百千」，與本書上條四川廂禁民兵數所載：「義士……免家業錢一百五十千至二百千止」相符，疑此處記數有誤。

〔二七〕梁洋大安三郡　原脱「三」字，據影宋本、蕭本、閣本、函海本補。

〔二八〕虜人　原作「敵人」，據蕭本、函海本改。

〔二九〕興元　原作「紹興」，據影宋本、蕭本、閣本、函海本及底本本條標題改。

〔三〇〕（紹熙）五年二月八日庚子　「八日」原作「八月」，據函海本改。按：是年二月癸巳朔，庚子乃八日。

〔三一〕敢勇　原作「勇敢」，據蕭本、閣本、函海本及宋會要職官一四之五、一四之九乙正。

〔三二〕（紹興）三十二年十一月十三日乙巳　「十一月」原作「十二月」，據蕭本、閣本、函海本改。按：是年十二月癸亥朔，無「乙巳」日。十一月癸巳朔，乙巳乃十三日。

〔三三〕辦　原作「辨」，據蕭本、殿本、閣本、函海本改。

〔三四〕民兵　原作「兵民」，據本條標題、内容記事及通考卷一五六兵考義勇條乙正。

〔三五〕都統司　「統」原作「稅」，據蕭本、殿本改。

〔三六〕十一年冬　「年」原作「月」，據蕭本、殿本、閣本、函海本改。

〔三七〕糾籍　通考卷一五六兵考義勇條及宋史卷一九二兵志建炎後鄉兵義勇條均作「置籍」。

〔三八〕虜　原作「敵」，據蕭本、函海本改。

〔三九〕謝親　原作「射親」，據蕭本、函海本改。

〔四〇〕胡昉　原作「胡防」，據宋會要食貨六之一七、六一之八四，兵一之二三及王象之輿地紀勝卷四八淮南西路和州條改。

〔四一〕七郡　上文僅列舉六個郡名，當有脱誤。

〔四二〕許子中胡元功　原作「胡子中許元功」，據蕭本、殿本、閣本、函海本及底本上下文記載乙正。

〔四三〕武事　原作「武舉」，據影宋本改。

〔四四〕間歲命守令按閱之　原作「以聞遂命守令官按閱之」，據影宋本删改。

〔四五〕使與之　原作「使司之」，據蕭本、殿本、閣本、函海本改。

〔四六〕舊田　原作「舊由」，據上引各本改。

〔四七〕辰州增二十五人爲三百五十　「三百五十」原作「五百五」，據影宋本及底本上文所記總數改。

〔四八〕奉祠歸蜀　原脱「蜀」字，據影宋本補。

〔四九〕防托邛部川　「邛部川」原作「邛州」，據影宋本及通考卷一五六兵考黎雅州土丁條改。

〔五〇〕防托吐蕃青羌等族　「族」原作「侯」，據上引通考改。

〔五一〕一千九百四十八　原無「八」字，據影宋本及上引通考補。

〔五二〕遇閏年歲總四萬一千五百七十緡　原作「歲總四萬一千五百七十緡遇閏年歲量加」，據影宋本、函海本改。參上引通考。

〔五三〕八萬七千六百緡　「八萬」原作「八百萬」，據蕭本、閣本、函海本及上引通考删。

〔五四〕淳熙十年　「十年」原作「十五年」，據影宋本、殿本、閣本及上引通考删。

〔五五〕十二年冬　「年」原作「月」，據影宋本、殿本改。

〔五六〕每夫月給錢一千　原脱「夫」字，據蕭本、殿本、閣本、函海本補。

〔五七〕廣東保伍　「東」原作「西」，據目録及本條記事改。

〔五八〕紹聖　原作「紹熙」，據蕭本、殿本、閣本、函海本改。

〔五九〕即行揀汰　原脱「行」字，據蕭本、函海本補。

〔六〇〕家業二百緡　「二」原作「三」，據蕭本、殿本、閣本、函海本改。

〔六一〕科斂　原作「料斂」，據蕭本、函海本改。

〔六二〕敢勇　原作「勇敢」，據標題及本卷湖南飛虎軍條乙正。

〔六三〕（紹興）十八年閏八月　原脱「閏」字，據要録卷一五八及宋史卷三〇高宗紀補。

〔六四〕左翼軍　「左」原作「右」，據蕭本、閣本、函海本及上引兩書改。
〔六五〕泉州　原作「帛州」，據蕭本改。
〔六六〕共二十處　「共」原作「其」，據蕭本、殿本、閣本改。
〔六七〕糧料　原作「糧斛」，據影宋本、蕭本改。
〔六八〕並以步司闕額　原作「徭人强盗司闕額」，據上引本子改。
〔六九〕近年來多有徭人强盗藉此軍先聲彈壓不可移也　原作「近年來多有聲息厭惡不籍此軍者先見也」，據上引本子改。
〔七〇〕飛山軍　「山」原作「虎」，據函海本及底本本卷四川廂禁民兵數條、宋史卷三八六范成大傳改。
〔七一〕西人　原作「是人」，據蕭本、殿本、函海本改。
〔七二〕留屯　原作「留此」，據蕭本、閣本、函海本及通考卷一五八兵考引録朝野雜記改。
〔七三〕二百萬緡　原脱「百」字，據蕭本、閣本、函海本補。
〔七四〕四川宣撫司所遣　原作「四川宣府所遣」，據蕭本、函海本改。殿本作「四川宣司所遣」，少一「撫」字。
〔七五〕靈壁　「壁」原作「璧」，據蕭本、函海本改。
〔七六〕步軍司　原脱「司」字，據上引本子補。
〔七七〕遣還焉　原作「遂遣之」，據影宋本、蕭本改。

〔七八〕凡此　原脱「此」字，據上引本子補。

〔七九〕四川七百七十七人　「七十七」原作「十七」，據蕭本、函海本及核對底本上文總數補。

〔八〇〕乾道間　原脱「間」字，據閣本及通考卷一六〇兵考川秦馬條補。

〔八一〕注文所列川司隸屬下五處買馬之額數合計與上文川司買馬總額數不符，疑五州軍細數有失誤。

〔八二〕良馴　原作「良細」，據上引通考改。

〔八三〕每綱一月券食錢米二百貫五十八綱計一萬一千六百貫押馬官五十三員每員六百貫共計三萬一千八百貫　原作「每綱一月券一年計一萬食錢米二百貫五十八綱三員每員六百貫共一千六百貫押馬官五十計三萬一千八百員」，據影宋本、蕭本及上引通考改正。

〔八四〕率未嘗如數　「率」原作「卒」，據蕭本、殿本、函海本及上引通考改。

〔八五〕細茶錦　「錦」原作「緜」，據殿本、閣本及上引通考改。參見下條廣馬所載。

〔八六〕以馬博茶錦　「錦」原作「緜」，據上引本子及通考改。

〔八七〕洮州　原作「洮中」，據蕭本、函海本及金史卷二六地理志改。

〔八八〕秦司　原作「秦川」，據蕭本、殿本、閣本、函海本及上引通考改。

〔八九〕三史　原作「二史」，據蕭本、殿本、閣本、函海本改。又吴儆竹洲集卷一〇竹洲記亦載：大理國「每賈人至横山，多市史記、漢書、三國志……等書。」

〔九〇〕莫延葚　「葚」原作「甚」，據宋會要兵二三之一一引録朝野雜記及宋史卷四九四蠻夷南丹州傳改。

〔九一〕比之横山可省二十餘程　「横山」原作「横州」，「二十」原作「三十」，均據蕭本、函海本及底本上下文記事改。

〔九二〕豈無意乎　原脱「乎」字，據蕭本補。

〔九三〕（乾道）九年十二月壬戌　蕭本、殿本同底本，而閣本及宋史卷三四孝宗紀繫遣使措置宜州市馬事於乾道九年十二月甲戌（十六日），比本書底本繫於壬戌（四日），晚十二日。

〔九四〕（淳熙元年）八月己未　原脱「己未」，據影宋本、蕭本、函海本及宋史卷三四孝宗紀補。

〔九五〕（淳熙元年）九月乙巳　「九月」原作「十月」，「乙巳」原脱，據影宋本、蕭本及上引宋史補正。

〔九六〕四直十餘千　「四」原作「馬」，據影宋本、蕭本、殿本、函海本及通考卷一六〇兵考廣馬條改。

〔九七〕淮南　原作「淮湖」，據蕭本改。

〔九八〕占城國王　「王」原作「主」，據蕭本、閣本、函海本及宋史卷四八九占城國傳改。

〔九九〕殿前司千五百馬步司各千　「千五百」原作「二千五百」，據要録卷一五九紹興十九年二月庚辰條及續通鑑卷一二八删。又要録在「殿前司」之上有「又以秦馬三千五百付三衙」十一字，本條此處記事顯有脱漏，應酌補。

〔一〇〇〕張真父　「真」原誤爲「直」，據閣本、函海本及本條下文改。按：真父乃張震之字，宋史翼卷二〇有傳。

〔一〇一〕梢　原作「稍」，據宋會要兵二三之三四至三五改。下同。

〔一〇二〕下水　原作「下程水」，據影宋本删。

〔一〇三〕十二日　原作「四十二日」，據影宋本、蕭本及上句記時刪。

〔一〇四〕每人日雇錢二百食錢三百　「日」字原在「食」字下，據上引本子乙正。

〔一〇五〕每舟　原作「每州」，據蕭本、函海本改。

〔一〇六〕鄂州遵陸　「遵」字上原有「登」字，據影宋本、蕭本、函海本及本條下文所載和宋會要兵一三之三〇引朝野雜記刪。

〔一〇七〕二十八日程　原無「日」字，據影宋本及本條下面注文補。

〔一〇八〕一萬一千二百緡　原作「一萬二千二百緡」，據注文改正。

〔一〇九〕每綱二舟梢火各八人　原作「每綱稍火二舟八人」，據影宋本、蕭本及本條上文記事改正。

〔一一〇〕益以牽馬人　「益」原作「蓋」，據影宋本、蕭本、殿本、閣本、函海本改。

〔一一一〕逐州　原作「遂州」，據影宋本、蕭本改。

〔一一二〕利閬果夔萬五州梢工　原脱「五州梢工」四字，據影宋本及底本注文下句記事補。

〔一一三〕火兒一貫五百文　「兒」字下原衍「工」字，據影宋本、蕭本、函海本刪。

〔一一四〕力論其擾人　原脱「其」字，據蕭本、閣本、函海本補。

〔一一五〕本郡舟船　「舟」原作「州」，據殿本、閣本改。

〔一一六〕紹興十九年　此據中興小曆，然據要録卷一六二，應作「紹興二十一年」。

〔一七〕紹興二年冬　「二」原作「三」，據要録卷五九及宋史卷二七高宗紀紹興二年十月戊子朔條、通考卷一六〇兵考改。

〔一八〕十月戊子　「戊子」原作「辛卯」，據上引要録及宋史改。

〔一九〕（紹興四年）四月庚寅　「庚寅」原作「丙午」，據要録卷七五及宋史卷二七高宗紀紹興四年四月庚寅條、玉海卷一四九紹興孳生馬監條改。

〔二〇〕四群　原作「四郡」，據上引玉海及通考卷一六〇兵考改。

〔二一〕（紹興）十三年五月癸亥　要録卷一四九繫於紹興十三年五月庚申（四日），比之「癸亥」（七日）早三天。

〔二二〕（紹興十九年）二月庚辰　「二月」原作「正月」，據要録卷一五九紹興十九年二月庚辰條改。按：是年正月甲申朔，無「庚辰」日。

〔二三〕（紹興五年）三月壬午　「壬午」原作「戊申」，按是年三月甲戌朔，無「戊申」日，今據要録卷八七改。

〔二四〕紹興三十二年六月己丑　「六月」原作「七月」，按要録卷二〇〇載，孝宗於是年六月丙子（十一日）受禪，「受禪之十四日」乃六月己丑（二十四日）。又七月丙申朔，無「己丑」日，故改。

〔二五〕其隸工部　原無「其」字，據影宋本、蕭本、閣本、函海本補。

〔二六〕則它日　原無「則」字，據上引本子補。

〔二七〕（紹興三十二年）七月庚子　按宋史卷三三孝宗紀繫「以御前軍器所仍隸工部」於是年七月庚申（二十五日），繫地震於是月戊申(十三日)夜,而庚子乃五日,疑此處記干支有誤。

〔二八〕十千四百兜鍪一費錢七千八百金裝甲一副費錢　以上二十字原脱,據影宋本、蕭本、函海本補。

〔二九〕建昌太平廣德軍筠衢州　「廣德軍」原在「筠、衢州」之下,州、軍序列混亂,今乙正。

〔三〇〕荆門軍　原作「荆州軍」,按荆州乃州名,紹興年間稱江陵府,今據通考卷三一九輿地考及宋史卷八八地理志荆門軍條改。

〔三一〕成都　「成都」之上原衍「而」字,據蕭本、函海本删。

〔三二〕儲之有軍庫焉　「儲」原作「給」,據蕭本改。「焉」原作「馬」,據蕭本、函海本改。

〔三三〕弓弩　「弩」下原有「弓」字,據蕭本、函海本删。

〔三四〕李節使斬完顔鄭家奴　原脱「李」字,據蕭本補。又「鄭家奴」原被清人改爲「正嘉努」,今據函海本及本書卷二一○李寶膠西之勝條、宋史卷三二高宗紀改回。

〔三五〕完顔亮　原作「金兵」,據蕭本、閣本改。

〔三六〕戰車之法　「之」原作「其」,據殿本、閣本改。

〔三七〕中郎將　原作「郎中將」,據影宋本、蕭本、閣本、函海本及水心文集卷二二厲領衛墓誌銘乙正。

〔三八〕爲歷陽守　原脱「爲」字,據影宋本、蕭本、函海本補。

〔三九〕敗虜　「虜」原作「敵」,據蕭本、函海本改。

建炎以來朝野雜記甲集卷十九

邊防一 丁未至戊午

506 靖康建炎紹興大臣和戰守避説

靖康中，大臣言邊事者爲四説：李伯紀欲戰，何文縝欲守，李士美、吴元中欲和，白蒙亨、唐欽叟欲去。建炎、紹興間，大臣言邊事者亦爲四説：李伯紀、張德遠欲戰，范覺民、趙元鎮欲守，黄懋和、汪廷俊、秦會之欲和，吕元直、朱藏一欲去。始，上之在南都也，河東、北軍民猶爲朝廷固守其地，故李伯紀遣張所招撫河北，而傅亮經制河東，然皆未及渡河，而伯紀去位。汪、黄共政，因以河爲守焉。己酉南渡，遂不能守河。既建僞齊，猶以淮北爲界。其後秦會之與兀朮分畫，〔一〕又棄海、泗、唐、鄧、和尚原、方山及商、秦之半。紹興末，復取之。至隆興又棄。時執政大臣張魏公獨主戰，陳魯公、湯慶公、史郡王皆主和，故和議遂定。

507 十三處戰功

自金虜入中原〔二〕，將帥皆望風奔潰，未嘗有敢抗之者。建炎三年十二月，兀朮自杭州分兵至明州城下，浙東制置使張俊拒之，小捷。四年二月，兀朮還〔三〕，過吳江縣，浙西宣撫使統制陳思恭以舟師敗之於太湖，幾獲兀朮。紹興元年十月，兀朮親攻和尚原，陝西都統制吳玠出奇邀擊，大破之，兀朮中流矢二，僅以身免。四年三月，金陝西經略使撒離喝犯殺金平，爲吳玠所敗。十月，淮東宣撫使韓世忠敗兀朮游騎於大儀鎮，兀朮遂不進。六年十月，主管殿前司公事楊沂中敗僞齊劉猊於藕塘，降殺無遺，猊挺身遁。十年六月，馬軍都虞候劉錡大敗兀朮於順昌，兀朮拔寨還東京，兩淮遂定。十一年二月，淮西宣撫使張俊、淮北宣撫副使楊沂中〔四〕、宣撫判官劉錡大敗兀朮十餘萬衆於柘皋。三十一年十月，淮南制置使劉錡遣其將員琦敗金統軍高景山於皂角林。是月，浙西副總管李寶敗統軍完顏鄭家奴於密州之唐島，斬其首。而步司統制官邵宏淵拒虜於真州之胥浦橋〔五〕，獲捷。十一月，中書舍人、都督府參謀軍事虞允文以建康統制張振、王琪之軍敗金主亮舟師於采石〔六〕。是歲，馬司中軍統制趙撙復蔡州〔七〕，鄂州都統制吳拱拒虜於茨湖，統制官王宣拒虜於確山。三十二年，鎮江都統制張子蓋解圍海州。此皆渡江以來中國勝捷之可稱者也。乾道二年，蔣子禮執政，遂以明州城下、和尚原、殺金平、大儀鎮、順昌、皂角林、胥浦橋、唐島、采石、蔡州、茨湖、確山、海州爲十三處戰功，而藕塘不與，以所捷乃僞齊，非金虜故也。二年八月二十四日甲午降旨。

508 建炎三大戰

建炎、紹興初，諸將未嘗敢與虜戰也。張俊號爲名將，然猶曰：「撻懶善戰，其鋒不可當，今救楚州，併亡無益。」獨曲端與婁宿戰於彭原〔八〕，建炎四年正月。杜充與兀朮戰於建康，三年十一月〔九〕。劉錫與婁宿戰於富平，四年九月。皆敗焉。其它率望風奔潰，蓋未嘗接戰也。曲端者，本王子尚部曲，張魏公拔爲主將，端驟得志而驕，彭原之敗，其氣已沮，故富平之役，曲端以爲難。

509 富平之役 二事

張魏公之使秦、蜀也，約以治兵三年，而後用師進取。公甫至秦亭，而兀朮犯江、浙，上浮海東往，公聞，即將見兵十餘萬人入衛。明年春，至房陵，遇德音，聞虜騎已退，乃還。是秋，公聞虜欲再犯江、淮，乃議出師以撓其勢。曲壯愍端爲都統制，以士不習戰，難之。參贊軍事劉彥沖亦以爲非本計。公曰：「吾豈不知此，顧東南方急，不得不爾。」遂合戰於富平。然是冬撻懶不能渡江，而陝服之師遂爲婁宿所敗。時幕客獨王子尚贊之。吳武安玠爲裨將，亦以爲難，而不見聽云。時人皆以此咎公，特未知其本心爾。

富平之役，合五路之師四十萬，熙河經略使劉錫爲都統制，永興帥吳武安玠、涇原帥劉忠武錡、環慶帥趙觀察哲〔一〇〕、秦鳳提刑郭恭毅浩皆在行間，時哲嘗請分兵，魏公不聽也。及敗，哲全師而返，魏公怒其先退，故斬之。然哲當復辟時有功，在西邊又爲名將，故魏公誅之，當時不以爲是。

510 兀朮犯江浙〔一〕

建炎末，兀朮謀犯江、浙，上將幸會稽。三年秋七月，先奉孟太后及祖宗神主往豫章。閏八月，上自建康東往〔二〕，留杜丞相充領行營之衆十餘萬守長江之險，又命劉武信屯池州以爲之援，而韓蘄王屯京口，張忠烈以其兵從上行。冬十一月，兀朮渡江，武信退屯星子，太后奔虔州，衛兵皆潰，祖宗神御、後宮美人頗有失者。杜相遁而降，韓蘄王亦焚鎮江而去。十二月，兀朮自宣城徑趨臨安，上遽航海。是歲除夕，兀朮遣偏將銳士至明州，爲忠烈所敗。四年春，虜兵再至，忠烈引兵遁，虜遂屠明州。及春水將發，兀朮乃焚臨安而去。韓忠武要之於黄天蕩，相持四十有八日。夏四月，兀朮自建康濬鑿小河而去，忠武追之，虜自上江縱火焚其舟師，韓軍大敗。是役也，江、浙、荆湖皆爲虜人所踐，然兀朮亦危，幾不得免，自是不復過江焉。

511 吴玠和尚原之勝 仙人關之勝

紹興初，金陝西選鋒都統婁宿死，兀朮會諸道及女真兵數萬人，造浮梁跨渭。元年冬〔一三〕，親攻和尚原，吴武安以陝西都統制出奇邀擊，大破之，兀朮中流矢二，僅以身免，獲其麾蓋。自虜入中原〔一四〕，其敗衄未嘗如此也。三年春二月，粘罕在大同府，復遣陝西經略使撒离喝與劉豫子麟哀五路叛兵，自商於入寇，金州守將王彦棄城走，武安收兵保仙人原。虜遂入梁、洋，蜀中復大震。張魏公猶爲宣撫使，下令治潼川，將士皆憤，劉彦沖諫而止。虜留屯中梁山踰月。夏四月，始自斜谷去興元。其秋，兀朮敗牛皋、李横於牟駝崗，自商於謀寇蜀。四年春，與撒离喝以十萬騎寇仙人關〔一五〕。時張公已去，武安豫爲壘於關側，號殺金平，嚴兵待之。三月朔，虜攻殺金平，武安督統制官吴璘、楊政、田晟，裨將姚仲、王喜擊却之，虜不能支，乃引去，還屯鳳翔，授甲士田爲久留計，自是不復寇蜀矣。

512 岳飛襄陽之勝

襄陽據荆、楚上游，爲蜀門户。紹興三年夏，僞齊將李成攻陷之。鎮撫使李横以軍食不繼，率部曲奔豫章，時趙忠簡爲帥也。四年，忠簡入秉政，議遣岳鵬舉自江西復襄陽，簽書樞密院事徐師川難之。上不從。師川由此罷政。其秋，遂復襄陽云。

513 紹興失河南

河南自靖康中首爲粘罕所破，伊陽人翟進率軍民上山保險。建炎初，以進爲京西制置使，守其地。二年冬十月，進爲劇寇楊進所襲，墜塹死，翟興代之。後擢興河南鎮撫使。劉豫既立，深憚興。紹興二年春，用其降將楊偉計，與虜兵襲山寨，興戰死，子琮代爲鎮撫使。久之，襄、潁皆陷，琮孤立，力不能敵，帥部曲突圍而出，朝廷始盡失河南焉。

514 韓世忠大儀之勝 楊存中藕塘之勝

自虜立僞齊，建炎四年秋。繼以余覩之叛，紹興二年秋。由是不復寇江〔一六〕。紹興四年秋，劉豫聞朝廷遣章尚書誼等求河南地，乃乞師入寇。金主晟命諸將議之，粘罕、兀室以爲難〔一七〕，斡離嗢以爲可，遂命斡離嗢及撻懶權左、右副元帥，提兵應豫。又以右都監兀朮嘗過江，知地險易，使爲先鋒。於是騎兵自泗攻揚，步兵自楚攻高郵。朱藏一聞之，勸上避狄。趙忠簡獨曰：「戰而不捷，去未晚也。」上遂命忠簡代爲相。而忠簡奏起張忠獻代知樞密院事，即日赴江上視師。上自幸平江。冬十月，韓蘄王敗兀朮之前軍於大儀鎮，兀朮還泗上。會天大雨雪，虜糧乏絶，蕃、漢軍皆不願行，又聞金主病篤，十二月，兀朮用其愛將韓常計，夜引還。韓、劉二將追擊之，俘獲甚衆，劉麟僅以身免。明年春，上還臨安，擢忠獻爲相。是夏，忠獻既平楊幺，鋭意大舉。六年春，遂以都督行邊，揭榜疏豫僭逆之罪。命韓蘄王屯楚州以圖睢陽，劉安城屯合肥以招北軍，張循王進屯盱眙，而楊和王領中軍以爲後翼，又命岳武穆屯襄陽以謀中原。武穆遣兵入蔡州，焚其積聚，軍聲大振。秋九月，上復幸平江，劉豫聞之，求救於金熙宗亶，其伯父領三省事、宋國王宗磐難之，乃聽豫自行。遣兀朮提兵黎陽以觀釁。時豫以其子淮西王麟爲行臺尚書令，遣叛將李成、孔彦舟、關師古僉鄉兵三十萬逼合肥，又遣其姪猊東出渦口。左相趙忠簡聞之懼，議移盱眙之戍，退合肥之師，召襄陽之兵東下，蓋欲專爲保江之計。時劉安城已棄合肥去，忠獻自馳至采石止之。冬十月，楊和王與劉猊遇於藕塘，殺降無遺，麟拔寨遁去，獲其糧舟四百艘。十二月〔一八〕，忠簡罷，忠獻獨相。明年春三月〔一九〕，上幸建康。自是虜人不敢南，而劉豫廢矣。

校勘記

〔一〕兀朮　原作「金人」，據蕭本、函海本改。

〔二〕金虜　原作「金兵」，據蕭本、函海本改。下同。

〔三〕兀朮　原作「金兵」，據上引本子改。

〔四〕淮北宣撫副使楊沂中　原脱「副」字，據要録卷一三九紹興十一年二月丁亥條及宋史卷三六七楊存中傳、卷二九高宗紀紹興十年七月癸丑條補。

〔五〕虜　原作「敵」，據蕭本、函海本改。下同。

〔六〕參謀軍事虞允文　「謀」原作「贊」，據要録卷一九三紹興三十一年十月戊午條及宋史卷三二高宗紀、卷三八三虞允文傳改。

〔七〕趙撙　原作「趙樽」，據本書乙集卷三孝宗善馭將條及要録卷一九三紹興三十一年十月各條、卷一九四紹興三十一年十一月癸酉條、卷二〇〇紹興三十二年六月壬申條，三朝北盟會編卷二三六、二三八、二三九、二四六、二四七、二四九各條，宋史卷三三孝宗紀紹興三十二年七月癸丑條、卷三六六劉錡傳，玉海卷一三五乾道定十三戰功條引會要，止齋文集卷一三閤門序班趙弼奏祖……趙撙累遇郊祀登極未曾陳乞加贈特贈開府儀同三司制改。

〔八〕彭原　原作「白原」，據要録卷三二建炎四年三月乙巳條李心傳考證及宋史卷二六高宗紀建炎四年正月條改。

〔九〕（建炎）三年十一月　原作「三年十二月」，據要録卷二九建炎三年十一月壬戌、甲子條及宋史卷二五高宗紀建炎三年十一月甲子條改。

〔一〇〕環慶　原作「慶元」，據殿本及要録卷三七、皇宋中興兩朝聖政卷八建炎四年九月癸亥條改。

〔一一〕兀朮犯江浙　「兀朮」原作「金兵」，據蕭本、函海本改。

〔一二〕東往　原作「東征」，據蕭本、閣本、函海本及底本上條富平之役記事改。

〔一三〕（紹興）元年冬　「冬」原作「春」，據本卷十三處戰功條及要録卷四八、皇宋中興兩朝聖政卷一〇紹興元年冬十月乙亥條改。

〔一四〕自虜入中原　「虜」原作「金人」，據方輿勝覽卷六九利州西路·鳳州·山川·和尚原條引録朝野雜記改。

〔一五〕寇仙人關　「寇」原作「戰」，據蕭本、殿本、閣本、函海本改。

〔一六〕不復寇江　「江」下原有「淮」字，據影宋本、函海本删。

〔一七〕兀室　原作「兀朮」，據蕭本、函海本及要録卷八〇紹興四年九月乙丑條改。按：兀室，一名希尹，見大金國志卷二七兀室傳。

〔一八〕（紹興六年）十二月　原作「十一月」，據要録卷一〇七紹興六年十二月壬寅條及宋史卷二八高宗紀改。

〔一九〕（紹興七年）春三月　原作「春二月」，據蕭本、閣本、函海本及要録卷一〇九、宋史卷二八高宗紀紹興七年三月辛未條改。

建炎以來朝野雜記甲集卷二十

邊防二 己未至乙酉

515 金主渝盟〔一〕

金海陵煬王以己巳冬篡立〔二〕，乙亥歲，已有南侵意，遂謀遷居汴都〔三〕，未幾，大內火，宮室悉爲所焚，由是遷都之計稍緩。丙子歲，復營汴都。戊寅夏，諭其吏部尚書李通等以夢上帝命己征江南。其秋，擢通參知政事。己卯春，遂罷淮北、陝西諸榷場。三月，再修汴京。冬，命李通造軍器於中都，户部尚書蘇保衡造戰船於潞河。又以吾叛臣施逵來賀庚辰正旦，逵在虜改名宜生〔四〕。密隱畫工，使圖臨安之江山城郭以歸。秋，金主命户部尚書梁球計女真、契丹、奚三部之衆，不限丁數，悉簽起之，凡二十四萬。以其中壯者爲正軍〔五〕，弱者爲阿里喜。又簽中原、渤海、漢兒十五道，中都、南京兩道不簽。每道各萬人，合蕃、漢兵爲二十七萬。時光守强友諒者，言金主已死，胡雛嗣立，改元新德，大臣信之。辛巳春，虞幷甫賀正旦還，言虜酋不死，已授甲造舟，必爲南渡之計。上擢幷甫中書舍人。三月，左相陳魯公聞虜酋決欲敗盟，乃稍飭兩淮邊備。夏四月，命吳襄烈拱以所部自蜀中移戍漢上，而徙劉太尉錡典鎮江諸軍。不閱月，王全來，出慢語，大閹張去爲陰陳避狄之計，宰相陳魯公持不可，乃以吳信王璘爲四川宣撫使，而制置使王剛中同措置軍前事務。六月，命成節使閔以騎司軍三萬人往武昌控扼〔六〕。時金主在汝州避暑，朝廷恐其驟至，因拜劉信叔爲江、淮制置使以禦之。是月，北歸人魏勝取海州。秋七月，金主徙都汴京，命統軍劉蕚出唐、鄧以窺荆、襄〔七〕，張中彥屯鳳翔以圖巴、蜀〔八〕，蘇保衡統水軍以趨浙右，餘兵則自將焉。九月，盱眙監渡官夏俊取泗州。先是，金主造浮梁於淮，冬十月二日〔九〕，自渦口濟，衆號百萬，人帳相望，鉦鼓之聲相聞，遠近大震。

516 虞丞相采石之勝

辛巳十月，海陵既渡淮，建康都統制王節使權弃廬州去，引兵屯采石。破敵軍統領姚興者獨以所部三千人戰死於尉子橋。權言於朝，云：「已退，所以誘虜深入，將與邵宏淵、李顯忠夾擊之。」朱漢章、楊元老猶以爲然。上聞虜兵已迫，命漢章都督江、淮軍馬，漢章辭，乃命葉審言以元樞督視軍馬，虞幷甫舍人參謀軍事〔一〇〕。十一月甲戌〔一一〕，審言至建康，夜被旨，以李顯忠代王權，乃詐以檄召權計事，命幷甫馳至池州，趣顯忠交權軍事。時葛王已立於遼陽〔一二〕，葛王以十月朔立〔一三〕。海陵爲内變所撓，駐軍和州之雞籠山，用閹人梁漢臣議，將自采石濟。乙亥，臨江築壇，刑白、黑馬祭天，期用翌日南渡。丙子，幷甫將至采石，道聞之，即疾前督王權餘軍決戰，士皆願死。於是統制張振、王琪、盛新、時俊等列於江岸，靜以待之。而以海鰍船載精兵駐中流迎敵，布陣甫畢，金主自以小紅旗麾舟絶江而來。先是，諸將盡伏山崦，虜未之覺也，一見大驚，欲退不可。虜舟皆旋爲之，底極不平，舟中之人又衆，械不能施，故盡爲官軍所殺〔一四〕。是夕，椎牛張酒以勞軍，夜半，復嚴兵以待敵。丁丑，幷甫命盛新引舟師直楊林河口〔一五〕，戒之曰：「若虜舟自河出，即齊力射之，必争與死，毋令一舟得出。如河口無虜船，則以克敵神臂弓射北岸。」新即駐舟江心，齊力射虜。虜見舟無歸路〔一六〕，遂於下流縱火自焚，官軍亦於上流焚其舟，凡百八十〔一七〕。金主引去，夜往瓜洲。是日，李顯忠至采石。梁漢臣者，梁師成養子也。

517 李寶膠西之勝

紹興五年，劉豫嘗獻海道圖及戰船木樣於金主亶，亶入其說，采木於蔚州，將造戰船，且浮海入寇。既而盜賊蜂起，事遂中輟。海陵之世，淮、浙姦民倪荀、梁簡等至北地〔一八〕，獻議造舟，因爲鄉導。己卯冬，海陵乃命蘇保衡造舟於潞河。辛巳秋，以保衡爲統軍，使浮海來寇〔一九〕。朝廷聞之，命浙西副總管李寶駐江陰，以防海道。八月〔二〇〕，寶發江陰，至東海縣，解魏勝之圍。冬十月，遂引舟師至密州膠西縣石臼島，時虜舟已出海口，相距止一山，候風即南，不虞王師之猝至也。丙寅，風自南來，衆喜争奮〔二一〕，引帆握刃，俄頃過山，鼓聲震疊，虜驚失措。虜帆皆以錦纈爲之，彌亘數里，忽爲波濤卷聚一隅，窘蹙摇兀，無復行次。寶命以火箭射之，煙焰隨發，延燒數百艘。火不及者，猶欲前拒，寶命健士躍登其舟，以短兵擊殪之。其餘皆中原舊民，脱甲而降者三千餘人。斬副統軍完顔鄭家奴，蘇保衡自經死〔二二〕，捕得倪荀、梁簡皆誅之，獲其軍儲械器以萬計。寶聞金主已渡淮，遂還屯東海，遣使奏捷。

518

劉錡皂角林之勝

劉信叔以九月二十九日發揚州，十月至山陽，聞金主渡淮，遂還走瓜洲，盡弃淮東之地。時金主遣統軍高景山以步騎數萬攻揚州，信叔將大軍禦之。虜以氈裹舟載糧而上，信叔募善没者鑿舟沈之，虜大驚。俄而信叔病嘔血，乃不能支，猶肩輿臨敵。虜遂犯楊子橋，欲以邀之。乙丑，信叔遣左軍統制員琦戰於皂角林，小校王佐以步卒四百人自林中設伏，虜既入，張弩俄發，大敗之，斬景山，俘數百人，虜乃還，而信叔亦退屯鎮江府。十一月，信叔病劇，督視軍馬葉審言以副總管李橫攝都統制，趣令過江。信叔兄子中軍統制官汜〔二三〕，隨橫以往。壬申，戰於瓜洲，汜軍大敗。庚辰，虞幷甫自采石還建康，審言即命往瓜洲防托。丁亥，信叔以疾奉祠。上聞汜軍敗，亟命御營宿衛使楊和王如鎮江措置，且諭大臣放散百官，浮海避狄。陳魯公得御札，亟焚之，事遂止。金主至瓜洲數日，聞李寶已入膠西，成閔諸軍順流而下。亮愈忿，乃還揚州，召諸將約三日畢濟，過期，盡殺之。諸將以天險諫，亮不從。乙未夜，諸將即帳中殺亮。語在夷狄事中〔二四〕。諸將既弒亮，欲遣使報我，訪得瓜洲所俘成忠郎張真，使持其都督府牒至本朝三省樞密院，云：「正隆失德，無名興師，兩國生靈，枉被塗炭，已從廢殞，見議班師，各務戢兵，以全舊好。」十二月甲辰，真至行在，上乃命諸道迤邐進師。是月，上幸建康〔二五〕。壬午二月，復還臨安。

519 高宗建康東歸

上之在建康也，吳明可芾爲殿中侍御史，建言：「大駕宜留建康，以繫中原之望。」會有陳駐蹕利害者，詔侍從、臺諫議之。明可謂：「建康可以控帶襄、漢，經理淮甸，若還臨安，則西北之勢不能相接。」時朝論不欲進取，乃詔以淵聖皇帝祔廟將及，暫還臨安。上未行，邊吏言虜人來聘。明可又言：「虜使之來，蓋欲窺吾進退，視吾虛實，不如受禮建康，候其出疆，然後還，亦未晚也。」不從。上既定議東還，而軍務未有所付。張和公爲建康留守，衆望屬之。詔以楊和王爲宣撫使，中外大失望。劉共甫舍人不書録黄〔二六〕。上怒。共甫再封還，卒罷宣撫使，俾專措置而已。是歲四月，遂召和王還行在，以張公兼措置兩淮。先是，金人以十萬衆圍魏勝於海州，上命張太尉子蓋爲鎮江都統制，自京口往救之，且令張公節制，子蓋曰：「彼衆我寡，利在速戰，不可使虜賊知吾虛實。」五月辛亥，子蓋率精鋭數千騎先入，敗虜於石湫堰，虜溺死者半，餘騎遁去。後六日，海州圍解。然廟堂既主和議，不言兵，故召諸將還，無復北討之意矣。

520 癸未甲申和戰本末

金亮之殞也，朝廷既復兩淮地，遂乘勝取海、泗、唐、鄧、陳、蔡、許、汝、嵩、壽等十郡。未幾，有詔班師，諸將乃棄潁、蔡諸郡而歸。淮寧土豪陳亨祖者，先挈地來降，及是死於難。始，京東義士耿京率衆據東平府，遣掌書記辛棄疾赴行在。壬午春，敕授京天平軍節度使、節制京東、河北忠義軍馬〔二七〕。既而，高忠建來告登位〔二八〕，朝廷遂不復通。後京亦爲虜所誅，獨唐、鄧、海、泗猶在。是夏，虜以數萬衆圍海州。四月丁丑，詔以張子蓋爲鎮江都統制，往援之。子蓋，俊之姪，時以節制使奉京祠〔一九〕。張魏公時判建康，兼措置兩淮事務，乃命子蓋受魏公節度。子蓋亟渡江，五月辛亥，遇虜於石湫堰，大敗之。丁巳，海州圍解。六月丙子，孝宗受禪。七月庚子，魏公被旨入對，見於內殿，癸卯，拜江、淮宣撫使。甲子，洪景盧賀金主登位回，赴行在。先是，金主遣都元帥僕散忠義、左副元帥紇石烈志寧來經略四州地，既爲我師所敗，乃欲大言以脅取之。於是命其知泗州蒲察徒穆以檄至盱眙軍。虜之泗州守蒲察徒穆寓治宿州。九月庚子，詔略曰：「敵人來索舊禮，從之則不忍屈辱〔二〇〕，不從則邊患未已〔二一〕。中原歸正人，源源不絕，納之則東南力不能給，否則絕向化之心。宰執、侍從、臺諫各宜以己見指陳，定論以聞。」於是翰林學士承旨洪遵、給事中金安節、中書舍人唐文若、起居郎兼權中書舍人周必大，共爲一議。大略謂：不宜直情徑行，亦未可遽爲之屈。謂宜歲遺金繒如前日之數，或許稍歸侵地如海、泗之類，則彼亦無可藉口而來議矣〔二二〕。殿中侍御史張震自爲一議。大略謂：海州控扼海道，陝西地多險要，皆不可棄〔二三〕。至於受册禮、絕歸附之類，其不可有十。權工部侍郎張闡自爲一議。大略謂：選將練兵，名分可正，江、淮授田，遺民可招。監察御史陳良翰自爲一議〔二四〕。大略謂：不用舊禮，然後遺民可招。其餘侍從、臺諫囊封繼上，而宰執獨無奏章。史魯公時爲參知政事，上問之，史公但以謹邊備爲對。略曰：「先爲守備，是乃良規，此乃一時之權宜，蓋度今年之事力。儻聽淺謀之士，時興不教之師，寇去則論賞以徼功，寇至則斂兵而遁迹，謂之恢復，豈不痛傷。」於是虜之右副元帥合喜與四川宣撫使吳璘爭德順方急，蜀人楊民望爲吏部郎官，建言宜棄三路，而虞并甫爲宣諭使，力請勿棄，章十餘上。丁酉，并甫罷知夔州。辛丑，詔璘審度事勢，從長措置，務要保護川、蜀，蓋示以弃地之意也。又詔侍從、臺諫各舉可備使蜀者。臺諫共舉汪聖錫、見知福州。沈德和、見知平江。許覺民見知宣州。皆可用，而周子充與侍從共舉王瞻叔。見太府卿、四川總領辛亥，以瞻叔權户部侍郎，充宣諭使。上尋悔。乙卯，復令并甫往璘軍前計事，事畢赴行在。戊午，報登位使劉共甫辭行。十月己巳，葉審言罷知樞密院，以臺諫張真甫、周元持論劾也。是時虜人聚兵積糧於宿州之靈壁及虹縣〔三五〕，而淮西招撫使李顯忠、建康都統制邵宏淵議，欲襲其二邑，魏公言於朝，史公以七事報之，大略言二將恐未可恃。魏公欲先取山東地。十一月乙巳，詔以張子蓋爲淮東招撫使，史公力論其不可。大略謂：山東距虜巢萬里，彼雖不能守，未必滅其強，兩淮地陷没，則朝廷之憂復何如矣。弗聽。後十六日，乞免樞密院職事。許之。史公尋復論招納三弊，一棄實而務名〔三六〕，二舍近而謀遠，三見利而忘害。蓋左相陳魯公專主招納故也。十二月丙寅，手詔罷德順軍屯戍，並令於秦州以裏安泊。此棄三路指揮也，十二月四日〔三七〕。辛未，劉共甫還行在。隆興元年正月庚子，史公拜右僕射，魏公亦拜樞密使、都督江、淮軍馬。子蓋聞朝廷不允，感憤悒死。正月七日戊戌。魏公乃定擣二邑之議，會布衣李信甫者，獻書言招納之利。二月壬戌，上命信甫以兵部員外郎爲宣諭使，持蠟書間往，撫定中原。己酉，擢顯忠主管殿前司公事。先是，虜帥答魏公書，謂境土當以正隆以前爲界。魏公聞於朝，且上出師之計。參贊軍事陳應求、唐立夫謂其難，二將以言劫之，陳、唐語塞。四月戊辰，魏公入奏事，上定議出師渡淮，而陳、史二公不可。由是三省、樞密不復預聞，徑自督府行下。魏公至揚州，合殿前、江淮兵八萬，可用者六萬，分隸二將，號二十萬。戊子，宏淵大軍次盱眙。己丑，顯忠大軍次定遠。五月甲午，二帥濟淮。丁酉，顯忠復靈壁縣，宏淵至虹縣，虜拒之。戊戌，顯忠東趨虹縣。庚子，虹縣開門，蒲察徒穆、大周仁亦降，軍聲大振。右翼軍都統蕭琦窮蹙。癸卯，以親從百餘人降於顯忠。壬寅，魏公渡江。甲辰，捷奏至行在。右相先以不與出師，力丐免。御史王龜齡亦有言。乙巳，右相罷。丙午，二將復宿州。會宏淵與顯忠不相能，而顯忠又私其金帛〔三八〕，不以犒士，士憤怨。辛亥，紇石烈志寧自睢陽引兵至城下，遇官軍，官軍漸潰。癸丑，拜顯忠使相，宏淵節度使。甲寅夜，兩軍大潰而歸，虜亦不追，士卒死亡甚衆，資糧器械委棄皆盡。乙卯，下詔親征。丙辰，詔魏公兼都督荆、襄軍馬，代汪明遠。蓋未知符離之潰也。是日，二將至濠州，顯忠待罪，魏公以劉寶爲鎮江都統制。先是，傳者言宏淵已死，虜乘勝南來。魏公乃乞遣使議和，又乞致仕。六月癸亥，奏至行在。丁卯，召湯進之爲醴泉觀使兼侍讀〔三九〕。時以大觀文領洞霄。戊辰，召虞并甫赴行在。時以敷學守太平。庚午，魏公自盱眙還揚州。壬申，楊存中爲御營使，節制殿前司軍馬。太傅、同安郡王〔四〇〕。癸西，下詔責己。左相待罪，魏公降特進，元係少傅。充江、淮宣撫使。己卯，責顯忠於筠州。甲申，虞并甫爲湖北、京西宣諭使，後六日，改充制置使。七月癸巳，進之復相。丙申，罷宣撫司便宜行事。八月丙寅，復魏公都督江、淮軍馬。先二日〔四一〕，八月六日甲子。紇石烈志寧遺書遺三省、樞院，己卯進呈，上付督府，魏公未肯答，而湯、陳二相欲亟與之和。丙戌，以淮西安撫司幹辦公事盧仲賢爲樞密院計議官，持報書以往，大略謂泗、海、唐、鄧等州，乃正隆渝盟之後、本朝未遣使之前得之。至於歲幣，固非所較，第以兩淮凋殘之後，恐未能充其數。九月，仲賢辭行，上戒勿許四郡，而執政命許之無傷。仲賢至宿州，僕散忠義懼之以威，乃言歸當禀命許四郡。遂以忠義遺三省、樞密院書來，凡畫定四事：一、叔姪通書之式，二、唐、鄧、海、泗之地，三、歲幣銀絹之數，四、叛亡俘掠之人。且約令十一月二十日以前，持誓書來。史丞相之在位也，嘗與魏公議，欲以弟姪之禮事之。書見鄖峰漫録。至是頗合其說。己丑進呈，執政皆賀，上猶欲止割泗、海，徐議唐、鄧。侍御史周操、右正言陳良翰聞之，相繼入見，論其不可。十一月十一日戊戌。上命執政出虜書示之，執政不出。湯相遽奏以户部侍郎王之望爲通問使，知閤門事龍大淵副之。十三日庚子〔四二〕。大淵，上所厚也。是日，操、良翰始見虜書，翌日共奏：「乞勿與四州，待得陵寢而後與歲幣。」於是左僕射陳康伯、右僕射湯思退、參知政事周葵、同知樞密院事洪遵同奏：「張浚宿望，實當梱寄，凡所持論，人無不從。侍從、臺諫之臣，亦當與聞國論。望召浚歸闕，特垂諮訪。」仍令侍從、臺諫集議，當與不當議和，合與不合遣使，禮數之後先，土貢之取予〔四三〕，仍令各薦所知，以備小使，凡五事於後省限一日集議。十一月十四日辛丑。翌日，吏部尚書淩景夏、户部尚書韓仲通、權吏部侍郎余時言、刑部侍郎路彬同一議。大略謂：既正名分，則和當遣使，當與歲幣，而四州疆土當講與祖宗之陵寢及欽廟梓宮兩易之。禮部侍郎黄中、兵部侍郎金安節同一議。大略謂：如稱叔姪二字，未得允當，國號不加大字，不用再拜。歲如增幣，當還欽宗梓宮。四州爲淮、襄屏蔽，不可與，寧少增歲幣。欽宗梓宮，首當迎奉。陵寢地，彼必不肯歸我，宜因每遣使入國，恭謁陵寢一次〔四四〕。侍御史周操、左正言陳良翰同一議。大略謂：名分既正，則姪國之類不須深較，惟土疆不可與，歸正人不可遣，邊備不可撤，及每歲展敬陵寢，皆須預約。又乞令張浚條具。給事中錢周材、起居舍人馬騏同一議。大略謂：我當稱大宋謹白，如與大遼之禮，歲幣已有定議〔四五〕。四州決不可割。又乞令張浚參決。工部尚書張闡自爲一議。大略謂：和不可不議，使不可不遣，歲幣不必校，四州不可割。今不如擊之，既勝而後與和，則恩威兼著。起居郎胡銓自爲一議。大略謂：虜因符離之役，震慴求和，今欲與不共戴天之讎，講信修睦，三綱五常掃地盡矣。況萬萬無可信之理，何㮚、黄潛善、秦檜前車之覆，不可不戒。監察御史尹穡自爲一議。大略謂：國家事力未備，當與虜和，惟增加歲幣，勿棄四州，勿請陵寢，則和議可集。監察御史閻安中自爲一議。大略謂：四州我之門户，決不可棄，當以和好爲權宜，用兵爲實政。

又翌日，上朝德壽宮，十五日壬寅。因奏知遣使通問事，上皇甚喜，諭上以欲自備一番禮物。

魏公在揚州聞之，遣敬夫入奏仲賢辱國無狀。上始怒。操又論仲賢不應擅許四郡，下大理，削其官。召魏公赴行在。十一月十九日丙午。兵部尚書虞允文時爲京、湖制置使，亦以四州不可棄，數上疏爭之。侍從、臺諫議上之十日，宰執復奏言：「此皆以利害不切於己，大言誤國，以邀美名。宗社之重，豈同戲劇！今日議和，政欲使軍民少就休息，因得爲自治之計，以待中原之變。」上意遂定。侍從、臺諫以十一月十五日壬寅集議，宰執以二十五日壬子上此奏。十二月，陳公罷左僕射。初三日己未。先是，周操、陳良翰嘗言：「大使未可遣，當遣小使。」上意不以爲然，遂遣審議官右宣義郎胡昉、修武郎楊由義先行。初八甲子。後十餘日，通問副使王之望、龍大淵發行在。十四日庚午朝辭，十九日乙亥出門。又二日，進之轉左僕射，而魏公亦拜右僕射。二十一日丁丑。明年正月，復以書來，大略言：「四州係本朝內地，不當言於意外。其餘事理，非帥府所當可否。」三月丙戌朔，上手批王之望等，并一行禮物並回。丁亥，詔：「荆、襄、川、陝嚴爲邊備，仍不得先事妄舉。」湯相計窮，請上以社稷大計奏稟上皇，而後從事。上批付三省曰：「虜無禮如此，卿猶欲和。今日虜勢，非秦檜時比，卿之議論，秦檜不若。」湯相恐，乃陽乞奉祠，而陰謀去張公益甚，遂令瞻叔、大淵驛遞疏上言：「兵少糧乏，樓櫓器械未備，斥堠全無。」又言：「委四萬衆以守泗州，非計。」上頗惑之，乃命魏公行邊，三月五日庚寅。而還戍兵，罷招納。二十一日丙午，詔三衙戍兵歸司，建康、鎮江大軍更番歸寨〔四六〕。右正言尹穡又劾魏公跋扈，乃議先罷都督府，以瞻叔及錢處和爲兩淮宣諭使代之。三月二十五日庚戌夜批出，處和時爲吏部侍郎〔四七〕，蓋莊文太子妃之父也。瞻叔未行，又拜左諫議大夫〔四八〕，四月七日辛酉〔四九〕。蓋欲使議論歸一也。四月，魏公還至鎮江，乞罷都督府。四月十四日戊辰罷。既又至平江之虎丘，乞罷政。上皆許之。二十三日丁丑得旨。七月戊子，并甫罷。乙巳，命海、泗撤戍。八月壬午，詔魏丞相南夫以宗正少卿爲通問國信使。瞻叔上疏陳和戰三策。又言今日無横身任事之臣。時胡邦衡爲兵部侍郎，因轉對爲上言：「與虜和，可弔者十。臣恐再拜不已，必至稱臣；稱臣不已，必至請降；請降不已，必至納土；納土不已，必至輿櫬；輿櫬不已，必至如晉帝青衣行酒而後爲快！儻乾綱獨斷，追回使者，絕講和之議以鼓戰士，下哀痛之詔以收民心，天下庶乎可爲矣。」孫造諭虜以重兵脅和。上聞有虜師，乃命建康都統制王彥渡江屯昭關。彥以九月二十日壬寅渡江。三衙大軍、江、池戎帥，相繼皆出。又命湯相都督江、淮軍馬。九月二十一日癸卯。湯不行。十一月，忠義自清河口渡淮，守將魏勝戰死。初四日乙酉。劉寶自楚州、王彥自昭關南遁〔五〇〕，上猶未之知，下詔略曰：「朕以太上聖意，不敢重違。而宰輔羣臣前後屢請，已盡依初式，再易國書。歲幣成數，亦如其議。若彼堅欲商、秦之地，俘降之人，則朕有以國斃，不能從也。」初五日丙戌詔。始湯不行，乃命楊存中同都督軍馬。九月二十三日乙巳。及事急，復以王瞻叔爲督視〔五一〕，十一月六日丁亥夜御札〔五二〕。又以爲同都督。七日戊子。

瞻叔聞命力辭。後二日，乃升存中爲都督。九日庚寅。翌日，思退罷。十日辛卯。又翌日，謫永州。十二日壬辰。太學生張觀、宋鼎、葛用中等七十二人伏闕上書，乞斬湯思退、王之望、尹穡三姦臣，竄其黨洪适、晁公武，适時爲中書舍人、直學士院。而用陳康伯、胡銓爲心腹，召金安節〔五三〕、虞允文、王大寶、陳俊卿〔五四〕、王十朋〔五五〕、陳良翰、黄中、龔茂良、劉夙、張栻、查籥，協謀同心，以濟大計。時虜已自濠州繫橋渡淮，又分兵陷滁州。後三日，遂命國信所管辦公事王抃往見虜帥。翌日，下詔視師。十六日丁酉。又翌日，十七日戊戌。復拜陳魯公爲左僕射。於是錢處和、虞并甫皆除執政。處和十一月二十日辛丑除簽書樞密院兼權參政〔五六〕。并甫二十一日壬寅除同簽樞〔五七〕。瞻叔先已請至江上勞師。二十二日癸卯朝辭。虜兵至六合縣，步軍司中軍統制崔臯擊却之。十一月二十三日甲辰。王抃出疆，凡九日，乃至潁河口見僕散忠義。閏十一月五日丙辰。後十一日，見紇石烈志寧。十六日丁卯。虜皆聽許。先是，朝廷命尹穡、胡邦衡分往浙東、西，措置海道。十一月十九日庚子。二人皆挈家以行。於是詔穡與邦衡俱罷。閏十一月十一日。瞻叔首下令諸將不得妄進軍。上聞虜師退，命督府擇利擊之。十七日戊辰夜。且下堂帖，詰責瞻叔。瞻叔言：「王抃既還，不可冒於小利，以害大計。」上不懌。言者乃擊瞻叔罪，罷之。二十四日乙亥，除端明、知太平。十二月，南夫渡淮。八日戊子。三省、樞密院復貽志寧書，略曰：「修此齊盟，出於初議。中因曲見，或爲矛盾之言。致此數年，未講衣裳之會。茲聆嘉報，不替舊歡。仰衛社之大忠，感睦鄰之高誼。已遵要束，無復異同。」兼學士院洪景伯所草也。南夫至汴京，二酋先遣扑歸，而令南夫與其介康謂詣燕山，虜師亦罷。遂以景伯爲賀生辰使，龍大淵副之。後二十日，都督府結罷。二月六日乙酉。存中除兩鎮節度使。二十一日庚子。其夏，金主所遣報問使、副殿前左副都點檢完顔仲、翰林直學士楊伯雄至行在，持書入見，四月二十二日庚子。始謂上爲「宋皇帝」云。

521 榷場

自紹興通和後，始置榷場，升盱眙縣爲軍，以軍器監主簿沈該直祕閣、知軍事，使之措置。凡榷場之法，商人貲百千以下者，十人爲保，留其貨之半在場，以其半赴泗州榷場博易，俟得北物還(五八)，復易其半以往。大商悉拘之，以俟北賈之來。其後又置場於光州、棗陽、安豐軍花靨鎮(五九)，而金人亦於蔡、泗、唐、鄧、秦、鞏、洮州、鳳翔府置場，凡本朝諸場皆以盱眙軍爲準。二十九年，海陵將入寇，乃悉罷淮北、陝西諸榷場，獨泗州如故。邊吏以聞。於是自盱眙外，餘悉罷。乾道初，乃復。

校勘記

〔一〕金主渝盟　「主」原作「人」，據卷首目録改。

〔二〕己巳　原作「癸酉」，據要録卷一六〇紹興十九年（己巳）十二月丁巳條及金史卷五海陵紀改。

〔三〕汴都　原作「汴省」，據蕭本、殿本、閣本、函海本及本條下文改。

〔四〕宜生　原作「宜中」，據要録卷一八三紹興二十九年（己卯）十二月丙子條及宋史卷三一高宗紀改。

〔五〕其中　原作「其半」，據蕭本、函海本改。

〔六〕成節使閔以騎司軍　「節」原作「都」，據蕭本、閣本、函海本改。按：成閔時任慶遠軍節度使，見要録卷一九〇紹興三十一年五月丙申條。又「騎」原作「其」，據上引本子及殿本改。按：成閔時主管侍衛馬軍司公事，奉命率所部三萬人往武昌控扼，見上引要録。

〔七〕劉蕚　原作「劉諤」，據要録卷一九一紹興三十一年七月末條及宋史卷三二高宗紀、金史卷五海陵紀、卷七八劉彦宗附子蕚傳改。

〔八〕張中彦　「中」原作「忠」，據宋史卷三二高宗紀紹興三十一年七月末條及金史卷五海陵紀、卷七九張中彦傳改。

〔九〕十月二日　「二」原作「三」，據要録卷一九三紹興三十一年十月辛丑（二日）條及宋史卷三二高宗紀改。

〔一〇〕參謀軍事　「謀」原作「贊」，據要録卷一九三紹興三十一年十月戊午條及宋史卷三二高宗紀、卷三八三虞允文傳改。

〔一一〕十一月　原作「十二月」，據殿本及要録卷一九四紹興三十一年十一月甲戌條改。

〔一二〕葛王已立於遼陽　「遼陽」原作「會寧」，據要録卷一九三紹興三十一年十月丁未條及金史卷五海陵紀正隆六年十月丙午條、宋史卷三二高宗紀改。參見本書乙集卷一九女真南徙條。

〔一三〕葛王以十月朔立　此據熊克中興小曆，當以金史卷六世宗紀繫金世宗立於正隆六年（宋紹興三十一年）十月丙午（七日）爲是。又要録卷一九三、宋史卷三二高宗紀繫此事於是年十月丁未（八日），亦少誤。

〔一四〕舟中之人又衆械不能施故盡爲官軍所殺　原脱「又衆」二字，據蕭本補。「械」原作「皆」，據蕭本改。「故」下原衍「遂」字，據蕭本删。

〔一五〕直楊林河口　「直」字下原衍「抵」字，據影宋本、殿本及要録卷一九四紹興三十一年十一月丁丑條删。

〔一六〕虜見　原作「兵見」，據殿本改。

〔一七〕凡百八十　「凡」原作「九」，據殿本改。

〔一八〕倪荀梁簡等　要録卷一九三、宋史全文卷二三紹興三十一年十月丙寅條均作「倪詢、商簡、梁三兒等」。下同。

〔一九〕浮海來寇　「寇」原作「戰」，據蕭本、殿本、閣本、函海本改。

〔二〇〕八月　「月」字下原衍「末」字，據蕭本、函海本及要録卷一九二紹興三十一年八月甲寅（十四日）條删。

〔二一〕争奮　原作「争奪」，據影宋本、蕭本、殿本、閣本、函海本改。

〔二二〕蘇保衡自經死　按：要録卷一九三紹興三十一年十月丙寅條云：「保衡舟未發，亟引去。」又附注：「熊克小曆云：『統軍蘇保衡舟未發，不可獲。旋聞自經死。』蓋因馮忠嘉海道記所書也。案范成大攬轡録：『蘇保衡爲水軍都統，葛王立，除右丞。』則保衡此時不死，忠嘉蓋誤。」據此，則本書此處記事亦沿熊克之誤。又金史卷八九蘇保衡傳明言保衡卒於金世宗大定六年（宋孝宗乾道二年）之後。

〔二三〕統制官　「制」原作「軍」，據蕭本、閣本、函海本及要録卷一九三、一九四改。

〔二四〕語在夷狄事中　見本書乙集卷十九邊防二女真南徙條。

〔二五〕是月上幸建康　「月」原作「日」，據蕭本、殿本、閣本、函海本改。又要録卷一九五紹興三十一年（辛巳）十二月戊申條載：「上發臨安府」，卷一九六紹興三十二年（壬午）正月壬申條載：「上至建康府」，可知宋高宗於紹興三十一年十二月戊申（十日）自行都臨安府啓程赴建康府，次年正月壬申（五日）抵達。

〔二六〕劉共甫　「共」原作「恭」，據本書下條癸未甲申和戰本末及宋史卷三八六劉珙傳、朱文公文集卷八八劉公神道碑改。下同。

〔二七〕軍馬　「馬」原作「焉」，據蕭本、函海本及要録卷一九六紹興三十二年正月己丑條改。

〔二八〕高忠建　「高」原作「張」，據要録卷一九八紹興三十二年閏二月癸巳條、三月壬子條及宋史卷三二高宗紀紹興三十二年正月己丑條、金史卷六世宗紀大定元年十二月庚申條改。

〔二九〕子蓋俊之姪時以節制使奉京祠　原作「子蓋之姪俊以節制使時奉京祠」，據影宋本、蕭本、殿本乙正。

〔三〇〕不忍屈辱　原脱「辱」字，據要録卷二〇〇附録中興聖政草紹興三十二年七月癸亥條補。

〔三一〕不從則邊患未已　原脱「則」字，據蕭本及上引中興聖政草補。

〔三二〕大略謂不宜直情徑行亦未可遽爲之屈謂宜歲遺金繒如前日之數或許稍歸侵地如海泗之類則彼亦無可藉口而來議矣　原作「大略謂宜徑情直行亦無前日之患或許稍歸侵地勿遽爲之屈謂宜歲遺金繒如來議不可棄海泗地則彼亦無可藉口也」，據影宋本、蕭本改正。

〔三三〕陝西地多險要皆不可棄　原作「陝西絶北多險地必不可棄」，據蕭本、殿本改正。

〔三四〕陳良翰　「陳」原作「張」，據下文及宋史卷三八七陳良翰傳改。

〔三五〕宿州之靈壁　「壁」原作「璧」，據宋史卷三三孝宗紀隆興元年五月丁酉條、卷八八地理志淮南東路宿州條改。下同。

〔三六〕務名　「務」原作「附」，據蕭本、殿本、函海本改。

〔三七〕（紹興三十二年壬午）十二月四日　原作「二月十四日」，據上文「十二月丙寅」記時及宋史卷三三孝宗紀乙正。

〔三八〕私其金帛　原脱「金」字，據蕭本補。

〔三九〕醴泉觀使　「使」字上原衍「察」字，據蕭本、函海本及宋史卷三三孝宗紀隆興元年六月丁卯條删。

〔四〇〕同安郡王　原作「和義郡王」，據要録卷一八八紹興三十一年二月甲寅條及宋史卷三三孝宗紀隆興元年六月壬申條、卷三六七楊存中傳改。

〔四一〕先二日　原作「先一日」，按：「甲子」先「丙寅」二日，故改。

〔四二〕（隆興元年十一月）十三日庚子　「十三日」原作「十二日」，按：是年十一月戊子朔，「庚子」爲「十三日」，故改。參見宋史卷三三孝宗紀隆興元年十一月庚子條。

〔四三〕士貢之取予　原作「士貴於取予」，據殿本及宋史卷三三孝宗紀隆興元年十一月辛丑條改。

〔四四〕寧少增歲幣欽宗梓宮首當迎奉陵寢地彼必不肯歸我宜因每遣使入國恭謁陵寢一次　原作「寧少豈肯不歸我田每遣使首當迎奉陵寢地彼必使人入國爲陵寢一決」，據影宋本、蕭本酌改。

〔四五〕如與大遼之禮歲幣已有定議　原作「如與大遼之事先有定議」，據影宋本改。

〔四六〕詔三衙戍兵歸司建康鎮江大軍更番歸寨　原作「詔司建康鎮江大將令三衛戍兵更番歸寨」，據宋史卷三三孝宗紀隆興二年三月丙午條改正。

〔四七〕（錢）處和（名端禮）時爲吏部侍郎　據攻媿集卷九二錢公行狀及宋史卷三八五錢端禮傳應作「處和時爲户部侍郎兼吏部侍郎」，又據宋史卷三三孝宗紀隆興二年三月庚戌條載：「以户部侍郎錢端禮爲淮東宣諭使，吏部侍郎王之望（字瞻叔）爲淮西宣諭使。」可見當時錢端禮之主要職務爲户部侍郎，而非吏部侍郎。

〔四八〕左諫議大夫　宋史卷三七二王之望傳作「右諫議大夫」。

〔四九〕（隆興二年）四月七日辛酉　「七日」原作「二日」，按隆興二年四月乙卯朔，辛酉乃七日，故改。

〔五〇〕昭闕　原作「開闕」，據上文及宋史卷三三孝宗紀隆興二年十一月乙酉條改。

〔五一〕督視　原作「都視」，據宋史卷三三孝宗紀隆興二年十一月丁亥條改。
〔五二〕（隆興二年）十一月六日丁亥　「六日」原作「七日」，按是年十一月壬午朔，丁亥乃六日，故改。
〔五三〕金安節　「金」原作「全」，據蕭本、殿本、閣本、函海本及宋史全文卷二四隆興二年十一月條改。
〔五四〕陳俊卿　「俊」原作「浚」，據上引宋史全文改。
〔五五〕王十朋　原脱「朋」字，據影宋本、蕭本、閣本、函海本及上引宋史全文補。
〔五六〕簽書樞密院　「簽書」原作「僉憲」，據宋史卷三三孝宗紀隆興二年十一月辛丑條改。
〔五七〕除同簽樞　原作「除簽樞同」，據影宋本乙正。
〔五八〕俟得北物還　「俟」原作「竢」，據蕭本、殿本、閣本、函海本及要録卷一五四紹興十二年五月乙巳條改。
〔五九〕花靨鎮　「靨」原作「黶」，據上引要録卷一四五及宋史卷一八六食貨志互市舶法條改。

唐宋史料筆記叢刊

建炎以來朝野雜記

下

〔宋〕李心傳撰
徐規點校

中華書局

乙集

建炎以來朝野雜記乙集序

朝野雜記既成之三年，復爲書，號續記。既抵乙丑之冬矣，顧視前集所書，往往缺略未備，而所憶中興以來舊聞遺事，尚或有之，欲補綴成編，未暇也。客有謂心傳曰：「自昔權臣用事，必禁野史，故孫盛作晉春秋，而桓温謂其諸子，言『此史若行，自是關卿門户事。』近世李莊簡作小史，秦丞相聞之，爲興大獄，李公一家，盡就流竄，此往事之明戒也，子其慮哉！」心傳矍然而止。未幾，權臣殛死，始欲次比其書，會有旨給札，上心傳所著高廟繫年，鉛槧紛然，事遂中輟。既而自念曰：「此非爲己之學也。」乃取舊編束之高閣，而熟復乎聖經賢傳之書。又念前所未録者尚數百條，不忍棄也，萃而次之，謂之乙集。昔安陸鄭尚書嘗獻言于壽皇，指近歲史官紀載疏繆，謂當質諸衣冠故老之傳聞，與夫山林處士之紀録，庶幾善惡是非不至差誤。壽皇嘉納，報下如章，實録所書，可覆視也。間者，滕宗卿又舉以爲言，聖上亦既從其請矣。然則是編也，或可以備汗青之采摭乎？若夫擇焉而不精，語焉而不詳，則單見淺聞無所逃罪，後之覽者亦尚恕之哉！嘉定九年歲次丙子七月哉生明，秀巖野人李心傳序。

建炎以來朝野雜記乙集目録

卷一

上德一

卷二

上德二

卷三

上德三

卷四

典禮

卷五

制作

卷六

朝事一

卷七

朝事二

朝事三

卷八

時事一

卷九

時事二

卷十

時事三

卷十一

故事

卷十二

雜事

卷十三

官制一

卷十四

官制二

卷十五

取士

卷十六

財賦

卷十七

兵馬

卷十八

邊防一

卷十九

邊防二

卷二十

邊防三

建炎以來朝野雜記乙集逸文

建炎以來朝野雜記乙集卷一

上德一

1 壬午内禪志

孝宗皇帝以聖德受天命，實由高宗皇帝睿志素定，然始則昭慈聖獻皇后感動上意，終則憲聖慈烈皇后密贊大策。至於將相、士大夫輸忠協謀共成聖志者，蓋亦多助，而范宗尹、趙鼎、陳康伯三丞相建明將順，皆賴其力，尤不可使之無傳也。孝宗皇帝，太祖七世孫也。初，太祖少子秦康惠王德芳生英國公惟憲，惟憲生新興侯從郁，從郁生華陰侯世將，世將生東頭供奉官追封慶國公令譮，令譮生秀安僖王子偁。仙源類譜。秀王舉進士中第，靖康末，爲秀州嘉興縣丞。王夫人祥符張氏嘗夢人擁一羊〔一〕，謂之曰：「以此爲識。」已而有娠。熊克中興小曆。建炎元年冬十月戊寅夜，生上于杉青閘之官舍。王明清揮麈録。紅光滿室，如日正中。玉牒。少長，訓名伯琮。以制詞增入。先是，高宗皇帝以五月朔即位南京，其六月，賢妃潘氏生皇子，九月，賜名旉，封魏國公。十月，高宗幸維陽。三年二月，渡江幸杭州。三月，苗傅、劉正彦爲變。四月朔，高宗復辟，立魏國公爲皇太子。五月，幸江寧。七月丁亥，太子薨，謚元懿。日曆。殯治城之鐵塔寺〔二〕。周必大二老堂雜記。後三日，仙井監鄉貢進士李時雨上書乞擇宗室之賢者，使視皇太子事，俟皇嗣之生，退居藩服。時雨，黨人親子也，以父入籍，當補官，吏部擬將仕郎，鈔未下，書奏，詔前降給還，恩澤指揮更不施行，日下押出國門。時雨事迹，開禧元年被旨宣付史館。四年夏，高宗自海道還會稽。其秋，昭慈聖獻皇后亦自江西還行在。后嘗感異夢，密爲高宗言之，高宗大寤。此事臣聞之先臣及士大夫，所言皆同，蓋汪應辰早年所聞於趙鼎者〔三〕。會宰相范宗尹有造膝之請，高宗乃命惠襄靖王令懬選藝祖之後宗子數人，育之宫中。令懬時以祕閣修撰、提舉臨安府洞霄宫也。明年，改元紹興。其夏四月，昭慈升遐，而令懬所選宗子，皆未當上意。五月，遂命令懬知南外宗正事，俾至泉南選之。日曆。會上虞丞永嘉婁寅亮上書言：「今昌陵之後，寂寥無聞，僅同民庶。藝祖在上，莫肯顧歆，此黠虜所以未肯悔禍也〔四〕。望陛下於伯字行内，遴選太祖諸孫有賢德者，視秩親王，以待皇子之生，退處藩服。」高宗讀之，大爲感歎。簽書樞密院事富直柔又從而薦之，有旨召對，其年六月也。王明清揮麈録。後七日戊子，高宗諭大臣曰：「昨令懬選藝祖之後宗子二、三歲者得四、五人，資相皆非岐嶷，且令歸家，俟至泉南選之。」右僕射范宗尹曰：「此陛下萬世之慮。」高宗曰：「藝祖以聖武定天下，而子孫不得享之，遭時多艱，零落可憫。朕若不取法於仁宗，爲天下計，將何以慰在天之靈。」同知樞密院事李回曰：「藝祖不以大位私其子，發於至誠。陛下爲天下遠慮，合於藝祖，實可昭格天命。」參知政事張守曰：「堯、舜授受，皆以其子不肖。藝祖諸子，不聞失德，而傳位太宗，過堯、舜遠甚。」高宗曰：「此事亦不難行，正是道理所在。朕止令於伯字行中選擇，庶幾昭穆順序。」富直柔曰：「陛下聖斷，度越千古，第恐令懬不足以承順上旨。」高宗曰：「且令廣求〔五〕，當自選擇。」參知政事秦檜曰：「須擇閨門有禮法者。」檜爲參知政事而奏對在諸人之後，又所言止此〔六〕，其包藏顧望之心已可見矣。高宗曰：「當如此。」直柔曰：「宮中有可付託者否？」高宗曰：「朕已得之矣！若不先擇宮嬪，則可慮之事更多。」日曆。是時張賢妃爲婕妤，憲聖慈烈皇后爲才人，高宗所擇宮嬪，蓋才人與婕妤也。八月，知樞密院事、宣撫處置使張浚，念上繼嗣未立，密奏：「乞明詔大臣講明故事，多擇宗室之賢，優禮厚養，以爲藩屏。」朱熹撰浚行狀。浚時駐軍閬中，蓋未知朝廷之議也。寅亮既對，十一月遂除監察御史。日曆。二年正月，高宗還臨安。二月，寅亮爲秦檜所擠而罷。夏，令懬始奉詔選上及宗子伯浩入禁中。伯浩豐而澤，上清而癯。高宗初愛伯浩，忽曰：「更仔細觀之。」乃令二人並立，有猫過，伯浩以足蹴之，上拱立如故。高宗曰：「此兒輕易乃爾，安能任重耶！」乃賜伯浩白銀三百兩，罷之。王明清揮麈録云：「伯浩後終溫州兵馬都監。」〔七〕而育上於張婕妤所，紹興聖語。時年六歲矣。五月辛未，詔秀王赴都堂審察，遂特改京官。三年二月庚子，詔宗室伯琮除和州防禦使，賜單名從玉。令學士院擬二十字，各注意義進入。高宗自擇瑗字名之。會要。時學士綦崇禮也〔八〕。後二日壬寅，改貴州防禦使。三月，詔貴州防禦使育在宫中，不可與諸宗室比，特給真俸，從内東門司供納。會要。時朱勝非爲相也。四年五月，令懬復得秉義郎子彦之子伯玖入宫中，年五歲，高宗以其聰慧可愛，命吴才人母之。日曆附傳。丁丑，子彦特遷武翼郎，而令懬自左中大夫、集英殿修撰特轉行左太中大夫、知泉州〔九〕。後省以轉官非法，封還録黄，遂寢其命。九月，朱勝非罷，趙鼎相。五年二月，鼎轉左僕射，而張浚爲右僕射。浚面謝，又以儲貳爲言。高宗首肯曰：「宫中見養藝祖之後二人，長者年九歲，不久當令就學。」浚行狀。閏月，浚出使江上。五月，高宗諭鼎令擇日降制，除舊名爲節度使，封國公。鼎退，與參知政事孟庾、同知樞密院事沈與求議之。辛巳，鼎奏：「陛下爲宗廟社稷大慮，臣謹令有司卜，以今月二十六日吉，惟陛下裁之。」高宗曰：「可。」與求曰：「此盛德事也，而陛下斷自聖心，行之不疑，臣知天祐陛下，子孫千億，受曆無疆矣！」高宗曰：「朕年二十九未有子，然國朝自有仁宗皇帝故事，今未封王，止令建節封國公，似乎合宜。以朕所見，此事甚易，而前代帝王多以爲難。」鼎曰：「自古帝王都以爲難，而陛下行之甚易，此所以未可跂及也〔一〇〕。然陛下春秋鼎盛，而爲宗廟社稷大慮如此，臣等以是知神靈扶持，子孫千億也。此事甚大，陛下既已見透，臣等更無復措詞，不勝幸甚。」高宗曰：「藝祖創業，肇造王室，其勤至矣。朕取子字行下子，鞠于宮中，復加除拜，庶幾仰慰藝祖在天之靈。」庾曰：「陛下念藝祖創業之難，而聖慮及此，帝王所難能之事也。」日曆。高宗又謂鼎曰：「此子天資特異，儼若神人，朕自教之讀書，性極强記。」玉牒。鼎先得旨，于行宮門内造書院一區，欲令就學，至是成。高宗曰：「只以書院便爲資善堂，俟除授訖，命儒臣爲直講、翊善，悉如資善故事。」己亥，遂降制授保慶軍節度使，封建國公。以宗正少卿范沖爲徽猷閣待制、提舉建隆觀兼資善堂翊善，起居郎朱震兼贊讀。時學士孫近草建國公制，第云：「眷求屬籍，蚤毓宸闈。」而舍人胡寅草制云：「朕爲宗廟社稷大計，不敢私于一身，選于屬籍，得藝祖七世孫，鞠之宮中，兹擇剛辰，出就外傅。」斐然集。由是人皆曉然知上意也。六月己酉，建國公出資善堂，高宗命見沖、震皆設拜，宰執得旨依故事謁見。又詔建國公禄賜比皇子。日曆。沖、震皆一時名德老成。沖，祖禹子，尤有家法，每因箋疏，導以經術仁義之言，輒標軸藏之，時一展玩。實録。七月，秀王召對，自左宣教郎、直祕閣、添差通判湖州特遷左朝奉郎、祕閣修撰、知處州〔二〕，未行，改在外宮觀，奉賜如郡守。日曆。十一月，浚自江上使還。六年正月壬午，詔伯玖賜名璩，除和州防禦使。後四日。浚復往荆襄視師。既而，鼎、浚以戰守論議不同。十二月，鼎爲左司諫陳公輔所攻而罷，浚獨相，自是攻鼎者始以資善藉口矣。鼎事實。七年正月，陳與義參知政事。二月，以太陽有異，詔內外侍從各舉直言極諫之士一人。徽猷閣直學士、知漳州廖剛應詔言：「陛下有建國公之封，將以承天意而示大公於天下後世者也。然而不遂正名爲子者，豈有所待耶？有所待，則是應天之誠未至也。願陛下昭告藝祖在天之靈，正建國儲君之位，布告中外，不匿厥指，異時雖有則百斯男，不復更易，則足以達天意而轉禍爲福矣。」七月，以旱，詔中外臣民實封言事，左宣教郎、簡州州學教授、臨邛黃源應詔言：「陛下嘗選宗親之賢，納之宮中，典册所加，已上公矣，此誠社稷之至計，然而其名未正，無以副天下之望，臣恐左右前後或懷姦心者，朝暮浸潤，以行其譖，非社稷之福也。今天下多故，事在他日必得長君，非赤子可得而卧治，母后可得而專制也。陛下必不得已，姑少須之，何不使攝居儲貳之位，俟皇嗣之生〔二〕，退居藩服，社稷豈不益固。」九月，浚以淮西失師而罷，鼎復相。八年正月，奏名進士李燾獻反正議〔三〕，乞擇宗室賢者，使攝儲貳，或留守形勝，或別出征伐，使民無異望。三月，秦檜復爲右僕射，陳與義罷參知政事。八月，御筆：「璩除節度使，封吳國公。」執政聚議。檜謂鼎曰：「陳去非在政府時，已有此意，但未及行，不知公意如何？」鼎叩其可否？檜不答。樞密副使王庶曰：「並后匹嫡，古以爲戒，今豈可行也。」鼎謂檜曰：「公嘗言鼎丙辰罷相後，議者專以資善堂藉口，今當避嫌，公專面納此御筆如何？」檜曰：「公爲首相，檜豈敢專。公欲納之，當同敷奏也。」翌日進呈，檜無語。鼎奏曰：「今建國公在上，名雖未正，天下之人知陛下有子矣。以前恩數，並同皇子。又昨幸平江及謁太廟，兩令建國扈蹕，國人見者，咨嗟太息，此社稷大計，蒼生之福也。至於外間稱呼之語，陛下豈有不聞之耶？臣身爲上相，義當竭忠以報陛下。在今日禮數不得不異，但以善繫人心，而不使之二三其説也。」高宗曰：「俱是童稚，姑與放行。」鼎執奏不已。高宗乃留御筆曰：「俟三數月議之。」明日，檜留身奏事。後數日，參知政事劉大中亦以爲言。他日，鼎留身奏曰：「昨所納御筆，檜與大中有何奏耶？」高宗曰：「大中之説與卿一耳。」十月，鼎爲檜所擠，復丐免。高宗問：「前日所議璩建節事如何？」鼎又如前所陳。並鼎遺事。丁巳，大中免。甲戌，鼎罷。九年三月，制授璩保大軍節度使，封崇國公。是月，金人歸河南地。十年五月，金人畔盟。京西、湖北宣撫使岳飛密奏：「今日欲圖恢復，必先正國本，以安人心。然後陛下不常厥居，以示不忘復讎之意。」先是，飛入對，得詣資善堂，見建國公英明俊偉，退語家人，遂上此奏。張戒默記以飛請建儲爲紹興七年事，而飛孫監鎮江府大軍庫珂作飛行實係之此年，且辨默記之誤甚悉。今移附此，更須詳考也。十一年，飛爲檜所誣，以十二月晦賜死大理寺獄。日曆。十二年正月庚戌，詔建國公出就外第，加檢校官，封郡王，令吏、禮兩部及太常寺討論祖宗故事，申尚書省取旨。二月庚午〔一四〕，張婉儀卒，贈賢妃。建國公初育於妃所，至是吴婉儀收而併視之，與璩同處，雖一食必均焉。紹興聖語。丁丑，制建國公加檢校少保，封普安郡王，時年十六。制下，日者尤若納私謂祕書省正字張闡曰：「普乃並日二字，合乎易所謂明兩作離之象，殆天授也。」張闡記聖德事蹟。初，吏、禮部之討論也，吏部尚書吴表臣、禮部尚書蘇符並兼翊善，與禮部侍郎陳桷〔一五〕、員外郎方雲翼、太常丞丁仲京、博士王普、主簿蘇籀同奏，與秦檜意異。己丑，詔表臣等討論典禮，並不詳具祖宗故事，專任己意，懷姦附麗，並放罷。日曆。始檜嘗爲高宗言：「趙鼎欲立皇子，是謂陛下終無子也，宜待親子乃立。」林泉野記。所謂附麗，蓋指鼎也。頃嘗以符所議，問於其孫知新繁縣事植，亦不能知，當從吴龜年家問之。三月，詔普安郡王朝朔望。己亥，祕書少監秦梓兼資善堂贊讀，以璩未出閤故。梓，檜兄也。普安郡王府別以館職趙衛、錢周材二人兼教授。壬寅，上出閤就外第。八月，和議成，顯仁皇太后自五國城來歸，上從高宗奉迎於臨平鎮。十三年九月乙丑，秀王以左朝奉大夫、祕閣修撰、主管台州崇道觀致仕，日曆。遂卒於秀州。十四年正月，普安郡王納夫人郭氏。郭氏，祥符人也。會秀王喪聞，戊寅，詔侍從、臺諫集議普安郡王當持何服。議者張澄、李文會、秦熺、、周三畏、王映、劉才卲、詹大方、張叔獻、段拂等奏，檢照國朝會要，嘉祐四年九月，詔使臣內殿崇班率府率以上，遭父母喪，並聽解官行服，宗室解官給俸，乞依故事。庚辰〔一六〕，秦檜進呈。高宗曰：「始議養宗室子，今子偁死，若不使之持服，則非本朝典故，宜從其議。」日曆。六月，詔秀王許用普安郡王初除節度使，贈太子少師，令秀州量行應副葬事，遂葬湖州城外之箐山。會要。始普安既解官，而蘇符以左朝散郎除知遂寧府，未上。諫官詹大方劾符居論思之地，識慮淺暗，降其二官。會要。蓋指前事也。大方遷御史中丞，遂論責授清遠軍節度副使、潮州安置趙鼎，輔政累年，不恤國事，邪謀密計，深不可測，與范沖輩咸懷異意，以徼無望之福，用心如此，不忠孰甚焉。九月，移鼎吉陽軍安置。日曆。三年，死貶所。十五年二月，制加璩檢校少保，封恩平郡王，出閤就外第，號東、西府。附傳。八月，初命館職二員並兼普安、恩平二王府教授。時福州州學教授黃石代還，獻書於檜曰：「上即位十九年，儲貳未建，安危所繫，孰大於此，公獨不開陳乎？」不報。後七年，石調官入都，復伸前論。檜曰：「君謂檜不省耶，時未可耳。」周必大撰石墓志有此。檜面諭石乃二十二年也。十六年四月乙巳，普安郡王免喪還舊官。實録。十七年六月戊午，改常德軍節度使。二十二年八月，子彦以右武大夫、忠州團練使卒，恩平解官如前議。二十四年夏，衢州盜起。秦檜遣殿前司將官辛立將千人捕之，不以聞。上因入侍言之〔一七〕，高宗大驚。明日，以問檜。檜曰：「不足煩聖慮，故不敢聞，俟朝夕盜平則奏矣。」退而求其故，知上言之。乃謂上在秀王喪二年，不當給俸，月除二百緡。上白高宗，高宗乃自出內帑，月如所除給焉。晁公遡箕山日記有此，但無年月及所遣將姓名，今以日曆參考修入。上之英武爲檜所憚，此其一也。不可不載，俾後有考。二十五年十月，檜疾篤，其家祕不以聞，謀請熺代。上又密啟之。往歲在行在，聞士大夫所言如此。高宗即日幸其家視疾，遂降制勒熺致仕。是夕，檜薨。二十六年閏十月，祕閣修撰辛次膺入對，論國本未立。上改容曰：「誰可。」次膺曰：「知子莫若父。」上稱善。胡銓撰次膺墓志。未幾，國子司業兼崇政殿說書王大寶〔一八〕，因侍經筵密陳宗社大計。上諭以措置已定，時相惡之。十一月辛卯，奏以大寶直敷文閣、知温州。胡銓撰大寶墓志。二十七年春，高宗策進士，晉原閻安中對曰：「太子天下之本，陛下嘗修祖宗故事，累年於茲矣，日就月將，緝熙光明之學，其歷試周知，不爲不久也。而儲位未正，嫡長未辨，臣愚深恐左右前後之臣，寖生窺伺，漸起黨與，間隙一開，有誤宗社大計，此進退安危之機也。願斷自宸衷，蚤正儲位，以係天下之望。」自秦檜得政，士大夫無敢以儲副爲言者，高宗覽其對而異之，遂擢爲第二。二十八年冬，新除利州路提點刑獄范如圭引疾乞奉祠，因奏漢胎養令，遂纂至和、嘉祐名臣乞選建宗室章疏三十六篇，囊封以進，且言曰：「願陛下深考羣言，仰師成憲，斷以公道，無貳無疑，則天下幸甚。」時宗藩並建，道路竊竊有異言，人或以越職言事爲如圭危之〔一九〕，如圭不顧也。疏入，高宗感其言。朱熹撰如圭墓志。二十九年六月丁酉，國子博士史浩轉對內殿，將退，復奏曰：「小臣敢冒萬死以畢愚忠〔二〇〕，普安、恩平王皆聰明，宜擇其賢者，浸別異之，以係天下之望。」高宗頷之。浩退，高宗目送焉。翌日，命除祕書郎。甫四日〔二一〕，兼二王府教授。史彌大世家。九月甲午，陳康伯除右僕射，面謝，因及范如圭所進嘉祐、至和章疏，高宗問：「如圭之意如何？」康伯曰：「如圭可謂愛君之至，言之不盡，故類聚以進呈。」高宗曰：「朕久有此意。」康伯曰：「須宸斷堅決乃可〔三〕。」高宗首肯之。康伯附傳。時高宗已深知上之賢孝，恐顯仁后意所未欲，故遲遲焉。紹興聖語。會后已服藥，後六日，皇太后崩。十二月乙丑，端明殿學士、提舉萬壽觀兼侍讀張燾告滿還朝，奏疏曰：「儲貳天下之本，自古人主必致重於此，其或嗣子未生，必取之兄弟之子，漢成帝立定陶王是也。其或兄弟之子無其人，必取之宗室之子，以待嗣子之生，真宗皇帝是也。至於仁宗皇帝，其事尤詳矣。陛下聖見高明，選建二王而子育之，亦有年矣。然臣聞之傳曰：『兩貴不能以相事。』又曰：『物莫能兩大〔三〕。』此天下之常理也。願陛下權時之宜，斷自淵衷，稍優其禮，加以國封而別異之，則天下之心，皆有所屬矣。」高宗愀然曰：「朕懷此久矣，此事人所難言，卿言適契朕心，俟開春當議典禮。」翌日，遂以張燾爲吏部尚書。張燾年譜。時都民望爲諫官〔三四〕，左宣教郎、知大冶縣蕭之敏貽書民望，以司馬光、范鎮事語之，民望不能用也。周必大撰之敏墓志有此。三十年二月甲子〔三五〕，百官以顯仁喪禮畢，始純吉服。是日，宰相湯思退、陳康伯奏事畢，樞密院官將退〔三六〕，高宗留知院事王綸、同知院事葉義問，諭之曰：「朕有一事，所當施行，似不可緩。普安郡王甚賢，欲與差別，卿等可議除少保、使相〔三七〕，仍封真王。」衆皆前賀。高宗曰：「朕久有此意，深惟載籍之傳，並后匹嫡，兩政耦國，亂之本也，朕豈不知此。第恐顯仁皇后意所未欲，故遲遲至今。」思退曰：「陛下春秋鼎盛，上天鑒臨，必生聖子，爲此以係人心，不可無也。」高宗曰：「此事出於朕意，非因臣下建明。」且顧康伯曰：「去年卿留身奏事，朕亦嘗及此事，甚無難者。卿等宜檢典故進呈。」宰執退，思退留身言：「適奉聖訓，非古帝王所及。」高宗曰：「朕覽唐宣宗事，羣臣有議及儲嗣者，輒怒斥去，可謂不達理矣。」於是上育宮中已三十年，天資英明，豁達大度，左右未嘗見喜愠之色，趨朝就列，進止皆有常度，騎乘未嘗妄視，平居服御儉約，每以經史自適。嘗語府寮曰：「聲色之事，未嘗略以經意，至於珠寶瑰異之物，心所不好，亦未畜之。」騎射、翰墨皆絶人。高宗嘗謂近臣曰：「卿亦見普安乎？近來骨相一變，非常人比也。」玉牒。於是張燾力求去，高宗留之，不可。丁卯，以燾爲資政殿學士致仕。年譜。戊辰，三省、樞密院進呈普安郡王加官、移鎮、進國名及宣制吉日。思退曰：「少保開府，自元豐以來不並入銜，更取聖裁。」高宗曰：「封真王須帶開府儀同三司，可且除使相〔二六〕。」思退曰：「臣等按典禮，非至親不封真王，今進封則當冠以屬籍，如環衛官稱皇姪之類。」高宗曰：「可便以爲皇子，若此則璦諸子亦合加恩數。卿等可議定進呈。」又曰：「更有一事，璩亦與少恩數，令判大宗正事，置司紹興，如此則皆定矣。」思退言，立皇子當降詔及遣官告宗廟。高宗從之。癸酉，高宗始服淡黃袍犀帶，御垂拱殿。思退等奏，立皇子，恐合依故事，改賜名，并具名乞留中奏事。退。御筆付三省，瑗可立爲皇子，改名瑋，令學士院降詔。日曆。遂召學士周麟之至都堂諭旨，草詔進入。熊克小曆以爲楊椿草詔，誤也。海陵集有此詔本。甲戌，内出手詔曰：「朕荷天祐，序承列聖之丕基，思所以垂裕於後，夙夜不敢康，永惟本支之重，彊固王室，親親尚賢，厥有古誼。普安郡王瑗，藝祖皇帝七世孫也，自幼鞠於宮闈，嶷然不羣，聰哲端重，閱義有立，亢於宗藩，歷年滋多，厥德用茂，望實之懿，中外所聞。朕將考禮正名，昭示天下。夫立愛之道，始於家邦，自古帝王，以此明人倫而厚風俗者也。稽若前憲，非朕敢私。其以瑗爲皇子，仍賜名瑋。玉牒。乙亥，召學士楊椿諭旨鎖院。陳良祐撰椿墓志。丙子，制授皇子寧國軍節度使、開府儀同三司，進封建王。制既出，朝士動色相慶，中外大悦。丁丑，宰執入賀。高宗曰：「昨日宣詔，想見人心喜悦。」三月丙午，制授恩平郡王璩開府儀同三司、判大宗正事，置司紹興府，始稱皇姪。丁未，樞密院奏事，高宗曰：「璩昨日之除如何？」王綸對曰：「陛下春秋鼎盛，已爲宗社無窮之計，今日談笑裁決，略無難色。」高宗曰：「朕決此計已九年，建王所佩玉魚，乃置榷場之初，令買此玉，以備今日之用，舉此即可知矣。二王，朕育之宮中三十年，瑋始育之張婕妤，璩乃育之皇后。自張之没，后收而併視之。今日之除，后意與朕合。」實録。四月，詔建王賜字元瓌〔二九〕。玉牒有此。周麟之御書玉堂跋尾云麟之被旨撰皇子賜字。三十一年九月，金人入侵。十月朔，下詔親征。壬子，建王以明堂恩，改鎮南軍節度使。時兩淮失守，廷臣争陳退避之計，上不勝其憤，請率師爲前驅。直講史浩以疾告數日矣，聞之，亟以晉申生、漢惠帝事入告上，力言太子不可將兵，且曰：「危難之時，父子安可跬步相違，事變之來，有不由己者，唐肅宗靈武之事是已。肅宗第得早爲天子數年，而使終身不得爲忠臣孝子，誠可惜也。」上大感悟曰：「將若之何？」浩乃爲草奏，痛自悔過，請衛從警蹕，以共子職，因中宫以奏。高宗方疑怒，覽之意頓釋，問知其奏出於浩，詰朝語大臣曰：「史浩真王府官也。」史彌大世家。既而，殿中侍御史吴芾求對，乞以上爲元帥，先往撫師。朱熹撰芾墓志。浩復遺大臣書，言建王生深宫中，平居未嘗與諸將接，安能辨此。議者又謂主上親征，可使王居守。浩復以爲不可。史彌大世家。高宗亦欲令上徧識諸將。查籥撰杜莘老行狀有此〔三〇〕。十二月，遂扈蹕如建康。時方雨雪，高宗御氈衣氈笠，乘馬，上亦騎從，雨溼朝服，略不少顧，而宰相以下多肩輿者。趙甡之中興遺史。三十二年二月〔三一〕，高宗還臨安，傳授之意已決，懲宣和吴敏輩自以爲功，不以語羣臣。中書舍人唐文若獨請對，言不宜急遽。周必大跋文若帖有此。會左僕射陳康伯乞去位，高宗曰：「更待三數月。」康伯喻意，不復言。既而，高宗益倦勤，康伯密贊大議，且曰：「今不正名，恐臣下有疑似之心，且諸將分屯江上，必使之曉然咸知聖意。」遂草立皇太子手詔以進。康伯附傳。五月甲子，内降詔曰：「朕以不德，躬履艱難，荷天地祖宗垂祐之休，獲安大位三十有六年，憂勞萬幾，宵旰靡憚，屬時多故，未能雍容釋負，退養壽康，今邊鄙寧，可遂初志。而皇子瑋毓德允成，神器有託，朕心庶幾焉。可立爲皇太子。實録。仍改名煒。」是時，吕廣問權禮部侍郎，康伯外姻也。廣問適以土王祠黃帝，而監察御史周必大監祭〔二二〕，康伯折簡齋宮，密議典禮，廣問見必大因及之。必大曰：「煒字與唐昭宗名同音，可乎？」廣問告康伯，亟取旨，改賜名昚。御札今藏周必大家。後十日，賜字元永。玉牒。先是，以望仙橋東秦檜舊第爲新宮，六月戊辰，名曰德壽，命内侍張去爲領之〔二三〕。日曆。後數日，御筆追崇皇太子所生父。中書舍人唐文若既書黃矣，因過周必大，共歎聖德不可及，而疑名稱未安，歸白宰相請更黃，而堂吏不可，文若執不已，宰相以聞，改稱皇太子本生親。周必大省齋文藁。尋又詔宗室子偁並妻合行加封，令侍從、臺諫、禮官討論典禮聞奏。遂就御史臺議，於是翰林學士洪遵等奏，欲依國朝封贈宗室近屬體例，高官大國，極其尊榮，庶於人情義理，皆爲宜稱。子偁欲稱皇兄，贈太師，追封王，賜謚。妻封王夫人。甲戌，詔皇兄、故左朝奉大夫、祕閣修撰、贈太子少師子偁加贈太師、中書令，追封秀王，謚安僖。妻宜人張氏封王夫人。殿中侍御史張震、右正言袁孚共論右僕射朱倬。乙亥，倬除職奉祠，洪遵草制，略曰：「千秋無閥閲功，早緣寤意。」又曰：「元良天下之本，乃覬疇庸。」日曆。張震乞報行言章，不許。無隱集。是日，高宗内出御札曰：「朕宅帝位三十有六載，荷天之靈，宗朝之福，邊事寢寧〔三四〕，國威益振，惟祖宗傳序之重，兢兢焉懼不克任，憂勤萬幾，弗遑暇逸，思欲釋去重負，以介壽臧，蔽自朕心，亟決大計。皇太子眘賢聖仁孝，聞於天下，周知世故，久繫民心，其從東宮，付以社稷，惟天所相，非朕敢私。皇太子可即皇帝位。朕稱太上皇帝，退處德壽宮，皇后稱太上皇后。一應軍國事，並聽嗣君處分。朕以澹泊爲心，頤神養志，豈不樂哉。尚賴文武忠良，同德合謀，永底於治。」詔洪遵所草也。中興玉堂制草。丙子，高宗行内禪之禮〔三五〕，百官班列紫宸殿下，有司設黄麾仗五百人，太常宫架樂工百人，設而不作。晁公遡箕山日記。先是，高宗嘗諭上以傳禪意，上流涕固辭。至是，遣中使召上入禁中，復加面諭，上推遜不受，即趨側殿門，欲還東宫。高宗勉諭再三，乃止。於是高宗出御紫宸殿，百官起居畢，左僕射陳康伯、知樞密院事葉義問、參知政事汪澈、同知樞密院事黄祖舜升殿奏，陛下超然高蹈，有堯、舜之舉，臣等不勝欽贊，第自此不獲日望清光，犬馬之情，無任依戀，因再拜泣下。高宗亦爲之揮涕，曰：「朕在位三十六年，今老且病，久欲閒退，此事斷在朕意，亦非由臣下開陳也。卿等宜勉力以輔嗣君。」康伯等奏，皇太子賢聖仁孝，天下所知，昨聞謙遜太過，未肯即御正殿。高宗曰：「朕已再三邀留，今在殿後矣。」上皇入宫，百官移班殿門外，宣詔畢，入班殿庭。頃之，皇太子服袍履，内侍扶掖至御榻前，拱手側立不坐，應奉官以次稱賀，内侍扶掖至於七、八，乃略就坐。宰相率百寮稱賀，上遽興。康伯等升殿奏：「願陛下即御座，正南面，以副太上皇帝付託之意。」上愀然曰：「君父之命，出於獨斷。然此大位，懼不克當，尚容辭避。」班退，太上皇帝即日駕之德壽宮，上服赭袍玉帶，步出祥曦殿門，冒雨掖輦以行，及宮門弗肯止。上皇麾謝再三，且令左右扶掖以還，顧曰：「吾付託得人，斯無憾矣！」左右皆呼萬歲〔三六〕。玉牒。百官扈從上皇至德壽宮而歸。頃之，太上皇后赴德壽宮。晁公遡箕山日記。詔太上皇帝、太上皇后合上尊號，令有司集議以聞。在内諸司日輪官吏赴德壽宮應奉，少有怠慢，以大不恭論。德壽宮宿衛依皇城門及宮門法。實録。自是二十六年之間，國勢尊安，海内康樂，孝愛兩盡，今古鮮倫。唐人所謂「一月三朝，大明天子之孝；問安視膳，不改家人之禮」者，蓋實録也。廟號孝宗，不亦宜哉！

校勘記

〔一〕嘗夢人擁一羊　「人」字上原有「一」字，據影宋本、函海本及宋史卷三三孝宗紀删。

〔二〕殯冶城之鐵塔寺　「冶城」原作「冶城」，據甲集卷一元懿太子條、要録卷二五建炎三年七月丙戌條及周必大文忠集卷一八三二老堂雜誌卷五記金陵登覽改。按：冶城指建康府城，舊稱江寧府城。

〔三〕汪應辰早年所聞　「所」字上原有「嘗」字，據影宋本、蕭本、函海本删。
〔四〕此黠虜所以未肯悔禍　「黠虜」原作「金人」，據蕭本改。
〔五〕且令廣求　原作「但令應求」，據影宋本、函海本及要録卷四五、皇宋中興兩朝聖政卷九紹興元年六月戊子條改。
〔六〕又所言止此　原脱「又」字，據影宋本補。
〔七〕王明清揮麈録云伯浩後終温州兵馬都監　「後」字原在「揮麈録」之上，據影宋本及要録卷五四紹興二年五月辛未條乙正。
〔八〕綦崈禮　「崈」原作「宗」，據蕭本、閣本、函海本改。按：「崈」爲「崇」之古字，宋史卷三七八有綦崇禮傳。
〔九〕特轉行左太中大夫　原作「特轉行在大中大夫」，據蕭本、函海本及要録卷七七紹興四年六月癸未條改。
〔一〇〕未可跂及　「跂」原作「攀」，據殿本、閣本及要録卷八九紹興五年五月辛巳條改。
〔一一〕特遷　原作「特選」，據蕭本、殿本及要録卷九一紹興五年七月戊子條改。
〔一二〕俟皇嗣之生　原脱「俟」字，據蕭本補。
〔一三〕（紹興）八年正月奏名進士李燾獻反正議　據要録卷一一九紹興八年四月壬午條、卷一二〇紹興八年六月壬申條所載，李燾獻反正議應是「夏天」事。此處繫之「正月」，誤。
〔一四〕（紹興十二年）二月庚午　原脱「二月」，據要録卷一四四紹興十二年二月庚午條補。
〔一五〕陳桷　「桷」原作「桶」，據蕭本、函海本及要録卷一四四紹興十二年二月己丑條改。

〔一六〕庚辰　原作「庚戌」，據要録卷一五一紹興十四年正月庚辰條改。按：是年正月癸丑朔，無「庚戌」日。

〔一七〕入侍言之　原脱「之」字，據蕭本、閣本、函海本及宋史卷三三孝宗紀紹興二十四年條補。

〔一八〕崇政殿　「政」原作「正」，據蕭本、函海本改。

〔一九〕爲如圭危之　「危」原作「言」，據殿本、閣本及宋史卷三八一范如圭傳改。

〔二〇〕小臣敢冒萬死　原無「敢」字，據影宋本、蕭本、函海本補。

〔二一〕甫四日　原脱「甫」字，據蕭本、殿本、閣本、函海本補。參見要録卷一八二紹興二十九年六月戊戌條、壬寅條及攻媿集卷九三純誠厚德元老之碑。

〔二二〕須宸斷堅決　原無「須」字，據蕭本、函海本補。

〔二三〕物莫能兩大　「莫」原作「不」，據蕭本、殿本、函海本改。

〔二四〕都民望　「都」原作「郁」，據要録卷一八三紹興二十九年十二月丙寅條及周麟之海陵集卷一九都民望除監察御史制、周必大文忠集卷三三蕭公之敏墓誌銘改。

〔二五〕(紹興)三十年二月甲子　「甲子」原作「壬子」，據要録卷一八四改。

〔二六〕宰相湯思退陳康伯奏事畢樞密院官將退　原作「宰相湯思退陳康伯樞密院奏事畢將退」，據要録卷一八四補正。參見函海本。

〔二七〕使相　原作「師相」，據殿本、函海本及要録卷一八四紹興三十年二月甲子條改。

〔二八〕可且除使相　「可且」原作「且可」，據函海本及要録卷一八四紹興三十年二月戊辰條乙正。

〔二九〕元瓌　「瓌」原作「環」，據甲集卷一孝宗誕聖條及宋史卷三三孝宗紀紹興三十年四月條改。

〔三〇〕查籥撰杜莘老行狀　「籥」原作「篋」，「莘」原作「萃」，據蕭本、函海本及杜大珪名臣碑傳琬琰集中集卷五四著録查籥撰杜御史莘老行狀改。「行狀」原作「墓志」，據上引琬琰集改。

〔三一〕（紹興）三十二年　原作「三十三年」，據甲集卷一孝宗誕聖條及殿本、閣本、函海本改。

〔三二〕監祭　原作「監察」，據蕭本、閣本改。

〔三三〕張去爲　「去」原作「無」，據函海本及宋史卷四六九宦者張去爲傳改。

〔三四〕邊事寖寧　「寖」原作「寢」，據要録卷二〇〇紹興三十二年六月乙亥條改。

〔三五〕行内禪之禮　原脱「内」字，據蕭本、函海本及要録卷二〇〇紹興三十二年六月丙子條補。

〔三六〕左右皆呼萬歲　「皆」原作「再」，據殿本及宋史卷三三孝宗紀紹興三十二年六月丙子條改。

建炎以來朝野雜記乙集卷二

上德二

己酉傳位録[2]

光宗皇帝以藩王越繼大統，蓋阜陵爲天下慮，不私其子，而虞允文爲相，贊成上意，密決大議，世或未之知也。先是，隆興初，張浚爲江、淮宣撫使，首上疏援漢故事，乞立太子。孝宗方有兵革之事，且謙遜未遑也。始孝宗在藩邸，成穆郭后生四男，長鄧王愭，次慶王愷，次恭王即上，次未命而夭，追賜名恪，贈使相，封邵王。乾道元年六月，鄧王夫人錢氏生子，太上甚喜。先兩月，恭王亦生子，於是祕書少監兼恭王府直講王淮攜白劄子見大臣，言恭王夫人李氏四月十五日生皇長嫡孫。時孝宗未置相，參知政事錢端禮行丞相事。端禮，鄧王夫人之父也，見之不悦。明日進呈，乞令禮部、太常寺檢會合行典禮。孝宗曰：「不合稱嫡孫，只合稱皇孫。」端禮曰：「此月三日早，鄧王府先申誕皇嫡孫。是晚，恭王府方申到文字。」孝宗曰：「朕知之。見鄧王府申後，恭王府方申。令就十二日奏告，更不須差官。」端禮曰：「嫡庶具載禮經，所以別嫌疑，明是非，定猶豫。」孝宗曰：「重冢嫡〔一〕，正謂此。」端禮曰：「初二日，詣德壽宮，太上皇帝宣諭：『皇嫡孫生，與其他事體不同，主上聖孝所招，卿須當行賀禮。』臣遂具奏上表，於初五日稱賀。昨日，王淮來見臣，出白劄子，及稱年鈞以長，義鈞擇賢。」孝宗曰：「此是何語，皆非所宜言。」虞允文時爲參知政事，亦奏曰：「祭不入支庶之家，可見聖人制禮之意。」端禮曰：「講讀官當以正論輔導，不應爲此邪僻之說。」孝宗曰：「豈不啟邪心，當行黜責。」端禮奏，且與外任〔二〕，放謝辭。孝宗令批旨，具載本末。乃詔王淮傾邪不正，有違禮經，可與外任，仍放謝辭。三省時政記。八月，遂立鄧王爲皇太子。明年七月〔三〕，詔皇太子男、皇嫡孫賜名挺，除福州觀察使，封榮國公；恭王男、皇孫賜名挺，除左千牛衛大將軍。又明年七月，太子薨，謚莊文。四年，太子小祥，五年，大祥，皆命輔臣就東宮行禮。六年五月，允文獨相，六月，遂以知樞密院府爲莊文太子外第，命榮國公與錢妃自東宮徙居焉。先是，正月戊辰，大雨震電，庚辰大雨雪〔四〕，陳良翰時爲左諫議大夫，以東宮久未建，手疏言之，孝宗嘉納。良翰行狀。左相陳俊卿之未去也，有議皇孫出外者，俊卿爲祕書監李燾言之。燾出梁昭明事示俊卿，俊卿愕然而止。及是復申前議，著作佐郎劉焞見允文語及之。允文曰：「允文若見上及此，但道家事，勿問外人。」焞曰：「徐勣此言，豈可效邪！」晁公遡日記。其實允文將與孝宗謀建儲也。七月，台州進士鄭偉上書亦及春坊事，允文薦於孝宗，召見，補右迪功郎。晁公遡日記云：「往年偉已有旨命官，梁叔子在瑣闥，繳之而止。至是介于王抃，抃見右相，使偉俟於客位，俄延之入，今日引見命以官〔五〕。」公遡所記如此，而實録、會要及龔頤正持命録皆無之，疑不作録黄故也。是月二十七日乙巳，太史奏：是夜四更後，東北方火星順行在木星西南入宿，各不及一度。占云：「木、火合宿，主冊太子，當有赦。」八月三日庚戌，孝宗御垂拱殿，允文乞留班奏事。三省、樞密院進呈文字訖，執政下殿，允文方欲有所奏，孝宗宣諭云：「祈請陵寢使赴虜中〔六〕，已遣官來取接，近又報遣紇石烈志寧來汴京，此意如何？」允文奏云：「甲申江上之盟，志寧主之，虜以泛使來〔七〕，未知爲何事，不免疑我渝盟爾！若知我以陵寢爲問，志寧必先回燕，蓋待我使至，決大議當在虜庭也。」孝宗又云：「虜中簽發兩河人及生女真，必以爲戰用，在今日宜每事蚤定，先爲不可勝以待之，卿且留意。」允文奏云：「臣累日齋心，今日涓吉，有一大事方欲干犯雷霆之威，冒萬死以請。」孝宗云：「何事？」允文奏云：「自古人君即位一、二年後，必建立儲貳以隆萬世之統，以係四海之心。國家治亂安危之機，無大於此，故曰：太子，國之本也。國本正而萬事理，況今日聖志已定，將大有爲於天下，若一旦虜人敗盟，連兵兩淮，六飛必須順動，監國撫軍，誰任其責？臨事之變，倉卒議之，當有不如人意處。又陛下在位將十年，而元良虛位，中朝士大夫共懷憂疑，但往往畏死不敢啟口開陳爾！臣蒙陛下大恩，付以心腹之託，使定大計。今日之事，無大於此，無急於此。日者，木、火合宿，太史奏以爲當冊太子。天心仁愛，爲陛下昭示休祥，願陛下上順天心，下從人望，蚤出睿斷。」孝宗欣然云：「朕久有此意，事亦素定，但恐儲位既正，人性易驕，便自縱逸，不勤於學，浸有失德，不可不慮。朕更欲令練歷世務，通知古今，庶幾無後悔爾！」允文奏云：「臣平日竊觀陛下聖孝至篤，豈不以宗社爲念，聖慮最遠，豈不以儲副爲急，所以遲遲至今，亦必有說。今蒙宣諭，益有以見陛下重惜神器，封植國本，爲萬萬年之永圖，天下幸甚。然臣之愚，以謂此事不過審擇宮官，使日聞正言，日行正道，真積力久，自然無不趣於正，安得有後悔。又儲闈一開，深居中禁，常得在陛下左右，日親帝學，何患不光明，日與朝政，何患不練歷。以臣之愚，謂早建儲宮，其所成就必遠過於外處潛邸。」孝宗曰：「丞相言極是，但此事卻有些遷次，非久於選德獨與丞相議之。」允文即奏云：「臣以愚忠所迫，昧死有請，敢意陛下遽賜察納，臣無任感天荷聖之至，容臣再拜謝恩。」拜訖，復奏云：「此事願陛下早留聖念。」孝宗云：「甚好甚好，不過旬日間。」二十五日壬申，朝殿奏事，至下馬處，中使傳旨，令右相留班。孝宗以邊事一一宣諭已，奏對訖，允文奏云：「臣比者敢以早建東宮事有請，陛下欣然即賜開納，今已踰旬日，未準處分，臣實憂懼。」孝宗曰：「此事已決，偶數日來多事，未及與卿商量。」允文奏云：「昔唐太宗從容謂侍臣曰：『當今國家何事最急，各爲我言之。』高士廉曰：『養百姓最急。』劉洎曰：『撫四夷最急。』岑文本曰：『行禮義最急。』獨褚遂良云：『今四方仰德，誰敢爲非，但太子、諸王須有定分，陛下宜爲萬代法，以遺子孫。』太宗答曰：『此言是也。朕年將五十，心常憂慮，頗在此爾。』臣仰惟陛下日月之明，於唐君臣之言，是非去取，必有所擇。臣竊詳唐太宗與侍臣言，在貞觀十六年，太子承乾已立，遂良但以嫡庶名分未正，其言至如此。今日之事，臣之所憂有甚於遂良，但不敢盡言爾！」孝宗云：「朕志已素定，正欲與丞相議之。朕見唐太宗用兵取天下，心甚敬之。至議立太子，乃引佩刀自決，亦未嘗不笑之，蓋處置家事，何用如此。今秋事向晚，冬初又虜使來，有一番禮數，若於郊禮時，或前或後，降指揮如何？」允文奏云：「聖志果定，以郊天慶成日降指揮甚好，蓋日南至，天正也。」孝宗云：「當用此日。」十一月五日辛巳，大駕至郊壇，齋於青城。是日午，有旨宰執奏事。既至青城門下馬處，又有旨令右相留班。孝宗宣諭云：「立太子事，朕但欲與丞相議爾。如何？」允文奏云：「此陛下家事，臣不當與。臣不敢遠引漢、唐以喻今日。臣記得本朝太宗皇帝即位之後，以議立太子事，大臣有竄黜過嶺者，自後無敢復言。至淳化末年，足瘡，召寇準於青州，既入對，太宗曰：『卿來何遲？』對曰：『臣守藩在遠，非賜召，臣無緣望清光。』太宗曰：『東宮未立，如何？』準對曰：『此事問內人亦不可，問中貴人亦不可，問大臣亦不可，惟陛下獨斷乃可爾。』太宗曰：『襄王可乎〔八〕？』準對曰：『知子莫若父，陛下若以爲可，願早降處分。』乃立真宗。臣嘗讀國史，太宗八子，真宗爲第三，觀準所對，曲折之間，但欲自太宗發之爾。太宗英斷一發，千百世無有議之者。此臣卷卷之忠，獨有望於陛下也。」孝宗云：「此事無可疑，今郊天後先欲與卿商量，如上兩宮尊號，立太子，可用春初，亦未晚否？」允文奏云：「陛下即大位九年，三見上帝，前兩郊有意外相妨事，昨日宿太廟，大雨不止，羣心憂疑，夜半行事時，中天星氣炳然，百執事駿奔中庭，皆如禮，咸謂陛下聖德有以感召，今日霽色如此，熙事必成。陛下欲歸美兩宮，益隆徽稱〔九〕，此千載希有之慶，臣敢再拜。」已而奏云：「陛下欲以春初立太子，臣謹奉詔，是時願陛下更無改易。」孝宗云：「只俟兩宮禮畢，便降指揮。」又微笑云：「朕家好事數件，皆是丞相做了。」允文頓首謝。又奏云：「二事淵衷素定，睿斷必行，臣但贊襄奉行而已〔一〇〕。辛卯正月一日丙子，太上皇帝、壽聖皇后受册寶禮畢。五日庚辰，允文奏事紫宸殿後幄，乞留班，奏云：「去年郊天前一日，臣賜對郊宮寢殿，蒙陛下宣諭，少俟兩宮尊號禮畢，便降立太子指揮。今兩宮册寶慶成，乞早賜處分。」孝宗曰：「丞相留意此事如此，朕欲以中春上旬，擇日行禮，非久於内殿，更與卿議之。又有説朕欲立太子後，餘一親王便欲令出鎮外藩，不知本朝有何典故？」允文奏曰：「陛下止有兩大王，若立一王爲太子〔一一〕，一王自留王邸侍陛下左右，本朝亦無似此典故。」孝宗云：「朕之慮甚遠，卿可於唐以前子細密加討論，別一日進呈。」允文奉旨而退。*自七月二十七日太史奏云云以後，並允文手記。*十四日戊子，進呈。*此一日所奏最緊要，允文手記乃闕之，甚可惜也。*二十四日戊戌，允文擬進立太子御劄。*晁公遡箕山日記云：「高子長正月末離臨安，李道之子宣贊範者託語其父云：三大王言，丞相遣腹心來報，儲議已定，大人差遣可無慮。後旬日，建儲詔下。」考尋諸書，子長名祚，此時以右朝請郎充四川宣撫司主管機宜文字，自荆南前去之任。道，恭王夫人之父，此時爲湖北副總管。*二月七日壬子晚朝，孝宗御選德殿，始以立皇太子御劄宣示大臣。允文等奏：「元良天下大本，陛下獨出睿斷，爲天下得人。」各再拜賀。孝宗曰：「前世人主，多以此爲諱〔二〕，朕甚不取。國有儲副，自古已然，何諱之有。」允文曰：「唐太宗號英主，至此乃不能決，猶引佩刀以自向。」孝宗曰：「朕常笑之。雉奴仁懦，太宗既知之矣，卒不能奪，以基禍亂。皇太子朕觀之熟矣，他日親馭戎輅，以撫六師，監國之任，不及今早定，何以繫天下心。」允文奏：「臣等受詔，未敢即行，恭候來日，集百官宣布。」孝宗曰：「善。」是夕鎖學士院，命直院鄭聞草皇太子及慶王加封兩制。八日癸丑，百官班文德殿，詔曰：「朕紹承大統，於今十年，深惟太上皇帝付託之重，而元良虛位，惕然於懷。傳曰『儲副天下公器』，朕其敢有所私哉！今第三子惇仁孝嚴重〔三〕，積有常德，學必以正，譽日以休，蔽自朕心，俾膺主鬯，以永宗社之慶，可立爲皇太子。其官屬儀物制度，令有司討論典禮以聞。咨爾中外，體予至懷。」*虞允文擬詔手*

藁同此。但擬本云皇子某，御札改云第三子某。擬本云深體至懷，御札改云體予至懷。擬本云如改賜名，即書云改賜名某，御札不改。宣詔畢，內出麻制：皇第三子恭王惇可立爲皇太子〔一四〕。皇子雄武軍節度使、開府儀同三司、慶王愷特授雄武、保寧軍節度使，判寧國府，進封魏王。三月四日戊寅，命宰執燕餞魏王於玉津園，用文彥博故事也。王登車，顧允文曰：「更望相公保全。」晁公遡箕山日記云爾。公遡時自尚書郎除潼川運副。二十三日丁酉，太子受册。四月二十日甲子，御劄皇太子判臨安府。二十三日丁卯〔一五〕，將鎖院，或疑宣麻給告，非待儲貳之體〔一六〕。二十五日己巳〔一七〕，後省官、禮官會議於史院。二十六日庚午〔一八〕，御筆皇太子某宜領臨安尹。命直院周必大草制，必大具奏。二十七日辛未〔一九〕，告廷畢，別録本賜太子。九年二月，榮國公薨。四月，皇太子解尹事。淳熙元年十月，魏王改判明州。七年二月，王薨，遺表上，孝宗泫然流涕，謂右丞相趙雄曰〔二〇〕：「朕向來所以越次建儲者，正爲此子福氣稍薄耳，然亦不料其如此之夭也。」即葬會稽，謚惠憲。他日，又謂雄曰：「太子資質極美，但尚少學問耳！每遣人來問安，朕必戒之云，且語太子，切須留意學問〔二一〕。」十四年十月〔二二〕，太上皇帝崩。先是，孝宗已有禪意〔二三〕。十一月二日己亥，百官大祥，是日，手詔：「皇太子可令參決庶務。」先旬日，孝宗獨召學士洪邁入對，謂曰：「朕將行內禪，且欲如唐貞觀故事，令皇太子參決如何？」邁言天禧資善之詔，可舉行也。越七日，又對，以典故具呈。因曰：「宣麻降制，既於體不順；只頒中旨，又違於禮。臣謂宜爲詔。」至是詔下。周必大爲右丞相，手詔令討論資善堂典禮。必大奏：「天禧時，仁廟尚幼，始見輔臣，恐不可用。西晉有宣猷堂。今作議事堂可也。」十五年正月二日戊戌，必大請孝宗特御延和殿，令宰執奏事畢，然後過堂議事。李壁作必大行狀云爾。先是，有詔內東門司改充議事堂〔二四〕，皇太子隔日與宰執公裳係鞋相見議事，如有差擢，在內館職〔二五〕、在外部刺史以上，乃以聞。除諸郡守臣係侍從及文臣監司、武臣鈐轄外，並於議事堂參辭，納劄子。其可行者，皇太子同宰執將上取旨。九日乙巳〔二六〕，又詔每遇朝殿，令皇太子侍立。於是太常少卿兼左諭德尤袤獻書於太子曰：「大權所在，天下之所爭趨〔二七〕，甚可懼也。願殿下事無大小，一取上旨而後行。情無厚薄，一付衆議而後定。」又曰：「利害之端，常伏於思慮之所不到。疑間之萌，每開於隄防之所不及。儲副之位，止於侍膳問安，不交外事。撫軍監國，自漢至今，多出權宜，事權不一，動有觸礙。乞俟祔廟之後，便行懇辭，以彰殿下之令德。」太子覽書褒歎曰：「諭德可謂見愛之深矣！」三月，永思陵既掩攢。五月，左丞相王淮罷，周必大獨相。十一月四日，必大乞去位。孝宗諭以比年病倦，欲傳位太子，卿須少留。必大奏：「聖體康寧，止因孝思稍過，豈應遽爾勌勤。」孝宗曰：「禮莫大於事宗廟，而孟享多以病而停詣〔二八〕，孝莫大於執喪，而不得日至德壽，欲不退休得乎？朕方以此委卿。」會陳康伯家以紹興傳位親劄來上，十二月十一日壬申，孝宗遣中使密持賜必大，因令留身討論典禮。初議賀正旦北使出門，即擇日傳授。偶太史局言：「明年二月旦〔二九〕，太陽蝕九分。」辛卯除夕，必大留身密奏云：「太子聽政浹旬，不應便講避殿之禮，可少展否？」孝宗大以爲然，曰：「朕亦可以當災。」遂定仲春壬戌吉。又命必大草詔，專以奉几筵、侍東朝爲意。十六年正月三日甲午，皇孫抦爲耀州觀察使，封嘉國公。抦，魏惠憲王子也。時皇太子之子，已先拜節度使，封平陽郡王矣。八日己亥，遂進必大左丞相，而留正越次拜右丞相，王藺、葛邲並自尚書擢爲執政官〔三〇〕，黃洽、蕭燧皆繼罷。十五日丙午，皇太后遷慈福宮。春坊姜特立見必大問曰：「宮中人人知上元後舉行典禮，今悄然何也？」必大謝曰：「此非外庭所敢與聞。」特立不悅而退。必大自記此事，且云意間言或自此入。但以爲月末，則誤也。當在上宣諭二府之前。會學士李巘以草制失指得罪，乃命禮部侍郎尤袤直學士院。時內禪有定議，孝宗未以諭近臣，而外已喧傳。袤因論及虜中事，孝宗感慨良久，諭袤曰：「旦夕制册甚多，非卿孰能爲者，故處卿以文字之職。」二十日辛亥，二府奏事，孝宗始諭曰：「朕年來稍覺倦勤，旬日間禪位於皇太子，退就休養，以畢高宗三年之制，有合施行事，卿等可一面理會進呈。」因令必大留身進呈詔草〔三一〕。李壁作必大行狀以爲壬子日事，實録乃在辛亥，今從之。二十八日己未，詔德壽宮改爲重華宮。二月二日壬戌，孝宗吉服御紫宸殿，有司立仗〔三二〕，百官起居免舞蹈〔三三〕。宰執奏事畢，駕興，百官移班殿門外，內降詔曰：「朕以菲質，循堯之道，兢業萬幾，歷歲彌長，賴兩儀九廟之德，邊鄙不聳，年穀順成，底於小康。爰自宅憂以來，勉親聽斷，不得日奉先帝之几筵，躬行聖母之定省，固已慊然於懷，況乎春秋寖高，思釋重負。皇太子惇仁孝聰哲〔三四〕，久司匕鬯，軍國之務，歷試參決，宜付大寶，撫綏萬邦，俾予一人，獲遂事親之心，永膺天下之養，不其美歟！皇太子可即皇帝位，朕移御重華宮。」周必大政府應制藳同此〔三五〕，但「移御」上有「當」字，御劄無之。宣詔訖，百官入班殿庭，皇太子即皇帝位，側立不坐，如紹興三十二年之禮。百官稱賀畢，三省、樞密院奏事退，放仗。孝宗御便殿，新皇帝侍立，繼登輦，同詣重華宮。新皇帝還內，即下詔書，上尊號曰至尊壽皇聖帝。

3 加上光宗尊謚

嘉泰三年七月癸未，詔加上光宗憲仁聖哲慈孝皇帝尊謚爲十六字。自商、周以來，人主始有謚，大抵節以一字而已〔三六〕。間亦有用二字者，如商之成湯、周之真定是也〔三七〕。嗣後歷漢、魏迄唐初皆然〔三八〕。至高宗改謚太宗爲文武聖皇帝，始用三字。天寶末，又例加至七字，逮元宗、肅宗之歿，遂皆以九字易名，而益非古矣。代宗、德宗初謚皆四字，順宗增爲六字，憲宗又損爲五字。自是終唐之世，皆因之。惟宣宗以復河、湟功，增順宗、憲宗爲九字，其餘則否。五代朱梁初謚亦五字，唐明宗六字，晉、漢、周皆七字，周世宗四字。本朝初謚亦六字，大中祥符元年始增祖宗謚爲十四字，五年又增二字，十六字之謚自此始矣。真宗初加爲八字，再加乃十六字。仁宗以後，初加即十六字，惟神宗累加至二十字，而欽宗之謚無加焉，此其所以異也。詔下之九日，壬辰，宰執、侍從、兩省、臺諫、禮官集議於尚書省，請加謚曰循道憲仁明功茂德温文順武聖哲慈孝皇帝。詔恭依。其年十一月日至，上祀南郊，前一日，親帥羣臣奉上玉册於太廟本室，如故事。

4 成肅謝皇后

永思陵既復土，壽皇欲迎憲聖還居大内，而憲聖以爲上皇享天下之養，優游二十餘載，升遐此宫，何忍遽然遷去。今几筵又復安奉於此，儻欲遷内，當俟終制。乃命有司改築本殿爲慈福宫，就居之，故内禪詔書首言躬行聖母之定省，蓋以此也。及壽皇升遐，憲聖、壽成二太后當遷内，而壽康宫已在南内矣，乃改重華宫爲慈福宫，以舊慈福宫爲重壽殿，二太后皆徙居焉。比憲聖終喪，又改慈福宫爲壽慈，以奉太母。光宗撤几筵，上復請太母還内，而太母以爲久居此宫，凡百安便，況以年尊不欲遷移。上乃以慈訓諭中外，時嘉泰二年九月也。其年十月，上尊號曰壽成惠聖慈祐太皇太后，以十二月甲戌，奉上册、寶。開禧二年春二月二日癸丑夜，壽慈宫前殿火，逮曉始熄，於是太皇太后復歸大内。三日甲寅，詔：慈壽宫遺火，由朕涼德，以至回禄爲災，上驚慈闈，可自初四日撤樂避正殿。又詔：已迎請太皇太后過内中，朕連日奏請，乞不須還宫〔三九〕，庶便晨昏之奉，已蒙俞允。是日，太皇太后有旨，一行物色並搬挈前來，賜救火官兵錢七萬貫。五日丙辰，正侍大夫、安慶軍承宣使、壽慈宫提舉吴回等三人，各降二官，以遺火自劾也。七日戊午，太皇太后聖旨，見勘本宫遺火，一行人並免根究，日下疏放，令提舉所具名姓，取旨行遣。殿中侍御史徐柟奏〔四〇〕：内史王溶等三人各降一官，罷壽慈宫職事。尋又詔本宫官吏並特轉一官資。八日己未，權殿前司公事郭杲、步軍都虞候王處久及二司統制官五員，各特轉一官，以救火之勞也。三年五月，太皇太后有疾，辛卯赦天下，是日崩，謚成肅。后母儀三世，正位凡三十有二年。弟淵官至少傅、保順軍節度使〔四一〕，賜玉帶。后崩，遺命賜淵錢十萬緡，金二千兩，田十頃，僦緡日十千焉。

5今上楊皇后

今上楊皇后，遂安人也。少入慈福宫，性淑婉，憲聖慈烈皇后甚愛之。初封郡夫人，慶元三年，進婕妤，歸姓楊氏。又進貴妃。嘉泰二年十二月甲申，立爲皇后。學士傅伯壽草制有曰：「洪惟文母〔四二〕，念我神孫，美其冠於後庭，俾之見於内殿〔四三〕。」蓋紀其實也。后知書史，通古今。兄次山本右學生，慶元閒爲帶御器械，累遷太尉、岳陽軍節度使。韓侂胄死，拜開府儀同三司，賜玉帶。嘉定三年夏，拜少保，封永陽郡王，制書有復掩前聞之語，蓋殊命也。次山能避遠權勢，不與人事，論者以爲得外戚體。子谷、石，皆爲承宣使。

6 皇太子

皇太子，藝祖皇帝十世孫，燕懿王後也。初名與愿。慶元四年，育於宮中，時年六歲。六年冬，用故事賜名曮，除福州觀察使。嘉泰二年閏十二月，拜威武軍節度使，封衛國公，聽讀資善堂，以右内率府副率與詵充伴讀。開禧元年五月，立爲皇子，拜開府儀同三司〔四四〕，封榮王。三年十一月戊子〔四五〕，立爲皇太子，更名幬。嘉定元年四月甲寅〔四六〕，詔宰執日赴資善堂會議，遇朝殿，令皇太子侍立。閏月丁亥，太子出居東宮，年十六矣。議者以幬字難避，二年八月甲申〔四七〕，又更名詢。自太子侍立，而宰輔大臣並兼師傅、賓客，蓋用天禧閒故事。

7華沖穆王

華沖穆王垌〔四八〕，上第五子也。母曰楊皇后。嘉泰二年冬生，未踰月薨，嘉定二年冬，追賜名，贈太師、尚書令，命有司改葬。故事，後宫正一品生皇子，得奏補班行二名，至是增爲四名，重其禮也。后辭詔葬，許之。

8申沖懿王

申沖懿王墌，上第六子也。開禧三年正月生，尋不育。三月，追賜名，贈太師、尚書令，仍加封謚云〔四九〕。

9順沖懷王

順沖懷王圻，上第七子也。母曰鍾夫人。開禧三年正月丁亥夜，生於宫中。始夫人生子二，其一丑時，不育；而圻丑末也。二月己未，詔禮、寺討論合行典禮，禮官請用熙寧九年故事，奏告天地、宗廟、社稷、高禖、諸陵、殯宫，太師、宰臣率百寮拜表稱賀。從之。後旬日，皇子薨，輟視朝三日，追賜名，贈太師。甲戌，出殯。

10 肅沖靖王〔五〇〕

肅沖靖王垍，上第八子也。嘉定元年生，閏四月薨，追賜名，贈太師、尚書令，加封謚。給事中倪思言：皇子以師傅名官，於義未安。乃止贈尚書令。

11 沂靖惠王

吴興郡王抦以開禧二年五月薨，上臨奠，輟視朝二日，贈太保，追封沂王，謚靖惠。王性早慧，然體羸多疾，上友睦甚至。及病，侍醫每製藥，必先以方書取旨，而後進王，其親愛如此。王子垓早夭。均，嘉定初賜名，補右監門衛將軍，再遷福州觀察使，出就外傅，擇卿監、館職二員兼教授。七年，更名貴和〔五一〕。上待近屬甚恩，前代所不及。安德軍承宣使思正，莊文太子繼嗣也，光宗賜名搢，補右千牛衛將軍。開禧初，除永州防禦使，奉朝請，遷福州觀察使。上立太子，加恩遷承宣使。嘉定七年，更今名〔五二〕。

12 祁國公主

祁國公主，上女也，嘉定元年生，六月薨，追封。

校勘記

〔一〕重冢嫡　原作「家重嫡」，據函海本及兩朝綱目備要卷一改。

〔二〕且與外任　「且」原作「具」，據上引本子及備要改。

〔三〕明年（指乾道二年）七月　宋史卷三三孝宗紀繫皇孫趙挺等除官事於乾道二年六月庚辰，此處「七月」當爲「六月」之誤。

〔四〕（乾道六年正月）庚辰　原作「庚戌」，據蕭本、殿本、閣本、函海本改。按：是年正月壬子朔，無「庚戌」日。

〔五〕今日引見命以官　原脱「見」字，據蕭本、閣本、函海本補。

〔六〕赴虜中　「虜」原作「北」，據蕭本、函海本改。下同。

〔七〕虜以泛使來　「虜」原作「彼」，據上引本子改。下同。

〔八〕襄王　「襄」原作「恭」，據閣本、函海本及宋史卷六真宗紀改。

〔九〕益隆徽稱　「隆」原作「降」，據蕭本、殿本、閣本、函海本及兩朝綱目備要卷一改。

〔一〇〕贊襄　「襄」原作「歎」，據蕭本、函海本改。

〔一一〕若立　原作「立若」，據蕭本、殿本、閣本、函海本及備要乙正。

〔二〕多以此爲諱　原無「此」字，據蕭本、函海本及備要補。

〔三〕第三子惇　原無「惇」字，據上引備要補。

〔四〕恭王惇　原無「惇」字，據備要補。

〔五〕（乾道七年四月）二十三日丁卯　「二十三日」原作「二十二日」，據蕭本、函海本及備要改。按：乾道七年四月乙巳朔，丁卯爲二十三日。

〔六〕非待儲貳之體　「待」原作「侍」，據蕭本、殿本、閣本、函海本及備要改。

〔七〕（乾道七年四月）二十五日己巳　原作「二十四己巳」，按：是年四月乙巳朔，己巳爲二十五日，故改。

〔八〕二十六日庚午　原作「二十五日庚午」，誤。

〔九〕二十七日辛未　原作「二十六日辛未」，誤。

〔一〇〕右丞相趙雄　「右」原作「左」，據殿本、閣本、函海本及備要、宋宰輔編年録卷一八改。

〔一一〕學問　原作「問學」，據上文及備要乙正。

〔一二〕（淳熙）十四年　原脱「十」字，據蕭本、閣本、函海本及備要補。

〔一三〕先是孝宗已有禪意　「先」原作「於」，據備要改。又備要於「孝宗已有禪意」下尚有「嘗命有司葺都亭驛，其制視德壽宮，既而以天下不可奉三宮，乃緩其事。至是」等三十字，本書此處疑有脱文。

〔一四〕內東門司　原作「東內門司」，據備要及宋史卷三六光宗紀乙正。

〔二五〕館職　「館」原作「官」，據蕭本、殿本、閣本、函海本及備要、宋史光宗紀改。

〔二六〕（淳熙十五年正月）九日乙巳　原作「九月乙巳」，據備要及宋史全文卷二七、宋史卷三五孝宗紀淳熙十五年正月乙巳條改。

〔二七〕天下之所爭趨　「趨」原作「趣」，據蕭本、殿本、函海本及備要改。

〔二八〕停詣　「停」原作「分」，據備要改。

〔二九〕明年二月旦　原脫「明年」二字，據上下文記事及備要補。

〔三〇〕擢爲執政官　「擢」原作「權」，據蕭本、閣本、函海本及備要改。

〔三一〕詔草　原作「草詔」，據殿本及備要乙正。

〔三二〕有司立仗　原脫「立」字，據影宋本、蕭本、閣本、函海本及備要補。

〔三三〕百官起居免舞蹈　原脫「免」字，據蕭本、函海本及備要補。

〔三四〕皇太子惇仁孝聰哲　「惇」原作「以」，據函海本及備要改。

〔三五〕政府應制藁　「政府」原作「殿前」，據殿本、閣本改。

〔三六〕一字　原作「一惠」，據蕭本、函海本改。

〔三七〕真定　原應作「貞定」，宋人因避仁宗嫌名改。蕭本、殿本、閣本、函海本已改回。

〔三八〕歷漢魏迄唐初　原誤倒作「歷漢魏初唐迄」，據蕭本、殿本、閣本、函海本乙正。

〔三九〕乞不須還宫　「不」原作「必」，據函海本及兩朝綱目備要卷九開禧二年二月癸丑夜壽慈宫火條改。

〔四〇〕徐枏　「枏」原作「柚」，據蕭本、函海本及上引備要、宋史卷三八寧宗紀開禧二年三月條改。

〔四一〕保順軍節度使　備要卷一〇開禧三年五月太皇太后崩條同，而宋史卷二四三成肅謝皇后傳作「保信軍節度使」。按：宋史卷八六地理志河北東路滄州條載，北宋時，保順軍隸滄州，南宋時已屬金朝版圖。又卷八八地理志淮南西路廬州條載，保信軍爲廬州軍額。南宋寧宗時謝淵所領節度使官銜當以保信軍爲是。

〔四二〕文母　「文」原作「父」，據蕭本、殿本、函海本及兩朝綱目備要卷七嘉泰二年十二月甲申立貴妃楊氏爲皇后條改。

〔四三〕内殿　「内」原作「丙」，據蕭本、函海本及上引備要改。

〔四四〕開禧元年五月立爲皇子拜開府儀同三司　原脱「開禧元年五月立爲皇子拜」十一字，據兩朝綱目備要卷八開禧元年五月乙亥立皇子條及宋史卷三八寧宗紀補。

〔四五〕（開禧）三年十一月戊子　「戊子」，備要卷一〇開禧三年十一月丁亥詔立皇太子條及上引宋史均作「丁亥」。按：是年十一月癸酉朔，丁亥爲十五日，戊子爲十六日。

〔四六〕嘉定元年四月甲寅　上引備要卷一一及宋史卷三九寧宗紀均繫詔皇太子侍立朝殿於「嘉定元年閏四月甲申」，疑此處所記月日有誤。

〔四七〕（嘉定）二年八月甲申　「甲申」，上引宋史及宋史全文卷三〇均作「戊寅」。按：是年八月壬戌朔，戊寅爲十七日，甲申爲二十三日。

〔四八〕坰　原作「坦」，據兩朝綱目備要卷七嘉泰二年冬條、宋會要禮五八之七九、宋史全文卷二九及宋史卷三八寧宗紀、卷二三三宗室世系表改。按：寧宗第三子郊王名坦，坰乃第五子，見上引宋史宗室世系表。

〔四九〕此條記載多誤。據兩朝綱目備要卷一〇及宋史卷三八寧宗紀，墌生於開禧三年二月戊辰，卒於是年四月戊申，比下條所記之順沖懷王圻年少。又據宋史卷二三三宗室世系表載，順王圻乃寧宗之第六子，申王墌乃第七子。宋會要禮五八之七九記寧宗之子順序與宋史同。

〔五〇〕沖靖　原作「沖昭」，據兩朝綱目備要卷一一、宋史全文卷三〇及宋史卷三九寧宗紀嘉定元年閏四月癸未條、卷二三三宗室世系表改。下同。

〔五一〕均嘉定初賜名……七年更名貴和　宋史全文卷三〇、宋史卷三九寧宗紀皆繫均更名貴和事於嘉定八年七月庚辰，疑是。

〔五二〕揩……嘉定七年更今名（思正）　原脱「嘉定」年號，據上引兩書補。又上引書均繫揩更名思正事於嘉定八年七月庚辰，疑是。

建炎以來朝野雜記乙集卷三

上德三

13 高宗屬意李忠定

靖康末，高宗皇帝在山東，與李忠定公書：「御名頓首，清暑伏惟鈞候萬福。久違瞻謁〔一〕，王室多故，金人連歲侵逼中國，詔書已再講和，所以戢戢兵鋒，豈謂天未悔禍，乘輿蒙塵，聞之心焉如割，已令會兵追擊，冀遂奉迎而歸。方今生民之命，急於倒垂，諒非不世之才，何以協濟事功。閣下學究天人，忠貫金石，是用盡復公舊官職。澤被斯人，功垂竹帛，乃公素志。想投袂而起，以振天下之溺〔二〕，以副蒼生之望。所祝道中，倍加保衛。謹啟。御名頓首。伯紀樞密、觀文。」後之觀此書〔三〕，則高宗屬意於忠定者可見矣。迺爲汪、黄所擠，纔七十五日而去位，此天意未欲恢復也，惜夫！

14 高宗與宗忠簡書

高宗皇帝與宗忠簡公等諸帥書：「御名去歲使賊營〔四〕，中道輟行，所攜不過千人。閏月被命帥師，始集東北兵民，進未及戰，已承再和之詔。繼得謦書，又戒生事，且方忌器，未敢輕舉，但分屯近畿，爲逼逐之計。閱日既久，刺知賊情，不免督兵前進。繼聞領兵戡難，感涕交頤，即具公文，當已呈達。今聞大臣之在賊中者，日久分深，承其付託，而二聖、二后、青宮、諸王北渡大河，五内殞裂，不如無生，便欲身先士卒，手刃孽胡〔五〕，身膏草野，以救君父，而僚屬不容，謂祖宗德澤，主上神聖，臣民歸戴，天禩未改，故老近臣、將帥軍民，忠義有素，當資衆力，共成忠孝。本意除已具公文外，伏望賈作士氣，開曉士心，奉迎君父，永安社稷，以成不世之勳。御名不任痛憤泣血懇切之至〔六〕。所有受賊付託之人〔七〕，義當征誅〔八〕，然聞二聖之在郊，已膺僭僞，慮百官之謀國，或出權宜，未當輕動，徒使京城重擾，軍民被害，故欲按甲近城，容御名移書問故，得其情實，即時關報，施行未晚。今日之事，非左右戮力，造次在念，恐不能濟。伏望乎察，永瞻會問，尚冀厚爲宗社所賴，倍保台重。不宣。」書後復書云：「近有尚書省劄子，於濟、鄆間訪求行府，語意無他，尤宜謹重作嚴備也。」此書宗公遺事中第摘其略，欽録亦不全載，故具録之。

15 宰執恭謝德壽重華宮聖語

故事，宰輔大臣除拜，皆恭謝景靈宮。自紹興壬午以來，又恭謝於北内，蓋德壽、重華雖不以事物嬰心，而爲子孫得人之意則未嘗替也。故凡登進大臣，亦必奏稟上皇而後出命。隆興初，湯進之爲右僕射，上欲相張魏公而難於左右，因過宫稟之上皇。上皇云：「各還其舊。」蓋魏公在紹興初纔爲右相，而進之紹興末年已爲左相故也。後五日鎖院，進之轉左僕射，魏公拜右僕射。隆興二年春，魏公行邊，張安國以中書舍人從，辟爲都督府參贊軍事。魏公入辭，上皇與論事甚久，因問曰：「張孝祥想不知兵〔九〕。」蓋以安國儒生晚出，未諳軍旅故也。於是安國旋亦罷。乾道元年夏，洪景伯除簽書樞密院事〔一〇〕，入謝，上皇曰：「上議用卿，吾謂從官中無踰卿者，況卿父精忠，古今所無，頃欲登用，阻於秦檜。今卿兄弟相繼入輔，此天報也。」三年夏〔一一〕，虞雍公謝知樞密院事，上皇曰：「卿與陳俊卿同在樞府，俊卿極方正，非如他人面從而退有後言者。」淳熙四年冬，趙温叔謝同知樞密院事，上皇曰：「聞兒子極稱道卿。」温叔奏：「陛下可謂爲天下得人。」上皇曰：「余在位三十年，無他過人，自謂晚年此節差得。」紹熙四年春〔一二〕，樞府有闕，壽皇欲用趙忠定，既出命矣，而察官有言：「高宗聖訓，不用宗室爲宰執者。」上謀之壽皇，遂命宰執召當筆學士申諭聖意〔一三〕，謂高宗聖訓，本以折秦檜之姦謀。故答詔有云：「若乃紹興之故實，蓋有爲而言。況我壽皇之疇咨，欲播告於衆。」蓋爲是也。是時大臣恭謝者，多不得對，壽皇欲見忠定，乃因葛楚輔、胡子遠、陳晉叔入謝，相繼宣引。後二十餘日，忠定始入謝，壽皇曰：「卿以宗室之賢爲執政，乃國家盛事。卿在蜀時，所進奏議甚善，朕常觀此書，可與資治通鑑並行。」似指續通鑑。自壬午迄癸丑三十餘年，大臣得聞兩宮聖訓者多矣，今姑記所聞者如此，以示後世。

16 孝宗與近臣論德仁功利

乾道辛卯八月六日戊申，上召吏部侍郎王之奇能甫、太子詹事陳良翰邦彥、權禮部侍郎直學士院周必大子充同對選德殿，賜坐，從容訪以治道。久之，袖出御筆一通，首以魏徵答唐太宗德仁功利之問，繼書其後曰：「朕即位以來，於今十年，功則未能有成。至於安養黎元，俾遂生業，政今日之急務，朕未嘗不以爲自治之良策。然所行優劣，亦苦不自知，卿各極陳其當否，凡有未至，悉情毋隱。若夫仁德，帝王之高致，朕不敢自居，方以魏徵之言爲龜鑑耳！」能甫等退詣政事堂，以所被御筆示宰執。後八日丙辰，後殿奏事，上以問大臣，右相虞公并甫奏：「此四者當兼修而並用，然德仁之責在己，功利之責在人，亦不可不察。」於是邦彥退而奏疏曰：「仁德者治之本也，功利者治之效也，大有爲之君務其本而效自至；未有無其本而有其效者也。陛下覽觀故事，親御神筆，深詔愚臣，以求今日所未至，此堯舜之心也，臣敢無辭以對。臣竊觀陛下欲承天意，而比年以來，水旱間作，數千里間，流殍萬計，是所以承天意者未至也；陛下欲結民心，而營造室屋〔一四〕，民不聊生，死亡凍餒者，不知其幾，是所以結民心者未至也；陛下欲任賢能，而張栻一言，遽從外補，正直之氣鬱而不伸，是所以任賢能者未至也；陛下欲退小人，而正志方逐〔一五〕，張松繼之，張松適罷，韓至又進，是所以退小人者未至也；至於欲擇將帥，而內外諸軍，朘剥士卒，專事交結，不修軍政；欲卹軍情，而移戍江、淮，措置失當，使老幼狼狽失所；欲擇監司，而以祥刑之寄，付之武臣；欲吏久任，而或到官旬日，即行改易。凡此八者，一有未至，則於陛下深仁厚德，不爲無累。臣恐功利之效，未可易致也。願陛下無以仁德爲難，而忘爲治之本；無以功利爲易，而速爲治之效。欽崇奉若，以承天意；哀矜惻怛，以結民心。任君子必盡其才，去小人必絶其本。廣搜智略，以司閫外之權；作成武勇，以振三軍之氣。罷監司之非人，申久任之良法。自然仁德昭著，功利烜赫，將與唐虞比隆，而視太宗之事有不足爲矣。」子充奏：「今練兵以圖恢復，而用將之道未盡；擇人以守郡國，而責實之方未至。」又指陳江池大將、二浙郡守數易之弊。後四日庚申，上復遣中使持三從官奏牘以示宰執。能甫所奏未見。虞雍公復奏：「今日之務，莫急於論相，必擇之於未用之前，信之於既用之後，不使議論負荷者岐而爲二，則是非自定，利害自明，重輕相扼之勢不分，毀譽亂真之禍不作，德仁功利之用，次第而施行之，萬事將無不理矣。」蓋邦彦所對，皆指陳時政之失，故虞公有是言。劉文孺時爲禮部尚書，上亦嘗以是爲問，而未聞有所規諫也。邦彦尋以足疾求去，其冬十二月，除雜學士、在外宫觀。明年春二月，能甫除簽書樞密院事云。

17 孝宗論不宜有清議之説 龔實之 沈持要 周子充論奏附

淳熙乙未歲夏五月之十日庚寅〔一六〕，有旨：來日曲宴宰執於觀政堂。辛卯，以雨改就澄碧軒中燕〔一七〕。上謂大臣曰：「朝廷用人，止可論其賢否何如，不當有黨。如唐之牛、李，其黨相攻，垂四十年不解，皆緣主聽不明，所以至此。文宗乃言『去河北賊易〔一八〕，去朝中朋黨難。』朕常笑之。爲人主者，但公是公非，何緣爲黨。」少憩再坐，羣臣起，奉觴爲壽。上曰：「朝廷所行事，或是或非，自有公議。近來士大夫又好倡爲清議之説，不宜有此。此語一出，恐相煽成風，便以趨事赴功者爲猥俗，以矯激沽譽者爲清高，浸浸不已，如東漢杜喬之徒，激成黨錮之風，殆皆由此，可不痛爲之戒。況今公道大開，朝政每有缺失，雖民間亦得論之，何必更言清議。」龔實之曰：「天下有道，則庶人不議。惟公道不行於上，然後清議在下，此衰世氣象，不是好事。」李秀叔曰：「惟有是非，故人得而議之。若朝廷所行皆是，自無可議。」上曰：「若有不是處，上之人與公卿却當反求諸己，惟不可更爲清議之說，卿等可書諸紳。」實之曰：「唐末白馬之禍，害及縉紳，至有清流濁流之說，惟大中至正之道，可以常行。」上曰：「朕常日所行，乃執其兩端，用其中於民。」葉夢錫丞相以下皆拜謝。上曰：「更飲一杯，卿等可以清議之說宣諭從班而下，使之皆知。」沈持要樞時爲權吏部侍郎兼太子詹事，即上章稱頌聖語，乞發爲明詔，布之海內。上從之。其月二十八日戊申也。實之奏：「風俗自朝廷出，今所得聖語已宣示外廷，恐不須更詔郡國。」六月十三日壬戌，侍講周子充對後殿，奏論執政聽聞不審，誤以杜密爲杜喬。又所引唐末清流濁流之說不相類，乞從中删改行出。尋命删改報行，而清濁流之說猶如故也。持要用此真除太子詹事兼吏部侍郎。六月二日辛亥。其九月，夢錫罷政，持要亦坐分析欺隱降三官，送筠州居住。

18 孝宗論士大夫微有西晉風

孝宗初立，勵精庶政，至於財用大計，尤所經心，或時呼版曹吏入禁中驅磨財賦，諸庫皆有簿要，多自按視。乾道元年冬，洪景伯爲相，因進呈户部文字。上曰：「朕見令人監户部人吏，供具歲入名件，較之歲出，第欠三百萬緡，若行那移，亦可足用。」景伯曰：「臣方欲令如此開具。」上曰：「文字將畢，不須復爾。」明年春，金部郎官吕擢罷，景伯奏以何希深爲之〔一九〕。上曰：「恐逢原儒者，不肯留意金穀事，如吕揩問簿籍皆不知，卿等宜諭逢原留意職事。」二年秋，司農少卿闕，魏南夫、蔣子禮奏以莫子齊爲之〔二〇〕。因言：「有一事須合奏知，莫子齊嘗中詞科，今掌南宫箋奏，恐議者以謂蹊徑未是。」上曰：「中都官初不分清濁，如司農責任亦甚重，於士人中除授亦無害也。」淳熙四年夏，密院王季海、趙温叔因進呈，奏淮北近苦蝗，此却仍歲豐稔。上曰：「今夏蠶麥甚熟，絲及米價極賤，此甚可喜。」奏曰：「孟子論王道，必始於黎民不饑不寒。」上曰：「近世士大夫多恥言農事，農事乃國之根本。士大夫好爲高論而不務實，却恥言之。」奏曰：「士大夫好高論，豈能過孟子。孟子之言，必曰：『五畝之宅，樹之以桑〔二一〕。』『百畝之田，勿奪其時。』所見諸侯，未嘗離此數語。」上曰：「今士大夫微有西晉風，作王衍阿堵等語，豈知周禮言理財，易言理財，周公、孔子未嘗不以理財爲務。」奏曰：「捨周公、孔子、孟子不學，而學王衍，士大夫之有見識者必不至此。曩時虚名之俗誠是太勝，自陛下行總覈名實之政，身化臣下，頃年以來，士風爲之一變。三館、兩學之士，出爲郡守、監司，無不留意民事，留意財計，往往皆有能聲。此聖主責實之效。」上曰：「然。近年亦稍變，然猶未盡，且不獨此耳。士大夫諱言恢復，不知其家有田百畝，内五十畝爲人所强占，亦投牒理索否？士大夫於家事則人人甚理會得，至於國事則諱言之。」奏曰：「陛下志在大有爲，故深思遠慮如此。臣等敢不罄竭忠力。」上曰：「卿等見士大夫，可與道朕此語。」奏曰：「敢不廣布堯言。」溫叔退而書之時政記。自今夏蠶麥以後，並溫叔所進淳熙四年五月二十五日甲子時政記本文，其答詞甚類溫叔語，但王季海爲同知，位在上，故以臣淮等爲文耳。

19 原道辨易名三教論

淳熙中，壽皇嘗作原道辨，大略謂三教本不相遠，特所施不同，至其末流，昧者執之而自爲異耳。以佛修心，以道養生，以儒治世可也，又何惑焉。文成，遣直殿甘昪持示史文惠。史公時再免相，侍經席也。史公奏曰：「臣惟韓愈作是一篇，唐人無不敬服，本朝言道者亦莫之貶，蓋其所主在帝王傳道之宗，乃萬世不易之論。原其意在於扶世立教，所以人不敢議。陛下聖學高明，融會釋、老，使之歸於儒宗，末章乃欲以佛修心，以道養生，以儒治世，是本欲融會而自生分別也。大學之道，自物格、知至而至於天下平，可以修心，可以養生，可以治世，無所處而不當矣，又何假釋、老之説邪？陛下此文一出，須占十分道理，不可使後世之士議陛下，如陛下之議韓愈也。望陛下稍竄定末章，則善無以加矣。」程泰之時以刑部侍郎侍講席，亦爲上言之，於是易名三教論。

20 孝宗論用人擇相 史文惠論忠厚豈有過

己亥之冬，趙衛公爲相，薦劉後溪召試館職。劉公答策，論科場取士之道。及進入，上親批其後數百言，略曰：「用人之弊，人君患在乏知人之哲，寡於學而昧於道，況有擇相不審，至於懷姦私，壞紀綱，亂法度，及敗而逐之。不治之事，已不可勝言矣。宰相不能擇人，每差一官，則曰此人中高第，真好士人也。終不考其才行何如。國朝以來，過於忠厚，宰相而誤國者，大將而敗軍師者，皆未嘗誅戮之。要在人君必審擇相，相必爲官擇人，懋賞立乎前，嚴誅設乎後，人才不出，吾不信也。」御筆既出，中外大聳。議者皆謂曾覿實與視草。蓋劉公甲科及第，故覿有宰相不能擇人之説也。一日，上遣覿持示史魏公。史公奏曰：「唐、虞之朝，四凶極惡，止於流竄。而三考之法，不過黜陟幽明而已，未嘗有誅戮之科也。若甘誓、胤征所云〔三〕，乃爲行師用衆設耳。蓋誅戮大臣，乃秦、漢法也。漢之七制〔三〕，可稱治主，然見謂雜霸，不得進於三代，此其大疵也。我太祖皇帝深以行一不義、殺一不辜爲戒，而得天下，制治以仁，待臣下以禮。列聖傳心，至仁宗而德化隆洽。至於朝廷之上，恥言人過，故本朝之治，獨與三代同風，此則祖宗之家法也。而聖訓則曰過於忠厚。夫爲國而底於忠厚，豈易得哉？而豈有過者哉？臣恐議者以陛下自欲行刻薄之政，而歸過祖宗，此不可不審思也。若必欲宣示於外，乞改曰一於忠厚，尚庶幾焉。」史公爲人重厚，進說上前，務存大體，多所裨益，此其尤粹也。會丞相亦爲上言，宰相如司馬光政恐非懋賞嚴誅所能勉脅。上悔，乃改削其辭，召從官宣示都堂，仍付史館。元本今藏趙氏。

21 孝宗善馭將

孝宗天資英武，尤善馭將。符離之潰，大將李顯忠謫潭州，既又籍其掊剋軍資爲緡錢四十萬，遣大理寺丞一員往督之。湯丞相請命版曹拘入，上不許，盡以分數給還諸軍，一毫無私焉。顯忠晚年再典騎軍，以病廢，詔常俸外，歲以上供米三千斛給之。諸將中趙撙號爲最廉，乾道中，撙罷軍政，上諭虞丞相曰：「撙平生廉甚，朕已加錫賚，以助其歸矣。」其抑揚多如此類〔二四〕。至官爵亦然，李顯忠邵宏淵取宿州，顯忠超拜使相，宏淵超拜節度使、檢校少保。及顯忠得罪，宏淵又驟降爲武功大夫。時上嗣服之初，而賞罰必行，號令明肅，繇是諸將咸服英斷矣。

22 孝宗恭儉至貫朽

孝宗恭儉寡欲，在位近三十年，内帑與南庫之入，專以奉兩宮，備水旱，其費不貲〔二五〕，然所積尚夥也。淳熙己亥夏，中提領封樁庫所言：「抵四月中旬，共管見錢五百三十萬貫，年深有斷爛之數，乞給工索之費，穿排之用。」是時江上之積亦多，而內府之金至於貫朽而不可校，然未聞四方有橫賦也。紹熙以後，用度浸廣，權姦秉國，横啟兵端，南北騷然，耗矣。

23孝宗力行三年服

壽皇事高宗，純孝備至。丁未之秋，高宗稍不豫，至九月疾漸棘。十月四日辛未，大赦天下。六日癸酉，禱於天地、宗廟、社稷。七日甲戌，詔太上皇帝未御常膳，可依唐貞觀四年典禮，自來日權不視朝，宰執依時赴内殿奏事，候康復依舊。又詔草澤能療治者，白身除節度使，賜錢十萬貫，田百頃。八日乙亥早，上皇大漸，上詣德壽宫侍奉湯藥，更不還内。遣内侍鄧從訓至漏舍，諭大臣：「凡百事賴卿等子細理會〔二六〕，恐朕憂惱中或有差錯。」是日未後〔二七〕，太上皇帝崩，上號慟擗踊。初命早晚御膳減半進素，既而不復取索。九日丙子，上猶未御素膳。十一日戊寅，大殮成服。宰臣王淮等始得見上於素幄，上號哭不自勝。翰林學士洪邁乞廟號稱「祖」，詔從之。恩平郡王璩自會稽乞入臨。百官拜表乞還内，不許。時北虜賀生辰之使將至〔二八〕，上欲不見，而大臣恐虜使爲疑〔二九〕，乃引明道二年三月章獻明肅皇后易日小祥既畢，後二日，仁宗衰服對契丹賀生辰使故事，令侍從、臺諫、禮官議。十三日庚辰，吏部尚書蕭燧等乞如明道故事，以二十三日就德壽宮素幄引見。許之。十四日辛巳，上令中使諭王淮等欲不用易月之制〔三〇〕，如晉武帝、魏孝文實行三年服，自不妨聽政。未刻，淮等素幄奏事，上嗚咽流涕諭曰：「司馬光通鑑所載甚詳。」淮等曰：「通鑑載晉武帝雖有此意，後來止是宮中深衣、練冠。」上曰：「當時羣臣不能將順其美，光所以譏之。後來武帝竟欲行之。」淮曰：「記得亦不能行。」上曰：「自我作古，何害！」淮曰：「御殿之時，人主衰經，羣臣吉服，可乎？」上曰：「自有等降。」淮等乞令有司討論。奏事退，上批：「大行太上皇帝奄棄至養，朕當衰經三年，羣臣自行易月之令。其合行儀制，令有司討論。」又詔山陵百費並從內庫支降。右諫議大夫謝諤、殿中丞冷世光〔三一〕、監察御史吳博古言：「三日聽政，雖有國朝典禮可稽。至於還內典故，前所未有。陛下一日躬行，將爲萬世法，所繫至重，望明詔大臣，少緩進表，與禮官更加詳議。」從之。十五日壬午，敕令所删定官沈清臣上書，乞俟梓宮發引，方還大內。又言今日喪禮，與明肅皇后事體不侔，望斷自淵衷，勿見虜使。凡六事。是日，大臣五上表，乞還內聽政。內批：勉從所請，俟小祥畢還內，設素幄奏事，而虜使卒不見也。十六日癸未，殿攢。十七日甲申，禮官顏師魯、尤袤、鄭僑論廟號不當稱「祖」。詔送集議所。十八日乙酉，詔百司於以日易月之內，衰服治事。二十日丁亥，小祥，上未改服，王淮等乞俯從禮制〔三一〕。上流涕曰：「大恩難報，情所未忍，俟别商量。」二十一日戊子，車駕還内，上衰絰御輦，設素仗，軍民見者，往往感泣。詔：「自今五日一詣梓宫前焚香。」二十七日甲午，上過宫，以上皇升遐二七日。自是七七皆如之。是日，上遣内侍張安仁諭宰執曰：「將來禫除行禮，合用易服。及羣臣上表請御殿，朕以太上皇帝升遐纔踰月，易服御殿，情所未安。今欲衰服素幄，引輔臣及班次。」既而禮官奏謂：「苴麻三年，難行於外庭。」奏入不出。二十八日乙未，王淮等言：「祥、禫甚邇，乞付外施行。」知樞密院事施師點曰：「百日之制，實不可行，正礙正月虜使朝見。」上曰：「朕自有所見。」少間批出：正欲稍救千餘年之弊。辛執退，上批出曰：「覽卿等奏，朕以太上皇帝升遐，今方踰月，將來卿等表請易服御殿，情未遑處。朕欲衰絰素幄，俟祔廟畢，然後行祥、禫之禮。以日易月，乃近代權制，朕所不忍，卿等可與禮官折衷以聞。」十一月戊戌朔，禮官顔師魯尤袤等乞奏〔三二〕：「大祥禮畢，改服小祥之服，去杖、絰。禫祭禮畢，改服素紗輭脚折上巾、淡黄袍、墨銀帶。神主祔廟畢，改服皂幞頭、黑鞓、犀帶。遇過宫燒香，則於宫中衰絰行禮。二十五月而除。」上批：「淡黄袍改服白袍。」二日己亥，大祥。四日辛丑，禫祭禮畢。五日壬寅，百官拜表請聽政。六日癸卯，批答不允。八日乙巳，百官三上表，引康誥「被冕服出應門」等語爲證。九日丙午，詔可。自十八日内殿引輔臣及上殿班次〔三四〕，俟過祔廟，勉從所請。十一日戊申，敕令所删定官沈清臣再上書：「願堅聽大事於内殿之旨，將來祔廟畢日，預降御筆，截然示以終喪之志，杜絕輔臣方來之章，勿令再有奏請，力全聖孝，以示百官，以型四海。」上納用焉。二十三日庚申，按行使言得神穴地段於徽宗攢殿之西北〔三五〕。十二月二十六日癸巳，北虜賀正旦使入見，上御垂拱殿東楹之素幄。十五年正月十八日甲寅，百日，上過宮行焚香禮。二十一日丁巳，上諭輔臣曰：「昨内引洪邁，見朕已過百日，猶服衰麄，因奏事應以漸，今宜服黲服如古人墨衰之義，而巾則用繒或羅。朕以羅絹非是，若用細布則可。」王淮等言：「尋常士大夫丁憂過百日，巾衫皆用細布，出而見客，則以黲布。今陛下舉千古不能行之禮，足爲萬世法。」上又曰：「晚間引宿直官之類如何？」王淮等曰：「布巾、布背子便是常服。」上以爲然。自是每御延和殿，止服白布折上巾、白布袍、墨銀帶，禁中則布巾、布衫，過宮則衰絰而杖。二月二十一日丁亥，虜使入弔，上衰絰御德壽殿東廊之素幄，宰執、侍從如大祥之服，衰絰去杖。三月十六日壬子，啟攢，上服初喪之服。十八日甲寅，發引。三十日丙寅，掩攢。四月八日甲戌，上親行第七虞祭。大臣言：「虞祭乃吉禮，合用靴袍。」上曰：「只用布折上巾、黑帶、布袍可也。」十八日甲申，卒哭。二十日丙戌，神主祔廟。是日詔曰：「朕昨降指揮，欲衰絰三年，緣羣臣屢請御殿易服，故以布素視事内殿。雖有俟過祔廟勉從所請之詔〔三六〕，稽諸典禮，心實未安，行之終制，乃爲近古。宜體至意，勿復有請。」於是大臣乃不敢言。蓋三年之制，斷自上心，是時執政近臣皆主易月之議。諫官謝諤、禮官尤袤心知其不可，而弗敢盡言。其贊上之決者，敕局官一人而已。舉千載廢墜之典，破一朝淺薄之議〔三七〕，廟號孝宗，不亦宜哉！

24 淳熙諒闇罷誕節正旦慶禮

壽皇居高廟之喪未改月，而值會慶節，時百官以故事祝誕於明慶寺〔三八〕，遂命緇徒徑行滿散〔三九〕，百官皆免赴〔四〇〕。十四年十月十二日己卯指揮。三省、樞密院引明道二年明肅升遐故事，欲上引見金國使人。又以上在喪次，歸而引見，恐使人以爲疑，乞付侍從、臺諫、禮官商議。蕭正肅燧時以吏部尚書爲議，首言：「今既罷百官上壽〔四一〕，恐難以見使人。如使人必欲朝見，乞用小祥後二日，就德壽宮素幄引見，庶合明道典故。」大臣進呈，既從之矣。十月十三日庚辰。後二日，敕局删定官沈清臣正卿上疏言：「仁祖朝嘗遣使契丹，遭虜有喪，至柳河而還，虜主卒不見賀使也。夷狄尚知有禮〔四二〕，中原可不然邪？況陛下居喪，與明肅皇后事體不同，望斷自淵衷，勿牽羣議。」上大以爲然。遂命却其書幣，就館津發，虜使感歎而去。繼而北虜賀正旦使者繼至〔四三〕，密院進呈次，上問：「今在喪服中，禮物當受與否？」施聖與、留仲至同奏，乞下禮官議。既而禮、寺官言：「正旦禮物乃通好之儀，不可不受。」鄭惠叔爲起居舍人，建言：「國有典故，禮有經權，況引見於初到之時，至於正旦之日，陛下自行禮於大行几筵之前，朝會俱罷，亦何名爲慶哉？」上曰：「當諭與館伴意度，且令堅辭，如是不從，止令陳於殿門之外，庶幾於禮稍順。」乃詔曰：「今來正旦通問，專爲和好，故設素幄，許其入見。若受禮物，則有慶賀之嫌，已令館伴卻而不受，又慮使人援故事以爲請，未審於典禮如何？可令禮官詳議以聞。」既而，禮官宇文子英价、兵部尚書兼權尚書〔四四〕。顔魯子師魯〔四五〕、禮部侍郎。尤延之袤、太常少卿。倪正父思、著作郎兼權郎官〔四六〕。黃元章黼、太常丞〔四七〕。張元善體仁太常博士。言：「祖宗以來，雖居喪制，未有不引見使人〔四八〕，亦無不受禮物之文。前朝諸臣豈不知不當受，而所以不免從權者，以爲既已通好，不當無事而使之疑也。況元日朝會俱罷，初無賀儀幣物，所以將書亦非慶禮，萬一使客必欲如禮而去，則徒爲紛紛。在禮有反經而從權者，正爲是也。臣等以爲當受。」乃詔就殿之東楹設素幄引見使人，百官並免，裹其禮物，毋令入殿，付之有司。明年仲春，上諭東宮曰：「今年會慶節若取諸州、軍進奉，則有慶賀之嫌，可與免一年。」宰相王季海曰：「此項錢幾六十萬緡，係屬户部歲計。」上曰：「可用封樁庫錢償户部。」十五年正月九日乙巳。其年，北虜賀使當至，季海已去位，右相周子充疑之，召禮官尤延之至都堂議，延之請退而討論。子充以奏，上曰：「敵國事亦不可專靠禮官，運籌帷幄，卿等事也〔四九〕。去歲生辰使到，朕方在哀疚之中，不欲使人朝見，卿等無人主張〔五〇〕，朕堅執不與引見。虜使退聽。」子充媿謝而已。七月九日癸卯。既而延之與奉常羅春伯合奏：「依正旦例，於垂拱殿東楹設淡黄幄引見，仍用紹興三十年故事，移宴於館，不用樂。」從之。九月十四日丁未。節前一日，自内降旨，文武百僚及使人並免賀，止就東上閤門拜表起居〔五一〕。十六年會慶節，上已移御重華宮，百官詣宮拜表，凡進香故事皆不講。後二日，皇帝乃過宮焉。

25 南北内

今南内〔五二〕，本杭州州治也〔五三〕。紹興初，創爲之。休兵後，始作崇政、垂拱二殿。久之，又作天章等六閣。龍圖以下諸閣，承平時，並建於大内之西，今此但爲一閣耳。而寢殿仍舊謂之福寧殿。淳熙初，壽皇始作射殿，謂之選德。八年秋，又改後殿擁舍爲别殿，取舊名，謂之延和。經歷兩朝，如是而已。至若苑中亭殿，則皆太上爲之，壽皇亦稍增焉。其名稱可見者，僅有復古殿、損齋、觀堂、芙蓉閣、翠寒堂、清華閣、羅木堂、隱岫、澄碧、倚桂、隱秀、碧琳堂之類，蓋得先王卑宫室之意矣。德壽宫乃秦丞相舊第也，在大内之北，氣象華勝，宫内鑿大池，引西湖水注之，其上疊石爲山，象飛來峯，有樓曰聚遠。凡禁禦周回分四地分：東則香遠、梅堂。清深、竹堂。月臺、梅坡、松菊三徑、菊、芙蓉、竹。清妍、酴醾。清新、木犀。芙蓉岡，南則載忻、大堂乃御宴處。忻欣、古柏、湖石。射廳、臨賦、荷花仙子〔五四〕。燦錦、金林檎。至樂、池上。半丈紅、郁李。清曠、木犀。瀉碧，養金魚處。西則冷泉、古梅。文杏館、靜樂、牡丹。浣溪，大樓子海棠。北則絳華、羅木亭。旱船、俯翠、茅亭。春桃、盤松。松在西湖上，得之以歸。

26 垂拱崇政殿

臨安府治，舊錢王宮也，規制宏大，金人焚蕩之餘，無復存者。紹興南巡，因以爲行宮，其制甚樸。休兵後，始作垂拱、崇政二殿，其修廣僅如大郡之設廳。淳熙再修，亦循其舊，每殿爲屋五間、十二架，修六丈〔五五〕，廣八丈四尺。殿南檐屋三間，修一丈五尺，廣亦如之。兩朵殿各二間〔五六〕，東、西廊各二十間，南廊九間。其中爲殿門，三間六架，修三丈，廣四丈六尺。殿後擁舍七間。壽皇因以爲延和殿，至今因之。蓋聖人卑宮室而盡力乎溝洫之意。

27 東宮樓觀

東宮舊無有。孝宗及信王未出閤，但聽讀於資善堂。紹興三十二年，孝宗爲皇太子，始居東宮，在麗正門內，其地甚隘。莊文太子立，復居之。莊文薨，其妃子出外第。光宗立爲太子，孝宗謂輔臣曰：「今次東宮却不須創建，朕宮中空閒不用宮殿甚多，可掇移修立。」

由是工役甚省。淳熙二年夏，始創射堂一，爲游藝之所。圃中又有榮觀、玉淵、清賞等堂、鳳山樓，皆燕息之地也。紹熙末〔五七〕，欲以爲泰安宮，既而不果云。

28 建炎巡幸六宮數

建炎己酉秋〔五八〕，高宗自金陵將幸浙西避狄〔五九〕，先請隆祐皇太后奉祖宗神主、神御往南昌，六宮百司皆從。時庶事草創，六宮洎先朝舊人通不滿四百：皇太后殿五十二人，哲宗朝人。潘賢妃位三十五人，元懿太子母。周夫人位二十一人，未詳。慕容美人位十五人，哲宗朝人。張修容位十六人，英宗朝人。淑國王夫人位十九人，康國蕭夫人位十七人，和國王夫人位十六人，嘉國朱夫人位十四人，成國吳夫人位十五人，潤國張夫人位十九人，惠國孫夫人位十四人，張直筆位十八人，孫典字位十五人〔六〇〕，劉直筆位二十四人〔六一〕，尚服朱夫人位二十三人，以上並禁中有職掌者。張才人位二十三人，即張賢妃位。總三百八十三人〔六二〕。虜薄南昌〔六三〕，衛尉皆潰，太后倉卒南去，后與賢妃皆村夫荷轎而馳〔六四〕，六宮死亡散失者甚衆。

校勘記

〔一〕瞻謁　「謁」原作「渴」，據蕭本、閣本、函海本改。

〔二〕溺　原作「弱」，據蕭本、殿本、函海本改。

〔三〕後之觀此書　原作「之後知此書」，據影宋本、函海本改正。

〔四〕賊營　「賊」原作「敵」，據蕭本、函海本改。下同。

〔五〕孽胡　原作「敵仇」，據上引本子改。

〔六〕不任痛憤泣血懇切之至　「至」原作「情」，據上引本子改。

〔七〕受賊　原作「僞受」，據上引本子改。

〔八〕征誅　原作「正誅」，據上引本子改。

〔九〕想不知兵　「不」原作「甚」，據蕭本、函海本改。

〔一〇〕樞密院事　原脱「事」字，據蕭本、閣本、函海本補。

〔一一〕(乾道)三年夏　按：宋宰輔編年録卷一七及宋史卷三四孝宗紀、卷二一三宰輔表均繫虞允文(雍公)知樞密院事於乾道三年二月辛巳。此處「夏」字疑爲「春」之誤。

〔一二〕紹熙　原作「紹興」，據宋宰輔編年録卷一九及宋史卷二一三宰輔表、卷三六光宗紀紹熙四年三月辛巳條改。

〔一三〕辛執　原作「辛職」，據殿本、閣本、函海本改。

〔一四〕營造室屋　「室」原作「塞」，據函海本改。

〔一五〕正志　原作「王志」，據蕭本、殿本、函海本及宋史卷三八七陳良翰傳改。按：正志乃史正志之省稱。

〔一六〕淳熙乙未歲　「乙未」原作「己未」，據閣本、函海本改。按：淳熙無「己未」歲。

〔一七〕澄碧軒　殿本同，而蕭本、函海本均作「澄碧堂」，本卷南北内條同。又玉海卷一六〇宮室澄碧殿條引録玉堂雜記作「澄碧殿」。

〔一八〕去河北賊易　「賊」原作「敵」，據蕭本、函海本改。

〔一九〕何希深　「希」原作「資」，據梅溪後集卷二九何提刑（逢原）墓誌銘及南宋館閣録卷八祕書省正字條改。按：逢原字希深。

〔二〇〕（乾道）二年秋……莫子齊　「齊」原作「濟」，據周益國文忠公集省齋文稿卷三八祭莫子齊舍人文及南宋館閣録卷七祕書監條改。按：莫濟字子齊。下同。又「二年」，據上文記時，疑爲「三年」之誤。

〔二一〕五畝之宅樹之以桑　「樹」原作「植」，據蕭本、閣本及孟子梁惠王篇上改。

〔二二〕嗣征　尚書篇名，原作「胤征」，此處因避宋太祖諱改。蕭本已改回。

〔二三〕漢之七制　閣本作「漢之七代」。

〔二四〕多如此類　原無「類」字，據閣本補。

〔二五〕不貲　「貲」原作「資」，據蕭本、殿本、閣本、函海本改。

〔二六〕凡百事　原無「事」字，據閣本補。

〔二七〕是日未後　「後」字，閣本作「刻」，疑是。

〔二八〕北虜　「虜」原作「人」，據蕭本、函海本改。下同。

〔二九〕虜使　「虜」原作「北」，據上引本子改。下同。

〔三〇〕易月　原作「易日」，據上引本子及宋史卷一二二禮志、周密癸辛雜識前集孝宗行三年喪條改。

〔三一〕冷世光　原作「冷光世」，據本書甲集卷二光堯廟號議、乙集卷四高廟配饗議及宋史卷三五孝宗紀乙正。

〔三二〕俯從禮制　「俯」原作「附」，據蕭本、殿本、閣本、函海本及上引癸辛雜識改。

〔三三〕尤袤等乞奏　原無「奏」字，據蕭本、函海本及宋史卷一二二禮志補。

〔三四〕上殿班次　原無「次」字，據上引本子及宋史禮志補。

〔三五〕按行使　「按」原作「授」，據上引本子及宋史禮志改。

〔三六〕所請之詔　原無「之」字，據影宋本、蕭本、函海本及上引宋史禮志補。

〔三七〕淺薄之議　「議」原作「義」，據蕭本、殿本、閣本、函海本改。

〔三八〕祝誕　「誕」原作「延」，據蕭本、閣本、函海本改。

〔三九〕徑行　「徑」原作「經」，據上引本子改。

〔四〇〕免赴　「免」原作「勉」，據函海本及下文文意改。

〔四一〕既罷　「罷」原作「遂」，據蕭本、閣本、函海本改。

〔四二〕遭虜有喪……虜主卒不見賀使也夷狄尚知有禮　「遭虜」原作「遭彼」，「虜主」原作「其主」，「夷狄」原作「外國」，均據蕭本、函海本改。下同。

〔四三〕正旦　原作「正朔」，據蕭本、閣本、函海本改。

〔四四〕禮官宇文子英价（兵部尚書兼權尚書）　「子」原作「字」，據函海本及本書乙集卷四高廟配饗議條改。注文似應作「兵部尚書兼權禮部尚書」。按：宇文价字子英。

〔四五〕顏魯子師魯　「子」原作「字」，據函海本及本書乙集卷五總論應天至統天十四曆條改。然宋史卷三八九顏師魯傳：「顏師魯字幾聖」，與此處記載不同。

〔四六〕倪思（著作郎兼權郎官）　宋史卷三九八倪思傳作「著作郎兼翰林權直」。

〔四七〕黄元章黼（太常丞）　原脱「黼」字，「丞」字誤作「卿」，據本書乙集卷四高廟配饗議條及宋史卷三九三黄黼傳補正。

〔四八〕不引見　「引」原作「允」，據蕭本、殿本、閣本　函海本改。

〔四九〕卿等事也　「事」原作「是」，據上引本子改。

〔五〇〕無人主張　閣本作「更無主張」。

〔五一〕東上閤門　「閤」原作「閣」，據本書甲集卷一〇閤門條及宋史卷一六六職官志改。

〔五二〕今南内　原作「今南北内」，據蕭本、函海本及宋史卷一五四輿服志宫室删。

〔五三〕杭州州治　原作「杭州治」，據蕭本、函海本補。

〔五四〕荷花仙子　「仙」原作「山」，據上引本子改。

〔五五〕六丈　原作「五丈」，據影宋本、閣本、函海本及輿地紀勝卷一兩浙西路行在所、宋史卷一五四輿服志宫室改。

〔五六〕朵殿　「朵」原作「架」，據蕭本、殿本、閣本、函海本及上引宋史輿服志改。

〔五七〕紹熙　原作「紹興」，據上文記年改。

〔五八〕建炎己酉　「己酉」原作「庚戌」（建炎四年），據要録卷二五建炎三年（己酉）七月壬寅條改。

〔五九〕避狄　原作「避兵」，據蕭本、函海本改。

〔六〇〕孫典字　「字」原作「宇」，據閣本、函海本改。

〔六一〕二十四人　原脱「四」字，據蕭本、函海本補。

〔六二〕總三百八十三人　按：總數與上列分類數合計不符，當有脱誤。

〔六三〕虜　原作「兵」，據蕭本、函海本改。

〔六四〕賢妃　原作「前妃」，據蕭本、殿本、閣本、函海本改。

建炎以來朝野雜記乙集卷四

典禮

29紹興至慶元臣僚論太祖東嚮之位 四祖廟附

國初倣前代之制，立親廟四。及仁宗祔廟，太廟始備七世八室，蓋祖宗共爲一世故也。治平末，英宗祔廟，乃祧僖祖。熙寧初，王介甫用章子平議，復僖祖爲太廟始祖，而祧順祖。司馬公、韓持國諸近臣，皆言太祖創業，當爲廟之始祖。介甫爲上言：「本朝自僖祖以上，世次不可得而知，則僖祖之有廟，與稷、契宜無以異。」持國欲奉祧主於西夾室，介甫笑之。伊川先生時方布衣，爲人言，亦以介甫之言爲是。及神宗祔廟，又祧翼祖。元符末，哲宗祔廟，輔臣李邦直議，兄弟曰及，哲宗不自爲世，故無所祧。崇寧初，蔡京入相，復以哲宗爲世，當祧宣祖，而宣祖乃祖宗之所自出，京意難之。因議依唐制立九廟，還翼祖，於是凡九世十室。紹興初，董令升弁〔一〕爲太常少卿，建議太廟世數已備，而藝祖猶居第四室，乞尊典禮，正廟制，遇祫享則太祖居東嚮之位。有旨，侍從、臺諫與禮官同議。既而學官王普又請依唐興聖故事〔二〕，藏祧主於天興殿。趙忠簡主之。六年正月，議於尚書省，侍從孫近、李光、折彦質、劉大中、廖剛、晏敦復、王俁〔三〕、劉寧止、胡交修、梁汝嘉、張致遠、朱震、任申先，禮官何慤、楊晨、莊必强、李弼直，皆以爲是。未幾，將作監丞趙渙面對，又乞酌量漢太公立廟故事，別建一廟，安奉四祖，禘祫烝嘗並行特祀。上大以爲然，擢渙監察御史、弁中書舍人。五月除渙〔四〕，七月除弁〔五〕。而右諫議大夫趙霈公時素與忠簡異論，乃言上皇在遠，宗廟之事未當專議。事遂止。淳熙初，渙之兄子粹中爲吏部侍郎，又伸前議，請爲四祖別建一廟，否則藏祧主於天興殿〔六〕，或藏於夾室〔七〕，遇祫享則設幄於夾室之前。乃命禮官討論，久之未上。元年六月丙辰降旨。其後，尤延之、丘宗卿等又繼言之。先是，欽宗祔廟，已祧翼祖，及高宗升祔，遂爲九世十二室。紹熙末，孝宗升祔，趙子直當國，用前議欲併祧僖、宣二祖，事下侍從、臺諫、禮官議。於是孫從之首上疏，請正太祖東嚮之位，議者皆以爲可，鄭惠叔尤主之。朱文公在講席，獨見上，論僖祖皇家始祖，不當毁其廟。上納焉。文公議當以僖祖爲始祖，如周之后稷，太祖如周之文王，太宗如周之武王，與仁宗之廟，皆萬世不祧。仁宗爲昭，英宗爲穆，與真宗主並藏西夾室。神宗爲昭，哲宗爲穆，徽宗爲昭，欽宗爲穆，高宗爲昭，孝宗爲穆，而高宗之廟亦萬世不祧。若未能然，則奉僖祖居第一室，太祖居第二室，太宗居第三室。太祖、太宗仍共爲一世，自真宗以下至於孝宗，凡九世十二室。於是給舍樓大防、陳君舉言：「未見朱某本議如何，乞付出議狀。」子直不報，遂祧二祖神主，更立四祖殿於廟之西隅，歲命禮官薦獻焉。文公時已得罪，遺子直書曰：「相公以宗支入輔王室，而無故輕納鄙人之妄議，毁拆祖宗之廟以快其私，其不祥已甚，欲望神靈降歆〔八〕，垂休錫羨，以永國祚於無窮，其可得乎？」時太廟殿已爲十二室，故孝宗既升祔，而東室尚虚。文公以爲非所以祝延壽康之意，深不然之，因自劾不堪言語侍從之選，乞追奪待制。章再上。詔：次對之職，除授已久，與廟議時初不相關。不許〔九〕。及光宗祔廟〔一〇〕，遂復爲九世十二室云。

30 太廟點寶事始

自休兵後，太廟創册寶殿，凡帝后寶册洎郊廟金玉禮器皆藏焉。始時令太常寺官一員季點〔一一〕，然第省閲文曆而已。乾道五年春，因有盗竊禮器者，中書門下始奏令每季取索赤曆，點檢足備，用印封鎖，具有無損失申省。二月己丑降旨。慶元五年夏，太常寺奏太廟遺失皇后金寶二，命大理寺治之。六月庚寅降旨。既而，廟之衛卒赴有司自言〔一二〕，坐獄死。蓋故事册寶以中人領其工作，及盗去，鑿而售之，中乃鐵胎也，由是事敗。自後朝廷益謹其事，月以察官、禮官、中官各一員檢視，謂之點寶。禮器中，瑤爵、玉瓚二事絶佳，人間所未見，其他圭璧，大抵多水漿色〔三〕。册寶中，惟昭慈聖憲皇后謚册以象牙爲之，餘皆珉玉。又有徽宗皇帝謚寶，玉色尤温粹。

31 欽廟配饗議

欽宗祔廟，久未有功臣配饗，蓋一時宰相六、七人皆有誤國之罪，是以不克舉行也。乾道五年冬，當祫祭。其九月，太常少卿林栗、黄中言：「當時臣僚遭值艱難，莫救淪胥，罕可稱述，而以身殉國，名節暴著，不無其人。雖生前官品不應配饗之科，而事變非常，難拘定制，乞詔侍從、臺諫集議〔四〕。」奏可。黄中所陳，蓋指李清卿若水也。汪聖錫時爲吏部尚書，居侍從之首，獨以爲無可配饗者，可罷集議。右侍郎曾逮仲躬謂聖錫云：「昔元祐中，神宗未有配饗，朝廷依例，權塑二侍臣，此可用也。」於是聖錫奏：「欽宗所圖共政之臣，皆未有能勝其任者，若應故事，姑令備數，上非所以尊宗廟，下非所以勸有功，誠如太常所言，當時死事之臣非一，今欲令配饗，考究本末，差次輕重，有所取舍，尤不可以輕易。昔唐文宗、武宗皆無配饗功臣，本朝太祖、英宗既無御集，亦不建閣。蓋崇奉祖宗，必審其實，必當其理，若虚尚文飾，不過苟塞人情而已。乞不必集議。」上從之。

32 高廟配饗議

洪景盧初建高廟配饗之議，首采本朝故事，謂議者當出於翰苑。上亦嘗諭以文武欲各用兩人。景盧因即以呂、趙、張、韓四人爲請，乞付侍從官詳議。從之，十五年三月庚戌也。後三日，從官議上。時韓子文彥質權工部尚書，以嫌不與議，而兵部尚書宇文子英爲議首，遂言四人皆有名績，見稱於世，宜如明詔，配饗廟廷。議者葛楚輔、葉叔羽、劉國瑞、忘其字。王誠之、陳安行、李獻之、謝昌國、吴子居、章德茂、林黄中、鄭惠叔，皆無異議。奏上，報可，其日癸丑也。是時，識者多謂呂元直不厭人望，當以趙、張兩公同配。又謂張俊晚附秦檜，力主和議，誣殺岳飛，不宜在預饗之列。而詔已下，莫敢有言。後三日丙辰，祕書少監楊廷秀獨上書爭其事，謂今者建議之臣，曰欺、曰專、曰私而已，且列聖之廟有九，而廟之有配饗者八，發配饗之議者非一，而出於翰苑者止於三，今舉其三以見例，而不顧其餘之不然，非欺乎？中之以聖翰之所及，惟一己足以定其議，非專乎？終之以止令侍從數人之附其議，而廷臣皆不得預〔二五〕，非私乎？又論張公有社稷大功者五：建復辟之勳，一也；發儲嗣之議，二也；誅范瓊以立國基，三也；用吴玠以保全蜀，四也；却劉麟以定江左，五也。若謂浚嘗相隆興，則趙普嘗相太宗，韓琦、曾公亮嘗相神宗，不害於配太祖、英宗之廟也。顧酌李唐之制，令博士、禮官與臺諫、兩省、侍從及在廷之臣雜議其事〔一六〕，而陛下酌其中。後二日戊午，輔臣進呈次，上諭以臣僚言，張浚有復辟之功，卿等可檢照文册，詢訪事實。上因言魏公兩敗事，又昧於知人，却是有志。蓋上意猶未以廷秀之言爲未可也。而王、周二相略無開陳，但唯唯而已。後十六日，四月甲戌〔一七〕。太常少卿尤袤等亦言：「按祖宗典故，既祔廟然後議配饗，趙普、曹彬之配饗太祖，乃定議於二十餘年之後。惟王曾、吕夷簡之配饗於仁宗，乃在山陵之前，然亦必先降詔旨下兩制定議〔一八〕，當用何人，而王珪等始以曾、夷簡姓名上之，其不敢倉卒如此。今乃忽定於靈駕發引一日之前，而不按典故，不集衆論，懼無以壓服諸勳臣子孫之心，而消弭衆多之口。乞俟祔廟畢，别擇日，下侍從、兩省、臺諫、禮官及祕書省官集議。苟爲不然，則王安石、蔡確之不合衆心，雖定於紹聖、崇寧，而卒改正於紹興間。今亦宜反復熟審，以待論定。」奏入，乃詔令未集議侍從、兩省、臺諫官及太常寺、祕書省依典禮詳議聞奏，四月甲申也。未集議侍從係吏部侍郎顔師魯，兩省係起居郎胡晉臣，並奉使未回。臺諫係殿中侍御史冷世光、左補闕薛叔似、右拾遺許及之、監察御史吴博古、黄謙，太常係少卿尤袤、寺丞黄黼、博士張體仁、主簿沈鑑，祕書省係少監楊萬里、丞謝修朗、鄧繹、著作郎倪思、黄唐、佐郎莫叔光、正字衛涇，凡十八人。後六日庚寅，有旨定用四人，更不須議論。以臺諫言配饗之議，已有一定之論，見於施行，今再令詳議，則一二三之論又將紛紛而起，甲可乙否，重惑朝聽故也。此冷世光文字。翌日辛卯，上諭大臣曰：「呂頤浩等四人配饗，正合公論，楊萬里乃謂洪邁專私，邁雖是輕率，萬里未免浮薄。」上又曰：「靖共爾位，好是正直，惟其先能靖共，而後正直，乃可貴耳。」於是二人皆乞補外。後十六日，詔景盧以見官正奉大夫知鎮江府，廷秀以朝奉大夫知筠州，五月壬寅也。其後孝宗祔廟，議者復推陳魯公，而魏公終不得預。蓋但以富平、淮西、符離三敗之故，而不考曹彬岐溝之役，其喪師蹙國，亦不下於富平與符離。今以一眚掩其大德，蓋景盧兄弟皆湯思退舊客，夙有憾於魏公，故以復辟之勳，歸之呂元直也。昔司馬溫公配饗泰陵，乃在四朝之後，蓋公議必以久而後定也。今姑私志其本末如此，後有識者，可以覽觀焉。

33 光宗配饗議

光宗既祔廟，當議配饗，而一朝三相中，周益公、留衛公在其時皆嘗以學黨得罪，故論者欲用葛文定公邲。及黨禁解，嘉定元年五月，益公之子朝請大夫、新知筠州綸，乞以其父配饗廟廷。詔兩制、禮官詳議。明年，衛公之孫祕閣校理元剛復言其祖首侍崇陵講讀，後在相位，始終六年，而益公之相纔三閱月，葛文定之相亦不踰年，當以其祖配饗〔一九〕。時章茂獻權禮部尚書，乃乞並用二公配饗，後亦不果行焉。蓋益公雖賢相而被罪於授受之初，衛公雖舊臣而去國於危難之際，是以論者有所不叶也。然前朝如富公、司馬公皆嘗被罪於熙寧、紹聖之間而不害其配饗，則亦未可以此而致疑云。

34 日食奏告當伐鼓

淳熙丙申歲，日食三月朔，趙衛公爲禮部尚書，被旨奏告太社〔三〇〕。周益公以兵部侍郎直學士院，祝文有「伐鼓用牲」之語〔三一〕，衛公引春秋傳言其誤，乞令改正。上從之。益公因求免，不許，蓋衛公奏章之詞頗峻故也。予以經考之，救日之鼓，周禮初不云何日，而夏書明以季秋月朔爲言，則春秋傳所云非矣。今有司之制，實不伐鼓，實不用牲，衛公乞改從祝詞可也，而反以春秋傳爲據，則非也。明年九月朔，日食，李文簡以春官貳卿，奉旨祭告太社，始奏復伐鼓，如政和新儀云。

35 元豐至嘉定宣聖配饗議

自唐以來，學校以周公爲先聖，孔子爲先師，後以孔子爲先聖，顏子爲先師。至元豐間，乃封孟子爲鄒國公，與顏子並配，而荀、揚、韓子列於從祀，足以補前世之未及矣。蔡京得政，乃封王介甫爲舒王，與顏、孟並，而王雱在揚、韓之次。其後陳瑩中諸公，但改荆公坐像爲僭，而不知三代之禮，大饗先王，功臣皆與饗焉，則尸像必不立受。今不論其學術之乖戾，而第以坐視人主之拜爲逆理，此學術不醇之過也。靖康間，楊文靖公爲諫議大夫，首論荆公不當配饗，降於從祀。紹興六年冬，張魏公獨相，始用陳公輔言，禁臨川學。明年春，胡文定公以祠官上疏，乞追爵二程、邵、張四賢，列於從祀，不報。乾道五年春，魏元履以布衣爲太學録，復請去荆公父子，而以二程從祀。陳正獻公爲相，難之。淳熙三年冬，趙叔達粹中爲吏部侍郎，論王安石姦邪，乞削去從祀。上謂輔臣言安石前後毁譽不同，其文章亦何可掩。時李仁父爲禮部侍郎，上與共議，欲升范仲淹、歐陽修、司馬光、蘇軾而黜王雱。仁父乞取光、軾而併去安石父子。上又欲升光、軾於堂，仁父上章稱贊。且言若親酌獻，則暫遷其坐於他所。疏入，上命三省、密院議之。密院王季海依違其詞。趙温叔言仲淹自以功業名當時，修亦有微玷〔二二〕，不若止用光、軾。而三省龔實之、李秀叔皆以爲不可，事遂不行。久之，但除臨川伯雱畫像而已。四年七月癸丑降旨〔二三〕。嘉定二年，仲貫甫爲著作佐郎，轉對，請追爵周、二程、張，列於從祀，未克行。余謂四先生繼絶學於千載之後，正人心，明天理，自游、夏諸賢有不能及，其視馬、鄭諸儒之功孰多，雖以配饗可也。然論道統之傳，則當升曾子、子思於堂上，而姑列四先生及朱先生於從祀。余亦老矣，自念不及與朝廷之議，會或有達者，舉而行之云。

36 孟子廟配饗從祀

自元豐以孟子爲鄒國公，配饗先聖，而鄒國公廟在兗州之鄒縣。政和五年春，乃詔樂正子克配饗，公孫丑以下從祀，加封爵焉。樂正子克利國侯，公孫丑壽光伯，萬章博興伯，告子不害東阿伯〔二四〕，孟仲子新泰伯，陳臻蓬萊伯，充虞昌樂伯，屋廬連奉符伯，徐辟仙源伯，陳代沂水伯，公都子平陰伯，咸丘蒙須城伯，彭更雷澤伯，高子泗水伯，桃應膠水伯，盆成括萊陽伯，季孫豐城伯，子叔子陽伯〔二五〕。自渡江以後，鄒、魯隔絕，而孟子無廟，其配饗、從祀，學者多不及知，故表出之。

37 永阜攢陵議（載於乙集逸文中）

38 高宗四上尊號廷臣議論各有異同

壽皇初受禪，命近臣集議上皇尊號之禮。呂仁甫爲禮部侍郎，既與宰相陳長卿密定「光堯壽聖」之號矣，及省中聚議，多謂尊號起於開元，罷於元豐，今不當復。或謂「光堯」二字近於「神堯」。汪聖錫時爲户部侍郎，謂人曰：「堯豈可光。」於是臺諫張真父、給舍金彥行以下十二人〔二六〕，各具所見以聞，而不書議狀。上諭以既已奏聞，不容但已。後五日，彥行以下遂悉書議狀。聖錫尋出知福州。周子充時爲監察御史，嘗自爲議狀，謂宜以「太上德壽皇帝」爲稱，然亦不果奏也。乾道庚寅冬，上以大禮慶成，詔禮官、兩省、臺諫官集尚書省議加太上尊號。時右相虞并甫已自書「憲天體道」四字於幅紙，議者書名而已。禮官黄仲秉、劉文潛欲用「憲天性仁」，劉文孺欲用「明天建極」，鄭仲一欲用「崇道備德」，皆不用。或謂「體道」字，乃上帝尊號。并甫云無妨，已奏知矣。太上欲得「道」字。淳熙乙未秋，詔以來春行慶壽禮，乃議加「性仁立德至誠無爲」八字，而禮部侍郎趙温叔謂「無爲」二字與太上字相連，頗涉語忌，請改爲「明文焕武」，後又改作「無爲至誠」，又改作「成武焕文」。議論凡再旬，乃定用「性仁立德無爲全美」八字。龔實之參政以下，尚不以爲然。葉夢錫丞相主之，衆莫能奪。後兩月，夢錫罷，實之召學士王季海、直院周子充共議，遂定爲「性仁誠德經武緯文」。乙巳冬〔三七〕，再將行慶壽禮，季海爲相，擬議久之，第得「紹業興統」四字。時眉人朱師古時敏爲太常少卿，季海與之厚，師古將入省，其子不弃謂之曰：「光武明明廟謨可用也。」師古以白季海，因再推詳，於是增「明謨盛烈」四字焉。

39 朱文公論三年服

高宗之喪，孝宗爲三年服。及孝宗之喪，有司請於易月之外，用漆沙淺黄之制，蓋循紹興以前之舊制。朱文公後入，不以爲然，奏言：「今已往之失，不及追改，惟有將來啟殯發引，禮當復用初喪之服，則其變除之節，尚有可議。望明詔禮官稽考禮律，豫行指定。其官吏軍民方喪之服，亦宜稍爲之制，勿使肆爲華靡。」其後，詔中外百官皆以凉衫視事，蓋用此也。方文公上議時，門人有疑之者，文公未有以折之。後讀禮記正義喪服小記「爲祖後者」條，見所引鄭志有諸侯父有廢疾，不任國政、不任喪事之問，而鄭答以天子、諸侯之服皆斬之文，乃知經文有所未備，而待於傳注者如此，因自識於本議之後云。

40

北使宴見齋禁不用樂

故事，北使來朝，例錫花宴，如在大祀齋禁之中，則不用樂，辭見亦然，行之久矣。乾道三年，北使來賀會慶節上壽，在親郊散齋之内。陳正獻公時以副樞密兼參政，預請令館伴以禮諭之，而議者慮其生事，多請權用樂者。李文簡爲禮部郎官，建言：「漢、唐祀天地，散齋四日，致齋三日，我藝祖初郊亦然。自崇寧、大觀間法周禮，分祭天地，故前十日受誓戒。今既合祭，宜復漢、唐及本朝舊制，庶幾兩得。」上頗難之。陳公又奏：「必不得已，則上壽之日設樂，而宣旨罷之，及宴使客然後復用，庶幾事天之誠得以自盡，而所以禮使人者亦不爲薄，自當悦服矣。」上可其奏，且曰：「宴殿雖進御酒，亦毋用樂，惟於使人乃用之耳。」諸公顧以爲紫宸上壽，乃使客之禮。固執前議。陳公又不可，獨奏言曰：「適奉詔旨，有以見聖學高明，過古帝王遠甚，敢不奉詔。然竊謂更當先令館伴以初議諭使人，再三不從，乃從今詔，則於禮爲盡，而彼亦無詞，不可遽鄙夷人〔二八〕，而遂自爲失禮以徇之也。」蔣子禮猶守前說，陳公争愈力。上顧陳公曰：「可即諭閤門行之。」陳公退，復爲奏曰：「彼初未嘗必欲用樂，我乃望風希意而自欲用之，彼必笑我以敵國之臣而虧事天之禮，他時輕侮何所不至，此又不可不留聖慮。」上嘉納之。既而卒詔：「垂拱殿上壽止樂，正殿爲北使權用。」六年，生辰使當辭，復在親郊散齋之内。趙温叔丞相時以起居舍人爲館伴使，面奏決不可用樂。上然之。十月癸酉，北使辭。先一日，上遣中使諭温叔云：「來日已決意不用樂，萬一使人不順，不知如何結末，請舍人更加思慮，來日五更奏來。」温叔復奏：「殿陛之上〔二九〕，悤悤行酒，使人決不能省會；萬一省會，必不敢不順；萬一不順，臣忝備員館伴，當直前奏稟，乞宣諭使人：陛下寅畏上天，今既散齋，決不用樂。若使人必欲設樂，乞移此茶酒就驛中祗領。所謂結末，不過如此。」上納用焉。或謂前郊值虜使之來，極恭順。上喜，思以異禮待之，故葉、魏二相皆主用樂之議。鄭景望、劉文潛時爲館職，嘗移書政府論之而不聽也。至是用趙公之議，始去樂，論者韙之。

41 乾道淳熙五大閱

孝宗留意武事，隆興甲申仲夏，三衙出戍大軍歸司，上欲幸候潮門外大教場勞之。既卜吉日辛丑矣，會雨作而止。乾道丙戌仲冬之甲子，遂閱武於白石，距城二十里。前三日，下令。至日平旦，自祥曦殿戎服乘馬，太子、親王、執政以下並從至大教場。進膳畢，上獨與太子、親王、管軍、知閤、御帶、環衛官俱往白石。上升將臺，三司以次教閱陣隊、馬射、野戰，次射獐鹿等於臺下。上親臨觀，大悅，賜殿帥王琪以下金、銀椀有差。三司主帥至統領官各十兩金椀一。射生將佐、使臣等七兩、五兩銀椀有差。上還幄殿，管軍進御酒。上亦賜太子、親王、知閤、管軍酒，憩息大教場。進晚膳畢，還內。是日，賜諸將金帶、鞍馬以及士卒賞賜有差。戊子孟冬之甲辰，上又幸茅灘按閱諸軍。先十餘日，令殿前司相視浙江龍王堂北、江岸以東平衍之地，築將臺焉。先一日，諸軍人馬全裝執色於教場東列幕宿營。又命忠毅軍統制蕭鷓巴將二百騎射獐鹿於赭山，以俟進獻。至日，諸軍先赴茅灘下方營，殿前司摘諸軍馬步親隨一千人執戎器環立將臺之後〔三〇〕。質明，三衙管軍至將佐各介冑乘馬導駕，上戎服乘馬，宰執、近臣戎服以從，護衛聖駕馬軍八百騎執槍旗、弓矢、軍器分前後，奏隨軍番鼓笛大樂，至大教場，上與慶王、恭王皆易金裝甲乘馬，宰執、使相、正任管軍、知閤、御帶、環衛官戎服以從。侍從官免從駕。上升臺少憩，出幄殿坐，殿帥王逵舉黄旗，諸軍呼拜者三。中軍鳴角，馬、步軍簇隊，連三鼓，馬軍上馬，步軍舉旗槍。四鼓舉白旗，中軍鼓與旗應〔三一〕，變方陣作備敵之形〔三二〕。别高一鼓，步軍四向作禦敵之勢，且戰且前，馬軍出陣作戰鬬之勢。别高一鼓，各歸地分。五鼓，舉黄旗，變圓陣爲自環内固之形。二鼓，舉赤旗，變鋭陣，諸軍魚貫斜行，前利後張爲衝敵之形〔三三〕。二陣進止皆如方陣。舉青旗，變直陣，收鼓訖，一金止。重鼓三，馬軍下馬，步軍植旗槍。上大悦，犒賞倍之。鳴角聲，簇隊，放教，諸軍呈大刀、車礮、煙槍，射生官以所獲獐鹿獻。上更常服，宰執對御酒五行，降臺乘馬，至車子院門下馬。登樓，召親王、使相至環衛官各賜酒，立飲不坐。二王進上酒。還至大教場，環衛官及一應從駕官並戎服乘馬扈駕還内〔三四〕。庚寅季冬之戊申，上復幸白石，始議三司諸軍隨從者萬二千四百人。分二百四十八小隊。殿前司之旗以黄，馬司以緋，步司以白。既而恐道隘，止以馬軍五百騎列於省北，步軍千人伺於大教場，餘千九百騎駐於中道，以俟扈衛。上入御幄，命軍士皆卓歇散飯。既閱武，乃召宰執、親王、使相、太尉、管軍升幄殿，酒三行畢，復召親王、使相、太尉、管軍、知閤、御帶、環衛官於御座東，席地散酒。次登車子院樓，宰執亦預，此其所以異也。淳熙丁西季冬之乙亥，復大閲殿、步二司之軍於茅灘。殿帥王友直舉黄旗，諸軍呼拜，奏發嚴，舉白旗變方陣，舉黄旗變圓陣，舉皂旗變曲陣，舉青旗變直陣，舉緋旗變鋭陣。五陣皆畢，始令軍士下營散飯。宣皇太子、執政、使相、管軍對御宴飲，侍從、修注官於御臺下幕次賜酒食。還入候潮門，上皇於都亭驛設簾幄以觀，邀上入幄中，傳令宣喚管軍於簾前賜果酒，飲各一卮，謝畢，導駕還內。乙巳仲冬之甲辰，上復講故事，大閱於龍山之教場。管軍舉青旗變三直陣，鼓音作，分六行，舉白旗聚爲四陣，舉緋旗爲二陣，舉皂旗爲一陣〔三五〕。繼又散爲六行，高一鼓，變品字作三陣。自戊子以後，凡犒士之費，皆出於左藏南庫，户部不與。最後，南庫已歸户部，宰相王季海猶以故例請。上曰：「處分已定矣，何必別項支用，止令內藏庫支用可也。朕之樁積此錢者，初無他用。」是歲軍士犒賜，凡用見錙三十六萬緡，都城會子爲之增貴焉〔三六〕。

42 大樂局樂色名件

太常寺大樂局祀天神，祭地祇，享宗廟，應用大樂名件，凡三十四種：歌色一也，笛色二也，塤色三也，篪色四也，笙色五也，簫色六也，編鐘七也，編磬八也，鎛鐘九也，特磬十也，琴色十一也，瑟色十二也，柷、敔十三也，搏拊十四也，晉鼓十五也，建鼓十六也，鞞、應鼓十七也，雷鼓祀天神用十八也，雷鼗鼓同上十九也，靈鼓祭地祇用二十也，靈鼗鼓同上二十一也，露鼓享宗廟用二十二也，露鼗鼓同上二十三也〔三七〕，雅鼓二十四也，相鼓二十五也，單鼗鼓二十六也，旌纛二十七也，金鉦二十八也，金錞二十九也，單鐸三十也，雙鐸三十一也，鐃鐸三十二也，奏座三十三也，麾幡三十四也。此外又有景鐘者，天子親祀上帝則用之，非祠官所當用。

43 乾道不置教坊

孝宗性恭儉，即位之初，以欽宗梓宮未還，不肯用樂。及乾道元年會慶節，北使初來，當大宴，始下臨安府募市人爲之，不置教坊，止令修内司先兩旬教習。舊例：用樂人三百人，百戲軍百人，百禽鳴二人，小兒隊七十一人，女童隊百三十七人，築球軍三十二人，起立球門行人三十二人，旗鼓四十人，以上並臨安府差。相撲等子二十一人。御前忠佐司差。上命罷小兒及女童隊，餘用之。九月二十七日旨也。

校勘記

〔一〕董令升弁　原脱「升」字，據影宋本補。「弁」原作「棻」，據閣本、本書甲集卷二太祖正東嚮之位條及要録卷九二紹興五年八月己未條、兩朝綱目備要卷三紹熙五年閏十月癸亥集議廟制條、通考卷九四宗廟考改。下同。

〔二〕王普　原作「王晉」，據影宋本、蕭本、閣本、本書甲集卷二太祖正東嚮之位條及要録卷九七、兩朝綱目備要卷三、宋史卷一〇七禮志改。

〔三〕王俣　原作「王俟」，據要録卷一〇一至一〇三及皇宋中興兩朝聖政卷五三、宋史卷三一高宗紀改。

〔四〕（紹興六年）五月除（趙）涣　「五月」原作「閏五月」，據影宋本、函海本及要録卷一〇一紹興六年五月乙未條删。按：是年無閏月。

〔五〕（紹興六年）七月除（董）弅　按：要録卷一〇二繫此事於是年六月壬戌（二十六日），疑「七月」爲「六月」之誤。

〔六〕藏祧主　原無「祧」字，據影宋本、蕭本、函海本補。

〔七〕藏於夾室　「藏」下原有「主」字，據上引本子删。

〔八〕欲望　原作「欲以望」，據上引本子及兩朝綱目備要卷三紹熙五年閏十月癸亥集議廟制條、宋史卷一〇七禮志删。

〔九〕不許　原作「又不許」，據影宋本、蕭本、函海本及上引備要删。

〔一〇〕及光宗祔廟　「及」字下原衍「後」字，據影宋本、函海本及宋史卷一〇七禮志删。

〔一一〕始時　「時」原作「特」，據兩朝綱目備要卷五慶元五年夏盜竊太廟金寶條及通考卷九四宗廟考引録朝野雜記改。

〔一二〕自言　上引備要同，而上引通考作「自首」，疑是。

〔一三〕水漿色　原作「漿水色」，據影宋本、蕭本、閣本、函海本及上引備要、通考乙正。

〔一四〕集議　原脱「集」字，據影宋本、蕭本、閣本補。

〔一五〕不得預　「預」原作「議」，據影宋本、蕭本、函海本改。

〔一六〕在廷之臣，原作「在朝之人」，據上引本子改。

〔一七〕後十六日（四月甲戌）　「六」原作「八」，據殿本、函海本改。「甲戌」原作「甲寅」，按：淳熙十五年四月丁卯朔，是月無「甲寅」日。

〔一八〕詔旨　「旨」原作「乃」，據影宋本改。

〔一九〕配饗　原無「饗」字，據蕭本補。

〔二〇〕太社　「太」原作「大」，據宋史卷一〇二禮志社稷改。下同。

〔二一〕祝文有「伐鼓用牲」之語　「語」原作「文」，據蕭本、閣本改。

〔二二〕仲淹自以功業名當時修亦有微玷　「修」字原在「當時」之上，據蕭本、殿本、閣本乙正。

〔二三〕（淳熙）四年七月癸丑　「七月」原作「六月」，據閣本及宋史全文卷二六淳熙四年七月己酉條改。按：淳熙四年六月己巳朔，是月無「癸丑」日。是年七月戊戌朔，癸丑乃十六日，己酉乃十二日。又宋史卷三四孝宗紀亦繫罷王雱從祀於淳熙四年七月己酉（原誤作「乙酉」，按：是月無「乙酉」日）。疑本書底本此處記日亦有誤。

〔二四〕告子不害　「告子」原作「浩生」，據閣本及宋史卷一〇六禮志改。

〔二五〕子陽伯　上引宋史禮志作「承陽伯」，疑是。

〔二六〕金彦行　宋史卷三八七汪應辰傳作「金安節」，按：安節字彦亨，見宋史卷三八六本傳。此處作「彦行」，未知孰是。

〔二七〕乙巳冬　原無「冬」字，據蕭本、函海本補。

〔二八〕遽鄙夷人　「夷人」原作「之」，據蕭本、函海本及通考卷一四八樂考引録朝野雜記改。

〔二九〕殿陛　「陛」原作「階」，據影宋本、蕭本、函海本及上引通考改。

〔三〇〕執戎器　「執」原作「至」，據蕭本、殿本、函海本改。

〔三一〕中軍鼓與旗應　原脱「與旗」二字，據蕭本、殿本補。參見宋史卷一二一禮志閲武。

〔三二〕變方陣　「變」下原有「爲」字，據影宋本及下文文例删。

〔三三〕前利　原作「前列」，據函海本及宋會要禮九之一五、宋史卷一二一禮志閲武改。

〔三四〕還至大教場環衛官及一應從駕官並戎服乘馬　原無「還」字，「至大教場」在「從駕官」之下，據蕭本、函海本補正。

〔三五〕舉皂旗　原脱「舉」字，據影宋本、蕭本、函海本補。

〔三六〕會子　原作「會子錢」，據影宋本、函海本删。

〔三七〕露鼓……露虆鼓　兩「露」字，宋會要樂二之三、長編卷一一七、通考卷一三六樂考均作「路」，疑是。

建炎以來朝野雜記乙集卷五

制作

44 寶璽

國朝南渡之後，御府所藏玉寶凡十有一，金寶三。玉寶：一曰「鎮國神寶」承天福，延萬億，永無極。二曰「受命寶」受命于天，既壽永昌。此二寶封禪則用之。三曰「天子之寶」答外夷書用之。四曰「天子信寶」舉大兵用之。五曰「天子行寶」封册用之。六曰「皇帝之寶」答鄰國書用之。七曰「皇帝信寶」賜鄰國書及物用之。八曰「皇帝行寶」降御劄用之。此所謂八寶也。皆高宗作。九曰「大宋受命之寶」太祖作。十曰「定命寶」範圍天地，幽贊神明，保合太和，萬壽無疆。徽宗作。十一曰「大宋受命中興之寶」高宗作。金寶：一曰「皇帝欽崇國祀之寶」印香合詞表。二曰「天下合同之寶」印中書門下省文字。三曰「書詔之寶」〔一〕印詔書。自秦以前，上下通稱璽。春秋傳：季武子取卞璽書，追而與之。戰國策：欲璽者，段干子是也。秦有天下，始制天子、皇帝六璽。自是惟諸侯王得稱之。唐武后長壽二年，改璽爲寶。以璽音近死，故易之。天寶十載，又合受命、傳國爲八寶。八寶之稱，自此始矣。唐末喪亂，八寶或亡或失。周廣順中，始造二寶，曰「皇帝承天受命之寶」「皇帝神寶」。太祖革命，傳其二寶。至太宗別製「承天受命之寶」。寶廣四寸九分，厚一寸二分，填以金盤龍紐。檢高七寸〔二〕，廣二寸四分。自是遂爲定制。鎮國神寶者，仁宗皇祐五年七月所作也。篆如其名。宰相龐籍書。受命寶者，哲宗元符元年五月所受也。其文相傳以爲秦璽，是李斯之魚蟲篆也。其圍四寸。衛宏曰：秦以前，金、玉、銀爲方寸璽，秦以來，天子獨用玉。按玉璽圖，以此璽爲趙氏之璧所刻，璧本卞和所獻之璞，藺相如詭奪者是也〔三〕。余嘗以禮制考之，璧五寸而有好，則不得復刻爲璽，此説謬矣。至漢謂之傳國璽，自是迄於獻帝，所寶用者秦璽也。子嬰所封，元后所投，王憲所得，赤眉所上，皆是物也。董卓之亂失之，吳書謂孫堅得之洛陽甄官井中，後爲袁術所奪，徐璆得而上之，殆不然也。若然，魏氏何不寶用而又自刻璽乎？厥後歷世皆用其名。永嘉之亂，没於劉、石，永和之世，復歸江左者，晉璽也。魏氏有國，刻傳國璽，如秦之文。但秦璽讀自右，魏璽讀自左耳。晉有天下，自刻其璽，其文曰：「受命于天，皇帝壽昌。」本書輿服志乃以爲漢所傳秦璽，實誤矣。此璽更劉聰、石勒，逮石氏死，其臣蔣幹求援於謝尚，乃以璽送江南。王彪之辨之，亦不云秦璽也。太元之末，得自西燕，更涉六朝，至於隋代者，慕容燕璽也。晉孝武太元十九年，西燕主永求救於郗恢，并獻玉璽一紐，方六寸，高四寸六分，文如秦璽。自是歷宋、齊、梁皆寶之。侯景既死，北齊辛術得之廣陵，獻之高氏，後歷周、隋，誤指爲秦璽。後平江南，知其非是，乃更謂之神璽焉。劉裕北伐，得之關中，歷晉暨陳，復爲隋有者，姚秦之璽也。晉義熙十三年，劉裕入關，得傳國璽而上之，大四寸，文與秦璽同，然隱起而不深刻。隋滅陳得此，指爲真璽，遂以宇文周所傳神璽爲非是。識者謂古璽深刻以印泥，後人隱起以印紙，則此隱起者非秦璽也，姚氏取其文作之耳。開運之亂，没于耶律，女真獲之以爲大寶者，石晉璽也。唐太宗貞觀十六年，刻受命璽，文曰「皇帝景命，有德者昌。」後歸朱全忠。及從珂自焚，璽亦隨失。德光入汴，重貴以璽上之，云先帝所刻，蓋指石敬瑭也。蓋在當時皆誤以爲秦璽，而秦璽之亡則已久矣。紹聖三年冬，咸陽民段義者，斸地得璽以獻，學士承旨蔡京言於朝，曰此秦璽也〔四〕。遂以元符元年五月朔大朝會受之〔五〕。受寶之禮，昉乎此矣。

徽宗崇寧五年，有獻玉印者，只有方寸，其文曰「承天福，延萬億，永無極。」大觀元年，既得美玉、良工，遂黜皇祐鎮國、元符受命二寶不用，命工更刻，而以九字爲神寶之文，合天子、皇帝六寶爲八寶，以二年正月元日受之。政和七年，復得美玉，大將九寸，乃作定命寶，命蔡京鐫十六字爲文，謂之九寶，以八年正月元日受之。又有皇帝恭膺天命之寶，至道三年，真宗嗣位時所制也。後從葬定陵。乾興元年，仁宗既位更制之。參知政事王曾書。天聖元年，爲火所燔，又制焉。參知政事陳堯佐書。後從葬昭陵。學士范鎮、禮官王珪言：「宜爲天子傳器，不當改作。」而弗聽也。嘉祐八年六月，英宗又制焉。參知政事歐陽修書。神宗、哲宗皆循此制。哲宗寶，門下侍郎章惇書。靖康之難，金人取玉寶十四，蓋八寶之外，餘寶凡六，而皇帝恭膺天命之寶居其二焉，其一則徽宗元符三年所制也，其一則欽宗靖康元年所制也。高宗渡江，庶事草創，逮紹興十六年再郊，始備八寶，而恭膺天命之寶不復作矣〔六〕。大宋受命之寶者，建隆開基所創也，史册不載，圍城中副留守邵博取而藏之，張邦昌遣使奉迎大元帥於山東〔七〕，因以爲獻。定命寶者，宣和内禪，藏龍德宫，虜人不知之〔八〕，故弗取。受命中興寶者，高宗紹興元年所作也。玉甚美，視定命寶猶大半分。金寶三，皆建炎二年秋所作也。

45 總論應天至統天十四曆 黄帝至周世宗三十六曆沿革附

自黄帝考定星曆〔九〕，建立五行，起消息，正閏餘，堯曆象日月星辰，舜在璿璣玉衡，以齊七政，至於夏、商、周之世，咸正曆紀，迄三代之末，曆凡七變。漢興，襲秦正朔，以張蒼言用顓帝曆，於六曆疏闊中最爲微近，而晦朔、弦望、滿虧多非是。孝武元封間，乃命唐都、洛下閎之徒造八十一分曆，名曰太初。其法以律起，晦朔、弦望皆密。至孝成時，劉歆究其微眇，作三統曆，以十九歲爲一章，二十七章爲一會，三會爲一統，三統爲一元。逮後漢時，曆復疏闊，乃命日官造四分曆，以九道法候，弦望始無差忒。至孝靈時，劉洪考古今曆法，乃悟四分於天疏闊，皆斗分太多之故，遂又作乾象曆，方之前法，轉爲精密。蓋漢四百年間，曆凡四變。自魏、晉迄隋又十五變。唐高祖革命，始命傅仁均爲戊寅元曆。高宗又命李淳風爲麟德甲子曆〔一〇〕。元宗以推日食不效，又命一行爲開元大衍曆。肅宗改至德曆，代宗改寶應五紀曆，德宗改建中正元曆，憲宗改元和觀象曆，穆宗改長慶宣明曆，昭宗改景福崇元曆。〔一一〕蓋唐三百年，曆凡八變。自漢以降，雖沿革不同，然其法大抵皆布算積分，上求諸千萬歲之前，必得甲子朔旦夜半冬至，而日月五星皆會於子，謂之上元，以爲曆始。識者謂太初曆法，號爲最密，用考今之氣朔，則已差數日矣。其間有所長者，如劉洪首著日行遲，月行疾，陰陽交錯於黄道表裏。晉虞喜始悟日行一歲之中，有不匝周天之數，自歲差積久，漸退失度。姜岌步月食之衝，知日行之度，遂正躔次紀。宋何承天考正日晷，知南至之端，又用强弱率以配日法〔一二〕，以求朔策之餘分，乃合簡易之要。北齊張子信以圜儀揆天〔一三〕，測知五星有入氣盈縮之差。傅仁均以合朔定月之大小，不過連三，則日月之食常在朔望。李淳風謂前曆日分度數參差不齊，立演撰法，使一術以齊之。一行立九服晷漏之術，隨所在而求合焉。徐昂創氣、刻二差〔一四〕，定日之分稍驗。各成一家法，後代述之者，互有損益，漸加精密。自五代之調元，次及欽天，而曆法始弊。調元作於馬重績，施於晉代，其法則不復推古上元、冬至、七曜之會，而起唐天寶十四載乙未爲上元，用正月雨水爲氣首，蓋倣曹士蔿小曆之舊，失之矣。欽天作於王朴，施於周世宗時，而朴昧乎前人簡易之要，求之不合，遂於朔分之下横立小分，而謂之秒。説者謂前代諸曆，朔餘未有秒者，若朔餘可以用秒，則可隨意而加減，何待求日法以齊朔分也。是時民閒又有所謂萬分曆者，明曆之士往往鄙之。太祖皇帝建隆二年，始命王處訥造應天曆，處訥乃用一萬二分爲日法，蓋用萬分增二。得强率二百有一，得弱率九百二十六，以六乘强率，以九乘弱率，併二者得五千三百七爲朔策之餘分，則强弱適中，合簡易之要，自然無秒。太宗皇帝太平興國初，以應天曆置閏有差。曆官吴昭素造曆，賜名乾元，朔餘太强，施用未久，朔望復差。真宗皇帝命史序造曆，賜名儀天。仁宗皇帝天聖元年〔一五〕，命宋行古造曆，賜名崇天，及推嘉祐八年十月望月食，曆乃後天二刻，遂命周琮更造新曆。琮測景驗氣，始知前曆氣常後天半日，改而正之。英宗皇帝朝曆成，賜名明天〔一六〕，琮於朔望餘分特晚數刻，欲合嘉祐八年十月望月食〔一七〕，及推熙寧元年正旦日食，曆乃後天數刻，復與崇天合，遂再用崇天頒朔。神宗皇帝命衛朴造曆，賜名奉元。沈括存中時提舉司天監，以爲朴能正崇天之失，而不知周琮正之在前矣。哲宗皇帝元祐五年十一月癸未冬至，驗景長之日乃在壬午，遂改造新曆，賜名觀天。徽宗皇帝朝有司以觀天推崇寧二年十一月朔爲丙子，頒曆之後，始悟其朔當進而失退〔一八〕，遂造占天曆，改十一月朔丁丑，而再頒曆焉。既而曆官言占天成於私家，不經考驗，不可施用。乃命姚舜輔等復造新曆，視崇天減六十七刻半，始與天道相合。曆成，賜名紀元。自大觀元年頒用，以紀元推紹興五年正旦日食九分半，虧在辰正。時常州布衣陳得一獨建言，定食八分半，虧在巳初。是日果如得一所定。高宗皇帝乃命得一造曆，祕書少監朱震子發監視。曆成，賜名統元。自紹興六年頒用，凡十五年。而後有司守之不專，暗用紀元之法推步，而用統元之名頒曆。乾道二年夏，日官以紀元推丁亥十一月朔爲甲子，欲爲刊刻，間有武節郎裴伯壽者，詣禮部及都省具陳統元曆法推是朔當進作乙丑，於是依統元曆法改而正之。會進士劉孝榮言：「見行曆交食先天六刻，火星差天二度，乞造新曆。」孝榮自謂：「已有曆，不半年而可修進〔一九〕。」伯壽獨以爲凡造曆必先立表測景驗氣，然後作曆，庶可精密，不在於速成。而判太史局吳澤不達造曆立表之法，妄言銅表難成，木表易壞。蓋欲黨附孝榮，僥倖曆成，以覬一時之爵賞，固執以難成而阻抑之也。其年九月乙卯，遂命禮部侍郎周執羔表卿提領改造新曆，表卿亦謂立表驗氣之說，經涉歲月，由是不行。孝榮乃倣萬分曆分作三萬分以爲日法，命之曰御覽七曜細行曆，上之。且預定丁亥歲四月朔日食一分，如不驗，甘俟朝典。太史局亦謂當食二分。伯壽皆以爲不然。既而定之，其日晴明，而日不食。孝榮又定是歲八月望月食六分半，候之〔二〇〕，止及五分。又定戊子歲二月望月食九分以上，出地，其光復滿，係大內二更五點。而伯壽以爲是月之食當既，生光在戌初二刻，復滿在戌正三刻，係大內二更二點。後伯壽所言皆驗。孝榮始論見行曆交食先天六刻，及考驗孝榮所定月食光滿，乃後天四刻。單行可爲侍御史，因請取二曆所定日月五星躔度其說異同者，俟其可驗之時，以渾象測之，察何曆爲近而取其屢中者，以定新曆。十一月壬辰，詔國子司業權禮部侍郎程大昌泰之、監察御史張敦實，往太史局監視考驗，而紀元及孝榮二曆各有差者。行可又乞自同泰之考驗。四年三月庚申，許之。既而二人言，以統元、紀元及新曆對測星度四事，新曆全密者三，稍密者一，舊曆皆疏。李仁父時爲禮部郎官，繼復與行可同往測驗七事〔二〕，而新曆稍密者五，疏者二。其四月癸丑，先令太史局將舊曆參照行使。五月庚辰，遂詔施用新曆，仍以乾道爲名。時孝榮已爲保章正、同知算造矣。而仁父復論曆久必差，自當改作，但近被旨監視，適逢新曆太陰、熒惑兩事之差，恐將來成書，差者必多，乞益募能者熟復討論，補治新曆。六月己丑，詔諸路搜訪精通曆法之人，具名申省。未幾，有福州阮興祖者，言新曆七卷，篇篇差謬。唐志：開元十二年，測景於天下，其安南測夏至午中晷在表南三寸三分，劉孝榮新曆算在表北七寸。其鐵勒測冬至午中晷長一丈九尺二寸六分〔三〕，劉孝榮新曆算晷長一丈四尺九寸九分。其差謬類如此。同判太史局荆大聲不以白部，擅補興祖爲局生。新曆之成也，大聲與孝榮共爲之。至是，乃言其法多差，遂命大聲別演一法，與孝榮比較。五年春正月，比較二法，各有疏謬。曆算官蓋堯臣等，乃自又演一法上之。四月己丑，遂命孝榮、大聲、伯壽各具五月以後至歲終月星躔度，申御史臺，令見測驗官占考。六年九月戊戌，有成都府進士賈俊者〔二三〕，上曆法九議，詔給五人衙官劵，館於臨安府學。九年五月甲寅，日官言：「來年十二月，紀元、乾道曆係小盡，則正月朔在癸未。崇天、統元曆係大盡，則正月朔在甲申，是謂疑朔。詔曆官看詳指定。而荆大聲者，謂乾道曆定今年五月日食在午初一刻。今測驗得在午時五刻半，以此推之，則乙未年正月之朔，已過甲申日四百五十分，合作大盡。」從之。淳熙三年三月己巳，判局李繼宗等又撰新曆七卷進呈。上謂輔臣曰：「自古以來，曆未有不差者，況今世此法不傳〔二四〕，士大夫無習之者，求之草澤，又難得其人。新曆比舊，所謂彼善於此，不須別命名，可以淳熙爲名。」五年，曆官推九月庚寅晦，既頒曆矣，而北使來賀生辰者，乃以爲己丑晦，實小盡也。於是會慶節差一日，樞密院檢詳文字丘宗卿崈接伴，調護久之，虜人乃肯用正節日上壽〔二五〕。荆大聲蓋妄改甲午年十二月爲大盡，故後天一日也。十二年九月辛卯，成忠郎楊忠輔言：「淳熙曆因陋就簡，苟且附會，天道不合。自戊戌以來，朔差者八年矣。今歲九月望月食當在晝，而淳熙曆法當在夜，以此辨之，是非可決。兼用臨安地形準之，月起虧時，日光已盛，必不見食。」而日官言所推在卯初三刻〔二六〕，係大內攢點九刻後。乃命禮部侍郎顏師魯魯子視驗，會雲色遮蔽而止。十三年三月丁酉，右諫議大夫蔣繼周世修奏：「民間有知星曆者，乞特加試用，仍選差提領官〔二七〕，以重其事，如祖宗之制。」上曰：「朝士知星曆者必少，不必差官專領。」乃詔諸路有通曉天文曆算之人，令所在州、縣報明以聞。八月丁丑，布衣皇甫繼明等言：「今歲九月望，以淳熙曆推之，當在九月十七日，實曆弊也。太史乃注望於十六日之下，徇私遷就，以掩其過。乞以今年八月望日太陰虧食，及晦日月見東方二事，定驗疏密。」詔魯子、世修同視。既而曆官劉孝榮所定月食差一點，繼明等差二點，楊忠輔差三點，乃罷遣之。十四年四月癸酉，國學生會稽石萬又請考正曆法之差，且言：「去歲測驗太陰虧食之時，蓋大內更點乍疾乍徐，隨景走弄，以肆欺蔽〔二八〕。」因上所著五星再聚曆，乞與日官比較。詔後省看詳聞奏。繼明等言：「淳熙曆立法乖疏，必假遷就。五星再聚曆乃用一萬三千五百爲日法，蓋竊取唐末崇元舊曆而婉其名耳，皆未可用。乞改造大曆。」詔後省同禮部、祕書省看詳。六月辛未朔，給事中王信誠之奏，乞令劉孝榮、皇甫繼明、石萬各造來年一歲之曆，詳加測驗，取其無差者。十二月丙子，繼明、石萬新曆成，與淳熙曆差二朔。萬等乞以其年六月二日、十月晦日，月不應見而見爲驗〔二九〕。上曰：「朔豈可差？朔差則所失多矣。」乃命禮部侍郎尤袤延之、祕書丞宋伯嘉之瑞監視〔三〇〕。十五年六月二日丁卯〔三一〕，尤袤以疾告，改命吏部侍郎章森德茂同往。是夜，月光明盛。十月二十九日壬戌晦，延之往視，晨前，月見東方。十一月七日庚午，進呈。周丞相言：「萬等以爲月體尚存一分，則不應小盡。」上曰：「十一月朔在申時，所以二十九日早尚存月體耳。」十六年十一月壬午，承節郎趙渙復言新曆今歲冬至後天一辰。詔禮部侍郎李巘獻之、著作郎鄧驛千里、祕書丞黃艾伯耆、校書郎王叔簡恭父同驗視。紹熙元年八月庚戌，遂命同判局劉孝榮改造新曆。孝榮乞與吳澤、荆大聲同造。二年正月甲寅〔三二〕，曆成，詔以會元爲名。四年十二月甲午朔，布衣王孝禮言：「今年冬至，日影表當在十九日壬午，而會元曆乃在二十日癸未，係差一日。蓋陳得一、劉孝榮所造四曆，皆未嘗測影，止是揣擬分數，所以後天。乞將修内司所掌銅表、圭面，降付太史局測驗。」從之。時雖朝廷多事，未暇治曆，而忠輔、渙則已爲日官矣。慶元四年九月〔三三〕，太史言月食於晝，而草澤言食於夜〔三四〕。驗視如草澤言。有旨改作，仍命祕書省正字馮履叔常參定。五年五月壬辰朔，曆成，賜名統天，至今用之。蓋自建隆迄慶元二百五十年之間，曆十四變。上距黃帝之曆，凡五十變矣。而知曆者，謂統天新曆尤復疏謬。昔洛下閎太初曆成，自言八百年當差一度，其後未及八十年，固已差一度矣。李淳風亦曰：「一氣差三度，九日差一刻。」又曰：「自太初下至麟德差四日，自太初上及僖公差三日。」一行亦曰：「劉洪曆四十五年差一度，梁武帝曆百八十六年差一度。」以前人曆術之精，猶不免此，况賤工之草創者乎？大抵唐末以後〔三五〕，律曆之法不傳，士大夫無所從受，而星翁曆人類多鄙淺，是以不足以推明其學也。近世蔡元定季通號爲知數，而亦未嘗見於用。余嘗考易之象曰：「澤中有火，革。君子以治曆明時。」革者變也，治而明之，則非但因其已成而無所事乎損益也。故記其本末如此，以待能者考焉。

46 炎興以來敕局廢置

律令者，自魏李悝、漢蕭何以來有之。歷代相傳，皆以律書爲本。至周世宗始謂之刑統，國初因之，其删修但屬大理寺。逮天聖編敕，始有詳定編敕所，別命官領之。熙寧以後，詔修一司敕令，則又以編修諸司敕式所爲名。元祐改熙、豐之法，則又以重修敕令所爲名。自後迄政和不改。政和元年冬，始頒海行敕令。十二月十七日。靖康元年又更修焉。其秋〔二六〕，議者乃乞用元豐、嘉祐之法〔二七〕，以俟新書之成。九月十三日丙子。其冬，又詔律令依嘉祐，斷刑依元豐。十月十四日丁未。建炎元年夏，因滁州推官趙伯總有言，復詔政和海行法非御筆修立者，許引用。四月二十四日丁亥。三年夏，復辟赦書修復仁宗故事，遵用嘉祐條法。四月八日乙卯。刑部侍郎商守拙因乞以嘉祐、政和二敕相照，賞典並從重，條約並從寬。許之。四年夏，詔敕令所將嘉祐、政和條制對修成書。大理卿兼同詳定一司敕令王衣乃乞召人言編敕利害，仍以詳定重修敕令所爲名，令寺官、局官同共對修。六月初七日丁丑。後三日，始命宰臣范宗尹提舉重修敕令，參知政事張守同提舉。其秋，言者乞令省部百司吏人將所省記條制攢類成册聞奏〔二八〕。八月辛未朔。至紹興元年秋，守等始以紹興重修敕令格式及申明、看詳等總七百六卷上之〔三九〕。八月四日戊辰〔四〇〕。自是迄於三十年之秋，敕局所修之書，又一千八百六十三卷。紹興三年九月，朱勝非等上吏部敕令格式等一百八十四册〔四一〕。六年九月，張浚等上禄秩新書等二百四卷〔四二〕。八年六月，趙鼎等上諸班直諸軍轉員敕格式十三卷，又上親從親事官轉員敕令格七卷。十月，秦檜等上禄秩敕令格三十二卷，又上三省令格二卷，樞密院令格二卷，六曹寺監通用令一卷，太常宗正大理寺通用令一卷，又治獄令一卷，以上目録、申明共十二卷。十年十月，上在京通用敕令格式六十七卷。十二年十二月，上六曹通用敕令格式十卷，又上寺監通用敕令格式十卷，庫務通用敕令格式八卷，六曹寺監通用敕令格式十卷，六曹寺監庫務通用敕令二卷，又申明四卷。十三年十月，上國子監敕令格式十四卷，又上太學敕令格式十四卷，武學、律學敕令格式各十卷，小學敕令格式二卷，監學申明等八卷。十七年十一月，上常平免役敕令格式、申明等共五十四卷。十九年六月，上吏部續降並別編共四百三十五卷。二十一年七月，上鹽法敕令格式續降等共一百五十五卷〔四三〕，又上茶法一百四卷，寺監庫務通用敕令二卷。二十三年十一月，上大宗正司敕令格式、申明等八十七卷。二十五年九月，上紹興寬卹詔令二百卷。二十六年十二月，万俟卨等上貢舉敕令格式十項，共四十五卷，又上釐正省曹寺監内外諸司等法四卷。三十年八月，陳康伯等上參附吏部敕令格式、申明等共七十二卷〔四四〕，又上刑名疑難斷例二十一卷。通海行法爲二千六百二十卷有奇。論者以爲官吏猥多，賞費亦濫，三十一年遂罷之。檢尋月日未獲。三十二年夏，有旨裒集上皇聖政，吏部侍郎徐度乞復置敕令所。從之。六月二十九日甲午。乾道四年冬，祕書少監兼權刑部侍郎汪大猷言：「建炎後，續旨凡二萬條，前後殊不合，請删修爲書，俾吏不得肆。」詔可之。十一月二十八日乙酉。乃以重修敕令所爲名。六年冬，又以詳定一司敕令所爲名。十一月十九日乙未。置提舉官二，以屬宰相。同提舉一，以屬執政。詳定一，從官爲之。刪定官五。視曩時官減三之一，吏胥徒減三之二〔四五〕。自乾道以後，新修之書又爲三千一百二十五卷。乾道二年六月，刑部侍郎方滋上特旨斷例七十卷。六年八月，虞允文上乾道敕令格式等二百四十六卷。九年二月，梁克家等上三省樞密院敕令格式四項，共一百四十卷，看詳意義五百卷。淳熙二年十二月，龔茂良等上吏部七司法三百卷。三年三月，上吏部條法四十卷。四年五月，上淳熙新編特旨斷例四百二十件。十一月十一日，李彥穎等上淳熙重修敕令格式等項二百四十六卷。六年七月，趙雄等上一州一路酬賞法四項，共二百二十三卷，看詳六百三十八卷。七年五月，上淳熙條法事類四百二十二卷。十一年五月，本所上隆興以來寬卹詔令三百卷。而一路別法已修者一千二百餘卷不預焉。故例，刪定官多以選人爲之，往往未嘗通練古今，明習法律，經歷州縣，一切受成吏手，書成牴牾，言論駁雜〔四六〕，輒復更定，間有至局旬月，未嘗筆削一字，適遇進書，亦得改官者，遂爲宰執周旋親故之地，失當時建局命官之意矣。淳熙十五年夏，林黃中以兵部侍郎兼詳定官，四月二十九日乙未。未踰月，即爲上言：「古今之方書有盡，而生民之疾證無窮，必欲某里、某人、某方、某證立爲準式〔四七〕，比其用之，則齟齬而不合矣。紹熙所修一司敕令，多歷年所，不曾頒降。今之所修，既已斷絕，亦無頒降之期。縱使頒降，而不免牴牾，重別申明，則不若無書之爲愈也。望將已修江、浙、福建、湖南北路條法千二百卷免行供進〔四八〕，令六部各據所隸條件鈔録，從本所用印，以憑照用。其京西、兩淮未了條法，仍令日下删修結局。捐不急之官，省無用之費，不爲無補。」上從之。罷敕令所，限一月結局。六月三日戊辰。紹熙二年夏，工部侍郎潘景珪言：「法令一書，久不删潤。」乃復置詳定敕令局，差詳定官一員，删修官三員。四月十三日庚寅差官，五月六日癸丑始立局名。然未有所進也。慶元二年春，復置提舉、同提舉，仍以編修敕令所爲名。二月六日丙辰。遂移牒六曹、大理寺及三衙、江、浙近便州郡監司鈔録乾道五年正月至慶元二年十二月終續降指揮，得數萬事，參酌淳熙舊法五千八百條，删修爲四百七十卷，送刑部詳審訖，供納提舉官下三省合屬房分及檢正都司審覆〔四九〕，爲書總七百二冊。敕令格式及目録各一百二十二卷，隨敕申明十二卷，看詳四百三十五冊。四年九月丙申進呈。自是已修之書，次第修進，撮要、總類之屬，殆不一名，而編帙浸繁矣。

47 文鑑

文鑑者，吕伯恭被旨所編也。先是，臨安書坊有所謂聖宋文海者，近歲江鈿所編，孝宗得之，命本府校正刻板，時淳熙四年十一月也。其七日壬寅，周益公以學士輪當内直，召對清華閣，因奏：「陛下命臨安府開雕文海〔五〇〕，有諸？」上曰：「然。」益公曰：「此編去取差謬，殊無倫理，今降旨刊刻，事體則重，恐難傳後。莫若委館閣官銓擇本朝文章，成一代之書。」上大以爲然，曰：「卿可理會。」益公奏乞委館職。上曰：「特差一兩員。」後二日，伯恭以祕書郎轉對，上遂令伯恭校正，本府開雕，其日甲辰也。始趙丞相以西府奏事。上問伯恭文采及爲人何如？趙公力薦之，故有是命。伯恭言：「文海元係書坊一時刻行，名賢高文大册，尚多遺落，乞一就增損，仍斷自中興以前銓次，庶幾可以行遠。」十五日庚戌，許之。後數日，又命知臨安府趙磻老并本府教官二員，同伯恭校正。二十日乙卯，磻老言：「臣府事繁委，若往來祕書同共校正，慮有妨礙本職，兼策府書籍亦難令教官攜出，乞專令祖謙校正。」從之。於是伯恭盡取祕府及士大夫所藏本朝諸家文集，旁求傳記他書，悉行編類，凡六十一門，爲百五十卷。既而伯恭再遷著作郎兼禮部郎官。五年十二月十四日夜，得中風病。六年春正月，引疾求去。十一日庚午，有詔予郡，伯恭固辭。後十三日癸未，上對輔臣，因令王季海樞使問伯恭所編文海次第，伯恭乃以書進。二月四日壬辰，上又諭輔臣曰：「祖謙編類文海，采摭精詳，可與除直祕閣。」又遣中使李裕文宣諭，賜銀帛三百匹兩。時方嚴非有功不除職之令，舍人陳叔進將繳之，先以白丞相趙公，公諭毋繳，叔進不從。七日乙未，輔臣奏事，上諭曰：「祖謙平日好名則有之，今此編次文海，采取精詳，且如奏議之類〔五一〕，有益於治道。」於是批旨曰：「館閣之職，文史爲先。祖謙所進文海，采取精詳，有益治道，故以寵之。可即命詞。」叔進不得已草制曰〔五二〕：「館閣之職，文史爲先。爾編類文海，用意甚深，采取精詳，有益治道。寓直中祕，酬寵良多。爾當知恩之有自，省行之不誣，用竭報焉。」人斯無議。時益公爲禮部尚書兼學士，其月十八日丙午，得旨撰文海序。四月三日辛卯，進呈，乞賜名。上問何以爲名？益公乞名「皇朝文鑑」。上曰：「善。」時序既成，將刻板，會有近臣密啓云：「所載臣僚奏議，有詆及祖宗政事者，不可示後世。」乃命直院崔大雅更定，增損去留凡數十篇，然迄不果刻也。張南軒時在江陵，移書晦翁曰：「伯恭好弊精神於閒文字中，徒自損何益。如編文海，何補於治道，何補於後學，徒使精力困於翻閱，亦可憐耳！且承當編此等文字，亦非所以承君德也。」今孝宗實録書此事頗詳，未知何人當筆。其詞云：「初，祖謙得旨校正，蓋上意令校讐差誤而已。祖謙乃奏以爲去取未當，欲乞一就增損。三省取旨，許之。甫數日，上仍命礵老與臨安教官二員同校正，則上意猶如初也。時祖謙已誦言皆當大去取，其實欲自爲一書，非復如上命。議者不以爲可。礵老及教官畏之，不敢與共事，固辭不肯預，而祖謙方自謂得計。及書成，前輩名人之文，蒐羅殆盡，有通經而不能文詞者，亦以表奏厠其間，以自矜黨同伐異之功，薦紳公論皆疾之。及推恩除直祕閣，中書舍人陳騤繳還。比再下，騤雖奉命，然頗詆薄之，祖謙不敢辯也。故祖謙之書上，不復降出云。」史臣所謂通經不能文詞，蓋指伊川也。時侂胄方以道學爲禁，故詆伯恭如此，而牽聯及於伊川。余謂伯恭既爲詞臣醜詆，自當力遜職名，今受之非矣。黄直卿亦以余言爲然。

校勘記

〔一〕書詔之寶　「書詔」原作「詔書」，據函海本及底本甲集卷四八寶條、要録卷一七建炎二年八月甲寅條、玉海卷八四三御寶條、宋史卷一五四輿服志乙正。

〔二〕檢高七寸　原無「檢」字，據影宋本、閣本、函海本及上引宋史補。

〔三〕藺相如詭奪者是也　原脱「是也」二字，據影宋本、蕭本、函海本補。

〔四〕此秦璽也　「璽」原作「寶」，據蕭本、函海本及上引宋史改。

〔五〕元符元年五月朔　原脱「元符元年」四字，據本條上文記年及宋史卷一八哲宗紀、卷一五四輿服志補。

〔六〕而恭膺天命之寶不復作矣　原脱「而恭膺天命之寶」七字，據蕭本補。

〔七〕奉迎　「迎」原作「送」，據蕭本、殿本、閣本、函海本改。

〔八〕虜人　原作「金人」，據蕭本、函海本改。

〔九〕黄帝　原作「皇帝」，據蕭本、函海本改。

〔一〇〕高宗又命李淳風爲麟德甲子曆　「高宗」原誤爲「太宗」，據舊唐書卷四高宗紀麟德二年五月條及卷三二曆志改。

〔一一〕景福　原作「景德」，據新唐書卷二五昭宗紀及卷三〇下曆志改。

〔一二〕以配日法　「日」下原有「立」字，據影宋本、閣本、函海本删。

〔一三〕張子信　「信」原作「正」，據隋書卷一七律曆志及宋史卷七五律曆志改。

〔一四〕徐昂　「昂」原作「昇」，據新唐書卷三〇上曆志、舊唐書卷三二曆志改。

〔一五〕天聖元年　「元」原作「二」，據長編卷一〇〇天聖元年三月辛卯條及玉海卷一〇天聖崇天曆條改。

〔一六〕賜名明天　「明」原作「朝」，據宋史卷一三英宗紀治平二年三月己巳條、卷七四律曆志改。

〔一七〕月食　原作「日食」，據蕭本、函海本改。

〔一八〕失退　「退」原作「進」，據蕭本改。

〔一九〕修進　「修」原作「終」，據蕭本、閣本、函海本改。

〔二〇〕候之　「候」原作「俟」，據殿本及宋史卷八一律曆志改。

〔二一〕同往　原無「同」字，據影宋本、蕭本、函海本補。

〔二二〕其鐵勒　原無「其」字，據上文文例及宋史卷八二律曆志引録裴伯壽語補。

〔二三〕賈俊　玉海卷一〇淳熙曆條作「賈浚」，上引宋史作「賈復」。

〔二四〕此法不傳　「傳」原作「專」，據上引宋史及本書本條下文記事改。

〔二五〕虜人乃肯用正節日上壽　「虜人」原作「使臣」，據蕭本、函海本改。「正節日」原作「正月節日」，據蕭本、殿本、函海本删。

〔二六〕日官　原作「日光」，據蕭本、殿本、涵海本改。

〔二七〕提領官　原作「領提官」，據宋史卷八二律曆志乙正。

〔二八〕隨景走弄以肆欺蔽　「弄」原作「算」，「蔽」原作「弊」，據上引宋史改。

〔二九〕月不應見而見　上一「見」字原作「光」，據蕭本、殿本、閣本、函海本及上引宋史改。

〔三〇〕宋伯嘉之瑞　「宋」原作「朱」，據玉海卷一〇淳熙曆條及上引宋史、嘉定赤城志卷三三改。又之瑞字伯嘉，照本條記敘名字文例，此處應作「宋之瑞伯嘉」。參見宋史卷三六光宗紀紹熙二年二月壬午條。

〔三一〕（淳熙）十五年六月二日丁卯　「二日」原作「二十日」，據蕭本、函海本改。按：淳熙十五年六月丙寅朔，丁卯乃「二日」。

〔三二〕（紹熙）二年正月　「二年」原作「三年」，據函海本及兩朝綱目備要卷一、宋史卷八二律曆志、卷三六光宗紀紹熙二年二月癸未條改。

〔三三〕慶元四年九月　「九月」，宋史卷五二天文志、金史卷二〇天文志及通考卷二八五象緯考均作「七月」，疑是。

〔三四〕草澤　原作「吴澤」，據本書甲集卷四統天曆條及函海本、兩朝綱目備要卷五、宋史全文卷二九慶元四年九月條改。下同。

〔三五〕唐末以後　原無「末」字，據影宋本、函海本及上引備要補。

〔三六〕其秋　原作「其後」，據蕭本、殿本、閣本、函海本改。

〔三七〕元豐嘉祐之法　「法」原作「間」，據要録卷四建炎元年四月丁亥條改。

〔三八〕將所省記條制　原無「制」字，據影宋本、函海本補。

〔三九〕七百六卷　影宋本、蕭本、殿本、函海本作「七百六十卷」，要録卷四六紹興元年八月戊辰條作「七百二十六卷」。

〔四〇〕（紹興元年）八月四日戊辰　「戊辰」原作「甲戌」，據蕭本、函海本及上引要録、宋史卷二六高宗紀改。按：是年八月乙丑朔，四日乃戊辰，而非甲戌（十日）。

〔四一〕紹興三年九月朱勝非等上吏部敕令格式等一百八十四册　要録卷六九及宋史卷二七高宗紀均繫此事於是年十月癸未。又影宋本作「一百八十册」，上引要録作「一百八十八卷」，宋史卷二〇四藝文志刑法類作「一百二卷」。

〔四二〕（紹興）六年九月張浚等上禄秩新書等二百四卷　要録卷一〇五紹興六年九月丁亥條作「吏部侍郎晏敦復、權戶部侍郎王俣等上紹興重修禄秩新書五十八卷，看詳一百四十七卷。」與此處記載不同。

〔四三〕（紹興）二十一年七月上鹽法敕令格式續降等一百五十五卷　「一百」原作「二百」，據蕭本、殿本、閣本、函海本及要録卷一六二改。又上引要録及宋史卷三〇高宗紀皆繫此事於紹興二十一年八月辛未（四日）。

〔四四〕陳康伯等上　原無「等」字，據影宋本、蕭本、函海本補。

〔四五〕吏胥徒減三之二　「吏」原作「史」，據閣本改。「二」原作「一」，據蕭本、閣本、函海本改。

〔四六〕言論駁雜　原作「言者論駁」，據蕭本、函海本改。

〔四七〕立爲準式　原作「爲立準式」，據影宋本、函海本乙正。

〔四八〕江浙福建 「江浙」原作「浙江」，按：宋代無「浙江」行政區域，今據本條下文「江、浙近便州郡」句乙正。

〔四九〕供納 原作「共納」，據蕭本、殿本、閣本、函海本改。

〔五〇〕開雕文海 原脱「雕」字，據上下文記事補。

〔五一〕且如奏議之類 「且」原作「具」，據蕭本、閣本、函海本及通考卷二四八經籍考引録本條改。又「類」原作「精」，據本條上下文意及上引通考改。

〔五二〕可即命詞叔進不得已草制曰 原作「可即命叔進草制制曰」，據影宋本、蕭本、函海本及上引通考補正。

建炎以來朝野雜記乙集卷六

朝事一

48 陳魯公諫避狄（載於乙集逸文中）

49 臺諫給舍論龍曾事始末

紹興三十二年六月，左武大夫龍大淵爲樞密副都承旨〔一〕，武翼郎曾覿帶御器械兼幹辦皇城司，二人上爲建王時内知客也。其年十月，劉汝一度除右諫議大夫。汝一入對，首論待小人不可無節，因奏潛邸舊寮，宣召當有時，蓋爲二人言也。後數月，汝一遂上奏，劾「大淵、覿輕儇浮淺〔二〕，憑恃恩寵，入則侍帷幄之謀，出則陪廟堂之議，摇脣鼓舌，變亂是非。凡皇闈宴昵之私，宫嬪嬉笑之語，宣言於外，以自夸嫮。至引北人孫昭出入清禁，爲擊球、胡舞之戲，上累聖德，伏望斥退。」時隆興元年三月六日丁酉也。是日，凡兩奏。七日戊戌，汝一進故事，因論京房指謂石顯，元帝亦自知之而不能用，蓋不能以公議勝私欲耳。反復數百言，尤爲切至。九日庚子，詔大淵除知閤門事，覿權知閤門事，並填見闕，日下供職〔三〕。蓋汝一第一劄子中有云毋使暬御干預樞筦，故解大淵副都承旨也。汝一言：「臣欲抑之，而陛下揚之；臣欲退之，而陛下進之；臣欲使之畏戢，而陛下示之以無所忌憚。是臣所言皆爲欺罔，何施顏面尚爲諫官？乞賜貶黜。」奏入不報。張真父震時爲中書舍人，繳其命至再。十一日壬寅，真父除敷文閣待制、知紹興府。真父力辭，且言：「若苟惜爵禄以爲榮，而喪其名節之實，在於公議，誠所不容，望改除一在外宫觀。」不許。胡周伯沂時爲殿中侍御史，亦論二人市權招士，望屏遠之，以防其微。奏入不出。十三日甲辰，給舍金彦行安節〔四〕、周子充必大，再封還録黄。彦行時爲給事中，子充時爲起居郎兼權中書舍人。大略言：「二人功過能否，臣等初不詳知，但見縉紳士民指目者多，今論其職事，或捨劇而就閒，論班次則皆遷矣。陛下即位以來，凡臺諫所彈奏，雖兩府如葉義問，大將如成閔，欲罷則罷，欲貶則貶，一付公議，獨於二人乃爲之遷就諱避，殆非舍己從人之義也。況二人者，攀附惟舊，過此以往，事君之日甚長，儻其謹畏有加，何患身不富貴。」十四日乙巳，上命二相陳魯公、史魏公召給舍至都堂宣示御札，大略謂安節等爲人扇動，議論羣起。又謂在太上時，小事不敢如此。於是彦行、子充皆退而待罪。是日，真父再奏，引司馬公以言不行，不拜樞密副使故事，辭職就祠。又不許。十五日丙午，詔金安節、周必大所請不允，無罪可待。而丞相又遣宰掾以上意諭子充，若將調停者。子充貽書言：「爲今之計，莫若使二人者出奉外祠，以息公論。然後必大自以私意爲請求一宮觀，仰以釋聖上朋黨之疑，下以息二人報復之怨，此上策也。若不決去此輩，必謂士大夫可以威脅，而人主信之愈堅，任之愈篤，禍發蕭牆，毒流中外矣。惟相公念大臣以道事君，不可則止之義，而審處焉。」十六日丁未，降出二人繳章，有旨：「給舍未知功過，臺諫止是防微，罷劇就閒，已允公議，尚茲回繳，可特依奏。內龍大淵已辭樞密副都承旨職事，目今在假，候假滿日，別與差遣。曾覿仍舊帶御器械。」十八日己酉〔五〕，張忠定自新除參知政事，罷爲資政殿大學士、提舉萬壽觀兼侍讀，以病自請也。晁子西云：「張子公入對，欲與曾、龍決去就。上問所從聞。子公云，聞之陸游。上云，游反覆小人，已得罪行遣矣。子公謝云，臣聽言不實，有罪。」而忠定家傳無此。疑作傳時覿尚爲使相，其家未敢書也。是日，彥行、子充再上奏，乞竄責以明邦憲。不允。子充入謝，上曰：「朕察卿舉職，但朕欲破朋黨、明紀綱耳。」二十九日庚戌〔六〕，汝一改權工部侍郎，以所言過實也。附傳云爾。真父又力辭職名，且遺史丞相書云：「臺諫有言而不行，給舍受責而請罪，震乃安受美職，竊取要藩。況越之爲郡，近在肘腋，他時爲所陰中，重累聖知，曷若保全，使得善去。」二十三日甲寅〔七〕，上批：「張震除職，已有成命，累上辭免，特從所請。可與外祠，從其本意。」汝一亦辭新命，二十四日乙卯〔八〕，除知建寧府。是日，詔大淵、覿依舊知閤門事。二相召子充諭上意，且云後省想亦無他。子充曰：「前已反汗，今復申命，豈敢但已。」格除目不下。右相以聞，越三日不獲命。二十七日戊午〔九〕，子充乃以母葬信州，久欲遷奉，乞宮觀差遣。詔依所乞，主管台州崇道觀，而二人之命亦寢。俄王文忠除侍御史，周伯乃求去，五月十六日丙午〔一〇〕，罷爲直顯謨閣奉祠。八月五日癸亥，彥行除兵部侍郎，解給事中。二十五日癸未，大淵自左武大夫、宜州觀察使、幹辦皇城司除知閤門事，覿自武義大夫、文州刺史、帶御器械、幹辦皇城司除權知閤門事，依舊兼幹辦皇城司。書行者，中書錢舍人周材、權給事中工部陳侍郎之淵也。二年三月十四日己亥，內批，劉度罷建寧府。給舍黃通老中、馬德駿騏言度與郡且一歲矣，今被旨放罷，人莫測其故，必謂其以諫得罪。又謂陛下不忘人之過如此，望賜審處。上批：「劉度黨附，敢爲欺罔，尚除大藩，未爲允當，可依已降放罷指揮。」二十三日戊申，詔通老、德駿同班進對，上問：「卿等已書行罷度文書否？」通老曰：「蒙陛下批，已書行矣。」上曰：「甚善。前日卿等未知，故未書行。然卿等在後省，切不可觀望臺諫。」二人皆言：「臣等各有本職，不敢觀望。」通老奏：「度罷命雖已書行，然臺諫之言有未契聖心者，若無他意，更乞陛下包容，以來善言。」德駿奏：「諫官又與臺官不同，諫官拾遺、補闕，去就無名，仰累聖德，如今日罷度，在聖意固自有所謂，然度當時言事不一，恐外人未必盡察，望陛下與宮祠，以絶士論之疑。」上曰：「既已罷矣，豈可復與宮祠。」後十三日，通老爲尹正言穡所論，罷禮部侍郎、給事中。四月六日庚申〔一一〕。又十三日，德駿亦罷起居舍人兼侍講、權直學士院爲直敷文閣、知遂寧府。四月十九日癸酉〔一二〕。方大淵初用事時，宰輔、臺諫、給舍一辭以爲當去〔一三〕，故上意有朋黨之疑。不三年，上察其姦欺，諸人相繼召用，而大淵卒以斥死，可謂明也已矣。故嘗論人臣事主，患不能盡言，苟能言之，雖拂逆於當時，必信用於異日，雖無聞於近效，必有味於方來，此類是也。故詳志其始末，以見隆興主聖臣直之盛，後有君子可以監觀焉。

50 龔實之論龍曾（載於乙集逸文中）

51 孝宗黜龍曾本末 光宗黜姜特立附

乾道三年春，知閤門事龍大淵、曾覿並補外，以參知政事陳俊卿奏其罪也。二人始以潛邸恩進。隆興初，給舍周子充、張真父，臺諫劉汝一、龔實之皆以論列兩人去位。張子公外召爲執政，鋭欲去之，覺其不可摇，乃力辭老病不拜。周元持爲侍御史〔一四〕，論列至十五章，亦不效。陸務觀文士也，爲密院官屬，坐漏二人密語被逐。林謙之、劉復之以名儒薦對，頗及二人罪，皆補縣。自是無敢言者。及陳應求除執政，一日，起居舍人洪景盧來見，曰：「聞鄭仲一當除右史，邁當遷西掖，信乎？」應求曰：「不知也。公何自得之。」景盧以二人告。明日，應求至漏舍，語葉、魏二相及同列蔣子禮，曰：「外議久指此兩人漏泄省中語，而未得其實狀，故前此言者雖多而不能入，今幸得此，不可不以聞。」諸公皆以爲然。入奏事畢，應求獨進，且以景盧語質於上前，曰：「臣不知平日此等除目，兩人實與聞乎？抑其密伺聖意而播之於外，以竊弄陛下威福之權也。」上曰：「朕何嘗謀及此輩，必竊聽而得之。卿言甚忠，當爲卿逐之。」應求歸未及門，已有旨出二人於外，中外快之。蓋上之英哲無私如此，漢、唐所未見也。二月四日癸酉，昭慶軍承宣使龍大淵爲江東副都總管，建康府駐劄。和州防禦使曾覿爲淮西副總管，和州駐劄。明日，大淵改浙東路，駐明州。覿改福建路，駐福州。初七日，奉旨並令內殿朝辭。景盧俄亦自右史除正字，而鄭仲一由樞掾進都司，遂侍講席，以至侍從，似亦有宿議也。明年夏，大淵死。六月十二日致仕。覿時爲福建副總管，上憐覿欲還之，劉共父同知樞密院事，奏曰：「此曹奴隸耳，憐之則厚賜之可也。今引以自近而賓友接之，至使得以與聞政事，進退人才，則臣懼非所以增光聖德、整飭朝綱也。」上納其言，爲止不召。既而覿官滿當代，應求度其必將復入，預請以浙東總管處之。上曰：「覿意似不欲爲此官。」應求曰：「外間藉藉，謂覿必復來，願陛下且損私恩，以伸公議。」察官李平子、劉少度聞其事，共勸副端徐彥才論之，疏入不報。舍人汪養源在省中，揚言云：「詞頭下，必繳。」時養源已引病求去，乃除次對奉祠。乾道五年七月乙丑。覿之代歸也，道過衢州〔一五〕，守臣劉賓之遣人諭以入城決不相見。覿乃取道城外。太學録魏元履聞覿且來，亟上封事以諫，又見應求切責之，應求亦不能堪〔一六〕，乃因其告歸，罷爲台州州學教授，待六年闕。覿時至龍山已久，伺候元履之去，然後入國門焉。有某者，坐秦黨失右史已久，自福唐隨覿至行在，遂以爲起居郎。晁子西日記云爾。子西時爲兵部郎官，除左史在七月丁卯。於是虞并甫自蜀還朝爲樞使，上眷之厚，并甫乃與應求面奏覿不可留。上曰：「然，留必累朕。」後旬日，竟除覿浙東副總管，明州駐劄。七月丁丑指揮。又月餘，上復以墨詔進覿一官爲觀察使。舍人胡長文繳還詞頭，以爲不因事除拜，必有人言。應求亦持不可。上未聽。應求曰：「不爾，亦須有名。」乃遣介汪仲嘉賀金主正旦。邸報，五年十月十六日，曾覿朝見。比還，進一官，六年二月二十九日庚戌。而竟申浙東之命。又戒閤門吏趣覿朝辭，邸報，六年四月十三日，曾覿朝辭。覿怏怏而去。明年夏，應求罷知福州。其十月，覿以京祠召。舍人趙温叔留黃，見并甫謀其可否。并甫曰：「此舍人職也。」温叔卒行之。實録，六年十月甲寅，曾覿進對。明年春，立皇太子，覿又以伴讀之勞，特遷承宣使。權舍人黃仲秉引故事繳黃，乞移鎮。會温叔使北還行在，温叔見上自訴曰：「臣不行詞則獲譴，行詞則得罪清議。」上諭以衆皆轉行，而覿獨否，爲有頗焉。温叔承命而退。張南軒時爲左司員外郎兼侍講，在殿廷語同列曰：「温叔若入文字争辯，庶幾可回。若只面奏，決無可回之理。」既而果如所料。右司韓彦古又以言間之，於是温叔與南軒始有隙。又明年夏，覿介姚令則賀金主尊號而歸，遂除節度使，以至保傅矣。其除少保也，周子充當直，議者疑其不肯草制，及制出〔一七〕，首云：「八統馭民，敬故在尊賢之上。」士大夫頗惜之也。及紹熙初，姜、譙得幸，留仲至爲右揆，適亞參尚闕，特立忽見仲至曰：「上以丞相在位久，欲遷左揆，而葉、張二尚書中擇一人執政，二人孰先？」明日，仲至奏之，上大怒，逐特立外祠〔一八〕。而葉尋爲劉德修所劾，除職補外。二事絶相類〔一九〕，故併記之。

52 陳正獻公論外戚不可爲宰相（載於乙集逸文中）

校勘記

〔一〕龍大淵爲樞密副都承旨　「樞密」下原衍一「院」字，據影宋本、蕭本、函海本及宋史卷三三孝宗紀、卷四七〇曾覿傳删。

〔二〕大淵覿輕儇浮淺　原無「覿」字，據本條上下文記事及宋史曾覿傳補。

〔三〕日下供職　原脱「日」字，據影宋本、函海本補。

〔四〕金彥行安節　按：宋史卷三八六金安節傳作「字彥亨」。

〔五〕（隆興元年三月）十八日己酉　「己酉」原作「丁未」，據上文記時及宋史卷三三孝宗紀改。按：是年是月壬辰朔，十八日乃己酉，而非丁未（十六日）。

〔六〕十九日庚戌　原作「二十一日庚戌」，據上條推算改。

〔七〕二十三日甲寅　原作「二十五日甲寅」，據上條推算改。

〔八〕二十四日乙卯　原作「二十六日乙卯」，據上條推算改。按：宋史卷三三孝宗紀繫詔龍大淵、曾覿依舊知閤門事於「三月甲寅」（二十三日），比此處記載早一日。

〔九〕二十七日戊午　原作「二十八日戊午」，據上條推算改。

〔一〇〕（隆興元年）五月十六日丙午　原作「五月十八日丙午」，據閣本改。按：是年五月辛卯朔，丙午乃十六日。

〔一一〕（隆興二年）四月六日庚申　原無「六日」二字，據影宋本、蕭本、函海本補。

〔一二〕四月十九日癸酉　原無「十九日」三字，據上引本子補。

〔一三〕宰輔臺諫給舍一辭　「給舍」原作「合」，據上引本子改。

〔一四〕周元持　「持」原作「特」，據宋史卷四七〇曾覿傳及談鑰嘉泰吳興志卷一七改。按：周操字元持。

〔一五〕道過衢州　「過」原作「遇」，據蕭本、殿本、函海本改。

〔一六〕不能堪　原無「能」字，據閣本補。

〔一七〕及制出　「及」原作「又」，據蕭本、殿本、閣本、函海本及宋史曾覿傳改。

〔一八〕逐特立外祠　「逐」原作「遂」，據上引本子改。

〔一九〕二事　「事」原作「人」，據蕭本、殿本、函海本改。

建炎以來朝野雜記乙集卷七

朝事二

53 淳熙改元本用純字

乾道癸巳歲冬至日，上祀南郊，肆赦，改明年元爲純熙。既宣制矣，後六日甲辰，中書門下省言：「若合淳化、雍熙言之，當用淳熙字，庶幾仰體主上取法祖宗之意。」從之。是時，先人在虞雍公宣威幕府，赦制初下，衆未有言，先人語雍公曰：「以周頌考之，『時純熙矣，是用大介。』此武王克商事也，豈今日所當用，宜密以奏。」雍公從之。奏未達聞，而朝廷已更之矣。

54 壽皇命從官議擇監司郡守

淳熙初，孝宗嘗賜侍從官手詔曰：「凡監司郡守，欲盡加精選，但恐才能應選者少，而資格合入者多，如此則又有淹滯之歎。二者當如何？卿等可議定來上。」趙溫叔爲禮部尚書兼給事中，與同列上議，請擇第二任知縣以上有課績者，許其作郡。其初任通判以上，許其作監司。第二任通判以上，許其作職司。庶幾資格稍寬，人法並用。其或資任雖高、才能無取者，自依近制，或畀禄，或處以參議、通判，自無淹滯之歎。侍從、臺諫、兩省，皆天子之識擢以自助者。若令于知縣資序以上，歲薦堪充郡守者若干人；于通判資序以上，歲薦堪充監司者若干人，仍用漢朝雜舉之制，明言有何政績，有何才術，或共爲一奏，或各爲之，三省詳加察焉〔一〕。有闕則以次除授，否則置之。縱未盡善，蓋亦十得六七矣。或有請託容私，仍望檢照前後薦舉條令，嚴爲之法。詔令侍從、臺諫、兩省官參照資序差格，不以內外雜舉監司、郡守各五人，保舉官及五員以上列銜共奏，明言所舉人有何政績、才術，堪任何等監司、帥府、大小州郡差遣〔二〕，聽上下半年奏舉，中書省置籍，三省更加考察取旨。初進呈，上曰：「薦舉本欲得人，又恐干求請託，即長奔競之風。」龔實之等奏：「天下事未有無弊，雖三代良法，久亦不免於弊。今陛下既欲精選監司、郡守，非薦舉何由知之。」上曰：「若令雜舉，則須衆論僉允，庶幾近公。況又經中書考察而後除授，亦足以見朕於人材博采遴選如此，非苟然也。」遂降是命。三年四月戊寅降旨。然自溫叔爲侍從以至秉政，前後六年，亦卒不能行其言云。

55史文惠以直諫去位

隆興初，龍大淵除樞密都承旨。劉汝一爲諫長，累疏論其漏禁中語，上不樂，汝一以此罷諫議大夫，又罷工部侍郎，又罷建寧府，又罷祠。而史丞相適以與張魏公和戰之議不同，力請免相。然當時之論，以爲避大淵權勢而去也。故王元龜繼爲諫長〔三〕，爲上言史浩以龍大淵避權引去，大淵之勢遂昂。蓋史公爲相纔百餘日耳。汝一之罷建寧也，實自內批出。給舍黃通老、馬德駿封還録黃，上大怒，再批：「劉度黨附欺罔，可依已降放罷指揮施行。」時二年春矣。後二十餘日，通老亦坐繳駁、修吉等賜田指揮放罷〔四〕。自是史公不召者凡十三年。及淳熙再相，適樞密都承旨王抃建議以殿、步二司軍多虛籍，請各募三千人充之。已而殿前司輒捕市人，城中騷動，號呼滿道，被掠者多斬指，以示不可用。軍人怙衆，因奪民財。史公聞知，即飛奏釋所捕，而執軍民之讙呶者送詔獄。上聞，有旨：目下詔降奉國軍節度使、殿前都指揮使王友直爲武寧軍承宣使，而命抃暫權殿前司公事，五年十月二十五日乙卯也〔五〕。獄既上，有旨：皆從軍法施行，時十一月七日丙寅矣。史公見上曰：「此未得其平，當原其情而別其輕重。」上曰：「如之何則可？」史公曰：「諸軍掠人奪貨以至於鬨，則始釁者軍人也，固當以軍法從事。若市人陸慶童特與之抗鬭耳，可同罰乎？且民有常刑，惡可一律行軍法哉？必不得已，流之可也。」上大怒，不可。史公曰：「陛下惟懼軍人怨咨，故欲一其罪以安之。夫民不得其平，其言亦可畏：『等死，死國可乎？』是豈軍人語？」上愈怒曰：「然則比朕於秦二世也。」執政皆失色流汗。史公復進曰：「自古民怨其上者多矣，『時日曷喪，予及汝皆亡。』豈惟秦時爲然。」上拂袖而入。趙温叔時爲參知政事，退，奏疏曰：「招軍一事，區處獨斷，輕重緩急，無不得宜，推此以往，恢復不足辦也。臣不勝心悦誠服之至。然適聞聖諭，推軍人之最重者，明正典刑，固當如此，然不知以何者爲重乎？若以拖拽爲重，則彼曰本爲國家招軍也，必將有詞。臣聞昨有軍人入保正家，傷人掠財，縱火焚薪，又逼亂其婦女，宜推其尤者肆諸市朝，則以劫掠得罪，誰敢不服。至於百姓之陵踐軍人者，亦不可不兼行。爲政不可偏，適聞聖諭詳矣。」奏入，上甚悦，乃詔陸慶童本非被拖拽人，輒用柴棒助謝六三毆打軍人，扇鼓百姓。陸慶童與軍人秦忠、楊忠並令大理寺依軍法施行。其餘作鬧軍人，令殿前司斟酌輕重，從軍制施行。見禁百姓，並日下疏放。謝六三令臨安府從杖罪斷遣。王友直再降宜州觀察使，信州居住。先是，史公以衰病丐免，且面薦温叔自代，上慰留之，時六月二十四日也。九月，史公復請候過會慶節去位。是月十九日，上留温叔面諭之，已呼温叔爲丞相矣。比陸慶童斷旨下，乃上章稱疾求罷。十一月丁卯〔六〕，以後洋街趙密故第賜史公。是日，神勇軍統制官孫安祖、策選鋒權統制官牛遇、馬軍統制官常丙以下至正副準備將三十一人，追停降罷有差。而工部侍郎兼知臨安府趙磻老以失於彈壓，又不能收捕首先聚衆作鬧之人，亦放罷。後三日，送饒州居住。史公既押入，不肯視印。温叔偕執政王季海、錢師魏就其閣見之，史公逡巡不肯居主位。温叔乃入奏，乞遣中使到堂宣諭史公視事。史公堅求去，十五日甲戌，拜少傅、節度使，復以京祠兼侍讀。後三日，温叔乃越次拜右丞相云。

56 葉正則論林黄中襲僞道學之目以廢正人

淳熙十五年六月丙子，三省進呈兵部侍郎林栗奏：「臣伏見已降指揮，朱熹除兵部郎官，日下供職。而熹乃敢自陳私計非便，只欲回就江西提刑，已受省劄，不復赴部供職。四司郎官廳印記，不肯收受，推出門外，令送長貳廳。緣長貳廳不合管郎官廳印記，且再令送還，仍加鐫諭。既能出入宮門，上殿奏事，并偏詣宰執、臺諫，即乘轎入部供職，良不爲難。兼官司印記，難以棄擲在外，慮有失去〔七〕，朱熹堅執不從。臣爲貳卿，不能率屬，致其偃蹇拒違君命，實負慚懼。所有印記無所歸著，不免令四司人吏抱守終夕，至於達旦。熹本無學術，徒竊張載、程頤之緒餘，以爲浮誕宗主，謂之道學，妄自推尊。所至輒攜門生十數人〔八〕，習爲春秋、戰國之態，妄希孔、孟歷聘之風，繩以治世之法，則亂臣之首，所宜禁絕也。蓋熹邀索高價，妄意要津，傲睨累日，不肯供職，其作僞有不可掩者。陛下愛惜名器，館學寺監久次當遷郎官者〔九〕，只令兼權，其視郎選亦不輕矣，而熹乃輕之。兵部郎官，本係大宗正丞計衡兼權〔一〇〕，以熹之故，移計衡於都官，而以兵部處熹，所以待熹亦不薄矣，而熹乃薄之。臣竊惟職制者〔一一〕，朝廷之紀綱。熹既除兵部，在臣合有統攝，乞將熹新舊任指揮，並且停罷。」先是，朱文公既除兵部郎官，以脚疾發動，申尚書省乞假，候痊安日供職，故林有是劾。及進呈，上謂其過當，而大臣畏林之强，莫敢深論。太常博士葉適獨上封事辯之，大略以爲：「考栗之辭，始末參驗，無一實者。至於其中『謂之道學』一語，則無實最甚。蓋自昔小人殘害善良，率有指名，或以爲好名，或以爲立異，或以爲植黨。近忽創爲『道學』之目，鄭丙唱之，陳賈和之，居要路者密相付授，見士大夫有稍務潔修，粗能操守，輒以道學之名歸之，殆如喫菜事魔景跡犯敗之類。往日王淮表裏臺諫，陰廢正人，蓋用此術。栗爲侍從，就其寡淺，無以達陛下之德意志慮，孚信於下。而更襲陳賈、鄭丙密相付授之說，以道學爲大罪〔一二〕，文致語言，逐去一熹，固未甚害。第恐自此游辭無實，讒口橫生，善良受禍，無所不有！伏願陛下正紀綱之所在，絶欺罔於既形，摧抑暴横以扶善類，奮發剛斷以慰公言，國家之本，孰大於此。」於是胡侍御晉臣乃劾林罷之。林爲人清介而性褊忿，乾道中爲太常少卿。六年正月五日，以北使來賀正旦，當宴紫宸殿，會左相陳正獻公之從兄爲浮屠者死，前一日訃至，陳公以狀申尚書省，乞依條式假，又入劄子，乞免赴大宴。御筆批依。繼而右相虞雍公爲陳公言：先太師之喪，僧兄既以浮屠氏之教絶服矣，今反爲之服，又欲廢朝廷大朝會之禮，其可乎？若情有所不免〔一三〕，只可於私家易服致祭，不作歌樂。少間，不免奏取聖裁。及進呈畢，虞公具奏，上乃諭陳公令赴宴，而林與陳公有連，不以爲是，宴罷之夕，遂以書責陳公失體。陳公即引疾在告，上奏待罪。虞公亦上奏，劾林詭正沽名，乞明眞典刑，以爲不靖者之戒。乃除直寶文閣、知湖州。然其後僞學之禁實權輿於此云。

朝事三

57 開禧去凶和戎日記〔一四〕

開禧三年十一月二日甲戌御筆：「韓侂胄久任國柄，麤罄勤勞，但輕信妄爲，輒啟兵端，使南北生靈枉罹凶害。今敵勢叵測，專以首謀爲言，不令退避，無以繼好息民。可罷平章軍國事，與在外宮觀。陳自强阿附充位，不卹國事，可罷右丞相，日下出國門。」先是，金人既有縛送首議用兵賊臣之請，侂胄怒，復欲用兵，中外大懼。禮部史侍郎彌遠時兼資善堂翊善，乃建去凶之策，其議甚祕〔一五〕，人無知者。久之得密旨，乃以告錢參政象祖、李參政壁，至是皇子榮王入奏〔一六〕，遂有此旨。仍命殿前司中軍統制、權主管本司公事夏震選兵三百防護侂冑，別選兵二百守其府門。錢參政欲奏審，史侍郎夜往其府趣之，李參政亦言恐事留或洩，乃已。三日乙亥，侂冑入朝，至太廟前，震呵止之，其從者皆散。護聖步軍準備將夏挺以帳下親隨三十四人擁侂冑車以出，中軍正將鄭發、王斌引所部三百執弓鎗刀斧護送至玉津園側，殛殺之。辛執至漏舍，震報侂冑已押出。錢參政探懷中堂帖授自强曰：「有旨，丞相罷政。」自强即上馬。二參政赴延和奏事，遂以竄殛侂冑事牒報對境。又令殿前司遣素隊五百人赴省前彈壓〔一七〕。上欲擢史侍郎樞筦，固辭，乃命錢參政兼知樞密院事，李參政兼同知樞密院事。是日，禮部衛尚書涇除御史中丞，吏部雷侍郎孝友除給事中，王著作居安除左司諫。晚，召章直院良能直學士院。四日丙子，侂冑、自强並罷爲醴泉觀使。李參政進呈，改自强提舉洞霄宮。特進在外，無充觀使者。五日丁丑，三省以咨目徧遺二宣撫、二制置、十都統〔一八〕，告以上意。殿司三將各進五官，賜銀百兩，士卒官賞有差。親隨三十四人各兩資，錢四十千。官兵三百人各一資，錢二十千。而震再遷福州觀察使、主管殿前司公事。是日，始責侂冑爲和州團練副使，郴州安置。自强追三官，永州居住。蘇師旦杖脊，刺配吉陽軍。行衛中丞章疏也。雷給事封還録黃。六日戊寅，詔侂冑改送英德府安置。自强責授武泰軍節度副使，依舊永州居住。是日，又詔侂胄除名勒停〔一九〕，送吉陽軍，自强送韶州，並安置。行王司諫章疏也。七日己卯，史侍郎除禮部尚書。中丞、給事又論師旦當正典刑，詔處斬，令廣東憲臣莅其刑。是日，臨安府申侂胄已行身故，詔本府收殮，瘗於其家先塋之顯親報慈寺。九日辛巳，丘同知自通奉大夫、提舉臨安府洞霄宮除資政殿學士、知建康府。十五日丁亥，李參政罷，初命除職與郡，後二日，復降兩官，送撫州居住，行殿中侍御史章疏也。是日，衛中丞除簽書樞密院事。十六日戊子，立榮王爲皇太子。十二月二日癸卯〔二〇〕，丘資政爲江、淮制置大使。十日癸丑，金人陷隨州。二十日辛酉，錢參政爲右丞相兼樞密使。二十一日壬戌，衛簽樞、雷給事并參知政事，新除吏部林尚書大中簽書樞密院事。二十三日甲子，楊太尉次山除使相，賜玉帶。二十四日乙丑，史尚書除同知樞密院。嘉定元年正月十二日壬午，監登聞檢院王柟自河南通書回，持北行省牒，赴三省、樞密院求函首。十五日乙酉，詔侍從、兩省、臺諫集議。先七日，臺諫已有請，詔答從重施行。後四日，再請，御筆以未欲輕從答之。十六日丙戌，臺諫三請，御筆付三省、樞密院詳議將上。二十二日壬辰，史同知遷知樞密院事。三月四日癸酉，承事郎毛自知降充殿試第五甲，仍奪第一人恩例，以首論用兵也。十九日戊子，復秦檜官爵、贈謚。二十日己丑，王柟自軍前再還行在。二十一日庚寅，詔侍從、兩省、臺諫赴都堂詳議，限一日聞奏。蓋柟與虜酋議〔二一〕，以函首易淮、陜侵地故也。於是議者皆言：「和議重事，待此而決，則姦凶已斃之首，又何足惜！」二十二日辛卯，有旨依奏。二十三日壬辰，降黃榜下臨安府、兩淮、荊襄、四川曉諭。二十四日癸巳，宰執咨目諭諸路安撫、制置等以函首事。二十六日乙未，臨安府遣東南第三副將尹明斲侂胄棺，取其首送江、淮制置大使司。二十八日丁酉，通謝使許左史奕朝辭〔二二〕。四月十八日丁巳，自强責詞過門下，倪給事思不書黃。十九日戊午，自强再責復州團練副使，雷州安置，籍没家財。六月二日庚午，金人歸大散關。三日辛未，歸隔芽關，又歸濠州。五日癸酉，陳自强卒於廣州，詔許歸葬。七日乙亥，衛參政罷，行御史中丞章疏也。十六日甲申，林簽樞薨於位。二十四日辛卯，史知院兼參知政事。七月十六日癸丑，江、淮大使丘資政除同知樞密院事。十七日甲寅，通謝使回，入國門。八月四日辛未，丘同知薨於江陰之里第。十四日辛巳，禮部婁尚書機除同知樞密院事，吏部樓尚書鑰除簽書樞密院事。九月二日己亥，金國諭成使完顏侃等入見。二十二日己未，詔以和議成諭天下。十月十日丙子，錢右相遷五官，爲特進、左丞相，史知院拜右丞相，雷參政遷知樞密院事兼參知政事，婁同知遷參知政事，樓簽樞遷同知樞密院事。十一月二十二日戊午，史右相以内艱免。二十七日癸亥〔二三〕，用皇太子請，賜第行在。十二月丙寅朔，錢左相爲觀文殿大學士、判福州，行監察御史章疏也〔二四〕。凡誅侂胄、和戎二事〔二五〕，所關甚大，而廟謨雄斷，四方有不得知，今姑識其日月。侂胄首將入僞境，彼中臺諫交章言侂胄之忠於本國，乃詔謚爲忠繆侯，以禮祔葬其祖魏公塋側。

校勘記

〔一〕詳加察焉　「詳」原作「許」，據蕭本、閣本、函海本改。

〔二〕州郡差遣　原脱「遣」字，據殿本及上引本子補。

〔三〕王元龜繼爲諫長　「繼」原作「鑑」，據蕭本、函海本及宋史卷三八六王大寶傳改。按：王大寶字元龜，而不名「鑑」。

〔四〕(黄)通老亦坐繳駁修吉等賜田指揮放罷　上文言及黄通老、馬德駿封還録黄事，按德駿乃馬騏之字，見本集卷六臺諫給舍論龍曾事始末條，疑此處書名字有失誤。

〔五〕(淳熙)五年十月二十五日乙卯　原作「五年十二月十五日乙卯」，據蕭本、閣本、函海本和本條下文記時以及宋史卷三五孝宗紀乙正。

〔六〕十一月丁卯　原作「八月丁卯」，按淳熙五年八月壬辰朔，是月無「丁卯」日。又據本條上下文記時，並核對宋史卷三五孝宗紀淳熙五年十月、十一月記事改正。

〔七〕失去　原作「去失」，據水心文集卷二辯兵部郎官朱元晦狀乙正。

〔八〕十數人　原作「十餘人」，據蕭本、函海本及上引水心文集改。

〔九〕館學寺監　原脱此四字，據上引水心文集補。

〔一〇〕本係大宗正丞　「大」字原作「與」，「正」下原脱「丞」字，據蕭本及上引水心文集改補。

〔一一〕職制　「制」原作「司」，據影宋本、閣本及上引水心文集改。

〔一二〕以道學爲大罪　原脱「大」字，據影宋本、蕭本、函海本及上引水心文集、宋史卷三九四林栗傳補。

〔一三〕若情有所不免　原脱「有」字，據上引本子補。

〔一四〕和戎　原作「和敵」，據蕭本、函海本改。

〔一五〕建去凶之策其議甚祕　原作「建去凶之議甚祕」，據影宋本、蕭本、函海本及兩朝綱目備要卷一〇補正。

〔一六〕至是（指開禧三年十一月二日甲戌）皇子榮王入奏　「皇子」原作「皇太子」，據本條下文「（十一月）十六日戊子，立榮王爲皇太子」及宋史卷三八寧宗紀開禧三年十一月丁亥（十五日）條載：「詔立皇子榮王曮爲皇太子」的記事删。又上引備要亦作「皇子」。

〔一七〕素隊　原作「長隊」，據函海本及上引備要改。

〔一八〕三省以咨目偏遺二宣撫二制置十都統　「咨」原作「資」，據函海本及本條下文「宰執咨目諭諸路安撫、制置等以函首事」改。

〔一九〕除名勒停　原脱「停」字，據影宋本、函海本及宋史全文卷二九開禧三年十一月戊寅條補。

〔二〇〕（開禧三年）十二月二日癸卯　原作「十二月二日乙巳」，據上引宋史全文卷二九及宋史卷三八寧宗紀改。按：開禧三年十二月壬寅朔，二日乃癸卯。

〔二一〕虜酋　原作「金人」，據蕭本、函海本改。

〔二二〕許左史奕朝辭　原作「許在燮辭朝」，據函海本及宋史卷四〇六許奕傳改正。

〔二三〕（嘉定元年十一月）二十七日癸亥　「癸亥」原作「己亥」，據兩朝綱目備要卷一一改。按：嘉定元年十一月丁酉朔，二十七日乃癸亥。

〔二四〕監察御史　「御」原作「院」，據蕭本、閣本、函海本改。

〔二五〕和戎　原作「和敵」，據蕭本、函海本改。

建炎以來朝野雜記乙集卷八

時事一

58 史文惠以論儲副受知

史文惠初爲學官，以論儲副事受知高皇，遂諭大臣令除館職，且曰：「此乃是一人才也。」後四日，又兼二王府教授。及阜陵封建王，文惠爲王草乞扈從視師奏疏〔一〕，語在阜陵繼統事中。高皇問知其奏出於史公〔二〕，語大臣曰：「此真王府官矣。」未幾，阜陵受禪，文惠自宗正少卿不半年而拜相，蓋本朝所未有也。

59 孝宗初政命相多不以次

孝宗初政，命相多不以次。史文惠自宗正少卿再閲月而執政〔三〕，又五閲月而爲相，相四閲月而罷。洪文惠自太常少卿九閲月而執政，又五閲月而相，相三閲月而罷。魏文節自宗正少卿期年而執政，又九閱月而相，相未一年而罷。惟史公以師傅之舊，去十四年而再相，相八閱月而罷。洪、魏二公皆一補郡而退。景伯閒居鄱陽凡十六年，南夫閒居四明凡十二年，不復再召矣。

60 張虞二丞相賜謚本末

阜陵初受禪，首任張魏公以經略中原，禮貌之隆，羣公莫及。嘗書聖主得賢臣頌以賜，又親書其生辰而祀之禁中。每有所疑，必先詣欽夫，示不敢面詰，其尊禮如此。及符離師潰，上眷頓衰，免相西歸，薨於餘干，卹典無加，賜謚不講。後四年，公之門人陳應求入相，明年春二月，乃白贈公太師、賜謚。初議「忠正」，既而以不可爲稱，乃謚忠獻焉。其年虞雍公入相，始以恢復自任，上厚眷之，獨相且二年。乃乞撫西師爲入關之計，上親作詩送之，恩禮尤盛。虞公抵漢中，未踰年而没。上以屢趣師期而不應，甚銜之，凡宣撫使飾終之典，一切不用。後四年，門人趙温叔入相，數爲上言：「虞某有志恢復，不幸死不及事，嘗爲臣言：『吾老矣，功名當以相付，子其勉之〔四〕！』」會上幸白石閱軍，温叔因奏：「昨日大閱十萬之軍，一一少壯。」上曰：「前此虞相行揀汰之法，今方見成效。只如采石一事，亦自奇絶。」明年夏四月，温叔因奏事從容言：「允文薨已久〔五〕，未有以易其名者，惟陛下哀矜之〔六〕。」上沈思良久，曰：「丞相雖允文所薦，後來皆朕自擢用。」溫叔曰：「臣東蜀一布衣，未十年而待罪宰相，非陛下親擢，安得至此。然不遇允文，臣何由見陛下。」上曰：「卿可謂不背本矣。今欲何如，可具以進。」溫叔退而擬入曰：「虞允文采石之功，未經顯賞，久在相位，實著勳勞，可特贈太師，謚忠肅。」上以筆抹去「久在相位，實著勳勞」八字。又改云：「虞允文舊於采石有勞，未曾顯録。」并易太師爲太傅。行下。上嘗謂大臣：「朝廷降指揮，如士人作文，須字字鍛煉乃可。」故前後批降，多經筆削云。

61 趙溫叔探賾虜情〔七〕

乾道庚寅歲冬十月，金國主遣金吾衛上將軍、兵部尚書耶律子敬來賀會慶節，起居舍人趙雄字溫叔假翰林學士充館伴使〔八〕。丁卯引見，戊辰上壽，庚午花宴，癸酉入辭，乙亥發行在，溫叔與子敬並馬自驛中同行。子敬望吴山曰：「好一帶山。」溫叔云：「聞燕京萬歲山極佳，不減南京否？」謂東京。子敬云：「與南京一般。」溫叔云：「萬歲山乃天生基阯，或但人力所致耶？」子敬云：「皆人作也。」溫叔云：「聞燕京宮苑壯麗。」子敬云：「極壯麗。」溫叔云：「周回有幾里？」子敬云：「只宮室自有二十餘里，見在歲時亦常修造。」溫叔云：「盛哉！」子敬云：「内翰異時來奉使，可以恣看。」溫叔云：「甚願再相見。」又云：「北邊此時想極寒。」子敬云：「寒甚，不可忍。」温叔云：「此時正宜畋獵。」子敬云：「北邊此時正是畋獵時節。」温叔云：「大金皇帝亦嘗出獵否？」子敬云：「一年須兩三度出獵。」温叔云：「一度出獵用得幾日？」子敬云：「往往亦須旬日，或二十日〔九〕、一月不定。」温叔云：「頗聞北邊多名鷹、獵犬。」子敬云：「此間有否？」温叔云：「此有，然亦難得極好者。」子敬云：「北邊亦是難得好者，好者只是禁中有之。」温叔云：「大金皇帝有幾箇皇子？」子敬云：「煞多，有七箇。」温叔云：「聞説越王甚英武。」子敬云：「煞勇猛可畏。」温叔云：「越王是長否？」子敬云：「是二〔一〇〕。」子敬又云：「昨日押筵鄭樞密是簽書樞密院事否？」温叔云：「是也。」子敬云：「此間樞密使至簽書樞密院，是文官，是武官？」温叔云：「舊制文武通除。」子敬云：「本朝則專用武臣。」温叔云：「大金宰相今何姓？」子敬云：「兩人皆姓赫舍哩〔一一〕。」温叔云：「又有尚書令者行宰相事否？」子敬云：「在宰相之上。」温叔云：「大金今尚書令何姓？」子敬云：「姓李。」温叔云：「聞是貴戚。」子敬云：「是外戚。」温叔云：「今年幾何？」子敬云：「六十餘。」温叔云：「赫舍哩宰相年幾何？」子敬云：「年甚少，一員五十餘，一員四十餘。」子敬又云：「内翰貴鄉只在此間？」温叔云：「在川中。」子敬云：「煞遠。」温叔云：「亦不過數千里。」子敬云：「從襄陽路來否？」温叔云：「是也。」子敬云：「川中聞説民間煞富。」温叔云：「有富者，有貧者。」温叔云：「尚書仙鄉？」子敬云：「在北京，舊日大遼所謂中京者。」温叔云：「去燕京遠近」？子敬云：「二千餘里，直向北邊。」温叔云：「去黄龍府遠近」？子敬云：「甚近，纔五、七百里。」温叔云：「見説大金皇帝每歲避暑，常巡幸雲中，雲中是何處？」子敬云：「是西京。」温叔云：「西京、北京宫苑亦皆壯麗否？」子敬云：「皆不減南京。見今諸處亦不住修。蓋本朝法嚴，修葢滅裂，有司得重罪。」舊例，館客者寒暄之外，勞問而已。至温叔始探賾虜中事宜以奏〔三〕，上甚喜之。

62 傅安道不見曾覿

傅自得安道，忠肅公察之子也，以父死事得官，嘗應宏博科，已上復下。紹興末年，秦丞相死，凡告訐者皆抵罪，而安道爲仇人所攻，坐嘗體究趙表之事除名，融州安置。孝宗立，陳文恭、正獻二公連辯其枉，入爲尚書郎。乾道九年春，除直祕閣、福建路轉運副使。安道喜吏事，工文章，而性復高簡。其仕於閩中也，曾覿爲副總管，内交甚至。安道時其亡也，而往報之。及爲郎，而覿以節鉞奉内祠，安道不見也。將使閩部，會其部之武憲召歸〔三〕，安道往謁之，延諸便室，則覿及從官數人在焉。時方置酒，安道引一卮，辭腹疾而退。於是學士承旨王日嚴亦以入直辭，諸人皆有赧色，覿大不樂。淳熙初，上記其才，召使守臨安，既而中止。伯壽、伯成其子也。

63 孝宗趣虞丞相出師恢復

虞丞相再爲宣威，上用李伯紀故事，御正衙，親酌卮酒賜之，俾即殿門乘馬，持節而出，都人以爲寵。始期以某日會於河南，既而上密詔趣師期。虞公言軍需未備，上寖不樂。又明年，上遣二介持御札賜之，戒以面付。介至，而虞公薨數日矣。其屬官湯朝美告虞公之子公亮，欲啟之，其子不敢，遂已，莫知何所言也。公亮字祖予，以父蔭爲奉議郎、直祕閣，終身不出仕。

64 孝宗獎鄭自明魏元履

淳熙初，上用湯朝美之議，詔宰執、侍從補外，非有功不除職名。三年夏，朝美既斥，鄭自明以學官轉對，論宰執、待從不當尚功。上曰：「朕但欲激令趨事功耳。」自明曰：「近臣以論思獻納爲職，安得有功可論？」上曰：「亦豈無可見者。」自明曰：「若爾，臣恐自此生事欺罔結託之人，却會得陛下職名。」上默然。三年五月癸酉〔一四〕。自朝美之説行，近臣無敢請外者，其後竟不能行，但於除職時批旨，略敘其勞能，如升改舉詞之類。淳熙末，卒去之。自明名鑑，三山人，早有聲。二年秋，舍選高第，陳應求以其女妻之〔一五〕。解褐爲國子正。

明年入對，上謂大臣曰：「鑑議論甚切直，觀其所言，似出於肝膽〔一六〕，非矯僞爲之者。因看鑑劄子，頗思魏掞之。卿等知鑑爲人如何？」大臣因將順上旨。上曰：「且與召試館職。」及對策，其間言：「比有任宮觀人，輒入國門，未嘗朝見，徑得州而去者。有犯贓人，初復官即得帥幕者。」上覽之，以語輔臣，遂各鐫罷。上因問：「鑑議論甚切直，當除何官？」龔實之曰：「故事，學官召試，多除正字。」上曰：「鑑策中所言，或是或非，大抵剴切不易得，朕喜其盡言，更不復問。今可除校書郎，賞其盡言。」其年七月也。四年春，遷著作佐郎。五年春，兼國史院編修官。其夏，遷著作郎。秋，出知台州。自明在班行，號敢言，然竟以是不能久居中而出。及除天台〔一七〕，未上，偶散步於所居之門，忽巨木仆焉，壓而死。士大夫甚傷悼之。

65 晦庵先生非素隱

晦庵先生，非素隱者也，欲行道而未得其方也。紹興己卯之秋，高宗聞其賢，已有命召，蓋陳魯公初執政薦之也。時同召者四人，韓无咎尚書爲建安宰，得旨候終更乃入，而先生與徐敦立、呂仁甫皆當即赴。何司諫溥乃言：「徐、呂皆部使者，宜令滿任。」意實欲以見沮。先生因援三人例，乞俟嶽祠滿日赴行在。會劉忠肅新除御史，籍谿胡先生赴祕書省正字，先生以詩寄之曰：「先生去上芸香閣，閣老新峩豸角冠。忠肅嘗兼權中書舍人。留取幽人卧空谷，一川風月要人看。」又曰：「甕牖前頭翠竹屏，晚來相對静儀形。浮雲一任閒舒卷〔一八〕，萬古青山只麽青。」時三十年五月矣。五峰胡先生初未識先生，聞之，和其詩曰：「幽人偏愛青山好，爲是青山青不老。山中出雲洗太虚，一洗塵埃山更好。」五峰又語其學者南軒張先生曰：「觀此章知其能有進，特其言有體而無用，故爲是詩以箴警之。」然先生則未之見也。孝宗復召，先生一辭而至。先生之欲得君以行其道，意可見矣。及對垂拱殿，首論講學、復讎二事〔一九〕。又論諫争之塗尚壅，佞倖之勢方張，民力已殫，國用未節。是時，湯丞相方大倡和議，深不樂之。除武學博士，待次，癸未秋也〔二〇〕。乾道乙酉，促就次，既至，而洪丞相力主和議，與所論不合，復請嶽祠而歸〔二一〕。丁亥之冬，陳魏公行丞相事，劉忠肅在樞府，乃奏除樞密院編修官，待次。五年，魏公獨相，促就職者三，將行矣，而聞魏元履以論曾覿事去國，先生遂止。未幾，丁内艱。六年冬，胡忠簡在經筵，以詩人薦，與王民瞻同召，先生終不起。七年冬，虞雍公當國，復召。先生以素論不同，力辭者四。九年春，梁鄭公獨相，復申前命，先生又辭。鄭公進呈，因奏先生屢召不起，宜蒙褒録，執政俱稱之。或奏曰：「熹學問該博〔二二〕，但泥於所守，差少通耳。」此時曾欽道參政事，張説爲樞長，沈得之、鄭仲一簽樞，未知或者何人也。上曰：「士大夫讀書，當通世務，然熹安貧樂道，恬退可嘉，可特改宣教郎，主管台州崇道觀。」其年五月也。先生又四辭，迄淳熙元年六月而後受。三年夏，龔莊敏以首參行丞相事，上諭欲獎用廉退，以勵風俗。莊敏以先生名進。上曰：「記得其人屢辭官，此人所共知。今可與除一官。」於是除祕書郎，其年六月甲午也。先生復再辭，且遺莊敏手書，其言專及一時權倖。書未達，而羣小已先乘間讒毀矣。俄而内批付莊敏，以虛名之士，恐壞朝廷。翌日，莊敏論奏再三，上默然。由是先生迄不拜命。五年春，史魏公復相，首務進賢，以先生屢召不赴也，必欲起之，始議除中都官。趙衛公時爲參知政事〔三〕，謂史公言：「不若姑以外郡處之，待之出於至誠，彼自無詞，然其出必多言，姑安以待之可也。」乃除知南康軍，見次。史公必欲先生之出，又降旨不許辭免，便道之官，俟終更入奏事。仍命南康趣遣迓吏。史公既勉先生以君臣之義，又俾館職吕伯恭作書勸之。先生再辭，不許，乃上。是時，年四十有九矣。七年夏，先生應詔上封事，上未察，怒甚，曰：「是以我爲妄也。」趙丞相詭辭救解，上從之。始上素疾虛名之士，惡言清濁流，本非爲先生也，而小人因是爲讒。上每與大臣言之，輒動容變色。丞相因從容言於上曰：「欺世盜名，陛下惡之是也。雖然，上疾之愈甚，則下譽之愈衆。以天子之貴而切切焉反與之角，若惟恐不能勝者，無乃適所以高之乎？不若因其長而用之，彼漸當事任，則能否自露，謬僞自乖，虛名敗矣，何必仰勞聖慮。若擯而不用，則徒令以不遇藉口耳。」上以爲然。八年夏，乃除先生提舉江西常平茶鹽公事，待四年闕。趙丞相之口辯，能回人主，多此類也。未幾〔二四〕，以救荒功例，加直祕閣。浙東大饑，移使浙東，辭職名，不許。請奏事，許之。十月庚午，對延和殿，復論近習權勢日重，致陛下德業日壞，紀綱日隳，言極苦切，上不以爲忤也。會先生劾台守不法，王丞相庇之，章十上，始罷而去。除先生江西提刑，又易江東。又以救荒功例，權直徽猷閣。江西乃填台守之闕，江東則墳墓在焉，時九年秋也。先生連引嫌求免〔二五〕，未報。吏部鄭尚書丙與台守善，首以道學詆先生。監察陳御史賈因論近日搢紳有所謂「道學」者，大率假其名以濟其僞，願考察其人，擯斥勿用。蓋阿附時宰意〔二六〕，專指先生也。先有旨，以先生屢乞奉祠，差主管台州崇道觀，時十年春也。十四年，復除江西提刑，待次，先生辭，不許。十五年夏，王丞相罷，周益公獨相，趣先生入奏事。先生見上，力陳天理人欲之辨，因論便嬖側媚之徒，深被腹心之寄，柔邪庸謬之輩，久竊廊廟之權，皆天理未純，人欲未盡之故。上忻納曰：「久不見卿，浙東之事，朕自知之，今當處卿以清要，不復勞卿州縣。」時六月壬申也。翌日癸酉，除兵部郎官，先生方以足疾辭，而省吏以印至，先生不受。適本部林侍郎栗，前數日與先生論易不合，退慚其徒，因劾先生欺慢，且言竊程、張之緒餘，爲浮誕之宗主，謂之道學，治世所當禁絕，乞賜停罷。先生聞之，亦丐免。丙子，進呈。上曰：「林栗似過當。」益公曰：「熹上殿之日，足疾未瘳，勉强登對。」上曰：「亦見其跛曳。」乃令依舊職名、江西提刑，仍令吏部將改官後不曾磨勘日月，一併給還。時距大禮纔數十日。上欲先生遷朝郎，以録其子也。博士葉正則聞之，首上疏與林辯。胡文靖時爲侍御史，因論林執拗不通，喜同好異〔二七〕，無事而指學者爲黨，此最人之所惡聞者。乃出林知泉州，其年七月己未也。先生亦再辭新命。八月甲子朔，詔除直寶文閣，主管西京嵩山崇福宮。俄再召入，再辭。十五年十二月壬午，除主管太一宮，兼崇政殿説書。蓋上禪意已決，欲留以遺嗣君也〔二八〕。先生未聞命，時已上封事，言輔翊太子，選任大臣，振舉綱維，變化風俗，愛養民力，修明軍政六事。而首之以天下之大本〔二九〕，在人主之心。蓋自上躬以至於儲嗣、宰輔、守令、將帥、宦官、宮妾，凡所當言，無不傾盡。自敵以下受之，有不能堪者，孝宗曾不愠也。十六年春正月甲寅，除祕閣修撰，復奉祠。先生再辭職名，光宗褒許。除知漳州，亦再辭而後受。期年，以子喪求去。復除修撰，奉祠。未數月，除湖南轉運副使。三年，除知静江府，皆不赴。四年，趙忠定在樞府，除知潭州，再辭，不許。五年春，始之鎮〔三〇〕。上即位之翌日，以其官召，辭。除煥章閣待制、侍講，又三辭，不許。則乞以修撰充説書，上親劄不許。然其在講筵亦纔五十日也。既罷之二日，除寶文閣待制、知江陵府，辭至再，仍舊職，提舉南京鴻慶宮。先生以廟議不合，乞追還待制者再，詔：次對之職，除授已久，與廟議初不相關。又以擅議山陵，乞免帶舊職者一，詔答以無罪可待。繼又乞致仕者再，詔答以「辭職謝事〔二一〕，非朕優賢之意。」皆不許。最後言：「昨者職名，止許暫受權帶，以爲入侍之階。中省之詞，極爲詳備。今已罷講官，不當復帶侍從職名。」朝廷不能奪，許免待制，仍舊祕閣修撰、宮觀。慶元元年十二月丙子，中書傳舍人伯壽行詞，有「大遜如慢，小遜如僞」等語。既而先生又申乞討論疏封〔二二〕、錫服、封贈、蔭補、磨勘、轉官等事〔二三〕，併行改正。監察沈御史繼祖遂劾先生不忠、不孝、不仁、不義、不公、不廉等十罪。二年十二月，落職罷祠。四年十二月，引年告老，許之。六年三月甲子，先生没於考亭，年七十一。嘉泰二年，除華文閣待制。嘉定二年〔二四〕，賜謚曰文。繼又贈寶謨閣直學士〔二五〕。先生没十餘年，行狀未有屬筆者，若其嘉言善行，則海隅出日，士人盡已知之。今特取史官所書，諸家所記，先生難進易退之大節，會萃於此，後有學者，因得以求先生之志焉。

66 孫巖老樊允南恬退

孫松壽字巖老，郫縣人。力學，登紹興五年進士第。歷官州縣，至乾道初猶未改秩。剛方廉潔，不求人知，環堵蕭然，衣食僅給，澹如也。居官決事，多用經術，嘗守漢、嘉，甚有惠愛。淳熙三年，除利州路轉運判官，巖老時年六十六，即引疾乞致仕。朝廷不許。巖老與江源樊漢廣允南善。允南嘗知青神縣，寬大長者，兼有能名。乾道九年，除知雅州，候吏及門，即日挂冠不起，時年纔五十六。范致能入蜀，引上皇慶壽赦，並薦於朝。有旨召赴行在，允南仍落致仕。二人固辭不起，蜀人高之。何耕道夫所爲賦賢哉二大夫詩者是也〔三六〕。趙温叔時在樞府，因爲上言巖老之賢。四年五月，詔特轉一官，賜三品服，依舊宫觀。巖老復告老，許之。允南尋卒。趙子直入蜀，復奏巖老挂冠勇退〔三七〕，幾二十年〔三八〕，内行素飭，終始不渝，乞賜褒表，以勵風俗。詔除直祕閣，紹熙二年二月庚寅也〔三九〕。巖老素清約，晚而彌壯，然亦喜從釋氏游，日拜佛以百數，未嘗少勌，年九十餘乃卒。蜀人號爲牧齋先生，李垕仲信〔四〇〕，其子壻也。

67 史文惠薦十五士

史文惠自經筵將告歸，於小官中薦江、浙之士十五人，有旨並令赴都堂審察，與内外升擢差遣，皆一時選也。所薦乃薛象先、鄞縣簿〔四一〕。楊敬仲、新紹興司户〔四二〕。陸子静、新崇安簿。石應之、新無爲軍教授。陳益之、新寧國府教授。葉正則、新鄂州推官。袁和叔、新江陰尉。趙静之、添差常州通判。張子智，前撫州教授。後皆擢用之，其不至通顯者六人而已。

68 趙善譽察州風采

蜀中潼、遂二郡，例以執政、侍從要官爲守，由是禮節與節度使者鈞敵。淳熙末，徐察院詡以朝議大夫、直徽猷閣守遂寧。詡浦城人，號徐鐵面，踐揚雖久，乃乏廉聲。部使者以其嘗爲御史，憚之。會趙善譽自大理寺丞出爲小漕〔四三〕，初入境，過遂寧，徐擕具出城迎勞，典謁吏白當下馬，善譽不從，抑俾循廊如列郡之禮，徐大慚沮。郡人聞之，争投牒訟其過。趙劾諸朝。王丞相與徐厚，格其章。趙聞之，復以章徑聞，且敍前章不達之故。上問大臣，季海曰：「善譽年少察州，風采方振。詡老成前輩，不能曲意奉承，是以有此。臣等方議所以處之，未敢遽奏，非有他也。」上曰：「然則當奈何？」季海曰：「監司舉按，故當少避之。欲移詡南方一郡。」上曰：「善。」遂移知泉州。温陵大藩，與浦城接壤，富厚甲於東南，實遷之也。往歲朱晦庵在浙東時，劾台守唐仲友與正，章數上，王丞相即徙與正江西提刑〔四四〕，正與此類。

69 丁未成都火

淳熙丁未夏五月，成都大火，所燔七千家。府有棋盤市，俗言孔明八陣營也。居民櫛比，一燎無遺。時趙子直爲帥守，盡出公錢貸民而予其貧者。未數月，自錦江而北，繩引棋布，巷陌一新，洞達疏明，無復向來之舊矣。火之始作也，子直奏，所焚千八百家。章德茂爲吏部侍郎，言於上曰：「蜀人有以書抵朝士者，云：『火作自某所至某所，延燒幾萬家，災亦甚矣。』事出不測，於政何傷。忠實如汝愚，不盡數以聞，何也？」上乃命子直將的實被災人户數目，振濟錢米，開具以聞。先是，府城之東，有千金堰，溉民田十七萬畝，編竹籠石，歲事修築，役十一萬六千餘夫，率用民錢二萬三千緡有奇，米三千斛。士人李良仲時知敘州，論其勞費，欲易以石。子直以爲然。乃議官出錢十萬緡，米三萬石，以給其役，而俾民分五歲輸之。或謂作隄捍水，水決隄潰，則十萬緡皆爲虛費矣，前人之智非不及此也，子直鋭爲之。會上以旱故，避殿減膳，命侍從、臺諫、兩省、卿監、郎官、館職陳闕政。七月丙午〔四五〕。萬元亨爲司農少卿，應詔上言：「成都之火，於守臣何害？聞蜀帥乃欲撤百年之堰〔四六〕，以從一己之規模，民情易揺，當以靜治。好作爲者可得而恃哉，當以厚化。善惡太明，則無所措矣。」輔臣奏事次，上出文字一紙示之，乃録元亨封事中所云也。上又曰：「章森説成都火災甚大。又云事出偶爾，於政何傷。凡文字意要相應，不當如此。」乃命子直審度經久利便，及具因依費用錢物聞奏。於是詔下十日矣。後五日，陳子榮大諫入對，併論二事，以爲「汝愚所奏與臣僚所論，延燒數目，大段不侔。汝愚於先後之間，必不敢自爲同異，假使巧爲之辭，以塞詔旨，則又重欺罔之罪。而況撤堰築隄之役，既出汝愚，亦必妄以興利爲言，孰肯究思後害，以自沮其説也。二者使其自行開具，士論不敢以爲然。望詔本路監司從實體究以聞。被火之家，則必取見的實。築隄之役，則必指陳利害。盡公體國，毋得徇情，庶幾遠方事機，無所壅蔽。」子榮素不樂善類者也，故因事攻之。上方眷子直，然重違子榮。翌日，有旨令本路監司同趙汝愚從實開具聞奏。七月二十二日辛酉〔四七〕。是時，梁卿總爲小漕，吴卿宗旦提點刑獄。吴、趙與余皆世舊，他日，余偶過吴卿所治，密以奏意問之。吴卿曰：「火事未免爲之回互，第云所燔主户近二千，而僦居之家則以萬計。易堰爲隄，乃李宗丞建議〔四八〕，劉祕書從而和之，決不可耳。」劉德脩時爲添差參議官。子直聞之，殊不懌。奏上，會子榮以憂去，是年九月。事遂已。子直因力求去，上自塘遞封還奏牘，批其尾云：「遺火修堰事，朕已察其浮言，卿宜安職，以寬顧憂。」時張德象守漢、嘉，爲政苛急，宜之與之連姻。會德象除轉運判官，子直奏其罪，坐鐫免。宜之以不按刺併罷。十五年四月十日。及子直得政，元亨年六十餘，即告老，遂守本官致仕。未幾，子直得罪，宜之自龍舒召爲右史，再遷刑部侍郎、直學士院。德象自祠官中起爲監察御史〔四九〕，累遷吏部尚書。元亨以何自然之言，起爲江東副漕，召還爲工部侍郎。蓋自有成都以來，未嘗有此火也。子直在蜀中，有威風，得大體，然書事貴直。近見柴與之作子直行狀〔五〇〕，其言火事頗支吾失實〔五一〕，故備著本末，俾後有考焉。與之行狀云：「兩司迫於臺臣風旨，各躬履衢陌視之，迄如公奏」。蓋二司回互云爾，非其實也。行狀又云：上曰：「近漾沙阬火半日〔五二〕，僅焚二百餘家。儻成都焚萬餘户，非數晝夜不可。此必王渥所爲〔五三〕，蓋汝愚近嘗言其受老馬事不實。」以史考之，此年六月十三日，寶蓮山火，非漾沙阬。又臣寮上言有云：「延燒雖未得實數〔五四〕，然無慮五、七百家。」則成都之火，亦不止二百家矣。所謂延燒萬家，乃章德茂封事。德茂，漢州人，宜得其實，何待王巽澤之言也〔五五〕。私家文字難據，大抵如此。

校勘記

〔一〕草乞扈從視師奏疏　「草」原作「上」，據影宋本、蕭本、殿本、函海本改。

〔二〕問知其奏出於史公　「問」原作「聞」，據本集卷一壬午内禪志條及影宋本改。原無「史」字，據蕭本補。

〔三〕史文惠　原作「吕文惠」，據蕭本、殿本、閣本、函海本改。

〔四〕子其勉之　原無「其」字，據影宋本、蕭本、函海本補。

〔五〕薨已久　「已」原作「日」，據蕭本、殿本、閣本、函海本改。

〔六〕哀矜之　原無「之」字，據蕭本、函海本補。

〔七〕虜情　原作「敵情」，據蕭本、函海本改。

〔八〕趙雄字温叔　原無「字温叔」三字，據蕭本補。

〔九〕或二十日　原無「或」字，據蕭本、閣本、函海本補。

〔一〇〕是二　「二」原作「也」，據蕭本、閣本改。

〔一一〕赫舍哩　函海本作「黑石烈」，金史卷八七紇石烈志寧傳、卷八八紇石烈良弼傳均作「紇石烈」。下同。此處疑爲清人所改。

〔一二〕虜中　原作「彼中」，據蕭本改。

〔一三〕將使閫部會其部　兩「部」字原均作「郡」，據影宋本、函海本改。

〔一四〕（淳熙）三年五月癸酉　原作「三月五日癸酉」，據殿本、函海本改。按：湯邦彦（字朝美）於淳熙三年夏四月丁酉除名，新州編管。見宋史卷三四孝宗紀。鄭自明轉對在其後，不能早於四月丁酉日。又是年五月乙巳朔，癸酉，乃二十九日。

〔一五〕其女妻之　「女」原作「子」，據蕭本、函海本改。

〔一六〕出於肝膽　原無「於」字，據影宋本、蕭本、函海本補。

〔一七〕及除天台　「及」原作「乃」，據蕭本、殿本、閣本、函海本改。

〔一八〕浮雲一任閒舒卷　「舒」原作「書」，據蕭本、殿本、閣本、函海本及葉紹翁四朝聞見録甲集考亭條改。

〔一九〕首論　原作「前論」，據蕭本、殿本、函海本改。

〔二〇〕癸未秋　王懋竑朱子年譜考異卷一對朱熹奏事垂拱殿之年月有詳細考訂，繫於癸未（隆興元年）冬十一月六日；除武學博士，待次，在十一月十二日。此處作「癸未秋」，疑誤。

〔一一〕乾道乙酉（元年）促（朱熹）就次既至而洪丞相（适）力主和議與所論不合復請嶽祠而歸　按：黄榦勉齋集卷三六文公朱先生行狀載，朱熹於乾道元年四月至行在，因執政復主和議，故不就職，而請祠以歸。又宋史卷三三孝宗紀載，乾道元年六月丙戌，以翰林學士洪适簽書樞密院事。八月己丑，以洪适爲參知政事。十二月戊寅，以洪适爲相。又據宋史卷二一三宰輔表及卷三三孝宗紀記事，乾道元年四月至六月，乃主和派錢端禮任首參。是年二月戊申，陳康伯罷相後，直至十二月戊寅始任命洪适爲相。又道命録卷五晦庵先生辭免進職狀李心傳按語：「乾道元年促（朱熹）就職，又以執政錢端禮等議論不合，引歸。」故此處謂「洪丞相力主和議」當爲「錢參政力主和議」之誤。錢端禮主和事，見宋史卷三八五本傳。

〔一二〕學問該博　「博」原作「通」，據蕭本、函海本改。

〔一三〕（淳熙五年）趙衛公時爲參知政事　「衛公」原作「魏公」，據蕭本、殿本、閣本、函海本及宋史卷三九六趙雄傳改。

〔一四〕未幾　原作「未行」，據蕭本改。參見宋史卷四二九朱熹傳。

〔一五〕先生連引嫌求免　原無「連」字，據影宋本、蕭本、函海本補。

〔一六〕蓋阿附時宰意　原無「阿」字，據上引本子補。

〔一七〕喜同好異　宋史朱熹傳作「喜同惡異」，疑此處有誤字。

〔一八〕欲留以遺嗣君　原無「以」字，據影宋本、蕭本、函海本補。

〔二九〕天下之大本　原無「大」字，據上引本子及宋史朱熹傳補。

〔三〇〕（紹熙）五年春始之鎮　兩朝綱目備要卷三載：「紹熙五年夏四月，朱熹始拜命赴潭州，五月至鎮。」此處「春」字疑爲「夏」之誤。

〔三一〕詔答　原無「詔」字，據影宋本、蕭本、函海本補。

〔三二〕申乞　原作「中乞」，據蕭本、殿本、函海本改。

〔三三〕轉官　原作「選官」，據殿本、函海本改。

〔三四〕嘉定二年賜謚曰文　「二年」原作「元年」，據道命録卷八晦庵先生朱文公賜謚指揮李心傳按語及兩朝綱目備要卷十二嘉定二年十二月己巳條、宋史卷三九寧宗紀改。

〔三五〕寶謨閣直學士　「謨」原作「文」，據上引道命録卷八李心傳按語：「（嘉定）三年，又特贈寶謨閣直學士。」及兩朝綱目備要卷一二嘉定三年五月條、宋史朱熹傳、宋史卷一六二職官志改。

〔三六〕所爲　原作「所謂」，據影宋本、蕭本、函海本改。

〔三七〕復奏　原作「復秦」，據蕭本、殿本、函海本改。

〔三八〕幾二十年　「幾」原作「已」，據影宋本、函海本改。

〔三九〕紹熙二年二月庚寅　「庚寅」原作「庚申」，據殿本、函海本改。按：是年二月庚辰朔，無「庚申」日。

〔四〇〕李垕仲信　原作「李垕、王仲信」，據影宋本、函海本删。按：李垕，字仲信。

〔四一〕薛象先鄞縣簿　「簿」原作「人」，據閣本改。按：宋史卷三九七薛叔似傳載：「叔似字象先，其先河東人，後徙永嘉。」此處作「鄞縣人」，顯誤。然本傳亦未記及其任鄞縣主簿事。

〔四二〕楊敬仲新紹興司户　「敬仲」原作「敬叔」，據宋史卷三九六史浩傳、卷四〇七楊簡傳改。又楊簡傳僅記其爲紹興府司理。

〔四三〕趙善譽　原無「趙」字，據影宋本、蕭本、函海本補。

〔四四〕提刑　原作「提舉」，據影宋本、蕭本、殿本、閣本、函海本改。

〔四五〕（淳熙十四年）七月丙午　「七」原作「十」，按是年十月戊辰朔，無「丙午」日。據皇宋中興兩朝聖政卷六三及宋史卷三五孝宗紀改。

〔四六〕聞蜀帥　「聞」原作「自」，據蕭本、函海本改。

〔四七〕（淳熙十四年）七月二十二日辛酉　「二十二日」原作「二十一日」，按是年七月庚子朔，辛酉乃二十二日，故改。

〔四八〕李宗丞建議　「建」原作「謬」，據影宋本、函海本改。

〔四九〕自祠官中起爲監察御史　「官」原作「宮」，據閣本、函海本改。

〔五〇〕近見　原無「近」字，據影宋本、蕭本、函海本補。

〔五一〕其言　原作「具言」，據上引本子改。

〔五二〕行狀又云上曰　原無「云：上」二字，據影宋本、蕭本、閣本、函海本補。

〔五三〕王渥　本書甲集卷一三避親牒試條載：紹熙年間，王溉（字巽澤）曾任益州漕臣，並參考下面校勘記〔五五〕，此處王渥疑爲「王溉」之誤。

〔五四〕實數　原無「數」字，據影宋本、蕭本、閣本、函海本補。

〔五五〕王巽澤　「巽」原作「選」，據函海本及本書甲集卷一三避親牒試條改。

建炎以來朝野雜記乙集卷九

時事二

70 趙子直丘宗卿楊嗣勳不欲吳氏世襲

虞丞相既没，朝廷復命吳挺爲興州御前諸軍都統制兼知興州，充利西安撫使〔一〕，凡十九年矣。紹熙五年夏，卒於軍〔二〕。於是楊嗣勳總領財賦，先事白朝廷，乞擇重臣鎮蜀，乃以丘宗卿爲制置使。宗卿未入蜀，而聞挺病甚，恐其軍五、六萬人緩急無所屬，乃見大臣籌之。故事，帥臣闕，以轉運使權。至是，楊虞仲少逸爲利漕，宗卿欲重其事，乞令嗣勳往興州攝帥。上許焉。以爲朝臣出使，非制閫所當令，不欲行，而宗卿以聖旨移文，嗣勳重傷其意，即請少逸權州事，而已遥領安撫使。未幾，併以印送少逸就權，人以爲得體。先是，吳挺之季歲，聞外郡盜賊縱横，皆縱而不治。少逸至未久，遂捕其尤者悉誅之，邊人讋服。挺之死也，光宗已屬疾，不之信。趙子直在樞密院，用丘、楊之議，更遣張詔代之，人服其遠識。

71 利帥東西分合

利路自建炎置帥，或在益昌，或在漢中，未嘗分東、西也。紹興十四年，鄭亨仲爲宣撫副使，時吴武順璘在興州，楊襄毅政在興元，郭恭毅浩在漢陰，欲令三帥一體，乃奏分利州爲東、西兩路，東路治興元，西路治興州。而浩兼金、房、開、達安撫使，遥制夔路及京西三郡。乾道初，金州並屬東路，而守臣但兼管内安撫司。乾道元年夏，武順改判興元，朝廷以其遥制西路軍馬爲不便，乃權合東、西爲一路，以吴爲安撫使，而東帥王權改知洋州兼管内安撫司公事。吴蒞不改〔三〕。淳熙元年，吴武穆爲興州統帥，李叔永守興州。會湯朝美乞分利州東、西及金、襄、荆、廬、揚爲七路，各置文武二帥。叔永方申明間，而朝美得罪，事遂寢。五年，復分利州爲兩路，以挺帥西路兼知興州。紹熙五年夏，挺卒〔四〕，張詔代之，復合爲一路，而詔但兼知興州。過興元，章德茂侍郎爲帥，議損其禮，詔知之，即聲言已辭免兼郡，不復入銜，遂抗禮分庭而去。蓋趙子直、丘宗卿共議，本欲以削武興之勢〔五〕，而論者或以爲關外四郡既屬興元，戎司不能令，緩急恐失事機。會詔遣間卒出境，而知西和州王季明懲械繫之。趙資政德老爲制帥，奏罷季明〔六〕。慶元二年秋，復分東、西兩路。六年秋，郭杲代爲帥。嘉泰四年秋，吴曦繼之。開禧中，北伐，又以曦兼四川宣撫副專兵。比曦之反，凡所出僞命，皆以宣撫司號令行之，由是川蜀一切禀承，無敢異者。故知子直、宗卿削武興之權，其慮甚遠，猶得祖宗遺意，如德老所見特淺耳。

72 趙德老說郭杲定策

趙子直初議定策，遣中郎將范仲壬告殿帥郭杲。仲壬初以國事艱難告之，不應。又以忠義動之，又不應。仲壬不得已，屏人起立，具以西府意達之，又不應。仲壬乃還。子直知不可，遂請趙德老尚書往見杲諭指，德老謂杲曰：「彦逾與樞密第能謀之耳，太尉爲國虎臣，此事專在太尉。」杲未及言，德老變色責之曰：「太尉所慮者，百口之家耳！彦逾盡誠以相告，而太尉了不見答，即西府有問，何以復之耶？」子明徐曰：「致意樞密，領鈞旨。」事然後定。其後策勳〔七〕，首拜子明節度使。德老有怨言，乃亦除端明殿學士。

73 金字牌 雌黄青字牌 黑漆紅字牌

近歲郵置之最速者，莫若金字牌遞，凡赦書及軍機要務則用之，仍自内侍省遣撥，自行在至成都率十八日而至，蓋日行四百餘里。乾道末，有旨令樞密院置軍期急速文字牌，雌黄青字，日行三百五十里。八年十月十三日指揮。淳熙二年，尚書省又置緊急文字牌，亦如之。

然率與常遞混淆，故行移稽緩。紹熙末〔八〕，趙子直在樞密，乃改作黑漆紅字牌，奏委逐路提舉官催督，歲終校其遲速最甚，以議賞罰。四年十月十二日指揮〔九〕。明年，尚書省亦踵行之，仍令逐州通判具出入界日時狀申省。五年五月二十三日指揮。久之，稽緩復如故。余在成都，見制帥楊端明有命召，以丁卯歲十一月二十九日降旨，而戊辰正月末旬方被受，是日行纔百餘里耳。紹熙末〔一〇〕，丘宗卿爲蜀帥，始創擺鋪，以健步四十人爲之，歲增給錢八千餘緡〔一一〕，月以初三、十八兩遣平安報至行在〔一二〕，率一月而達。蜀去朝廷遠，始時四川事，朝廷多不盡知。自創擺遞以來，蜀中動息，靡所不聞。凡宗卿劾疏中所言，皆擺遞之報也。自後私書叢委，每遞至百數，由是往來稍踰期，自成都而東，猶不過月，自行在而西，或三十五、六日云。

74 嘉泰開邊事始

嘉泰三年冬，虜中盜起，增戍積糧，又禁襄陽榷場〔一三〕，蓋懼朝廷乘其隙也。朝廷聞其事，即起張肖翁參政帥淮東，程東老樞密帥淮西〔一四〕。蓋以肖翁揚州人，東老池州人，欲使護鄉井也。又起丘宗卿侍郎守四明，以防海道。起辛幼安大卿帥浙東。時武帥鄭挺在襄陽，邊釁開，懼不能任，力求去，乃召還行在。既又轉一官，知婺州。於是文臣無肯行者，遂以李奕爲荆、鄂副都統制兼知襄陽〔一五〕。奕與其兄弟爽言世將家皆爲戎帥。時東老父喪未免，力辭，改命廣帥薛象先侍郎，而象先不行，留提舉佑神觀〔一六〕，遂命宇文挺臣侍郎代之。辟置參機，皆非常制。又徙幼安以次對守京口，起趙德老資政守四明，出許深甫知院守金陵。深甫不欲行，乃命宗卿以直學士院代典留鑰。其開邊蓋自此始。

75 李季章論丘宗卿不當罷督府

丘宗卿之罷江、淮督視也，命由中出，執政不知之。李季章在都堂争之，侂胄不納。季章曰：「凡舉大事，未論行事之是非，先觀人心之向背。丘宗卿有人望，奈何去之。」侂胄變色曰：「方今天下只有一丘宗卿耶？」因拂袖而起。

76 葉正則不肯草出師詔

韓侂胄將舉兵，先以葉正則直學士院，蓋藉其名使草出師詔也。正則諭其意，堅辭至三、四，不受。於是用李壁草之〔一七〕。葉正則云：「正則既辭，又欲命曾鴻父漸以少蓬權直院，鴻父亦辭，遂止〔一八〕」。

77 董鎮言楊侍郎未肯通情

武興之亂，時人記録者，有新舊安西樓記、安觀文自撰。靖蜀編、宣撫司準備差遣胡西仲編。耆定録、長沙板行，不得姓名。海濱漁父記聞、沔州板行。楊巨源自叙書、上劉閣學者。楊巨源事蹟、益昌士人撰。楊巨源傳、武臣李珙撰〔二九〕。李好義誅曦本末、李好古自記。復四州本末、李好古自記。實入僞官人數、李好古自記。李好義行狀、白子申撰。平蜀實録、楊君玉撰。新沔見聞録、不得姓字。切齒録、士人任光旦編。固陵録、李直院季允編。毛氏寓録、茶馬司幹辦公事毛方平撰。公議榜、成都府學士人撰。佚罰録。朝奉郎趙公宅撰。而士大夫之在新沔者，又或有日録、辨污等書，最後西陲泰定録乃盡采而輯之，取舍是非，一從公論，其本末亦纚備矣。然必見於簡牘者然後登載，故雖時人所傳，其事甚播者，有未之及焉。曦之遺諸貴人書也，楊尚書獨深止之，曦不悦，再與費資政書略云：「成都侍郎獨不相察，使曦不從權濟難，就其和議，北人深入，何以爲計，相公可爲問之。」蓋費公所答曦書，其詞猶婉，而楊公之書，其語甚切故也。余在田里，見四路行移，獨成都安撫一司不去開禧之號，時二月初矣。爲錢引事，十六州、十六縣〔三〇〕，各大墨榜一，印榜凡六十。其後董鎮誅，得其遺曦書稿，有云楊侍郎未肯通情云。

78 安觀文誅曦勢順

淳熙末，安觀文爲文州漕官，有薦於吳挺者，檄兼利西安撫司簽廳。時彭人蘇熙之爲安撫司幹辦公事，以文墨自許，視旁人無如己者〔一〕。挺之館客有李姓者，挺子旴之外姻也。德壽宮慶典，李爲之草表以賀，表文中有「揚命」二字，既行矣，熙之一日挾尚書以進，謂挺曰：「導揚末命，此顧命中語，奈何用之？」挺大驚，追之不及，由是李與旴皆恨之。未幾，趙德老來蜀總計，舊例，西帥遣屬官一員往迓，則計使舉以京秩。熙之既爲旴、李所恨，乃共薦安公代之。德老見之甚喜，他日從容謂曰：「太尉統衆六萬，得毋例有虛籍者乎？」安公不敢盡言，則曰：「某所若干，某所若干，以實論之，可五萬三、四千人耳。」居數月，德老以書來曰：「太尉忠誠如此，曷若損六千人之虛籍，寬四川之重賦，不亦可乎？」挺得書，謂人曰：「趙少卿入蜀尚新，安得知吾虛實，此必安丙告之耳！」乃大怒，旴、李共爲解，遂已。未幾，安秩滿入都，因爲蘇代，挺記其前事，欲拒之。旴、李乃言曰：「使其果有是，勢當自疑。今調此官以來，可亮其無他也。」安公爲人警敏，凡事盡力，挺更喜之，爲延譽於諸司，改秩而去。及曦爲殿帥，安通判隆慶府，又遷知大安軍。比軍興，首辟隨軍轉運。旋以救荒有績，復遷一官，爲朝奉大夫。逮其稱王，即除丞相長史、都省事。俄楊、李之議合，安公遂決策誅之。蓋居不疑之地，操可致之資，其勢順也。天之佑宋，夫豈偶然哉！

79 蜀士立功立節次第

武興之變，立功者，安觀文爲之主，楊巨源、李好義倡率忠義次之，李貴手斬逆賊又次之。若李好古、安癸仲、楊君玉、李坤辰、張林、朱邦寧之徒，協謀舉事，又其次也。立節者，陳待制咸爲之首，史次秦薰目避僞次之〔二二〕，大安軍軍學教授。李國博興宗棄郡而去又次之。若王釜、總領所主管文字。李道傳、蓬州州學教授。皆不受曦之招，又其次也。楊泰之羅江縣丞。鄧性善、犍爲縣尉。程遇孫、知丹稜縣〔二三〕。宋之源〔二四〕、龍游縣令。文俱眉州司户參軍。家子欽〔二五〕、金州都統司計議官。劉端友、總領所措置糴買。劉翊之、興道縣丞。劉靖之、監成都府糧料院。楊汝明、成都府觀察推官。張方、普州州學教授。家大酉、昭化縣主簿。楊修年、簡州州學教授。梁梓、隆州司理參軍。詹久中、漢州州學教授。晁子儀、知緜竹縣。錢元儒、眉州司法參軍。龐坤載、名山縣尉。張權、監德陽縣商税。鄧諫從、新知懷安軍。袁柱〔二六〕、新知隆州。楊鼎年、知萬州，改差制置司參議官。李莊、知梁山軍，改差知雅州。程公説，前邛州州學教授。避僞去官，又其次也。以上立節之士共三十人〔二七〕。文俱以上五人係乞致仕，張權以上十四人係見任去官，袁柱以上二人係不赴新任，李莊以上二人係不候替人，程公説係不到部。死節者一人，權大安軍楊震仲。始終不奉行僞命者一人，成都帥臣楊端明也。其餘拒僞歸朝，如劉侍郎甲、李校書垕〔二八〕。稱疾不視事，如李侍郎寅仲等，尚多有之。曦叛時，以李季允持異論〔二九〕，僞帥禄祁令殺之，會其已去，乃得免。

校勘記

〔一〕利西　原作「和西」，據蕭本、閣本、函海本及兩朝綱目備要卷三、宋史卷三六六吴挺傳改。

〔二〕紹熙五年夏（吴挺）卒於軍　上引備要同，而宋史卷三六光宗紀載：「（紹熙四年）五月壬辰，吴挺卒。八月丁巳，贈吴挺少保。」又宋會要職官七三之一七載：「紹熙五年二月十七日，詔興州都統司計議官王公沂放罷。以四川制置使丘崈言其因都統吴挺身故招權生事，率意更易事務，軍中籍籍，幾至生變，乞行罷黜。故有是命。」可見此處「紹熙五年」爲「紹熙四年」之誤。

〔三〕乾道元年夏武順（吴璘）改判興元朝廷以其遥制西路軍馬爲不便乃權合東西爲一路以吴爲安撫使……吴薨不改

據宋史卷三三、卷三四孝宗紀載，吴璘改判興元府是在乾道元年五月，然合利州東、西路爲一，乃在乾道三年四月。參見宋會要職官四一之一一二。本書此處記事不確切。關於利州路分合事，宋會要方域七之七、玉海卷一九地理帥藩利州條、輿地紀勝卷一八三利州路條、兩朝綱目備要卷四慶元二年九月丁亥條、宋史卷八九地理志記載皆有失誤，應以宋史本紀爲據。又「朝廷」原作「朝臣」，據影宋本、蕭本、閣本、函海本改。又「吴（璘）薨不改」云云，亦誤。據宋史卷三四孝宗紀載，吳璘卒後之次月，即乾道三年六月，利州路又分爲東、西二路。淳熙三年五月，復合爲一。

〔四〕紹熙五年夏(吳)挺卒　「五年」爲「四年」之誤，參見本卷上條趙子直丘宗卿楊嗣勳不欲吳氏世襲條校勘記〔二〕。

〔五〕本欲以削武興之勢　原無「欲」字，據蕭本、函海本補。

〔六〕奏罷季明　原無「奏」字，據影宋本、蕭本、閣本、函海本補。

〔七〕其後策勳　「策勳」原作「勳策」，據蕭本、函海本乙正。

〔八〕紹熙末趙子直在樞密　「熙」原作「興」，據宋史卷二一三宰輔表改。

〔九〕(紹熙)四年十月十二日　「十二日」原作「二日」，據影宋本補。按：影宋本作「四年十月乙巳」，考紹熙四年十月甲午朔，乙巳乃十二日。

〔一〇〕紹熙末　「熙」原作「興」，據影宋本、蕭本、函海本改。

〔一一〕八千餘緡　「千」原作「十」，據影宋本、函海本改。

〔一二〕月以初三十八兩遣平安報　原無「月」字，據影宋本、蕭本、函海本補。

〔一三〕禁襄陽榷場　「禁」原作「焚」，據兩朝綱目備要卷八嘉泰三年冬金國盜起條改。

〔一四〕程東老　宋宰輔編年録卷二〇及宋史卷三九六程松傳皆作程松字冬老。

〔一五〕李奕　原作「李燮」，據殿本、函海本及上引備要改。

〔一六〕佑神觀　「神」原作「聖」，據影宋本、蕭本、閣本、函海本及上引備要改。

〔一七〕李壁　「壁」原作「璧」，據蕭本及兩朝綱目備要卷九開禧二年五月丙戌條、宋史卷三九八李壁傳改。

〔一八〕曾鴻父　「曾」原作「魯」，據影宋本及水心文集卷二一曾公墓誌銘、上引備要改。

〔一九〕李珙撰　原作「季珙傳」，據蕭本、函海本及宋史卷四〇二楊巨源傳改。

〔二〇〕十六縣　閣本作「六十縣」，疑是。

〔二一〕視旁人無如己者　原脱「視」字，據影宋本、閣本及兩朝綱目備要卷一〇開禧三年二月乙亥條補。

〔二二〕史次秦　「秦」原作「奉」，據兩朝綱目備要卷一〇開禧三年二月乙亥條及宋史卷四四九史次秦傳改。

〔二三〕丹稜　原作「丹陵」，據影宋本改。

〔二四〕宋之源　「宋」原作「安」，據上引備要及魏了翁鶴山大全文集卷七二知嘉定府宋君墓誌銘改。

〔二五〕家子欽　「家」原作「宋」，據影宋本、函海本及上引備要改。

〔二六〕袁柱　上引備要及永樂大典卷一三四五三，頁一二引本書條均作「袁桂」，疑是。

〔二七〕以上立節之士共三十人　上文列舉姓名僅二十九人。

〔二八〕李校書𡌴　「𡌴」原作「煌」，據上引備要改。按：李𡌴字季允。

〔二九〕李季允持異論　「論」原作「諭」，據蕭本、殿本、函海本改。

建炎以來朝野雜記乙集卷十

時事三

80 誅曦將士共轉三十萬官資 復四州將士共轉四萬五千餘官資附

誅曦功賞，自王喜以下〔一〕，凡四百二十人，有由副使建節者，有由白身授員郎者。又三路全軍約七萬人喝轉，或三官資，或五官資，入隊人五官資，不入隊人三官資。大抵共約轉三十萬官資，錫賚不計也。復四州功賞，自王喜、李好義、張林外，凡一萬三千六百四十六人，共轉四萬五千八百九十五官資。王喜河池四千六百七十人，共轉二萬三千八百官資。李好義西和一千一百九十四人，共轉七千八十三官資。惠永鳳州三千五百三十四人，共轉七千一百二十六官資。張林成州一千九百九十六人，共轉三千三百五十二官資。劉昌國階州八百三十四人，共轉四千五百三十四官資。以余所聞，河池、成州皆虜人自去〔二〕，鳳州則忠義人取之，階州不取可得，一時推恩，大率如此。余又嘗見李御帶好古親録實入僞官人纔一百三十一人，而據楊通判君玉所書，則君玉與楊用朋、李松之徒，止在長史廳伺候告捷，白子申又他之，則實入僞官人蓋不滿百三十一人矣。自諸軍喝報功賞之後，歲增支總領所錢物約七百八十萬緡，而喝犒不預焉。

81 誅曦犒賜銀帛數

誅曦犒賜共用金七千兩，金盤盞一副，金帶五條，金束帶一條，並宣撫司支。銀六十一萬七千七百七十兩，六千一百七十五兩，宣撫司支。六十一萬二千五百五十五兩，總領所支。絹六十一萬六千九百二十四匹，四千三百一十五匹，宣撫司支。六十一萬二千九百六十匹，總領所支。錢八萬二百五十引。三千引，朝旨支。七萬七千二百五十引，宣撫司支。

82 虜帥言李季章等四人可信

張肖翁之督視江、淮軍馬也，遣蕭山丞方信孺往河南行省求和，北帥僕散揆即十一駙馬也。許納南使，且禮遣之。信孺既行，揆復使人諭之曰：「已奏朝廷，更得安宣撫與西元帥一書，乃善。」侂胄以書遣安觀文諭旨，安公難之。久之，乃作書如所云，且餉以藥物、縑幣。西帥啓緘却饋，而令鳳翔府路都統使完顏昱作書以來，大略言當聽命於行省而已。時朝廷遣三使入北，一通謝，二告哀，三賀生辰。虜亦遣伭使來〔三〕，已過泗州矣，復却迴之，曰：「皇帝聖旨，南使中惟李壁〔四〕、吳琚、朱致和、李大性四人言語可信，當遣來議事〔五〕。今所遣小使且還。」琚，隆慈之弟子〔六〕，位至少師〔七〕、節度使。致和嘗以右司郎中出賀庚申正旦，未還，道除司農少卿。俄引年，除直龍圖閣，主管雲臺觀。大性字伯和，南昌人，嘗爲戶部侍郎。琚與致和時皆已死。虜又欲朝廷割地損禮，由是不諧云。

83 李季章所知多佳士

李季章參知政事，以劄子薦蜀士有時望者凡十二人於朝廷，乞召擢。守貳四人：黎州楊伯昌子謨、石泉張伯顧憕、隆慶倅何叔堅德固、瀘倅張子和鈞，而點伯昌、子和二人。京官四人：興元教授黃子駿申之、遂寧人。青神宰楊浩然洪，雙流人。選人四人：漢州學官詹子能久中，邛州人。眉州學官張習之押，潼川人〔八〕。余弟仲貫甫亦與焉。餘京官、選人忘記。後點子駿、子能二人。得旨皆召。未行，侂胄敗，季章謫，子駿病喘死，三人俱不敢前。制帥楊嗣勳再請於朝，然後促召。時伯顧以衛清叔薦，仲貫甫以嗣勳薦，亦有召察之命。浩然後爲黃伯庸所薦，不得召。董仁父入蜀，復上習之節守於朝，乞召察。叔堅歷守長寧、唐安，垂除部使者，告老而去，年纔五十四云。季章所知多佳士，此其選也。

84 淳熙至嘉定蜀帥薦士總記

蜀帥例得薦士。其始，胡長文所薦如呂周輔，范致能所薦如胡子遠，亦不過一、二人，皆幕中之士。蓋以蜀去天日遠，士非大帥薦揚，無由自進。頃歲趙温叔初入樞府，楊嗣勳爲吏部侍郎，李季章參知政事，皆嘗特薦士三人或四人。吴曦平後，朝論以蜀士在朝者少，又特召四人。此外郡守已下，非常有朝蹟及進士三人，莫非帥臣所薦召矣。初長文之守蜀也，首薦呂周輔、章德茂二人可用，而召周輔一人。其後留仲至爲守，遂薦黄文叔、馮傳之、李君亮、費戒甫、范文叔等五人，論者翕然以爲當。詔召文叔、傳之，餘俟滿秩與陞等差遣。仲至執政，趙子直繼之，獨薦劉德修。子直去，京仲遠爲代，薦費戒甫、游子正。仲鴻，南充人，時知中江縣。又薦劉仲洪、張子良。伯源，仁壽人，進士廷試第三人。而仲洪、子良皆幕客也。陳子長右司損之，籍縣人〔九〕。爲華陽宰，仲至意屬之，而不與薦，由是格不下。會潼川漕趙静之善譽亦薦張子良於朝，將有命召，或曰：「前是大帥所薦，不行；而今以一路監司所薦，召之。恐傷事體。」時王燕望少監爽，潼川人，子良同榜進士第二人。爲成都石室教授，乃降旨併召二人。若曰：「自以進士高第召之，非由外薦也。」其後丘宗卿未及薦而罷去。趙德老爲帥，京仲遠當國，乃薦其客馮叔常履，臨邛人，時爲崇慶府教授〔一〇〕。及李季允、楊濟道，濟，青城人。時爲隆州教授。凡三人。德老復以所厚王齊卿己，嚴道人，終國子録。參之，皆得召去。自是遂有歲薦之名矣。袁起巖所薦宇文挺臣、時知隆州。相里公擇、寅，安仁人，新知眉州〔一一〕。范少才、子張，雙流人，時知飛烏縣〔一二〕，今太常丞、東川提刑。趙全道、大全，潼川人，時爲簡州教授，終太常丞、知眉州。張公甫、興祖，眉人，時爲普州教授。陳叔達，遇孫，仁壽人，時爲潼川路提刑司檢法官。凡六人。朝廷不能盡召，乃詔挺臣、公擇俟秩滿赴行在奏事，少才、全道俟終更赴朝堂審察，公甫、叔達俟滿日特轉一官。自是歲薦有不召者矣。劉仲洪爲人固非長者，然所薦劉師文、甲，渤海人，寓居達州，今寶謨閣直學士。張伯修、從祖，江源人，新知靈泉縣，終將作少監。宋正仲、德之，晉原人，嘗爲太常丞，今爲湖北提刑。李仲衍、興宗，洛陽人，寓居鄷都，終國子博士。四人，俱時望。謝用光所薦費思甫〔一三〕、士戣，廣都人，時知重慶府。張東甫、震，龍湖人，時知彭州。張公甫、時爲制置司幹辦公事。扈叔誼、仲榮，江源人，時簽書大安軍判官廳公事。許子然，沆，瀘州人，時爲合州教授。凡五人。思甫乃參政戒甫之族，叔誼與戒甫連姻，思甫以嫌除直祕閣，餘人皆召察焉。程東老在蜀最無足云，而所薦陳逢孺、李仲衍、薛仲章，紱，龍游人，時爲宣撫司幹辦公事。范少約、子該，雙流人，時自武學諭丁憂。張義立、方，資陽人，類省試第一，時爲普州教授。楊叔禹，汝明，青神人，進士甲科，時爲成都推官。皆知名。東老時爲宣撫制置使，乃盡召之。楊嗣勳薦子弟仲貫甫及程叔達、趙信道，希昔，宗室，寓居合州。而又申言程東老、李季章所薦不敢行者六士。范少約、楊叔禹、張義立、楊伯昌、張子和、詹子能。於是有旨趣行，蓋九人也。安子文方爲宣副，同時薦八士，章甫上，會其間蓬守杜慶長源，昌元人。以上僞表爲中執法所劾，竄臨賀，由是報聞。久之，乃獨召宇文子仁，聞仲，雙流人，今爲大理司直〔一四〕。蓋挺臣力也。吴德夫爲制帥，薦李仲可、嗣文，依政人，知雅州。何仲弼、德彦，緜竹人，通判成都府度周卿、正，巴州人，知華陽縣。何從叔、應龍，昌元人，西川簽判。劉思恭、靖之，陽安人，監成都糧料院。李思行。鳴鳳，陽安人，隆州教授。何、李，皆類試第一人。思恭，德修子。仲弼已選知黎州。四人皆召。仲可得旨與監司差遣〔一五〕，俟命一年餘，乃除利路轉運判官。周卿嘗謁朱晦翁於建陽，從之彌月。德修每爲之延譽，德夫又力薦之，乃進一官。曾君錫舍人論之，命遂寢。明年，子文改除制置大使，乃薦崇慶李季允、幕客趙公開、希濬，寓居石盤。嚴道楊叔正、泰之，青神人。普州學官張益父、已之，遂寧人。成都帥屬王才臣，俊卿，廬陵人。凡五人。季允歷官館學，累爲藩帥、部使者，不當在歲薦之列。叔正少勁直，爲楊嗣勳所知，方吴曦亂時，嗣勳與其父書，有「令嗣拂袖徑去，真名父之子，輔所以不欲與聞其去，想蒙悉督」之語。子文得其墨本，爲繳進。益父，嘉定元年進士，今尚初官，同時廷試第一人、前省元未召也。才臣喜爲詩，以江西帥使者特薦得官，不由科目，且非蜀士，議者以爲非前比。章上數月，乃召季允與別議差遣，公開增一秩，叔正、益父召察，才臣俟終更與陞等差遣。會成都提刑林與之以不應副利店事，與帥臣黄伯庸異論，召去。乃命季允爲本路提刑，特免避産業云。與之名潔己，永嘉人。祖待聘，紹興給事中。於是伯庸以得旨咨訪西蜀吏治，亦薦士三人，曰何仲弼、楊浩然洪、虞子韶剛簡。浩然，雙流人，故爲德修諸人客，時通判潼川府。子韶，雍公孫，屢舉進士，時知永康軍。朝論以一路帥未嘗有薦士者，疑之。伯庸移書執政，援前旨爲詞。仲弼先已召，會朝士多知子韶，乃降旨：浩然秩滿與陞等州郡〔一六〕，子韶令赴都堂審察。自嘉定以來，蜀之宣撫、安撫、制置三司，皆得薦士，亦非常制云。

85 四川大制司結局

沔州自誅曦後，王喜、王鉞、薛九齡皆以宣撫司便宜之命爲都統制。己巳之秋，王大才始以荆、鄂都統制改除入蜀。大才過漢中，自以嘗權招撫使，不欲與大使講階墀之禮。安大使不從，大才憾焉。先是，戊辰之冬，金主璟卒，無子，其季父衛王允濟立。允濟嘗使韃靼，不爲其主所禮，憤之。及允濟立，特没真始叛〔一七〕。辛未之秋，朝廷遣余郎中嶸北使，賀所謂萬秋節者，而燕京已爲韃靼所逼〔一八〕，不暇延使者，余郎中至涿州而還。癸酉之秋，允濟爲其臣紇石烈執中所弑〔一九〕，璟之庶兄鄷王珣代立。董舍人居誼爲賀生辰使，至沃州而還。繼而賀登位使真舍人德秀、正旦使李舍人臯〔二〇〕，繼抵盱眙，虜皆不克迓〔二一〕。議者言虜有内難，議論紛然。朝廷聞之，以御札賜大使及大才，令益謹守備，毋啟邊釁。有廸功郎、提舉皂郊博易鋪務兼大使司簽廳何九齡者，廣安巂爵人也，遽結忠義人〔二二〕，謀取秦州。未發前八日，虜先知，以檄至秦州詰問。丙寅除夕，九齡遂率沔州中軍統制强德等，以所部夜襲秦州。甲戌正月朔旦，敗焉。十六日壬午，大才執九齡及諸將等七人，斬之。以其事聞於朝，且檄報鳳翔都統使，仍關牒川、陝四路監帥司〔二三〕。又遣人往廣安捕九齡之子世昌，亦斬之。會大使司奏大才圖爲宣撫使，設意傾陷。今邊報不一，或有緩急，必致誤事。二月十九日甲寅，詔大才特降一官。三月二日丁卯，大使除同知樞密院事，不日起發，赴院治事。新成都路安撫董侍郎居誼除四川制置使，疾速前去之任。知潼川府劉侍郎甲除利路安撫使〔二四〕，時暫權制置司職事，限一日起發。皆未受命也。會大使司遣使臣李大亨、王頤往皂郊，逮大才所遣秦州打話人赴興元問狀。四日己巳，過沔州市，大才執大亨斬之，縱頤歸報。後二日辛未，乃以悖語至大使司。武功大夫、福州觀察使、充沔州駐劄御前諸軍都統制兼知沔州王大才，今具相公不顧法令，非理劄下大才事目，開具下項：一入謀大才與虜人同謀不軌，一入謀大才與虜人私通書信，一入謀大才於廣安軍殺何九齡之子世昌，一入謀大才將兵劫掠到銀七十三錠，金一百五十兩，已納在大才宅庫。一興元都統李太尉密與大才下書，虞候孫儀言說稱相公已刷差下二千五百人，要親來沔州將大才殺害。二相公日來不時遣使强横小人，以追人爲名，前來門首，厲聲叫鬧，呼來庭下，將大才百端屑瀆，靡所不言，此何理耶？未有敗壞朝廷紀綱法令，端自相公爲始。伏乞鈞照。右大才照得禮樂征伐自天子出，非人臣可得而事〔二五〕，不謂相公同何九齡擅開兵端，引惹邊事，關係國家利害至重，而又不遵宸翰約束。其所賜御札，詔墨未乾，輒敢反亂朝廷，何所不爲。所有何九齡已從條法誅斬了當，獨相公未蒙朝廷施行，如何反將忠臣義士入謀以不赦之罪，公然形於紙筆，以快私意，天下恐無此理。可見相公包藏禍心，欺罔君父，蔑視朝廷，不恤人言，略無忌憚。未審相公端用幾日，前來沔州作亂，乞賜明文行下，容大才道左祗候公參。謹具申制置相公，敢望鈞慈憫念朝廷，勿以天日萬里以爲可欺，况惡業貫盈，恐造物不與，善後特未可保。伏乞鈞照，開正識眼，曲賜看詳。嘉定七年三月初六日。八日癸酉，大使得之，即疏辯申朝廷，且檄四路帥臣、監司，委究其實。十一日丙子，董侍郎至石首縣被制置使之命，而十七日壬午，大使被同知之命，同日劉侍郎亦被權司之命，而二十五日辛卯，乃借用潼川府觀察使之印，交割制置司職事，徑之興元。四月十九日癸丑，安同知發興元，申乞以劉賣鹽引錢三十萬緡，充沿路犒諸軍之用，不待報遂行。五月十八日壬午，金主珣爲韃靼所迫，渡河而居汴京。至六月二十日癸丑，安同知自廣安起行，順水而赴行在。至八月十六日戊申，安同知除觀文殿學士、知潭州。二十一日癸丑，安同知方行至廣德軍，乃得邸報。二十五日丁巳，始還，次於黄池鎮，知被新除之命，因上疏力辭，優詔不允，乃遣官賫結局進册赴行在。蓋自丁卯二月乙亥晦〔三六〕，值吴曦誅，安公遂權宣撫使。至甲戌四月十九日癸丑，而制置大使司乃結罷，凡共二千六百有一旬有八日云〔三七〕。於是制置使還成都，而興元帥臣依兩淮例兼節制御前軍馬，稍得與聞邊政。大才貪庸凶悖，制置使既不得其柄，反倚重焉，失朝廷臨遣之意矣。

校勘記

〔一〕王喜以下　原無「以」字，據影宋本、蕭本、閣本、函海本補。

〔二〕虜人　原作「番人」，據蕭本、函海本改。

〔三〕虜亦遣迓使來　「虜」原作「金」，據蕭本、函海本及本條標題改。下同。

〔四〕李壁　原作「李璧」，據宋史卷三九八李壁傳改。按：李壁字季章。

〔五〕當遣來議事　「當」原作「常」，據蕭本、殿本、閣本、函海本改。

〔六〕（吴）琚隆慈之弟子　原無「子」字，據影宋本、蕭本、函海本及宋史卷四六五吴琚傳補。

〔七〕少師　「師」原作「卿」，據蕭本、閣本、函海本及上引宋史吴琚傳改。

〔八〕張習之押潼川人　「押」，殿本作「狎」，兩朝綱目備要卷九開禧二年七月癸卯條作「柙」。

〔九〕籍縣　「籍」原作「藉」，據蕭本及宋史卷八九地理志仙井監條改。

〔一〇〕馮叔常履　「履」原作「復」，據蕭本、殿本、閣本、函海本改。

〔一一〕新知眉州　原作「知新眉州」，據函海本及下文文例乙正。按：四川，宋代無「新眉州」。

〔一二〕飛烏縣　「烏」原作「鳥」，據宋史卷八九地理志潼川府條改。

〔一三〕謝用光　「光」原作「先」，據本書乙集卷十一從官典藩於制司不用申狀條改。按：謝源明字用光，嘉泰二年爲四川制置使。

〔一四〕大理司直　「司」原作「寺」，據蕭本、殿本、閣本、函海本改。

〔一五〕與監司差遣　原無「與」字，據上引本子補。

〔一六〕浩然　原脱「浩」字，據影宋本、蕭本、閣本、函海本補。

〔一七〕特没真　原脱「没」字，據蕭本、函海本補。

〔一八〕韃靼　原作「蒙古」，據閣本、函海本及本條上下文稱謂和兩朝綱目備要卷一四嘉定七年（甲戌）正月丁卯朔條改。

〔一九〕允濟爲其臣紇石烈執中所弑　「弑」原作「殺」，據蕭本、殿本、函海本及上引備要改。

〔二〇〕李舍人垕　「垕」原作「屋」，據影宋本及上引備要、宋史卷三九寧宗紀改。

〔二一〕虜皆不克迓　原無「皆」字，據影宋本、蕭本、函海本及上引備要補。

〔二二〕遽結忠義人　「遽」原作「據」，據影宋本、函海本及上引備要改。

〔二三〕川陝四路　「四」原作「西」，據蕭本、函海本及本條下文記事和上引備要改。

〔二四〕知潼川府劉侍郎甲　「川」原作「州」，據蕭本、閣本、函海本及上引備要改。「甲」原作「中」，據上引備要及宋史卷三九七劉甲傳改。參見宋史卷三九寧宗紀嘉定七年正月、三月記事。

〔二五〕人臣　原作「大臣」，據殿本、閣本及上引備要改。

〔二六〕丁卯二月乙亥晦　原作「丁卯二月一日乙亥」，據影宋本、函海本及宋史卷三八寧宗紀開禧三年（丁卯）二月乙亥條改。按：是年二月丁未朔，乙亥乃二十九日。

〔二七〕二千　原作「六千」，據影宋本、函海本改。

建炎以來朝野雜記乙集卷十一

故事

86 親筆與御筆内批不同

本朝御筆、御製，皆非必人主親御翰墨也。祖宗時，禁中處分事付外者，謂之内批。崇、觀後，謂之御筆。其後，或以内夫人代之。近世所謂御寶批者，或上批，或内省夫人代批，皆用御寶。又有所謂親筆者，則上親書押字，不必用寶。至於御製文字，亦或命近臣視草焉。若神宗祭狄青文，中丞滕達道所作也。實録誤以爲親製。高宗追廢王安石配享詔，舍人胡明仲所作也。張侍講跋此詔所謂「荆舒禍本，可不懲乎」？亦誤爲親製也。光宗撰壽皇聖政録序，祕監陳君舉所作也。此文見致堂、止齋集中，但人不知爾。

87 選人不十年入相

陳勉之，丙辰年自南昌丞除太學録，癸亥夏拜右揆〔一〕。自選人不十年入相，本朝所有，獨范覺民與勉之而已。覺民六年，勉之八年。

88 將相四十以下建節者

將相四十以下建節者，李君錫顯忠年三十二〔二〕，岳鵬舉飛三十二，楊正甫存中三十五，張魏公浚三十六，吴寶臣璘三十七〔三〕，吴唐卿璘三十八，吴晉卿玠三十九，韓良臣世忠及吴曦皆年四十。

89 使相以上封國例

故事，使相以上封國公者，先小國，經恩升次國，又經恩升大國。若孝宗初政，張忠獻以特進、和國公拜少傅、江淮宣撫使〔四〕，封魏國公，官爵皆進二等，蓋殊命也。近歲史丞相以敕局進書恩，自永國徑封魯國公，亦異數。

90 中興異姓七王

中興異姓七王，自張俊始。先是，韓世忠以咸安郡王奉朝請，其没也，追封通義郡王而已。久之，俊死，有司奏如前例。上謂其有和戎功，與世忠相去萬萬，遂特封循王。乾道初，楊存中死，追封蘄春郡王，其家意不滿，又封和王。明年，吴璘死，以爲熟例，追封信王。世忠之子彦古，令統制官張青頌其父功，乞追贈。孝宗難之。宰相陳應求曰：「張俊、楊存中已封王，則於世忠似有不足，前此失於無人建請，若聖意行之，亦足以勸有功而厲將士。」遂封蘄王。淳熙初〔五〕，吴拱爲騎帥，始訴父玠有保蜀功而爵不稱，乃封涪王。開禧用兵，韓侂胄欲風厲諸將，因劉光世之孫伯震有請，封光世鄜王。既而又封岳鵬舉爲鄂王。中興諸將，至是畢爲王矣。

91 后家封王者

祖宗以來，后家封王者，自元豐間曹氏始。時官制初行，曹濟陽自中書令改開府儀同三司，神宗以爲慊於志，故以異姓王易之也。其後高氏不得封。向氏二王，宗回、宗良。鄭氏一王，紳。至中興後，后家得封者，吴氏二王，孟氏、韋氏、郭氏、韓氏、楊氏各一王〔六〕。然曹、向、吴、韋、郭皆以元舅，鄭以后父封，獨孟信安以帝外兄，韓平原以中宫曾季祖，皆異禮也。近楊永陽以后兄得封，亦異數。

92 中興以來后家建節者

自建隆以來，母后、中宫之家建節者極少，如杜審進、曹佾皆晚歲始得之。宣仁垂簾十年，高公繪止爲承宣使。符、觀後，乃有向宗回兄弟、鄭紳父子。中興七十年，后家建節者，凡二十有二人。吴氏七人，益、蓋、琚、瓌、珽、璹、珵。韓氏四人，侂胄、邈、同卿、竢〔七〕。韋氏四人，淵、謙、讜、璞〔八〕。邢氏、李氏各二人，邢焕、孝揚、李孝友、孝純。孟氏、鄭氏、郭氏、夏氏、謝氏、楊氏各一人。忠厚、藻、師禹、執中、淵、次山。

93 建炎迄嘉定中臺司不至兩地者十一人

建炎至嘉定除御史中丞凡四十人，自顔夷仲至今章達之，率皆柄用，其中間不至兩地者，十有一人而已。然或以久病，辛柄、姚愈。或以論事失指，蔣世珍、謝國昌。或與宰輔不合，王賓、周祕、常同、廖剛。或以告訐，句龍行父。或以敗事，鄧伯允。皆因有故而去。其以常伯善罷者，惟羅龍學汝檝一人。若詹端明大方者，雖以工部尚書出臺，而旋入密府云。

94 近臣舉察官事始

紹興癸丑，右相朱藏一以内艱去位，高宗手札賜學士沈必先、綦處厚，以三院御史阿附時宰，令二人共舉察官。於是以李元叔長民應詔。元叔嘗爲校書郎，奉祠去，久之通判漳州，遂召還爲監察御史。而曾、任、鄭三御史皆罷。此中興後近臣舉察官之始也。

95 御史臺彈奏格

御史臺彈奏格，舊無有。淳熙初，柴叔懷瑾爲殿中侍御史〔九〕，奏言：「本臺覺察彈劾事件，前後累降指揮，經今歲久，名件數多，文辭繁冗，又有止存事目，别無可考，恐奉行致有牴牾。乞下敕令所逐一删脩成法，各隨事宜，以六察所掌，分門别類，繳申朝廷取旨，降下本臺遵守。仍令刑部鏤板，頒降中外。」單夔時以户部侍郎兼敕局詳定，被旨編寫成册，送臺審覆。會謝廓然新除殿中侍御史，與其寮審覆，凡三百五條具奏，乞以彈奏格爲名行下。從之。四年七月丙午也。紹熙元年二月，劉德修爲御史，又摘其有關於中外臣寮、握兵將帥、后戚、内侍與夫禮樂訛雜、風俗奢僭之事，凡二十餘條以奏，乞付下報行，令知謹恪。上從之。

96 任子賜出身

祖宗以來，兩制、二史，必以進士登科人爲之。其後有以才選者，例賜進士出身，雖徐師川、呂居仁亦然，重科目也。乾道初，王嘉叟秬爲左司員外郎，會右史胡元質長文在告，上命嘉叟權右史，仍攝西掖。執政言：「嘉叟無出身。」上曰：「時暫，無傷也。」其後，韓旡咎元吉爲左司郎中，而舍人林景度機出迓北客，上復命旡咎，旡咎以門廕入仕辭，不許。時王能甫之奇爲兵部侍郎，張南軒爲左司員外郎，繼除侍講，亦不賜出身，用呂元明、吴傳正例也。已而，有爲上言南軒譏能甫不學，不當在講筵者。上怒。南軒俄以事去。未幾，蘇季真嶠除左史，遂復賜出身。余謂得人如旡咎、欽夫，豈當復以任子、登科爲間，雖不必守祖宗之舊可也。是時有右文林郎王天覺者，知貞符縣代還，以聚斂擊刺之術，因左右以見。其所獻之書有云：「人才可用，不必限有無資格出身，如擢王炎。炎誠可用，不必賜出身，賜出身則猶有所拘也。」其迎合類此。既而改京秩，除樞密院編修官兼檢詳文字〔一〇〕，俄爲副端徐彦才所論，遂逐去，議者快之。

97 言官詞臣論宗室入館人數差誤

本朝宗室入館者五人，自乾道五年趙忠定始。其後，趙從道侍郎、趙大本舍人皆嘗爲之。開禧末，趙汝談除正字，言者論列，以爲中興後宗室入館者纔二人，汝愚以大魁，彥中以詞科，然後得之，而不及從道，蓋失於考詳也。從道名師訓，安定郡王令瀗孫，紹興甲戌歲登科，乾道壬辰冬，始以近臣薦，召爲太常寺主簿。明年夏，除祕書郎。未兩月，遷起居舍人。其冬，權工部侍郎。甲午秋，引疾丐祠，除敷文閣待制。履歷如此，言路乃不知，何也？嘉定之初，趙履常崇憲入館，蔡行之當制，亦云中興後宗室入館者凡三人，亦誤矣。

98 學士舍人當兄弟除官制不應避

紹興初，王剛中爲中書舍人，其弟居修除太常丞，引嫌乞改命官草制，自是爲例。余嘗以故事考之，學士、舍人當兄弟除官制，皆不應避。錢惟演使相麻，其從兄希白所草也。曾子宣右僕射麻，其弟子開所草也。若謂一時宣鎖，亶爲異數，則元豐官制初行，子開除吏部郎中，子固時爲中書舍人，行詞亦不避。考南豐類藁而可見也。不知引避起自何時。

99 館職不入局故事

楊僎子寬，和王存中長子也，其父久掌殿巖，既補以京秩，紹興二十四年，又奏乞令與其弟倓子靖並特赴殿試，高宗勉從之。蓋是年秦塤爲南省舉頭，故效之也。二十七年正月，僎除少蓬，士論甚駭。既供職，館閣之士不入局者三日。時唐立夫爲祕書郎，黄通老、王時亨爲著作佐郎，季元衡、陳文仲爲校書郎，胡周伯、張安國、林少頴、汪明遠、葉伯益爲正字，大抵多名人也。朝廷聞知，亟徙僎宗正少卿，而以劉文孺代之，物論乃息。僎後遷工部侍郎，倓淳熙中執政。

100 檢驗格目

檢驗格目者，淳熙初，鄭興裔所創也。始時檢驗之法甚備，其後郡縣玩弛，或不即委官，或所委官不即至，即至亦不親視，甚則以不堪檢覆告。由是吏姦得肆，寃枉不明，獄訟滋熾。興裔爲浙西提點刑獄，乃創爲格目，排立字號，分畀屬縣。遇有告殺人者，即以格目三本付所委官。凡告人及所委官屬、行吏姓名、受狀承牒及到檢所時日、廨舍去檢所近遠、傷損痕數、致命因依，悉書填之。一申所屬州縣，一付被害之家，一申本司。又言於朝，乞下刑部鏤板，頒之諸路提刑司準此。從之。遂著爲令。元年五月十七日也。興裔，其先平陽人，後徙開封。曾祖紳，以后父貴，宣和末，爲太師、樂平郡王〔一〕，謚僖靖。祖翼之〔二〕，陸海軍節度使〔三〕，謚榮恭。世父藻事高宗，久在上閤，再爲大使，官至使相，封榮國公，謚端靖。興裔初名興宗，早以后澤入官，乾道中，爲江東兵馬鈐轄，嘗論建康都統及馬軍行司擇帥未善，孝宗韙之。會復武臣提刑，擢使閩部，移浙東，又移浙西。再使金，因避虜諱〔四〕，改賜今名。淳熙初，除樞密院副都承旨，在職十年，歷知廬、揚、明州，皆有政績。慶元五年，告老，轉武泰軍節度使致仕，卒謚惠肅〔五〕。子挺嘗以横行團練使〔六〕，歷帥淮、襄兩道。損、抗皆有位於朝，而損登進士甲科，蓋世族中所未有。

101 宣相詔使稱謂不典

元樞呼樞使，自張俊始。諸州倅呼府判，自陸寘始。皆見於會要、日曆。舊制，密院官亦止以樞密爲稱。紹興中，張俊爲使，其親吏以俊父名密，請於朝，有旨呼樞使。自是爲例。宣和中，陸寘以宦者王通薦，通守四明，避其名，更稱府判。紹興初，稍稍行於浙路，今遂爲天下通稱，不可易矣。宣撫使呼宣相，自童貫始。近安子文爲四川宣撫副使，得旨恩數視執政，士大夫鄙俗者亦稱宣相，蓋務爲崇重，而不考其始焉。近歲詔客以例呼爲詔使〔一七〕，余在成都見錢伯同丞相與制帥楊端明手書亦然〔一八〕。按朱忠靖閒居録，宣和間，大閹李彥按行京西，始呼詔使。蓋唐敕使之稱，今以稱士大夫，誤矣。

102 莫粹中轉官最速

近歲轉官最速者，莫舍人粹中子純。慶元二年進士，是歲七月補承事郎，而嘉泰三年階官已爲中大夫。出身凡七考，共轉十六官，通爲五十八年磨勘，其間限員之日月不與焉。若任子細轉，則爲七十年磨勘。是歲明堂，請任子，吏部以庶官入仕未及十五年，格不下。蓋宣和間嘗立此法，自中興以來未之有也。陳勉之以慶元二年六月改官，至開禧三年遷特進，實歷十二考，共轉二十四官。自其執政後無序遷法，姑以侍從年勞計之，凡用一百二十四年磨勘，亦宰輔中所未有。若任子細轉，則爲一百三十五年。

103 宰執贈官例

故事，侍從亡歿，皆贈四官，執政五官，樞密使六官，宰相七官，若特進以上一官而已。嘉泰末，周益公以少傅贈太師，蓋異數也。嘉定以後，錢伯同〔一九〕、樓大防、宇文挺臣、張肖翁之徒，皆例贈公、少，是過乎厚矣〔二〇〕。費戒甫嘗爲執政，官至正議大夫〔二一〕，乃止以銀青光禄大夫告第，實贈四官，是又少殺矣。按祖宗之時，贈卹之典多出特旨〔一二〕，不專用例，蓋考其勳德之大小而分隆殺焉，此勸懲之意也。

104 奉常畢大事例遷儀曹

朱時敏師古，眉山人也。淳熙末，爲太常少卿，王季海喜其謹厚，欲用爲從官，而不敢薦，二年半不遷，數請外，季海留之。其妻樂安郡夫人任氏，賢婦人也，以爲不可，師古力求去。一日，方坐寅清堂，有老吏密言曰：「德壽宮服藥，可知之否？」師古顰蹙曰：「知之，奈何？」吏曰：「少卿奚去之果。」師古不諭〔一三〕。既而得小龍，知潼川府。尤延之代爲少卿，視事一日而宣遺詔，祔廟四日，除禮部侍郎。師古乃悟。余因考紹興七年吳正仲，二十九年宋斐，皆以大喪禮畢，除儀曹貳卿，老吏習知之，故以微言留師古耳。

105 刺史以上無階級法

太祖階級法，諸禁軍將校有帶遙郡者，許以客禮見，自餘一階一級全歸伏事之儀〔一四〕。時橫行諸使尚未有遙郡之名，此文指禁軍指揮使帶防、團、刺史者耳。近歲李伯和尚書爲京、湖制置使，管軍節度使王喜橫梃拜於庭下〔一五〕，僭也。余嘗記王公明以元樞爲四川宣撫使，都統制初參謁，拜副階上，典謁吏贊，相公答拜。次統制官拜庭下，亦如之。次立椅子前，受統領官拜。正將以下，乃坐受焉。余謂統制官以上，官至正任刺史者，當以客禮見管軍，則合開寶五年之制矣。

106 從官典藩於制司不用申狀

謝用光自工部尚書論罷，久之，以太中大夫知夔州，移興元府。時劉仲洪爲蜀帥，故事，嘗任侍從官於制置司申狀，止書檢不繫銜。用光至興元，始用申狀，吏以閣才元故事白。不從。嘉泰二年，用光就除制帥，趙全叔以華文閣待制代之，吏以伏申狀呈。全叔曰：「我從官也，何乃爾？」吏以用光近例對〔一六〕。全叔不樂。於是楊嗣勳以敷文閣直學士、知潼川府，何同叔自前禮部侍郎起爲夔路安撫使，全叔即檄二公詢之，二公皆不報。全叔不得已，遂復用申狀焉。從官書檢不繫銜，紹興十九年旨也。

107 諸路倚郭二縣數

諸路州府治二縣者，凡十有二：東京開封府，治開封、祥符。行在臨安府，治錢塘、仁和。京兆府，治長安、萬年。成都府，治成都、華陽。平江府，治吳、長洲。建康府，治上元、江寧。紹興府，治山陰、會稽。隆興府，治南昌、新建。福州，治閩、候官〔三七〕。廣州，治南海、番禺。湖州，治烏程、歸安。雄州。治歸信、容城。

校勘記

〔一〕陳勉之……癸亥夏拜右揆　「夏」原作「春」，按兩朝綱目備要卷八及宋宰輔編年録卷二〇、宋史卷三八寧宗紀、卷二一三宰輔表皆繫陳自强（字勉之）拜右丞相於嘉泰三年（癸亥）夏五月戊寅，故改。

〔二〕李君錫顯忠年三十二（建節）　「年三十二」原作「年三十」，按要録卷一四七載：「紹興十二年十二月癸酉，龍神衛四廂都指揮使、護國軍承宣使、御前統制兼樞密院都統制李顯忠爲保信軍節度使、兩浙東路馬步軍副都總管。顯忠時年三十有二也。」故加以補正。又據名臣碑傳琬琰集下集卷二四李顯忠行狀及宋史卷三五孝宗紀、卷三六七李顯忠傳，顯忠卒於淳熙五年（公元一一七八年），終年六十九。上推其生年爲徽宗大觀四年（一一一〇年）。紹興十二年（一一四二年），顯忠三十三歲，比岳飛三十二歲建節晚一歲。此處記述建節年齡早晚順序有誤。

〔三〕吴寶臣揔三十七（建節）　按本書甲集卷九渡江後父子兄弟建節數條，吴璘之子揔未嘗建節，而建節者乃吴挺。又據宋史卷三六六吴挺傳、卷三六光宗紀，吴挺卒於紹熙四年（公元一一九三年），終年五十六。上推其生年爲紹興八年（一一三八年）。淳熙元年（一一七四年），拜定國軍節度使，年三十七。疑此處應作「吴仲烈挺三十七」。

〔四〕和國公　原脱「和」字，據影宋本、函海本及宋史卷三六一張浚傳補。

〔五〕淳熙初　原作「紹熙初」，據蕭本、函海本及宋史卷三四孝宗紀淳熙三年十二月甲午條改。

〔六〕各一王　原無「各」字，據影宋本、蕭本、函海本補。

〔七〕(韓)竢　原作「俟」，據本書甲集卷一恭淑韓皇后條及宋史卷二四三寧宗恭淑韓皇后傳改。竢爲俟之異體字。

〔八〕(韋)璞　原作「樸」，據本書甲集卷一顯仁韋皇后條及宋史卷四六五韋淵傳改。

〔九〕柴叔懷　宋元學案卷二五龜山學案作「柴瑾字懷叔」。

〔一〇〕檢詳文字　「檢詳」原作「檢討」，據影宋本、蕭本、函海本及宋史卷一六二職官志改。

〔一一〕樂平郡王　原作「平樂郡王」，據周益國文忠公集平園續稿卷三〇鄭興裔神道碑及宋史卷二四三徽宗鄭皇后傳、卷四六五鄭興裔傳乙正。

〔一二〕祖翼之　原脱「之」字，據上引鄭興裔碑、傳補。

〔一三〕陸海軍節度使　「陸」原作「寧」，據上引碑、傳改。

〔一四〕膚譚　原作「金譚」，據蕭本、函海本改。

〔一五〕惠肅　原作「忠肅」，據蕭本、函海本及上引鄭興裔神道碑改。

〔一六〕横行　原作「黄州」，據影宋本及上引宋史鄭興裔傳改。

〔一七〕詔客以例呼爲詔使　原無「以」字，據蕭本、殿本、閣本補。

〔一八〕錢伯同　「同」原作「周」，據影宋本、閣本及嘉定赤城志卷三三改。按：伯同乃錢象祖之字。

〔一九〕錢伯同　「同」原作「周」，據影宋本、閣本及嘉定赤城志卷三三改。

〔二〇〕是過乎厚矣　原無「是」字，據影宋本、蕭本、函海本補。

〔二一〕正議大夫　「正」原作「諫」，據上引本子改。

〔二二〕贈卹之典　「贈卹」之上原有「而」字，據蕭本、函海本删。

〔二三〕不諭　原作「不語」，據影宋本、蕭本、函海本改。

〔二四〕伏事之儀　「儀」原作「義」，據影宋本改。

〔二五〕横梃拜於庭下　「拜」字之上原有「下」字，據影宋本、蕭本、函海本删。

〔二六〕以用光近例對　原無「對」字，據蕭本、殿本、函海本補。

〔二七〕候官　原作「侯官」，據蕭本及元豐九域志卷九福建路福州條改。

建炎以來朝野雜記乙集卷十二

雜事

108 趙韓王六世小譜

忠獻韓王趙普，字則平，幽州薊縣人。曾祖吴國公冀，三河令。祖趙國公全寶，澶州司馬。父齊國公迥，相州司馬，遷居洛陽。齊國公生四子，長忠獻，次貞尚書都官郎中〔一〕，次安易宗正卿，次正東頭供奉官。忠獻三娶〔二〕：長衛國夫人魏氏，生右羽林衛大將軍承宗；次齊國夫人魏氏，生昭宣使、誠州團練使、贈中書令承煦〔三〕；次陳國夫人和氏，後晉宰相凝之女也〔四〕，生二女，皆度爲道士。承宗娶長樂郡主高氏，蓋太祖甥女也。無嗣。承煦字景陽，初娶仙源郡夫人孟氏，蜀主昶之女。繼延康郡夫人孟氏，昶子滕國公元喆之女〔五〕，生子從約字元禮〔六〕，爲東上閤門使、象州防禦使，贈建寧軍節度使，娶曹氏，秦武惠王彬之女，封同安郡夫人。從約十四子：長思齊，左藏庫使、滎州刺史，贈華州觀察使。思齊生希魯，宜州觀察使，贈太保。希魯生瓌，字子偉，事高宗爲蘄州防禦使、知閤門事，後更名述。述子演，早卒。演子益，益字謙叔，事孝宗爲武德大夫、文州刺史、權知閤門事。從約中子思明爲引進使，有女適户部侍郎范坦。思聰，閤門通事舍人，娶宋氏，武安軍節度使守約女。思復，武經大夫、榮州刺史，娶錢氏，吴越王孫女。思恭，崇儀使，娶馮氏，知樞密院事京之女。思文，左藏庫副使，子希傑，奉議郎、知秀州，孫珪，武翼大夫、知茂州。思禮，内殿承制，子武節郎希詔，娶向氏，安康郡王宗回女，封樂平郡夫人。思静，國子博士。思行，武功大夫、榮州刺史，娶徐王向經女，欽聖憲肅皇后之妹也。子希仲，衛尉寺丞。凡韓王子孫之顯達者，盡於是矣。紹興七年，朝廷録勳賢之世，官其六世諸孫洪等十二人。洪，乾道末，仕至修武郎、知綏陽縣而死。歸貲爲盜所掠，其女流落行乞於蜀中。嘉定三年六月辛酉，過吾鄉，因得觀其世譜如右，故摭其大槩書之，以補史闕。

109 渡江後名將皆西北人

渡江後將帥，韓世忠，綏德軍人。曲端，鎮戎軍人。吴玠、吴璘、郭浩，德順軍人。張俊、劉錡、王𤫙，秦州人。楊惟忠、李顯忠，環州人〔七〕。王淵，階州人〔八〕。馬廣〔九〕，熙州人。楊政，涇州人〔一〇〕。皆西人也。劉光世，保大軍人〔一一〕。楊存中，代州人。趙密，太原人。苗傅，隆德人。岳飛，相州人。王彥，懷州人。皆北人也。諸將中，惟張、韓、楊之官最貴，其諸子悉在行都。張之子子顏、子正，皆爲次對雜學士。楊之子偰爲列曹侍郎，倓至執政。韓之子彥直、彥質、彥古，皆爲户部尚書。岳之子霖，起於流落，亦爲兵部侍郎，無復世將之風矣。惟吴、郭居近塞，尚餘將種云。

110 吴玠福不逮吴璘

吴襄烈拱，本吴涪王玠庶弟也，父扆爲軍校，娶劉氏，生子玠、璘。既而其家婢生拱，劉氏悍而妬，扆憚之，命玠名爲己子。然拱爲人頗類玠，屢歷行陣，亦得軍士心。晚與璘子挺同爲管軍節度使，而玠官止使相，拱止節制使，璘官至太傅，封新安郡王，挺亦至太尉。古人言：「智將不如福將。」玠、璘近之矣。奉議郎李荀老，太宰邦彥猶子也，娶璘中女，能道其家事如此云。其後挺子曦以叛誅，璘之他子孫皆廢徙。朝廷念玠保蜀之功，特免連坐焉。

111 趙開山改姓

開趙者，沂州土豪也，初姓趙，名開山。紹興末，虜亮苛虐，人心不附，開山因聚衆山澤間爲盜。及虜亮入侵〔二〕，朝廷遣李寶入膠西。開山引兵自城陽會之，因改姓開名趙，示欲開趙氏中興之業也。既而葛王立，趙隨寶歸朝，累官武略大夫、英州刺史。乾道庚寅，南郊，當任子，自言今已姓開，不可使父無子孫繼後，乞將男天錫一名〔三〕，許從趙姓蔭補，以繼父趙整之後。詔特許之。一家兩姓，自昔所未有也。

112 劉李二忠定得謚本末

壽皇時，前朝舊臣多得賜謚，往往官未至而特予之，蔡君謨之類是也。淳熙庚子，劉元城家請謚，上謂大臣曰：「元祐黨籍中，朕幾不記此人。」趙溫叔曰：「黨籍從官以蘇軾爲首，安世乃第二人也，今其語録尚傳於世。」乃謚忠定。戊申歲，李伯紀家請謚，上偶未省，宰相周子充爲上言其平生大略，上言曰：「志廣才疏，其張浚之徒歟！」於是亦謚忠定。二事乃趙、周二公親言之。

113 何道夫恬於進取

何耕道夫，德陽人，嘗爲類省試榜首，知名士也。恬於進取，登第三十年，始召爲倉部郎官，遷右曹兼儲寮、史院、國子司業，遂爲祭酒，兩學之士甚重之。道夫每退，輒徑歸杜門，未嘗造請，澹如也。淳熙七年四月二十二日，禮部齊侍郎慶曾罷，或謂道夫得之，已報行矣，部吏亦埽閣待其來。既而中止，或曰：「道夫雅爲趙丞相所敬，然不甚親之。方進呈，乃以鄉國之嫌爲解。」或曰：「蜀人有與之異趣者，擇其早年之文，爲王抃密言之，故不果用。」明年春，遷祕書監。其秋，温叔罷相，道夫亦求去。上諭大臣曰：「趙雄罷政，而蜀士一空，然太薄惡，不可。」執政因諭上旨，道夫迄不肯留，乃除知潼川府。比行，兩學之士，送之關外，前所未有也。温叔之罷也，蜀人爲所引者，往往被逐，獨道夫不染物議，從容而去，時人稱之。道夫當任子，先官其兄之子。及其死也，其三子德方、德固、德彦俱未出仕，以後並登進士科云。

114 李知幾豪邁

李石字知幾，資中人，進士高第，蜀人號爲方舟先生者也。紹興末，爲太學録。右學生芝草，學官方賀，知幾獨以爲兵兆，由是坐斥。乾道中，自沈黎召爲都官郎中，後復論去。趙温叔其鄉人也，驟貴。知幾以晚輩視之，不與通書。久之，起守眉州，除成都路轉運判官，到官十日罷。未幾，温叔秉政，自是不復起矣。温叔免相，王季海代之，知幾與季海有學官之舊，自書近詩數十以寄，筆勢攲傾，殆不可辨。季海甚憐之，方議除官，而知幾死矣。

知幾爲人豪邁，然亦褊急。爲小漕日，有石監庫者入謁，知幾視其刺，大怒。典謁吏以監庫稱之，乃已。及罷去，成都有十還之謠。石監庫還姓，其一也。在眉山日，郡博士欲戲之，因命題云：「予擊石拊石，百獸率舞。」知幾語之曰：「君乃欲痛箠石，令畜輩喜悅耶？」聞者以爲善謔。

115 虞丞相去國恩數之盛

虞丞相再撫蜀，壽皇以詩送之曰：「一德如公豈合閒，聊分西面欲憂寬。不辭論道虛台席，暫假宣威築將壇。風教已興三蜀靜，干戈載戢萬方安。歸來尚想終霖雨，未許鄉人衣錦看。」其恩數之盛，自渡江以來，宰相去國所未有也。又用故事，賜家廟五室祭器，除其子公亮直祕閣，而給使費俊者，亦除閤門祇候，蓋非常典云。

116 宣徽副使

歐陽公集古録跋康約言碑云：「約言嘗爲宣徽北院副使，以此見唐時南、北院宣徽各有副也。」按唐德宗末年，趙殷衡爲宣徽院副使，已見於史中，不待康碑而可知也。

117 范季才五代史正誤有未當者

范季才五代史記正誤，甚爲詳博，但其間亦有辨之未當。如李琪傳稱：「琪所私吏當得試官，琪改試爲守，末帝大怒〔一四〕。」季才按：「通鑑稱琪改攝爲守，且謂以試爲守，特輕重之差，何至竄逐？」以攝爲守，則是以無官爲有官，所以末帝欲深責也。季才但見今職事官以行、守、試分職錢多少，故謂特輕重之差，不知未改官制前，自有一種試銜，如云試校書郎、試將作監主簿之類，皆選人也。若守監簿，即京官矣。季才自於典故未熟，率意而言，舊史本不誤也。

118 昔人著書多或差誤

昔人著書〔一五〕，首尾多不相照，雖資治通鑑亦或未免此病，大抵編集非出一手故也。姑以一事論之，漢景帝四年中，四年皆以冬十月日食，今通鑑並書於是秋之後，蓋編輯者自本志中摘出，而不思漢初以十月爲歲首，故誤係之歲末耳。近歲吕伯恭最爲知古，陳君舉最爲知今，伯恭親作大事記，君舉親作建隆編，世號精密。余嘗考之，皆不免差誤，亦隨事辨之矣。朱文公通鑑綱目條貫至善，今草本行於世者，於唐肅宗朝直脱二年之事，亦由門人綴緝前後不相顧也。又自唐武德八年以後，至於天祐之季，甲子並差。考求其故，蓋通鑑以歲名書之，而文公門人大抵多忽史學，不熟歲名，故有此誤。余因諸生有問，亦爲正之矣。然則該貫古今，亦非可薄之事，但不至喪志可也。

119 蜀帥聘幣不入私家者三人

近歲蜀帥聘幣之不入私家者，趙子直、德老、楊嗣勳三人而已。子直以賙細民之焚室者。德老將去，聚宗室之在九縣者而分餉之。嗣勳併迓新之具不有焉。近例，蜀帥代歸，輒以修城爲名，取買舟錢數萬計。及嗣勳召還，從省司取四千緡而已。先是，陳端仁爲帥，馮廷式爲成都漕，端仁有聘幣，廷式例以元物易封而報之，端仁大恨，至用他事劾廷式於朝，壽皇知之不信也。近歲吴德夫入蜀，聞李仲衍之節，甚敬之。比德夫入城，而仲衍首却其餽，德夫請不已，乃面授分帑吏而後答書焉〔一六〕。德夫不平，由此二人稍有隙。廷式名憲，普州人，淳熙末，卒於司農卿、總領四川財賦。

120 傅陸修史舉代

嘉泰初，朝廷以中興史未成，召傅景仁龍學於泉南，起陸務觀華文於既老，皆以京祠專領史事。已而，景仁除簽書樞密院事，老病不能拜，力辭，乃以爲資政殿學士出守。時務觀年且八十，復引年，遂以次對領祕書監，俄復致仕。朝廷命二公舉可代者，務觀薦京西轉運判官李伯珍大異，景仁薦新除夔州路提點刑獄李季章壁，遂召伯珍爲祕書監，遷中書舍人、右諫議大夫。而季章爲祕書少監，遷宗正少卿、直舍人院，以至執政，不復領史事矣。

121 龔頤正續稽古録

龔頤正字養正，和州歷陽人。曾祖原，尚書兵部侍郎。頤正本名敦頤，少舉進士不第，用洪丞相門客恩，爲不理選限登仕郎，嘗著符祐本末三十卷，又撰元祐黨籍三百九人列傳，所佚者六人而已。洪内翰領史院，薦於朝，初授下州文學，旋補迪功郎、監潭州南嶽廟。光宗受禪，改今名。用薦者，主管吏部架閣文字，遷太社令、宗正寺主簿。頤正著續稽古録，盛言侂胄定策之勳，由是擢兼資善堂小學教授，遷樞密院編修官。嘉泰元年秋，詔以頤正學問該博，賜進士出身，兼實録院檢討官，付以三朝史事。是冬，遷祕書丞，未踰月卒。及侂胄死，有詔毁其續稽古録焉。

122 諸司屬官理當通判

嘉泰三年，忽有旨：諸司屬官係京官者理當通判。時張伯子同知之弟孝仲爲京西安撫司幹辦公事，即除知成州。明年，擢提點利州路刑獄〔一七〕。未幾，虞雍公之孫易簡亦自福建漕幕擢守大寧〔一八〕，蓋用此例。

123 御筆嚴監司互送之禁

嘉泰三年，上御筆嚴監司互送之禁，然遠方自如。四年夏，馬使彭輅至成都，制使謝源明、茶使趙善宣留連踰兩月，自入境迎迓，以至折俎贈行，以楮幣、錦采、書籍、藥物計之，所得幾萬緡，而謝、趙所得亦稱是。蓋諸路互送，惟建康、成都最厚。諸司每會集，一分計三百八十千。成都三司互送，則一飯之費計三千四百餘緡。建康六司乃倍之，而鄰路監、帥司尚不與。是年六月，趙漕自成都運判除四川茶馬，時趙攝事已久〔一九〕，朝廷本以省將迎之費，茶、漕並置司成都城中，而去送迎迓公用水脚之費，各司爲數千緡。舊無所謂壓境錢者，謝用光始創之。趙並不離城中，而亦受壓境錢，玆又可笑也。建康所謂六司者，帥、漕、總賦、武騎二司帥，而主管行宮大内鑰匙官者與焉。每歲遇留守按行，殿中官者輒置酒自居主席，而坐留守於賓位。陳正獻公爲留守，斥去之。其後范致能來，遄復其舊。

124 莎衣道人

莎衣道人者，姓何氏，淮陽軍朐山人也。祖執禮，仕至朝議大夫。道人避亂渡江，舉進士不中。紹興末，始來平江。一日自外歸，倏若狂者，身衣白襴，晝則叩門乞食，夜則止於天慶觀之門外。久之，衣益敝，則以莎緝之。嘗遊妙嚴寺，臨池見影，豁然大悟。人無貴賤，問以休咎，無不奇中，世號莎衣道人。孝宗聞其名，召之不至，賜號通神先生，爲築庵居之，賜衣數襲，道人皆不受。道俗强邀入庵，大笑而出，復於故處。平江好事者，日以珍饌餉之，每食於通衢，逮飽即去。光宗即位，又召，復不至。周南卿廷策所謂「特遣王人聘問妖民於數百里之外者」，此也。慶元六年，道人卒於平江。

125 陳應求正虜使書儀　傳諱　除館事附〔二〇〕

自渡江後，北使往來，皆傳其國之御名、廟諱，而本朝止傳帝名。又北使與館客往來文牒，皆以花字代書名。隆興再和，未之有改。乾道二年冬，陳應求初執政，會虜賀正旦之使者至〔二一〕，應求以故事押宴，使者致私覿，其狀花書而不名，應求却之。掌儀懼，白應求恐生事，應求使語之曰：「今日豈當用辛巳以前故事耶？」使者詞屈，乃問應求爵里甚悉，而易狀書名以遺曰：「特爲陳公屈耳！」自是遂以爲例。紹熙元年重明節，黄文叔以王府翊善奉詔接伴，八月十九日至盱眙。文叔問掌儀田愿：「高宗何以稱帝名而不稱廟諱？」愿云：「自祔廟後，元未理會。」文叔遂遺愿等持廟諱、御名三紙以往，北使副視之云：「前無此例。」愿答云：「此乃二十七朔之外第一番講禮，帝名、廟諱合有分別。」往返久之，北使副乃謂愿云：「爲我謝使副，所言極是當理，非不曉得，止爲來時不曾得朝省指揮，止依得册子上行，難以專擅，切望相諒。」文叔乃已。既而北引接使來傳彼國名諱，自旻以下至於其父允恭稱廟諱者凡六人〔三〕。旻、晟、宗堯、亶、雍、允恭。文叔歸而奏其事，乞後遣使人力議改正。蓋隆興更成之時，廟堂亟於弭兵，僅能正其大體，而交際之文或未暇議，蓋不止一二也。舊例，宰執親爲虜使除館，且以三衙衛士給役。乾道元年，虞并父執政始革之。又歲賜虜使金銀器皿，文思院造成，先令工部長貳臨視，版曹繼之〔三〕，次赴都亭驛，中使點集，復齎詣宰執偏閲，然後進呈。淳熙十二年，李永叔昌圖爲工部侍郎，言不足以瀆至尊，於是止令赴都堂驗視。

126 張詔使虜驟用

淳熙中，張詔君卿守歷陽，被旨介聘〔一四〕，一日，虜人持所繪祐、獻二陵象至館中，皆北地之服。君卿嘗識列聖御容，心知其試己也，即向之再拜。館客者問之，君卿曰：「詔雖不識其人，但見龍鳳之姿，天日之表，疑北朝祖宗也，敢不下拜！」虜人無語。孝宗聞而大喜之，由此驟用。

127 京仲遠將命執禮

思陵之喪，北人來弔，京仲遠以中書門下省檢正諸房公事充報謝使，步軍司計議官劉端仁副之。仲遠至汴京，北人循例賜宴〔一五〕，仲遠辭樂，北人不從，相持凡十日，竟撤樂，乃赴。上甚器之。及還朝，上諭大臣曰：「鏜此節可嘉。尋常人多言節義，須遇事乃見。」及進呈，遷秩。上曰：「鏜專對可嘉，當轉兩官〔一六〕。端仁亦比類。」周子充等言：「不必問轉官，在聖意除擢可也。」上曰：「只依例轉官，便與除擢。」又曰：「此事全是京鏜，若劉端仁所謂因人成事者，鏜則毛遂也。鏜除侍從，端仁亦當稍旌別，可令樞密院進擬，除環衛官。」於是詔京鏜將命執禮可嘉，爲朝請郎、權工部侍郎。劉端仁爲修武郎、左驍衛郎將〔一七〕。而武經大夫、京畿第二將、國信所通事田愿亦遷武節大夫。十五年六月壬辰也。後四十日，蜀帥趙子直以疾求去。上諭大臣曰：「汝愚召赴行在，京鏜人才磊落，可除待制、四川制置。」子直聞之，謂人曰：「鏜望輕資淺，豈可當此方面。」由是兩人有隙。仲遠當時所立如此。

128 張通古能詩聰慧

北人張通古者，紹興八年，以行臺侍郎來使。通古稍能詩，其還也，歸正燕人周襟與通古舊知，奏乞送至境上。通古至安豐，贈詩爲別曰：「良人輕一別，奄忽幾經秋〔二八〕。明月望不見，白雲徒自愁。征鴻悲北渡，江水奈東流。會話知何日，如今已白頭。」通古性聰慧，秦檜嘗以胡邦衡封事示之，一覽即能誦。

129 奉使入北境車子數

舊例，南使入北境，虜遣伴使來迓，正、副使以下至三節人皆乘馬。其後以南人不習騎，乃易以車子，使去來乘之。使、副各一車，上、中節各四車，下節三十二人共五車。每車以馬騾十餘曳之。又發白軍四百人護送，所至縣令皆迎迓於境上〔二九〕。至開封，乃賜御宴。

真定又賜之。常使至燕京，寓於來遠驛。若泛使則居寧遠驛焉。

130 愛王之叛

愛王，葛王孫也。始允恭既早世，葛王愛其兄越王，欲立之，既而不果。金主立，愛王遂謀叛，爲其妻父僕散琦所告，事覺，乃以放牧會寧府爲名，據上京以叛。明昌六年三月丁酉也。金主三召之不至，因結契丹、蒙古以叛，取慈、岳等州。時越王在咸平，契丹檄金人請立之爲帝。金主徙王於慶陽，五月丁酉，賜王死，誅其家屬八十餘人〔三〇〕，惟愛王在焉，至今爲金國患。僕散琦即承安四年來賀上生辰者。明昌六年，本朝慶元元年。承安四年，本朝慶元六年。作此録後數年，乃見有記虜中事者，以愛王爲鄗王允恭之子。按允恭乃原王璟之父，淳熙十六年三月，密劄下沿邊諸州，避其名諱甚詳。昔以爲鄗王後〔三一〕，實甚誤矣〔三二〕。

131 岳少保誣證斷案

岳武穆飛之死，王仲言揮麈録載王俊告變狀甚詳〔三三〕，且云：「嘗得其全案觀之。」仲貫甫爲尚書郎，問諸棘寺，則云：「張俊、韓世忠二家争配饗時，俊家以厚賂，取其原案藏之〔三四〕，今不存矣。」余嘗得當時行遣省劄，考其獄詞所坐，皆一時煅鍊文致之詞，然猶不過如此，則飛之寃可見矣。今録於後：「紹興十一年十二月二十九日，刑部、大理寺狀：準尚書省劄子〔三五〕：張俊奏：張憲供通，爲收岳飛文字後謀反，行府已有供到文狀。奉聖旨，就大理寺置司根勘，聞奏。今勘到龍神衛四廂都指揮使〔三六〕、閬州觀察使、高陽關路馬步軍副都總管〔三七〕、御前前軍統制〔三八〕、權副都統、節制鄂州軍馬張憲，僧澤一，右朝議大夫、直祕閣、添差廣南東路安撫司參議官于鵬，右朝散郎、添差通判興化軍孫革，左武大夫、忠州防禦使、提舉醴泉觀岳雲，有蔭人智浹〔三九〕，承節郎、進奏官王處仁，從義郎、新授福州專管巡捉私鹽蔣世雄，及勘證得少保、武勝定國軍節度使、充萬壽觀使岳飛所犯。內岳飛爲因探報得金人侵犯淮南，前後十五次，乃受親劄指揮，令策應措置戰事，而坐觀勝負，逗遛不進。及因董先、張憲問：張俊軍馬如何？怎生地言之。道：都敗了回去也。便乃指斥乘輿。向張憲、董先道〔四〇〕：『張家韓家，你只將一萬人，已跎蹋了。』及因罷兵權後，又令孫革寫書與張憲，令措置別作擘畫，又令看訖焚之。又令張憲虛申報四太子大兵前來侵犯上流。自是之後，張憲商議待反背而據襄陽，及把截江岸，兩下令擄官私舟船。又累次令孫革奏報不實，及制勘虛妄等罪。除罪輕外〔四一〕，及指斥乘輿、情理相切害者，斬。係罪重〔四二〕。法寺稱：律，有臨軍征討，稽期三日者，斬。其岳飛合依斬刑私罪上定斷：合決重杖處死。看詳：岳飛坐擁重兵，於兩軍未解之間，十五次被受御筆，并遣中使督兵，逗遛不進；及於此時輒對張憲、董先指斥乘輿，情理相切害者；又説張憲、董先跎蹋張俊、韓世忠人馬；及移書與張憲令措置別作擘畫，致張憲意待謀反，據守襄陽等處作過。委是情理深重。勅，罪人情重法輕，奏裁。張憲爲收岳飛書，令憲別作擘畫，因此張憲謀反〔四三〕，要提兵占據襄陽，投拜金人，因王俊不允順，方有無意作過之言；并知岳飛指斥切害不告；并依隨岳飛虛申無糧，進兵不得；及依于鵬書申岳飛之意，令妄申探報不實，及制勘虛妄。除罪輕外，法寺稱：律，謀叛絞。其張憲合於絞刑私罪上定斷：合決重杖處死；仍合依例追毁出身以來告敕文字，除名。本人犯私罪，絞。舉官見行取會，候到，別具施行。岳雲爲寫諮目與張憲，稱可與得心腹兵官商議擘畫，因此致張憲謀叛。除罪輕次等外，法寺稱：敕，傳報朝廷機密事，流三千里，配千里〔四四〕，不以廕論。敕，刺配比徒三年，本罪徒以上通比，滿六年比加役流。律，五品犯流以下，減一等。其岳雲合比加役流私罪斷：官減外，徒三年，追一官，罰銅二十斤入官，勒停。看詳：岳雲因父罷兵權，輒敢交通主兵官張憲，節次催令得與心腹兵官擘畫，因此致張憲提兵謀叛；及傳報朝廷機密，惑亂軍心。情重，奏裁。岳雲犯私罪徒。舉官見行取會，候到，別具施行。于鵬爲所犯虛妄，并依隨岳飛寫諮目與張憲等，妄説岳飛出使，并令張憲妄供探報。除罪輕外，法寺稱：敕，爲從，不配。律，五品犯流罪，減一等。于鵬合徒三年，私罪。官減，徒二年半，追一官，罰銅十斤入官，勒停。情重，奏裁。于鵬犯私罪徒。舉官見行取會，候到，别具施行。孫革爲依隨岳飛寫諮目與張憲，稱措置擘畫等語言，并節次依隨岳飛申奏朝廷不實。除罪輕外，法寺稱：律，奏事不實，以違制論，徒二年。律，官犯罪徒，減一等。其孫革合徒一年半，私罪。官減外，徒一年。合追見任右朝散郎一官官告文字，當徒一年，勒停。情重，奏裁。孫革犯私罪徒。舉官見行會問，候到，别具施行。王處仁爲知王貴申奏朝廷張憲背叛，漏泄供申岳飛〔四五〕，并説與蔣世雄。法寺稱：敕，傳報漏泄朝廷機密事，流三千里，配千里；應罪刺配，比徒三年，本罪徒以上通比，滿六年加役流。官當準徒六年〔四六〕。其王處仁合於比加役流，私罪斷，合追見任承節郎并歷任承信郎共兩官官告文字，當徒三年。據案，别無官當，更罰銅八十斤入官，勒停。情重，奏裁。王處仁犯私罪流。舉官見行會問，候到，别具施行。蔣世雄爲見王處仁説王貴申奏朝廷張憲待背叛事於岳飛處覆。除罪輕外，法寺稱：律，傳報漏泄朝廷機密事，流三千里，從，減一等。其蔣世雄合徒三年私罪斷：官減外，徒二年半。合追從義郎、秉義郎兩官官告文字，當徒二年；餘半年，更罰銅十斤入官，勒停。情重，奏裁。蔣世雄犯私罪徒。舉官見行會問，候到，别具施行。僧澤一爲制勘虚妄，并見張憲等待背叛，向張憲言：不如先差兩隊軍馬防守總領、運使衙門，并欲與張憲詐作樞密院劄子，發兵過江；及要摸搨樞密院印文。除罪輕外，法寺稱：律，謀叛者絞，從，減一等。其僧澤一合流三千里，私罪斷：合決脊杖二十，本處居住一年〔四七〕，役滿日放。仍合下本處，照僧人犯私罪流還俗條施行。情重，奏裁。智浹爲承岳雲使令，要將書與張憲等，并受岳雲金、馬，令智浹將書與張憲等，共估錢三百二貫足。除罪輕外，法寺稱：律，坐贓致罪，一貫徒一年，十貫加一等，罪止徒三年。謂非監臨主司，因事受財，七品官子孫犯流罪以下，聽贖。其智浹合徒三年。贓罪贖銅六十斤。情重，奏裁。小帖子：據貼黃稱：契勘岳飛次男岳雷，係同岳飛一處送下〔四八〕，今來照證得岳雷別無干涉罪犯，緣爲岳飛故節飲食成病，依律合召家人入侍，已就令岳雷入侍看覷，候斷下案內人日，所有岳雷亦乞一就處分降下。又小帖子稱：所有僧澤一合下本處依條施行。又小帖子稱：契勘數內于鵬，見行湖北轉運司根究銀絹等四百萬，合下所屬照會，候根究歸著日，即乞依今來所斷指揮施行。又小帖子稱：看詳：岳飛、張憲所犯情重，逐人家業并家屬，合取自朝廷指揮，拘籍施行。看詳：岳飛等所犯，內岳飛私罪斬，張憲私罪絞，並係情理所重；王處仁私罪流，岳雲私罪徒，並係情理重；蔣世雄、孫革、于鵬私罪徒，並係情理稍重；無一般例。今奉聖旨根勘，合取旨裁斷。有旨：岳飛特賜死。張憲、岳雲並依軍法施行，令楊沂中監斬〔四九〕，仍多差兵將防護。餘依斷，于鵬、孫革、蔣世雄、王處仁除名。內于鵬、孫革永不收敘。于鵬送萬安軍，孫革送潯州，王處仁送連州，蔣世雄送梧州，並編管。僧澤一決脊杖二十，刺面，配三千里外州軍牢城小分收管。智浹決臀杖二十〔五〇〕，送二千里外州軍編管〔五一〕。岳飛、張憲家屬分送廣南、福建路州軍拘管，月具存亡奏聞。編管人并岳飛家屬並令楊沂中、俞俟，其張憲家屬令王貴、汪叔詹，多差得力人兵防送前去，不得一併上路。岳飛、張憲家業籍没入官，委俞俟、汪叔詹逐一鈔劄，具數申尚書省。餘依大理寺所申，並小帖子内事理施行。仍出榜曉諭：應緣上件公事之人，一切不問，亦不許人陳告，官司不得受理。」

校勘記

〔一〕（趙）貞　按：宋史卷二五六趙普傳作「固」。

〔二〕三娶　原作「三婦」，據影宋本、蕭本、閣本、函海本改。

〔三〕誠州　誠州建置於神宗熙寧九年，見元豐九域志卷六、皇宋十朝綱要卷八。而承煦卒於真宗天禧二年，故此處應據元豐九域志卷三、宋史卷八七地理志作「成州」。見張其凡趙普評傳。

〔四〕後晉　原作「後唐」，據舊五代史卷一二七和新五代史卷五六和凝傳改。

〔五〕元喆　據宋史卷四七九西蜀孟氏世家應作「玄喆」。此處疑爲避宋諱（玄朗）改。

〔六〕元禮　原作「文禮」，據蕭本、殿本、閣本、函海本改。
〔七〕李顯忠環州人　按：名臣碑傳琬琰集下集卷二四李顯忠行狀及宋史卷三六七李顯忠傳，顯忠乃綏德軍人。又要録卷一三二紹興九年九月附注引顯忠行狀云：「公與韓世忠同鄉里。」此處記事有誤。
〔八〕王淵階州人　「王淵」原作「全淵」，據影宋本、蕭本改。又據宋史卷三六九王淵傳，淵乃熙州人，後徙環州。
〔九〕馬廣　原名馬擴，乃李心傳爲避寧宗諱改。見要録卷一建炎元年正月辛卯朔條。
〔一〇〕楊政涇州人　按：宋史卷三六七楊政傳，政乃原州人。
〔一一〕劉光世保大軍人　東都事略卷一〇七劉延慶傳同（光世乃延慶之子），而宋會要儀制一〇之一一及宋史卷三六九劉光世傳、卷三五七劉延慶傳均作「保安軍人」。今考保大軍乃永興軍路鄜州之軍額，見元豐九域志卷三及宋史卷八七地理志。疑「保大軍」爲「保安軍」（隸永興軍路）之誤。故劉光世乃西人而非北人。
〔一二〕虜亮入侵　「虜」原作「金」，據蕭本、函海本及本條上文改。
〔一三〕天錫一名　原作「大錫大名」，據蕭本、殿本、閣本、函海本改。
〔一四〕末帝　原脱「末」字，據影宋本、函海本及新五代史卷五四李琪傳補。
〔一五〕昔人著書　原作「自昔著書」，據閣本及本條標題改。
〔一六〕面授分帑吏　「授」原作「受」，據閣本改。
〔一七〕擢提點利州路刑獄　原無「擢」字，據蕭本、殿本、閣本、函海本補。

〔一八〕自福建漕幕擢守大寧　原無「漕」字，據兩朝綱目備要卷八補。「大寧」原作「太寧」，據蕭本、閣本、函海本及宋史卷八九地理志夔州路大寧監條改。

〔一九〕時趙攝事已久　「趙」原作「省」，據影宋本、蕭本、閣本、函海本改。

〔二〇〕傳諱　原作「傅諱」，據殿本及本條記事改。

〔二一〕虜賀正旦之使　「虜」原作「金」，據蕭本、函海本改。

〔二二〕允恭　原脱「允」字，據影宋本及本條注文補。

〔二三〕版曹　原作「版漕」，據蕭本、函海本改。

〔二四〕介聘　原作「交聘」，據影宋本、蕭本、函海本及宋史卷四〇二張詔傳改。

〔二五〕北人循例賜宴　「循」原作「有」，據影宋本、蕭本、函海本改。

〔二六〕當轉兩官　「當」原作「常」，據蕭本、殿本、閣本、函海本改。

〔二七〕左驍衛郎將　「衛」原作「騎」，據影宋本及宋史卷一六六職官志改。

〔二八〕奄忽幾經秋　「幾經秋」原作「經幾秋」，據影宋本、函海本乙正。

〔二九〕所至　「至」原作「使」，據影宋本、閣本改。

〔三〇〕家屬　原作「家人」，據影宋本、殿本、函海本改。

〔三一〕昔　原作「時」，據影宋本、蕭本改。

〔三二〕甚誤　原作「誤甚」，據影宋本、蕭本、函海本乙正。

〔三三〕王仲言　原作「王仲元」，據蕭本改。按：揮麈録作者王明清字仲言。

〔三四〕(張)俊家以厚賂取其原案藏之　原無「以」字，據影宋本、蕭本、函海本補。

〔三五〕準　原作「進」，據要録卷一四三紹興十一年十二月癸巳條注引大理寺案款改。

〔三六〕龍神衛四廂都指揮使　「龍神衛」原作「神龍衛」，據蕭本、閣本、函海本及上引要録、宋史卷三六八張憲傳乙正。

又「使」原作「司」，據函海本及上引要録、宋史張憲傳改。

〔三七〕高陽關路馬步軍副都總管　「軍」下原衍「使」字，據上引要録删。

〔三八〕御前前軍統制　「軍」下原衍「都」字，據蕭本、函海本及上引要録删。

〔三九〕有蔭人　「有」原作「省」，據閣本及上引要録改。

〔四〇〕向張憲董先道　「向」原作「問」，據上引要録改。

〔四一〕除罪輕外　原脱「外」字，據上引要録補。

〔四二〕係罪重　原作「係罪重外」，據上引要録删。

〔四三〕謀反　原作「謀及」，據上引要録改。

〔四四〕配千里　原無此三字，據影宋本、閣本、函海本及上引要録補。

〔四五〕漏泄供申岳飛　原無「漏泄」二字，據影宋本、函海本及上引要録補。

〔四六〕徙六年　「六」原作「三」，據影宋本、閣本及上引要録改。

〔四七〕居作原作「居住」，據上引要録改。

〔四八〕次男岳雷係同岳飛一處送下　原脱「同」字，據上引要録補。

〔四九〕令楊沂中監斬　「斬」原作「斷」，據上引要録改。

〔五〇〕臀杖　原作「臂杖」，據函海本及上引要録、宋史卷一九九刑法志改。

〔五一〕送二千里外州軍編管　「外」字原在「州」下，據殿本及上引要録乙正。

建炎以來朝野雜記乙集卷十三

官制一

132 平章軍國事

平章軍國事，開禧元年初置，以命韓侂冑。國朝舊相，特命平章軍國事者，凡四人。天禧初，王文正公以首相告老，拜太尉兼侍中，五日一朝，遇軍國大事，不以時入參決，公懇辭不拜。慶曆初，吕文靖公亦以首相求罷，拜司空、平章軍國重事，公卒辭之。元祐初，文忠烈公自太師落致仕〔一〕，除平章軍國重事。未幾，吕正獻公以右揆求去，亦除司空、同平章軍國事。潞公五日一朝〔二〕，申公兩日一朝，非朝日不至都堂，蓋祖宗所以優待元勳重德之意，非他相比也。王、吕二公所平章重事之目，不可得而考。潞公所謂重事者，則大典禮、大刑政及進退侍從官、三京尹、三路帥臣已上，乃與聞之。比申公去「重」字，則政事無所不關，第省其常程細務而已。及侂冑將拜平章，儀曹蕭景伯討論典禮，乃請三日一朝，因至都堂議事，大率皆用申公故事而損益焉。其後邊事起，又命一日一朝，尚書省印亦納於其第。宰相僅比參知政事，不復知印矣。始時禮官議廣左丞相府以爲侂胄第，又議仍給節度使俸，侂胄引議控辭〔三〕，有詔褒納而止。蓋侂胄繫銜比申公省「同」字，則其體尤尊，比潞公省「重」字，則其所與者廣，此當時討論之本意。

133 參知政事併除三員

參知政事，自乾德以來，止除二員或一員而已。嘉泰三年春，謝子肅初免相，許深甫爲參知政事，既命陳勉之以樞長兼權，俄又除袁起巖，蓋三員也。時朝廷未置相，故勉之以員外兼，此亦國朝所未有。嘉定初，又命雷季仲、婁彥發、樓大防亦三員，遂爲故事。

134 權提舉編修玉牒

權提舉編修玉牒者，自乾道元年錢處和始。故事，玉牒以首相領之。紹興十二年，初復玉牒所，欲重其事，既以秦會之提舉；十四年五月，又命執政程元籲同兼〔四〕，非常制也。自後相府闕，則以首參兼，仍帶權字。淳熙十五年五月，王丞相去位，周益公以右揆兼領，時敕令所纔罷，而首參留仲至無兼局。益公奏乞以仲至權提舉玉牒。許之。宰相在位，而執政權領實牒，自此始。

135 權監修國史

權監修國史，亦自錢處和始。時當隆興二年十二月，湯進之去位，陳長卿未至，故以執政官領之。其後曾欽道、鄭仲一、姚令則、葉夢錫、龔實之、李秀叔、范致能、趙温叔皆用此例。淳熙五年十一月，温叔爲右丞相，升兼提舉國史院，錢景魏代爲監修國史〔五〕，内批不帶權字。景魏免牘有曰：「丞疑兼領，止加丞攝之名，忽冒真除，蔑聞近比。」周益公在翰林，當爲答詔，援故事乞仍帶權字。許之。蓋一時直筆者偶失契勘，故景魏以爲疑，自後率帶權字。

136 權提舉國史院

權提舉國史院，自乾道元年三月虞并甫始。時以闕相故，與錢處和分領兩史院。其後魏南老、李秀叔、施聖與皆以執政官暫權，闕相故也。南老遇入相落權字，秀叔、聖與皆以命相免兼。蓋監修國史者〔六〕，指日曆也。提舉國史院者，指正史也。紹興中，秦會之以監修兼提舉。二十六年五月，並命沈守約、万俟元忠二相，始分領焉。始時左相領日曆，右相領史院，若止命一相，則參知政事權提舉國史，如是有年。乾道九年十月，曾欽道以右揆提舉國史院，而鄭仲一以參政權監修國史日曆。蓋循制以史院命相，而非以史院爲重。自是並置二相，則復舊制，以監修國史命首相。止置一相，則宰相領史院。所謂監修國史者，以首參權領焉。迄今遂爲永制。

137 權提舉實録院

權提舉實録院者，自乾道二年十二月魏南老始，其後李秀叔亦爲之，皆以無相故也。紹熙以後置二相〔七〕，則右相仍領實録院，無次輔則以執政官權。

138 庶官除同修國史

同修國史，故事未有以庶官爲之者。隆興初，胡邦衡以起居郎兼權中書舍人，始特命焉。乾道二年冬，洪景盧亦以起居舍人兼同修，蓋用此例。四年九月，胡長文自右司除起居舍人，明年，有旨升帶，長文引故事力辭。乃命兼編修如舊。自趙温叔後，修注官無復兼同修者矣。

139 權同修國史 權實録院同修撰

權同修國史，權實録院同修撰，自淳熙三年正月李文簡始。故事，修史、修撰，皆從官爲之，惟胡邦衡嘗以起居郎兼同修撰，後無繼者。及是，文簡再還朝爲祕書監，上欲付以史事，故特命焉。後兩月，遷禮部侍郎，遂落權字。嘉泰後，陸務觀、李季章皆踵爲之。近制，修撰、同修撰，通止四員，檢討官六員〔八〕。嘉定二年十二月，曾君錫自起居郎兼檢討官，除權侍郎，當升帶，而員數已溢，乃降旨權以檢討官繫銜，候有闕日升帶。從官爲史討，自此始。

140 翰林權直 學士院權直

翰林權直，學士院權直，皆自崔大雅敦詩始。故事，直院必以侍從，若左、右史爲之，其間沈虛中以少司成，莫子齊〔九〕、王經伯、王季海以宗正、太常少卿兼權直院，蓋殊命也。乾道九年十二月，孝宗初命大雅以祕書省正字兼翰林權直，踰年以憂去。淳熙五年九月，復召爲樞密院編修官，始議以翰林乃書藝應奉者所居，非專指詞臣也，遂改兼學士院權直。自是葛楚輔〔一〇〕、趙大本、熊子復皆以學士院權直爲名。十六年正月，倪正甫始復兼翰林權直。紹熙後〔二〕，或稱學士院，或稱翰林，蓋不常云。

141 直舍人院

直舍人院，祖宗時有之。官制行，以中書舍人爲宰相屬官，號後省，故以他官兼攝者，但謂之權舍人而已。嘉泰四年，李季章以宗正少卿權中書舍人，而中字犯祖諱，季章辭。有旨，除公移外，權以直舍人院繫銜。季章乃受命。不知舍人院廢已久，蓋大臣失於討論也。

142 侍立修注官

侍立修注官者，自羅春伯始。祖宗時，以起居舍人寄禄，而更命他官領其事，謂之同修起居注。官制行，復爲郎、舍人。淳熙十五年十月，春伯自户部員外郎除右史，避曾祖諱，乃以爲太常少卿兼侍立修注官。其後兩史或闕，則降旨以某人權，侍立官蓋自此始。

143 庶官兼侍講

侍講自去學士後，秩止正七品，然率以侍從官兼之。紹興五年閏二月，范元長以宗卿、朱子發以祕少并兼之，蓋殊命也。乾道六年十一月，張敬夫始復以吏部員外郎兼侍講。蓋中興後，庶官兼侍講者，惟此三人。若紹興二十五年十月張扶以祭酒、隆興二年八月王宣子以檢正、乾道七年九月林景度以宗卿入經筵，亦兼侍講者。蓋扶本以言路兼説書就升其秩，宣子時攝版曹，景度嘗爲右史，且有敬夫舊例，故稍優之，皆有以也。近歲陳正仲、朱仲文以諫官兼侍講，後遷少常，因而不去，蓋用胡邦衡例，其餘庶寮無復兼者矣。

144 祖宗時臺諫不兼經筵

祖宗時，臺、諫例不兼講、讀，蓋以宰執間侍經席避嫌也。神宗用呂正獻，亦止命時赴講筵，去學士職。中興後，王尚書賓爲御史中丞，建請復開經筵，遂命兼侍講。自後十五年間，繼之者爲王唐公、徐師川二人，皆上意也。紹興十二年春，万俟中丞卨、羅諫議汝楫並兼講、讀，蓋秦楚材梓是時已兼説書，便於傳導。自後伯陽繼之〔三〕，每除言路，必兼經筵矣。檜死，遂罷兼。自二十五年十月至三十二年，臺丞、諫長兼經筵者，止三人。慶元後，臺丞、諫長洎副端、正言、司諫已上，無不預經筵者。未及兼者，惟張伯子、李景和二人云。

145 非臺丞諫長而兼侍講

正言兼説書自巫端明伋始，副端兼説書自余端明堯弼始，察官兼説書自陳少卿夔始。紹興二十五年春，董殿院德元、王正言珉並兼侍講。非臺丞、諫長而以侍講爲稱，又自此始。其後，猶或兼説書，臺官自尹穡，隆興二年五月；諫官自詹亢宗〔一三〕，乾道九年十二月。後並以侍講爲稱，不復兼説書矣。

146 修注官以史院易經筵非故典

自朱子發後，修注官多得兼侍講。嘉泰二年八月，林伯玉自殿中侍御史兼侍講，除起居郎。其年閏十二月，鄧伯允自右正言兼侍講，除起居舍人〔一四〕。伯玉改兼權刑侍，伯允改兼史院檢討，非故典也。開禧元年八月，婁彥發自言路徙奉常兼權中書舍人〔一五〕，亦以史院易經筵，遂爲定例。三年十月，朱仲文自司諫改奉常，兼講如故，意者以其兼權吏侍故也。十一月王簡卿去諫院爲左史，仍兼崇政殿説書，言者猶以爲不可。罷之。嘉定元年春，黄伯庸自右正言兼侍講，除起居舍人，兼如舊，合故典矣。自渡江後，惟王樞密綸以右史兼説書，其他無此比也。

147 博士正字兼説書

崇政殿説書，渡江後自尹彦明始。彦明初以祕書郎兼之，後多以命卿監察官，中間王龜齡、范致能、王與正皆以郎官兼，亦殊命也。若紹興中，陳少南以博士兼説書，乾道末，崔大雅以正字兼説書，此則國朝所未有也。

148 非科目而侍講讀者或濫吹

中興後，非科目進身而侍講讀者，自徐師川始。其後陳幾叟、蘇仲虎、孫太沖、尹少稷、王能甫、姚令則、蘇季真繼之，議者謂亦不無濫吹。若錢處和、伯同祖孫則第以爲執政兼官〔一六〕，非諸人比耳。張敬夫元不賜第，與此不同。

149 太常除卿

太常卿正四品，自元豐改官制後，虚而不除。嘉泰三年十一月，陳正仲自江西提刑赴召，除太常卿，告謝日，賜三品服〔一七〕，非常制也。不數日，改權兵部侍郎。疑大臣失於討論，故亟遷之耳。

150 館閣校理

館閣校理，未改官制前有之。嘉定初，留舍人元剛召試，除祕書省正字。元剛，仲至之孫也，以祖諱辭，乃命權以館閣校理繫銜，此亦元豐以來所未有。

151 宰相兼東宮三少

東宮三少，在祖宗時爲散秩，前宰相及執政官告老者例得之。仁宗在春宫，李文定公以參知政事兼賓客，及升相位，遂進兼少傅，此宰相兼宫僚之所從始也。天禧末，皇太子同聽政，乃以首相丁謂之兼少師，樞使曹利用兼少保〔一八〕，而參、樞諸人並兼賓客。自後神宗、欽宗、孝宗、光宗在東宫，皆不復置。開禧三年十二月，韓侂胄既誅，史同知自詹事入樞府〔一九〕，乃進兼賓客。明年太子侍立〔二〇〕，遂以錢丞相兼太子少傅。已而並置二相〔二一〕，左相改兼少師，右相兼少傅。未幾，右相丁内艱，左相亦去位。又明年，右相起復，遂進兼少師焉。

152 東宮講官

東宮講官者，舊無有。嘉定己巳春，侍講徐文子少卿接伴北使，乃命館職劉仲則特暫兼權〔一二〕。仲則名榘，莆田人，時爲著作郎。

153 太子舍人

太子舍人，渡江以前有之，紹興、乾道間皆不置，嘉定初始置，除王舍人元實，後以館職任伯起兼之。慶元令，太子舍人與中舍人皆從七品〔一三〕，而中舍人又在舍人之上，然故事亦未嘗除。

154 皇太子宮小學教授

皇太子宮小學教授，舊無有。紹興三十年，孝宗爲建王，王龜齡以校書郎兼小學教授，時光宗與莊文太子、魏惠憲王皆就傅故也。淳熙七年，今上爲英國公，年十三，未就傅。其年正月，大理正王尚之面對，乞依故事擇儒臣爲東宮小學教授，遂命楊嗣勳兼之。上命宰相精擇其人，趙丞相言楊輔儒雅蘊藉，操守甚正，遂命之。繼之者，劉德修也。

155 資善堂翊善贊讀

資善堂翊善、贊讀，紹興五年五月初置〔二四〕，以命范元長朱子發〔二五〕，時孝宗以建國公就傅故也。其後孝宗出閤就第，而信王幼，亦命近臣踵爲之。開禧元年七月，皇子初封榮王，命程少逸左史兼贊讀。少逸以祖諱辭，乃命軍器監趙子中兼領。其不稱王府而以資善繫銜，蓋以未出閤之故。子中，江陰人，名夢極，嘉定初，卒於給事中。

156 資善堂直講

資善堂直講，紹興中無有。開禧元年七月初置，以命鄒景初。皇子之未王也，景初以著作郎兼小學教授，故就用之。

157 資善堂小學教授

資善堂小學教授，舊無有。慶元六年四月始創，以命蕭國博景伯〔二六〕，時東宮纔封衛國公，未正名故也。舊制，資善堂稱翊善，若皇孫則爲皇太子宮小學教授，至是參用之。景伯名逵，新喻人。父燧，淳熙中執政。景伯，淳熙十四年廷試第四人，慶元四年冬除太學博士，明年遷國子，又明年春兼實録院檢討官，遂爲學官之選。數月除祕書郎，不數年累遷至禮部尚書云。

158 資善堂説書

資善堂説書者，開禧元年七月初置，以命張聲之。聲道。時太子初就傅，李伯珍諫議建請增置講官，用嘉祐故事，以説書爲名。從之。然嘉祐間，英宗止除防禦使，故宫僚以皇子位伴讀、説書爲稱。自紹興初已置資善堂翊善、贊讀，其後王府又置直講，官屬之名甚備。至是乃沿襲故名，蓋伯珍失於討論也。

159 皇子位説書

皇子位説書，紹興三十二年八月置，以命吏部員外郎何俌、司封員外郎陳良祐〔二七〕、光禄寺丞唐堯封，蓋時莊文太子、魏惠憲王、光宗皇帝皆以正任奉朝請，用嘉祐典故也。九月，三皇子皆封王，乃置直講、贊讀，如舊制。

160王府翊善

王府翊善，國初以來有之，品秩亦不甚崇，今慶元令爲從七品，雜壓在翰林良醫之下，蓋庶官也。孝宗初就傅，范元長以待制兼資善堂翊善，自是率以從官爲之。其後親王府不復除，第以朝士兼贊讀、直講而已。淳熙末，今上在嘉邸，留丞相始薦用黄文叔自祕書郎除翊善，不爲兼官，非常制也。其後文叔遷起居舍人，歷中書舍人、給事中，皆兼翊善，是以從官下兼七品之職矣。紹熙四年夏，文叔坐論鄭侍郎汝諧事，真拜兵部侍郎，去翊善，文叔辭不拜，王爲之請，後月餘，改寶謨閣待制，仍兼翊善，蓋始終六年云。

161王府記室參軍

諸王府記室參軍，靖康以前並置，或以朝臣兼領，係第二任知州者得理提刑資序。渡江後不除。乾道初，魏王典藩〔三六〕，始並除一員，敘位在諸州通判之上。後用耿子直申明，並同職事官，序位在正字之下。今慶元令親王府記室從八品，在供奉官之下，兩使職官之上。然魏王府所用，率以望人爲之，非通判職官之比矣。凡記室、長史、司馬皆以二年爲任。乾道七年二月己巳降旨。

162 吴王益王府教授

吴王、益王府教授，在紹興初，謂之親賢宅講書，從舊制也。十二年改爲府教授，命館職二員兼之，尋又併爲一員，所教親賢宅南班宗子也。三日一上講，月給湯茶錢十緡，舊醵本府宗子料錢充之。淳熙中，劉德修爲教授，辭不取，孝宗聞其事，遂命户部給焉。

163 宗學博士 宗學諭〔一九〕

宗學博士，舊諸王宫大、小學教授也。至道元年，太宗將爲皇姪等置師傅，執政謂環衛之官非親王比，當有降。乃以教授爲名。咸平初，遂命諸王府官分兼南、北宅教授。南宫者，太祖、太宗諸王之子孫處之，所謂睦親宅也。北宫者，魏悼王子孫處之，所謂廣親宅也。二宅教授，初止六員。治平初，以宗室寖盛，有詔三十以上，增置講書四員；十四以下，别置小學教授十二員，以分教之。崇寧初，以宫宅相去遠，乃令各宫置大、小二學，增教授二員，不置講書。五年，又改稱某王宫宗子博士，位在國子博士上。靖康之亂，宗學遂廢。紹興四年，始復置諸王宫大、小學教授二員，隆興省官，旋減其一。自是月朔止一人上講，所教惟南班宗室十餘人，往往華皓。每教授初除及朔望，則赴堂一揖而退。嘉定九年十二月，始復置宗學，改教授爲博士，又置宗學諭一員，並隸宗正寺〔三〇〕。博士在太常博士之下，諭在國子正之上，俸給、人從、賞典依國子博士及正體例，於是宗室疏遠者皆得就學，而彬彬可觀矣。旋有旨復存諸王宫大、小學教授一員。

164 提舉太史局

提舉太史局，紹熙五年初置〔三一〕，以命權户部侍郎薛象先。蓋祖宗時，有提舉司天監，如司馬公、錢彦遠、沈存中、王和甫輩，皆嘗爲之。趙子直秉政，用此故事。其後言者摘指之，蓋弗深考耳。

165 國用司參計官

國用司參計官者，開禧二年始置。乾道間，孝宗嘗命輔臣兼制國用，然無官屬，但於三省户房置國用司而已。侂胄將用兵，既復故事，始以侍從一員兼參計官，卿監一員兼同參計官，募人陳遺利，又索諸路、諸司、州縣歲帳而取其餘，非乾道設官之意矣。然是時四川州縣、諸司皆不以實報，惟江、浙諸州頗遭掊取之害。侂胄誅，亦廢。

166 提領拘催安邊錢物所

拘催安邊錢物所者，嘉定元年置。時甫廢國用司，而侂冑及諸閹省吏之家貲財〔三二〕，皆已簿録，黄伯庸疇若爲殿中侍御史，請創此名，遂命與户部侍郎沈信叔詵同領其事，即御史臺置局，又以宰屬一員同領，仍許伯庸不拘常制到堂。伯庸等請卿監一員提領安邊庫，朝士二員爲拘催官，乃揭榜募人言拘催事。許之。其後會其入，歲得七十萬緡，專充北虜所增歲幣。其田宅契券皆藏之御史臺庫，命臺官一員典領。局罷，伯庸以下皆進官有差。

167 六院官入雜壓

六院官入雜壓事，甲記已具。淳熙四年既削去，近歲乃復舉行，其班在五寺主簿之下，太學博士之上。六院官通計十二人，皆得轉對，但不入品耳。然六院本以爲邑有政績者爲之，故例爲察官之選。登聞檢、鼓院監官各一員，諸司、諸軍糧料院幹辦官各一員〔三三〕，諸司、諸軍審計司幹辦官各二員，官告院主管官二員，都進奏院監官二員。

168 四提轄

四提轄，謂榷貨務都茶場、雜買務雜賣場、文思院、左藏東西庫是也。榷貨務場，掌鹺、茗、香、礬、鈔引之政令。紹興初，沿宣、政舊例，置提領官，率以故省吏爲之，後乃改用士人。行在、建康、鎮江三務場，歲入凡二千四百萬緡，建康一千二百萬，行在八百萬，鎮江四百萬。皆以都司提領，不係户部之經費。而在建康、鎮江者，分屬總領所焉。開禧末，以總所侵用儲積錢，始令徑隸提領官，不屬總所。買務賣場，蓋唐宫市之遺制。近制，凡宫禁月料，朝省紙札，文思院之制造，和劑局之修合，皆所取給焉。至若斥左帑封樁之幣與編估打奪，則賣場掌之。紹興六年，始置提轄官總其事。文思院掌金銀犀玉工巧之制，綵繒裝鈿之飾，若輿輦法物器皿之用，監官分上下兩界，而轄官兼總之。左藏東庫以儲幣帛絁紬之屬，其歲入率百四十萬端。西庫以儲金銀錢券絲纊之屬，其錢券歲入率二千萬緡。宫禁、百司、禁旅、三衙禄賜，皆取給焉。監官凡五人，分帑而治，而轄官一人總之。紹興間，擇丞若簿之隸於計曹者兼領之。乾道七年四月，始專置。先是，四轄官外補則爲州，内遷則寺、監丞簿，亦有徑爲雜監司，或入三館者。乾道八年十二月，榷貨王禋除福建市舶〔三四〕，左藏王楫除九路鑄錢司〔三五〕。淳熙七年三月，熊子復自文思除校書郎。近歲人望稍輕，往往更遷六院官，或出爲添倅，非曩日之比矣。

169 三省監門官

三省、樞密院監門官，舊以小使臣爲之。嘉定六年九月，諫官鄭景紹言：「部門以京朝官，則省門事體尤重。」遂亦命京朝官曾經作縣、通判資序人爲之。

170 六部監門官

六部監門官，紹興二年初置，秩比寺、監丞，郎官有闕得兼之，内遷則爲寺、監丞或權郎，外除至有爲諸路總領者。紹興十年呂郎中希常，二十四年蘇寺丞振是也。乾道後，補外止爲州，内遷止爲寺、監簿。紹熙後〔三六〕，又有爲添倅者，其選滋益輕。陳勉之與王誠之給事有舊，誠之名信，麗水人。迭用其子騊、驎爲之，二人皆小京官監當。騊以言者論其資淺已之。比勉之南遷，驎亦罷去。

171 六部架閣官

六部架閣官者，崇寧間始置，迄宣和再置、再省。紹興三年，立六部架閣庫。十五年，復置官四人。舊制，成案留部二年，然後畀而藏之，又八年，則委之金耀門文書庫。今金耀門無復曩司，則悉藏之架閣矣。主管官號掌故，擇選有時望之人爲之，例爲編删學官之選。近歲滋益輕，至有待次累年者，朝廷患之。嘉泰末，有旨非闕官不除。有選人家閩中，其父與陳勉之有舊，至是入都見勉之，求爲掌故。勉之對衆厲聲曰：「外間豈不知近旨見闕方除，此何可得。」衆爲之踧踖。後旬日，竟除掌故。或疑其由徑而得者，問之，徐曰：「丞相耳！」或曰：「丞相前日之語甚峻，何以回造化耶？」其人即於坐側取一幅書示之，乃勉之答書也。略曰：「珍玩鼎至，晃耀老目。」或問珍玩之名，曰：「書生安得珍玩，比所請不遂，適從王家肆中見粟金臺盞十具，重百星，以四千緡得而獻之耳！」聞者歎息而去。嘉定八年七月，又置三省、樞密院架閣官。

172 宮觀使

宮觀使，自真宗時始置，以現任宰執領之。及王文貞公罷政，始以太尉領玉清昭應宮使，此前宰相領宮觀之所從始也。熙寧初，富文忠公弼以使相領集禧觀使居洛，此宮觀使居外之所從始也。渡江後，前宰相在經筵者，不以官高卑率爲宮觀使(三七)，若他官(三八)，則使相以上乃得之。其居外者，必官至三少乃除。淳熙中，崇憲靖王自節度使拜使相，封郡王，中書進擬提舉洞霄宮。周文忠當制，引故事，宗室、使相外居者，當得觀使。上批如所請。紹熙初，趙文定公以使相判潼川府，乞奉祠，乃除醴泉觀使，非舊典也。開禧末，陳勉之以特進罷相，不帶職，乃亦除觀使，蓋章達之侍郎當制失之。翊日，李季章進呈，改提舉洞霄宮，合故典矣。天禧以前，崇、觀以後，宮觀使之名甚衆。渡江以後，宮觀不復置，而觀使有三：前宰相則得醴泉，宗戚則得萬壽，又其次則得佑神云。宣、政間，又有提點宮觀官，在提舉之下，主管之上，今省。

173 臨安少尹 判官推官

臨安少尹，乾道七年五月置，用敷文閣直學士晁子止爲之〔三九〕，以東宮領尹故也。子止既罷，沈德之、姚令則輩皆以權侍郎繼爲之。九年五月，東宮解尹事，復置帥守如故。始置少尹，又置判官二員，推官三員。判官李秀叔以起居舍人兼，劉文潛以國子司業兼。推官則正除金部員外郎陸之望、將作少監馬希言、朝奉郎錢佃〔四〇〕。判官依兩省官奉使法，推官序位在諸州知州之上，任滿理爲知州一任。五月十二日丙戌降旨。初命刑獄公事，皆決於少尹，皇太子止就東宮裁決〔四一〕。少尹日受民詞，以白太子，間日率寮屬詣東宮稟事。惟命官犯罪及餘人流配已上，則具事聽東宮裁決。凡文書應奏者，太子繫銜，朝省臺部則少尹以下連申，寺監及本路監司並令移牒。舊兩通判職務，令第一、第二員推官主管。簽判職官職務，令第三員推官主管。俄有旨，少尹比倣知府〔四二〕，判官比通判，推官比幕職官，其統臨職分，並照從來條例施行〔四三〕。六月二日乙巳降旨〔四四〕。用太子請也。或謂子止所建明，由是與文潛不叶而罷。明年，佃除吏部郎中，又請以三推官分治三獄。從之。九月丁亥降旨。

174 寧國府明州長史司馬

諸王府長史、司馬，唐有之，本朝不置，以親王不領事故也。乾道七年二月，魏惠憲王出鎮宣城，始置寧國府長史、司馬〔四五〕，序位依兩省官奉使法。淳熙元年十月〔四六〕，移四明，亦如之。初議長史得治民、舉吏如郡守，司馬如通判。於是長史沈度請本府公事並經長史決遣畢〔四七〕，具名件申魏王照會，長史、司馬五日一詣王稟事。許之。後半月〔四八〕，王言：「如此則是長史欲處臣於無用之地，何以謂之判寧國府事乎？望只委長史、司馬分治財穀之司，依舊令臣引押吏民詞狀。」奏可。前旨七年四月壬戌，後旨五月庚辰〔四九〕。後移明州，王又請置制置司，得自舉吏。淳熙二年四月癸亥，許之，仍免給朝典云。

175 制置大使

制置大使，唐有之，本朝不除。紹興初，始以命席大光。時大光以前執政帥長沙，而大將王瓊已先爲制置使，故加大光大字，猶祖宗以文臣爲制帥之意也。其後李伯紀在江西，趙元鎮在浙東，吕元直在浙西，皆用此例。及大光將入蜀，朝廷以吴玠已爲宣撫副使，乃除大光成都等路安撫制置大使，位在宣副之上。大光以憂去位，遂不復除。開禧末，江、淮用兵，起丘宗卿守金陵留鑰，宗卿嘗以簽樞督視軍馬，於是趙淳已爲江、淮制置使，乃沿故事命宗卿爲江、淮制置大使。後宗卿召，以何自然代之。自然始兼江東安撫，俄申命兼大使，如宗卿例。已而罷四川宣撫，又以安子文爲制置大使兼知興元，朝議以子文恩數視執政，故加大字。先是，李端友、程東老〔五〇〕、趙温叔皆以前宰執知成都，止爲制置使。趙德老執政恩例亦然。今創加大字，蓋用自然例也。舊例，四川制置大使及制置使結銜皆在知府事上，比子文降告，其結銜乃在下，亦非典故。

176 庶官結銜稱安撫使

安撫使，舊制，太中大夫以上曾歷侍從官者乃得之，若庶官則止稱主管某路安撫司公事。隆興中，馬舍人騏自起居舍人兼直學士院。淳熙中，程少卿叔達自宗正少卿兼權給事中補外〔五一〕。後馬以中大夫、祕閣修撰守瀘，程以集英殿修撰守洪，皆不稱安撫使，蓋故事也。嘉定二年二月，劉德修以中奉大夫、右文殿修撰守襄陽，及出告，乃正稱安撫使。德修嘗爲起居郎，非侍從，不知何故乃爾。問其諸子，亦莫之知云爾。

177 十都統制

諸軍都統制者，自渡江以前亦有之，然未爲官稱。蓋是時陝西、河東、北三路，皆以武臣職任高、有智略者爲之。馬步軍副都總管，遇出師征討，則加以都統制軍馬之名，猶今節制軍馬之類，非有分司職分也。建炎初，置御營司，始以王淵爲本司都統制〔五二〕，其下分爲五軍，各置統制，以諸將張、韓等爲之。苗、劉既誅，張、韓又改爲御前左、右軍都統制，則已不隸御營司矣。建炎末，御營司罷〔五三〕，有旨諸大將之軍稱神武五軍，諸小校之兵少者則謂之神武副軍，並隸樞密院。俄又以神武名乃高歡謚號，遂改神武五軍爲行營五護軍：韓世忠稱左軍，劉光世稱右軍，張俊稱中軍，王𤫉稱前軍，巨師古稱後軍〔五四〕。其後，右護軍叛降僞齊，於是吴玠軍始以右護軍爲號。紹興四年〔五五〕，玠升宣撫副使，其弟璘爲右護軍都統制。諸將故與璘等夷者，惟楊政、郭浩，乃以政爲宣撫司都統制，屯興元府；浩爲樞密院都統制，屯金州。十一年，張、韓、岳三大將皆罷兵，乃收其所部爲御前諸軍，而都統制皆以屯駐州名冠軍額之上，獨川、陜如故。十七年，鄭亨仲罷宣撫副使〔五六〕，於是漢、沔兩大將次第改爲御前諸軍，其繫銜則璘稱利州西路駐劄御前諸軍都統制，政稱利州東路駐劄御前諸軍都統制〔五七〕。浩時已死，故金州無都統制，但以武臣知州事節制御前軍馬入銜。三十一年，王彦始除金、房、開、達州駐劄御前諸軍都統制。乾道五年王公明入蜀，奏乞三都統並依江上諸軍隨駐劄處繫銜，庶幾一體。其十月，有旨從之。江上始有京口、秣陵、武昌三大軍。紹興末，虜將内侵，楊和王請置江、池二軍，劉太尉請置荆渚一軍。嘉定初，蜀叛既平〔五八〕，安觀文又奏分興州十軍爲沔、利二軍，沔州除都統制，利州除副都統制。自是天下有十都統制矣。荆鄂一軍，而正帥在鄂，副帥在襄，淳熙新旨也。

校勘記

〔一〕自太師落致仕　原無「落」字，據影宋本、函海本及長編卷三七六元祐元年五月丁巳朔條、宋史卷三一三文彦博傳卷二一二宰輔表補。

〔二〕潞公五日一朝　上引長編及宋史文彦博傳均作「六日一朝」。

〔三〕引議控辭　「議」原作「義」，據蕭本、函海本改。

〔四〕（紹興）十四年五月又命執政程元籲同兼　按：宋宰輔編年録卷一六，要録卷一四七、卷一四九及宋史卷三〇高宗紀載，程克俊（字元籲）於紹興十二年十月充簽書樞密院事，十三年六月以疾求去位，遂罷。在樞府凡八月。又宋宰輔編年録卷一六，要録卷一七三、卷一七四載，克俊於紹興二十六年六月充參知政事，八月罷。再執政纔七十五日。心傳此處記事，有失誤。

〔五〕錢景魏　按：宋宰輔編年録卷一八淳熙五年六月條記事，錢良臣字友魏。

〔六〕監修國史　「監」原作「兼」，據蕭本、函海本及本條下文記事改。

〔七〕紹熙　原作「紹興」，據本條上文記年改。

〔八〕檢討官　原無「官」字，據蕭本、函海本及宋史卷一六四職官志補。本條下文亦作「檢討官」。

〔九〕莫子齊　「齊」原作「濟」，據周益國文忠公集省齋文稿卷三八祭莫子齊舍人文及南宋館閣録卷七祕書監條改。按：莫濟字子齊。

〔一〇〕葛楚輔　「輔」原作「甫」，據函海本及宋史卷三八五葛邲傳改。按：葛邲字楚輔。

〔一一〕紹熙　原作「紹興」，據蕭本、閣本、函海本及本條上文記年改。

〔一二〕伯陽　原作「伯楊」，據函海本及本書甲集卷九狀元三年執政者條、南宋館閣録卷七改。參見宋史卷一六二職官志崇政殿説書條。按：秦熺字伯陽。

〔一三〕詹亢宗　「亢」原作「元」，據南宋館閣録卷七及宋會要職官六之六二改。

〔一四〕起居舍人　原作「起居注舍人」，據影宋本、蕭本、閣本、函海本删。

〔一五〕開禧元年八月婁彦發自言路徙奉常兼權中書舍人　「彦發」原誤作「彦開」，據攻媿集卷九七婁公神道碑載，婁機字彦發。及宋史卷四一〇婁機傳載：「婁機字彦發，……遷右正言兼侍講，……（開禧元年）進太常少卿兼權中書舍人。」改正。

〔一六〕錢處和伯同祖孫　「祖孫」原作「父子」，據本書甲集卷一秦魯國賢穆明懿大長公主條校勘記〔五三〕、〔五四〕改。

〔一七〕賜三品服　「三」原作「二」，據影宋本、蕭本、閣本、函海本改。

〔一八〕樞使　原作「樞史」，據影宋本、蕭本、閣本、函海本改。

〔一九〕詹事　原作「詹府」，據蕭本、閣本、函海本及宋史卷一六二職官志東宮官條改。

〔二〇〕明年太子侍立　「明年」原作「已而」，據本書乙集卷一皇太子條及兩朝綱目備要卷一一嘉定元年閏四月甲申條、宋史卷三九寧宗紀改。

〔二一〕已而並置二相　「已而」原作「明年」，據上引備要嘉定元年十月丙子條及宋史寧宗紀改。

〔二二〕特暫兼權　「特」原作「時」，據函海本改。

〔二三〕中舍人　原無「人」字，據本條下文及宋史卷一六二職官志東宮官太子中舍人條補。

〔二四〕紹興五年五月初置　「五月」原作「六月」，據要録卷八九及玉海卷一六一、宋史卷二八高宗紀改。

〔二五〕范元長朱子發　原作「朱子開范元長」，據要録卷八九及宋史卷二八高宗紀改正。朱震字子發，見宋史卷四三五本傳及本書乙集卷一三庶官兼侍講條。

〔二六〕蕭國博　「博」原作「傳」，據蕭本、閣本及本條下文記事改。

〔二七〕陳良祐　「祐」原作「佐」，據影宋本、函海本及宋史卷三八八本傳改。

〔二八〕典藩　原作「典籍」，據蕭本、殿本、閣本、函海本改。

〔二九〕宗學博士宗學諭　「宗學博士」原作「宗子博士」，據本書乙集目録及玉海卷一一二嘉定宗學條、通考卷五七職官考國子監宗學條、宋史卷一六五職官志國子監宗學條改。「宗學諭」原作「宗學教諭」，據蕭本、殿本及上引諸書刪。下同。

〔三〇〕隸宗正寺　「隸」原作「録」，據閣本、函海本及宋會要崇儒一之一五、上引諸書改。

〔三一〕紹熙　原作「紹興」，據宋史卷三九七薛叔似（字象先）傳改。

〔三二〕貲財　原作「貨財」，據兩朝綱目備要卷一一嘉定元年末條改。

〔三三〕諸司諸軍糧料院　原無「糧料院」三字，據影宋本、閣本補。

〔三四〕榷貨王禋　宋史卷一六一職官志榷貨務條作「榷務王禋」，疑應作「榷貨務王禋」。

〔三五〕王楫　「楫」原作「揖」，據蕭本及宋會要職官四三之一六七、食貨三四之二一、皇宋中興兩朝聖政卷五四淳熙二年十一月戊午條、宋史全文卷二五、通考卷六〇職官考引朝野雜記改。而宋史卷三四孝宗紀淳熙二年十一月戊午條、卷一六一職官志榷貨務都茶場條作「王揖」。疑形近致誤。

〔三六〕紹熙　原作「紹興」，據蕭本、函海本及本條上文記年改。

〔三七〕宮觀使　原無「觀」字，據影宋本、蕭本補。而函海本及通考卷六〇職官考作「觀使」。

〔三八〕若他官　「官」原作「使」，據影宋本、閣本及上引通考改。

〔三九〕晁子止　「止」原作「正」，據影宋本改。下同。按：晁公武字子止。

〔四〇〕錢佃　「佃」原作「伷」，據影宋本、閣本改。下同。

〔四一〕皇太子止就東宮裁決　原無「止」字，據閣本、函海本補。

〔四二〕少尹比倣知府　原無「倣」字，據影宋本、閣本及宋史卷一六六職官志臨安府條補。

〔四三〕從來條例　「來」原作「官」，據上引宋史職官志改。

〔四四〕（乾道七年）六月二日乙巳　「乙巳」原作「己巳」。按：是年六月甲辰朔，二日爲「乙巳」，故改。

〔四五〕始置寧國府長史　「置」原作「制」，據影宋本、蕭本、閣本、函海本改。

〔四六〕淳熙元年　「元年」原作「二年」，據本條下文記年及宋史卷三四孝宗紀、卷二四六魏惠憲王愷傳改。

〔四七〕於是長史沈度　原無「長史」二字，據影宋本、函海本及上引宋史魏惠憲王愷傳補。

〔四八〕後半月　「半」原作「數」，據影宋本及本條下文附注改。

〔四九〕後旨（乾道七年）五月庚辰　「五月」原作「四月」，按：是年四月乙巳朔，無「庚辰」日。五月乙亥朔，庚辰乃初六日。距前旨七年四月壬戌（十八日），恰半月餘，故改。

〔五〇〕程東老……以前宰執知成都止爲制置使　按：宋史卷三九六程松傳：「字冬老，……開禧元年，以資政殿大學士知成都府、四川制置使。」與名「松」相符，其字似應作「冬老」。程松爲四川制置使事，可參見兩朝綱目備要卷一二嘉定二年八月乙丑安丙（字子文）爲四川制置大使條。

〔五一〕程少卿叔達　「程」原作「陳」，據本條下文記事及楊萬里誠齋集卷一二五程公墓誌銘改。

〔五二〕王淵　原作「劉鄜王」（即劉光世），據本書甲集卷一一諸軍都統制條及要録卷五建炎元年五月丁酉條、宋史卷二四高宗紀、卷一六七職官志、卷三六九王淵傳改。

〔五三〕建炎末御營司罷　「建炎末」原作「紹興初」，據要録卷三四建炎四年六月甲戌條及宋史卷二六高宗紀改。

〔五四〕俄又以神武名乃高歡謚號遂改神武五軍爲行營五護軍韓世忠稱左軍劉光世稱右軍張俊稱中軍王𤫉稱前軍巨師古稱後軍　此處記事與甲集卷一八御前諸軍、五護軍條有差異，參看該條校勘記〔一三〕。又神武五軍改爲行營五護軍乃紹興五年十二月庚子事，又據甲集卷一八紹興内外大軍數條及要録卷八六載，神武前軍統制王𤫉罷，以其軍萬五千人隸韓世忠是紹興五年閏二月丁卯事。又要録卷六六紹興三年甲申朔條載：「神武後軍統制巨師古除名，廣州編管。」王、巨二將皆在改稱行營五護軍之前已罷軍職，此處謂「王𤫉稱（行營）前軍，巨師古稱後軍」云云，疑有失誤。

〔五五〕紹興四年　原無「紹興」二字，因上文已改「紹興初」爲「建炎末」，故補。參見要録卷七四紹興四年三月丙子條及宋史卷二七高宗紀。

〔五六〕（紹興）十七年鄭亨仲罷宣撫副使　「十七年」原作「十九年」，「鄭亨仲」原作「鄭仲亨」，據要録卷一五六紹興十七年七月庚辰條、戊子條及宋史卷三〇高宗紀、卷三七〇鄭剛中傳改正。按：鄭剛中字亨仲。

〔五七〕（楊）政稱利州東路駐劄御前諸軍都統制　「政」原作「改」，據蕭本、閣本、函海本改。

〔五八〕蜀叛既平　「既」原作「即」，據蕭本、殿本、閣本、函海本改。

建炎以來朝野雜記乙集卷十四

官制二

178 乾道正丞相官名本末

虞雍公獨相久，上眷禮極厚。既又以梁叔子靖重，欲遂相之，而無其端。會易三省官名，乃議以僕射之名不正，欲采用漢舊制，改爲左、右丞相，令學士、禮官、史官討論，時乾道七年十二月辛酉也。先是，已有旨令百官依舊制服靴，祖宗時，百官服靴，徽宗將廢釋氏，乃易靴爲履，以示禁胡服之漸〔一〕。虞公不樂，曰：「近已易履爲靴，今又易相名，與北虜奚辨？」蓋爲金人詳定官制，已改左、右僕射爲尚書左、右丞相故也。有司知其意，不敢遽上。至八年正月戊寅，僅條具歷代宰相官稱申尚書省，禁中即聞之。翊日，遣中使至學士院細問其事，學士周子充以其事奏。後二十日，御筆付院云：「尚書左、右僕射，可依漢制，改作左、右丞相。學士院降詔。」子充草詔以進。後二日，付外施行，二月乙巳也。後五日，上自德壽宫還，日已晡，召子充對選德殿，上微有酒，袖出御筆云：「比來一、二大臣，同心輔政，夙夜匪懈，漸革苟且之風，以副綜覈之意，深可嘉尚！今因除授，宜示褒典。虞允文可特進、左丞相，梁克家可正奉大夫、右丞相。」賜茶畢，日已暮矣，遂自複道秉燭歸院。辛亥，百官集文德殿，初謂改易相名耳，雖虞公亦以爲然。及雙制出，在廷愕然。先是，子充嘗奏：「並命二相，而遷官或三或四，更取聖裁。」上曰：「特進一官，即少保，所以允文三官。」議者疑學士有所抑揚，而不知上自有旨也。後數月，虞公罷相，乃除少保、節度使，則知聖意先已定矣。是月，臺諫官皆坐論張説罷去，而蕭果卿自察院升副端，三月甲戌也。果卿方以疾在告，後二十日甲午〔三〕，始入謝。比對，首論「前歲浙西夏澇秋旱，江、湖、淮南，歲比不登，民多流離，今正陽之月，天多沈陰，寒氣慘慄，是謂常寒，側身修行，兹其時矣。漢時災異，策免三公以此。」上雖嘉果卿稱職，周子充作果卿墓誌，載聖語云：「卿所論甚當，可謂稱職。」而待虞公素厚〔三〕，乃戒果卿毋納副本。虞公聞之，上章求去，即出北關門待罪，家屬亦乘舟之仁和館，是日即行。翊日，凡再宣押，虞公力丐免，上許之。已而中悔，復賜御札云：「早來面諭，以卿堅辭，欲令卿典近藩，措置邊防，聞卿有歸蜀之語，殊失朕眷倚之意。朕今已堅留卿相位，無復固辭，以體至懷。」又翊日，再押赴都堂治事。于是御筆除果卿直祕閣、江東提刑〔四〕，其月十一日己酉也〔五〕。制略曰：「之敏剛方不撓〔六〕，質直而明，造膝之詞，有犯無隱，正人去國，豈朕所欲哉！」是時李秀叔、林景度爲舍人，恐是秀叔行。劉焞文潛時爲國子司業兼權臨安少尹，或謂文潛實草是疏，以授果卿，故果卿去御史之十九日，文潛亦出爲江西轉運判官，蓋以此也。其年九月，虞公復以蘇季真侍御有言，力求去。因請任入關之事，遂除四川宣撫使焉。

179 大臣去位不除職

國朝大臣，自仁宗以後，其去位未有不得職名者，雖臺諫交章論列，亦必除職補郡，而後黜罰之典加焉。乾道初，葉子昂、魏南夫並相，會冬祀大雷，于是二人並守本官罷，非常制也。淳熙初，有詔宰執、侍從非有功不除職。其年，葉夢錫以言免相，遂守通奉大夫、知建寧府。紹熙初，王謙仲爲樞密使，又用何自然章降一官放罷。凡此者，皆非常制。

180 紹興至開禧督府廢置本末

國朝故事，大臣統兵者率稱宣撫使，韓子華爲首相猶然。渡江後，諸大將官既高，皆爲宣撫使，使名益輕，于是宰相統兵則稱都督，自呂元直始也。元直始以都督江、淮、兩浙、荆湖軍事爲名，開府江上，過平江，而守臣席大光有所關白，始覺爲右相秦會之所傾〔七〕。其後軍潰，引疾求去，乃命還朝遥領。而孟富文以參知政事、權同都督治軍建康，久之，去權字，同都督之名，自富文始也。元直、富文繼罷，朱藏一獨相，以元樞趙元鎮有人望，忌之，乃奏除川、陝宣撫處置使。元鎮以與吴玠同使名爲嫌，遂改都督川陝、荆襄諸軍事。既而張德遠以敗劉猊之功同相，乃並兼都督諸路軍馬。元鎮尋去位，德遠以淮西軍潰而貶，併其府罷之。德遠先以行府爲名，往來視師。及上幸建康，則督府在内。德遠貶，元鎮、會之復相〔八〕，共議還臨安，而兵亦寢矣。逮虜亮闞江，諸將皆敗〔九〕，始議以右相朱漢章爲都督〔一〇〕，漢章辭，乃命葉審言以元樞督視江、淮軍馬，督視之名，自審言始也。孝宗即位，德遠以樞密使爲江、淮都督，汪明遠以參知政事爲荆、襄督視。方城失守，明遠得罪，德遠併督之。符離失律，德遠罷歸。而虜又寇江，乃以左相湯進之爲都督。進之憚行，遂命故將楊存中同都督軍馬，用富文故事也。既而兩淮皆陷，進之益懼，乃除存中都督，而命王瞻叔以參知政事爲督視。瞻叔亦固辭。上大怒，遂與進之相繼而罷。開禧用兵，鄧伯允、薛象先以宣撫使抵罪，乃外除丘宗卿簽樞、督視軍馬。宗卿與侂胄不協，再閲月而免。張肖翁以元樞代之，不勝任，奉祠去〔一一〕。數月，吴曦反，復命李季章以參知政事督視四川軍馬，既而有裂土之議，又罷行。自是不復除都督矣。

181 倪正甫鄒景初論皇子不當贈師傅

嘉定元年閏四月，皇子𡎴，詔吏部、太常寺討論贈官典故。吏部引國朝會要元豐四年鄆王偊、政和三年漢王椿故事，贈太師、尚書令，追封肅王。王，上第八子也。倪正甫時以禮部尚書兼給事中，引治平二年王禹玉等議，皇子以師傅名官，于禮未安，乞止贈尚書令。詔從之。余謂吏部、太常固失之，而正甫所奏亦未盡也。乾道中，省三省官長，易以左、右丞相，則所謂尚書令者，蓋無此名矣。乾道二年，孝宗少子恪贈淮康軍節度使、開府儀同三司，追封邵王，此近事，且最爲得體，而議禮者皆不及之，蓋弗深考耳。三年十一月，皇子𡎴〔二〕，復有維垣之贈，鄒景初給事言：「子爲父師，于禮不順。」然前是諸皇子或已贈太師矣。景初俄以親年求去，遂除次對，守泉州云。

182 趙善俊乞文階去左右字

祖宗未改官制前，以官寄禄，然因唐舊典分別流品甚詳，不相混淆，故有出身、無出身及進士上三名、賢良方正、曾任館閣省府之類，遷轉皆不同，犯贓及流外納粟尤不可使汙仕流，蓋不待分左右也。元豐官制行始一之〔三〕，然猶有一官而分左右者，徒以少優進士出身而已。至元祐中，遂自金紫光禄大夫至承務郎，皆以有出身、無出身分左右，則稍復祖宗之舊而不盡也。至犯贓罪，則併去左右二字，論者尤以爲當。然龜山先生與門人言，則謂沮人爲善之路，其所見益遠也。紹聖以後，以其出于元祐故事〔一四〕，復去之。紹興初，方務行元祐故事，左右字之制亦復行，又下逮于選階，而流品稍别矣。淳熙改元，趙善俊建言，以爲本范純仁偏蔽之論，請復省去。從之。元年三月戊子降旨。蓋時方右武，善俊迎合而言，非公論也。善俊，成王仲楘曾孫，中進士第，時以左朝奉大夫、直龍圖閣、知襄陽府入對〔一五〕，後十餘日，又以前任事特轉一官。及死，周洪道爲作墓誌〔一六〕，備載其事，謂自是無裏言，蓋薄之云。

183 元豐乾道武臣正任員數多寡

元豐初，節度、觀察使纔八員，防禦、團練使、刺史共二十員〔一七〕，而宗室不與焉。乾道初，節度、觀察使至四十員，防禦使至遥郡僅二百員，而宗室亦不與焉。趙德莊彦端權尚右郎官，嘗請裁酌，後不行。德莊以元年八月建請。

184 建隆至元祐選人升改舉主沿革

選人升改，國初無定制。建隆三年〔一八〕，命翰林學士及文班常參官曾任幕職、州縣官者，各舉堪爲幕職、令録一人。職、令用舉主自此始。開寶三年四月，命翰林學士及文班升朝官等，各於現任、前任藩郡幕職、州縣官中，舉堪爲升朝官一人。選人用舉主改官自此始。乾德二年六月，詔侍從、卿監、郎官各于京官、幕職、州縣官内〔一九〕，舉堪爲通判者一人。又在此前，令專記舉京朝官事始〔二〇〕。然自建隆至淳化二十餘年，舉京朝官之敕纔五下，固無冗濫之失也。至道二年閏七月，有司言諸州關監當、京朝官共五十餘員，乃命左丞李至等八十四人各舉州縣官廉恪有吏幹者一人。景德元年八月，以幕職資序人少，命常參官二人共舉州縣官一人充幕職。大中祥符三年正月，詔内外所舉幕職、州縣官並須經三任六考。限考受薦自此始。五年六月，詔自今在京常參官二員，共舉幕職、州縣官一員充京官者，聽。舉主用兩員自此始。景德元年八月，止是一時指揮。天禧元年五月，敕兩省五品以上歲許舉京朝官五人，升朝官許舉三人。薦舉限員自此始。天聖七年十二月，詔轉運使、發運使副，不限人數。是月，用判流内銓呂夷簡言，升朝官因事降充監當者不得舉官，及知縣、朝官不得舉所統攝處幕職、曹官〔二一〕。蓋前此内外升朝官皆得舉京官故也。三年十月，中書言：「群臣舉幕職、州縣官充朝官者〔三二〕，候舉主及五人，即以名聞，庶懲濫進。」舉主用五員自此始。天聖二年六月〔三三〕，又用監察御史李紘言，令轉運使至諸州通判並舉本部幕職、州縣官外〔三四〕，餘升朝官未經通判已上差遣者不在舉官之限。所舉之人須是在任。舉主內有轉運、制置、發運、提點刑獄、勸農使二人，便與依例施行。若止一人，即更候常參官二人保舉，並與磨勘。非通判以上不得舉官，非現任屬吏不得受薦，及舉主須用職司，皆自此始。熙寧初，常平使者得薦吏如提、轉，乃罷通判舉官。元祐初，暫復之，俄廢。自是薦舉之法益密，而冗濫日甚矣〔三五〕。

185 隆興至淳熙立改官員數

祖宗以來，選人改官，亦無定額。元祐中，孫莘老爲吏部侍郎，始定歲百員爲額，後亦不行。紹興後，多不過九十員，少或五十員。二十年八十八人，二十五年六十八人，三十年七十四人，三十二年五十八人。捕盜及職事官，皆不在數。三十二年，孝宗登極，其年遂至百一十二員，言者患之，請爲之限。隆興元年春，詔吏部開具三年舉過員數、措置立額取旨。三月己酉降旨。其夏，遂詔以八十員爲額，內將十員充歷任十二考減舉主〔三六〕，改官人數如不足，並聽闕。四月乙丑降旨。未幾，中書言：「今方七月，止闕二員〔三七〕，若積累數年，必多留滯。」乃詔吏部，且依常年放行，參照格法，裁減薦員，開具申省。七月戊申降旨。于是議者請舉官補發之數，毋得出一年之限，而諸部長貳及少卿等各舉員數分上下半年薦舉，仍于七十員額内，量添三十員。從之。八月甲申降旨。自是通以百員爲額，後又不行。乾道三年，周表卿權吏部尚書，言其太濫，乞每歲薦舉以百人，監當以三人，四川換給以二十人，立爲定額。其所立員額，如歲終不足，聽闕。如員數有溢出，許于次年施行，仍理爲次年之額，捕盜功賞改官人不在此限。從之。七月己亥降旨〔二八〕。是冬，起居舍人黄仲秉建言：「四川見管六十一郡，每歲止得改官二十人，東南共管一百二十九郡，每歲却得百人，除館職、職事官、外路教授磨勘十餘員外，其多寡不均，灼然可見。緣此東南至今止七十餘員，而四川七月内已滿二十員之額，豈無留滯之歎！照得元祐、隆興立定員額，四川係在數内，今來創立防限，將四川置之額外，未見其可。望通以百二十人爲額，並以敘上日爲先後之序〔二九〕。」上又從之。十月辛亥降旨〔三〇〕。七年冬，虞雍公爲相，建言：「吏部供到今年改官員數，已溢三十餘人。」詔令引見放行改官，今後更不限定年額。十月甲辰降旨。自虞公去位，上復稍嚴升改之法。淳熙四年，引見改官八十二員，捕盜十二員。五年，引見八十八員，捕盜十二員。六年，引見五十七員，捕盜十一員。七年春，周益公爲吏部尚書，因請以六十爲額〔三一〕。詔侍從同議。王仲行爲兵部尚書，與同列具奏〔三二〕：「以三年絶長補短言之，歲不下百員，今既減舉官之數，乞以七十員爲額。」許之。二月乙巳降旨。尋又詔增十員，引見並職事改官共六十五員，四川換給十五員，而特旨改官不在其數。四月癸巳降旨。自是不復改。然四川舉官之數，一歲毋慮百五十員，而磨勘之額僅及其半，有溢額者，謂之待班，朝廷知之，或因事降旨，特趲一班，不爲定制。迄今嘉定六年，有待十一年班者，若南士之入蜀者，則舉削既盈，遂歸于南班引見，故無留滯積壓云。

186 隆興至嘉泰積考改官沿革

隆興初，張子公爲同知樞密院事，首論薦舉改官請求貨賄之弊，乞取紹興以來每歲改官酌中之數，立爲定額。凡在選者，量其年勞，以次遷改，歲終考核，不得過所定之數，而闕陞者亦如之。所有薦章，權行寢罷，庶幾銓綜均平，而在選者人人有京秩之望，其有以卓然之才被不次陞改者，不在此限。詔侍從、臺諫詳議，申尚書省。隆興元年二月壬申〔三三〕。議者以爲自太祖以來，皆有薦舉之制，今若患其奔競，遂盡除之，何異因噎而廢食。于是學士承旨洪景嚴、給舍金彦行、劉共父、張真甫〔三四〕、周子充共議，乞嚴舉主連坐之法，不許首免，量其罪之輕重而停秩任。辛起季中丞時爲臺諫長，議以爲宜取選人九考、十考者，與減舉主員數。事下吏部。既而淩尚書景夏奏乞將選人歷十二考以上、無贓私罪者，減舉主一員。三月己酉降旨。繼而遂以八十員爲改官歲額，内十員充十二考減舉主，改官人數如不足，並聽闕。

四月乙丑降旨。蓋參用張、辛二老之説也。未數月，中書門下省言：「薦舉改官，今方七月，止闕二員〔三五〕，若積累年數，必致拘礙。」乃命吏部且依常年放行，仍措置合行裁減員數，申省取旨。七月戊申降旨。尋遂以百員爲額。八月甲申降旨。内吏部引見八十員〔三六〕，四川換給二十員。乾道初，黄仲秉爲起居舍人，爲上言：以郡計之，東南約三郡，而改官者二人，四川約六郡，而改官者二人，多寡不均，灼然可見。乃命通以百二十人爲額焉。三年十月辛亥降旨〔三七〕。及虞丞相當國，始奏不復限定年額。乾道七年十月甲辰。久而覺其太濫〔三八〕，遂有權以七十員爲額之令。淳熙七年二月乙巳降旨。俄又增爲八十員，内引見并職事官共六十五員，换給十五員。七年四月癸巳降旨。而捕盗八員，在六十五員之内。如不足〔三九〕，即以薦舉改官人補湊。七年十二月己亥得旨。後數年，復有旨，職事官改官，許在歲額八十員之外。十三年三月丁酉得旨。進士一任回磨勘及歸正官循改者亦如之。十五年十二月庚午得旨。歸正官循至承直郎後〔四〇〕，歷五考，即改宣教郎。自是引見者稍寬，而换給獨狹矣。慶元末，費戒甫爲左選侍郎，又請歷十五考以上、無贓私罪犯者，得免職司舉主一員。六年十月癸巳得旨。嘉泰中，季景和爲右正言，又請選人曾歷監當、獄官、縣令各三考，餘官三考、無贓私罪犯者，不拘有無京削，許就磨勘。三年七月降旨。吏部引見以八員，四川换給以三員爲額，于是東南應格者木昇等四人〔四一〕，川路應格者蹇似之等二人而已。明年，言者論其太濫，謂使其律己奉公、究心職業，則歷官十二考所事監司郡守何啻四五十人，豈無一爲之動心者。姑以今歲之應斯格者觀之，大略可見。詔吏部長貳詳議。時吏部又得應格者俞圭一員。黄子由適兼尚書，乃奏乞歷上件三任通成十二考止用常員舉主三員，若係舉主闕升人，更減一員。四年五月甲申得旨。開禧初，言者又指其僥倖，乞令侍從、兩省、臺諫官集議，議者乃乞堅守孝宗立定八十員之額，其嘉泰以後積考減員等指揮，更不施行。元年五月己巳得旨。識者謂薦舉改官法未嘗不善也，患在乎士大夫以私意汩之耳。開禧末，李仲衍爲益部刑獄使者，有舊舉主之子，以職司狀爲請，仲衍厚待之。將行，語之曰：「興宗昔以職事受知先公，今不敢忘。然舉賢，王事也，非報恩之物。」有貴人移書以子壻相託者，仲衍報之曰：「令壻奉公守法，雖微命戒，亦將舉之。如其不然，有所未可。」嘉定初，余弟仲貫甫，自著廷補郡〔四二〕。將行，面白諸公貴人，乞勿薦士。諸公皆從之。真景元繼除江東副漕，朝辭入見，又以劄子面論之〔四三〕。余謂士大夫人人如仲衍、景元，則公道少伸，而奔競之風庶幾乎息矣。若夫通博易，納賄賂，又罪之至大者，故不復論。

187 刑寺得舉外任人改官〔四四〕

禮部、國子監長貳得舉諸州教授改京官，舊制也。嘉泰元年十一月，言者以爲大理評事止用舉主三員，又評事中亦有已改官者，舉削常是有餘，乞倣此例，令刑部長貳、大理卿少得通舉諸路提刑司檢法官。從之。

188 四川舉削倍改官之額

四川改官薦牘，以今嘉定四年計之，當得一百六十五紙：帥臣、監司八十紙。制司大使十一紙，總領所六紙〔四五〕，茶馬司共五紙，三路安撫司每司兩年共三紙，成都、潼川提刑各五紙，利路提刑五紙，關外一紙。夔路提刑三紙，四路常平司每司兩年共三紙，成都、潼川路轉運司各六紙，內歲終不除副使者半，利路運判每兩年又得關外三紙，夔路運判兩年三紙，又歲終不除副使三紙，四路提舉司每司年年一紙。前執政六紙。費大資、安大資。知州，八縣已上二郡〔四六〕，每年各舉二員，通計四紙。潼川、成都。七縣至四縣二十四郡，每二年各舉三員〔四七〕，通一年計三十六紙。謂金、邛、達、緜、雅、合、巴、蓬、忠、漢、眉、隆、果、資、榮、敘、閬、利州，隆慶、興元、遂寧、嘉定、崇慶府，廣安軍。三縣以下三十一郡，每年各舉一員，通全年計三十一紙。謂瀘、夔、彭、渠、昌、普、洋、成、鳳、涪、沔、簡、龍、階、開、萬、施、黔、珍、威、茂、黎、文、西和州，重慶府，大寧監，石泉、永康、懷安、梁山、南平軍。無縣處三郡，每年亦各舉一員〔四八〕，通全年計三紙。長寧、大安軍，富順監。以五紙爲一員，歲舉改官約計三十一員，而職司稱焉。大使十二，四路提刑共十九。自淳熙七年有詔四川換給止十五員，總而計之，是舉削不收使者大半。紹熙二年九月，制帥京仲遠以京官知縣闕人爲詞，奏乞增放散員數，朝廷難之。然自後或非時覃恩〔四九〕，或制司奏請，則必遞遷一年。開禧三年，吴德夫爲宣諭使，又請侍班人不候改官，一面注擬。從之。後三年，議者以爲不然，乃復舊制。

189前宰執歲舉京官多非所知

祖宗之制，前宰執歲得舉選人爲京官者五員，淳熙間減二員。既得徧舉諸路，故有力者競趨之，大抵多非所知。洪景伯罷政，家居二十餘年，所舉殆八十人。有管璆者爲樂平丞，既得舉矣，偶文書至奏邸，稽期數日，書鋪吏爲揩改奏檢實日以就之〔五〇〕。景伯即劾璆罔上，且言：「惟前宰執有舉無刺〔五一〕，目擊巨蠹，吞聲喑默。」其辭極切。疏入，詔璆降兩資，舉狀令吏部退還〔五二〕。或謂璆以他故被此劾，鄱人能誦言之，且誦吞聲喑默之詞，未知果何如也。自慶元、嘉泰後，前宰執舉削，乃專以待政府言路之求，類多不識所舉之人，甚至空名剡牘以遺之，非祖宗之遺意也。

190選人三考外零日不許受京削

舊法，歷任三考以上者許薦舉改官，即循至修職郎雖未及三考，亦聽薦舉。其後勢要子弟之初官者，率以零日受薦，寒素者患之。淳熙十四年，慶壽覃恩，舉天下將仕、迪功郎，無不循資者。其年八月，蜀帥趙子直建言：「舊法聽三考薦舉改官者，皆以三考爲一任，舉其成數而言。今于三考之外，未罷奇零日内，輒敢並緣干請，已非法意。今又該遇覃恩，盡行補轉，若一并許于三考之外，聽舉改官，竊恐干進之徒與夫勢要皆預得爲他日計，而孤寒安分、廉恥自持者，欲脱選調，愈不可得。欲望將選人一例許于第二任方得薦舉改官，庶幾仕進公平，不妨寒畯之路。」未幾，光宗即位，乃舉行之。又詔未成考人不以罪去者，於後任湊成三考，聽舉改官，初任未成考者勿聽。著爲令。

191 乾道淳熙裁損任子法 沿革附

乾道初，朝廷欲損任子之數，有請正郎隔三郊乃奏者，有請立限員者，有請正郎惟初郊及致仕各許奏一人者，議久不決。二年春，王伯庠初除殿中侍御史，乃爲畫一狀以奏：「一曰正郎遇郊，有出身人奏上州文學，無出身人奏下州文學。應奏下州文學者，將來改官日並改次等合入官。二曰帶職員郎，有出身人莅事十五年，初遇郊及再遇各許奏一人。無出身人莅事及二十年，止許初郊奏一人，俟至正郎即如上法。三曰中散大夫以上，有出身人奏將仕郎，無出身人奏上州文學。四曰侍從官，有出身人子孫奏承務郎，期親將仕郎，大功以下文學。無出身人遞減一等。致仕恩澤又遞減一等。五曰宰執奏子孫依見行法，期親登仕郎，大功以下文學。六曰右選，依此參酌。其官至使相者，依舊法止奏武階〔五三〕。」詔三省集議，再具條式，將上取旨。尋又令臺諫共同集議。其年六月，始有旨：使相蔭補，依祖宗舊法。七色補官人，止令奏一子，餘不盡行也。余謂伯庠此議，亦頗得之，但權倖貴游皆所不便耳。所謂七色補官者，宗室女夫，一也；戚里女夫及捧香，二也；異姓恩澤，三也；陣亡人女夫，四也；上書獻頌文理可采，五也；隨奉使補官，六也；給使減年，七也。始議以止當祿及其身，不許更冒世賞。若轉至合奏薦官，候將來致仕日，與一名恩澤。已嘗奏薦者，不與。既行之矣。九年七月，又用吏部尚書李秀叔議，應文臣帶職員郎及武翼大夫以上，生前未嘗奏薦者，與致仕恩一名。即已嘗奏薦而被蔭人身亡者，許再乞應。朝奉、武翼郎以上補授及三十年者，亦與一名。淳熙四年二月，韓无咎爲吏部尚書，又乞非泛補授人，許生前奏薦一名。所謂使相奏補，文武臣各隨本色者。淳熙五年十一月，因曾覿有請，遂援曹佾、向宗良例，降旨不行。四年四月，覿已有此請，龔實之持不行。其六月，實之貶，至是行下。先是，張說在有府，已詔武臣嘗任執政者，許奏文資。乾道九年十一月朔降旨。已而，恩數視執政者亦得之〔五四〕。蓋戚里、宗王與夫攀附之臣，皆爭以文資祿其子，不可復正矣。淳熙十年二月辛丑，又從侍從、臺諫集議，應文武臣致仕、遺表恩澤，並三分減一焉。宰相、使相共八人，前宰相七人，執政六人，前執政五人，見任尚書三人，侍從二人。宰執不帶職者，依本官。

192 雜藝出身不許任子

紹熙初〔五五〕，有伶人胡永年者，積官至武功大夫，遇郊乞任子。趙子直爲吏部尚書，奏永年樂藝出身，難以任子，望立爲定法，今後似此雜藝補授之人，不許奏補。從之。三年三月己亥也。余謂此等事，非遇子直，則他人必且放行，遂爲弊法矣。但永年本伶倫，而官極正使，前後遷補，乃無論列之人，亦未可曉。

193 嘉定四選總數

嘉定癸酉春，仲貫甫兼考功郎官，四選缺員，每迭攝之。是歲四選名籍共三萬八千八百六十四員〔五六〕。尚左六、七、八、九品名籍，案京朝官以上二千三百九十二員；有出身九百七十五員，致仕補官五百二十九員，遺表補官九十二員，大禮奏薦補官六百二十三員，奉表補官五十二員，推恩補官五十員，門客補官二十一員，特授文學補官二十一員，攝官補官二員，襲封補官二員，宗室過禮補官二十四員，納粟補官三員，三省補官八員。尚右三千八百六十六員；奏補一千六百八十員，武舉七十七員，宗室四百二十五員，軍班并揀汰軍功人一千二百八十五員，歸明、歸正五十九員，雜流非泛吏職三百四十員。侍左一萬七千六員；有出身四千三百二十五員，奏薦六千三百六十六員，童子科六十八員，攝官二十八員，宗子該恩五百六十員，恩科五千六十五員，進納四百二十九員，流外一百六十五員。侍右參部使臣一萬五千六百六員。奏補七千七百一十八員，宗室二千九百一十四員，軍班七百五十九員，軍功八百四十七員，宗女夫三百八員，陣亡女夫六十九員，陣亡恩澤二百五十三員，武舉四百一十五員，后妃親屬一百八十五員，主管進奉二百五十五員，獲賊五十四員，吏職一千三百二十一員〔五七〕，進納五百單八員〔五八〕。而使臣之從軍與未參選者不與，官冗可知矣。

194 咸平至嘉定侍右員數多寡

今之侍右侍郎，即祖宗時判三班院也。咸平以前，三班院員止三百，或不及。天禧後至二千四百餘員〔五九〕，熙寧後至一萬一千六百九十餘員，而宗室七百七十餘員不與焉〔六〇〕。視天禧之間，蓋已五倍矣。以出入籍校之，熙寧八年，入籍者四百八十有餘，其死亡退職者不過二百，此所以歲增而不已也。政和官制，以秉義郎易東、西頭供奉官，忠訓、忠翊郎易左、右侍禁，成忠、保義郎易左、右班殿直。此以上謂之三班。其下又有奉職、借職，則以承節、承信郎易之。今侍右名籍至一萬五千六百餘人，視元豐又增五分之一，蓋三歲一郊，奏補至千七百人，而其他入流者不與焉，此所以猥并而不可止也。

195 川秦茶馬二司分合

川、秦榷牧，自元豐以來，雖各有兩司，秦司榷茶，秦司買馬。川司榷茶，川司買馬。然大抵川、秦皆止除一使〔六二〕，蓋摘山市駿非相通不可也。紹興初，陝西失守，李子公爲使，乃奏合四司爲一司，以省官吏，如是者六十八年矣〔六三〕。有吴摠者，武順之第四子，初補京秩，乾道中，自都官郎官易帶御器械，年三十餘爲池州都統制，每妄殺人。孝宗知之，復命易文。淳熙中，以敷文閣待制提舉茶馬，坐黎州變故，降爲集英殿修撰，奉祠。久之，復命出守，稍遷寶文閣待制，知瀘州。慶元、嘉泰之間，摠食祠禄，居漢中，而從子曦爲殿副，二人不相能。摠每丐任使，曦數陰沮之，摠無以爲策。時胡直閣大成爲茶馬司，盡核諸場額外之茶，且損蕃商中馬之直。舊例，買馬必四尺四寸以上，及大成損馬直，而馬至益希，所市四尺一寸而已。其至軍中，斃者復衆。朝廷苦之。摠一日與殿司取馬，統制官彭輅謀納賂于蘇師旦，且說之曰：「馬政之積弊，此非西人諳其利病者不能更張，莫若復委吴次對。」師旦然之。命下，後省駁之。乃詔摠與郡。朝論方難其選。一日，輅與師旦語，因及之。輅自言世西人，今西蕃多善馬，特茗司損其直，故以駑駘入市，誠以善價招之，當可得。師旦喜曰：「無踰公者矣！」翌日，召輅至韓府，平原見之，立語少頃。又翌日，遂有分司之命。大略以爲茶馬司所發綱馬全不及格，積弊極深，宜有更革。自今差文、武臣各一員，令三省、樞密院條具來上。嘉泰三年八月丁未也。後四日，遂命直祕閣、知瀘州王大過與輅分領之。大過置司成都，輅置司興元府。方揔之受堂帖也，即日以秦司屬官印視事于其宅。又以迓吏稍緩，私遣御前軍二人至成都府捕胥長以來。自紹熙末，茶使視事皆申知制司，揔以身爲從官，用故事，不復關白。謝用光怒，會得邸吏罷報，即追還迓人，械所遣二卒還軍中。揔大沮，然猶得知潼川府云。時義烈廟初成，揔身至興元，以謁廟爲名，與曦樂飲，結歡而去。輅至司，所市馬終不及格，則以深蕃道梗，難以猝致爲詞焉。輅，果之子，後爲殿巖。

196 后妃王主奏薦格

渡江後，后妃之家奏薦，每遇大禮、聖節、生辰，皇太后家推恩四人，皇后二人。親王、公主、諸妃遇大禮各奏二人，昭儀至才人各一人。

197 內命婦誕育推恩格

內命婦誕育皇子女推恩者，皇子生，婕妤以上三人，美人、才人各二人。皇子裹頭出閤，妃五人，婕妤以上三人，美人、才人各二人。公主生，一品、二品二人，其餘一人。上頭出降，一品四人，婕妤以上二人，美人、才人各一人。非次進封者，推恩二人，美人、才人各一人。嘉定二年，楊皇后已正位，詔用嘉泰二年十月嘗生皇子，特與奏薦四名，蓋以事體增重故也。

198 宗室封女之制

凡宗室封女之制，使相女封淑人，節度使碩人，觀察使令人，團練使恭人，遥郡團練使宜人，大將軍安人。凡宗女，郡主至安人身亡，皆任子孫一人；淑人以下未有子食禄者，惟聽任所生子。凡郡、縣主兩遇郊皆推任子恩，郡主四人，縣主一人。郡主得奏期以上親，縣主止奏子孫。

199 妃主親王所奏親屬

凡妃主，許奏緦麻親之子。從一品，許奏緦麻親。才人，許奏小功以上親。親王婦之有服親及有服親之夫，皆許奏。内命婦非遇大禮，雖諸妃親屬，止授承信郎。

200 内命婦封贈

凡内命婦封贈，妃三代，婕妤以上二代，美人、才人一代。

201 職事官改官法

職事官改官法，樞密院編修官、祕書省正字、太學博士、兩學正録，到任實歷一年，通理前任四考並自陳改京官，即未滿年，就改一等差遣者，湊及一年，聽通理。敕令所删定官，有出身四考，無出身五考，從本所保奏與改合入官。大理司直、評事，供職滿二年，通歷任五考，有改官舉主三員者，亦聽如舊法。評事改官，帶行職任及補外例，得添倅諸州。紹熙初，沈評事槐始與堂除知縣。二年九月十五日。後又不行。慶元末，李持直國柄復以近制出宰金壇〔六三〕。五年五月二十三日。自是皆作邑矣。開禧末，李侍郎訦有請，乃命以二年爲任。訦，鉅野人，漢老之子，用李季章薦，至侍從，今以集英殿修撰知廣州云。

202 舉閤門祗候 二事

凡舉閤門祗候之制，諸路監司、郡守及州鈐轄已上，許歲舉所部廉幹有方略、善弓馬、經兩任親民無遺闕及曾歷邊任者一員，郡守仍員郎正使或右武郎及帶職升朝官以上，乃得薦舉。淳熙新制也。

諸舉充閤門祗候，用舉主七人，内一員職司侍右，試孫、吴兵書大義五道，通時務邊防策一道，文義稍通，三百字以上〔六四〕。送馬軍司，候報弓馬合格，取裁。

203 宗室鎖廳出身轉官例

凡宗室鎖廳得出身者，京官進一官，選人比類循資。無官應舉得出身者，補修職郎。即濮、秀二王下子孫中進士舉者〔六五〕，特更轉一官。

204 選人歷任有負犯者改官增舉考

諸選人改京官，歷任嘗有負犯者，公罪，一犯徒，兩犯杖，四犯笞，並加一考。私罪，笞，亦加一考，仍增舉主一員。杖以上加二考，增舉主二員，或職司一員。即舉主考第及格，而以事論罷者，雖降資亦不理。逮闕，並改次等合入官。

205 進納授官人升改名田之制

凡進納授官人升改名田之制，歷任六考，有舉主四員，與移注。歷任十考，有改官舉主七員，與磨勘。即因獲盜應循從事郎以上者，具奏降等與使臣。其因軍功捕盜得改官酬獎，如不願換使臣，與比類循資至承直郎止。稱軍功者，謂親冒矢石，或獲級，或傷重，及戰退賊衆解圍。

其運糧守城進築把隘之類非。郎因軍功捕盜而轉至升朝，非軍功捕盜而轉至大夫者，聽免差科，科配如官户。

206 吏職補官至從政郎止

凡吏職年滿，依法補授將仕郎，後有恩賞者，許循修職郎，用考第闕升，至從政郎止。其不因年勞，非泛補授者，未得注擬，具元補因依奏裁。

207 慶元蔭補新格

慶元蔭補新格，使相以上十人〔六六〕，執政官、太尉八人，文官太中大夫以上及侍御史、武臣節度、承宣、觀察使六人，文臣中散大夫以上、武臣防禦、團練使及横行四人〔六七〕，文臣帶職朝郎以上、武臣正使三人。致仕、遺表，文臣：前宰相、見任三少、使相共八人，曾任三少、使相七人，曾任執政官六人，太中大夫以上二人，武臣：使相以上八人，節度使六人，承宣使五人，觀察使四人，文臣中大夫、武臣防禦使以下，並不得推遺表恩。先是，紹興初，中書舍人趙思誠嘗上任子限員之議，詔從官討論申省。淳熙九年八月庚子，始用廷臣集議行之。既而從官有身前已奏六人，而身後推恩爲吏部所格者。開禧末，議者有請，乃詔致仕、遺表恩澤在限員之外，若非泛恩澤，則不許云。謂監司、帥臣遇覃恩及泛使出疆之類。

208 七色補官人奏薦法

凡非泛補官者，舊制，員郎以上官皆得任子。乾道末，始詔員郎、副使以上補授及三十年以上者，聽官本宗緦麻以上親一名，帶職員郎以上入官十五年，正使以上入官二十年，並係親民資序者，遇大禮聽蔭補一名，止其致仕〔六八〕，即不在蔭補之限。如已任而被任人身亡者，俟致仕日，聽蔭子孫一名。其太中大夫、觀察使以上，不拘此令。九年七月詔旨也。非泛補官者，謂臣僚奏補異姓緦麻以上親〔六九〕，及嘗得解人娶宗室女補文資之類。

209 諸縣推法司

舊制，諸縣不置推法司，吏受賕鬻獄，得以自肆。紹熙間，議者始請萬户以下縣，各置刑案推吏兩名，五千户以下一名，專一承勘公事，不許差出及兼他案，仍免諸色科敷事件，月給視州推吏減三之一，委令、佐選擇有行止、無過犯、諳曉勘鞫人充，以一年爲界，即因鞫勘受財，並行重法。元年七月庚午敕。然諸縣多不奉行，朝廷聞之，乃勒令請領重禄，如不受者，勒停。所屬不幫支者，從例受制書而違，抵罪。四年二月己亥都省批狀〔七〇〕。慶元初，又詔諸縣編録司亦行重禄，仍令縣主吏舉有行止、不犯贓私罪小吏三兩人，就司習學。遇闕，縣闡州，委官試習學人斷案一道，刑名五件，取稍通者充。及三年檢斷並無差失，升一等名次，主吏有闕，得先補之。著爲令。元年五月戊戌，降敕。自降旨後，及今近二十年矣，未嘗有行之者。

校勘記

〔一〕以示禁胡服之漸　原無此七字，據影宋本、蕭本、閣本、函海本補。

〔二〕（乾道八年三月甲戌）後二十日甲午　「甲午」原作「甲子」，據蕭本、函海本改。按：是年三月己巳朔，甲戌爲初六日，後二十日乃二十六日甲午。考是月無「甲子」日。

〔三〕待虞公素厚　「素」原作「甚」，據殿本、閣本、函海本改。

〔四〕除（蕭）果卿直祕閣江東提刑　「江東」原作「湖南」，據周益國文忠公集省齋文稿卷三三蕭公（之敏）墓誌銘及宋史全文卷二五乾道八年五月己巳朔條、宋史卷三四孝宗紀乾道八年四月己酉條改。

〔五〕其月十一日己酉　「其月」，據上引宋史及本書本條上文記時應作「四月」。

〔六〕之敏　原作「文敏」，據上引蕭公墓誌銘及宋史全文、宋史改。

〔七〕右相秦會之　「右」原作「左」，據閣本及要録卷五三紹興二年四月戊子條、宋史卷三六二呂頤浩傳、卷二一三宰輔表改。

〔八〕（趙）元鎮　原作「元鼎」，據蕭本、閣本、函海本改。按：趙鼎字元鎮。

〔九〕諸將皆敗　「敗」原作「貶」，據影宋本、蕭本、閣本、函海本改。

〔一〇〕右相朱漢章　「右」原作「左」，據閣本及宋宰輔編年録卷一六紹興三十一年、三十二年條記事，宋史卷三二高宗紀改。參見要録卷二〇〇。

〔一一〕奉祠去　「祠」原作「祀」，據影宋本、蕭本、閣本、函海本改。

〔一二〕（乾道）三年十一月皇子薨　「皇子薨」原作「皇子王薨」，據蕭本、殿本删。然據皇宋中興兩朝聖政卷四六乾道三年七月末條載：「是月，以皇太子愭疾，大赦天下。尋薨。」又宋史卷三四孝宗紀載：「乾道三年七月壬寅，以皇太子疾，減雜犯死罪囚，釋流以下。乙巳，皇太子薨，謚曰莊文。」卷二四六莊文太子愭傳載：「（乾道）三年秋，太子病暍，……爲赦天下。越三日薨。」可知本書此處記事記時都不確切。

〔一三〕元豐官制行始一之　原作「元豐官制始一行之」，據函海本及皇宋中興兩朝聖政卷五三淳熙元年三月條乙正。

〔一四〕出於元祐故事　原無「事」字，據蕭本、殿本、閣本及本條下文補。

〔一五〕時以左朝奉大夫直龍圖閣知襄陽府入對　原無「時」字，據影宋本、函海本補。

〔一六〕周洪道爲作墓誌　原無「作」字，據蕭本、函海本補。

〔一七〕刺史　原作「刺使」，據蕭本、函海本改。

〔一八〕建隆三年　「三」原作「二」，據長編卷三及宋史卷一六〇選舉志改。

〔一九〕州縣官内　原無「官」字，據函海本補。

〔二〇〕令專記舉京朝官事始　「舉」下原衍「官」字，據影宋本、閣本、函海本删。

〔二一〕知縣朝官　「官」原作「臣」，據長編卷八九天禧元年五月壬戌條改。

〔二二〕（天禧）三年十月中書言群臣舉幕職州縣官充朝官者　「三年」原作「二年」，「群臣」原作「郡臣」，據宋會要選舉二七之一七及長編卷九四天禧三年十月丁亥條改。

〔二三〕天聖二年六月　原脱「天聖」二字，「二年」原作「三年」，據長編卷一〇二天聖二年六月戊寅條補正。

〔二四〕令轉運使　「令」原作「今」，據蕭本、殿本、函海本改。

〔二五〕冗濫日甚　「甚」原作「盛」，據殿本、函海本改。

〔二六〕内將十員充歷任十二考減舉主　「考」下原有「限」字，據影宋本、蕭本、函海本删。參見下條隆興至嘉泰積考改官沿革記事。

〔二七〕止闕二員　「止」原作「正」，據殿本、閣本及下條記事改。

〔二八〕（乾道三年）七月己亥　「七月」原作「六月」，按是年六月丁卯朔，無己亥日，今據宋史卷三四孝宗紀改。

〔二九〕以敘上日爲先後之序　「敘」，影宋本作「鈔」。

〔三〇〕（乾道三年）十月辛亥　宋史卷三四孝宗紀作「十月庚子」。按：是月乙未朔，庚子乃初六日，辛亥乃十七日。

〔三一〕以六十爲額　「六十」原作「六年」，據蕭本及本條下文改。

〔三二〕與同列具奏　「具」原作「共」，據蕭本改。

〔三三〕隆興元年二月壬申　「二月」原作「三月」，據蕭本、殿本、閣本、函海本改。按：是年三月壬辰朔，無「壬申」日。

〔三四〕張真甫　「真」原作「貞」，據函海本及南宋館閣録卷七、卷八，宋史翼卷二〇改。真甫乃張震之子。

〔三五〕止闕二員　「闕」原作「關」，據蕭本、殿本、閣本、函海本改。

〔三六〕内史部引見八十員　「内」原作「尋」，據上引本子改。

〔三七〕（乾道）三年十月辛亥　宋史卷三四孝宗紀作「乾道三年十月庚子」。

〔三八〕久而覺其太濫　「久而」原作「俄」，據影宋本改。

〔三九〕如不足　原作「如是不足」，據影宋本、蕭本、函海本删。

〔四〇〕歸正官循至承直郎後　原無「循」字，據影宋本、函海本補。

〔四一〕木昇　原作「本昇」，據影宋本、閣本及兩朝綱目備要卷八嘉泰三年十一月己丑更定選人改官法條改。

〔四二〕自著廷補郡　「著廷」，兩朝綱目備要卷八開禧元年五月己巳復淳熙薦舉改官法條作「著作」，疑是。

〔四三〕面論　「論」原作「諭」，據蕭本、函海本及上引備要改。

〔四四〕刑寺　原作「刑侍」，據底本目録及蕭本、函海本改。按：「刑、寺」乃指刑部長貳及大理寺卿、少卿。

〔四五〕總領所　「總」原作「縱」，據蕭本、閣本、函海本改。

〔四六〕八縣已上二郡　「二郡」原作「三郡」，據殿本、閣本及本條下文附注記事改。

〔四七〕每二年各舉三員　「二年」原作「二十年」，據影宋本、蕭本、閣本、函海本删。

〔四八〕每年亦各舉一員　原脱「年」字，據蕭本、殿本、閣本、函海本補。

〔四九〕或非時覃恩　原無「或」字，「時」原作「特」，據影宋本、函海本補改。

〔五〇〕書鋪吏　原脱「鋪」字，據影宋本、函海本及洪适（字景伯）盤洲文集卷四六劾管璆奏劄補。

〔五一〕且言惟前宰執有舉無刺　「且」原作「具」，據蕭本、函海本改。「前」字原脱，據影宋本、蕭本、函海本及上引盤洲文集補。

〔五二〕令吏部退還　「退」原作「追」，據影宋本、閣本及上引盤洲文集改。

〔五三〕武階　原作「五階」，據影宋本、蕭本、閣本、函海本改。

〔五四〕恩數視執政　原脱「恩」字，據影宋本補。

〔五五〕紹熙　原作「紹興」，據蕭本、函海本及兩朝綱目備要卷二紹熙三年三月定雜藝不許任子法條、宋史卷三六光宗紀改。

〔五六〕四選名籍共三萬八千八百六十四員　按下四選相加數字應作「四選名籍共三萬八千八百七十員」，此處少計六員。

〔五七〕吏職一千三百二十一員　「二十一」原作「三十一」，據影宋本、蕭本、閣本、函海本改。

〔五八〕進納五百單八員　「五百單八」原作「五十單三」，據蕭本、殿本改。

〔五九〕天禧後至二千四百餘員　按：曾鞏集卷三一再議經費劄子載：「初，三班吏員止於三百，或不及之。至天禧之間，乃總四千二百有餘。」劄子上於元豐三年十一月壬子，見長編卷三一〇，與此處記載不同。

〔六〇〕宗室七百七十餘員　上引曾鞏劄子作「至於今（規按：指元豐初），乃總一萬一千六百九十，宗室又八百七十。」按：三班吏員總數與本書記載相符，而總數外之宗室中三班吏員數則不同。

〔六一〕然大抵川秦皆止除一使　原無「然」字，據蕭本、函海本補。

〔六二〕紹興初陝西失守李子公爲使乃奏合四司（規按：指秦茶司、秦馬司，川茶司、川馬司）爲一司以省官吏如是者六十八年矣　按：要録卷一四七紹興十二年十二月己卯條載：「川、陝宣撫副使鄭剛中（字亨仲）言：『陝西買馬，見今止是宕昌一處，茶馬司見差官在彼買發。秦茶司自復置以來未嘗一到，誠爲虛設。欲併入川司管幹，所有官吏並隨司減罷。』從之。」據此，則李子公疑爲鄭亨仲之誤。又自紹興十二年（公元一一四二年）併川、秦茶馬司起算，下距嘉泰三年（一二〇三年）又分設川、秦茶馬二司爲止，歷時僅六十二年，而非六十八年。若自紹興元年（一一三一年）陝西失守算起，下距嘉泰三年止，歷時應爲「七十三年」。

〔六三〕李持直國柄　「持」疑爲「司」之誤。按：上文有「沈評事槐」，下文有「李侍郎訦」等字樣。司直乃大理司直之簡稱。

〔六四〕三百字以上　蕭本、閣本作「二百字以上」。

〔六五〕即濮秀二王　「即」字疑衍，參見宋史卷一五七選舉志宗室鎖廳得出身條。

〔六六〕使相以上　「上」原作「下」，據函海本及本條下文記事改。

〔六七〕防禦團練使　原作「防團刺使」，據蕭本、殿本、閣本改。

〔六八〕遇大禮聽蔭補一名止　「止」原作「正」，據蕭本、殿本、閣本、函海本改。

〔六九〕奏補　「奏」原作「湊」，據蕭本、函海本改。

〔七〇〕（紹熙）四年二月己亥　原作「四月二日己亥」，據蕭本、閣本、函海本改。

建炎以來朝野雜記乙集卷十五

取士

210 開禧召試制科 兩臺諫論三秀才

自李仲信後，制科無合格者。又三十餘年〔一〕，有何致者，字子一，永康青城人。祖耆仲，字子固，淳熙初嘗爲部使者，知名士也。致少有才，爲郡守陳纘嗣功館客，纘入爲司農丞，薦致於劉仲洪尚書所，仲洪亦喜之。時李季章爲禮部侍郎，劉師文爲工部侍郎，仲洪率二人以制科薦于朝，有旨召試。會同薦者吴郡滕宬〔二〕、東陽杜福遭憂不赴，詔須服闋並召。致躁急欲先得試，屢懇季章，季章以爲狂，笑不顧。致更禱纘，纘即以仲洪意爲蘇師旦言之，侂胄不得已於仲洪爲降内批，如所請。後二日，權中書舍人易元章繳還。致大憾，乃以劄子白廟堂，謂言詞多取憎嫉，必觸忤報罷〔三〕，乞寢已降召試指揮，且謗元章不已。時鄧伯允方爲侍御史，俄而元章除右司諫，伯允先爲修注，以論謝子肅外補，憾之不忘，及除御史，欲奏奪子肅二子出身，元章亦恨致，因及之。伯允曰：「司諫始入言路而亟讎一布衣，何示人以不廣，不若更論二謝。如致事，友龍得論之。」明日，相繼求對。元章論二謝，駁放〔四〕。伯允論致進卷詆誣伊尹，罷歸。致之從纘來也，蓋亦嘗登侂冑之門，伯允無以爲罪，故摘致進論中言「伊尹始行堯舜之道，而終爲天下開陵犯之端」之語，以此激之。時人謂兩臺諫共彈三秀才，蓋指此也。辛未歲，致以吳德夫薦再召，鄭景紹正言論之，乃勒令歸鄉增修所學焉。易元章以開禧元年閏八月十四日對〔五〕，鄧伯允以其月之十九日對〔六〕，鄭景紹奏以嘉定四年五月二日下。

211 殿試不避親

國朝之制，發解進士及省試皆置別頭場，以待舉人之避親者。自緦麻已上親及大功已上婚姻之家，皆牒送。惟殿試則雖父兄爲試官亦不避，蓋以無別試之故也。開禧元年，檢詳毛憲爲考官，其子自知以迎合用兵冠多士。韓侂冑既敗，乃用言者奏，奪憲次對，而降自知爲第五甲末名。

212 孝宗議令輔臣考南省上名試卷而中止

故事，南省開院後，以上十人試卷修寫成册進入〔七〕，行之久矣。淳熙辛丑歲，上命王仲行尚書知舉，鄭少嘉侍郎、黄德潤侍御同知，既入院矣，或謂鄭、黄皆閩人，恐有私。上乃議令貢院取三十名前卷子，于揭榜前五日，付輔臣考校，然未出命也。居數日，宰相趙温叔因審其事，且言如必欲行，則早令試院知之。上曰：「朕亦有少疑，更欲與卿等議之。」温叔覺上意已變，即奏云：「臣等亦深疑之，未敢遽奏，恐有避事之嫌。陛下既選任知舉三人，又令臣等考校，則是三知舉不足信矣，況又有不可知者。臣等受恩至重，今日固當盡忠考校，但恐此例一開，後來宰執有挾者，得以容其姦。」上曰：「朕亦思之，不可開此門，姑已之。」後旬日，乃命開院日，將上二十人真卷先次進入。會仲行策題中有「太上皇帝匹馬渡江」之語，上不樂，以諭輔臣。時臨安已鏤板行之，亟命毁板。仲行不自安，數請外〔八〕，後數月〔九〕，出知紹興。

213 淳熙議復四川類省試所減額

省試，舊以十四人取一名。隆興初，建、劍、宣、鼎、洪五州進士，三舉實到場者，皆以覃恩免解，有旨增省額百人，遂皆以十七人取一人。而四川類省試則十六人取一名，後不復改。淳熙十五年，范東叔仲藝爲右司郎中，議以蜀去天日遠，士惟科舉一路，非有學校他岐進也，且隆興省額，蜀人初不預，今乃例減名額，非是，當復故。時留仲至正自成都召還爲參知政事,意亦主之。執政共議曰:「上改用十五人取一名,有成説矣。」東叔喜,徧爲禮曹、給舍、臺諫諸人言之,亦無異議。會宇文子英价以兵部尚書兼侍講〔一〇〕,當夜直,上以其蜀人也,以所議告之。子英不知其由,遽對曰:「類省十六人,視南省已優矣,尚何議。」翌日〔一一〕,執政奏其事。上曰:「朕已爲宇文价言之,毋庸爾!」諸公乃退〔一二〕。蓋用東叔之議,則類試每舉當增省額七、八人,子英率意而言,遂不可復。東叔深以爲恨。

214 四川類試榜首恩數差降事始 趙莊叔張安國本末相似

自渡江後,四川類試榜首若不赴大對,例得兩使職官,蓋優之也。丁卯歲,何秘監道夫爲榜首,其答蜀人才策歷論蜀人難進易退之節,有高視天下而竊笑之語。時秦丞相方沮張魏公,見而惡之,遂降旨類試第一人不赴殿試者,賜進士出身,爲道夫故也。庚午歲,張閣學真甫爲榜首,答君臣策極其贊美。秦丞相喜,諭主司於三名外處之。由是真甫唱名第四。趙舍人莊叔自七、八名外,上親擢爲第一人。其實莊叔廷策實甚阿時,至引趙普、雷德驤故事,且有「欲誅異議之人」之語。上第以其首句:「君臣父子之間,天下真情之所在。」謂有古文氣也。甲戌歲,張舍人安國答策遂有「一德大臣」之言,乃擢第一。一德大臣,乃辛未歲周益公省試策中語也〔一三〕。然莊叔、安國既登第,獨不附秦,安國幾爲所殺,由是見重於當時焉。

215 孝宗議權免奏薦及罷特奏名

孝宗初受禪，以官冗恩濫，思有以革之。乃議定制，百官已任子者，遇郊恩權免奏薦。開賢良科，令中外普薦，而罷特奏名。手詔左諫議大夫王之望、殿中侍御史尹穡、右正言晁公武參酌來上。隆興二年七月庚寅也。既而瞻叔言：「陛下即位未久，恩澤未徧，此二事關于士大夫者甚衆，望少寬之。不已，則宜立奏薦限員，踰數者許回授，罷門客、親戚漕司之試，止移鄰州。如是，則省額可減百十人，此救弊之策也。」子止亦乞增損制舉薦員，朝官年七十未致仕，則住蔭子。疏奏，乃詔年七十歲人，遇郊不許奏子。俄又詔，未奏者許奏一名。逮淳熙九年八月，始立奏薦限員。其後特奏名又以三人而取一，皆略如上旨，然恩濫未大減也。必也，盡以手詔之策行之〔一四〕，官曹其少清乎。

216 特奏名冗濫

特奏名進士，舊二人而取一。淳熙初，議者以爲冗濫尤甚，請裁節之。詔吏部同給舍詳議。于是尚書程泰之、給事中王仲行、舍人陳叔晉等，奏乞三人取一人。其不入四等人，舊許納敕再試，今止許一試。舊免解人有故不入試者，理爲一舉，今不理。舊潛藩五路舉人及久在學校充職事人，並升甲，今止升名。奏可。六年三月也。其後朝廷每有慶霈，則前後不中選者，盡取而官之，往往千數百人，充塞仕路，遂成熟例，不可復減矣。

217 女神童

自置童子科以來，未有女童應試者。淳熙元年夏，女童林幼玉求試，中書後省挑試所誦經書四十三件，並通。四月辛酉，詔特封孺人。

218 太學生校定新制

京都舊法，太學生外舍二千人，校定百人；內舍三百人，校定三十人。仍分優、平二等，優等再赴舍試，又入優等，則徑自學官之，恩數與進士第一人等，所謂釋褐狀元也。若入平等，則謂之一優一平，例得免省，直赴殿試。其次先免解，後免省，仍並有升甲恩例。紹興間，復興太學，有旨權立內舍百人爲額，歲終校定，每十人校一人。十五年二月二十七日旨。是時，外舍千人，上舍三十人而已。慶元、開禧兩放混補，外舍生增至千四百人。本監乃乞增內舍生百二十人爲額。許之。開禧元年四月二十五日旨。雷季仲爲祭酒，又請每歲校定，增爲十二人。亦許之。二年正月十三日旨。舊法，自外舍升内舍者，雖有校定，必公試合格，乃許升補。蓋私試皆學官自考，公試則降敕差官故也。嘉定中，袁和叔掌學政，奏乞每歲中取外舍生校最優者一人，升補内舍。又從之。自是升舍之法愈寬矣。

219 淳熙武舉授官新格

武舉人補官〔一五〕，舊法，榜首保義郎、沿江巡檢。不入等，承節郎、沿邊巡檢、縣尉。第二名以下，承節郎、沿江巡檢、縣尉。不入等，承信郎。淳熙二年，始比文士恩數，榜首補秉義郎，堂除江上或諸軍計議官。第二、第三名，保義郎、諸路帥司準備將領〔一六〕。一任回，轉忠翊郎，不隔磨勘，以比文士，改合入官。第四、第五名，承節郎、諸州兵馬監押。二任回，轉保義郎，不隔磨勘，以比文士，循文林郎。餘人如舊。是歲五月，有忠訓郎張世奕者，自言武舉出身，乞從軍。許之。七年三月，遂立法，願從軍人，令樞密院銓量畢，依新法補官。榜首差三衙或江上諸軍，同正將。第二、第三名同副將，第四名以下同準備將。不願從軍，或雖願從軍而其才不應選者，並依乾道八年以前舊法。八年四月庚戌，又詔武舉人從軍，如有已見利便，許赴主帥陳述。遇有過犯，合加罪責，申樞密院取旨。蓋不盡用階級之制，且使無箠楚之辱也。五月丙戌，又詔武舉從軍人，許先令參部出給料曆〔一七〕，仍用六考關陞資序。既而有言此徒往往自高，不親軍旅。九年五月丙子，有旨，自今職事勤恪者，從主帥保奏陞差，懈惰者按劾。然同將官初無待次，即日可上。又每二考輒復陞差，則雖末名之士，從軍不十年而同統制矣。至于三名以上，轉補秉義郎或忠翊郎者，或改換文資，則遂爲京官，恩數與進士第一人等，又失之僥倖也。其後，議者以爲言，乃詔武舉人毋得鎖試，既又不行。然自淳熙以來，武舉人亦未有卓然可稱者。

校勘記

〔一〕自李仲信後制科無合格者又三十餘年　「三」原作「一」，據蕭本、閣本、函海本及兩朝綱目備要卷八開禧元年閏八月癸酉罷遣應制科何致條改。按：本書甲集卷一三乾道制科本末恩數條載李垕（字仲信）中制科在乾道七年（公元一一七一年），下距開禧元年（一二〇五年）有三十餘年。

〔二〕吴郡滕宬　「宬」原作「晟」，上引備要作「戚」，今據水心文集卷二四滕季度墓誌銘及宋會要選舉一一之三八改。按：滕宬字季度，蘇州吴縣人。「戚」與「宬」通。

〔三〕必觸忤報罷　原脱「忤」字，據上引備要補。

〔四〕（易）元章論二謝駁放　上引備要於「駁放」下有「出身」二字。

〔五〕開禧元年閏八月十四日　原脱「閏」字，據影宋本、蕭本、函海本補。

〔六〕鄧伯允　「鄧」原作「鄭」，據影宋本、蕭本及本條上文記事改。

〔七〕進入　原作「進上」，據影宋本、蕭本、函海本改。

〔八〕數請外　原脱「數」字，據上引本子補。

〔九〕後數月　原脱「後」字，據上引本子補。

〔一〇〕侍講　原作「侍讀」，據蕭本、殿本、函海本改。

〔一一〕翌日　「翌」原作「昱」，據蕭本、殿本、閣本、函海本改。

〔一二〕諸公乃退　「乃」原作「方」，據蕭本、殿本、閣本改。

〔一三〕周益公省試策中語　原脱「省」字，據影宋本補。

〔一四〕盡以手詔之策行之　「盡」原作「書」，據蕭本、閣本、函海本改。

〔一五〕武舉人補官　原無「人」字，據影宋本、函海本及本條下文記事補。

〔一六〕諸路帥司　「帥」原作「師」，據蕭本、殿本、閣本、函海本改。

〔一七〕出給料曆　殿本、閣本作「出給例曆」。

建炎以來朝野雜記乙集卷十六

財賦

220 廣西鹽法

廣西鈔鹽之法，詹體仁所請也。體仁嘗爲廣西漕，知官般之法有未便者，故欲以客鈔易之。及入爲起居郎，乃薦浙西安撫司幹辦公事胡庭直〔一〕，令往廣東、西與帥、漕及兩路提舉等司詳議鹽法。淳熙九年二月庚戌也。其冬，庭直使還，與廣西運判兼提鹽王正己、廣東提舉常平茶鹽林枅共奏：「官賣之法害民，客鈔爲便。」而庭直又自言：「二廣頃行客鈔之時，通以九十萬緡爲額。廣東十萬籮，一百斤爲一籮。正鈔錢五十萬緡。廣西八萬籮，正鈔錢四十萬緡。及廣西行官賣法，而廣東除去通入廣西之數二萬五千籮，纔爲七萬五千籮耳。惟廣西不立額數，故今所賣爲十一萬五千餘籮。不產鹽十六州，賣七萬五千八百餘籮。產鹽五州，賣一萬八千四百餘籮。海外四州，賣五千五百餘籮。前任漕臣梁安世又創賣淹造鹽一萬五千五百餘籮。皆科抑也。今通行客鈔，廣東可九萬籮，廣西可六萬籮，仍增收漕計，存留鹽本，改指通貨，兩路可得二十八萬餘緡，十五萬緡，兩路增收漕計錢〔二〕。六萬餘緡，西路存留鹽本〔三〕，改指通貨錢。三萬緡，東路存留鹽本錢。二萬一千緡，東路九萬籮內，有西客改指請東鹽者，以三萬籮爲率〔四〕，每籮依東客改指西鹽例，納通貨錢七百文，計上件。一萬八千緡，東鹽六萬籮上，每斤增收西路漕計錢二文三分〔五〕，計上件。合西路正鈔錢三十萬緡爲五十八萬緡，可充廣西漕司一歲之用。」既而漕司又言：「比舊行鈔法之時，有增支錢十八萬緡未有補足。」庭直乃奏乞廣東增爲十萬籮，廣西八萬籮。詔吏部尚書鄭少融與給、舍施聖與、宇文子英、葛楚輔及體仁詳議。議者皆以爲可。于是檢正官王誠之、都司陳安行、謝務本、王吉老擬定，如庭直所乞十萬、八萬籮之數。仍嚴私販之法，重官鬻之禁。既命南庫、户部、廣西帥憲司、湖廣總領所，歲共捐二十萬緡，以補廣西漕計之闕。户部合得廣東鹽司錢一萬二千餘緡，改赴西漕，令南庫撥償。免西漕合起靖州錢三萬緡，令户部科降。廣西合起鄂州大軍錢十萬緡免起解，令總所通融。廣西詔發廣東鄂州大軍錢二萬五千餘緡，令廣東於正鈔錢內起解〔六〕。廣西帥、憲司合得錢七千緡並免樁。廣西漕司一年雜支三萬緡，令節省一萬。又出祠牒、會子四十萬緡，貸漕司爲歲計之用。會子二十五萬緡，度牒三百道，計十五萬緡。詔可。其年十二月己亥也。後數日，擢庭直太府寺丞。又數日，除廣東提舉鹽事，使行其法。明年正月，體仁亦除吏部侍郎。四月，詔以體仁陳奏二廣利害，深知民瘼，除集英殿修撰、知靜江府。旋遷敷文閣待制。十五年三月，又詔以體仁宣勞累載，升敷文閣直學士。廣西窮遠，自乾道以來，鹽法更變不常，凡商人之稍有資財者，皆遷徙而去，商販既不通，官般又罷，而軍食遂闕。廣東提鹽韓璧首陳其不便，事下安撫司。十年十月戊子〔七〕。庭直時已升本路運判兼提鹽司，二人初不爲之變也。久之，又併廣東、西鹽事爲一司，十二年十二月甲子。通以十六萬五千籮爲額。廣東九萬五千，廣西七萬。體仁尋奏言：「累年共賣之數，通不盈十三、四萬籮，乞減爲十五萬，仍罷通貨錢，以便商販。」從之。十五年九月乙巳〔八〕。蓋自行鈔法五、六年間，州縣率以鈔抑售于民，其爲害愈甚于官般之日，人甚苦之。其秋，胡子遠爲侍御史，首論廣西鹽鈔爲民深害，皆由儀之附下罔上，文過遂非，固位患失，甘心害民，以至于此，乞行鐫黜，正其欺罔之罪。上諭以當先更易帥臣，徐議鐫黜。三省擬用趙彥膚公碩。上曰：「負荷不得，可別選人。」樞密院黃德潤、留仲至繼奏事，上曰：「廣西帥須得平心人爲之，庶幾不至輕易改法。如賈逵平穩可用，近有微疾。潘景珪有才，亦穩。卿等更與丞相議之。」既而，賈、潘皆以母老辭，議久不決。子遠亦上疏言之。周丞相乃奏以應寺丞孟明知靜江府，召體仁赴行在。上因言廣西鹽法利害相侔，如聞侍從中有人亦主客鈔。仲至曰：「臣久在廣中，備知利害，事關兩路，若輕改法，即兩路紛紛，須且因其弊而救之。」上曰：「今除孟明，與儀之爲代，朕當親札與之，止可舉偏補弊，未可輕易改法。」時九月甲寅也。子遠再奏，乞寢體仁召命。上親賜札云：「已差應孟明詳究利害事實以聞，所以不令朝辭，恐奪于臺臣議論，使之掣肘，不能平心處事。若鹽鈔果害于民，儀之豈得輕恕乎？」孟明至官，首奏：「本路見今以鈔鹽抑勒民户，流毒一方，且都鹽司不支本錢，鹽丁散走，人户多有請鈔而未得鹽者。又人户以産業抵當請鹽鈔，亦有已業既盡，借荒田砧基以充要約者。不若復舊法，令漕司官般官賣，以解愁怨。」十六年正月壬寅，進呈。上謂大臣曰：「始議行此事時，先遣胡庭直往體量，非不詳審，往往止是符同儀之之説〔九〕，今爲所誤，宜令孟明條具更改。如人户有未支鈔鹽，須令盡數支還，不可復失信于民。」丙午，詔體仁予在外宫觀，從所請也。先是，朱晞顔除廣西小漕，入辭，上諭會同孟明審究鹽法利害。晞顔奏：「今鈔以客爲名，實無客商，乃强税差之家，使之承認，至於破産而後止。況静江官般之時，每斤百文。自變爲客鈔，每斤百三十文，尚何便民之有？」子遠乃見上，乞重黜體仁，仍從兩司所奏，依舊法行下。丙辰〔一〇〕，詔體仁落職學士，罷宫祠，送袁州安置。擢知瓊州王光祖爲都提舉廣南路鹽事，同帥、漕二司一面措置，毋致再有科抑之弊。仍截撥本路諸州應起湖廣歲計錢十五萬緡，補助今年支用。除高、雷、化、欽、廉五州賣二分鹽外，令官般官賣。廉州鹽每斤二十二文，主户月買三斤，客户二斤，寡婦一斤半。雷州鹽每斤三十二文，每年主户一丁食鹽十二斤，客户減半。化州吴川縣鹽每斤三十文，石城縣三十五文，石龍縣三十八文。高州茂名縣三十二文，電白縣四十五文，信宜縣四十五文。欽州鹽每斤四十五文，上户月買三斤，中户二斤，下户一斤半。餘鹽令東路漕司歲賣七萬五千籮，充上供。紹熙元年冬，用廣西提刑吴宗旦之請，頗損五州鹽直、鹽數。又用廣東提舉劉坦之之請，減鈔鹽一萬籮。户部奏如是則暗失經費六萬三千餘緡，然光宗不之靳也。二年秋，廣東復言六萬五千籮猶有未售者，乃又減五千籮。蓋廣東潮、惠、南恩三州，既自産鹽，而官復般賣，往往計口抑售於民。自紹熙後，朝廷暗損經費十萬緡，而科抑少減矣。

221 四川石脚井

眉之彭山、丹稜〔二〕，嘉定之洪雅等縣〔三〕，皆有石脚井筒，其實硝也。在多悦者謂之山門，在彭山者謂之瑞應，此二井尤盛。然必得隆、榮諸井之鹵對鍊，而後可成鹽。隆、榮諸井，煎鹽既成，其水之尤苦冽者，棄之不用，煉而成餅。食之者得泄利之疾。官未榷鹽時，小民或私煎求利。元豐三年，立法禁止。崇寧初，張天覺爲尚書右丞，建遣成都府路常平司句當公事句居體兼措置兩川鹽事，俾之監榷。天覺罷，尚書省言丹稜、洪雅等縣多有石脚井苦鹽，不堪食用，乞依元豐法禁人開鍊，并罷居體。從之。三年十一月戊寅也。紹興中，瑞應鄉民户，始有盗販鹵餅拌和硝石煎成小鹽，低價以售者，有司因爲拘榷，凡三十六井，歲輸官錢萬七千餘緡。既而總領所以爲不便，言于朝，復行棧閉，以其課額均于鄰近嘉、榮、隆、簡四州之井户，謂之石脚錢。紹興二十四年也。及嘉定五年，多悦民有犯法私鍊者，州既抵罪，制置大使聞之，即遣秉義郎、新夔州路兵馬都監楊仲端往山門措置，其年九月也。自後月得小鹽一萬五千斤，皆不用引鈔，徑行發賣，歲責息錢一萬九千二百緡。然鹽既苦惡不可食，率以抑售土居之人。盜煎私販者因亦肆行，官不敢問。議者謂元豐立法者，參知政事蔡確也。崇寧禁止者，右僕射蔡京也。財用雖乏，可以大制司而爲京、確所不爲乎，則失之矣。

222 東南收兑會子

自曾欽道爲版書，欲急見理財之效，始與提領會子庫官陳彌祚、李若本共議〔一三〕，依川錢引例立界，每界一千萬緡，兩界相沓，行之久矣。其後每界增爲千八百萬緡，至第七界又增爲二千三百二十三萬緡。開禧用兵，又依四川例，亦以三界通行。而第十二界累增至四千七百五十八萬九百餘緡，民間折閲滋甚。嘉定庚午春，第十一界會子當滿，朝廷先期命刑部曾尚書煥等置局拘換。於是與其寮奏言：「第十一界會子爲三千六百三十二萬六千二百三十六貫八百文，乞以鬻爵及出賣没官田等諸色名件〔一四〕，拘回舊會。」許之。嘉定二年五月甲寅〔一五〕，降旨。所謂名件凡有九：一曰打套乳香錢，約一百六十餘萬緡。謂榷貨務見在散乳香十六萬七千七百餘斤，可打一百萬二十套。每套價減錢一百文，作一貫六百文。二曰出賣諸路没官田，價錢約一百二十二萬餘緡。謂户部具列諸路未賣官田，計價錢一百二十二萬七千四百三十六貫九百文，限三月，許人户以第十一界會子承買也。　三曰出賣告敕、綾紙、補帖一千四百道，計價錢四百四十萬緡。謂迪功郎告每道一萬貫，承信郎告八千貫，進武校尉綾紙四千貫，進義校尉綾紙三千貫。以上四色，各降一百道。上州文學敕每道八千貫，助教告每道五百貫。以上二色，各降二百道。進武副尉帖每道二千貫，不理選限將仕郎綾牒一千貫。以上二色，各降三百道。　四曰左右選轉官循資告九百四十道〔一六〕，共約計價錢三百三十萬餘緡。謂宣教郎轉通直郎，一官計七千貫。承務郎至宣教郎，每官五千貫。以上二色，共降一百道。訓武郎轉武翼郎萬貫，修武郎轉訓武郎五千貫。以上二色，共降四十道。選人循資，每員三千貫，共降四百道。承節郎以上轉官，每官四千貫。承信郎轉承節郎三千貫。以上二色，共降四百道。　五曰封贈冠帔敕告六百道，計價錢二十八萬緡。謂生封安人告每道一千貫，孺人告八百貫。以上二色，各降一百道。冠帔敕一百貫，以上降二百道。贈父母迪功郎、承信郎各五百貫。以上二色，共降一百道。追封孺人三百貫，以上降一百道。　六曰紫衣、師號帖三百道，計價錢三萬緡。每帖一百貫〔一七〕。　七曰副尉減年公據三百道，計價錢六萬緡。每年二百貫〔一八〕。　八曰拘催諸路已降未賣告敕錢，兩項計一千四百一十餘萬緡〔一九〕。開禧二年四月、五月，兩次拋降四總領所官告、綾紙、敕帖二千八百道，計一千一百四十萬貫，內湖廣申已賣三十萬五千貫，淮西申已賣一萬貫，其所收錢亦不曾起發。諸路州軍元拋降六百九十八道，計三百五十九萬一千貫，已起八十四萬五千九百二十五貫五百文。以上兩項通計上項錢。今仰將已賣錢盡數起發，如實有未賣告牒等，仰盡數繳申尚書省。　九曰臣僚奏薦綾紙錢，未見數。承務、保義郎以上五千貫，通事、承節郎以上三千貫。　後又禁銅錢毋出都城，於是行在會子每千爲錢七百，諸路州縣纔得其半云。朝廷知其壅積，遂廢十一、十二兩界，而以十四界新會收之。壬申之冬，王釜爲湖廣總領，亦請以度牒、茶引兩色收兑第五界舊會，每度牒一道，價錢五百緡。官賣價八百緡。又貼搭茶引一千五百緡，方許收買，仍限一月。然京湖二十一州相去遥遠，而止置三場收兑，小民聞知後時，人情洶洶，市皆扃肆，怨嗟盈路。劉德修爲制置使，以爲不便。會總所以第六界新會五萬緡，令江陵軍民之兑會者以舊楮二易其一。德修復自出府庫之藏，聽軍民以一楮半易其一，又懇于朝得新楮十萬緡。蜀中收兑舊會，凡用坐庫黄金二萬兩，白金九十七萬兩，故能收千六百七十萬緡，而民不甚病。湖廣則無之，此其所以用茶引也。余嘗考紹興之初，東南餉軍止用見緡。是時虜僞縱横〔一〇〕，寇盗充斥，軍費多矣，然未聞有錢乏之患。自紹興末年，錢處和創行在會子，于時王珏亦用之於湖北諸州，今未六十年，而公私之見緡存者至少，蓋楮券盛行，而銅貨積而不用，是以日泄而日耗也。論其咎端，自兩人始。至于曾欽道沮孝宗收换之策，以貽後來不可救之患，尤可歎也。後生不知源流本末，故詳識之。

223 四川收兑九十界錢引本末

嘉定元年冬，四川總領所收兑九十界錢引。元年十一月二日。先是，四川錢引以二年爲界，每界書放之數，止于一百二十五萬。崇寧後，陝西邊事起，泛印增多而引法壞。大觀間，盡罷之，仍詔以天聖書放之數爲準。建炎初，張魏公出使，復以便宜增印，自後因循不改。至嘉泰末，兩界書放凡五千三百餘萬緡，通三界所書放，視天聖祖額至六十四倍。逮嘉定初，每緡止直錢四百以下。議者患之。總領財賦陳逢孺乃與僚屬議，出庫筦金銀、度牒與民，收回半界。金每兩直六十緡，銀每兩六緡二百，度牒每道一千二百緡，度庫筦所藏可直一千三百萬。議論凡數月，至是忽行下諸州，聽民間以舊引輸官課，及赴利州市金銀，期以歲終，官司毋得受。榜出，民間大驚。先是，總領所歲受諸州縣金銀，例多虧下，其補虧之數，乃以錢引折納，令項收支，而庫筦金銀則虧下如故，民間頗知其事。又四川諸州，去總領所遠者至千數百里，而期限已迫，往來或不及，且受給之際，吏緣爲姦，折閱已甚。于是單丁弱客皆不敢行，一引之值，僅售百錢，咨嗟怨泣，其聲載道。後旬日，制置使吴德夫知之，乃揭榜，除收兑一千三百萬引外，其餘三界依舊通行使用。又檄總領所分取金銀就成都置場，收兑舊引，民心稍定。時宣撫司方與總領所比，故移書東南，以爲德夫沮壞其事。論者亦但謂錢幣專屬總計臺，制司無所預，由是不直德夫云。

224 四川收兑九十一界錢引本末 制司科井户官資鈔附

陳逢孺既收錢引半界，而引直僅爲鐵錢五百有奇，若關外用銅錢，每引止直百七十錢而已，制置大使安觀文患之。庚午春，議欲復收半界，提舉茶馬張東父名震，龍游人，嘗爲軍器監。首出馬價寬賸錢三百萬緡爲助，大制司益以二百萬緡。既而遂欲盡收九十一界錢引二千九百萬緡，其千二百萬緡合諸司之力，餘千七百萬緡令民間每百引貼納三十引收兑〔二〕。逢孺謂三年三兑，失信於民，且貼頭太多，民有折閱之患，不如量力止毀九十三界新引千二百萬緡。如此，即止餘兩界通行，公私皆受其利。安公怒，即榜諭軍民，以爲九十一界錢引係前宣撫程松增印五百萬道，所以錢引價低，軍民皆受其弊。今使司措置與茶馬兩司收鑿五百萬外，餘二千四百餘萬合係總領所以新引收兑。自七月十七日以去，如支軍人折估，並合以新引支遣；如欲支舊引，即合支貼頭錢。所有九十一界錢引，自十月以去，斷不行使。檄至，逢孺堅持不行，安公益怒。六月辛酉，逢孺方視事，有御前軍四人直入吏舍，縛都副吏三人以去。逢孺愠，即以印付屬官，稱疾，申大制司乞致仕。先是，誅曦之歲，副宣司遣官剗刷四路錢物，得五百萬緡，以助總所贍軍，已三年矣。至是，或言自講和罷兵減汰之後〔三〕，用度日省，總所歲計已是有餘，當還制司元日所寄五百萬緡以備對鑿。其參議官毛伯玉名璞〔三三〕，瀘州人，時新除利路提刑〔三四〕。等調護久之，卒兑九十一界二千九百餘萬緡。其一千二百萬緡，以茶馬司羨餘、大使司空名官告、總所椿管度牒、金銀對鑿，餘以九十三界收兑。又創造九十四界錢引五百萬緡，以收程東老所增之數〔三五〕。應民間輸納者，每引百帖納八千，蓋二司之説並行。然總所收兑舊引，皆以金銀品搭，率用新引七分，金銀三分。銀色下而秤虧，官吏因以爲利。其實每舊引百，貼納二十引乃得之。應民間已用舊引輸官者，總所復却還，令兑新引，卒不能守其初約也。所謂大制司二百萬緡者，其半以三路鹽井户月額每三萬斤科賣。不理選限將仕郎一道，計直千緡，三路十七州共賣一千道，計直百萬緡。其半則以給賣没官鹽井。舊民户没官之井，自建炎以來，依坊場法召人投買，除引息土産税錢外，量增課息。嘉定元年，逢孺始從總領所榜賣，給爲永業，得錢數十萬緡。至是大制司以爲計司速於求售，酬未當直，再召人實封投買，又得錢近百萬緡。初下令悉輸舊引于官，以充對鑿之數。後潼川劉師文侍郎申明，復令自十二月以後，盡輸新引。蓋自元年、三年兩收舊引〔三六〕，凡二千五百萬緡有奇，而引直遂復如故。向使計司非有椿積金銀之富，又安能收此穴濫不行之券乎？今四川諸郡，歲輸黄金千五百兩，銀十六萬餘兩，而總所大率有收無支，掌計者謹視而善藏之，則子母相權，引法終不壞矣。故詳志之。

225 四川總領所小會子

東南會子有四品，自一貫至二百，蓋便于轉用也。川錢引則分一貫及五百而已。丁卯歲，陳逢孺以用不足，始創小會子。楊端明爲制帥，深不樂之，故四川皆不用〔二七〕。吴德夫代鎮蜀，與逢孺厚，下令官民悉許流轉，然州縣務場賦輸悉不肯受，由是不能行〔二八〕。後但以其五萬緡收兑舊引于劍外諸州，已而亦廢。是時宣撫司又爲金銀會子，後亦不行。

226 四川行當五大錢事始

嘉定元年十一月庚子，四川初行當五大錢〔二九〕。時陳逢孺總領財賦，患四川錢引增多，乃即利州鑄大錢，以權其弊。三年夏，制置大使司欲盡收舊引，乃又鑄于邛州焉。利州紹興監錢以「聖宋重寶」爲文，其背鑄「利一」二字，又篆五字。邛州惠民監錢以「嘉定重寶」爲文，其背鑄「西貳」二字，又篆五字。兩監共鑄三十萬貫，其料例並同當三錢。時議者恐其利厚，盜鑄者多，而總領所方患引直之低，則曰：「縱有盜鑄，錢輕則引重，是吾欲也。」方錢之未行也，眉人有里居待次者，又欲創一監于眉州，論者以爲丹稜雖産鐵，歲額不多，而本郡又無薪炭，眉山之人亦以爲不便，上下騷然，數月乃罷，由是止鑄於利、邛二監焉。

227 紹興至淳熙東南鬻官産本末

紹興末，黃揮之仁榮守永嘉，始建鬻官田之議。至乾道初，爲錢七百萬緡，而未售者不及四分之一。二年十一月，户部奏，已賣到五百四十萬貫，未賣者一百六十萬。朝廷乃併營田賣之。而兩浙漕副周淙言本路營田已佃者九十二萬六千餘畝，若鬻之，懼失租課。四川總領所亦以不便爲言，乃詔除四川外，盡行出賣。三年六月。後又詔没官田産，除兩淮、京西、湖北勿賣外，江、浙、閩、廣、湖南八路，以田計者六百四十二萬畝有奇，以地計者二萬一千畝有奇，以屋計者八千四百間有奇，共估錢五百十六萬餘緡，遂命將作監丞折知常往浙西，司農寺丞葉翥往浙東，九年正月〔三○〕。監登聞檢院張孝賁往江東，主管官告院周嗣武往江西措置。是年四月。始限一季，繼展一年，至淳熙初，已折封者僅一百六十二萬餘緡，而直之未輸者猶四之一，其未鬻者尚三百五十三萬餘緡。元年六月户部具到。蓋估價之初，豪民大姓請囑官吏，相爲欺隱，其已賣者皆輕立價貫，上色之産也。而中、下之産，估價反高，是以不售。于是言者以爲不若且令原佃之家著業納租，一歲之間，猶可得米數十萬石。從之。尋命諸路權行住賣〔三一〕。三年二月。後數歲，復用軍器監主簿陳杞言，併營田、沙田出賣。浙西、淮東、江西三路元括到沙田凡二百八十餘萬畝。議者多以爲未可。未幾，浙西提舉王尚之言平江一郡已有當賣田十二萬四千餘畝，歲收租二萬石有奇，乞別擇掏催。或遇歉歲，得以接濟。從之。六年十月。久之，言者又請盡鬻官田〔二二〕，以爲常平水旱之備。十四年六月。事雖施行，後亦不究也。大抵二十年間，所鬻官田實不過七百萬。

228 王德和括關外營田

關外營田，始于鄭亨仲。階、成、西和、鳳、金、洋州、興元府皆有之，而洋之西鄉爲最。其初因兵火後，民多失業，故募人使耕之，量收租利而已。休兵日久，墾闢歲增，營田之家懼官之增賦也，每三、四歲則率投狀退佃，而賂總所之吏，使蠲其租。在紹興中，歲課十二萬斛有奇，乾道末損爲十萬，至嘉泰初纔八萬斛而已。隆州學官張鈞子和嘗爲西鄉主簿〔二三〕，知其本末，即爲王德和言之〔二四〕。德和分遣官屬八人按行，且揭榜諸州縣，大略云：「營田户所侵官田甚多，若按行畝目，增立税租，所有當數十倍。今不欲擾民，仰民户自陳增墾之數，山田畝收二升，陸田四升，水田六升而止。」下户懼，皆以實告。獨豪民大姓則密賂行遣胥吏，以爲無侵，給公據與之，由是有鬻公據之謗矣。諸大姓既不喜郭子明，心欲害其事。鳳守某人者，大將之弟，郭氏之壻也，遂激而成之。子明亟降榜撫定，至欲調兵。時官屬行營田者，凡半歲費總所錢萬餘緡，州縣供億又倍。子和始議可增三十萬斛，及是所增纔八千斛，而麥居多焉。未及秋成，德和罷去，陳日華代之，盡返其舊，顆粒不收。

229 關外經量

劍外諸州之田，自紹興以來〔三五〕，久爲諸大將吴、郭、田、楊及勢家豪民所擅，賦入甚薄，議者欲正之而不得其柄。吴氏既破，安觀文爲宣撫副使，乃盡經量之。金州守臣家子欽曰〔三六〕：「此州瘡痍甫瘳，邊民恐不可盡其利，官一入境，將散而之四方矣。」於是除金州外，凡興元府、洋、沔、階、成、西和、鳳州、大安、天水軍二十縣，經量之數，大抵增多，而亦微有所損。舊九郡家業錢凡一千一百五十七萬九千餘緡，二稅十四萬五千六百餘石，夏秋役錢十五萬七千餘緡。及是經量，宣撫司命别上、中、下三等，以定田之高下，分三等爲九則，以均賦之重輕。而所委官吏，務于增多，未嘗行歷鄉社，躬親履畝，往往强令有田之家增認租數，而民始怨矣。增虧相補，視舊籍，凡增家業錢二百二十九萬七千餘緡，二税三萬五千八百餘石，役錢三萬五千餘緡。安公辭制置大使表中所謂田廬之均一有倫，蓋指此也。其後代者劉師文言：「上件所增，初非田土之廣袤，亦非户口之繁滋，於民有害，於公無益，乞盡行除免。」諫官應武緯之亦以爲言，於是盡復其故焉。

230 龔實之點磨三總所錢物

錢良臣以太府少卿爲淮東總領，龔實之秉政，閩户部歲撥淮東贍軍錢六百九十萬緡，而本所歲用六百十五萬緡而已。因奏遣户部員外郎馬大同、著作佐郎何萬、軍器少監耿延年分往昇、潤、鄂三總司點磨錢物。時淳熙三年九月壬子也。會良臣以歲用不足言於朝，乞借撥。實之奏令所委官一就驅磨，而近習者恐賕賄事覺，極力救之，實之不顧。十二月，萬奏總所侵盜大軍錢糧累數十萬。實之奏下其事於有司。次日，御批令具析。既又改爲契勘。俄中旨令良臣赴闕奏事。明年正月，除起居郎。六月，除中書舍人。又明年四月，除給事中。六月，除簽書樞密院事。其爲舍人，實之去位纔十二日也。英州之禍，預有力焉。延年時已遷將作監，萬遷著作郎，坐實之黨罷去。延年六月丙戌罷，萬六月甲午罷。蓋延年嘗言湖廣總所錢物有別庫別歷所收，已行改正，故與萬並遷，而大同無所舉覺。二人既黜之兩月，大同乃自密院檢詳文字遷右司員外郎，翱翔累年，然後補外。蓋三總司苞苴賄賂，根株盤結，其來已久，非一日故也。

231 孫大雅獻拘催上供錢物格

乾道初，有孫大雅者，知秀州，以發姦擿伏，除直祕閣。未踰月，大雅又奏書一編，凡四卷，名曰州郡拘催上供錢物格。大略言：「本郡上供，歲爲六十八萬四千緡有奇。其窠名有九，有歲入者，有季入者，有月入者，臣皆釐爲月入。即以所置之籍，於次月之旦，考其未足者催焉。且加罰於其吏，而次月補矣。由是而有拖欠者，臣則未之見也。此即漢之大司農掌諸錢穀、金帛、貨幣，郡國四時所上月旦見錢穀簿，其逋未畢，各具別之之意。臣所領郡，元年上供錢六十八萬緡，已並入於大農，更無拖欠。敢昧死以獻。」二年正月癸酉也。奏入，詔：「孫大雅奏漢上計之法，朕謂可行于今，令待從、臺諫參考古制進呈。」會殿中侍御史張之綱以憂去，而右司諫汪涓補外，於是監察御史張敦實、劉貢言：「漢雖有郡國上計之制，而武帝五十餘年之間，一受計於帝都，三受計於方嶽，或以三月，或以十二月。至宣帝黃龍詔書有云上計簿文具而已。則在西漢已不能無弊矣，況今日能盡革其僞乎？光武中興，歲正月旦〔三七〕，臨軒受賀，而屬郡計吏皆在列。言屬郡計吏則遠方者多。在東漢未必皆至，況今日川、廣之遠，其能使如期畢至乎？莫若歲終，令户部盡取天下州郡一歲之計，已足未足、虧少虧多之數，依常平收支户口租税之例，並皆造册，正月進呈，丞相選一人考覈，而明其殿最。」事下户部，權户部侍郎曾懷言：「諸路州軍，遠近不一，若取會齊足，攢造亦恐後時〔三八〕，乞令各州具合發上供錢帛、糧斛數目，歲終造册，正月遣人投進，仍立式行下。」從之。其年三月丁未也。識者謂臺臣所奏，可謂仁言，若上計之法果行，則公私急迫久矣。壽皇卒不施用，蓋以此夫！

232 慶元會計録

慶元會計録者，始用殿中侍御史姚愈建請，命金部郎中趙師炳、户部郎官楊文炳同編集〔三九〕，二年三月書成〔四〇〕。

233 紹興至淳熙四川宣撫司錢帛數

鄭亨仲爲四川宣撫副使，時本司有隨軍、激賞、撫養、降賜四庫，其數頗夥。趙德夫不棄來總計，欲盡取之，亨仲不與，由是有隙。及亨仲得罪，本司樁坐錢至五千萬，詔分撥赴行在，餘命總領所拘收。乾道三年五月，吴信王薨。六月，復除宣撫使。九月，虞丞相入蜀，宣撫司隨軍、撫養二庫，見在錢引八十九萬緡，金五千三百兩，銀一萬一千兩，帛八千五百匹，皆有奇。此紹興末，吴信王爲宣撫時所儲數也〔四一〕。五年三月，虞丞相召。七月己巳，王公明爲樞使入蜀，兩庫見在錢一百二十四萬緡，隨軍庫一百五萬，撫養庫十九萬。金八千一百兩，隨軍庫七千八百八十餘兩，撫養庫二百五十餘兩。銀五萬一千兩，隨軍庫四萬九千餘兩，撫養庫二千六百餘兩。帛四千三百匹，並隨軍庫。亦有奇。八年九月，王公明召，十月癸亥離司，兩庫見在錢六百八十九萬緡，隨軍庫六百七十七萬緡，撫養庫十二萬緡。金一萬兩，隨軍庫九千六百六十兩，撫養庫三百四十兩。銀五萬一千兩，隨軍庫四萬九千七百兩，撫養庫一千三百兩。絹八千一百匹，並隨軍庫。亦有奇。然隨軍庫管朝廷封樁、度牒錢四百四十萬緡，又有未償茶馬司買馬錢四十七萬餘緡，則兩庫實二百一萬緡也。是歲，宣撫司迓虞丞相支遣及造器物共用金三百兩，銀六千五百兩，而錢帛不與焉。十二月晦，虞丞相至興元，兩庫見在錢六百八十二萬緡，隨軍庫六百七十二萬四千緡，撫養庫九萬六千緡〔四二〕。金八千二百兩，隨軍庫七千八百四十兩，撫養庫三百六十兩。銀四萬六千兩，隨軍庫四萬四千五百兩，撫養庫一千五百兩。帛四千六百匹，亦有奇。淳熙元年二月癸酉，虞丞相薨，兩庫見在錢七百四十三萬緡，隨軍庫七百三十七萬二千緡，撫養庫六萬三千緡。金八千二百兩，銀四萬六千兩，細數目乾道九年十二月。綵帛二萬三千四百匹，隨軍庫二萬二千四百二十匹，撫養庫九百八十匹。亦有奇。蓋增虞公所攜度牒直一百五十萬，視王公明時減五十萬，而無負茶司錢。宣撫司可用之錢，大率二百萬緡爾。是年三月丙申，鄭仲一出使。七月丁亥，仲一復爲參知政事，應本司見在銀錢物帛，令總領官趙和仲公說盡數拘收，令項樁管，令湖廣總領所遣屬官一員，同本所官紐計除措。八月庚午，又命宗正丞李叔玠珪兼權户部郎官，往興元拘催宣撫司錢物赴行在。虞公之將没也，奏言拘籍到總領所積，年歲用外，金錢七百九十餘萬緡，合本司所積爲一千六百二十餘萬緡，故命取焉。十二月壬午，復置宣撫司，以樞密沈德之爲使，見拘收本司，但於錢物、軍器等依舊歸還。尋又詔應於舊屬軍中場務並還諸軍。宣司毋得取。命下，沈樞大不樂。時湯朝美爲右司諫，復奏罷宣撫司。二年六月庚戌，從之。於是吴挺已爲興州都統制置司，利源多爲所擅，前後二十年，財帛不勝計矣。

234 四川椿管錢物

祖宗時，蜀中上供，正賦之外，惟有三路絹綱三十萬匹、布綱七十萬匹，每匹爲直三百文，而茶、鹽、酒皆未有管榷，是上供之外，一歲供於地方僅三十萬緡也。絹直九萬，布直二十一萬。自元豐榷茶，歲爲百萬，市馬以赴中都，而所出已三倍于祖宗之世矣。炎、興以後，關陝之兵轉而入蜀，歲用率三千萬緡，則民力大屈。然猶有可諉者，曰兵以衛民，亦蜀用也。而養兵之外，又有竭澤者焉。樓仲暉宣諭陝西(四三)，于四川無預也，乃取蜀中金四千兩，銀二十一萬五千兩，絹八千匹，錢九千緡，錢引一百萬，其歸也，遂以爲激賞庫之獻。此其一也。紹興九年八月丁卯，行府歸朿。鄭亨仲之罷宣撫也，諸庫之儲近五千萬，制置司僅留二十萬緡，餘分撥赴行在者，不知其數。此其二也。十八年五月甲申指揮。王瞻叔之括白契也，得錢凡四百餘萬緡，而蜀中大擾。沈德和言于朝，初命總領所樁管。既而吴挺乞撥其若干買馬進〔四四〕，隆興二年十二月丙申指揮。又撥一百五十萬緡赴南庫。乾道元年五月辛亥指揮。又撥五十萬緡併赴湖廣。乾道元年十月己丑指揮。最後，曾欽道又乞撥所餘二百六十五萬餘緡赴西庫，乾道二年二月壬寅指揮〔四五〕。而蜀中不復得一錢矣。此其三也。實録：初書四川總領所所拘收白契税錢四百餘萬於内支撥令吴挺買馬，次書於見管三百八十餘萬貫内撥一百五十萬赴南庫，次書湖廣總領司馬紳奏已承指揮取撥四川白契錢一百五十萬貫，乞更撥五十萬。從之。最後乃書曾懷言白契錢已支使起發外，有二百六十五萬餘貫，乞盡數起發。以此計之，前後總爲六百五十萬緡，而買馬錢不預，與元樁管數不合。今細考湖廣一百五十萬，恐即是南庫改撥窠名，而司馬紳續乞五十萬，疑雖得旨而未曾起發。蓋二次實起過四百一十五萬餘緡耳。所謂三百餘萬緡者，疑是初令吴挺取撥二十萬買馬，先豁此數，後來不曾取撥，故猶餘二百六十五萬也。虞雍公之薨也，宣撫司樁積及拘到總所歲用外錢共爲一千六百二十萬。八百三十餘萬樁積，七百九十餘萬拘到。初遣户部郎官丹稜李叔玠珪奉使起發，淳熙元年八月庚午指揮〔四六〕。叔玠持不可。上頗難之。會復置宣撫司，事得暫止。十二月辛巳。既而宣撫司再罷，乃命總領所樁管。二年六月辛酉指揮。淳熙初，龔實之行丞相事，始奏損四川緡錢之贍湖廣者四十七萬緡，以減酒課。三年六月。既又暫損其餘一百十九萬緡者，凡五年，以爲邊備。四年二月。自是計所樁積稍充。光宗登極，又因劉德修少監有請，再損三年之出，凡四百六萬八千緡，每年一百三十五萬，又與淳熙四年之數不同，當考。對減鹽酒重額錢，即此錢也。淳熙十六年四月己巳指揮。然四路常歲實發止六十萬緡而已，又以買發物價計之，折閱中半，僅爲三十萬緡。楊嗣勳時總蜀計，又撙節三十萬緡以益之。自紹熙癸丑以後，對減九十萬緡之數，遂以爲常。迄開禧丙寅，凡十有四年，蜀人霑減放之恩，無慮一千二百六十餘萬，光宗之施博矣。

235 四川宣總司抗衡

四川計司，舊屬宣撫司節制，鄭亨仲在蜀久，秦會之惡其專，始命趙德夫以少卿爲之，自是二司抗衡。開禧用兵，程松、吴曦並爲宣撫，韓侂胄急于成功，遂有節制財賦指揮，且許按劾，于是計司拱手。及安觀文爲宣撫，薦陳逢孺總賦，逢孺事之甚謹。時蜀計空虛，而軍費日夥，宣司爲之移屯、減戍、運粟、括財，計司實賴其力。後以兑引事，稍有違言，逢孺不敢校也。王少監釜子益代陳總計，先請于朝，尚書省勘會，軍政、財賦，各專任責。權臣前降節制財賦指揮，合行釐正。于是二司始忤(四七)。未數月，二人交章論劾，乃移子益湖廣總領焉。王子益之總計也，制置大使司奏乞減三路兵籍，以八萬一千人爲額，有闕乞招填，然兵籍舊爲八萬九千人，曦亂後僅存七萬餘人，雖云減額八千，若盡招填，實增萬人矣。會朝廷泛行下三衙、江上及四川諸軍覈實〔四八〕，詭塡虛額遂止。

236 四川總制司爭鬻鹽井

三路官井，舊法令人承煎。自軍興後，總領所已依官田法召人投買，得錢數十萬緡。大使司以爲未及價，復賣之，又得錢百萬緡，入制司激賞庫。王子益以爲失信，檄止之。大使司乃以總計所負制司廣惠倉米三十萬石，言之於朝，子益議遂格。

237 嘉泰補糴關外樁積糧斛

關外積糧八百餘萬斛〔四九〕，然陳陳相因，庾吏率全其扃鑰以相授受，至可食者則無幾。嘉泰甲子正月，有言北境增戍積糧者，朝廷下制置司遣官盤量，且令除其腐敗折閱之數，所有累界官吏失檢點之罪，並槩豁免。時陳日華總賦遂降度牒二萬五千道〔五〇〕，下總所收糴補塡焉。

238 四川宣撫司科對糴米

丁卯冬十二月，宣撫司檄東、西路漕司各糴米二十萬斛，夔路漕司十萬斛。制置司抱認於成都府糴十萬斛，並遣官運送至洒州。制司屬官見之，皆忿曰：「我比司也〔五二〕，乃爲若市米耶？」楊端明曰：「理不可拒，第徐爲之圖可耳！」時宣撫司方科民户對糴米，乃報以抱認六萬斛，其半本府坐倉，其半九縣對糴。既而楊公召歸，事亦遂已。對糴米者，紹興初有之，休兵後罷去。蓋每民户税産一石〔五三〕，則科糴一石，故謂之對糴焉。

校勘記

〔一〕浙西安撫司　「司」原作「使」，據影宋本及宋會要食貨二八之一二改。

〔二〕兩路增收漕計　「兩」原作「西」，據影宋本、閣本、函海本改。

〔三〕西路存留鹽本　「西」原作「兩」，據影宋本改。

〔四〕以三萬籮爲率　「三」原作「二」，據宋會要食貨二八之一四改。

〔五〕計錢二文三分　「三分」原「二分」，據影宋本、函海本及上引宋會要改。

〔六〕廣西詔發廣東鄂州大軍錢二萬五千餘緡令廣東於正鈔錢内起解　據宋會要食貨二八之一三載：「廣西路見爲廣東路抱認起發鄂州大軍錢二萬四千五百五十貫，若通行鈔法，合於廣東路正鈔錢内起解。」則知本條記事有脱誤。

〔七〕（淳熙）十年十月戊子　按：是年十月壬辰朔，無「戊子」日。

〔八〕（淳熙）十五年九月乙巳　「十五年」原作「十三年」，據本師陳樂素教授所撰徐夢莘考一文考訂，「十三年」應是「十五年」傳寫或刊刻之誤，故改。陳文已收載求是集第一集第一二二頁。

〔九〕符同儀之之説　「符」原作「扶」，據影宋本、閣本、函海本改。

〔一〇〕（淳熙十六年正月）丙辰　原作「丙寅」，據閣本、函海本改。按是年正月壬辰朔，無「丙寅」日。

〔一一〕眉之彭山丹稜　原作「蜀之眉彭丹稜」，據閣本及宋史卷八九地理志改。

〔一二〕嘉定之洪雅　「定」原作「靖」，據閣本及上引宋史改。

〔一三〕李若本　蕭本、殿本作「李若木」。

〔一四〕出賣没官田等諸色名件　「等」原作「并」，據影宋本、函海本及兩朝綱目備要卷一二嘉定二年五月甲寅拘回舊會條改。

〔一五〕嘉定二年　「二」原作「三」，據影宋本、閣本及宋史卷一八一食貨志改。

〔一六〕左右選轉官循資告　「選」原作「遷」，據上引備要及本條下文附注改。

〔一七〕每帖一百貫　「一」原作「二」，據影宋本、殿本及本條上文記事改。

〔一八〕每年二百貫　「二」原作「一」，據上引本子及本條上文記事改。

〔一九〕兩項計一千四百一十餘萬緡　「計」下原衍「季」字，據蕭本、殿本、閣本、函海本及上引備要删。

〔一〇〕虜僞縱横　「虜僞」原作「戎馬」，據蕭本、函海本改。

〔一一〕餘千七百萬緡　原脱「餘」字，據影宋本、蕭本、閣本、函海本及兩朝綱目備要卷一二嘉定三年庚午春四川制置大使司收錢引條補。

〔一二〕或言自講和罷兵減汰之後　原無「自」字，據影宋本、蕭本、函海本及上引備要補。

〔一三〕毛伯玉名璞　「璞」原作「璞」，據上引備要改。

〔一四〕利路　原作「潞州」，據蕭本改。

〔一五〕程東老　宋史卷三九六程松傳：「程松字冬老」。

〔一六〕（嘉定）元年三年兩收舊引　「三年」原作「三月」，據蕭本、閣本、函海本及上引備要、宋史卷一八一食貨志改。

〔一七〕故四川皆不用　原無「故」字，據影宋本及兩朝綱目備要卷一〇開禧三年丁卯歲末四川初行小會子條補。

〔一八〕然州縣務場賦輸悉不肯受由是不能行　原作「州縣所備場賦輸悉不肯受由是不敢行」，據上引本子及備要改。

〔一九〕嘉定元年十一月庚子四川初行當五大錢　宋史卷三九寧宗紀繫此事於是年十二月庚午（五日）。

〔二〇〕（乾道）九年正月　「九」原作「元」，據本條上下文記年及宋史卷三四孝宗紀、卷一七三食貨志改。

〔二一〕權行住賣　原無「行」字，據影宋本、蕭本、函海本補。

〔二二〕請盡鬻官田　「請」原作「謂」，據蕭本、函海本改。

〔二三〕張鈞　「鈞」原作「均」，據蕭本及鶴山大全文集卷八二張公墓誌銘、兩朝綱目備要卷六慶元六年冬括關外營田不果條改。

〔三四〕即爲王德和言之　「爲」原作「與」，據影宋本、蕭本、函海本改。

〔三五〕自紹興以來　原無「自」字，據影宋本、蕭本、函海本補。

〔三六〕家子欽　「家」原作「宋」，據影宋本、函海本及兩朝綱目備要卷一一嘉定二年末關外諸將私役諸軍條改。

〔三七〕歲正月旦　「歲」下原有「在」字，據影宋本、蕭本、函海本删。

〔三八〕攢造　「攢」原作「債」，據影宋本、蕭本改。

〔三九〕同編集　原無「同」字，據蕭本、函海本及兩朝綱目備要卷四慶元二年三月丙午上慶元會計録條補。

〔四〇〕二年三月書成　「二年」原作「三年」，據上引備要及宋史卷三七寧宗紀改。

〔四一〕吴信王爲宣撫　「宣撫」原作「使」，據影宋本、蕭本、函海本改。

〔四二〕撫養庫九萬六千緡　「六」原作「七」，據上引本子改。

〔四三〕樓仲暉　「暉」原作「耀」，據影宋本及宋史卷三八〇樓炤傳改。

〔四四〕買馬進　原作「買進馬」，據蕭本、函海本乙正。

〔四五〕乾道二年二月壬寅　「二月」原作「三月」，據影宋本改。按是年三月無「壬寅」日。

〔四六〕淳熙元年八月庚午　原脱「八月」二字，據影宋本、蕭本、函海本補。

〔四七〕二司始忤　「忤」原作「悟」，據兩朝綱目備要卷九開禧二年三月癸巳程松宣撫四川吴曦副之條改。

〔四八〕覈實　「覈」原作「覆」，據影宋本、蕭本及上引備要卷一二嘉定三年六月己卯詔核實軍籍條改。

〔四九〕關外　「外」原作「上」，據蕭本及本條標題改。

〔五〇〕二萬五千道　「二」原作「三」，據蕭本、函海本及兩朝綱目備要卷八嘉泰四年正月盤量關上積糧條改。

〔五一〕比司　原作「北司」，據兩朝綱目備要卷一〇開禧三年十二月四川宣撫司科對糴米條改。

〔五二〕每民户税産一石　「民户」下原衍「下有」二字，據影宋本、蕭本、函海本及上引備要删。

建炎以來朝野雜記乙集卷十七

兵馬

239 沔州十軍分正副兩司事始

沔州諸軍，自昔爲天下最。蓋御前諸軍，惟蜀中有關、陝之舊。而武興之衆至六萬人，分爲十軍，其間摧鋒、踏白二軍，又沔軍之最勁者也。自淳熙以後，不除副都統制。郭子明爲帥，朝廷始用王大節，曦至罷之。曦誅，安觀文奏復此官。以授李好義。命下而好義已死，乃用王喜爲之。蓋王喜專兵，宣司欲殺其權故也。始朝廷命宣諭使吴德夫來議，分十軍以屬兩將。俄喜罷去，宣司將移司益昌，方以李貴自衛，乃奏副都統制自河池移司利州，貴自中軍統制官升充副都統制。未行，副宣撫移知興元府，復命貴爲興元都統制，而蘄州防禦使朱邦寧代之〔一〕。邦寧，本楊巨源所結約者。明年夏，利州諸軍因教罷忽出城刈民麥，彌亘三十里，殆無孑遺。因遣邦寧急出城彈壓〔二〕，杖殺爲首者數人。總領官陳逢孺大驚，命大軍倉人以官麥五斗貸之，衆乃定。安公聞之，乃遣使逮邦寧，數其罪，降爲沔州中軍統制，遂以知天水軍張威代之。嘉定三年五月事也。自是沔司事權稍殺矣。

240 丘宗卿創淮西武定軍

始淮南兩漕司招輯邊民，號鎮淮軍，多至十餘萬人，日給錢米，悉視效用，所費甚廣，既不黥涅〔三〕，漫無統紀。久之，廩給不繼，公肆剽劫〔四〕。嘉定改元，丘宗卿復爲江、淮大使，朝廷慮鎮淮或生他變，遣宗正丞褚叔度奉使措置，且就令商度宗卿，乃先隨「雄淮」所屯，分隸逐州守臣節制。尋奏以淮東人數少，令帥、漕任責揀汰〔五〕，除願歸農外，僅存八千餘人，刺其半充效用，以補鎮江大軍及武鋒軍闕額〔六〕。淮西人頗衆，合六萬餘人，乃委制司屬官陳師文同漕臣張穎揀刺二萬六千餘人，充御前武定軍，分爲六軍，各置統制。自是月省錢二十八萬緡〔七〕，米三萬四千餘石，而武定亦成軍伍，淮西頗賴其力焉。

241 黎雅嘉定土丁廩給

成都路南邊黎、雅、嘉定三郡，皆有土丁，更番上寨，守把邊地，多者數千人。淳熙中，留丞相帥蜀，議者奏取黎、雅二州民兵，依利路義士法措置，乃與總領財賦馮憲廷式共議，遣本司幹辦公事馮震武傳之往二州籍之。州選二千人，分上、次等。上等六百爲點集之丁，依諸州軍弓手例，月給錢三千五百。次等一千四百，爲居守之丁，依龍州弓箭手例，月給錢二千二百，皆以五十人爲一隊，擇有物力材幹者爲隊長〔八〕，月給各倍之，教頭以下差減。每一隊，教頭一名，月增支千五百。隊司一名，急脚一名，月各增支五百。備居守者，遇冬就鄉教閱五日。備點集者，月教于鄉，冬則從守臣。點集者教閱毋過半月，官爲給賞。上等八斗弓，二石五斗弩。遇團結仍給口糧，計月給及教閱除戒之費，凡爲錢十萬引。上等月給五萬四百引，次等月給三萬六百引，教閱賞給修治器械等共約一萬引。茶馬司出三萬，制置司、總領所各二萬，提刑司、轉運司暨黎州各半之。奏可。時淳熙之九年也。未幾，提刑梁總以匱乏告，遂損其三之二。自淳熙十四年以後，減作三千引。開禧末，高吟師既叛〔九〕，楊端明爲安撫使，復遣兵馬鈐轄劉忠亮、權安撫司幹辦公事李嘉木更選雅州三縣并邊實居之丁，以遠近爲率，分三等，每季分給，凡把截將士，上丁三千三十二，中丁千四百四十三，歲用錢三萬六千一百六十四引，米四千石。五里內把截將十人，十里內二人，二十里內一人，每人季給米一石，錢三引。五里內上丁一千六百七人，每人季給錢三引。中丁七百四十五人，并十里內上丁五百五人，每人季給二引。十里內中丁三百四十人，二十里內上丁九百二十人，每人季給一引。二十里內中丁二百八十四人，每人季給一引。自黎、雅土丁創支月給，團結教習往往就緒，而嘉定土丁五千餘人，則未有以給之也。利店之役，李季允爲提刑，乃白制置大使司，欲如軍兵衣賜例，給以匹布，計其直爲一萬二千引。大使司命取之帥、漕、府、憲四司。自嘉定五年爲始，安撫、提刑、轉運司、嘉定府各司，歲認三千引。其後，漕臣趙師嵒應副一年，帥臣黄伯庸未嘗應副也。會虚恨蠻入塞，提刑楊伯昌乃於犍爲、峨眉二邑土丁中，擇其少壯者二千人，團結教閲，援黎、雅末等土丁例，月支食錢一引，歲爲二萬四千引。大使司給其半，就以多悦胡心井鹽息與之。又命帥、漕、憲三司均給其半。舊提刑司有備邊四十萬，開禧末，宣撫副使遺屬官根括餘羡盡取之。其後，季允自崇慶改除，攜其羡緡及本司所措置積成十萬。安邊司結局，大使司奏取其四之一以賞軍。及是所存纔七萬餘緡，而不得擅用。伯昌以爲請，事下户部，户部乞下制置司契勘實在，乃令安撫等司解撥應付，毋令缺誤。嘉定七年六月丁巳，從之。自是三郡土丁月廩始均一矣。凡嘉定土丁之目，峨眉縣七寨揀中一千人，中鎮寨五百五十人，東蠻溪口寨、黄茆平寨、銅山寨，每寨各百人。羅忽寨、東蠻溪寨、涇口寨、昆林寨，每寨各五十人〔一〇〕。犍爲縣十二堡寨揀中亦千人，平戎新堡一百四十五人，平戎舊堡一百人，利店、榮丁、賴因、沐川四寨各百人〔一一〕，威寧寨九十人，籠鳩堡六十人，籠蓬堡五十四人，永開堡、白崖寨各五十人，三賴斫四十六人〔一二〕。皆提刑司印給公據，分四十隊，每隊五十人，置教頭、旗頭、隊司各一人，隊丁四十七人，官給旗幟，隊爲一號。又創教場二十四，在峨眉者十一，中鎮寨教場八隊，銅山寨、東蠻溪口寨教場各二隊，黄茆平寨、昆林寨、東蠻溪寨、涇口寨、羅忽寨及中鎮寨之峰子溪、月峰山黄茆平寨之堋村場，各教一隊。在犍爲者十三，平戎舊堡、新堡、榮丁、賴因、沐川、威寧寨場，各教二隊。利店、白崖寨、籠蓬、永開、籠鳩堡、利店北寨、三賴斫場，各教一隊。選官軍精技藝者教之。從其土俗〔三〕，用木弓、木弩、長鎗、蠻牌。自十月爲始，日令赴教場，三、八日上寨合教，春秋大閱。每縣各摘數百人上府，同官軍教閱，往來之費，官爲計日給之。提刑親臨按試，其藝出衆者，優加犒賞，遷補名目。歲冬十月，人給布袍一件〔四〕，月給食錢一千。平居各隸本寨寨將，如一寨有警，諸寨點集應之。所集人丁，臨時聽部轄官節制。始伯昌團結土丁，或者議其無益，及後教成，可用者居半焉。

242 黎州揀丁 土義勇

黎州揀丁、土義勇，皆淳熙間所創。揀丁者，係土丁之有籍者也。在乾道間，團結至五千一百三十有五人。淳熙八年，守臣龔總被旨措置，擇其上者三千一百二十人，以雄邊義勇爲名，分東南、西南、正西三邊，邊千四十人，使之閲習武藝，守把邊面。九年正月得旨，本州措置〔五〕。未幾，言者乞黎、雅二郡土丁，依利路義勇士格法措置〔六〕。淳熙十二年二月二十六日。詔二郡各選二千人。自留丞相爲制置使，乞於黎州增八百人，雅州增四百人。奏入不許。自是係籍之丁頓減矣。其始立法也，上丁六百人，月給錢三千五百；次丁千四百，月給錢一千。其後上丁不及百人，而請給亦不時得。嘉定三年，守臣何德彦既至官，乃核實丁籍，擇其少壯者千四百四十人爲揀丁，正西邊八百四十人，東南邊六百人。每十人爲甲，十甲爲隊，選有物力才幹爲鄉里所推者統之。又取其餘四千二十九人，謂之衍丁。東南邊二千一百一十一人，西南邊二百五十四人，正西邊一千六百六十四人。若有邊事，則揀丁任防捍之責，衍丁守護鄉井而已。土義勇者，劉丞相所創也。淳熙十二年二月二十六日得旨。不加刺涅，募土人爲之，凡二百人，人每月給錢七引，自制置司支降。至紹熙間，鄱陽王聞禮爲守〔一七〕，始命涅臂，如成都西義勇之法。德彦至官，又增招二百人，月增米三斗，錢通舊爲八引，稍減更戍之兵，而邊備亦飭矣。

243 瀘州長寧軍勝兵 夷義軍

瀘州、長寧軍勝兵者，政和末所創。而瀘、敘州、長寧軍夷義軍者〔一八〕，元豐間所團結也。始自大中祥符二年秋，嘉、眉、戎、瀘州都巡檢使孫正辭被命討江安夷寇，以北兵不諳山川道路，因點集鄉丁，目曰「白艻子弟」〔一九〕，給兵器使爲鄉導。事平，皆賜錢罷歸。皇祐元年秋，始令子弟抽點隨軍者，日給糧米。又令主户名下差撥子弟人數最多者，權立主户充指揮使等名目，以統之。時三邑子弟之籍，總三千三百六十有三人，而合江獨有藥箭弩手百餘人，每軍行，尤賴其力。三年冬，始立子弟賞格，每捕斬夷賊一人，給錢三緡。五年夏，用知梓州呂士龍奏，又令瀘川〔一〇〕、江安教蘗弩手各百人。自是三邑皆有蘗弩手。至和二年，用轉運司錢中孚奏，始令子弟同官軍把守諸邊寨。五寨共八百五十人。既而又慮妨其農業，治平元年，乃命權放一半，遇有警則盡調之。熙寧九年夏，有知南谿縣史敏孫者，言瀘州疆界闊遠，地皆沃壤，往年因邊事，民多棄而不耕，今淯夷已平，可募人耕佃，給爲永業，漸教武備。詔以付經制夷事熊本，然未有定說也。元豐二年，遂命依黔州義軍法，團結十九姓夷人三千八百九十五人爲夷義軍，凡年十八以上皆刺之，遇句集把隘，則日支錢米。五年，令戎州買馬配之。始時轉運司言：「收到夷人山地一萬餘、曲鼻地垺一萬八千五百三十畝。除林箐外，約下種七千五百四十三石，合出納課租一萬六千八百九十九石，乞召人租佃。」而瀘南沿邊安撫使王光祖恐夷人生事，乞就給付投降夷人佃食。許之。元豐五年得旨。六年，詔瀘南沿邊諸寨子弟兼丁之家，編入保甲教閱，仍不妨子弟差使。七年，又團結新復羅始黨一帶夷族一萬五千六百六十人爲夷義軍。自是戎、瀘二州夷義軍之籍，至二萬六百三人〔一一〕。歲於農隙按試，量行犒設。元祐二年，罷犒設。政和末，趙遹爲轉運使，既平晏夷，乃言得其膏腴之地，乞倣陝西弓箭手法，召募瀘、戎州、長寧軍土丁子弟，給田刺手，以實邊防，俾代官軍守禦。奏可。六年閏正月也。其三月，又用安撫使孫羲叟奏，分田以授降羌，使與土丁雜處。遹始度其地，人給百畝，可募兵三千七百有餘。其後根括並邊逃田之隸于官者〔三一〕，止可贍三千兵，乃奏奪邊民所市夷田以益之。又奏所招凡二千七百人，長寧軍、樂共城各五百，梅洞、水蘆寨、政和堡各三百，武寧寨、板橋、梅嶺、石筍堡各二百。其虛實不可考也。七年，又調青山史君寨子弟往緜州捍禦夷賊，失利。是歲，更名土丁子弟爲勝兵，而子弟之名廢矣。宣和二年，又詔聯義軍爲保伍。既而，瀘、敘諸州皆以爲不便。罷之。淳熙八年，瀘州五城寨勝兵之籍，總七百五十有四人，視政和纔三之一，所受水陸田合千頃，樂共城二百八十頃，政和堡二百二十五頃，博望寨一百八十一頃六十畝，梅嶺堡一百六十四頃，板橋堡一百五十頃〔三三〕。而水田纔四之一焉。至開禧間，勝兵所受之田又止爲九百四十四頃，而牛之係于籍者三百，而羸馬之係于籍者五十而弱〔三四〕，皆莫知其虛實也。

244 李伯和放散忠義民兵

自開禧用師，而淮、襄之間忠義民兵有名籍於官者甚衆，合錢米計之，歲用約有六十緡而養一兵，其視正軍之費無幾矣。嘉定再和，首議汰遣。丘宗卿爲江、淮制置大使，先已汰雄淮軍五、六萬，然民兵未盡去也。何自然繼之，次第散遣。二年四月戊辰，自然言：「本司近放散廬、濠州忠義二萬五百八十六人，各令歸業，雖所費爲錢三十二萬七千餘緡，米六千餘石，而每歲却省錢二百十三萬餘緡，米一十一萬三千餘石，人人望闕謝恩，歡呼而去。

有田之人預於江南經營牛種，其無田者多入城市開張店業。此乃本司幹辦公事徐翦體國任事之力，望賜推賞。」詔翦特遷一官，權知濠州事。其年六月辛卯，京湖制置大使李伯和亦言〔二五〕：「昨有創招軍額，團結忠義，自休兵之後，依舊支請，縻費廩給，已經分委官屬前往放散開落，共計二萬六千二百一十三人。」詔獎諭之。未幾，沿淮賊盜剽劫滋起，言者乃謂此皆前日放散之人，則所謂歡呼而去者，殆樂去而爲盜耳。請罷翦攝郡，追所遷官。七月癸巳，從之。是時所在揀汰民兵，既無所歸，後多散而爲盜。伯和命每郡擇其豪首一人，授以兵官，使之彈壓。由是其黨帖然，江、淮、川、蜀諸司所措置，皆莫之及也。

245 王德和郭杲爭軍中闕額人請給 德和減馬料附

四川大軍，獨武興爲多。自乾道休兵之後，而將佐多闕員，計司因其闕員，遂不復放行請給。至紹熙中，吴武穆挺爲帥，楊嗣勳總計，吴挺屢以爲言，嗣勳但以俟商量答之。及再請，則以本所乏用，必更俟措畫爲詞。每一書往返，則閲數月。久之，乃遣屬官一員往軍中面議。自始差至還司時，又已半歲。戎司亦遣其官屬來報聘，卒不得要領而歸。相持久之，遂已。及王德和總賦，遂移文詰難，欲除其額數。郭太尉杲言於朝，德和卒坐此罷。先是，關外諸軍廩賜既薄，惟馬軍所請馬料，每石估值七千，而麥每石止直四千而已。於是軍士反資馬料之贏以自給，故軍中有馬養人之論。德和曰：「馬所食者料耳，未嘗食錢也，吾詎知其他耶？」命以正色給之。由是戍卒莫能給，俱相率叛去。未幾，陳日華代德和，軍士悉復其故云。

246 關外諸軍多私役

關外諸軍多爲諸將私役者，其間軍士有因食貧而爲手技者，則又拘而使之，否則計日而責其工直，以故士日益貧。家子欽知金州〔一六〕，子欽，眉山人，嘉定二年，以通直郎知金州。遇歲杪，有軍士夜揭民居之楮鏹者，蜀人遇歲除，則以紙鏹徧貼于門扉之上，謂之門户錢。爲廂巡所縛。子欽怪而問之，曰：「某纔能鈔紙，本將日責鈔紙若干張，未嘗給其直也。計無所從出，故至是耳！」子欽憐而釋之。金州惟西門一軍頗富，蓋其壁壘在崇岡之上，家有荒田，始鋤之以植菜，久而知其利也。則更之以粟麥，歷年既久，墾植益勤，遂以足食，乃知屯田爲大利之事，然要在使其樂爲之耳！

247 都統制劾制置使擅興

四川關外三大軍，自宣撫司廢後，得旨聽制置司節制，由紹興戊辰至於淳熙庚子，凡三十有三年矣〔二七〕。會黎邊有警，胡長文爲制置使，乃調緜、梓大軍二千，合内郡禁軍爲四千五百，付成光延〔二八〕，並高晃討之。二人因輕出而敗。長文又調劍、閬、利州大軍三千，往援之。吴挺爲興州都統制，大怒，密劾制司調兵非計，乞正光延、高晃之罪。長文竟罷制置使，其年九月也〔二九〕。議者謂長文措置失當，誠可加罪，但非吴挺所當劾耳。及紹熙壬子，瀘卒張信作亂，殺其安撫使。時京仲遠帥蜀，調潼川所屯御前軍數百，往討之。而興元都統制復劾仲遠擅發兵。樞密院葛楚輔、陳叔進、胡子遠進呈，得旨令制司具析。命下而仲遠已去。丘宗卿入蜀，即奏以爲三屯遠在西北，兵權節制必寄之于制司，朝廷事計當然。今軍帥狃于陵夷，反謂制司擅興，違戾至此，豈不大失本意。乞下戎司具析，仍責令遵守舊制。三屯頗嚴憚焉。宗卿所謂狃于陵夷，蓋專指挺也〔三〇〕。

248 諸軍升差審擇沿革

初，葛楚輔在樞院，奏請江上諸軍升差，統制官至準備將者〔三一〕，自主帥解三人赴總領官，選擇一人，申樞密院。事既行，諸將皆不以爲便。慶元初，有旨自今升差，並委主帥選擇，令總領或屯駐守臣審覈保明，申樞密院。紹熙指揮勿行。元旨在於紹熙四年正月乙酉，後旨在於慶元三年二月之戊午也。

249 安子文一軍政

虞亮之求釁也〔二〕，楊元老乞以四川制置使王剛中或興州都統制吳璘爲大帥。於是除璘宣撫使，命剛中移司利州，同措置軍前事務。然軍事進止，皆決于璘，剛中聽命而已〔三〕。松及開禧用兵，程松爲制置使，吳曦爲興州都統制。松前執政，乃命爲宣撫使，而曦副之。松移司興元，東軍三萬屬焉。曦進屯河池，西軍六萬屬焉。西軍出入，曦得自專，松無所關與。及安子文爲宣撫副使，欲鑒前弊，進退大將，如呼小兒。自是都統制不得自專，而軍政始一矣。論者韙之。

校勘記

〔一〕朱邦寧　「朱」原作「諸」，據影宋本、蕭本、函海本及兩朝綱目備要卷一一嘉定元年三月末利州兵老小喧閧條，宋史卷四〇二安丙傳、楊巨源傳改。

〔二〕出城彈壓　原無「城」字，據上引本子補。

〔三〕黥涅　「黥」原作「點」，據影宋本及兩朝綱目備要卷一一嘉定元年三月汰鎮淮軍條、宋史卷一九二兵志改。

〔四〕公肆剽劫　「肆」原作「私」，據上引備要及宋史卷三九八丘崈傳改。

〔五〕令帥漕任責揀汰　「令」原作「領」，據影宋本、蕭本、函海本及上引備要改。「責」原作「貴」，據上引備要改。

〔六〕鎮江大軍及武鋒軍　「大軍」下原衍「數」字，據影宋本、函海本及上引備要、宋史卷三九寧宗紀删。

〔七〕自是月省錢二十八萬緡　「自」原作「身」，據影宋本、蕭本、閣本、函海本及上引備要、宋史丘崈傳改。

〔八〕擇有物力材幹者爲隊長　「爲」下原衍「一」字，據蕭本、函海本删。

〔九〕開禧末高吟師既叛　「叛」原作「判」，據殿本、函海本改。參見兩朝綱目備要卷九開禧二年正月雅州蠻高吟師寇邊條及宋史卷三八寧宗紀開禧二年正月末條。又此處「開禧末」應作「開禧中」。

〔一〇〕每寨各五十人　原脱「每寨各」三字，據影宋本、蕭本及本條上文文意補。

〔一一〕沐川　「沐」原作「洙」，據影宋本、蕭本、函海本改。下同。

〔一二〕三賴斫　「斫」原作「研」，據上引本子改。下同。

〔一三〕從其土俗　原無「土」字，據上引本子及閣本補。

〔一四〕人給布袍一件　「件」原作「事」，據蕭本改。

〔一五〕本州措置　「州」原作「年」，據殿本、閣本改。

〔一六〕利路義勇士　原無「勇」字，據蕭本、殿本補。

〔一七〕紹熙間鄱陽王聞禮爲守　據本書乙集卷一九末條載：「知黎州王聞禮特轉一官（聞禮，詹事公次子）云云，可知聞禮係樂清王十朋之子，此處的「鄱陽」二字有誤。參見水心文集卷一七王公（聞禮）墓志銘。

〔一八〕夷義軍　「夷」原誤爲「邑」，據影宋本、蕭本、閣本、函海本及底本本條標題、下文記載改。

〔一九〕白芀　「芀」原作「茗」，據長編卷七二大中祥符二年九月戊午條及宋史卷三〇一寇瑊傳改。

〔二〇〕瀘川　「川」原作「州」，據函海本改。按：瀘川縣爲瀘州州治所在。

〔二一〕二萬六百三人　「二萬」原作「三萬」，據蕭本、殿本、閣本、函海本改。

〔二二〕其後　「後」原作「餘」，據影宋本、蕭本、函海本改。

〔二三〕板橋堡　原無「堡」字，據上引本子補。

〔二四〕羸馬　「羸」原作「贏」，據蕭本、殿本、閣本、函海本改。

〔二五〕京湖　原作「荆湖」，據蕭本、殿本、閣本、函海本及兩朝綱目備要卷一二嘉定二年四月戊辰條、宋史卷三九寧宗紀嘉定二年六月辛卯條改。

〔二六〕家子欽　「家」原作「宋」，據影宋本、函海本及兩朝綱目備要卷一二嘉定二年末關外諸將私役諸軍條改。

〔二七〕四川關外三大軍自宣撫司廢後得旨聽制置司節制由紹興戊辰至於淳熙庚子凡三十有三年　「紹興戊辰」原作「紹興丁卯」，據要録卷一五七及宋史卷三〇高宗紀，罷四川宣撫司乃在紹興十八年戊辰（五月甲申日），而不是十七年丁卯。又「三十有三年」原作「四十有四年」，考紹興十八年戊辰（公元一一四八年）至淳熙七年庚子（一一八〇年），僅三十有三年，故改。

〔二八〕成光延　原作「成延光」，據蕭本及宋史卷三五孝宗紀淳熙七年六月壬辰條乙正。下同。

〔二九〕(胡)長文(名元質)竟罷制置使其年(指淳熙七年庚子)九月也　宋史卷三五孝宗紀繫此事於淳熙八年辛丑十二月壬辰日。此處記時有誤。

〔三〇〕專指　「指」原作「擇」，據蕭本、殿本、閣本、函海本改。

〔三一〕統制官　「統」原作「總」，據影宋本、蕭本、函海本及兩朝綱目備要卷五慶元三年二月戊午復陞差將校法條改。

〔三二〕虜亮　「虜」原作「金」，據蕭本、函海本改。

〔三三〕剛中聽命　原作「時亨拱手」，據蕭本改。按：王剛中字時亨。本條上文均作「剛中」，故改。

建炎以來朝野雜記乙集卷十八

邊防一

250 丙寅淮漢蜀口用兵事目 吴曦之變附

自隆興甲申，朝廷與金人再和，逮開禧丙寅，凡四十三年矣。其年夏五月六日丙戌，内批：「北虜世讎，久稽報復，爰遵先志，決策討除，宜頒詔音，明示海内。」先是，韓侂胄用事久〔一〕，有勸其立蓋世功名以自固者，侂胄然之。嘉泰元年秋八月二日己卯，以殿前都指揮使吴曦爲興州都統制〔二〕，規陝之意自此起矣。三年冬，知安豐軍厲仲方言淮北流民有願過淮者〔三〕。帥臣以聞〔四〕。會辛殿撰棄疾除知紹興府〔五〕，過闕入見，言夷狄必亂必亡，願付之元老大臣，務爲倉猝可以應變之計。侂胄大喜。時四年正月也。既而，盱眙守臣施宿〔六〕、正旦副使林伯成皆言北方事。其夏，議遣許知院及之守金陵，爲出師之計，不行而罷。自是襄帥鄭挺、淮漕鄧友龍皆進用兵之策，執政張伯子、費戒甫心知其難而未敢顯諫，皆出之。潼守楊嗣勳、湖廣總領傅景初移書言其不可，相繼抵罪。至開禧改元，策士有論宜乘機以定中原者，侂胄大喜，用兵之意遂決。虜人頗伺知之。五月，遣其平章事僕散揆爲宣撫使，駐開封。是月二十七日甲申，鎮江都統戚拱遣忠義人朱裕結漣水縣弓手李全〔七〕，焚漣水縣。李全即李鐵槍。六月五日辛卯，詔内外諸軍密爲行軍之計。十四日庚子，程資政松爲四川制置使，李伯珍諫議以論止開邊，同日補外。六月二十六日壬子〔八〕，宰執陳自强等四人援國朝故事，乞命侂胄兼領平章事。臺諫鄧友龍等繼亦有請。七月四日己未，自强等再奏。五日庚申，侂胄除平章軍國事。十日乙丑〔九〕，樞密都承旨蘇師旦除安遠軍節度使，在京宫觀。是月，李季章爲生辰使，乞斬朱裕，梟首境上。從之。八月十九日甲辰，趙從善罷户部尚書，以其有異論也。二十日乙巳〔一〇〕，殿前副都指揮使郭倪爲鎮江都統制。十月，李季章使還，言兵不可輕動。不聽。明年正月二十一日癸卯，先命户部薛侍郎叔似爲京西湖北宣諭使〔一一〕，於是左司諫易祓〔一二〕、大理少卿陳景俊、太學博士錢廷玉上恢擴大計。三月十二日癸巳，命程松爲四川宣撫使，吳曦副之。十三日甲午，鄧給事友龍爲兩淮宣諭使。二十四日乙巳，錢伯同罷參知政事，行諫疏也。後一日〔一三〕，又降兩官，送信州居住。二十六日丁未，松始受命。二十七日戊申，曦受命。會徐文子自處州召歸，入見，言莫若因建儲而弭兵。二十八日己酉，降其二官，用殿中侍御史徐柟疏也。四月十三日甲子，兩宣諭並升宣撫使。十七日戊辰，吴曦兼陝西、河東路招撫使。十九日庚午，特追秦檜王爵，仍改謚，以李季章有請也。詔郭倪兼山東、京東招撫使，荆鄂都統制趙淳兼京西招撫使，副都統皇甫斌副之。是日，程松發成都。二十六日丁丑，吴曦遣其客姚淮源詣虜廷獻關外四州之地，求封爲蜀王。是日，鎮江武鋒軍統制陳孝慶復泗州〔一四〕，江州左軍統制許進復新息縣。二十七日戊寅，光州忠義人孫成復褒信縣。二十八日己卯，四川總領所以進義副尉楊巨源監興州合江倉〔一五〕。五月辛巳朔，陳孝慶復虹縣。侂胄聞已得泗州，乃議降詔。七日丁亥，詔下。十二日壬辰，楊嗣勳移知成都府。十四日癸巳，程松至漢中。是日，皇甫斌大敗於唐州。興元都統秦世輔出師至城固，軍亂。池州副都統郭倬、主管馬軍行司公事李汝翼亦敗於宿州城下。二十四日癸卯，倬等還，至蘄縣，虜追甚急，乃執其馬司後軍統制田俊邁以遺虜人，乃得免。二十九日戊申，安子文以陝西、河東招撫司隨軍轉運，置司河池。六月四日甲寅，鄧友龍罷〔一六〕，丘宗卿代爲宣撫使。七日丁巳，官軍復褒信縣。十八日丁卯，曲赦泗州〔一七〕。是日，建康副都統田琳復壽春府。二十八日戊寅，蘇師旦與在外宫觀〔一八〕，以侂胄奏劾也。尋謫衡州〔一九〕，移韶州。先是，馬司及建康、池州諸軍渡淮者七萬，至是招收，僅得四萬。丘宗卿親往揚州部分諸將，悉三衙、江上軍民之兵，合十六萬一千四百三十一人，分守沿淮要害。是月，金州副都統彭輅進屯上津。金人封吴曦蜀王，錫金印。

七月二日辛巳，梁、洋義士統制毋丘思襲取和尚原，權都統制范仲壬出師寶雞，小捷。二十四日癸卯，李季章參知政事。八月二十四日丁卯，斬郭倬於京口，諸將李汝翼、王大節、李爽皆流嶺南。楊嗣勳遺侂胄書，言蜀兵驕糧乏，財計已匱〔一〇〕，暫休息以規後圖，未爲失計。九月四日壬午〔一一〕，虜復取和尚原。十月二十九日丙子，虜自清河口渡淮，守將郭超失利〔一二〕，虜圍楚州。十一月四日辛巳，虜犯棗陽，有北來韓元靚者，至真州，微露和意。自言安陽人，魏公五世孫也。丘宗卿遣人護送北還，令問端的。七日甲申，宗卿簽書樞密院事，督視江、淮軍馬。是日，虜犯神馬坡，荆、鄂副都統魏友諒突圍趨襄陽。八日乙酉，趙淳焚樊城。九日丙戌，忠勇軍統制吕渭孫欲圖友諒〔一三〕，友諒格殺之。十一日戊子，以虜渡淮，奏告天地、宗廟、社稷。是日，虜犯廬州，副都統制田琳拒之。十八日乙未，陳益之除京湖宣撫副使。自湖廣總領除。虜游騎渡漢。十九日丙申，侂胄獻家財二十萬以贍軍，優詔褒納。是日，廬州圍解。丘宗卿所遣送韓元靚之人還，得幅紙，乃行省文字。宗卿聞於朝。二十日丁酉，虜犯舊岷州，踏白軍統制王喜引兵遁。二十一日戊戌，虜圍和州，守將周虎拒之。是日，信陽軍失守。二十四日辛丑，襄陽圍合，趙淳憂悸成疾，將士奉之以守。蜀、漢路斷，虜圍皂郊不下，移屯天水縣。二十五日壬寅，虜攻隨州，守臣遁去，州人具香花迎拜，虜斂兵不殺，遂至德安。二十七日甲辰，虜犯真州，士民奔迸渡江者十餘萬，鎮江守臣宇文挺臣亟具舟以濟，又稟食之。於是濠梁、安豐及並邊諸戍皆没於虜。二十八日乙巳，虜陷西和州。十二月二日戊申，虜兵二萬人圍德安府，守將李師尹拒之。是日，虜兵二萬攻襄陽東、南、西門，不克。四日庚戌，虜陷成州，守臣辛槱之遁去。是晚，吴曦焚河池縣，退歸青野原。七日癸丑，曦自殺金平退歸魚關。是日，和州圍解。八日甲寅，虜攻六合縣，郭倪遣前軍統制郭僎救之，遇於胥浦橋〔二四〕，官軍大敗，倪棄揚州，走瓜洲。先是督府募得盱眙小吏王文，持書幣往虜帳，大略謂用兵乃蘇師旦、鄧友龍、皇甫斌所爲，非朝廷意。文等還，虜人答書悖慢，多所要索，且謂侂胄無意於用兵，則師旦等豈敢擅專。又言奉命征討，不敢自專進止，豈敢冒罪申奏。督府再遣書，許以刷還淮北元流移人及今年歲幣，虜有許意。朝廷乃以報書授督府，督府遣從政郎、招撫司幹辦公事陳璧假工部員外郎〔二五〕，與國信所掌儀葛宗裔充小使，持第三書以往。會六合交兵，郭僎喪敗，而第三書適亦犯虜之廟諱，虜遂以用兵詰責小使，却其書而還。十一日丁巳，虜陷大散關，都統制毋丘思不知所在。十二日戊午，思單騎至興元，程松黜之，以總管孫忠鋭權都統制〔二六〕。十七日癸亥夜，魏友諒之軍又潰於花泉，友諒走江陵。二十日丙寅，虜遣吴端持詔印授吴曦於罝口〔二七〕。二十一日丁卯，虜犯七方關，興州中軍正將李好義拒却之〔二八〕。二十二日戊辰，曦自罝口歸興州。是日以後，淮南虜騎漸退，獨濠州尚爲虜據，使一統軍守之。二十三日己巳，郭倪罷招撫使，以丘宗卿奏劾也。二十四日庚午，薛象先、陳益之罷宣撫使、副，吴德夫爲京湖宣撫使〔二九〕，仍知江陵府。二十六日壬申夜〔三〇〕，興州天赤如血，照地如晝。自月初起，有兩日相摩於初暗之時〔三一〕，至是復有此異。二十七日癸酉，曦始稱蜀王。二十八日甲戌，鎮江副都統畢再遇升都統制，權招撫司公事。二十九日乙亥，程松自米倉山出閬州，順流以歸。三年正月丁丑朔，丘宗卿罷。初，小使既却還，宗卿復乞朝廷移書虜帳，以續前議。又謂虜指太師平章爲元謀，若移書，乞暫免繫銜。侂冑大怒，故宗卿遽罷。宗卿道遇所遣使臣皇甫恭自汴京回，言行省完顏弼、右副元帥紇石烈子寧皆有和意。三日己卯，吴曦下白榜於四路，僞四川都轉運使徐景望入利州，總領官劉智夫爲所逐〔三二〕。己卯，張知院巖督視江、淮軍馬，開府揚州。五日辛巳〔三三〕，吴曦遣摧鋒軍統制禄禧以兵千五百戍萬州〔三四〕。七日癸未，虜入階州。十五日辛卯，權大安軍楊震仲革父不受僞命，飲藥死。十八日甲午，曦僭位於興州，以安子文爲丞相長史，權行都省事。子文稱疾不出。曦又下黄榜於四路。二十二日戊戌，利路轉運判官陳咸逢孺不受僞命〔三五〕，削髮於利州之石鏊〔三六〕。二十四日庚子，彭輅以帳下百餘人奔襄陽。二十五日辛丑，李好義與其徒謀舉義。二十七日癸卯，嚴進引兵入成都。二月二日戊申，楊嗣勳下令稱提錢引，大書開禧年號，以揭之木榜，凡數千計。十一日丁巳，禄祁自重慶引兵入夔州祁即禧也，避曦嫌名改之。十三日己未，曦反書聞，程松罷，蠟書拜楊嗣勳爲制置使。侂胄與曦書，許以茅土之封，書與御札同發。十六日壬戌，楊巨源至興州見安子文，謀舉義。子文喜。十七日癸亥，始出視事。十八日甲子，曦之客鄱陽董鎮以僞命至成都。二十四日庚午，襄陽圍解。二十五日辛未，鳳州進士楊君玉引楊巨源以見李好義。二十六日壬申，巨源介好義以謁子文，議遂定。君玉退，與其鄉人白子申共草密詔，而子文潤色之。二十八日甲戌，巨源書密詔以納子文。二十九日乙亥，未明，好義以所結官軍殺曦於僞宮，軍士李貴斬曦首。巨源尋以義士至。君玉宣密詔，子文權宣撫使，巨源參贊軍事。三月二日丁丑，侂胄手書至興州。是日，斬徐景望。四日己卯，利東帥臣劉師文帛書至行在〔三七〕，復賜帛書，令從長處置。六日辛巳，董鎮至廣都，爲費戒甫所殺。新知潼川，未上。十一日丙戌，賜安子文帛書，諭以能殺曦報國，當不次推賞，雖二府之崇亦所不吝〔三八〕。十二日丁亥，新潼川府觀察推官趙彥吶斬祿禧於夔州。十四日己丑，瀘帥李君亮所遣間使至行在，就賜費戒甫帛書，令協心經理。十七日壬辰，興州踏白軍統領劉昌國引所部至階州，虜引去。十八日癸巳，興州中軍統制李好義復西和州。二十一日丙申，命吴德夫兼總西事。二十二日丁酉，虜去成州。二十四日己亥，興州都統制王喜至河池，而虜已遁去。二十五日庚子，露布至行在，朝廷大喜，即日拜安子文端明殿學士、知興州兼四川宣撫副使，而楊嗣勳爲四川宣撫制置使兼知成都府，許成子爲四川宣諭使。以起居舍人充。程松落大學士，降六官，筠州居住。是日，忠義統領張翼復鳳州。二十六日辛丑，曲赦四川。二十七日壬寅，程松再責順昌軍節度副使，澧州安置。三十日乙巳，改命吳德夫兼四川宣諭使。是日，忠義人劉信復黃牛堡。四月八日癸丑，忠義人復大散關。十五日庚申，宇文挺臣權京、湖宣撫使。自兵部尚書除。二十二日丁卯，吳曦首級至行在，詔付都堂審驗。詔楊嗣勳赴闕，吳德夫代爲制置使。二十三日戊辰，獻曦首於廟社，梟三日。錢伯同復除參知政事。二十八日癸酉，虜復取大散關。五月八日癸未，楊巨源殺孫忠鋭於鳳州。十六日辛卯，巨源與虜戰於長橋，敗績。二十三日戊戌，楊嗣勳依舊四川制置使，吳德夫撫諭犒畢，赴行在。二十六日辛丑，興州副都統制李好義襲秦州，不克敗歸。六月十五日己未，好義遇毒死。十九日癸亥，太府寺丞林拱宸爲金國通謝使，以書通問。時方信孺自軍前歸，言虜有和意也。二十八日壬申，安子文執楊巨源以屬吏。二十九日癸酉夜，將官樊世顯殺巨源於大安舟中。七月一日乙亥〔三九〕，通謝使發行在。八月十九日壬戌，密劄除劉師文四川宣撫使，隨所在置司，事訖奏。九月四日丁丑，詔以和議未可就，令諸大帥申警邊備。時方信孺自濠州歸，言虜欲責正隆以前禮賂，且以侵疆爲界。又索犒軍銀共數千萬，又欲縛送首議用兵賊臣。信孺至都堂，不敢遽白。侂冑欲窮其説，乃微及之。侂冑大怒，復有用兵意。六日己卯，辛幼安除樞密都承旨，疾速赴行在。會幼安疾卒，乃已。八日辛巳，詔督視張知院日下前來奏事，以久無功也。九日壬午，信孺坐以私覿物作大臣送遺，有失事體，奪三官，臨江軍居住。十三日丙戌，詔通問使還行在。命淮西漕臣張穎措置雄淮軍〔四〇〕。十八日辛卯，新除殿前副都指揮使趙淳爲江、淮制置使。二十一日甲午，張知院罷。二十八日辛丑，監登聞鼓院王柟持書赴虜都副元帥府。柟，倫孫，自主管臨安府城南左廂公事差。十月十七日己未〔四一〕，詔諭軍民，以和議未成，虜多要索之故。詔詞略曰：「第惟敵人，陰誘曦賊，計其納叛之日，乃在交鋒之前，是則造端豈專在我？」又曰：「事雖過舉，蓋猶係於綱常〔四二〕。理貴反求，況已形於悔艾〔四三〕。凡我和戰〔四四〕，視敵從違。」自用兵以來，蜀口、淮、漢之民死於兵火者，不可勝數，公私之力，爲之大屈，而侂胄歸罪虜人，加兵之意未已，國人憂之，遂有去凶之議焉。去凶和戎〔四五〕，事體尤大，語在朝事中，可互考。

校勘記

〔一〕韓侂胄用事久　「久」原作「又」，據殿本及兩朝綱目備要卷九開禧二年五月丙戌條改。

〔二〕嘉泰元年秋八月二日己卯以殿前都指揮使吳曦爲興州都統制　按上引備要卷七及宋史卷三八寧宗紀均繫任命吳曦爲興州都統制於嘉泰元年秋七月己巳日，宋史全文卷二九亦繫此事於七月。此處記月有誤。

〔三〕知安豐軍厲仲方　原脱「軍」字，據蕭本、殿本、閣本、函海本及上引備要卷九開禧二年五月丙戌條補。

〔四〕帥臣以聞　「帥」上原衍「軍」字，據蕭本、殿本、閣本及上引備要删。

〔五〕除知紹興府　原脱「知」字，據影宋本及上引備要補。

〔六〕盱眙守臣　原脱「守」字，據影宋本及上引備要補。

〔七〕漣水縣　「漣」原作「連」，據影宋本及上引備要改。

〔八〕（開禧元年）六月二十六日壬子宰執陳自强等四人援國朝故事乞命侂胄兼領平章事　「六月」原作「七月」，「壬子」原作「壬辰」，據上引備要及宋史卷三八寧宗紀改。

〔九〕（開禧元年七月）十日乙丑　原作「十月己丑」，據蕭本及上引備要卷九改。按：上引宋史作「七月丙寅」，較此處遲一日。備要卷八作「七月丙辰」，丙辰爲「丙寅」之誤刊。

〔一〇〕（開禧元年八月）二十日乙巳　「乙巳」原作「乙亥」，據蕭本、閣本及上引備要卷九、上引宋史改。

〔一一〕先命户部薛侍郎叔似爲京西湖北宣諭使　按：上引備要卷九開禧二年正月乙巳薛叔似宣諭京、湖條及宋史卷三九七薛叔似傳載，薛叔似乃以試吏部侍郎爲京西、湖北宣諭使。此處誤「吏部」爲「户部」。

〔一二〕易袚　宋會要職官七三之三七、南宋館閣續録卷八著作郎條、宋中興學士院題名均同；然宋史卷四七四韓侂胄傳作「易祓」，上引備要卷九開禧二年五月丙戌御筆詔北伐條作「易紱」，又上引南宋館閣續録作「易袚字彦章」，本書乙集卷一五開禧召試制科條作「易元章」，疑以「易袚」爲是。

〔一三〕後一日　「一」原作「二」，據本條下文記時及宋史全文卷二九、宋史卷三八寧宗紀開禧二年三月丙午條改。

〔一四〕陳孝慶　「慶」原作「廣」，據上引備要卷九開禧二年五月丙戌條及宋會要兵九之二〇、止齋文集卷一八侍衛步軍司後軍統領戚拱宿衛部轄官兵特轉一官制、宋史全文卷二九、宋史卷三八寧宗紀開禧二年四月丁丑條改。下同。

〔一五〕四川總領所　「四川」原作「泗州」，據殿本及上引備要改。

〔一六〕鄧友龍　「友」原作「文」，據蕭本、閣本、函海本及宋史卷三八寧宗紀開禧二年六月甲寅條改。

〔一七〕泗州　原作「海州」，據上引備要卷九開禧二年六月丁卯條及宋史全文卷二九、宋史卷三八寧宗紀改。

〔一八〕蘇師旦與在外宮觀　原無「與」字，據上引備要卷九開禧二年六月戊寅條及宋史全文卷二九補。

〔一九〕衡州　原作「柳州」，據上引備要、宋史全文、宋史改。影宋本作「郴州」，亦誤。

〔二〇〕財計已匱　「財」原作「國」，據殿本及上引備要卷九開禧二年七月取和尚原條、宋史全文卷二九改。

〔二一〕(開禧二年)九月四日壬午　「壬午」原作「壬子」，據上引備要及宋史改。按：是年九月己卯朔，無「壬子」日。

〔二二〕郭超　「超」原作「趙」，據蕭本、閣本、函海本及上引備要卷九開禧二年十月丙子條改。

〔二三〕忠勇軍統制呂渭孫欲圖友諒　「友諒」原作「統制」，據影宋本及上引備要卷九開禧二年十一月甲申金攻神馬坡條改。

〔二四〕胥浦橋　「胥」原作「湑」，據上引備要卷九開禧二年十二月甲寅條及宋史卷三八寧宗紀改。

〔一五〕從政郎招撫司幹辦公事陳璧　「從政郎」原作「正從郎」，據蕭本及上引備要卷九開禧二年十二月甲寅督府議和不克條改。「陳璧」，金史卷一二章宗紀泰和六年十二月己未條及卷六二交聘表同，而蕭本、函海本及上引備要作「陳壁」。

〔一六〕孫忠鋭權都統制　「都統制」原作「總制」，據上引備要卷九開禧二年十二月丁巳金人陷大散關條改。

〔一七〕虜遣吴端持詔印授吴曦於罝口　「端」原作「瑞」，據蕭本、殿本、閣本、函海本及上引備要卷九開禧二年十二月戊辰吴曦還興州條改。「罝口」原作「宜口」，據殿本及上引備要改。下同。

〔一八〕李好義拒却之　原無「却」字，據影宋本及上引備要卷九開禧二年十二月丁卯金人攻七方關條補。

〔一九〕吴德夫爲京湖宣撫使　「宣撫」原作「副」，據影宋本及上引備要卷九開禧二年十二月庚午吴獵宣撫京、湖條、宋史卷三八寧宗紀、卷三九七吴獵傳改。按：吴獵字德夫。

〔二〇〕（開禧二年十二月）二十六日壬申夜　原無「夜」字，據影宋本及上引備要卷九、大金國志卷二一、宋史卷四七五吴曦傳補。

〔二一〕有兩日相摩於初暗之時　「暗」原作「晴」，據大金國志卷二一及本條文意改。

〔二二〕總領官劉智夫爲所逐　「爲」原在「總」字上，據影宋本及上引備要卷一〇開禧三年正月己卯條乙正。

〔二三〕（開禧三年正月）五日辛巳　「五日」原作「六日」，據蕭本、函海本改。按：是年正月丁丑朔，辛巳乃五日。

〔二四〕以兵千五百戍萬州　原無「百」字，據影宋本、蕭本、閣本及上引備要卷一〇開禧三年正月己卯吴曦下白榜於四路條補。

〔三五〕利路轉運判官　「路」原作「州」，據影宋本及上引備要卷一〇開禧三年正月戊戌條、宋史卷四一二陳咸傳改。

〔三六〕石鏊　宋史陳咸傳作「后鏊」。

〔三七〕（開禧三年三月）四日己卯利東帥臣劉師文帛書至行在　「四日」原作「四月」，據殿本及上引備要卷一〇開禧三年三月己卯（四日）利東帥劉師文帛書至行在條改。「利東」原作「利州」，據上引備要及宋史卷三九七劉甲傳改。

按：劉甲字師文。

〔三八〕雖二府之崇亦所不吝　原無「所」字，據影宋本、蕭本、閣本、函海本及上引備要卷一〇開禧三年三月丙戌賜安丙帛書條補。

〔三九〕（開禧三年）七月一日乙亥　「乙亥」原作「己亥」，據蕭本改。又「一日」原誤爲「二日」，按是年七月乙亥朔，故改。

〔四〇〕張穎　「穎」原作「潁」，據蕭本、殿本、閣本、函海本及上引備要卷一〇開禧三年九月丁丑詔儆邊備條改。

〔四一〕（開禧三年）十月十七日己未　「十七日」原作「七日」。按：是年十月癸卯朔，己未乃十七日，而非七日，故改。然據上引備要及宋史卷三八寧宗紀乃繫此詔於十月丙辰（十四日）。疑此處記日有誤。

〔四二〕事雖過舉蓋猶係於綱常　「事」原作「是」，據閣本及上引備要卷一〇開禧三年十月丙辰以邊事詔諭軍民條改。「猶」原作「由」，據上引備要及宋史全文卷二九改。

〔四三〕況已形於悔艾　「艾」原作「乂」，據閣本及上引備要改。

〔四四〕凡我和戰　「凡」原作「反」，據殿本及上引備要、宋史全文卷二一九改。

〔四五〕去凶和戎　「戎」原作「敵」，據蕭本、函海本改。

建炎以來朝野雜記乙集卷十九

邊防二

251女真南徙 金國五世八君本末

金國自完顏旻始建號稱帝，至今主珣，凡五世八君，其傳國九十有八年而始衰。其地在契丹之東北境長白山之下、鴨緑水之源，蓋古肅慎氏之地。在漢代稱挹婁，南、北之間稱勿吉，隋、唐時稱靺鞨，至五代始稱女真。祖宗時，嘗通問，後臣屬於遼。完顏之始祖指蒲者，新羅人，自新羅奔女真，女真諸酋推爲首領。七傳至旻而始大，所謂阿骨打也。建中靖國元年，遼主天祚立，淫虐不道，阿骨打叛之。政和四年八月。用兵連年，奪遼地大半。重和元年八月，阿骨打始稱帝，以其水生金，故號大金，改元天輔。歲次戊戌〔一〕。蔡京、童貫聞之，募人泛海往使，約夾攻遼人，以燕地歸我。宣和四年冬，童貫伐燕，爲遼人所敗。其十二月，阿骨打入燕。五年春，王黼與金人約，歲賂銀帛五十萬兩匹〔二〕，貨一百萬緡，而請燕、薊六州之地，阿骨打許之。其五月乙丑，阿骨打卒，年五十六，在位六年〔三〕。謚曰武元皇帝，廟號太祖。阿骨打有八子不立，立其弟晟，所謂吴乞買也。晟立，改元天會。元年癸卯。七年春，遼天祚爲金人所執。其冬十二月，遂寇京師。靖康元年春，朝廷割河東、北三鎮地，與之盟而歸。其冬，再入，京師陷。紹興四年冬，晟卒〔四〕，年六十一，在位十二年。謚曰文烈皇帝，廟號太宗。有子八人不立，而立阿骨打之孫亶。蓋阿骨打諸子之可見者，其長曰梁宋國王宗秀，小名固倫，亶之世領三省事。次曰景王宗傑〔五〕，即引兵陷京師者斡离不布也。晟之世爲右副元帥，所謂二太子〔六〕，次曰宋王宗幹，亮之父也，後追號曰德宗。次曰宗俊〔七〕，阿骨打嫡子，不及封，後其子亶立，追號景宣皇帝。次曰晉王宗輔，小名窩里嗢，亶之世爲右副元帥，後其子褎立，改其名爲宗堯，號曰懿宗〔八〕。次曰梁國王宗弼，即引兵渡江陷二浙者，所謂兀术也。亶之世爲尚書左丞相〔九〕，兼侍中、都元帥，所謂四太子。次曰曹國王宗敏。亶之世爲都元帥，亮篡立殺之。吴乞買之長子曰宋國王宗磐，亶之世領三省事，爲所殺。次曰兖國王宗雋，小名蒲路虎〔一〇〕。次曰虞王宗英、滕王宗偉〔一一〕，以上三人，亦爲亶所殺。次曰沂王宗賢，亶時爲右丞相。次曰衛王宗義，亮時判大宗正事。次曰代王宗懿，亮時爲東京留守。次曰晉國王宗本。亮時爲太傅，領三省事。以上四人，並爲亮所殺。阿骨打初起兵，皆以宗族近親爲將相，其主兵者曰晉國王宗維〔一二〕，蓋阿骨打從兄之子，其祖曰劾闉，乃阿骨打伯父。所謂國相粘罕滿也。晟之世爲左副元帥，亶之世領三省事。其主謀者曰陳王希尹，亦阿骨打之疏族，於屬爲子所謂兀室也。亶之世爲左丞相，誅死。又其次曰魯國王昌，乃阿骨打之從弟，所謂撻懶也。亶之世爲左副元帥，誅死。又其次曰婁宿，晟之世爲陝西諸路選鋒都統。曰撒离喝，亶之世爲左副元帥，誅死。皆女真人，不知其屬族之遠近。自亶之立，粘罕滿首罷兵柄，憤悒而亡。兀室、撻懶、撒离喝以次受誅。而旻、晟子孫剿戮殆盡。亶初立，猶用天會之號，至戊午始改天眷。辛酉改皇統，盡九年而爲其從弟左丞相、岐王亮所弒，紹興十九年十二月丁巳也，年三十一，在位十五年。追廢爲東昏王。亮死，乃謚曰武靈皇帝，廟號閔宗。久之，又改謚孝成皇帝，廟曰熙宗。亮亦旻之孫，而宋王宗幹之子也。初年改天德，元年己巳〔一三〕，癸酉改貞元，其春徙居燕京，號曰中都。丙子改正隆，正隆盡六年，而亮引兵南下，國人不堪其虐，以十月丁未共立其從弟東京留守、葛王褎爲帝。諸將聞之，弒亮於揚州瓜洲鎮之龜山寺〔一四〕，紹興三十一年十一月乙未也，年四十，在位十二年。追廢爲海陵王，謚曰煬。褎亦旻孫，晋王宗輔之子也。既立，改元大定。元年辛巳。大定之四年，復與本朝議和。淳熙元年春，更名雍。雍有子七人，長曰越王允升，次曰允恭，爲太子，早死。淳熙十二年夏。所謂顯宗也。璟立，追尊之。次曰鄭王允蹈，於次爲第六，璟之世爲武定軍節度使，誅死。次曰衛王允濟。於次爲第七。允恭二子，長曰豐王珣，次曰原王璟，璟嫡子也，雍以爲太孫，大定盡二十九年而雍卒，淳熙十六年正月癸巳也，年六十八〔一五〕，在位二十九年。號曰世宗。雍爲人仁厚，不用兵，北人謂之

「小堯舜」。璟立，庚戌改明昌，丙辰改承安，辛酉改泰和。泰和之六年，南北交兵，又二年而璟亦卒〔一六〕，嘉定元年十一月丙辰也，年四十一，在位二十年。號曰章宗。初璟之立也，越王、鄭王皆有不平語，璟召鄭王殺之。紹熙四年十一月。越王有二子，長曰愛王，趙妃所生，葛王愛之，賜以鐵券，璟惡之而不敢殺也。愛王尋居上京以叛，越王遂爲璟所殺。慶元元年五月。璟死無子，而雍之諸子惟允濟在。璟所嬖内侍李黄門者，傳璟遺令，與尚書右丞撒罕勒共立之。愛王時在中都，允濟疑其爲變，因之真定，拜撒罕勒太師，領三省事，封申王。明年改元大安，元年己巳。壬申改崇慶，癸酉改至寧。璟之在位也，允濟被命往靖州，受黑韃靼進奉，見其王忒没貞桀傲不遜，恐爲邊患，欲歸白璟除之，會璟病卒。大安三年辛未，本朝嘉定四年。春三月，韃靼入貢，允濟遣重兵分屯山後，欲就進場襲殺之，然後引兵深入。會虜之糺軍有詣韃靼告其事者。韃靼疑未信，言者再至，韃靼遣人伺之，得其實，遂遷延不進。秋七月十八日丁酉夜，韃靼猝至，與金人戰於灰河，凡三日，勝負未分，忒没貞選精騎三千馳突之，金軍亂，忒没貞自以大軍乘之。允濟急命西京留守紇石烈執中領大兵迎敵於大勝甸。執中者，老將也，知兵善戰，自允濟之立，心常不服，至是不肯力戰，其下觀望，遂大敗。執中以百騎奔還。允濟怒，罷之。韃兵至翠屏口，金又大敗。九月十四日，攻奉聖州，後二日，破之。進軍野狐嶺，允濟再遣兵迎敵，以車爲陣，兵又大敗。十月，韃兵至晉山縣〔一七〕，距燕京百八十里。崇慶元年本朝嘉定五年。春正月〔一八〕，韃兵至居庸關，左將軍完顏福海棄關遁，允濟素鄙吝，士不用命。允濟議以細軍五千自衛，奔南京。開封也。會細軍五百人自相激厲，誓死迎敵，殺韃兵數百。韃兵不敢進，問所俘鄉民，此軍有幾何？鄉民紿之曰：「二十萬。」韃靼懼，遂斂兵而退。至寧元年本朝嘉定六年。秋七月，韃兵復至山後，都元帥完顏福興迎敵而敗，允濟黜之。八月，起紇石烈執中爲右副元帥，將武藝軍三千復往迎敵〔一九〕。二十日戊子，發燕京。先是，左副元帥南平者，迎合允濟之意，沮格軍賞，衆共怒之。執中因人心之憤，欲廢允濟，遂回軍，以誅南平爲名。二十四日壬辰，軍至東華門外，召南平計事，手刃殺之。宮中聞變，門皆不開。執中召細軍大將金壽語之曰〔二〇〕：「吾此來特誅亂臣耳，非有叛意也。」俄而細軍俱來救駕，壽諭止之。衆憚執中威名，無敢動者。獨關西大漢軍都統完顏善羊引所部五百人至，皆爲武藝軍所殺。執中以善羊驍勇，召其父福海令招之。善羊大呼，告其父曰：「老賊欲反朝廷，何謂降之？」復力戰，自旦至午，手殺數十人，身中數矢而死。軍民相殺，流血滿地。執中遂進攻東華門。允濟遣其子蔣王持詔書候於門下〔二一〕，募能殺執中者，白身除大興尹，世襲千户，軍民皆無應者。執中欲縱火焚門，守門將軍合住啟之，執中引兵入宮，侍衛皆散走。進至大安殿，允濟望見之，遙呼曰：「聖主令臣何往？」曰：「歸舊府耳！」允濟入後宮，邀其后俱出。后留之曰：「出則被殺矣。」執中見其久不至，遣兵就執之，併其妻子俱囚於舊府。遂召豐王珣之長子譚哲馬，以御寶付之。二十六日甲午夜，執中遣内侍李監丞者弑允濟於其府。九月九日丙午，豐王至燕京，執中率百官迎拜於道，遂立爲帝，改元貞祐。降允濟爲東海郡侯，拜執中太師、都元帥，領三省事，封澤王。韃兵至紫荆關，距燕京二百里，執中欲誘其兵南至涿、易，乃聚兵擊之。韃靼破涿、易，至皂河之西，欲渡橋，執中方病足，乘車督戰，韃兵大敗。翌日再戰，執中瘡甚，不能出，遣左監軍高乞以糺軍五千拒之，失期不至，執中欲斬之，珣以其有功，諭令免死。執中益其兵，令出曰：「勝則贖罪，敗則誅無赦！」高乞出戰，自夕至曉，忽北風大作，吹石揚沙，不能舉目。韃靼乘風縱火，馳擊之，高乞軍大潰，自度必爲執中所殺，遂引糺軍圍執中之府，突入其卧内殺之，退詣應天門待罪，十月十五日辛亥也。珣以高乞掌兵權，不敢加罪，盡收從執中弑逆之人殺之。於是韃靼主留其大酋撒没曷圍燕京，自引兵徇河東、北、山東諸郡。貞祐二年春，本朝嘉定七年韃靼已破中原九十餘郡，復會兵於燕京。金主珣厚賂忒没貞，以允濟第四女小姐姐者妻之。又遣左丞相、都元帥完顏福興爲質，韃靼乃歸。河南路統軍蒲撒七斤者，奏乞徙都開封，珣從之。命參知政事胥鼎爲沿路排頓使，其姪霍王從彝者諫曰：「祖宗山陵，宗廟社稷，百司庶府，皆在燕京，豈宜棄之而去。」珣曰：「燕京乏糧，不能應辦朝廷百官諸軍，今暫往南京〔三〕，俟一、二年間，糧儲豐足，復歸未晚也。」從彝乞自督運，珣不從。從彝憂憤成疾而死，五月十日甲戌也。十八日壬午，金主發燕京，出麗澤門，自涿、保州、中山府而南，至真定，留幾月，復至大名路，由新衛州渡河以至開封，肆赦境内。秋八月，韃兵復圍燕京，分兵下中原州郡，又遣使至開封索犒軍金銀等，珣皆予之。明年五月二日庚申，韃人破燕京〔二三〕，都元帥完顏福興自剄死。有户部令史郭忠者，蔚州人，率山後軍民擊韃靼，逐之。金人後名其軍爲「花帽軍」。金人自阿骨打稱帝，至是九十有八年而失國〔二四〕。兩河既爲韃靼所擾，山東畔之。金人東阻河，西阻潼關，地勢益蹙，遂有南窺淮、漢之謀，兵端復起矣。近傳南遷録〔二五〕，事悉差誤，蓋南人僞爲之，今不取。

252 西夏扣關 西夏十六傳本末

西夏者，其先拓跋氏也，有思恭者，唐僖宗時爲夏州偏將，後以與破黄巢功，賜姓李氏，拜夏州節度使。思恭死，弟思諫代。後梁時，思諫死，軍中立其子彝昌爲留後，因而命之。彝昌旋見殺，軍中推其族父仁福爲節度使，封朔方王。唐明宗時，仁福死，子彝超立。明宗遣人伐之，圍之百餘日，不克，乃復以爲節度使。彝超死，弟彝興立。國初遣使入貢，太祖厚待之，因即以爲定難軍節度使，封西平王。傳子光叡，孫繼筠、繼捧。太宗太平興國中，繼捧與其部族不咸，表獻夏、綏、銀、宥四州之地。其弟繼遷不從，據銀州以叛，七年夏。朝廷不能討，乃用趙中令計。復以繼捧爲節度使，賜姓名趙保忠，端拱元年夏。繼遷爲銀州觀察使，賜姓名趙保吉。淳化二年秋。既而二人合謀以叛，遂命將俘保忠以歸。淳化五年春。繼遷尋進陷靈州。真宗初立，以陝西困弊之久，赦繼遷罪。至道三年冬〔一六〕，繼遷除定難軍節度使。繼遷死，子德明立，遂封德明西平王，歲賜茶絹銀共六萬斤匹兩。景德三年冬。夏人之勢自此始盛。仁宗寶元初，德明之子元昊既取西涼七州地，乃僭號稱帝。寶元元年冬。陝西沿邊屢覆大將，朝廷卒用韓魏公、范文正公計，册元昊爲夏國主，增歲賜茶絹銀爲二十五萬〔一七〕。慶曆四年冬。元昊死，子諒祚、孫秉常、秉常之子乾順繼立。蓋前後叛服不常，而神宗始用師於西方，歷哲宗、徽宗，遂漸奪其横山之地，又旁取熙河、湟、鄯以制之。西夏既衰，而關、陝亦困矣。比金人渝盟，乾順首與之合，裂取陝西沿邊諸城寨。靖康元年冬。及虜歸關、河地，而乾順遣招撫使王樞至寨上，李世輔執之以獻。紹興元年五月二十七日，李世輔至鳳翔，即顯忠也。乾順俄死。六月三日。其子仁孝立，朝廷命樞密行府與之通書。六月四日省劄。樓仲暉時以僉書樞密院事出使〔一八〕，謂宜且縱樞還，使未須遣，設令秋出没，決可支吾。七月十七日奏。詔如其請。七月二十七日指揮。而羌人悖慢，至欲與朝廷爲兄弟之國。九年三月。其後吴璘爲宣撫使，進兵取三路，遣間結之，凡六、七往，不報。紹興三十二年。已而與金人合奪我會州。久之，虞丞相撫蜀，與其權臣任德敬結約甚密。王公明再使，遂以蠟書遺德敬，約以夾攻。會德敬伏誅，羌人得而上之。范致能出疆，虜人因以責我。乾道六年。其反覆不可信如此。初，金人既併遼地，乾順事之甚謹，金人踵遼人故事，册爲夏國王，歲時入貢，逮今百年。嘉定二年，夏人始爲韃靼所攻，遣使求援，金主允濟新立，不能救援，韃靼至興、靈而返，夏人恨之。金人亦爲韃靼所擾，勢益衰，夏國遂叛，改元光定，時辛未春矣。光定之四年，其左樞密使、吐蕃路都招討使萬慶義勇者，令蕃僧減波把波賫蠟書二丸，至西和州之宕昌寨，欲與本朝合從犄角，恢復故疆。蕃兵總管傅翊得而上之，時嘉定七年七月也。董仁父初入蜀，不之報。由是虜訊中絶〔二九〕。

253 韃靼款塞 蒙國本末

韃靼之先〔三〇〕，與女真同種，蓋皆靺鞨之後也。其國在元魏、齊、周之時稱勿吉，至隋稱靺鞨。其地直長安東北六千里，東瀕海，離爲數十部。部有黑水、白山等名，白山本臣高麗，唐滅高麗，其遺人併入渤海，惟黑水完疆。及渤海盛，靺鞨皆役屬之。後爲奚、契丹所攻，部族分散。其居混同江之上者，曰女直，混同江即鴨緑水。乃黑水遺種也。其居陰山者，自號爲韃靼〔三一〕，唐末、五代，常通中國。太祖、太宗朝，各再入貢，皆取道靈武而來。及繼遷叛命，遂絶不通，因爲契丹所服役。神宗嘗欲自青唐假道以招之，然卒不能達也。韃靼之人皆勇悍善戰，近漢地者謂之熟韃靼，能種秫穄，以平底瓦釜煮而食之。遠者謂之生韃靼，止以射獵爲生，無器甲，矢用骨鏃而已，蓋以地不產鐵故也。契丹雖通其和市，而鐵禁甚嚴。及金人得河東，廢夾錫錢，執劉豫，又廢鐵錢，由是秦、晋鐵錢皆歸之，遂大作軍器，而國以益强。方金人盛時，歲時入貢，金人置東北招討使以統隸之。衛王既立，忒没貞始叛，自稱成吉思皇帝，山東、兩河皆爲所踐而不能有也。嘉定七年正月九日甲戌夜三鼓，濠州鍾離縣北岸吴團鋪有三騎渡淮而南，水陸巡檢梁實問所由，三人者出文書一囊，絹畫地圖一册，云是韃靼王子成吉思遣來納地請兵。翌日，守臣知之，遣效用統領李興等以本州不奉朝旨，不敢受，諭遣之。又翊日，遇諸廟堽，即以筏送之而去。先是有楊安兒者，李全之婦翁也〔三〕，見虜人政亂，起兵叛之，踐蹂山東數郡，依山負海，時出時入。韃靼既圍燕京不能下，乃分兵徇山東地，諸盜往往應之。韃兵至濟南，遣三十七騎護三人者以來，又以三百兵送之，過邳州，奪舟渡河而西，既爲濠州所卻，路絶不得歸，匿虹縣之白鹿湖中。後三日，縣遣人捕送泗州。或謂三人者，其一則韃靼通事，其一則所掠金人莫州同知，其一則漢兒也。因戒邊吏，後有似此者，即驅逐去之，違者從軍法，且上其事於朝。時忒没貞實已强大，然但居其故地，而於燕、雲置行省，命其大臣撒没喝領之，所謂太師國王者也。其大將曰哈布爾。又有蒙國者〔三三〕，在女真之東北，唐謂之蒙兀部，金人謂之蒙兀，亦謂之萌骨。

人不火食，夜中能視，以鮫魚皮爲甲，可捍流矢。自紹興初始叛，都元帥宗弼用兵連年，宗弼即兀术，所謂四太子者。卒不能討，但分兵據守要害，反厚賂之。其酋亦僭稱祖元皇帝〔三四〕。至金亮之時，與韃靼並爲邊患〔三五〕，其來久矣。蒙人既侵金國，得其契丹、漢兒婦女而妻妾之，自是生子不全類蒙人，漸有火食。至是韃靼乃自號大蒙古國，邊吏因以蒙韃稱之。然二國居東西兩方，相望凡數千里，不知何以合爲一名也。蓋金國盛時，置東北招討司以捍禦蒙兀、高麗，西南招討司以統隸韃靼、西夏。蒙兀所據，蓋吴乞買創業時二十七團寨。而韃靼之境，東接臨潢府〔三六〕，西與夏國爲鄰，南距静州，北抵大人國。無城池屋宇，但爲氈帳，擇便利水草而居焉。無耕織，製皮爲裘，以牛羊爲糧，人皆狡獪，堅忍嗜殺，不知歲月，以草青一度爲一歲。亦無文字，每調發軍馬，即結草爲約，使人傳達，急於星火。或破木爲契，上刻數劃，各收其半。遇發軍，以木契合同爲驗。所謂生韃靼者，又有白黑之別。今忒没貞乃黑韃靼也，與白韃靼皆臣屬於金〔三七〕，每歲其王自至金界貢場，親行進奉，金人亦量行答賜，不使入其境也。金主璟之明昌元年，庚戌，本朝紹熙元年。白韃靼王攝叔之弟弑其兄而自立。攝叔之子白波斯方二歲，金人取歸其國，養於黑水千户家。泰和七年丁卯，本朝開禧三年。春，攝叔至環州進貢，金人乘其無備，醉而殺之，復立白波斯爲王，遣還國。始白波斯在黑水千户家，見其女説之，至是欲取爲妻，璟不從，白波斯怨怒，畔歸黑韃靼，以此黑韃靼益强〔三八〕，漸併諸族地，遂大起兵攻河西，不數年，河西州郡悉爲所破。又掠夏國之僞公主而去，夏人反臣事之。大安三年春，辛未，本朝嘉定四年。忒没貞入貢，金主允濟將襲之，事覺。其秋，韃靼始叛。崇慶二年春，癸酉，本朝嘉定六年。遂犯燕京，其秋，允濟弑死。此以上事，詳見女真南徙事中。忒没貞遂留撒没喝圍守燕京，自將所降楊伯遇、劉伯林漢軍四十六都統同韃靼大軍分爲三路〔三九〕，攻取河北、河東、山東諸郡邑。伯遇者，蔚州吏。伯林者，集寧縣射士也。是時中原諸路之兵，皆遷往山後一帶防遏，無兵可守，悉僉鄉民爲兵，上城守禦。韃靼盡驅其家屬來攻，父子兄弟往往遥相呼認。由是人無固志，所至郡邑，皆一鼓而下。自貞祐元年冬貞祐元年即崇慶二年、至寧元年也。十一月至二年春正月，凡破九十餘郡，所過無不殘滅。兩河、山東數千里，人民殺戮幾盡，金帛、子女、牛羊、馬畜皆席卷而去。屋廬焚毁，城郭丘墟矣。惟大名、真定、青、鄆、邳、海、沃、順、通州有兵堅守，未能破。二月，韃靼復還燕京〔四〇〕，燕京糧乏，軍民餓死者十四、五。金主珣遣人議和，忒没貞欲得其公主及護駕將軍十人，細軍百人，從公主童男女各五百，綵繡衣三千件，御馬三千匹，金銀珠玉等甚衆。又請左丞相完顔福興爲質。珣皆從之。忒没貞遣人來選女時，公主見在者七人，惟允濟少女小姐姐最秀慧，遂以予之。又令珣嚮其國遥拜，珣不敢拒。又以撒没喝圍燕之久，未嘗鹵掠，欲得犒軍金帛，珣亦從之。韃靼遂歸。居庸關，在燕京之北百十里，路陿隘，守兵數萬，欲俟韃兵歸而擊之，而完顏福興在軍中〔四一〕，傳金主命，已與彼議和，不許擅出兵，於是無敢動者。韃靼過關，取所掠山東、兩河少壯男女數十萬，皆殺之，遂引歸，其年三月也。五月，金主珣遷都汴京，韃人聞之，怒曰〔四二〕：「既和而遷，是有疑心而不釋憾，特以講和爲款我之計耳！」秋八月，復引兵攻中原州縣。冬，燕京之糺軍畔，與韃靼共圍燕京。三年春，乙亥，本朝嘉定八年。東平之援兵五萬至安次，遇韃兵不戰而潰。大名之兵八萬至固安，亦潰散。惟真定之兵四萬，合保、涿援兵一萬，至旋風寨與韃兵戰，凡二日，糧絶而敗。自是内外不通。其五月，燕京破。山東羣盜大起，楊安兒者，本淄州皮匠也，金主璟泰和間，殺人亡命，爲盜於太行，有衆千餘，璟招降之，貸死，流於上京。及韃靼入寇，金人命爲副統軍，令招必勝軍三千人迎敵，軍敗而竄，復往山東聚衆，金人討之，安兒與其徒數人入海，爲舟師所殺。又有郝八者，名儀，以貞祐二年春甲戌，本朝嘉定七年。據山東叛，僭號大齊，改元順天。金人遣花帽軍生擒之，磔於開封。又有劉二祖者，亦名盜也，其女劉小姐亦聚衆數萬，皆爲花帽軍所破。秋，韃兵自河東渡河攻潼關，不能下，乃由嵩山小路趨汝州，遇山澗，輒以鐵槍相鎖，連接爲橋以渡。於是潼關失守〔四三〕。金主急召花帽軍於山東。十月，韃兵至杏花營，距汴京二十里，花帽軍擊敗之。韃兵復取潼關，自三門、析津乘河冰合，布灰，引兵而渡，自是不復出。金主乃命平章政事胥鼎爲大帥，專守關輔。然陝西諸州間亦有爲所破者，惟燕南雄、霸數州，乃三關舊地，塘濼深阻，韃兵不能入。金將張甫、張進二人，據信安軍以守之。北距燕山百八十里。又有遼東宣撫使蕭萬奴者〔四四〕，本遼人，乘女真之亂，自立爲帝，據遼東七路，欲引兵併燕、代、魏、晋而有之，韃人不能破也。然韃人貪婪，初無遠略，既破兩河，赤地千里，人煙斷絶。燕京宮室雄麗，爲古今之冠，韃人見之，驚畏不敢仰視，既而亦爲亂兵所焚，火月餘不滅。其所積貨財，初無所用，至以銀爲馬槽，金爲酒甕，大者重數千兩。俗鄙陋無君臣之别〔四五〕。撒没喝所居，至用金飾龍牀，足蹋金杌子，奢僭如此，而徵督不已，燕人患之。金主珣南遷之後，累遣使求和，雖未聽從，而賂遺不輟。忒没貞憐其意，欲許之。而撒没喝恥於無功，堅持不可。忒没貞謂曰：「譬如圍場中獐鹿，吾已取之矣，獨餘一兔，汝累年不能取，盍遂舍之。」撒没喝不從，遣人告金主曰：「汝欲議和，可去帝號稱臣，當封汝爲王。」而金之羣臣亦不從。有言於珣，願以死雪國恥者，珣亦爲之感憤也。遠事不可盡知，姑志其略。特默津，夏人書來以爲忒没貞。撒没喝，山東人或以爲名摩睺羅，以爲名合謀理，未知孰是。又云韃靼所遣渡淮三人，其一乃河北士人張三深云。

以下原闕。

254丙申青羌之變

淳熙三年夏四月，制置司辟承議郎祿東之知黎州〔四六〕，且奏其前守敍州勞績，上恩加直祕閣。又奏差本路兵馬都監高晃總轄出戍沈黎之卒。冬十一月，青羌奴兒結、夢舒、畜列等一千五百餘人，結連再寇安靜寨，州遣西兵部將李鶴世、永康部將毛翊、本州部將冀世威部西兵及本州禁兵三百五十人，前往隄備。十四日己丑，吐蕃入寇，乘高據險，建立礮坐，攻打寨舍，晝夜不息。部將冀世威、西兵將官雷寶迎敵接戰，賊衆我寡，二人死之。既而西兵合戍卒與賊鏖戰，殺傷亦相當。翊日庚寅，彌羌首領失落托過大渡河，揚言曰：「漢家與吐蕃互有勝負，不若打誓休和。」蕃賊猶豫未決，適州遣援兵樂祁等五十人至，鳴鼓發礮，蕃賊望見滿山旗幟皆赤，遁歸巢穴。人皆以爲神助，或謂正州將有禱於武威廟時也。武威者，馬將軍廟，土人極敬之。後二日壬辰，高晃至，則事已定矣。先是，蕃賊未寇邊時，密求援於五部落及邛部蠻，約言事捷之後，三分漢地鹵掠所得，故二邊多遣其徒出漢，以互市爲名，往來窺伺。郡前期請援，諸司偶調五百兵至，州令更其事裝，循環往來，以示兵衆。窺伺者皆沮縮而歸。是戰也，西兵將官李鶴世及安靜寨官魏大壽極力戰鬭，雷寶、冀世威死於行陣，厥後毛翊、樂祁反以功聞，僉論不平。歲丁酉，州遣部落桑結誘白水村王行滿之子文才殺之。蓋吐蕃數寇邊，皆文才爲之鄉道故也。戊戌春，蕃賊請命投降，聚族而謀曰：「我凡三寇邊，始有所得，僅足以償其費，次則爲邛部蠻崖襪劫取之，又殺我二百餘人。今漢有備，不惟無所得，而殺傷甚衆。若閉路不通互市，我輩失所。」寨官魏大壽諜知其説，故招之使降，奴兒結等深德之。至今青羌、賴苗、彌羌酋長與魏大壽約爲兄弟，往來如一家。自云：「我三族爲漢障蔽，諸蕃動息必以告。」每市馬，官必稍高其直以償之，亦欲堅其歸附之心云。東之，字粹父，潼川人，知名士也。青羌既降，制置使胡長文上其功績於朝。五年夏，就除本路提點刑獄，數月移潼川小漕。暨五部落之變，復自夔部還爲提刑兼權制置使職事，未數月而卒，蜀人至今稱之。

255 庚子五部落之變

五部落居黎之西，去州百餘里，限以飛越嶺，有姓郝、趙、王、劉、楊五族，因以得名，即唐史所謂兩面羌也。其居疊石爲碉，積糗糧器甲於上。族無豪長，惟老宿之聽。往來漢地，熟悉能華言，故比諸蕃尤姦黠。犀象珠玉皆出其地，每互市，馬甚駑，又所出不多。先是，吐蕃奴兒結投降之後，凡中馬，官高其直，名曰饒潤。至五部落則限以常制，又擇其老矮者退還之。彼以所退之馬〔四七〕，假手奴兒結入中，仍得高直，部落深銜之。又有茶場姦胥陶敦者，盜用官茗，動以數萬計，欠部落錢物亦稱是。州郡久不根治。淳熙己亥，通判李照發其事，籍其家貲以償官，而部落之欠不能盡償，故怨之尤深。酋首趙阿烈等倡言曰：「我世守忠順，今中馬反不若叛羌，漢負我錢，又縱市儈乞覓，令我面羞。」遂率衆寇邊。庚子三月，先以一木挂一死犬於飛越嶺上，蓋羌人舉兵以此爲信。寨將亟以警報，而郡守李福謙老不解事，雖遣潼川戍兵及本州兵、西漢地土丁等前往防托，而緩急失於應酬，有終夕寄留警報於外而詰朝不能達者。時部落首領失落昆等二人猶在州，議者欲縶以求解，州反縱之。二酋足方踰飛越嶺，而兵涉吾境矣。州檄本路兵馬都監高晃捍禦，晃驕而無謀，又素與準備將馮德不叶，各分兵以出，勢單力弱。高晃領兵五百七十二人，并上下團土丁等共五千餘人，在盤陀下寨。馮德領西兵二百五十人，在青華鋪下寨，實四月二十二日甲辰也。蕃賊諜知，引兵先攻青華鋪，不克，復回攻盤陀，至龍馬山與高晃兵相值，接戰，官軍失利大敗，賊勢熾甚，侵入州界一百四十五里，殺傷官兵七十七人，劫掠二十九村。二十四日丙午，高晃遁歸。二十七日己酉，馮德亦從間道沿山而歸。方晃退走時，西鎮村民數百羅拜馬首曰：「若賊至平地，尚可一戰，苟棄之，吾屬無遺類矣。」晃不聽，策馬遂行，諸村各驚竄。蕃賊自西鎮村長驅而來，及奉龍鎮富莊頭居民二百年生業及官軍糗糧器甲，俱被擄掠〔四八〕。蕃賊見所得甚夥，驅漢人負載以歸，由是不及近郊。西邊驚移之民奔入城中，郡始倉皇失措，福謙因得中風病。又有巡檢王价者，守州西北馬鞍山之隘，聞兵敗，欲遁歸，倡言蕃賊入城無數，城中居民驚擾。後詰之，乃知其詐。先是，蕃賊初寇邊，州欲詣諸司告急，李照懼盜發所部之罪〔四九〕，與高晃謀曰：「小寇暫爾猖獗，旦夕可定，無用張皇。」至是搏手悔恨而已。始議以兵民强弱相間，登城而守。晃又沮之，獨留精兵護其所寓處行李，郡度其不可恃，告急於制司、乃奏起復前本路兵馬鈐轄成光延充節制屯戍兵馬，新知簡州呂宜之權制置司參議，偕本司幹辦公事馬覺來參謀軍事。又遣統領武順將緜州駐劄御前後軍，并調雄邊軍及諸郡禁卒共三千四百六十七人，續遣潼川府駐劄統領王師雄以所部五百人駐榮經爲聲援。轉運司遣本司主管文字唐某及僉書雅州判官廳公事何杞應辦錢糧。後數日，提點刑獄公事折知常以嘉州中鎮寨户三百人及諸州弓手等出按，人情韊安。李照猶覆護其過，力請於諸司，止欲議和。時蕃賊已歸巢穴，知常凡捉獲姦細，皆宥其罪，於背上刺榜，縱令入蕃招降，立賞萬緡，追捉賊首。識者傳以爲笑。又檄成光延出兵，合戍守兵丁凡五千餘人，空寨以出。知常於榮經屯駐，王師雄分刀手兩隊守城。高晃以敗衄羞縮，意嫉光延，乃建議築盤陀寨，欲宿留以老其師。光延不悟，即以白提刑司，知常從之，內則科擾百姓，外則疲困兵丁，然無益也。寨成，議班師，光延恐無以塞責，僞設捷旗，稱五月二十日合戰而勝，一城歡甚，詰之乃安也。六月初，蕃賊伺我師陰雨浹旬間又役令築寨，困憊之甚，再舉入寇。光延集諸將議之，晃又欲以川、陝兵相間，分屯備禦。衆譁曰：「川兵素怯，若望風先潰，則精兵隨敗矣，前日之事可鑒也。」弗聽。乃雜勇怯分屯，相去遼遠，斥堠不明，不相救應。蕃賊前來攻鬭，又分兵從間道突出，我軍失利，諸屯望風奔潰。統領武順副將張琦，準備將馮德、董沂，隊將郭全、雷靄，訓練官楊遇、張忠、王忠、雷震，雅州都監魏宗裕、翟公裕，死者一十二人，官兵死者四百九十一人，土丁被虜者二百一十一人，侵州界一百七十五里，劫掠一十八村。凡軍須錢物器械没於賊者，十倍於四月之敗。蕃賊東至佛堂村，去州城十五里。北至馬鞍山，南至西莊村。去漢源鎮三里，去州城三十里。成光延幾爲賊擒，單騎還州。知常率制、漕、憲三司屬官，引諸縣弓兵及中鎮寨户，躍馬出城逃竄。士民號泣遮留，不聽，冒雨過漲上相公嶺，徑抵厥平，去州百里矣。守倅計窮，以金帛啗邛部蠻王叔部義判官倪德，令往議和。光延復收敗卒守城，實六月十一日壬辰也。十三日甲午，制置使胡長文得報，招茶使吴揔面議。揔請行，二十日辛丑，至厥平見知常，知常同制屬徑歸成都。揔至黎州，罷成光延兵柄，械高晃送彭州獄，撫安軍民，麤且帖息。制置司再差劍州屯駐統制李澤節制軍馬，同統制官吴漢英，統領王去惡、王師雄、劉大年、趙雷部領後軍一千人，昭化左軍七百人，興州踏白軍二百人，閬州兵五百人，本州土丁七百人，並聽茶使吴都夫之節制。於是興州都統制吴挺、興元都統制田世卿密以晃、光延撓敗之實，申樞密院，且言：「制置司先調緜、潼之軍二千八百人，急於星火，夜行百三、四十里，蠻人已退，而官軍冒暑遠涉，疲勞病瘴。光延、晃僥倖功賞，驅率將士，敗死者四百餘人，瘴疫死者不在其數，黎州幾至失守。今制置司又亟調兩都統司劍、閬、利州屯駐軍三千人，比之緜、潼軍馬，道里又遠，豈可使不諳戰陣敗軍之將復蹈前悔。望正其罪，以慰忠魂。雖黎州非挺等邊面，而所調兵皆挺等部曲，謹具以聞。」挺雖以劾光延、晃爲詞，其實劾長文也。七月，制置司亦奏黎蠻已反巢穴，乞抽回大軍，量留戍卒。時吴揔尚未歸，八月十六日丙申，節制司檄諸軍巡邏，諸將合謀，先以素隊二百人往視形勢，值蕃賊五人來治道，縛而詰之，始知寇邊未已也。蕃賊再勝，止是據險設伏，我軍不知地利，故敗。若先登據嶺，盡伐林木，使無障蔽，則彼技窮矣。乃令土丁伐去林箐，遣正將王宗廉、劉超等連珠下寨，引健卒先據飛越嶺，賊力爭，屢敗乃退。二十三日癸卯，王去惡屯古城，李澤屯盤陀寨，吴漢英以所部屯州城。翼日，蕃賊悉衆乘霧露未開，分三路攻嶺，土丁等諜知之，李澤、王去惡以所屯之卒，合力鏖戰，自卯至申，蕃賊敗走，斬首十餘級，墜落崖澗者，不知其幾，所得蕃牌弓槍等甚多。王去惡留屯嶺上，李澤復歸盤陀，吴漢英進屯古城。先是，郡守李福謙病不任事，諸司劾罷之。有旨，制置司具福謙不職始末來上，而命知常兼知黎州。知常時已遁歸。九月庚戌朔，不得已再來。時王去惡以所部之兵深入蕃界，圍樺林坪，賊酋哀號請命。知常與揔異議，亟下令首議給委曲招和，毋殺降，至以將兵質酋首，令出漢投降。留兵守盤陀寨，遂班師西邊。被擄掠土丁等，不能少紓其報怨之心，銜憤聲冤，雪涕而返，人皆憐之。茶、憲二司既失機會，又爭欲受降，諸幕客共評之，乃就州教場納其款，異類窺測其意，乃獻馬三百匹及珊瑚等物，以邀重賂。二司又揭榜通衢，約束百姓，無得償怨，大失中國之體。一方憤之。朝廷聞羌人請盟，有旨許互市，却其獻。制置司復具李福謙不職事以聞。執政言福謙於五部落未作過之時，屢申事宜，而制置司略不爲備。長文時已罷帥奉祠，詔福謙降一官，放罷；長文亦降二官，言者不已，乃降充雜學士。明年春，知常亦坐謫，惟揔獨在。言者謂黎州邊釁，實兆於買馬誅求之故，及官軍失利，揔又急於成功，乃以十兵易十酋，邀功辱國。時相趙温叔頗佑之，章沓上，六月甲寅，始降揔一官，奪待制，罷茶馬司職事。比詞頭過後省，而温叔已去，故責詞有「内結宰司」之語云。於是光延、晁皆除名勒停，光延達州編管，晁軍前自効〔二〇〕。蜀人爲之語曰：「糊説制置，折了提刑。吴粧紙馬，成甚將軍。」蓋蜀人鬻神祠所用楮馬，皆以青紅抹之，署曰「吴粧紙馬」，而光延嘗爲右千牛衛將軍故也。或又爲之語曰：「高路分爲低路分，成將軍做敗將軍。」沈黎自乾道九年迄淳熙七年，青羌吐蕃寇邊者三，五部落寇邊者一，凡調兵費用錢米計九十三萬六千一百四十七引八百五十文，而諸司委官就州支遣及逐司喝支、往回犒賜不與焉。

256 庚子沈黎西兵之變

沈黎自邊遽之起，以川兵土丁怯懦，緩急不可恃，制置司言於朝，移屯西兵以爲聲援。於是調潼川、緜州將兵五百人，一部將轄之，本路兵馬都監高晃總轄其事，聽守臣彈壓，歲更其戍。庚子夏，五部落之變，西兵相繼失利，制司奏調諸處將兵捍禦，凡三千餘人，最後成功，統領官王去惡昭化兵之力焉。洎班師，因留以終戍，屯其兵於州城北之歸老庵。先是，昭化之兵奪飛越嶺，圍樺林坪，軍聲張甚，偶有班師信，衆憤然不平，既又賞薄，不滿其欲，皆出怨言。時憲臣折知常權州，以監司自尊，上下之情隔而不通。十一月雪甚，欲遷其屯於山寺。去州五里。去惡以兵卒久出，今又雪寒，懇之暫止其行。折怒，以語淩之，衆憤益甚，隨軍醫官伍進、隊官石彥因激之曰：「我輩有功無賞，更留戍，今雪寒如此，又遷我於山寺寒凍之地，誠何以堪。」是夜，衆皆譁然，立統領帳前聲喏，欲殺提刑。王未及應，即控馬迫令乘之。王陽從其請，至北門，伍進等斬關直入，縱火焚靜遠樓及居民之屋。王乃陰結心腹之卒，由徑路上木瓜林，覘其變。從者不滿百人，餘皆入城，宣言曰：「我輩因功賞不明，止求提刑理會，無與爾百姓事。」折聞變，先潛遯。伍進等遂焚州治，劫官庫，放囚徒，居民被焚劫者十八、九矣。過半夜，不知提刑所在，乃縛通判州事李照。去惡時已據木瓜林高險處，使人諭之曰：「可令一把頭人押通判來。」既而石彦押至，去惡遂釋通判之縛而縛之，説諭伍進等，許以不死。猶豫間，天曉計窮，方投戈從命，縛其尤不順者十八人，械繫武侯廟，以竢提刑之歸。亦有逃出關者，及榮經，爲巡檢司邏卒所縛，凡五十七人，皆送制司，梟其首以令。方叛兵斂衆出城之後，居民方相率救焚，三百餘家已灰燼矣。見任官逃竄，州無主者，人甚倉皇。十五日癸亥，李照歸，郡官稍有入城者，猶未知提刑所在，蓋亂兵方入時，折易服，自郡圃後出西門，走澗下，夜有土丁以竹簰負之，走至水渡，去州四十里矣。十六日甲子，折自水渡來東山，士民往懇其歸〔六二〕，且爲誦言王統領定亂之功。折但唯唯。至莫，還水渡村。詰朝，土丁數百人擁歸入城。州治既焚，暫寄治於倅廳，憲司及州印失而復得。王去惡往謝罪，且欲誅首惡之人，併解送叛卒七十八人，及所劫掠公私之物於州。十八日丙寅，誅伍進等十八人，餘皆貸之。擧州皆洶洶〔六二〕，州白制閫，暫徹戍，民始奠居。越明年，制司以邊備不可因而廢弛，乃檄兩都統再議更戍，遂於諸隊將兵抽摘以充其數，仍差統制一員、正副將二員轄之矣。知常嘗爲大理正、浙西提擧常平，有奧援，及事敗，宰相趙温叔奏其罪。上曰：「姑徙之。」乃除利州路轉運副使。知常陰賕近習，自營救日夜不已。御筆改除湖北提刑。舍人施聖與不肯草制，封還詞頭。臺諫黃德潤、葛楚輔連疏論之〔六三〕，乃落直祕閣，降二官。臺諫又有言，始送常德府居住。温叔每進呈，必力言其不可違者。上猶欲宥之。八年正月九日丙辰，温叔留班奏：「如折蟣蝨小人，罪大如此，臺諫、給舍盡力爲陛下言之，而行遣止此，人皆怪之。知常昔爲利路提刑，張牌立榜，稱面奉聖旨，譏察四川官吏，其志在賣弄，不恤事體至此。今乖方敗績，可不重斥乎？」上曰：「卿欲如何？」温叔曰：「必重施行。」於是追三官，勒停，送汀州安置，令制置司移文跟尋赴貶所。知常，其先府州人，世襲節度使，至其父仲古，從高廟渡江，爲執政，今家湖南云。

257 辛丑沈黎土丁之變

沈黎三邊縣亘數百里，近邊居民皆號土丁，祖宗時每加優恤，弛酒禁，免征役，無所不用其恩。淳熙辛丑，承議郎龔總來領州事。總，閩人，嘗爲劉文潛廣西幕客，與平李接之亂，故趙温叔薦用之，仍俾創兼管内安撫司公事。總銳於更變，每事以面奉玉音爲詞。視事之初，首謀邊備，用意雖善，然事欲速成，利未見而害先及。欲置軍器，則令土丁采材木；欲建寨柵，則令土丁執工役；欲教武事，則令土丁習行陣；欲措置鹽酒，則令土丁被科率。次第行之，猶以爲擾，況一人之身，兼是數役，而趣辦於一旦，此所以重失其心，而激成其變也。蓋弓箭槍弩之材，俱取之蠻地，凡采一木，往返十餘日，已不勝其苦。呈納之際，又取決於作院工匠之可否，往往却退，至於再三。足未旋家，而追逮違期之檄踵至矣。

始命主簿、承節郎趙彬董築寨之役，去未久，又檄漢源令馮姓者往督之。時壯者已過河采木，老弱者驅而執役，工未畢，又命部將趙鼎團結教閱。所委官各欲辦事，以奉承上官意旨，民有愆期違令，譴責隨至，絕不少貸。至大安鎮，冬深雪寒，督責尤峻，民不堪其苦，乃相謂曰：「歲云莫矣，我輩困於官役，日負捶楚之憂，何暇及私，官不支廩食，又令我日買其鹽，節酤其酒，役使既多，農種失時，餱糧不充，安能辦此供須哉？饑亦死，反亦死，等爾！」遂率衆欲殺守宰，以紓其忿。推大安鎮張百祥、張乞父子爲謀主，期以十二月十九日辛酉舉事。羅目村王萬四以其謀告馮、趙，二人歸白其事，龔猶未之信。繼而部將歸，亦申言，始集部僚議區處。詰朝，張百祥等果率衆而來，州先遣攝助教師興祖說諭，次遣統領官劉大年、準備將馮興率西兵二百人，又令指使楊進轄本城禁卒二百人往捍禦。興祖至漢源鎮，見叛者諭以禍福，有一人突出以戈刺其左脇，興祖死，其徒鬨然來攻州。去州十五里，名梵音水，遇官軍，鼓譟欲前。大年遣人諭之，不聽。下令軍伍滿引弓弩，齊發一矢，其衆遂潰，生縛八十餘人。乃召土人辨識名氏，皆近村良民，解縛縱之。州遂遣兵馬監押楊仲禮齎旗榜招安，獨不貸百祥張乞二人，捕送制司誅之，盡籍其家貲。龔懼過出於己，乃移罪漢源令，仍上章自劾。諸司聞其事，對移，令榮經尉守永康軍，剡上，並罷免，壬寅三月十九日己丑也。令削兩官，人以爲冤。是變也，雖起於衆怨，而唱言率衆則大安鎮張寄喝爲首，特假張百祥父子主之云。張寄喝久竄蠻地，及姚良民望為守〔五四〕，誘令出，斷配利州錢監云。

258 丁未三開乙卯曳失索之變 奴兒結被縛事始

淳熙甲辰秋八月，吐蕃芎齊青羌為饑荒欲結連奴兒結寇邊，鈔掠居民牛畜，奴兒結不從〔五五〕，遂從白水兩村老稺渡河來碉對漢界白水村安泊，願欲歸漢。安靜寨官申州，守臣、武功大夫、成州團練使秦原闕謂省地難以存留羌人居止。行下寨官魏大壽令說諭回部。又慮奴兒結情偽未定，以其事白制帥劉丞相，乞將奴兒結解赴制司予決。遷延至次年春正月，制置司委監成都府軍資庫、權制置司幹辦公事陳損之子長，成都府路兵馬都監王宗廉偕往安靜犒設，其日戊子也。六日庚寅，制置司檄郡，俾將奴兒結解送前來。郡方擬作文書，而子長以為奴兒結為邊患已久，不困而去之，憂未歇也。八日壬辰，子長與宗廉共議，即舊寨招集奴兒結族黨，節次犒賞，既醉以毒酒，又故為支賞不平，激以族黨之怒，夷人爭忿，相刃相傷，官兵從而戮之，死者凡二十八人。生縛奴兒結、蒙丹、足都捏三人〔五六〕，檻送制司。奴兒結行至雙流，絕食而死。蒙丹、足都捏遂留成都。是舉也，人皆罪王、陳設計殺戮，失信夷羌。而知邊事者謂奴兒結頃盜黎邊，軍民死者不可勝計，一舉而芟絕之，亦可立國勢，而威外夷矣。三開，奴兒結之弟也，勇悍桀黠，過奴兒結遠甚，又得諸羌歡心，銜兄之死，丙午秋，聚深蕃諸族，欲從西峪侵漢。時趙丞相子直被命帥蜀，未入峽，首奏三開侵犯西峪事。有旨，令嚴作隄備。子直至蜀之日，偶沈黎闕守。其冬十月，遂辟成都姚良民望爲之[五七]。以良久仕於黎，諳其邊瑣故也。良分遣將官趙鼎等，令開諭三開不得作過，許令互市。不聽。子直移書云：「若三開到州，第可微有賞犒，多不過數百千，切不可許其循例，以進奉爲名，過有邀索。俟三年，馴服無他，則許歸其二弟。不聽，則惟有嚴兵待之。」丁未春，邊吏皆言三開窺伺不已，欲結集羣羌，從間道先行鈔掠松坪、安靜等寨。郡乃分布兵丁把守。其年秋八月庚午朔[五八]，安靜舊寨傳牌報三開入境作過，郡乃遣訓練官傅濟、李龜老押禁兵及飛山軍二百人往同魏大壽備禦，又檄要衝寨官牽宗愈同往三衝、虎掌一帶防托[五九]。仍令西峪守把將趙鼎巡綽隄備。二日辛未，舊寨守把官曹适報三開於七月二十九日聚集白水水西三村，又并石羊等處部落[六〇]，自白水通渡。五更初，有羌賊數十人近寨，引調我軍，寨中軍兵以弓弩射之，諸鋪守泊之人並應。及曉，羌賊不能近，止掠寨外牛畜十餘頭而去。其徒黨約有三百餘人。後三日，又率衆來攻，爲巡綽者覺知，招集寨中兵丁追射，四散奔潰，亦約有三百餘人。後數日，又結集五百餘人，分作三溜並進。寨中兵丁登寨之敵樓，乘高雨射，又出寨戮力相與鏖戰。羌賊爲神臂弓射死甚多，皆曳屍遁去，因亦潰散。寨將杜利明死之。制置司具捷以奏。有旨，守臣進一官，利明之子，又寨官曹适各補進義校尉，餘以次受賞。三開自三敗之後，聲言欲合諸族八千人以出。子直移書云：「窮羌勢屈，何力能致八千人。爲今之策，莫如增兵分戍，堅壁持重以待之。」遂增西義勇、雄邊各二百，屯新舊寨。九月，郡請益戍。子直報云：「今有兵千八百〔六二〕，人數亦非少。兵多糧運不繼，則勢難支久。若我有厭兵之意，則内外觀望，窺我厚薄矣！莫若擇要害處，持久以困之。運糧之夫，優給錢米，使之不困，則諸羌無間可入。」既而子直又欲令蒙丹作蕃書諭三開，令納款，民望以爲亦怯，乃已。冬十月，郡又請益戍。子直報云：「賊兵本自不多，彼以虚聲相動，此輒爲調發，正墮賊計，安能持久。況舊寨地狹人多，病者不少，今且令更戍，賊小至，則合諸將以擊之。大至，則閉關堅守，以俟救至，不可輕出。」有西義勇副將黨惠者，子直所攜愛將也，獨請造舟過河。子直不許，惠乃與諸將王全等謀，以十一月二十一日戊午昏暮，合三百兵，自碉根用繩筏渡兵過河。然黎邊水手不諳繩載，笆筏又不適用，甫渡六十餘人，水急繩斷，天亦明，遂引歸。兵之未涉也，羌人在南岸者伺知之，已舉火報三開矣。郡以集事白制置司，而子直報以或言揚聲虚渡，使賊日夜聚兵爲備，則久必無糧，此亦一策。已而，諸族之爲官軍射死者，皆欲償其骨價。制司又立五千緡賞，欲生縛之，三開憂恚成疾，戊申夏四月，嘔血死。是月十八日甲申，其弟失落盤遣人至安靜舊寨，乞詣郡以白制置司。五月十二日丁未，失落盤牽其徒執旗赴郡投降，乞通交市。郡許之。詰朝，令兵官趙鼎等引至威武神祠，殺牛飲血立誓，犒以錢帛而去。是役也，自丁未八月調兵，至戊申四月撤戍，凡用錢三萬一千六百餘，銀帛共七百匹兩，米六千五百七十餘石云。方子直之至成都，甫浹日，馬湖蠻犯嘉州籠鳩堡，子直飭郡縣毋襲故例，輒招諭許之賞犒，第謹邊備，絶歲賜，禁互市以困之。蠻悔過，盡歸所虜，具所當償以請命，乃許如故。餘蠻俱帖服。虛恨蠻族最强，善鬬，破小路蠻併其地。地與黎接，每以朝廷不許其互市，數犯邊。至是，將許之。子直奏曰：「黎州三面被邊，西南有五部落，正南有彌羌，東南邛部川，若更開此一族與之互市，必大爲邊患。與其許之而重貽他日之憂，不若拒之而寧受目前之擾。」上謂子直有文武威風，而知大體，益重之。子直創招西兵五百，屯於成都，欲以代御前諸軍之戍，今所謂西義勇者是也。然三開雖死，奴兒結之子曳失索猶在。紹熙五年，有彌羌人悶笆至三衝寨，與土丁趙阿閏相毆，邂逅殺之。買馬官趙鼎懼生事，使土丁以骨價錢三千三百緡，償悶笆之兄畜卜。曳失索聞之，遂以奴兒結等向來不得一錢爲詞，聚衆入寇。諸司調兵往援，一方騷然。郡始科稅户人夫，轉輸上邊，徑行三百里，長運之名自此始矣。慶元元年正月十八日壬寅，羌人薄安静寨，義勇軍正將楊師傑及將佐王全等八人與戰，却之。於是權制置司公事楊茶馬經申：「已行殺退。」三月四日己酉，詔奉議郎、知黎州王聞禮特轉一官。聞禮，詹事公次子。時王宗廉已爲興元都統制，會留丞相得罪，楊侍御太澐因劾宗廉淫邪貪黷，曩在黎州殺降，餘黨皆怨，至今爲患。五月二日丙戌，宗廉降一官，予罷。六月二十一日甲戌，詔師傑等九人，特轉一官。師傑仍充成都府路兵馬都監。陣亡者三人，録其子。軍士千二十有八人〔六二〕，賜緡錢有差。已而趙得老以制置司入蜀，又奏前守史勲爲趙鼎所恐，使鼎以炮烙之刑，勒土丁招殺悶笆之罪。勲已除知雅州，未上。八月二十三日乙亥，詔罷之。既而，宗廉又坐贓罪，追六官，邛州安置。奴兒結自癸巳之春盜邊，甲辰之秋歸漢，乙巳之春被縛，而三開以丁未秋復讎，失落盤以戊申之夏納款，曳失索以乙卯之春再爲報復之事〔六三〕，至庚午冬納款〔六四〕，始終凡三十有八年云〔六五〕。

校勘記

〔一〕重和元年八月阿骨打始稱帝……改元天輔歲次戊戌　按：金史卷二太祖紀：「收國元年（乙未，即宋政和五年）正月壬申朔，羣臣奉上尊號。是日，即皇帝位。……改元收國。」據此，則此處「重和元年（公元一一一八年）八月」爲「政和五年（一一一五年）正月」之誤。「改元天輔」爲「改元收國」之誤。「歲次戊戌」爲「歲次乙未」之誤。

〔二〕歲賂銀帛　「銀」原作「金」，據影宋本及兩朝綱目備要卷一三嘉定六年八月金人弑其主允濟條改。

〔三〕其（指宣和五年）五月乙丑阿骨打卒年五十六在位六年　據金史卷二太祖紀應作「其八月戊申，阿骨打卒，年五十六，在位九年。」

〔四〕紹興四年冬晟卒　按：金史卷三太宗紀：「（天會）十三年正月己巳，上崩于明德宮。」天會十三年即宋紹興五年，故此處應作「紹興五年春，晟卒。」參看要録卷八四紹興五年正月末條。

〔五〕景王宗傑　上引備要及大金國志卷首金國世系圖均作「許王宗傑」又金史卷七四宗望傳：「天會十三年，封魏王。皇統三年，進封許國王，又徙封晋國王。……大定三年，改封宋王。」當以金史爲是。按：宗望本名斡离不，或作「斡离不布」，太祖第二子。

〔六〕二太子　「二」原作「三」，據蕭本、殿本、閣本、函海本及上引備要改。

〔七〕宗俊　要録卷九及上引備要、大金國志均作「宗浚」，金史卷十九世紀補作「宗峻」。

〔八〕晉王宗輔亶之世爲右副元帥後其子褎立改其名爲宗堯號曰懿宗　據上引金史世紀補及要録卷八四紹興五年正月末條載，「晉王」應作「冀國王」或「冀王」，「右副元帥」應作「左副元帥」，「懿宗」應作「睿宗」。上引大金國志亦作「冀王」。

〔九〕尚書左丞相　「尚」原作「中」，據影宋本及上引備要、金史卷七七宗弼傳改。

〔一〇〕（吴乞買之子）兖國王宗雋小名蒲路虎　按：金史卷六九太祖諸子宗雋傳：「本名訛魯觀。」可見宗雋乃太祖子，而非太宗子；本名訛魯觀，而非蒲路虎。又蒲路虎（或作蒲魯虎）乃太宗子宗磐之本名，見金史卷七六太宗諸子宗磐傳。要録卷九亦謂宗雋乃金太祖之子。此處記事有失誤。

〔一一〕虞王宗英滕王宗偉　金史卷七六宗固傳及要録卷一三〇紹興九年七月己卯朔條均作「滕王宗英、虞王宗偉」。

〔一二〕晉國王宗維　據金史卷七四宗翰傳應作「晉國王宗翰」。

〔一三〕天德元年己巳　「己巳」原作「乙巳」，據影宋本、閣本及上引備要改。

〔一四〕弑亮於揚州　「亮」原作「之」，據蕭本、閣本、函海本及上引備要改。

〔一五〕(金世宗雍)年六十八　據金史卷六、卷八世宗紀應作「年六十七」。

〔一六〕泰和之六年南北交兵又二年而璟亦卒　「又二年」原作「又十有二年」，據影宋本及上引備要删。按：章宗璟卒於泰和八年(即宋嘉定元年)，見金史卷一二章宗紀。

〔一七〕晉山縣　據金史卷二四地理志上西京路德興府條應作「縉山縣」。

〔一八〕崇慶元年本朝嘉定五年　「元年」原作「二年」，據本卷韃靼款塞條：「崇慶二年春癸酉，本朝嘉定六年。」及本條下文「至寧元年本朝嘉定六年。」記載改。按：崇慶二年(即宋嘉定六年)五月，改元至寧，見金史卷一三衛紹王紀。

〔一九〕武藝軍　上引金史衛紹王紀至寧元年八月癸巳條作「武衛軍」。下同。

〔二〇〕金壽　「金」原作「全」，據影宋本殿本及上引備要改。

〔二一〕蔣王　「王」原作「玉」，據上引備要及大金國志卷二三改。

〔二二〕暫往南京　「往」原作「住」，據閣本、函海本及上引備要卷一四嘉定七年七月乙亥金人告遷于南京條、大金國志卷二四改。

〔二三〕明年（指貞祐三年）五月二日庚申韃人破燕京　「庚申」原作「辛酉」，按：貞祐三年五月二日乃庚申，而非辛酉（三日）。金史卷一四宣宗紀繫燕京（金中都）破於貞祐三年五月庚申，元史卷一太祖紀亦繫此事於太祖十年（即金貞祐三年）五月庚申條，故改。

〔二四〕金人自阿骨打稱帝至是九十有八年而失國　按：金阿骨打於收國元年（公元一一一五年）正月壬申朔稱帝（見金史卷二太祖紀），至宣宗貞祐三年（一二一五年）五月庚申中都破，歷時一百有一年，而非「九十有八年」。

〔二五〕南遷録　「遷」原誤爲「邊」，據蕭本、殿本、閣本改。

〔二六〕至道三年冬繼遷除定難軍節度使　「三年」原作「五年」，據長編卷四二及宋大詔令集卷一八六改。

〔二七〕增歲賜茶絹銀爲二十五萬　「二十五」原作「五十五」，據蕭本、閣本、函海本改。

〔二八〕樓仲暉　「暉」原作「輝」，據影宋本及宋史卷三八〇樓炤傳、北山文集卷一三送樓仲暉知温州序改。

〔二九〕虜訊中絶　「虜」原作「敵」，據蕭本、函海本改。

〔三〇〕韃靼之先　「之」上原衍「者」字，據影宋本、蕭本、閣本、函海本删。

〔三一〕自號爲韃靼　原脱「號爲韃靼」四字，據上引本子及兩朝綱目備要卷一三嘉定四年六月丁亥條補。

〔三二〕楊安兒者李全之婦翁也　據宋史卷四七六李全傳，「婦翁」應作「婦兄」。

〔三三〕蒙國　上引備要作「蒙古」。

〔三四〕分兵據守要害反厚賂之其酋亦僭稱祖元皇帝　「賂」原作「賄」，「酋」原作「主」，據上引備要改。

〔三五〕與韃靼並爲邊患　原無「與韃靼」三字，據影宋本、蕭本、閣本、函海本及上引備要補。

〔三六〕韃靼之境　原無「靼之」二字，據蕭本、閣本、函海本及上引備要補。

〔三七〕與白韃靼皆臣屬於金　原無「與白韃靼」四字，據影宋本、蕭本、閣本、函海本及上引備要補。

〔三八〕以此黑韃靼益强　原無「黑韃靼」三字，據閣本補。

〔三九〕同韃靼大軍　原無「韃靼」二字，據影宋本、蕭本、閣本、函海本及上引備要補。

〔四〇〕韃靼復還燕京　原無「韃靼」二字，據影宋本、蕭本、函海本及上引備要卷一四嘉定七年七月乙亥條補。

〔四一〕完顏福興在軍中　原無「中」字，據影宋本、蕭本、閣本、函海本及上引備要補。

〔四二〕韃人聞之怒　原作「韃人聞知」，據蕭本、閣本、函海本及上引備要改補。

〔四三〕秋（據上文繫年指貞祐三年秋）韃兵自河東渡河攻潼關……於是潼關失守　據近人蔡東洲蒙古首次入豫時間考（載中國史研究一九九〇年第一期），「秋」字上應補入「貞祐四年丙子，本朝嘉定九年。」等字樣。

〔四四〕遼東宣撫使　「東」原作「兵」，據影宋本、蕭本、閣本、函海本及上引備要卷一五嘉定八年秋塔坦破潼關條改。

〔四五〕俗鄙陋　「陋」原作「累」，據上引本子改。

規按：李心傳以南宋人記金、蒙事，本諸傳聞，故多失誤。

〔四六〕黎州　原作「黎川」，考宋代四川無此州郡名，據本卷末條「丁未三開乙卯曳失索之變」記事及元豐九域志卷七成都府路、宋史卷八九地理志、卷三四孝宗紀乾道九年七月、淳熙三年十二月條改。

〔四七〕彼以所退之馬　「彼」原作「被」，據蕭本、殿本改。

〔四八〕及奉龍鎮富莊頭居民二百年生業及官軍糗糧器甲俱被擄掠　上一「及」字疑衍。

〔四九〕李照　原無「李」字，據本條上文「通判李照」補。

〔五〇〕(高)晃軍前自効　「効」原作「劾」，據殿本改。

〔五一〕士民　「士」原作「土」，據殿本改。

〔五二〕舉州　「舉」原作「居」，據蕭本改。

〔五三〕葛楚輔　「輔」原作「甫」，據殿本及宋史卷三八五葛邲傳改。按：葛邲字楚輔。

〔五四〕姚良民望爲守　原作「姚良民爲望守」，據影宋本乙正

〔五五〕奴兒結　原脱「兒」字　據本條上文及兩朝綱目備要卷三紹熙五年十月雅州蠻寇邊條改。下同。

〔五六〕足都捏　「捏」原作「担」，據上引備要改。下同。

〔五七〕姚良民望　「良」原作「艮」，據本書上條末附注改正。下同。

〔五八〕其年秋八月　原無「秋」字，據影宋本補。

〔五九〕又檄要衝寨官　「又」原作「文」，據本條上下文意改。

〔六〇〕又并石羊等處部落　「又」原作「右」，據蕭本、殿本改。

〔六一〕有兵千八百　原作「有兵千百八」，據殿本乙正。

〔六二〕軍士千二十有八人　上引備要卷四慶元元年正月壬寅黎州蠻寇邊條作「軍士千二百有八人」。

〔六三〕叓失索以乙卯之春再爲報復之事　「乙卯」原作「乙未」，據本條標題、文内記事及上引備要卷三紹熙五年十月雅州蠻寇邊條、卷一二嘉定三年十二月辛巳黎州青羌叓失索降條改。按：乙卯爲慶元元年。

〔六四〕庚午冬（叓失索）納款　「庚午冬」，本書誤作「戊辰冬」，上引備要卷三誤作「戊午冬」。戊辰爲嘉定元年，即公元一二〇八年。戊午爲慶元四年，即公元一一九八年。考宋史卷三七寧宗紀，慶元四年，無叓失索納款記事，而上引備要卷十二及上引宋史寧宗紀均繫叓失索之降於嘉定三年庚午十二月辛巳。據改。

〔六五〕始終凡三十有八年　原作「始終凡三十有六年」，據本條記事，自癸巳（乾道九年，即公元一一七三年）之春奴兒結盜邊，至庚午（嘉定三年，即公元一二一〇年），冬叓失索納款，應爲三十八年。故改。

建炎以來朝野雜記乙集卷二十

邊防三

259丙寅沙平之變

沙平者，雅州嚴道縣徼外夷也，與碉門寨纔隔一水，而寨在州西八十里。沙平凡六族，其地有葫蘆里者，本隸榮經縣之俟賢鄉，歲輸税米百二十斛於碉門。而夷人時至碉門互市，蜀之富商大賈皆輻湊焉。乾道六年春，夷人高奴吉作亂，焚碉。正月二夜。制置使晁子止調成都、眉、邛三郡禁兵四千往討之，深入沙平，蕩其巢穴矣。正月十一日壬戌。而官軍輕敵，賊勢復振。正月十六日丁卯。子止又調彭、漢兵千人益之，檄轉運判官李景嗣親往多功，地名，在雅州西四十里，距碉門亦四十里。審觀事勢，諸將鋭欲一戰，景嗣止之。宣撫使王公明聞之，以便宜罷守臣、右朝請大夫程敦古，而遣通判邛州陳澥持榜至碉門，約回部族，夷人聽命。二月十日辛卯〔一〕。自是捐葫蘆里之税與之，而沙平悉爲夷人有矣。景嗣，開封人，駙馬都尉導咼之後。敦古，眉山人。澥，嚴道人也。後十五年，左須夷人楊出耶者，復因沙平以叛。土丁殺其徒二人，出耶遂犯木頭寮〔二〕，今永寧隘，在硐門寨東北二十里。淳熙十二年二月十八日壬申。焚掠至始陽鎮。鎮在硐門東二十里。郡以所殺骨價償之，夷人乃去。後九年，兀嶺夷人，又因沙平以叛，土丁以神臂弓射退之。紹熙五年十月十四日辛丑夜。制置司命閉禁門者月餘〔三〕，夷人糧盡，乃就降。有高吟師、高阿保者，奴兒吉之族也，二人爭爲雄長，阿保嘗賂制置司幹辦公事黃大全求蕃官名目，大全白簽廳給帖予之〔四〕，吟師心不平。開禧元年瑞慶節，吟師赴州，因請以西域所得銅鑄金飾孔雀獻於朝，援例求蕃官名目。守臣、朝奉大夫蘇肅之懼其邀索不已，勞而却之。吟師慚怒，乃誅前後費、楊二族，嗾夷人攻盧山後峽，殺戍兵，擄隘官而去。二年正月也。俄又焚前峽，二月七日戊午〔五〕。進犯硐門，三月十三日甲午〔六〕。知寨、從義郎曹琦斷其橋〔七〕，夷人不得歸，大肆侵掠。制置司委武經郎盧操權知寨，調邛、漢、彭、眉州、崇慶府禁軍合五百，西義勇百人，往討之。又遣奉議郎〔八〕、通判漢州張師夔靖父同知雅州，節制軍馬。三月二十六日丁未〔九〕。靖父嘗獻安邊十策，故首用之。既而作檄諭降，其詞俚拙，吟師得之，笑擲於地。後數日，靖父率兵次始陽鎮。四月壬子朔。夷人懼，欲求和。寨將彭安不可，議閉禁門以困之。夷人怒，攻禁門，四月八日己未。又掠水渡村，肆焚殺。龢州西兵將屈彥言於知寨盧操曰：「賊今無備，第開禁門，沙平可入也。」操曰：「制司止令防賊耳，安得生事。」靖父見事急，以三百兵自衛，還雅州。四月己未。翌日，賊焚碉門，官軍失利，義勇軍準備將張謙戰死。四月九日庚申。後十日，提刑劉崇之智夫乃自行，賊勢轉熾。宣撫司調潼川、隆慶府大軍各五百，往討之。罷知雅州蘇肅之、同知州張師夔，而以承議郎、通判遂寧府馮愉權州事，命本州推官李爽往碉門菜婆谿創築新寨，又命從政郎、宣撫司準備差遣王好謙，武經郎、興州後軍統領王鉞往軍前節制。五月十五日乙未。是時官軍前後至者已六千人，土丁及兩巡檢之兵亦不下千人，盡駐尼陽關在碉門之東五里，乾道六年置。而兩節制居始陽鎮〔一〇〕，去碉門二十里。後五日，王鉞自始陽耀兵入碉門。五月二十日庚子。夷人乞還所掠，鉞以甘言誘之，夷人遂降，惟高吟師不至。鉞又遣人説之，吟師乃出。鉞即揮文龍州兵擒而戮之，所殺凡六十三人，皆酋首也。據好謙等申，在六月五日乙卯。是日，官軍出禁門，欲深入夷界，會有爲石棚所壓者，乃遣土丁先往攻之。奉議郎、權提刑督捕司簽廳任處厚傳父時在碉門，以狀白智夫，言本當進焚其巢〔一一〕，以天稍晚，姑俟一、二日。然穴中已無首領，焚之無益。智夫未至雅州，聞除總領財賦之命，遂歸。鉞亦還始陽。土丁深入至白茶平，聞官軍已還，怱遽而出。既而夷人掩官軍不備，詐攜牲醪，云來奠死者，及暮，縱火焚臨江院，兵人之屯者皆死，其出奔者多爲所殺。文龍州贍勇將荀顯忠聞變，率所部拒之，夷人稍却，既而援兵無至者，其軍殲焉。興元府後軍準備將張全忠引數千兵繼出〔一二〕，賊大至，全忠戰死，官軍共失千餘人。後軍正將陳堯輔赴節制司白事，還至尼陽，聞其一軍盡没，即自刃而死。並六月十八日戊辰。好謙、鉞皆走，退屯多功。去始陽又二十里。夷人進據水城山，距始陽不數里，盧山邊民亦皆驚遁〔二三〕。鉞遂入雅州，又歸興州。以緜州統領官甘選權節制。夷人晝夜焚掠，自碉門而東，凡四十里，靡有孑遺。好謙命西兵將屈彦招集土丁屯始陽，令碉門土居貢士李牛山嗚鳳往沙平招諭，又遣人約喦蕃夾攻之。會宣撫司遣成都路兵馬都監王全將飛山義勇軍三百人同節制。六月二十三日癸酉，離成都。全、好謙共議，再與之和。夷酋高奴嵬等聽許。六月二十七日丁丑打話。後數日，奴嵬率其徒二百餘人，立降旗於禁門之外，全命其子公炎以素隊與忠訓郎、權知碉門寨魏大受往受其降。七月三日壬午。乃復互市如故。其後好謙、鉞皆以次受賞焉。好謙，開封人，故太府卿卿月之子也。始郡未被兵時，邊關之戍凡二百六十餘人，皆飛山與州禁兵也。飛山百五十人，餘皆州兵。乾道九年，青羌之變，制置司益戍榮經者二百五十人。崇慶府、緜、漢、彭州禁兵。至是，又益六百四十四人，諸州軍五百四十四人，義勇百人。通舊爲一千一百三十有九。雅，陋邦也，歲輸朝廷暨諸司者，其直猶爲十二萬緡，茶課九十四萬餘斤。其内郡支移者，獨邛州軍衣鹽九萬六千六百餘斤，緜一萬一千三百餘兩而已。郡税米二萬八千六百餘石，而撥隸沈黎者萬四千石有奇。又以二千石贍榮經之戍，而以邛州米償之。及是益戍，計增米四千六百餘石，醬菜錢七千六百餘緡。

轉運司復移邛州米三千石贍之，帥臣楊嗣勳又爲蠲減員錢之隸帥司者萬三千餘緡，郡計稍給矣。

260 戊辰畜卜之變 己巳飛虎之敗沈黎土丁本末

沈黎自慶元乙卯以後，無邊事者且十年。嘉定戊辰十二月己卯，彌羌畜卜忽自惡水渡河入寇，破州之碉子寨，邊事自是再起。先是，畜卜之弟悶巴至三衢爲人所殺，部將趙鼎、總轄官魏大受懼生事，脅寨之土丁，以骨價錢三千三百引償之，時紹熙五年也。有白水村者，青羌往來渡頭也，其民舊與青羌交通。慶元元年，郡徙之安靜寨，青羌不以爲便，乞還之白水，時開禧已二年矣。開禧二年十二月，三年正月。既而畜卜又言：「大受嘗以袍印許之而不獲，欲與青羌偕往邛部川，假道女兒城以入寇。」寨言於州，乞以財帛遺都王，毋令假道。守臣楊伯昌從之。開禧三年二月六日壬子[一四]。今年秋，畜卜遂以兵至三村，總轄官董忠顯連告急，伯昌命嚴兵待之。今年九月二十日丁巳，十月五日辛未，十四日庚辰。俄伯昌召去，朝奉郎趙公庀代爲守，十月二十四日庚寅到任。聞羌人且至，遣禁兵八十偕土丁往拒之。兵至茆坪，而畜卜已渡河，軍丁迎敵不勝。庚辰，攻茆坪寨，官軍射退之，遂掠三松、黿沙、横山、三增、白羊諸村，殺人民，鹵財貨[一五]。畜卜又進據茹山，而安靜、艮谿、茆坪、谷堆諸寨皆爲所隔。公庀亟遣西兵正將黨燾以所部七十人及土丁俱往策應。燾輕敵逕進，癸未，戰於茹山，官軍失利，義勇隊官二人戰没，西兵死者四十人，土丁六人。郡又盡調西兵、禁兵之未發者，命興元府後軍統領王光世將之以行。是日，羌人自茆坪寨下以皮船載生兵渡河，寨官李茂引兵至河際射之，一舟八人俱没。光世以羌人勢盛憚之，留屯三衢不敢進。羌人焚掠既盡，戊子，渡河南歸。光世乃僞走捷旗，稱會合兵丁趕逐羌賊，道路已通。時並河諸村生業既無遺矣，制置使吴德夫緫聞之。庚寅，遣義勇軍統領張師古以所部二百人赴州捍禦，師古至，則屯三衢，而光世進屯安靜新寨。時邊報不一，而在城之兵調發既盡，乃募强壯三百人號曰「敢勇」，俾往邊頭應援，命軍事推官程伯雄充軍正，統之以行。伯雄，丹稜人也。茆坪寨與邛部川女兒城隔河爲境，伯昌之在黎也，蠻地饑荒，女兒城崖太者有請，伯昌歲以米十五斛贍之。公庀至州，靳而不予。女兒城蠻因以藉口，乃借畜卜路，使之入寇。既而諸司聞其事，復命予米如故，然無及矣。二年二月庚午，畜卜又犯艮貎寨，官軍與戰敗焉。先一日，軍正程伯雄引兵至安靜寨，翊日，羌賊自聖婆城下引兵二千過河，後軍統領王光世自前寨遣兵援之，衆寡不敵，皆爲羌兵掩殺。後二日，初八日壬申〔一六〕。伯雄遣大兵千餘人拒敵，西義勇陣於山下，禁軍義勇次之，土丁義勇陳於河濱，布陣甫畢，羌人已逼，箭鑿皆無所施，賊先攻西義勇，將官鞫忠引衆走〔一七〕，陣遂亂。禁軍義勇俱爲所圍，將官曹适戰死，賊乘勢逐官軍至寨下，兵丁死者八十餘人。後二日，羌賊乃歸。制置司聞之，復遣興元府右軍準備將劉信將移屯兵三百往援，合前後所遣義勇、西兵凡九百，命成都府總管、武功大夫馮興統之，而賊去遠矣。四月戊寅，光世以所部四百還成都府。五月癸丑，張師古以義勇還〔一八〕。六月癸亥，馮興、劉信以移屯及西兵次第各歸。七月，制置司對移，公庇通判崇慶府。十月丙子，復遣本路兵馬鈐轄傅諤往黎州捍禦，節制諸軍。時安觀文新除制置大使，乃以便宜命其子直祕閣、通判眉州癸仲權黎州兼節制軍馬。十二月甲子，統領官董炤等渡河與彌羌戰，官軍大敗。先是，制置大使司命炤與統領官傅順、正將李實以飛虎軍二百戍雅州〔一九〕。節制將至黎，預檄本州令備船筏、乾餱爲深入之計。至則遣實往安靜相視山川形勢，以爲畜卜之碉去大渡河甫三十里，入之易耳。飛虎軍皆選士，自謂無不一當十者，故鋭欲過河。先旬日，十一月二十八日。節制至軍，大犒士衆，命炤統飛虎軍，實統禁軍及沿河諸寨土丁合千三百人，以昧爽涉河，分爲三部，山高箐深，路險雪積，蠻又於高山要害之處起立石棚，以俟官軍，官軍或爲所壓。既而蠻大呼突出，官軍驚潰，逃入山谷，蠻縱獵狗而隨之，盡爲所掩。西兵被縛者六、七十人，土丁又倍。日暮，炤先遁歸，實爲蠻所圍，數日乃得脱。繼而禁兵、土丁亦有竄歸者。節制復還黎州，炤留守安靜。吴德夫時已罷制置使，猶未行，乃揭榜黎州，戒以不得輕舉，重傷國威。於是蠻邀厚賂，以贖漢人，凡土丁之富厚者，一人爲數百千云。德夫嘗已薦公庀，故其事敗不以聞。會大旱，詔近臣條闕政〔二〇〕。許成子時爲禮部侍郎，因論黎州守臣撫御失當而按劾不加，務存大體，無怪乎上干陰陽之和，如此其極也。疏入，公庀降二官，放罷。朝廷方議擇守，會聞大使司已遣官節制，乃亟命朝奉郎、通判成都府何德彦知黎州，節制軍馬，用金字遞遣行。其年十二月甲申也。先是，節制自舊寨歸〔二一〕，留統領官傅順、董炤，軍正程伯雄在後寨捍虜〔二二〕。三年二月辛酉，羌人自艮谿寨下用皮船渡河，攻相嶺寨，炤引所部兵百餘，由寨後突出禦之。賊登堡子城，炤又逐之。賊自旦至晚不得食，走之河岸，衆已疲矣。西漢地土丁知賊饑困，欲馳下勦之，炤恐分其功，戒土丁毋得進。會日暮，炤移泊蕫地寨。夜，羌人秉炬渡船，若將遁者，而滅炬載兵以來，詰朝再戰，賊兵數倍，炤不能支，賊乃拔兵而去。後五日丙寅，新守何德彦至州視事，癸仲還眉州。又十日，總管馮興以制置大使司之命，部西兵三百至州，賊不復出。黎州舊有揀丁二千，土義勇二百，德彦至官〔二三〕，乃核實丁籍，擇其少壯者千四百四十爲揀丁，餘四千二十九爲衍丁。詳具兵馬門又增招義勇二百人，月增支米三㪷，醬菜錢一千。通舊爲錢八引西南極邊六寨，蕫地，相嶺，新、舊安靜，聖婆城，艮谿〔二四〕。舊以飛山及州禁軍更戍，地多煙瘴，戍者憚之。德彦因命所增二百人將家分戍六寨，罷飛山、義勇之更戍者三百人，飛山二百四，義勇一百。減中右軍更戍者四月之糧，每年常戍中右軍四百五十人，今自五月一日發回成都，九月一日別差出戌。而以其錢爲增兵之費。報可。三年八月十八日癸酉，朝旨。沈黎賦入至薄，總領所歲以蒲井鹽千八百桶贍之。每五十三斤十一兩爲一桶。軍食所需，皆仰給於邛、雅。乾道癸巳，邊隙一開，始以州鎮火牌户及沿路居民遞運四千石上邊，謂之短運。慶元乙卯，吐蕃入寇，郡始科税户，人夫徑行三百里，謂之長運。至是，畜卜連年入寇，夫運益頻，遠近之民俱罹其擾矣。其年冬十二月，青羌曳失索始來降。七年二月乙未，卜籠十二骨亦至。卜籠者，青羌部族也，性殘忍，多器械，專仰鹵掠爲生。所謂十二骨者，乃十二種也。青羌卜籠既降，守臣袁枏知畜卜勢孤，乃令安靜寨總轄杜軫諭之出漢（二五），畜卜疑漢人殺之。有邛部川都王之弟部勒者，與軫謀，遣漢人入蕃爲質，畜卜乃來，從者凡三百餘人。枏與通判州事周壎聚廳受其降，畜卜膝行而前，抱枏之足，枏以錢帛厚犒之。畜卜留州城十日，將渡河，乃送還漢人十一而去。枏言於朝，得報，下制置司、利東安撫司各常切措置鎮撫，務令邊界安靜，毋或引惹生事。九月十二日戊辰，樞劄。軫，西人也。自畜卜犯邊，至此更七年而後定云。

261 辛未利店之變

嘉定辛未正月己丑，馬湖夷都蠻攻嘉定府犍爲縣之利店寨，陷之。馬湖蠻者，西爨昆明之別種也。其地在梁爲南寧州。承聖中，刺史徐文盛召去（二六），有爨瓚者遂據其地，子孫相傳，後分爲東、西焉。西爨之地，在唐爲殷、馴、聘、浪四州〔二七〕，其酋姓董氏，隸戎州都督府。國朝開寶中，德化將軍董春惜貢馬〔二八〕，詔書嘉納之。太平興國中始市馬。其後，又以板來售，蓋夷界多巨木〔二九〕，邊民嗜利者齎糧深入，爲之庸鋸，官禁雖嚴而不能止也。板之大者，徑六、七尺，厚尺許。若爲舟航樓觀之用，則可長三數丈。蠻自載至敘州之江口，與人互市。太守高輝始奏置場征之，謂之抽收場，至今不廢也。馬湖之地，東南接石門，亦敘州徼外蠻。西北接沙漢、虛恨嘉定府徼外蠻。及黎、雅諸蠻與吐蕃之境〔三〇〕，而北接敘州之商州寨、宣化縣，西接嘉定之賴因、沐川，犍爲管下二寨名。東北接敘州之宜賓〔三一〕。凡蠻地仰給者七村，曰胡鹽，或曰會筵。曰黎谿，或曰泚谿。曰平夷，曰都夷，曰什葛，曰蒲潤，或曰普潤。曰荒桃。此七村多沃壤，宜耕稼，其民被氈椎髻，而比屋皆覆瓦，如華人之居，飲食種藝多與華同。惟胡鹽、黎谿、平夷三村，兩輸漢、蠻之稅，謂之兩屬稅户。自敘州沿流十里至馬湖江口，又西泝七十里至安邊寨，又水陸行三百二十里至夷都村，又水陸行一百八十三里至天池，亦曰文池。此馬湖蠻王所居也。自夷都谿口夷都谿口在夷都村之南五十里。遵陸距利店、沐川、賴因、籠鳩等寨僅二程，皆平原。初，賴因本夷地，景德、天聖間，屢來寇掠〔三二〕。治平間，把截將王文撥始據險立寨〔三三〕，侵耕夷人山壩，名賴因莊。夷人訴之，事聞，有旨以其地歸董蠻。既而寨民私賂之，以償其侵地，歲爲紬二百匹，幅廣二尺，長二丈。於是蠻人每歲至賴因，謂之索稅。其後稅頗增，寨人亦厭苦之。紹興末，虛恨蠻犯籠蓬寨。隆興初，夷都蠻復寇賴因，詔用馮當可提點本路刑獄公事，以經制之。當可築堡於籠蓬，而伐箐於賴因，以爲戰地多蓄儲，備器械，蠻不復至，及是馬湖蠻將入寇，而夷都土蠻先以書抵利店寨將言之，寨將以謂蠻人要索之常，不即省。歲除之前夕，寨民有失牛者，夜出求之，見火滿四山，始疑寇至。乃以狀白犍爲縣，未達，而蠻已大入。或曰：「蠻始欲寇中鎮寨，中鎮有備，不可入。聞利店稍富實，而寨丁少，乃攻之。」知寨、保義郎段松悉寨丁七十餘人遣之迎敵〔三四〕，或死或逃，蠻遂圍其寨。寨地勢低，蠻人憑高投木石以擊之〔三五〕，衆莫能拒。又二日，蠻人以雲梯登城，松力戰十三合，無與援者，寨民驚潰，自投山水而死亡者數百人。松爲蠻所執，臠割而殺之，盡掠寨民之貲，焚其居，驅老弱婦女數百人而去。松二子亦爲所掠。守臣許子然聞變，急調兵救之，至則蠻已遁矣。既而，蠻人釋所俘卒胡慶者，俾持牒以歸，自稱都相公狀申嘉州官品，大略言漢人不償犒稅之故。其後蠻人爲招安將言，初以敘州負其板直，故擊之，道險不可進，欲引歸。而蠻師翁者謂始出兵時，嘗許以生口祠神，今無所得，神且怒，由是移兵攻利店，亦莫知其情實云。初，慶元末，宣化簿昌元封壽源嘗爲古戎邊志，大略謂馬湖之警在嘉而不在敘，蓋一軍屯安邊，一軍守真谿、沙谿、商州寨之間，皆宣化縣界。則馬湖不能遽踐吾境，惟賴因、中鎮地平而近，且蠻以索稅爲詞，往來通行於漢、嘉之境，一不如意，則寇輒隨之矣。至是果如所料。其三月辛巳，蠻又犯籠鳩堡，本路帥黃伯庸調移屯西兵二百戍犍爲縣。朝廷聞之，四月己丑，除李季允本路提點刑獄。自知崇慶府除。安觀文時爲制置大使，乃置安邊司以經制蠻事，俾季允與許子然共領焉。始議猶欲招安，而蠻人玩狎，終不肯出。大使司議遣兵平之，季允謂然，而許成子在瀘南，以謂曠日持久，勞師費財，不如招納之利，持論不同，由是久不決。會敘南邊吏獲夷人數十以告，鞫之，其與利店之亂者三人焉〔三六〕。成子榜境上，諭夷人能以利店所掠人口來，吾即歸三人者，金帛不問也。又遣諜入夷中〔三七〕，訹以利害。無幾何，蠻以印狀來，願盡歸俘掠，如約。安邊司聞而互招之，夷中悔。於是季允移檄，願得三夷人。成子曰：「如此，則吾爲失信，夷禍必嫁於瀘。」不許。已而大使又以爲言，成子曰：「吾知權利害爲生靈計。」且即移書以鬼章事報之。僚吏或請進兵，成子折之曰：「乞弟、卜漏之章，瀘父老至今言之疾首，可草草耶？」既又移書簽樞宇文挺臣曰：「守邊之道，安之而已。苟圖快意，未有不敗事者。」因以議不合，求罷，改知夔州〔三八〕。壬申春。始季允聲言某日以兵出寨，蠻頗憚之。會東帥司揭榜敘州境上〔三九〕，大略言本司已與西路商量，決無深入之理，仰邊民安業，毋得驚擾。蠻人見之，知西路揚聲紿己，益無所憚。嘉定四年秋，余在凌雲，見司理參軍青陽誨，井研人。言夷人以黃紙作牒遺嘉州，其語殊倨，末有「故茲詔示」之語。安邊司俾寨官却之。既又見提刑司屬官何逢年，資陽人。言近本司令寨官諭以先歸所掠漢人，而蠻書答云：「所掠止是婦女三十餘人〔四〇〕，近悉有娠，須産畢乃可送。」其侮慢如此。原闕。謂人曰：「原闕膽如粟，奈何？」是年九月辛酉，夷人又犯敘州，至宣化之二十里。季允怒，守臣史師道青神人，時爲承議郎。應報安邊司文書稽緩，而成子稍庇之。史本大使所薦，至是劾之，鐫二秩罷歸。大使司知蠻不可致，五年春，遣興元後軍統領劉雄等二人，將西兵千人，自嘉、敘二州分道並進。又遣迪功郎、新本路提刑司檢法官安伯恕往敘州節制之。伯恕，廣安人，故同知樞密院子厚之四世孫。嘉定初，宣撫司下總領所書填迪功郎告予之，調緜谷尉。又鎖廳請文解，又試中大法，又爲銓試第一名，辟提刑司檢法兼制置大使司屬官。是年三月，官軍入蠻境，方接戰，土丁某人斷小酋之首，蠻人驚潰，官軍小捷。其酋米在據羊山江之水囤，堅不肯降。囤在峻灘之中，水淺舟不可行，濤深人不可涉。大使聞之，移書季允曰：「但聲言伐木造舟，攻其水囤，則米在其降矣。」季允從之。米在果請降，然不肯受盟。邊吏遣土丁十餘人入蠻爲質，米在乃令其徒數十詣寨納降。安邊司盡以十二年税犒與之。米在以墮馬爲辭，終不出。是役也，所掠邊民數百人，得還者十三人而已。捷奏上，大使轉三官爲通奉大夫，伯庸亦轉一官，季允進直煥章閣，伯恕特改次等京官，餘人並進一官。議者疑入粟改官，非舊典。大使司乃奏言伯恕之出，有蠻九百餘人詣軍前投降。又言其始以獻策復關表四郡，便宜補官，乞依任子例，特與改秩。乃除大理評事。命下，伯恕已赴類省試合格矣〔四二〕。或曰所謂投降九百人者，本吾邊民，皆爲人傭耕，方官軍之出也，招安將諭之曰：「原闕節制且來，汝曹當詣馬前聲喏。」邊民從之。招安將謂衆曰〔四三〕：「此降羌也。」即以三百人送長寧軍巡檢官養濟〔四三〕，後又以二百人益之。巡檢者，每人日飯以一溢米〔四四〕，既又不能賙，率多餓死。餘四百人，蓋莫知所終。邊上舊有平戍莊，地極膏腴，久爲勢家所擅。季允以錢二萬七千緡市之，收其田客近四百家，以爲土丁，因食其地，至今不廢。田租二千七百石，每七石贍一丁。

262 癸酉虛恨之變

嘉定癸酉仲冬十七日，虛恨蠻犯嘉定府峨眉縣中鎮寨。寨在羊山江南，去府二百五十里，硬寨在江之北。先是，蠻人數爲邊害，乍降乍叛〔四五〕。嘉泰二年夏，其都王崖烈者，始款中鎮寨請五年犒物，自慶元四年以來者。刻石作誓而歸。提刑司但以四年犒物予之。蠻人數來，欲得本年犒物，官執例不予。蠻人怒，掠邊民十四人而去。土丁追之，梟其七級，其年十一月也。制置使謝用光聞之，乃於羊山江南築師院平等三硬寨，以防其衝突。明年三月，蠻徑犯師院平。十月，又犯籠蓬堡。寨將馬櫆知不可遏，乃遣人與之打話。陳益之謙提點本路刑獄，亦欲招安之。蠻人聽許。明年春，遣峨眉令楊鴻往中鎮受其降。蠻至寨〔四六〕，未給犒物，馬櫄以其屢鈔掠也，恨之，多所要索。蠻怒而去。櫄俟其出塞，俾土丁邀之於道，殺蠻人北二等三十二人。嘉泰四年正月丁亥。櫄以功補進義校尉。開禧二年。蠻人怨怒，自是不出者十餘年。壬申夏，李季允埴來司臬事，屢招來之，蠻人終不至。是月十九日，憲使楊伯昌子謨、飛烏人，時以朝散大夫直華文閣。郡守任處厚傳父彭山人。時爲朝奉大夫。方會飲，坐中，有土丁二人馳報：蠻人六、七款寨願受犒，且納蠻刀爲信，寨已給降旗矣。余時在府中，聞其事，謂府倅及憲屬曰：「此詐也。」翊日，再得報，蠻近寨者已六十餘人。午後得報，蠻二百餘人夜扣硬寨門求戰。已出土丁二千渡江禦之矣。櫄又言寨有土丁及家人凡五千，皆驍勇可用，不必濟師。時知縣事、奉議郎眉山宋大椿，尉、從政郎南谿史子申適皆沿檄以出。在邑者惟主簿一人，以累舉得官，通攝其事。外傳蠻人近寨者實六、七百人，櫄所言非實也。二十一日得報，蠻人犯硬寨，殺土丁一人，掠二十五人而去。二十九日得報，蠻人復歸巢穴，時土丁被掠者近二百人。提刑司不欲生事，乃遣人自邛部川招安之。伯昌嘗守黎州，以信厚爲諸蠻所服，邛部川因往來爲之傳道。甲戌春正月，邛部川蠻人速臼至羅忽寨，言虛恨蠻人有歸順之意。提刑司遣從政郎、權本司簽廳昌元封壽源，巴西縣主簿沈黎李時開往中鎮寨，隨宜應接。於是虛恨都王遣其徒庫崖來打話。庫崖以馬櫄嘗殺北二也，疑之，欲得其子弟爲質，櫄難之。已而，沈黎大渡河監渡官劉如真遣其子與親屬共三人入蠻爲質，庫崖乃來。四月辛亥，渡河至北岸，庫崖欲得十二年歲犒，凡爲絹二千四百匹，鹽、茶四千七百斤，銀百兩，鐵釜二百〔四七〕，牲酒之屬不與焉。又欲得都王每三年轉官告命、金帶、紫袍、銅印之屬及北二等三十一人骨價。先是，櫝之上世，有田在寨之南北岸，歲收租四千餘石。後有旨以其田贍邊，世選馬氏一人爲寨將，佃户爲土丁，防守邊面。所謂歲犒者，例以邊租三百石市之。自北二死，蠻人不出，租税悉爲櫝所私〔四八〕，至是度無以償，乃好詞紿蠻人歸諭都王，因其出寨，遣土丁二百襲之。癸丑旦，至牛渡遇諸蠻，即縱兵掩殺之，庫崖與其徒三十六人皆死，土丁被殺者七人，傷者又數十人。蠻人大怒，取質子三人刳裂之〔四九〕。議者因欲以殺蠻爲功，伯昌不可。五月丙子，以櫝屬吏。櫝令其家丁百數，詣提刑司訟冤，僚吏各請釋之，伯昌不從，卒正其罪。獄成，櫝坐私用邊租及他罪計贓當死〔五〇〕。伯昌上於朝，有旨制置司酌情行遣。制置司尋奏奪櫝官，羈管大寧監，其年十月也。於是籍土丁之壯健者二千人月廩之，俾守諸寨，歲賞錢二萬四千緡。蠻人聞櫝以罪去，怨怒稍解。既又知邊頭有備，憚之。自是不復輕鈔掠矣。

263 左須夷人出没

黎、雅徼外夷人，舊不相通。乾道六年，雅州沙平夷人與嵓州夷人相攻，沙平求援於左須夷人楊出耶，因而獲勝。出耶者，本黎州五部落夷人也，於是自榮經之佛籠谿創開生路，入嚴道之商思，經尾乾河至榮經之苦竾壩，由煙河山頂透五部落地分〔五一〕，把截將王思恭即率土丁塹其道而堙之。淳熙四年八月壬辰，思恭復往巡邏，則有木皮寮在焉，乃聞於州，委榮經簿毀拆。七年三月，出耶復入漢地，焚掠乾河一帶居民。八年十一月，制置司始知之，令思恭起遣歸部，且調雄邊軍三百就縣屯駐。九年三月甲戌，思恭以土丁、官軍逐去之。四月癸丑，出耶復自乾河至小思經，出没鹵掠，遂即苦竾壩創立碉囤。五月壬申，復爲思恭所逐，焚其囤。又即木頭寮山頂爲寨屯泊，卓望官兵〔五二〕。十年二月壬戌，出耶始至碉門寨，受犒納降旗。州遣兵焚其囤舍及所種麥，且給出耶蕃官帖，月以錢米予之。十一年正月己未〔五三〕，其徒二人復越入乾河省地，爲都巡檢官兵所殺。壬申夜，出耶遂引兵與夷人河泥兄弟突出大河，攻木頭寮寨，以索骨價錢爲詞，土丁力不勝，遂遁。出耶焚掠居民八十餘家，凡三日而去。州聞其事，立賞錢千緡，募能生致或斬出耶首者。及出耶悔過歸順，則待之如初。乙亥，碉門知寨與夷人暖誓別立誓書，漢、蕃安心互市。會嵓州夷人至碉門互市，知出耶爲漢人所討，遂帶器甲欲來攻出耶，并害沙平，以報前日之讎。沙平夷懼，即攻擊河泥兄弟，又以財物賂出耶使去。出耶乃退居鵠打鵶。制司聞其事，調榮經所屯飛山雄邊軍，以是月庚辰至始陽。州以木頭寨不可守，乃別建寨於史村山。三月丁未，州出信旗，并委曲府碉門寨將胥燦使往沙平招安出耶，又以骨價錢償之，乃止。自是沙平、嵓蕃之隙益深矣。

264 龍州蕃部寇邊

文、龍州蕃部，皆氐、羌遺種也。文州蕃兵多至數千人，龍州才四百而已。蓋自大魚城、木瓜平以至後村，不過十數部，部不過數十人。木瓜平有李蒙族，後村有董家族，近文州則有白馬丹族。自熙寧八年，始有旨推排，近邀有物力税户團結寨子弓箭夫共一千六十三人，輪戍漁谿、濁水、乾坡三寨，月一替，餱糧、器械自備，由是不能久。老弱備數，名存實亡，夷人易之。慶元二年、六年，連寇清川、平郊二寨，興州都統制郭杲調大軍擊之，則已去矣。會杲與總賦官王寧德和不叶，徒久戍以困之。杲死，軍乃解。先是〔五四〕，夷人常至濁水寨互市，寨有土豪三、四，受而儲之，夷人恃以爲命。及蘇肅之爲守，或告以土豪既擅博易之利，顧又反挑夷人生事招釁。肅之乃罪土豪而移之，夷人至無所歸。自是茶、鹽、糧米之屬，皆不可得。夷人困怒。嘉泰元年春，遂掠平郊寨。劉仲洪德秀爲制置使，請於朝，調西兵二百，分屯清川、平郊、濁水、花平四寨，以遏其衝突。三年正月十八日戊子夜，夷人潛入，掠大崖鋪〔五五〕。二月二十一日庚申夜，進陷濁水寨，焚寨栅，奪其印，執銀冶場巡檢兼知寨范浩[五六]，併其家屠之。蓋浩首罪土豪，絕其博易故也。謝子肅源明爲制帥，調龍州、彰明大軍四百往討之。吳曦爲興州帥，因命權統領王鉞、準備將李好義俱行。鉞聞木瓜平族首李蒙大等結約未已，遂悉兵以出。曦又遣緜州後軍正將李堯輔以所部三百赴之[五七]。三月十九日戊子，夷人攻五湊堡。後二日，圍銀冶場。四月八日丙午，復掠五湊堡，鉞遣兵追襲，後六日，得其二級而還。子肅聞夷人已去，乃檄潼川路兵馬鈐轄范仲壬往圖其事。仲壬單騎而至，召土豪與語，欲誘夷人來計事，即殺之。土豪得其情，仲壬無以應，卒不得其要領而歸。夷人亦不出，但重勞餉給。事聞，五月十一日戊寅，有旨制置、都統司重立賞格[五八]，召募土豪鄉導，并青巡尉弓兵併力掩捕。制司遂立賞錢四千緡。七月，王鉞命李好義及部將何師雄等，以選士二百人深入。十三日己卯晚，渡大魚河。十四日庚辰旦，夷人望見官軍，即走入箐。官軍追之，斬八級。夷人走險[五九]，官軍不能進，乃還，焚其部帳。夷人怒，復糾合以追官軍，凡三十餘里[六〇]。日晚，好義等僅得濟河。十五日辛巳，還至濁水寨。二十六日壬辰，夷人約降，制置司不敢決。八月二十一日丙辰，以其事申樞密院，大略謂「不即受降，恐失事機，誘而縛之，又傷大信。」未報。制置司恐夷人再入，九月三日戊辰，以便宜檄都統司納降[六一]，仍再申樞密院，大略謂「若更遲延，恐蕃部生疑，兵連禍結。」十月十三日戊申，李蒙大者，率其徒二百至濁水源縠子隴下[六二]，守臣楊熹委江油令馬崇謙與王鉞往受其降。夷人獻六牛以爲禮，又歸所掠銅印。後二日，制置司被旨，以李蒙大原係漢人，竄入蕃界，結誘侵犯，罪在不赦，事與文州蕃部不同。十九日甲寅，制置司復奏，夷人服順乞降，儻於此時沮却，恐獸窮必噬，反生後患。四年正月八日壬申，得旨許之。制置司先奏夷人開展封堠約三百里〔六三〕，及獻水銀、硃沙窟一處。既遂言此皆夷人養生之具，恐難遽受，又慮或生希覬，引惹邊釁，猝未寧息，乞賜還蕃部。亦許之。於是犒夷人錢引七百，銀碗三。將士皆受賞而歸，留大軍二百五十人屯濁水寨，通舊爲四百五十。嘉泰元年所差者。又乞籍定寨夫，官給軍器，五日一閱，及於乾坡、漁谿、濁水三寨之側，築小堡三十，徙並邊民户二百四十往居之。乾坡寨在平地中，無險扼，王鉞又請於其前築水鑵山寨〔六四〕，以爲戍守之所。朝廷皆從之。自是蕃部稍帖息矣。

校勘記

〔一〕（乾道六年）二月十日辛卯　「二月」原作「三月」，據兩朝綱目備要卷九開禧二年正月雅州蠻高吟師寇邊條改。

按：乾道六年三月壬子朔，無「辛卯」日。

〔二〕犯木頭寮　原作「木犯頭寮」，據上引備要乙正。

〔三〕命閉禁門　「閉」原作「開」，據蕭本及上引備要改。

〔四〕求蕃官名目大全白簽廳給帖子之　「蕃」原作「藩」，「白」原作「自」，據上引備要改。下文亦誤「蕃官」爲「藩官」，據改。

〔五〕（開禧二年）二月七日戊午　「二月」原作「三月」，據上引備要改。按：是年三月壬午朔，無「戊午」日。

〔六〕（開禧二年）三月十三日甲午　「甲午」原作「甲子」，據上引備要改。按：是年三月壬午朔，十三日乃「甲午」，而非「甲子」。

〔七〕從義郎　原作「後義郎」，據宋史卷一六九職官志紹興以後武階條改。

〔八〕奉議郎　原作「奉義郎」，據上引宋史職官志紹興以後文階條改。

〔九〕（開禧二年）三月二十六日丁未　「丁未」原作「丁卯」，按：是年三月二十六日乃「丁未」。又是月無「丁卯」日。上引備要作「丁丑」日亦誤，蓋是月無「丁丑」日。

〔一〇〕兩節制居始陽鎮　「節制」原作「制置」，據本條上文記事及上引備要改。

〔一一〕本當進焚其巢　「當」原作「遂」，據蕭本改。

〔一二〕引數千兵　「千」原作「十」，據上引備要卷九開禧二年六月戊辰雅州蠻復寇邊條及本書本條下文記事改。

〔一三〕盧山　「盧」原作「蘆」，據蕭本、殿本及底本上文、上引備要改。

〔一四〕開禧三年二月六日壬子　「壬子」原作「甲子」，據兩朝綱目備要卷一一嘉定元年十二月己卯黎州蠻蓄卜寇邊條改。按：開禧三年二月丁未朔，六日乃「壬子」。

〔一五〕鹵財貨　原脱「貨」字，據上引備要補。

〔一六〕（嘉定二年二月）初八日壬申　「壬申」原作「壬寅」，據影宋本及上引備要卷一二嘉定二年二月庚午黎州蠻蓄卜寇邊條改。按：是年二月乙丑朔，初八日乃「壬申」。

〔一七〕鞫忠　「鞫」，上引備要作「鞠」。

〔一八〕張師古以義勇還　原脱「還」字，據上引備要補。

〔一九〕飛虎軍　「虎」原作「黄」，據蕭本及底本下文、上引備要卷一二嘉定二年十二月甲子官軍與黎州蠻戰大敗條改。

〔二〇〕詔近臣條闕政　「闕」原作「問」，據影宋本及上引備要改。

〔二一〕節制自舊寨歸　原闕「歸」字，據上引備要補。

〔二二〕程伯雄在後寨捍虜　「捍虜」原作「捍擄」，據上引備要及本條文意改。

〔二三〕德彦至官　「官」原作「止」，據本集卷一七黎州揀丁條改。

〔二四〕新舊安静聖婆城艮谿　「安」原作「寨」，「艮」原作「長」，據上引備要卷一二嘉定三年二月辛酉黎州蠻復寇邊條改。

〔二五〕安静寨　「安」原作「守」，據上引本子及上引備要卷一四嘉定七年末黎川蠻蓄卜始降條、宋史卷三九寧宗紀改。

〔二六〕徐文盛　「盛」原作「聖」，據蕭本、殿本及兩朝綱目備要卷一三嘉定四年正月己丑叙州蠻攻陷利店寨條改。

〔二七〕殷　原作「商」，宋人爲避宋太祖父弘殷諱改，今據上引本子及上引備要改回。

〔二八〕董春惜　蕭本及宋史卷四九六敘州三路蠻同，而殿本及上引備要、宋會要蕃夷五之十一作「董春惜」。

〔二九〕夷界多巨木　原脱「界」字，據蕭本、殿本及上引備要補。

〔三〇〕（馬湖之地）西北接沙漠虚恨及黎雅諸蠻　「沙漠」，上引備要作「沙漠」。「及」原作「又」，據上引本子和上引備要改。「西北」原作「西南」，方位有誤，據譚其驤師主編中國歷史地圖第六册69—70潼川府路圖改。

〔三一〕（馬湖之地）東北接敘州之宜賓　「東北」原作「西北」，方位有誤，據上引地圖改。

〔三二〕屢來寇掠　「屢」原作「屬」，據上引備要改。

〔三三〕王文撥　「撥」，上引備要作「揆」。

〔三四〕段松　原作「改松」，據上引備要改。

〔三五〕憑高　「憑」原作「馮」，據上引備要改。

〔三六〕其與利店之亂者　「其與」原作「於其」，據蕭本及上引備要卷一三嘉定四年四月四川置安邊司條改。

〔三七〕遣諜入夷中　「諜」原作「牒」，據上引備要改。

〔三八〕改知夔州　「改」原作「政」，據上引備要改。

〔三九〕東帥司　「帥」原作「師」，據上引備要改。

〔四〇〕所掠止是婦女　「止」原作「此」，據上引備要卷一三嘉定四年九月辛酉敘州蠻寇邊條改。

〔四一〕伯恕已赴類省試　「伯恕」原作「安」，據上引備要卷一三嘉定五年三月庚戌敘州蠻酋米在降條及本集本條上文記事改。

〔四二〕招安將謂衆曰　「衆」字原闕，據上引備要補。

〔四三〕即以三百人送長寧軍　「即」字原闕，據上引備要補。

〔四四〕每人日飯以一溢米　「每人」下原衍「食」字，據上引備要删。

〔四五〕乍降乍叛　「叛」原作「服」，據兩朝綱目備要卷一三嘉定六年十一月癸未虚恨蠻寇中鎮寨條改。

〔四六〕蠻至寨　「寨」原作「塞」，據上引備要改。

〔四七〕鐵釜　「鐵」（鉄）原作「鉎」，據上引備要卷一四嘉定七年四月癸丑馬櫃襲殺虚恨蠻庫崖條改。

〔四八〕租稅悉爲櫃所私　「櫃」原作「之」，據上引備要及本條上下文記事改。

〔四九〕質子　原作「當子」，據影宋本及上引備要改。

〔五〇〕坐私用邊租　「坐」原作「上」，據上引備要改。

〔五一〕五部落　「五」原作「丑」，據本條上文改。

〔五二〕卓望官兵　「卓」原作「皁」，據蕭本、殿本改。

〔五三〕（淳熙）十一年正月己未　「正」原作「二」，據影宋本改。按：是年二月庚申朔，無「己未」日。正月辛卯朔，己未乃二十九日。

〔五四〕先是　原脱「是」字，據兩朝綱目備要卷七嘉泰元年四月辛卯龍州蕃部寇邊條補。

〔五五〕大崖鋪　「鋪」原作「堡」，據影宋本及上引備要卷八嘉泰三年正月戊子龍州蕃部寇邊條改。

〔五六〕銀冶場巡檢　原脱「場」字，據蕭本及本條下文補。

〔五七〕以所部三百赴之　「百」原作「千」，據蕭本、殿本改。

〔五八〕重立賞格　「格」原作「榜」，據蕭本改。

〔五九〕夷人走險　「走」原作「奏」，據蕭本及上引備要改。

〔六〇〕凡三十餘里　「十」原作「百」，據上引備要改。

〔六一〕都統司　「司」原作「制」，據上引備要及本條上文改。

〔六二〕縠子隴　「隴」原作「龍」，據上引備要卷八嘉泰三年十月戊申龍州蕃部降條改。

〔六三〕約三百里　「三」原作「二」，據蕭本、殿本及上引備要改。

〔六四〕水罐山寨　「罐」原作「礶」，據蕭本改。上引備要作「確」。

建炎以來朝野雜記乙集逸文

從吴志伊藏明鈔本録補

37 永阜攢陵議

紹興初，六飛駐越，昭慈聖獻皇后上賓，因卜地權攢于會稽上皇村，蓋便於修奉也。及卜祐陵，遂就其側，併舉顯肅、憲節二后祔焉。顯仁皇后繼從其兆〔一〕，則迫隘已甚矣。高宗之葬也，趙子直時守蜀，手疏論會稽攢宫淺薄，可爲深憂，宜復祖宗山陵之制。朝論不從。於是自昭慈之西，連用五穴，山勢漸遠，其地愈卑矣。孝宗將攢，子直爲樞密使，建議以攢宫本非永制，實居淺土，蔽以上宫，初期克復神京，奉遷神駕，雖其志甚美，而其事實難。且死者無終極，國家有廢興，豈宜徒徇虚名，以基實禍。識者深以爲然。時日官荆大聲已卜地思陵之傍，開深五尺，下有泉石。近例神穴深九尺。按行使趙德老以爲土肉淺薄，不可用。子直乞改卜，意欲以中軍寨爲之。而宰相留仲至以爲不然。於是德老與覆按使謝子肅附其説，乃命大聲改卜於新穴之東，視新穴纔高一尺一寸五分而已。孫近之爲覆按使還〔二〕，言當少寬時日，别求吉兆。而内廷左右以上久居喪次，内外不便，皆主速葬之説。

乃詔侍從、臺諫限三日集議。議者皆言神穴未安，自合展期改卜。況朝廷禮文，何嘗盡循古制，豈必拘七月之期。奏，劉德修所草也。朱晦翁時在經筵，復上奏論臺史、國音之説不可信。又言：「今穴視前穴高一尺一寸五分，則是開至六尺一寸五分，即與舊穴五尺之下有水石處高低齊等，如何却可開至九尺，而其下二尺八寸五分者無水石邪？臣自南來，經由嚴州及富陽縣，其江山之勝，雄偉非常。説者又言臨安縣乃錢氏故鄉，山川形勢，寬平邃密，此必有佳處可用，而臣未之見也。竊見近年地理出於江西，福建爲尤盛，望下兩路帥臣、監司疾速搜訪，量給路費，多差人兵轎馬，津遣赴闕，令於近甸廣行相視。」或謂晦翁之意似屬蔡元定季通也。所謂國音者，蓋近世庸妄之説，以五音盡類羣姓，而謂冢地向背，各有其宜，以國姓論之，必當用離山坐南向北之地。晦翁謂：「以禮而言，則死者北首。若以術言，則凡擇地者，必先主勢之强弱，風氣之聚散，水土之淺深，穴道之偏正，力量之全否，然後可以較其地之美惡。政使實有國音之説，亦必先此五者，以得形勢之地，然後其術可得而推。若曰其法果驗，不可改易，則洛、越諸陵無不坐南向北，固已合於國音矣，又何吉之少而凶之多邪？」疏入不報。其後卒定永阜欑陵于會稽。子直請如故事建陵，臺諫同列又以後喪踰前喪而止。故永崇亦因之。若成穆、成恭二后則先葬于赤山，慈懿皇后則欑于南山净慈寺。在卷四孟子廟配饗從祀後。

48 陳魯公諫避狄

陳長卿爲相，靜重有守，高宗甚敬之。金虜遣使來，出慢言，朝廷震怒。大閹張去爲密進幸蜀之計。翌日，長卿對，首言張浚可用。上不許。因諭以入蜀之計。長卿曰：「川蜀路艱，緩急難進。且士大夫、六軍皆東南人，萬一顧戀不進，豈不誤事。」上悟而止。於是始議出軍守江、淮之策。及王權敗歸，閹、戚益懼，勸上幸會稽，因入閩。日欲晡，上命王存忠來議，長卿延入，解衣置酒。翌日，入奏曰：「陛下誠用其言，大事去矣。」一日，中使持御批來，甚遽，長卿視之，乃云：「如更一日，虜騎未退，且令放散百官，浮海避狄。」長卿取焚之。入奏曰：「誠如聖訓，百官既散，主勢孤矣。」上曰：「焚之，何也？」長卿曰：「既不可付外施行，又不敢輒留私家，故焚之耳！」上嘿然。會虜有内難，戕亮而歸。方是時，微長卿，國勢幾殆。卷六第一條

50 龔實之論龍曾

龔實之初爲監察御史，會江、浙大水，詔侍從、臺諫、卿監、郎官、館職陳闕政。實之言：「水至陰也，其占爲女寵，爲嬖佞，爲小人專制，爲夷狄亂華，而其間因權幸以致者蓋十

七八。方崇、觀之間，小人道長，內則奄腐竊弄威柄，至其末年，濁亂極矣。於是有京城大水之異，馴至夷狄亂華，海內横潰。今左右近習，不過數人，衆所指目，形于謠誦，一、二年來，進退人才，施行政事，命由中出，人心譁然，指爲此輩。甚者，親狎之語，流聞中外；賡酬之作，傳播邇遐。昔孝元信任恭、顯，漢業始衰。京房嘗因燕見，所以覺悟其主者，類數百言。元帝不能去顯，而京房由是以死。臣每讀其書而深悲涌水之變，由顯而致，房卒當之，可哀也。」時隆興二年八月矣。七月壬子下詔求言，八月甲寅朔，相去凡二日，則此疏八月初所上也。先是，內侍押班梁珂與大淵、覿皆用事，都人爲之語曰：「天上三奇日、月、星，地上三奇乙、丙、丁，人間三奇梁、龍、曾。」謂其能爲人禍福也。會言者論珂交通諸將，大爲威福，害及百姓，甚於寇盜。詔珂與外任宮觀，日下出門。八月五日戊午。後十四日，實之遷右正言〔三〕，入對，首論：「今積陰弗解，淫雨益甚，熒惑入斗，正當吴分〔四〕，天意若有所愠怒而未釋者。二人害政，甚珂百倍。陛下罷行一政事，進退一人才，必掠美自歸，謂爲己力。或時有小過，昌言於外，謂嘗爭之而不見聽。羣臣章疏留中未出，間得闚見，出以語人。有司條陳利害，至預遣腹心之人，示以副封〔五〕，公然可否之。若夫交通貨賂，干求差遣，大臣畏忌，依阿聽從，此又其小小者。」上諭以二人皆潛邸宮寮之舊，非其它近習比；且俱有文學，敢諫爭，杜門不出，未嘗輒預外事，卿宜退而訪問。實之再上疏云：「昔唐德宗謂李泌曰：『人言盧杞姦邪，朕獨不知。』泌言：『此其所以爲姦邪也。』今大淵、覿所爲，行道之人類能言之，而陛下尚未之覺，更頌其賢，此臣所以深憂屢歎，百倍於未言之前者也。」疏入不報。實之即家居待罪。章再上，乃詔茂良累上章乞回避王之望，可除太常少卿。九月二十九日辛亥。蓋實之在三館時，以王瞻叔薦爲郎，而瞻叔時參知政事，故援以爲請也。實之五辭不拜，後半月，除直祕閣、知建寧府。十月十三日乙丑。實之復請奉祠，不允。會陳正獻公自吏部侍郎請外，除漳州，改建寧。乾道元年七月。陳公言：「茂良前以言事補郡，且臣故交，今往奪之，於義有不安者。」不許。實之遂衝替。又二年，上益知二人之姦，並逐之於外。其秋，起實之提點廣東刑獄。乾道三年七月。踰年，擢知廣州。六年夏，召還得見，因論發運司誕謾等事。左相欲留之，右相不欲。左相旋亦罷，乃以實之爲江西副漕。數月，知隆興府。江西連歲大旱，實之奉行上旨，捐金出粟，全活甚衆。九年春，除敷文閣待制。明年秋，召歸爲禮部侍郎。甫月餘，除參知政事。時大淵久已死，茂良未至闕之數日，覿亦自京祠除使相〔六〕。上諭實之令與覿釋憾。實之雖奉詔，而覿銜之終不釋也。仲貫甫聞之劉晦伯諸公云。在臺諫給舍論龍曾事始末後。

52 陳正獻公論外戚不可爲宰相

陳正獻公爲吏部侍郎，因侍經筵，論外戚不可爲宰相。時錢處和以首參窺相位甚急，上納陳公言而止。錢憾之，風使求去，乃除知建寧府，乾道元年七月丙寅也。先是，吴明可尹臨安，權豪側目，執政亦不便之，乃徙爲吏部侍郎，俾之北使，而以龍大淵爲副。明可曰：「是可與言行事邪？」語聞，得罷行，而下遷禮部侍郎。明可力求去，六月丙申，除雜學士，奉祠。繼而王元龜入朝爲禮部尚書〔七〕，首獻足用十事，其言有及免行錢者。程正言叔達劾罷之。後三日，而陳公補外。閻惠夫舍人封還録黄，言：「芾、大寶、俊卿三人皆去，非國之福，臣竊爲陛下惜之。」程復上章言：「芾、俊卿之去，臣固不得而知。如大寶晚節末路錯繆若此，何足惜者。」因劾惠夫詞命俚猥六事。八月庚辰，詔王大寶與致仕，閻安中罷見任，汀州居住。是時洪景伯初除簽書樞密院事，乞以未轉二官，回贈其高祖。處和許以大夫告第，惠夫繳黄，言執政而贈四世，僭也。上從之。其被論或亦以此。而晁子西乃謂景伯、惠夫皆附大淵者，未知何以云爾也。陳公去位之十九日，而玉帶事作，後八日，處和亦罷政。同上。

校勘記

〔一〕顯仁皇后繼從其兆　「皇后」原作「高宗」，「繼」原作「維」，參酌本條上下文及兩朝綱目備要卷三紹熙五年十月詔建欑宮條、朝野雜記甲集卷一顯仁韋皇后條、宋史卷二四三韋賢妃傳改。

〔二〕孫近之　原脱「之」字，據上引備要及通考卷一二六王禮考紹熙五年引録朝野雜記本條、宋史卷四〇四孫逢吉傳補。按：孫逢吉字近之。

〔三〕實之遷右正言　「遷」原作「還」，據蕭本乙集卷六及宋史卷三八五龔茂良傳改。按：龔茂良字實之。

〔四〕正當吴分　「吴」原作「吾」，據上引宋史改。

〔五〕示以副封　原脱「示」字，據上引蕭本及宋史卷四七〇曾覿傳補。

〔六〕京祠　原作「京師」，據上引蕭本及上引宋史曾覿傳改。

〔七〕王元龜　原作「王龜齡」，據本條下文記事及宋史卷三八六王大寶傳改。按：王大寶字元龜。龜齡乃王十朋字。

張鈞衡跋

建炎以來朝野雜記四十卷，宋李心傳微之撰。微之，井研人，官至禮部侍郎〔一〕，自號秀巖野人，見宋史儒林傳。是書取建炎南渡以後事蹟，分門編類，甲集二十卷，分上德、郊廟、典禮、制作、朝事、時事、故事、雜事、官制、取士、財賦、兵馬、邊防十三門。乙集二十卷，少郊廟一門，而末卷别出邊事，亦十三門。每門各分子目。甲集二十卷，成於嘉泰二年。乙集二十卷，成於嘉定九年。各有自序。禮樂刑政，年經月緯，各具大端，故通考稱爲南渡以來野史之最詳備者。在宋有成都辛氏刊本，暨宣取繫年指揮。今日流傳惟有鈔本。而乙集自西夏以下，各本皆闕。丙申青羌之變，庚子五部落之變，庚子沈黎西兵之變，辛丑沈黎土兵之變，丁未三開乙卯曳失索之變，丙寅沙平之變，戊辰畜卜之變〔二〕，辛未利店之變，癸酉虚恨之變，左須夷人出没，龍州蕃部寇邊十一段，館臣據大典本補足。函海刻本最不足據。武英聚珍板是完本，而訛脱亦多，改易袚爲楊枝，幾與壯月改牡丹之笑柄相似，今以吴任臣藏明鈔本校改，聚珍本脱五段亦附於後，庶可冠各本乎。陸存齋羣書校補有此書，殊不足據。歲在閼逢攝提格，吴興張鈞衡跋。

校勘記

〔一〕禮部侍郎　據道命録李心傳序、黄震戊辰修史傳及宋史卷四三八李心傳傳應作「工部侍郎」。

〔二〕戊辰　原作「戊申」，據乙集卷二〇戊辰畜卜之變條改。

附録一

建炎以來朝野雜記拾遺

祖宗以來，三衙官雖尊，叙位班樞密院官之下，見必執梃趍庭，不許接坐，所以示等威也。紹興末，楊存中領殿巖，積官爲少師，而趙密典步軍，官亦至使相，於是殿中朝會，管軍押西班，而樞密反綴其下。王十朋爲校書郎，因轉對上言曰：「樞密者，本兵之地，號令節制天下之諸將者也。今殿廷班著，管軍傲然居前，樞密甘心其後，事勢倒置如此，其能號令節制之耶？」於是樞密葉義問聞之，上章請各爲班著。三十年，詔文武分班，密院官權立宰相下，若使相在假，則自立西班。

（録自輿地紀勝卷一兩浙西路·行在所·侍衛步軍司條引朝野雜記）

劉焞，淳熙六年知静江府。妖賊李接起容州，攻鬱林、容、雷、高、化、廉六州，又陷鬱林，僭號，嶺外騷然。焞分命諸將沙世堅等討捕，遂收鬱林，賊遂就擒。

（録自輿地紀勝卷一〇三廣南西路·静江府·官吏條引朝野雜記）

慶元六年，吕祖泰上書論道學所恃以爲國，趙汝愚有大勳勞，不當禁逐其黨，願陛下亟誅韓侂胄及蘇師旦、周均〔一〕，而罷逐陳自强之徒，而以周必大任其事。乃得責欽州。嘉泰三年，放令自便。及侂胄死，乃補迪功郎，而祖泰已死矣。

（録自輿地紀勝卷一一九廣南西路·欽州·官吏·吕祖泰條引朝野雜記）

〔一〕周均　據兩朝綱目備要卷六慶元六年九月丙子吕祖泰決配條下及宋史卷四五五華岳傳、宋史全文卷二九應作「周筠」。王象之爲避理宗趙昀嫌名，故改。備要記此事較詳，當亦來源於雜記。

中宫常服，初疑與士大夫之家異，後見乾道邸報臨安府浙漕司所進成恭后御衣衣目，乃知與家人等耳。其目：真紅羅大袖（真紅羅生色領子）、真紅羅長裙、真紅羅霞帔（藥玉墜子）、真紅羅背子（真紅色領子）、黄紗衫子（明黄生色領子）、粉紅紗衫子（粉紅生色領子）、熟白紗襠褲、白絹襯衣、明黄紗裙子、粉紅紗抹胸、真紅羅裹肚、粉紅紗短衫子。嘗記賈生言娼優被后服，不知至今猶然。

淳熙辛丑，孝宗策士，有昌元王昂應祥者，既賜舉，調潼川府司户參軍，自言年踰六十，不願出仕。上嘉之，特改承務郎，致仕，其年六月朔也。蜀人在朝者皆以詩送之。著作郎朱師古詩一聯云：「集英殿下初登第，神虎門前便掛冠。」最爲的切。

紹熙癸丑，光宗策士〔一〕，臨邛李僑（字德秀）年五十四，調成都（府）司户參軍，自以禄不及養，乞以一官追贈父母。上嘉其志，特詔德秀以本官致仕，父母皆予以初品官封，蓋異數也。

嘉定辛未廷試，眉山史公亮少弼、天應伯謙援德秀故事（請掛冠）。有詔並循故事，即致仕，仍予官封（從事郎）。國朝三百年，新進士即日掛冠者，惟兩蜀四人而已。

（録自説郛一百卷本卷四建炎以來朝野雜記條。第二條第一段亦見輿地紀勝卷一六一潼川府路·昌州·人物·王昂條引。第二段、第三段亦見兩朝綱目備要卷二、卷十三）

〔一〕「光宗」下原衍「初」字，按：兩朝綱目備要卷一及宋史卷三六光宗紀，光宗初策士，在紹熙元年庚戌，而非四年癸丑。今據删。

孝宗之喪，上實以嫡孫行三年服。慶元二年三月辛丑，監察御史胡紘言皇帝爲孝宗當服期。詔侍從、臺諫、給舍限三日集議釋服。吏部尚書葉翥等言：「孝宗升遐之初，太上聖體違豫，就宮中行三年之喪。皇帝受禪，止宜做古方喪之服以爲服，昨來有司失於討論，今胡紘所奏，引古據經，别嫌明微，委是允當。欲從所請，參以典故：六月六日〔一〕，大祥禮畢，皇帝及百官並純吉服；七月一日，皇帝御正殿，饗祖廟，以全權制屈伸之義。將來禫祭，令禮官檢照累朝禮例施行。」

四月庚戌，詔：「羣臣所議，雖合禮經，然於朕追慕之意有所未安，早來奏知太皇太后，面奉聖旨，以太上皇帝雖未康愈，宫中亦行三年之制，宜從所議。朕躬奉慈訓，敢不遵依。議狀可付外施行。」

六月辛亥，徙紘太常少卿，使草定其禮。七月癸未，親饗太廟如故事焉。

（録自宋會要禮三〇之五三注文引朝野雜記，並見兩朝綱目備要卷四慶元二年三月辛丑集議釋服條下）

〔一〕原作「六月九日」，據兩朝綱目備要卷四及通考卷一二二王禮考、宋史卷一二二禮志改。

〔嘉泰〕四年，刑部員外郎劉述提舉江東常平公事，坐贓免去，而湖、廣總領吴旴申省云：「述欠本所綱運甚多，請留之打算。」述舟行已過鄂渚，朝旨下，旴移檄追還之。此亦頃所未有。

述，成都人。淳熙七年，初改京秩，以試中大法，趙丞相用爲大理評事，蜀人鄙之，鄉會斥不與。未兩月，黜知雲安縣。〔通判施州、恭州、崇慶府。慶元末，知廣安軍，〕用李鋭事迎合袁起巖，以此得召。起巖罷，述亦坐黜。議者頗指鋭事爲言云。

方鋭之敗也，述先籍其家，得法書、名畫、珍寶之物甚衆。其後，制司始遣官盡拘其所有，吏因爲姦，隱匿復不少，計其貲猶直二百萬緡焉。

（録自宋會要食貨四四之一五至一六注文引朝野雜記，並以兩朝綱目備要卷八嘉泰四年末總所拘監司算綱運條下記事增補）

上在藩邸，〔王〕德謙爲府都監。孝宗大漸，黄由請上過宮問疾，既得旨矣，德謙堅請覆奏，由斥其不可。上從之，卒往視疾。

及即位，德謙驟遷昭慶軍承宣使、内侍省押班。〔慶元三年〕春，德謙求建節，有定議矣。時吴宗旦爲中書舍人，事德謙甚謹，夜輒易服謁之，以家僮執燈自導。德謙既有秉旄之耗，乃薦宗旦爲刑部侍郎、直學士院，使草麻。二月甲子，德謙遣幹吏諭指，宗旦厚待之，使其子與飲，且自捧勸者三。翊日，遂鎖宿禁中。宗旦將入，先出制草以示人，且引天寶、同光故事爲比。德謙喜，置酒高會。丙寅，制出，參知政事何澹不押制書，右諫議大夫劉德秀聞之，率臺諫交章言其不可。丁卯，宰相京鏜復以爲言，上遂寢其命。於是德謙除在外宮觀。吏部尚書兼給事中許及之奏駁之，臺諫因請竄斥德謙以慰中外之望，上未許。姚愈時爲殿中侍御史，首奏宗旦交結德謙以進，爲之草詞，請加貶黜。〔己〕巳，詔降宗旦三官，罷之。權中書舍人高文虎論其責輕。辛未，宗旦坐追三官。癸酉，復送南康軍居住。

或曰：「有貴戚與德謙爭用事於中，而德謙以計勝，戚憾焉，故因事擠之也。」宗旦既出，臺諫遂急攻德謙，詔以本官奉祠，居廣德軍。未幾，日者陳舜道自言：「頃如門司徐考叔家賣卜，考叔爲言德謙多受張宜金錢，引爲閤長，命舜道爲臺諫言之。」德謙伺知之，考叔坐送郴州安置。至是，考叔已貶吉州。三月庚寅，有旨，考叔許自便。會臨安府劾德謙爲人求官，贓以鉅萬計，嘗以導駕燈籠自奉，服食擬乘輿。獄未成。丁酉，特旨降德謙團練副使，居撫州，他勿治。翊日，高文虎請改爲安置，上從之，然獄卒不竟也。德謙先賜第，遂改以賜故嗣濮王士歆家。

五年二月，詔移德謙徽州，宗旦池州，並居住。甲申，右諫議大夫張釜言：「德謙奸詭，宗旦阿回，請自今不以赦移，雖有特旨亦許執奏。」四月，以竄逐德謙本末付史館。十二月，復用察院孟必先言，移德謙汀州。

（録自兩朝綱目備要卷五慶元三年三月丙申竄内侍王德謙條下）

按：朝野雜記甲集卷一二宦官節度使條載：「慶元中，王德謙已除節度使，大臣交奏，乃不行，德謙亦坐斥。」

語在時事中。」考今本甲集卷七時事門和其他門類皆不載其事，當有闕佚。兹據備要補録。

大奚山者，在廣東海島中。〔慶元三年〕夏，廣東提舉茶鹽徐安國遣人入島捕私鹽，島民不安，即嘯聚千餘人入海爲盜，劫副彈壓高登爲首揭牓疏安國之罪，掠商旅，殺平民百三十餘人。經略使雷潨與安國素有隙，及是，安國乞遣兵討之，而潨則用錢、酒醪以犒勞，且以安國生事聞於朝。是月（指閏六月）戊子，詔安國别與差遣。會安國上疏自辨，癸巳，詔提點刑獄唐弼究實以聞。於是給事中許及之言統領林墉、彈壓林通造謀以傾安國。詔二人皆罷。七月甲寅，下詔召潨還。既而右諫議姚愈又以爲言，乃併安國罷之，而弼與宫觀。八月庚辰，以軍器監錢之望爲秘閣修撰、知廣州。丁亥，以刑部郎中陳研爲提刑，知潮州陳宏規爲提舉。言者復奏島民擅殺平民之罪。辛卯，命之望究治之。之望盡執島民戮之無噍類，議者或以爲過云。

（録自兩朝綱目備要卷五慶元三年夏大奚山島民作亂條下，並參校輿地紀勝卷八九廣南東路·廣州·古迹·大奚山條引朝野雜記）

關外舊有營田，歲收租十餘萬斛，其田半爲吴、郭、田諸家所據，租入甚輕，計司知之而不敢問。

慶元末，司農少卿江陰王寧總領四川財賦，有隆州州學教授江原張鈞嘗仕利路〔一〕，獻策於寧，以爲營田租可增。寧用其說。〔六年〕冬，分遣官屬八人按行諸郡。所遣官知其不可，僅略增之。時新金州簽判眉州人元鼎者，分括鳳州，遂盡集屬邑之民，糾決升降，連數月不已。

太尉郭杲時爲興州帥，寧、杲舊同寮，相厚善。至是，寧欲核其軍中缺員將佐，杲不肯，互奏於朝，朝廷用杲言，由此兩人有隙。及寧括營田，杲尤不以爲是。

有武臣守鳳州者，杲親黨也，知其情，即諭營田之家啖元鼎以利。寧命元鼎近邊三十里毋得增括，元鼎匿之。營田户數自詣元鼎請其榜以示人，元鼎不與。時日將午，元鼎卧未出，營田户數百譟於庭，曰：「我曹拘此近半年，而若猶未起，事何時而可集耶？」即突入執元鼎毆之，探其囊得金錢、虎皮、解鹽等物。又啟其從吏之槖，所得物半之。即斥元鼎立庭下，授之紙，使具所得主名。元鼎辭伏。衆擁元鼎詣郡守，守即白利州西路安撫司，云總所營田官邊民驚擾欲爲變，本州已撫定，乞遣兵彈壓。杲因出榜招諭，且以聞。寧聞之，即以元鼎屬吏。利州安撫司屬官張嶸者，潁昌人，與寧善，密以杲劾疏告寧。寧得書，謂人曰：「郭帥與寧善，何得至此？」不閱月，有詔除寧直徽猷閣、湖北轉運副使，寧始信其言。

(録自兩朝綱目備要卷六慶元六年冬括關外營田租不果條下)

按:朝野雜記甲集卷十六關外營田條載:「(慶元)六年冬,王少卿寧總計增其課,朝廷以邊民不便,罷之。語在時事中。」考今本甲集卷七時事門不載其事,而略見於乙集卷十六財賦門王德和(寧)括關外營田條,當有脱漏。茲據備要補録。

〔一〕江原 朝野雜記乙集卷八孫巖老樊允南恬退條、卷十淳熙至嘉定蜀帥薦士總記條「張伯修」名下及元豐九域志卷七成都府路蜀州條均作「江源」,此處記載有誤。

韓侂胄妻早死,有四妾,皆得郡封,所謂四夫人也。其次又十人,亦有名位。去歲(指慶元三年)秋冬之間,有獻北珠冠四枚者,侂胄喜,以遺四夫人。其十人皆愠曰:「等人耳,我輩不堪戴耶?」侂胄患之。〔趙〕師睪時以列卿守臨安,微聞其事,亟出十萬緡市北珠甚急。

是月(指慶元四年正月)辛亥,侂胄入朝未歸,京尹忽遣人致饋,啟之,十珠冠也。十人者大喜,分持以去。侂胄歸,左右以告,侂胄未及有言,十人者咸來致謝,遂已。翼日,都市行燈,羣婢皆頂珠冠而出。又明日,語侂胄曰:「我曹夜來過朝天門,都人聚觀,真是喝采。郡王奈何不與趙大卿轉官耶!」翼日,又言之,故有是命(指除工部侍郎之命)。

侂胄嘗與衆客飲南園，過山莊，指竹籬茅舍而謂曰：「此真田舍間氣象，所惜者欠雞鳴犬吠耳！」少焉，有犬嘷於叢薄之下，亟遣視之，京尹趙侍郎也。侂胄大笑。其後京尹坐他事罷，諸生爲詩誚之，有「也曾學犬吠村莊」之句，即指此也。

（録自兩朝綱目備要卷五慶元四年正月丙辰趙師𢍰除工部侍郎條下）

淳熙末，〔許〕及之與薛叔似同擢補、遺，皆爲善類所予。黨事既起，叔似累斥逐，及之乃更遷給事中、吏部尚書。既而，踰二年不遷，乃間見侂胄，叙其知遇之意及衰遲之狀，不覺涕零，繼以屈膝。侂胄惻然，語之曰：「尚書才望簡在上心，行且進拜矣。」不數日，遂有是除（指同知樞密院事之除命）。

侂胄嘗值生辰，羣公上壽，既畢集，許及之爲吏部尚書，適後至，閽人掩關拒之，及之大窘，會門閫未及閉，遂俯僂而入。當時有「由竇尚書，屈膝執政」之語，傳以爲笑。

（録自同上書卷五慶元四年八月丙子許及之同知樞密院事條下）

……趙帥（指浙西安撫使兼知臨安府事趙師𢍰）本權臣之死黨，奴事蘇〔師旦〕、周〔筠〕，賄結貪相（指陳自强），姦回駔儈，暴虐貪殘，實小人之渠魁，其視善類不啻冰炭。當時譏之者曰：「姦邪誰不附韓王（指平原郡王韓侂胄），師睪於中最不臧。手拾骰錢詼寵婢，身當傳酒舞齋郎。叩頭雅拜尊師旦，畫膝爲書薦自强。更有一般人不齒，也曾學狗吠村莊。」……

（摘鈔自同上書卷一二嘉定三年十二月丙寅趙師睪罷條下著録武學生周源等赴國子監所投牒文）

按：葉紹翁四朝聞見録戊集犬吠村莊條載：「韓侂胄嘗會從官于南園，京尹趙師睪預焉。師睪因撻右庠士，……諸生鄭斗祥輩遂撰爲師睪嘗學犬吠于南園之村莊，又舞齋郎以悦侂胄之四夫人，以是爲詩，以擠師睪于臺諫。雖師睪固附韓者也，亦豈至是？李秀巖心傳不諳東南事，非其所目擊，乃載其事于朝野雜記，諸生『犬吠』『齋郎』之詩特詳焉。後之作史者當考。或謂有穿狗竇而入見韓者，亦非。」

又周密齊東野語卷三誅韓本末條載：「（韓侂胄）身隕之後，衆惡歸焉，然其間是非，亦未盡然。若雜記所載，趙師睪犬吠，乃鄭斗〔祥〕所造以報撻武學生之憤〔一〕。至如許及之屈膝，費士寅狗竇，亦皆不得志抱私讎者撰造醜詆。所謂僭逆之類，悉無其實。李心傳蜀人，去天萬里，輕信紀載，疏舛固宜。」

上述有關内容的記事，已不見於今本雜記中，故據備要迻録如右。

〔一〕鄭斗祥　原脱「祥」字，據上引四朝聞見録及南宋館閣續録卷八補。

在京職事官，俸甚薄，宰相不滿四百千，下至寺監纔五十餘千。都城物貴，不足於用，歲時節序，浙路諸州皆饋酒，率鬻之以資費。獨宰執、臺諫不敢以壺酒饋，由是爲臺諫者極貧。淳熙中，王牧爲監察御史，月俸六十緡，其兄將遣女，議月以十緡助之，迄不能也。外方牧伯，一或陰致饋，聞於當路，則公議騰沸，斥罰隨之矣，如夔帥銀黑白鋌、淮東總領金注椀之類是也。

自〔韓〕侂冑用事，賄賂盛行，四方饋遺，公至宰執、臺諫之門，人亦不以爲訝。其所用如陳自强之徒，尤貪鄙，書題無「并」字者輒不開。是時饋酒於宰執、臺諫之門，率以千計，久以惡其鄭重，則又折以錢，故一爲臺諫者皆致富。

有某路某司吏，余舊使令也，一日，枉道來拜，自言南士持節者俾之入都。問之，曰：「某官令押信匣大小五百七十枚求茶馬耳！」余甚駭之，且不信。居數月，果報榷牧之命，某年某月也。

（録自兩朝綱目備要卷八嘉泰三年五月戊寅陳自强爲右丞相條下引「李心傳曰」）

〔開禧元年十二月〕戊寅，金主遣吏部尚書趙之傑〔一〕、兵部郎中（元）〔完〕顏良弼來賀明年正旦。時平章軍國事韓侂冑欲啟虜釁，〔命鄧友龍以給事中館伴〕，之傑入見，容止倨慢，持國書逡巡却立，若將邀上爲起者。閤門覺其意，奪書以進。之傑益不平，俄贊者唱云：「躬身立」。「躬」者，金主父顯宗嫌名也（顯宗名允恭）。之傑端立不動。侂冑遽前奏，請駕還内。繼有旨，更以正旦朝見。著作郎朱質上書乞斬虜使，侂胄雖不從，猶罷其天竺之游。

〔明年春，虜使既去，友龍坐貶秩，而質除諫官。及嘉定再和，二人踰嶠，蓋以是也。〕

李心傳曰：按孝宗實録淳熙六年十一月乙亥，樞密院言：「盱眙軍申泗州牒：〔元〕〔完〕顔亶已〔追謚閔宗皇帝，升〕祔〔太〕廟，所有廟諱及同音字並合與回避。」詔下有司照會。以此例之，則「躬」字亦合與避，而不避者侂胄欲以挑虜也。

（録自宋史全文卷二九開禧元年十二月戊寅條，並以兩朝綱目備要卷八開禧元年十二月戊寅韓侂胄挑虜使條下記載校補）

〔一〕吏部尚書趙之傑　「吏部尚書」，金史卷一二章宗紀作「太常卿」，兩朝綱目備要卷八作「禮部尚書」。

〔蘇〕師旦者，本平江府書佐，韓侂胄頃爲本府兵馬鈐轄，從府假筆吏，吏以其冷局，俾師旦行。韓滿歸，蘇復還府下。丘宗卿爲守，嘗以事怒師旦，編管秀州。久之，韓知閤門事，師旦困甚，往依之，韓憐而寘之門下。未久，上登極，韓以師旦竄名藩邸吏士内，遂用隨龍恩得官。韓以其辯慧愛之，每朝廷有議論，或使之傳言於大臣，大臣亦與之立語而已，當時侍從官則或與之接坐矣。

陳勉之在禁林，事師旦尤甚，有愛妾曰蠟梅，以秀惠聞於東南，師旦至其家，則三人參坐縱飲。未幾，師旦除帶御器械，遷知閤門事、樞密都承旨、幹辦皇城司，師旦權日盛，乃自名蘇氏之出子。陳曄總蜀計，爲建景蘇樓於眉州市以悅之。嘉泰三年，陳勉之正挼席，首除師旦定江軍承宣使。

時又有周筠者，本侂胄家蒼頭，亦冒以恭淑皇后姨夫補官爲浙西兵馬都監，權任在師旦之亞云。乙丑開邊，侂胄既拜平章〔軍國〕事，後五日，師旦亦拜安遠軍節度使〔一〕、提舉佑神觀〔二〕。及兵敗，削籍流韶州。侂胄誅，師旦杖脊黥吉陽軍。翌日，有詔處斬，令廣東憲臣涖其刑。妻子編置。筠亦流嶺外。或曰師旦之敗，本李季章摘其過，爲侂胄言之。其後，丘宗卿乃白其姦。李季章爲余言，宗卿不與此，傳者誤。又有李士謹者，初爲侂胄直省官，亦用事，後配嶺南。

師旦用事時，近臣皆因之以進。鄧伯允爲給事中，差與抗禮，餘人至僕隸事之。師旦每會，其召從官不復折簡，第遣人傳諭。或值宴集，賓客滿坐，聞命即委之而去。始師旦爲小吏，丘宗卿屢笞之。逮宗卿起帥江東，過辭師旦，自朝至日中昃不得見。翊日再來，逮暮始能一面，宗卿雖忿而不敢校也。內翰傅伯壽尤與之親厚，伯壽老病不能拜，尚除執政。請外，除集英殿修撰，知夔州。及死，又除寶謨閣待制，盡得從官恩數云。

（録自永樂大典卷二四〇四，頁一一引朝野雜記，並參校兩朝綱目備要卷七嘉泰二年正月癸亥蘇師旦兼樞密院都承旨條及卷八嘉泰三年五月戊寅陳自強爲右丞相條）

〔一〕安遠軍節度使　「安遠」原作「定江」，據兩朝綱目備要卷八開禧元年七月丙（辰）〔寅〕蘇師旦建節條及宋史卷三八寧宗紀開禧元年七月丙寅條改。

〔二〕提舉佑神觀　上引兩書作「領閤門事」。

姚淮源，仲之孫也，生時，其家夢見黑猿入第，遂産淮源，識者知非佳證也。淮源當得右官，不肯仕。吴曦反，僞除太府少卿兼給事中。曦死，首坐誅。

（録自「永樂大典卷一三一三九，頁二六引朝野雜記）

史丞相之請除侂胄也，惟一二執政近臣知之。前數日，侂胄在都堂，忽謂李參政曰：「聞永嘉人欲變此局面，相公知否？」李疑事泄，徐答之曰：「那有此。」侂胄默然。前一夕，侂胄與其愛姬號滿頭花者方飲酒，周筠自外至，曰：「事欲不善！」侂胄笑曰：「誰敢爾！」筠再言，不應，懼而去。詰朝，遂坐殛。夏震者，本李季章所薦，侂胄命攝殿巖，後以擊侂胄之勞，死於節度使。

（録自永樂大典卷一九七八一，頁三引朝野雜記）

癸巳彌羌之變 此標題爲點校者所加

〔上文闕〕邊之由也。諸司以守臣宇文紹直不支還馬價致生邊隙，交章按劾，而知雅州塞駒、瀘南帥臣李仁父以茶司不支降馬價本錢引惹邊事，亦制章以聞。紹直降官停任，而茶司大不爲清議所與。

是年（據宋史卷三四孝宗紀應是乾道九年癸巳）七月，宣撫茶馬司辟奉議郎邵降年知〔黎〕州事，而制司檄茂州通判吕宜之與黎州通判樊彦思兩易。降年嘗通守本郡，得諸羌心。奴兒結聞其來，乃詣州納款，其月十一日壬寅也。降年具其事白宣撫司，且言邊民没夷地者尚千餘人，乞許令説諭收贖，宣撫司從之（八月十三日癸酉行下）。

至十一月半，有吐蕃彌羌畜列者，仍以饑饉乞米爲詞，且云：「奴兒結本蕃奴，今春入漢界作過，猶有所德，若某日米絹茶帛不至，必大合諸族寇邊。」仍出一小牛角，並木刻一小信牌馳報，蓋蕃蠻以此二物爲不可失之信故爾。郡以爲此族無因而來，却而不與，止檄安靜等處守戍將兵令嚴作隄備。二十日己酉旦，忽報畜列引七百餘人渡河。先是，本州水尾村有把截將張紹通，富豪雄一鄉，土丁千五百人，半其客户，申州任責，乞以土丁當之，欲引彌羌至虎掌立處盡行剿殺。郡守深信其説，恃以無恐。二十二日辛亥旦，官軍安靜失守，紹通不復守把茹山地獄門險隘之地，遂徑往虎掌平擺布土丁，欲與賊戰。已而，吐蕃直入，紹通爲流矢所中，墜馬而死。土丁千餘人望風遁去，官軍之在虎掌山者百餘人爲蕃賊從山上掩襲而下，亦皆星散。焚燒大小薛堨、新村等處屋舍，劫掠財畜，蕩然一空。州以無兵無錢無糧，遣甲頭誘説邛部川蠻令出力救援。二十三日壬子，都王崖禨與部義率本部蠻渡河，自茹山、三衝直上殺退畜列徒黨數十人，餘衆悉竄歸巢穴，王子崖示因而戰死，一州方獲安堵。時茶馬趙富文彦博兼權宣司參議官，以本職臨按至名山，聞崖禨攻退畜列，喜不自勝，亟檄州令約束邛部蠻等團住吐蕃，緩行勦殺，意欲功由己出。檄未至，而事已畢。既入境，則移怒守貳，決責兵將士民，申陳邊防利害，至打折鄉貢進士馬龜年脛骨，一州爲之紛然。此吐蕃再釁之本末也。

明年春正月，富文還成都。先是，帥臣薛季益以降年不縛致奴〔兒〕結爲罪，白之宣撫司。宣撫司檄州詰問，降年怒忿，嘔血死。帥司遣本路兵馬鈐轄成光延來攝守事，其年三月也。三邊邛部川最富强，吐蕃貧而健鬭，惟五部落富而弱，往年部落因短寸之馬，亦起邊釁，至動川、陜之兵，其不可忽如此。初，青羌之入寇也，郡告急於成都，薛季益下令聚民於城中，盡焚漢源鎮，清野以待之，不知州去邊猶三百里，漢源富實爲一州根本之地，通判呂宜之力争，雖以是獲罪，論者與之。季益又遣兵馬鈐轄以三百兵守邛峽關，立樓棚，起礮座，關近榮經，去州六十里，蓋懼黎城或破，則羌人突入内郡，故預防之也。趙仁仲爲小漕，又檄州令人伺候吐蕃過河時，取河邊江石擊之，則賊不敢渡，聞者傳以爲笑焉。趙富文喜邛部川之功，始以細茶、法錦予之，前此羌人未嘗見也。又舉去城南五里塔平之地界羌人放牧，諸司劾之，以此罷去云。

（鈔自清光緒甲午福建增刻殿本朝野雜記乙集孫星華撰校勘記卷三補録影宋本乙集卷一九韃靼款塞條下記事）

和議未成荆帥辛用蜀士

吴德夫自江陵使蜀，於是時虜窺荆、襄甚急，朝士莫肯行。侂胄乃以宇文挺臣知江陵府兼權湖北、京西宣撫使，蓋宣司在鄂渚，實居江南，而江陵則江北也。挺臣遲遲未行，乃改命爲侍讀、湖南北、京西宣撫使兼權知江陵府，挺臣遂行。

初，德夫既去，總領官趙少卿善實攝帥事，得旨，俟挺臣交割，乃還武昌。挺臣既入疆，領宣、帥二司印，趙卿即以軍餉急闕爲詞，委府事於通判而去。挺臣纔至武昌，趙卿亦上謁，挺臣大怒，謝不見。會李季允起廢爲湖北憲，郇檄季允使權府事，且劾趙卿于朝。侂胄主之，第降旨令盡力餉軍，以責後效而已。季允用是亦復官除帥。俄季允以季章累罷，亟命范仲壬季海自夔州代之。及和議成，季海召歸，旋以事被黜。蓋自邊事將興，即命楊端明守荆渚，輔，遂寧人。楊公移峴首，乃用陳子長右司。損之，隆州人。子長道卒，用范東叔給事。仲藝，雙流人。東叔卒，乃用宋伯嘉舍人。之瑞，台州人。伯嘉去，用劉師文侍郎。甲，嘉定人。師文改除，用吴德夫少監。獵，潭州人。德夫使蜀，乃用宇文挺臣。廣都人。挺臣宣威，用李季允。𡌴，眉州人。季允罷，用范季海。成都人。自宋、吴二人外，凡守荆渚者，皆選蜀士。休兵後，始置京湖制閫，命趙從善尚書以直學士爲之，既爲蔡行之所覈〔一〕，乃改用李伯和尚書，皆江、浙會。

（録自永樂大典卷一三四五三，頁一一引朝野雜記）

〔一〕蔡行之所覈　宋史卷二四七趙師羼傳作「會荆湖始置制閫，以命師羼（字從善），給事中蔡幼學（字行之）繳其命，遂罷歸。」疑本條此處的「覈」字爲「繳」之誤。

丞相周益公（必大）求去　此標題爲點校者所加

孝宗將倦勤，周益公自右揆轉首台，而留仲至以參預爰立〔一〕，時李景山巘以鎖闥直禁林，並草二制，而於益公制中多所訓飭，至有患失、容身之語。益公不自安，三上章力辭，又四章求去。其辭免第二劄子有「中外臣庶明知兩相制書抑揚不同，在於人情寧免觀望。」蓋指此也。奏入，上召景山入對，令貼麻改定。又親批其奏云：「朕登庸元輔，委任尤深。遽上詞章，實難從允。」既命載之荅詔。益公復言所訓飭乃與蔣芾所草洪适制並同，恐是一時遣詞循用前例。蔣子禮草洪景伯右僕射制，略云：「毋獨附於親舊，期公選於賢能。毋朋比以殉私，毋依違而患失。毋取充位，必既厥心。毋思容身，必任其責。」景伯坐此隨即被劾，居位僅七十日而去。後兩月，子禮自中書舍人入除簽書樞密院事。因以非才求去。會胡子遠侍御入對，及景山事。上曰：「朕何嘗令如此措辭。」遂批出李巘與郡。明日，將上乞除職名。上不許。景山既去，乃以倪正父著作兼翰林權直，而尤延之侍郎兼直學士院。尤延之，益公所引也。二月，光宗受禪。三月，遺、補二〔公〕〔官〕並罷。而黃牧仲謙自監察御史除左司諫，牧仲論事不合指，四月罷去。而謝昌國諤自諫長遷中司，何自然自權兵部侍郎除右諫議大夫，胡子遠自南榻真除兵部侍郎。自然本益公所厚，爲司業二年不遷，殊怏怏。仲至既執政，白用爲祭酒，故德之。於是自然攻益公，益公求去。再請而遂罷。故益公第二狀中有「右揆賢德，中外具瞻」之語，蓋謂是也。初罷，除觀文殿大學士、判潭州。昌國以不論列之故，故權工部尚書。而范子由處義自新知滁州除殿中侍御史。益公方懇辭除職典郡之命，自然又論之，處義亦助其說。五月九日，內批：免朝辭，在外宮觀。

六月，延之罷去，昌國亦以雜學士出守泉州。黃擇掄自太府寺丞除右正言。七月，景山復入爲禮部侍郎兼直學士院。踰年，進本曹尚書。三年春，真拜學士。五年七月，趙子直以定策功拜樞密使，景山草麻有「太尉本兵柄」之語，子直以爲侮己，銜之。八月，轉景山學士承旨。黄子由時以左史暫兼鎖闥，駮之，乃除寶文閣學士、知婺州。蓋景山兩在翰林，皆由草制而去位，自是不復起矣。

（録自永樂大典卷一三四五六，頁一一引朝野雜記）

〔一〕留仲至以參預爰立　指留正（字仲至）以參知政事升任右丞相，參見宋史卷三五孝宗紀淳熙十六年正月條。

附録二

李心傳生平事蹟資料

寶章閣待制李心傳傳稿

心傳字微之，隆州井研人。寶慶二年，以布衣補官。詔入史館，專修中興四朝帝紀。甫成其三，言者去之，添差通判成都府。尋除著作佐郎，兼四川制置司參議官。詔無入議幕，許辟官置局，踵修十三朝會要。端平三年，書成。會有狄難，召赴闕。明年冬，復以言去，奉祠雲上。淳祐元年，罷祠，既復予之，又復罷。三年，致仕。明年卒，年七十八。

所著成書，有繫年録二百卷、學易編五卷、誦詩訓五卷、春秋考十三卷、禮辨二十三卷、讀史考十二卷、舊聞證誤十五卷、朝野雜記四十卷、道命録五卷、西陲泰定録九十卷、詩文一百卷。立朝論諫亦多切直。

初，心傳父舜臣嘗主宗正寺簿，以文名。生三子：道傳悦文公朱熹之學，不遠數千里出蜀，將從之游，至則文公已下世，遂博采力求，盡得文公爲書而哀之，用以代面承。蜀之會粹文公書，自道傳始，世所稱「李果州」者也。性傳亦第進士，嘗參大政，有名於時。心傳最長，慶元乙卯歲，以明經薦於鄉。既下第，獨絶不復應舉，閉户著書。晚因許奕、魏了翁、崔與之等合前後二十三人之薦，自制置司津發至闕下。授之官，又賜進士出身。歷官至工部侍郎、寶章閣待制。其書家藏而人誦，殆將爲我宋信史，所就益遠矣。世尊稱曰「秀巖先生」云。史臣震擬贊曰：「史臣自漢遷、固後無聞焉，至我朝而後有心傳，該總通達，遂成一家。嗚呼盛哉！」

（録自四明叢書黄震戊辰修史傳）

寶慶二年，詔隆州井研縣人李心傳召赴行在。續於紹定元年正月，有旨：特補從政郎，差充祕閣校勘（一）。有司討論請給人從，請給除合破本身料錢外，準正字例支破，其僱募兵士減半。二年三月，有旨：「李心傳供職以來，已踰兩考，研覃典籍，恬静可嘉，特與改合入官，仍令隨祕書省班趨赴朝參，（等）序位正字之下。」續有旨，告授承事郎，依前祕閣校勘。四年正月，御筆：「李心傳已經輪對，議論詳明，盡言無隱，所當褒表，可特賜同進士出身，與陸擢差遣。」是月，爲將作監丞兼國史院編修官兼實録院檢討官。

（録自南宋館閣續録卷六祕閣校勘條）

〔一〕按：南宋館閣續録卷九祕閣校勘條繫此事於寶慶三年十一月，早於此處記時兩月。

李心傳　紹定五年五月，除祕書郎。六年二月，除直寶章閣，特添差通判成都府。

（録自同上書卷八祕書郎條）

李心傳　端平元年正月，除著作佐郎。

（録自同上書卷八著作佐郎條）

李心傳　嘉熙二年三月，以著作郎兼權工部郎官奏事，除祕書少監。是月，兼史館修撰，專一修纂四朝國史、實録。十月，除權工部侍郎兼祕書監。

（録自同上書卷七祕書少監條，參見宋史全文卷三三及宋史卷四二理宗紀。）

秀巖先生傳

秀巖先生李心傳，字微之，亦字伯微，隆州井研人也。乾道三年，生於鄉。父舜臣，嘗主宗正寺簿，有文名，乾淳間，參修神、哲、徽、欽四朝藝文志。生三子：道傳悦朱熹之學，不遠數千里出蜀，將從之游，至則熹已下世，遂博採力求，盡得熹爲書而哀之，版於蜀，用以代面承。蜀之會粹熹書，自道傳始，即世所稱「李果州」者也。性傳亦第進士，淳祐間，入國史院爲同修國史兼實録院同修撰，後參大政，有名於時。

心傳其長也。幼承庭訓，留心故實。年十四五，侍父行都，頗得竊窺玉牒所藏金匱石室之祕，退而過庭，則獲剽聞名卿才士大夫之議論。每念渡江以來，紀載未備，使明君、良臣、名儒、猛將之行事猶鬱而未彰，至於七十年間，兵戎財賦之源流，禮樂制度之因革，有司之傳，往往失墜，甚可惜也。遂慨然有著述之志。

慶元元年，以明經薦於鄉，未與名，復累舉不第，遂絶意不復應舉，閉户著書。心傳博通羣書，尤熟故實，六藝經傳，靡不論述，因以文名聞於國中。

嘗著高宗朝繫年録，編年紀載，專以日曆、會要爲本，然後網羅天下放失舊聞，可信者取之，可削者辨之，可疑者闕之，集衆説之長，酌繁簡之中，久而粹成，人號詳博。李燾之撰續通鑑長編也，義例悉依司馬光所創立，心傳師而承之，殆無不及，其宏博有典，更非陳均諸家所能追步也。嘉定三年九月，國史院奏取其書，以備檢討。繼又纂集隆興、乾道、淳熙典章，苦心忘疲，歷歲滋久，累朝聞見，會萃殆畢。至十六年，又爲史院所録，學士大夫罕得見也。

寶慶二年，因崔與之、許奕、魏了翁、曹彦約、張忠恕、度正等合前後二十三人之特薦，以布衣應詔，自制置司敦遣至闕下，爲史館校勘，奉詔增輯中興以來放佚舊聞。三年十一月，有旨：特補從政郎，差充祕閣校勘。紹定二年三月，詔李心傳供職以來，已踰兩考，研覃典籍，恬靜可嘉，特與改合入官，仍令隨祕書省班趨赴朝參，等序位正字之下。尋有旨，告授承事郎，依前祕閣校勘。四年正月，御筆：「李心傳已經輪對，議論詳明，盡言無隱，所當褒表，特賜同進士出身，予陞擢差遣。」遂爲將作監丞，並兼國史院編修官、實録院檢討官，專修中興以來四朝帝紀。五年正月，除祕書郎〔一〕。六年二月，帝紀甫成其三，會爲言者所劾，除直寶章閣，特添差通判成都府。端平元年正月，遷著作佐郎，兼四川制置司參議官。詔無入議幕，許辟官置局，踵修十三朝會要。……三年，書成。會有狄難，召赴闕。嘉熙二年三月，以著作郎兼權工部郎官，旋除祕書少監，兼國史院修國史及寶録院修撰，專一修纂高孝光寧四朝國史及實録。十月，除權工部侍郎，兼祕書監，仍兼領國史及實録院原職，專典史事。繼而除寶章閣待制，真拜工部侍郎。上言曰：「……」（規按：文見宋史卷四三八李心傳傳）。帝從之。明年冬，復以言去，奉祠霅上，居湖州。淳祐元年罷祠，既復予之，又復罷。三年，致仕。明年卒，年七十八。

心傳刻志前聞，究心史學，立朝論諫，亦多切直。抱忠義之良謀，違功名之佳會，高才雅藝，宏博有典。況夫志行超邁，久棄場屋，該免舉不復就，怡然自適，非歷來上書進策伺覬賞典者比。〔宋史本傳稱其〕「作吴獵、項安世傳，褒貶有愧秉筆之旨，蓋其志常重川蜀而薄東南之士。」然觀宋人以張栻講學之故，無不堅持門户，爲其父浚左袒，而心傳繫年録，獨於淮西、富平之僨事，曲端之枉死，岳飛之見忌，一一據實直書，雖朱子行狀亦不據以爲信，固未嘗以鄉曲之私稍爲回護，是又不盡然者也。故其書家傳而人誦，殆成爲有宋信史，所裨益遠矣！心傳晚歲寓居湖州，自號霅濱病叟，又號秀巖老人，故世尊稱曰「秀巖先生」云。

所著成書，有高宗朝繫年要録二百卷，丙子學易編十五卷〔二〕，誦詩訓五卷，春秋考十三卷，丁丑三禮辨二十三卷，讀史考十二卷，道命録五卷，西陲泰定録九十卷，詩文集一百卷，孝宗要録初草二十三卷，國朝會要總類五百八十八卷，舊聞證誤十五卷，建炎以來朝野雜記甲乙兩集各二十卷。……無子，以弟道傳子獻可嗣之。

德毅曰：南宋史家之特徵凡有三焉，著述旨在説明往事，寧失之繁，毋失之略，不尚褒貶，不加論斷，同異互存，而是非自見，一也。師法劉知幾史通之意趣，從事當代史之著述，二也。承通鑑之義例，爲編年之史體，三也。此三者足可概括南宋一代之史學也。昔人常言史難，良史之才，自班、馬、陳、范而下稀聞焉，至南宋而後有心傳，該綜博洽，自成一家，名山之業，亦盛矣哉！

（録自王德毅撰李秀巖先生年譜，載建炎以來繫年要録卷末，臺北文海出版社出版的宋史資料萃編第二輯）

〔一〕（紹定）五年正月除祕書郎　按：南宋館閣續録卷八繫此事於紹定五年五月。

〔二〕丙子學易編十五卷　戊辰修史傳及宋史卷四三八李心傳傳皆作「五卷」。

附録三

諸家著録題跋

郡齋讀書志卷五上附志·雜史類

朝野雜記甲集二十卷 乙集二十卷

右李心傳微之所編中興以來之事也，繫年要録蓋倣於此。

直齋書録解題卷五雜史類

建炎以來朝野雜記甲、乙集共四十卷

李心傳撰。上自帝系帝德、朝政國典，下及見聞瑣碎，皆録之，蓋南渡以後野史之最詳者。

宋史卷二〇三藝文志·故事類

李心傳建炎以來朝野雜記十一卷

又朝野雜記甲集二十卷　乙集二十卷

清康熙間王士禎題記

建炎以來朝野雜記甲集二十卷、乙集二十卷，蜀井研李心傳伯微撰。編首有國史院劄子行下隆州宣取高宗繫年要録指揮、孝宗光宗兩朝繫年要録指揮、公牒二通，心傳自序二通。此書于宋南渡後朝章國故大綱細目粲然悉備，史家巨擘也。

（録自王士禎居易録卷八）

清錢塘吴城校本題記

建炎以來朝野雜記四十卷，宋布衣李心傳伯微著。有自序，上自帝系帝德、朝政國典，下及見聞瑣碎，皆録之，野史之最良者，竊歎南渡君臣偏安游逸，心傳能留心世故，悉著於篇，有心哉，其不忘君父之讎乎？

惟是第七卷目録下一行云：「此卷與後十一卷，舊鈔已載言宋板原缺，但廢作者之心〔一〕，姑録其目，以備參考。」第十一卷目録下一行云：「宋板原缺。」今查二卷俱全，蓋從他本補鈔者。文獻通考題甲、乙二集，共四十卷。其自序云：「類載凡六百五事」〔二〕。檢之相符，當是足本。

心傳號秀巖，隆州井研人。趙氏附志作字微之，疑誤〔三〕。

錢塘吴城誌。

（録自清乾隆間李調元刻函海本，又見清光緒癸巳年蕭露濃刻本）

〔一〕此句疑有脱字，似應作「但不廢作者之心」。

〔二〕類載凡六百五事　此句引自雜記甲集卷首李心傳序，乃指甲集二十卷内的記事條數。然以適園叢書本甲集所載事目統計，止有五百二十五事（其中卷四虎符一條有目無文），加附見六十四事，亦僅五百八十九事。

〔三〕李心傳字微之，又字伯微。趙希弁郡齋讀書附志記載不誤。

函海本李調元題記

吾蜀之以史學擅長於宋者，首推「二李」：一丹稜李文簡公燾，字子真，號巽巖，官至敷文閣直學士，撰續資治通鑑長編者也；一井研李心傳，字伯微，一字微之，號秀巖，官至禮部侍郎〔一〕，撰建炎以來繫年要録及朝野雜記者也。

二公俱諳悉朝章典故，顧長編、要録，皆史家編年體，卷帙浩繁，而朝野雜記一書，取南渡以後事跡，分門編類，尤爲詳核。卷共四十。甲集二十卷，分上德、郊廟、典禮、制作、朝事、時事、故事、雜事、官制、取士、財賦、兵馬、邊防十三門。乙集二十卷，少郊廟門，而末卷别出邊事，亦十三門。每門各分子目。雖以雜記爲名，其體例實同會要，蓋與繫年要録互相經緯者也。甲集成於嘉泰二年，乙集成於嘉定九年，書前各自有序，序作書顛末，其用心可謂勤苦矣。論語云：「賢者識其大者，不賢者識其小者。」是書於高、孝、光、寧四朝禮樂刑政之大，以及職官、科舉之繁，無不該具，首尾完贍，多有馬端臨文獻通考、章俊卿山堂考索所未載者。故通考稱爲南渡以來野史之最詳者。王士禎居易録亦謂其大綱細目粲然悉備，爲史家之巨擘，良非虚也。有此書而凡紀南宋諸小説家視之若培塿矣！文獻賴以徵，軼事賴以存，可不謂賢者乎？

此本得之五柳居陶賈，乃錢塘吴城校本，考證頗細，亦間有失檢，以愚見補之，居然善本矣。考是書在宋有成都辛氏刊本，並冠以國史本傳，今惟寫本僅存。又張端義貴耳三集序稱心傳告以朝野雜記丁、戊二集將成，則是書尚不止甲、乙二集。而書録解題及宋史本傳均未之及，殆以晚年所輯，書雖成而未出，故世不得見。予觀其初心即以天干紀卷數，亦可謂勇於著述者矣。

綿州羅江李調元贊庵甫譔。

（録自蕭露濃刻本）

〔一〕官至禮部侍郎　「禮部」爲「工部」之誤，見雜記甲集卷首四庫總目提要校勘記。

蕭露濃刻本序

著述原資乎才學，才學實關乎誕鍾山川之靈，人才所從出也。吾邑井研，明人代興，其最盛莫如宋朝，其最著莫如李氏。求其理學擅長、文章甚夥者，尤莫如李心傳其字微之者也。

稽其事跡，壯歲留心古籍，絶意科名，閉户窮年，博通故實，夙擅史才。因崔與之、許奕、魏了翁合薦，寶慶初，敦遣至闕，賜進士出身〔一〕，除史館校勘。修中興四朝帝紀，甫成其三，因言者罷，添差通判成都。轉著作佐郎，兼四川制置司參議軍事〔二〕。端平二年，召除祕書少監、史館修撰，許辟官置局，踵修十三朝會要，三載書成〔三〕。拜工部侍郎，未幾，復以言奉祠，避居潮州〔四〕。淳祐三年，致仕。壽七十有八，卒〔五〕。

所著有高宗繫年要録、學易編、誦詩訓、春秋考、禮辨、讀史考、舊聞證誤、朝野雜記以及道命録、西陲泰定録、辨南遷録，並詩文傳世。

綜核生平，不求名而名自致，非才學足動君相者不能。桑梓之仰企，必視羨慕他區者爲尤切。惜生於斯，而著説不在於斯，雖得耳聞，未經目覩，嘗以識疏土著爲羞。因蒐羅書局，訪究考成，僅得六、七集焉。幾經涉獵，惟朝野雜記取南渡以後事蹟，編類分門，甲集二十卷，乙集二十卷，共四十卷爲部。原自有序，誌其顛末，其體例實同會要，蓋與繫年要録互相經緯，即雜史之最良者。見函海本，係綿州羅江李調元所贊述梓行，細閱條例、章句，不盡愜心，迨覽聚珍本暨宋鈔本，始知不無遺漏混雜顛倒錯謬之處。不憚積日累月，摘句尋章，如乙集典禮內有遺，補入一條；朝事內有遺，補入三條，俱係宋鈔本著。邊防內所遺，補入共十一條，係聚珍本著。且不惟缺略者增益已也，其中對勘、校讎，混雜者釐之，顛倒者叙之，錯謬者正之，皆非億見自用也，俱照聚珍、傳鈔二本考證、對閲，不惜殫竭精神，總期完善，力刊行世，庶不負作者之苦心，亦不悞閲者之游目也。「賢者識其大，不賢者識其小。」夫豈無小補云爾哉！

資州井研蕭露濃賓周謹序。

〔一〕賜進士出身　據南宋館閣續録卷六及宋史卷四一理宗紀應作「賜同進士出身」。又據同上兩書，賜心傳同進士出身乃在紹定四年正月，後於任史館校勘五年。

〔二〕四川制置司參議軍事　據阮元兩浙金石志卷一一著録李心傳於端平元年八月撰安吉州烏程縣南林報國寺記應作「四川制置副使司參議官」。

〔三〕端平二年召除祕書少監史館修撰許辟官置局踵修十三朝會要三載書成　據南宋館閣續録卷七祕書少監條，心傳除祕書少監、史館修撰乃在嘉熙二年，而非端平二年。奉命修十三朝會要是在端平元年。又據戊辰修史傳及宋史卷四三八李心傳傳，「三載書成」應作「（端平）三年，書成。」此條記年記事均有顛倒、失誤，應改正爲「端平元年，許辟官置局，踵修十三朝會要，三年，書成。嘉熙二年，召除祕書少監、史館修撰。」

〔四〕復以言奉祠避居潮州　據戊辰修史傳應作「復以言去，奉祠，避居湖州。」

〔五〕淳祐三年致仕壽七十有八卒　據同上書應作「淳祐三年，致仕。明年卒，壽七十有八。」

增刻武英殿聚珍本孫星華跋

謹案是書閩刻舊所未有，張孝達尚書書目答問列是書於雜史，與四庫總目之列於政書，分類稍有不同，其下則注有聚珍本、福本字樣，而福本實無此種，政擬據以補刻。乃近世所通行者，僅有李氏函海本，其字句之訛脱錯亂，金根白芨，布滿行間，斷不能依以覆板。適假到豐順丁氏所藏聚珍原印本各種，則此書宛在，因即據以登木。惟考四庫總目提要有云：「其書在宋有成都辛氏刊本，並冠以國史本傳，暨宣取繫年要録指揮數通，今惟寫本僅存」云云。知當時武英殿亦係據寫本排印，然讎校精當，較諸函海本有霄埃之別，惟卷端之國史本傳及指揮均未之載。豈以本傳有宋史在，而指揮係宣取要録，與是書無涉，故皆從删薙耶？又書中脱文、衍字、誤句，抑亦尚所不免。

近日歸安陸氏刻羣書校補，内有據影宋本此書，以校聚珍本之誤者，勘對一周，陸書體例以欲存舊本面目，故雖有明係舊本訛誤，亦一律録入，且寥寥數頁，所校仍未完備。遂以新刻本寄致浙中，屬李少青學博取陸氏所藏影宋本與聚珍本異同之處，逐條録示。閲三月之久，始獲録到，其足以資考正者甚夥。凡筆畫小訛，與夫字之因音同形似致誤者，審視既確，即在刻板中剜改。若文字之義得兩通及字句之應删應補，則按條輯録。間亦考諸宋史，以質衷之。竭一月之力，纂爲校勘記五卷。而影宋本卷端亦載指揮三道，與總目提要所言符合，尚有公牒一首，則提要所未言及者，既均爲原書所有，因并録而補刻焉。

時光緒乙未仲冬月哉生魄，會稽孫星華子宜謹識。

清末繆荃孫藝風堂藏書記卷四

建炎以來朝野雜記舊鈔本：一藍格紙，影宋鈔本，提行空格均依原式。惜止存乙集卷四、卷五、卷六、卷八之半，卷九至卷十九之半，共十四全卷〔一〕，又兩半卷，佳處極多，並輯出聚珍本逸文五篇。收藏有吴印任臣（白文）、志伊（朱文）兩方印。一緑格紙鈔本，紙色亦舊，存甲集二十卷，朱筆校甚細。目録後有丙午閏七月二十日借錢氏萃古齋鈔本校對，朱筆兩行。收藏有秋清逸士小長方印。荃孫合兩本爲一，又照聚珍本鈔足，並假劉燕庭鈔本通校過。

〔一〕十四全卷　據上文記事僅有十三全卷，此處所記卷數有失誤。

民國傅增湘藏園羣書題記跋

此明鈔殘帙，存甲集卷一、卷二、〔卷十二〕、卷十四至二十，凡十卷〔二〕。棉紙藍格，十行二十一字，爲上德、郊廟、官制、財賦、兵馬、邊防各門。賈人剜改卷第爲一至十，以充全帙。有仁和吴任臣印、志伊父，嘉禾謝東墅藏，謝墉印，何文煥印，江村高氏巖耕草堂藏書之印，各印記。余以聚珍本校之，其中奪文至數十字者頗多。卷中兵馬、邊防夾注，詳略頗爲違異，而人名、地名由譯文追改不同者，更無論矣。

考粤覆聚珍本後，附孫星華影宋本校記，按其所列佚文、異字，與此本無殊，是茲帙出於宋刊，固無疑義也。茲將各卷佚文，條舉於後。其所缺各卷，曾假繆藝風藏本補校正定者，不復贅述焉。

壬申二月二十一日，藏園記。

（載國聞周報第九卷第二十三期）

〔一〕卷十二　原缺，據傳增湘藏園羣書經眼録（中華書局一九八三年版）卷六史部政書類建炎以來朝野雜記甲集條補。

近人王德毅題記

建炎以來朝野雜記甲乙兩集各二十卷，見宋史藝文志、本傳，戊辰修史稿。惟藝文志又著録朝野雜記十一卷，不分集，未悉爲何書。

心傳嘗慨乎渡江以來，紀載未備，使明君良臣名儒猛將之行事，猶鬱而未彰，至於七十年間，兵戎財賦之源流，禮樂制度之因革，有司之傳，往往失墜，甚可惜也。乃輯建炎以來朝野所聞見之事，凡不涉一時之利害與諸人之得失者，分門著録，成朝野雜記一書。分甲乙二集，各二十卷。甲集成於嘉泰二年，乙集成於嘉定九年，凡要録之所未及者，上自帝系帝德、朝章國典，下及見聞瑣屑，莫不撮要編次，甚爲完備，堪稱南宋野史之冠。

是書殺青後，國史院曾遵奉聖旨指揮，下成都府路轉運司鈔録進呈，且於「命下隆州鈔録孝宗皇帝光宗皇帝繫年要録」之公牒中，力薦心傳朝野雜記條理之清晰與綱目之粲然。

内稱：「李心傳所著建炎以來朝野雜記，乃三朝繫年要録之張本也。高廟一朝，成書既久，已爲金匱石室之藏，阜陵、崇陵之書，述續有緒，行上送官，學士大夫恨未之見也。雜記甲乙凡二集，總四十卷，其間中天百年，豐功盛烈，與夫禮樂刑政之條目，典章制度之沿革，兵戎食貨之源流，莫不咸在。三朝要録之綱要，實備於此。宣取指揮，史院文牒，具著於右，使引用者知是書之所載皆已經進之事實，不復致疑焉！」（朝野雜記甲集卷首附）此書之撰寫，多依時編制稿、碑牒誌狀，與夫士大夫私家之録，言之鑿鑿，自非道聽途説勦襲雷同者所能望其項背，實爲考訂南宋中興四朝史實典章制度所不可不讀之書。（下略）

（録自李心傳著述考，載臺北文海出版社出版的宋史資料萃編第二輯建炎以來繫年要録卷末）

唐宋史料筆記叢刊　書目

隋唐嘉話　朝野僉載
〔唐〕劉餗　〔唐〕張鷟

明皇雜録　東觀奏記
〔唐〕鄭處誨　〔唐〕裴庭裕

大唐新語
〔唐〕劉肅

唐語林校證
〔宋〕王讜

東齋記事　春明退朝録
〔宋〕范鎮　〔宋〕宋敏求

澠水燕談録　歸田録
〔宋〕王闢之　〔宋〕歐陽脩

龍川略志　龍川别志
〔宋〕蘇轍

東坡志林
〔宋〕蘇軾

默記　燕翼詒謀録
〔宋〕王銍　〔宋〕王栐

涑水記聞
〔宋〕司馬光

東軒筆録
〔宋〕魏泰

青箱雜記
〔宋〕吴處厚

齊東野語
〔宋〕周密

癸辛雜識
〔宋〕周密

邵氏聞見録
〔宋〕邵伯温

邵氏聞見後録
〔宋〕邵博

程史
〔宋〕岳珂

游宦紀聞　舊聞證誤
〔宋〕張世南　〔宋〕李心傳

鐵圍山叢談
〔宋〕蔡絛

四朝聞見録
〔宋〕葉紹翁

春渚紀聞
〔宋〕何薳

蘆浦筆記
〔宋〕劉昌詩

鶴林玉露
〔宋〕羅大經

湘山野録　續録　玉壺清話
〔宋〕文瑩

泊宅編
〔宋〕方勺

老學庵筆記
〔宋〕陸游

西溪叢語　家世舊聞
〔宋〕姚寬　〔宋〕陸游

石林燕語
〔宋〕葉夢得　〔宋〕宇文紹奕考异

雲麓漫鈔
〔宋〕趙彦衛

鷄肋編
〔宋〕莊綽

清波雜志校注
〔宋〕周煇

建炎以來朝野雜記
〔宋〕李心傳

麟臺故事校證
〔宋〕程俱
師友談記　曲洧舊聞　西塘集耆舊續聞
〔宋〕李廌　〔宋〕朱弁　〔宋〕陳鵠
墨莊漫録　過庭録　可書
〔宋〕張邦基　〔宋〕范公偁　〔宋〕張知甫
侯鯖録　墨客揮犀　續墨客揮犀
〔宋〕趙令畤　〔宋〕彭□輯
北夢瑣言
〔五代〕孫光憲
南部新書
〔宋〕錢易
范成大筆記六種
〔宋〕范成大
容齋隨筆
〔宋〕洪邁

封氏聞見記校注
〔唐〕封演
開元天寶遺事　安禄山事迹
〔五代〕王仁裕　〔唐〕姚汝能
朝野類要
〔宋〕趙升
後山談叢　萍洲可談
〔宋〕陳師道　〔宋〕朱彧
愛日齋叢抄　浩然齋雅談　隨隱漫録
〔宋〕葉寘　〔宋〕周密　〔宋〕陳世崇
蘇氏演義（外三種）
〔唐〕蘇鶚　〔五代〕馬縞　〔唐〕李匡文
〔唐〕李涪
教坊記（外三種）
〔唐〕崔令欽　〔唐〕李德裕　〔唐〕鄭綮
〔唐〕段安節

丁晉公談録（外三種）

〔宋〕潘汝士　〔宋〕夷門君玉

〔宋〕孫升口述　〔宋〕劉延世筆録

〔宋〕孔平仲

奉天録（外三種）

〔唐〕趙元一　〔唐〕佚名　〔南唐〕尉遲偓

〔南唐〕劉崇遠

靖康緗素雜記

〔宋〕黄朝英

夢溪筆談

〔宋〕沈括

愧郯録

〔宋〕岳珂

錢塘遺事校箋考原

〔宋〕劉一清

曾公遺録

〔宋〕曾布

儒林公議

〔宋〕田況

雲溪友議校箋

〔唐〕范攄

嬾真子録校釋

〔宋〕馬永卿

王文正公筆録

〔宋〕王曾

王文正公遺事　清虚雜著三編

〔宋〕王素　〔宋〕王鞏

酉陽雜俎

〔唐〕段成式

新輯實賓録

〔宋〕馬永易

志雅堂雜鈔　雲煙過眼録　澄懷録

〔宋〕周密

大唐傳載（外三種）

不著撰人　〔唐〕張固　〔唐〕李濬　〔唐〕李綽

劉賓客嘉話録

〔唐〕韋絢

唐國史補校注

〔唐〕李肇

唐摭言校證

〔五代〕王定保

賓退録

〔宋〕趙與旹

北户録校箋

〔唐〕段公路　〔唐〕崔龜圖